谨以此书献给中国人民大学命名组建六十周年

中国人民大学校史研究丛书

（第一辑）

中国人民大学校史研究丛书编委会

求是园名家自述

中国人民大学出版社
·北京·

钩沉发微
以史鉴今

纪宝成
庚寅初秋

尊史求真

熔前鑄後

程天權

中国人民大学校史编纂工作委员会[*]

---

[*] 根据学校 2005—2006 学年校政字 31 号文件，个别人员因职务变动有所调整。

中国人民大学校史研究丛书编委会 *

主　　任：王利明

副主任：贺耀敏　刘向兵

编　　委：（以姓氏笔画为序）

王利明　王安陆　王　晋　付春梅　刘之护　刘向兵

刘爱平　刘葆观　吕小明　李家福　张志益　郑水泉

贺耀敏　胡　娟　侯书栋　徐　莉　高承宗　梁敬芝

---

* 个别人员因职务等变动有所调整。

本书采访、组稿、编辑和统稿 *

王利明　刘向兵　刘爱平　梁敬芝

万　静　付春梅　肖国华

　　* 张象枢、王传纶等九位教授口述摄像由档案馆高增同志完成；其余教授的采访摄像由校史研究室万静等同志负责完成。

《中国人民大学校史研究丛书》
总序

纪宝成

"欲知大道，必先为史。"校史对于学校的重要性，如同国史之于国家。没有国史，国家就会缺少根基，失去灵魂；没有校史，学校亦无从寻觅其精神故乡，无法从中获得经验，汲取力量。校史研究和校史工作，毫无疑问是一项"承上启下，继往开来，服务当代，有益后世"的重要的文化工程。

中国人民大学有着坎坷而辉煌的历史。说其坎坷，是因为学校从其前身陕北公学，到后来的华北联合大学、华北大学，以及建国后在华北大学基础上成立的中国人民大学，一路上栉风沐雨，荆棘满布，随着国家和民族的命运而跌宕起伏；说其辉煌，是因为中国人民大学始终沐浴在历代党和国家领导集体的关怀之下，披荆斩棘，艰苦奋斗，始终与党和国家同呼吸、共命运，并发展成为"我国人文社会科学领域的一面旗帜"。概括地说，是以毛泽东同志为核心的党的第一代领导集体亲手缔造了中国人民大学；以邓小平同志为核心的党的第二代领导集体给予了中国人民大学第二次生命；以江泽民同志为核心的党的第三代领导集体赋予了中国人民大学"与时俱进"的新品质、新灵魂；以胡锦涛同志为总书记的党中央提出并全力推行科学发展观，全面构建社会主义和谐社会，认真实施科教兴国、人才强国、教育优先发展战略，为学校在新时代的发展指明了方向。一所学校的发展历史与新中国波澜壮阔的奋斗史如此紧密联系，这在我国1 000多所普通高校中是独一无二的。

校史研究作为一项承前启后的工作，可"鉴古而知今"、"彰往而察来"，它不但可以告诉我们从哪里来，到哪里去，更重要的是知会我们现在所处的位置，告诉我们应该如何继承先贤精神，在奔流的历史长河中留

总

序

1

下不朽之功。史家公认的撰史"存史、资政、教化"的三个功能，同样是校史研究的重要价值所在。通过追问历史，与历史对话，探究前人办学的成败得失，感悟学校的风骨、风貌和风情，我们可以对现实中的问题进行历史性的探讨，并有针对性地决定学校的发展定位和发展战略。对中国人民大学来讲，我们多年研究校史，享受校史，已经从中获取了许多智慧和动力。我们在新世纪确立创建以人文社会科学为主的"人民满意，世界一流"大学的奋斗目标，其实就是继承历史、结合现实作出的重要抉择。我想这应该就是我们校史研究的当代价值所在吧。当然，这种当代价值还应当包括对高等教育界和其他社会层面的意义。

进入新世纪，我们提出并践行"人民，人本，人文"的办学理念，"大师，大楼，大气"的办学思路，"真情，真想，真干"的行动纲领，这与学校的历史是一脉相承的，又是与时俱进的。研究校史有助于我们深刻理解这样的精神气质，深刻理解我们为什么会提出把我校建设成为以人文社会科学为主的"人民满意，世界一流"大学的奋斗目标。

研究校史，首先有助于我们更好地理解"人民，人本，人文"的办学理念。

我们在新世纪总结出来的"人民，人本，人文"的办学理念，是我校从党和国家的期望，从社会经济和高等教育发展的需要，从人民大学的历史地位、学术实力、自身发展这样三个角度审时度势提出来的，是我们在新的历史时期感受新的历史使命和时代精神的结晶，其中也包含追思历史本源、凝练先贤智慧的结晶。

对于中国人民大学这样一所因人民而诞生、以人民而命名的大学来说，为人民服务、让人民满意是学校一切工作的出发点。毛泽东曾赞誉陕北公学"是属于中华民族的"，"中国不会亡，因为有陕公"；刘少奇在1950年中国人民大学开学典礼上讲话指出，中国人民大学"是我们中国第一个办起来的新式的大学，在中国历史上以前所没有过的大学。中国将来的许多大学都要学习我们中国人民大学的经验，按照中国人民大学的样子来办其他的大学",并勉励学生"当在人民困难的时候,你们在吃着人民的小米……你们如不能很好地去为人民服务,那就不是中国人民大学的学生"。可见"人民"二字赋予人大人的责任何其重大!我们把"人民"写入办学理念,主要是强调"人民大学为人民",在一切工作中都要秉承为人民服务的办学宗旨,坚持崇高的使命感、责任感,遵循教育发展规律,按照国家、社会和人民的需要,追求真理,繁荣学术,着力培养学生热爱人民、心系大众的立场,以及忠诚、勤勉、朴实、友爱的品质。理解了人民大学这一独特而神圣的传统和风骨,也就不难理解我们为什么要在学校"世界一流"的奋斗目标前面庄重地加上"人民满意"四个字。

理解"人本"、"人文"同样如此。"人本"即以人为本,我们办学探索七十年,之所以走出辉煌的学科建设历程,之所以写下骄人的人才培养篇章,正是由于学校始终坚持以人为本的办学精神。学校历来把包括优秀教师和干部在内的人才放在办学的第一位,努力营造尊重人、关心人、爱护人的人文环境,全心全意依靠教师治教、治学,始终关爱学生,"以学生为本"进行人才培养。"人文"是指以人文社会科学为主和人文气息浓郁的办学特色。这个特色是由学校特定的办学历史、办学任务决定的。在抗日战争和解放战争时期,陕北公学、华北联合大学和华北大学主要是为了夺取战争胜利培养优秀的文职人员、政工干部,新中国成立后,中国人民大学承载为国家培养"万千建国干部"的重要使命,所设学科主要为人文社会科学学科。学校在人文社会科学领域孜孜以求,躬耕不辍,在为我国人文社会科学的发展作出奠基性、开创性贡献的同时,也逐步积淀出"人文立校"的独特气质。进入新世纪,我们坚持特色强校、内涵提高,重要的一点就是要继续坚持以人文社会科学为主的办学特色,大力弘扬人文精神,努力培育科学精神。

研究校史,有助于我们更好地贯彻"大师,大楼,大气"的办学思路。

新世纪提出的"大师,大楼,大气"的办学思路,是我校历史上一以贯之并且经过实践检验的工作思路，是指我们办一流的大学要有众多的学术大师，要营造拔尖、创新人才不断脱颖而出的环境；要有优良的教学科研设施，要进一步加强"硬件"建设，不断改善办学基本条件；要有优良的校风学风，要有博大的胸怀、开阔的眼界、宽广的气度和浩然正气，为国家、为社会、为人民培养优秀建设者和领袖人才。这是学校建设发展的基础和根本。学校从建校起就着力培养优秀师资，延揽著名学者，他们为校园营造出浓厚的治学氛围，积淀了厚重的文化养分，为我们今天建设一流大学奠定了坚实的基础。优良的教学科研设施同样也是学校提高办学质量的基本条件之一。人民大学有个令人自豪的传统，就是艰苦奋斗的精神，这是学校取得成绩的根本所在。艰苦奋斗不仅包括在艰苦的条件下创造出一流的业绩，还包括为改善学校办学条件作出不懈努力。从校史研究中我们可以体会到建校以来学校为改善办学环境付出的艰辛。以校舍建设为例，学校从建校初期的50多处分散校舍，到后来争取土地和投资建设西郊校园主校区，几多变迁、几番周折；"文化大革命"后复校，学校为争取占用单位退还校舍，付出了很大代价；之后由于投入严重不足等原因，校园建设曾经一度远远滞后于其他同类学校。可以说，我们在新世纪多方争取支持和理解，大力加强校园建设，持续完善办学设施，是顺应历史需要、实现前辈夙愿之举。校史研究还有利于我们更好地理解"大气"的含义。学校在发展的各个历史阶段，都努力营造民主平等、和谐包容的学术气氛，提倡贯彻"百花齐放，百家争鸣"的基本方针。为了建设一流大学，我们要进一步提炼大学精神，弘扬民主作风，构建"兼容并蓄，有容乃大"的学术自由环境，培育浩然之气，从而不断造就人才辈出的学者队伍，形成一大批堪称传世之作的学术成果，培养出德才兼备、志向高远的优秀人才。

研究校史，还有助于我们更好地实践"真情，真想，真干"的行动纲领。

"真情，真想，真干"的行动纲领，就是希望广大教职员工胸怀热爱祖国、热爱人民、热爱学校的真挚情感，树立为建设中国特色社会主义伟大事业和中华民族的伟大复兴培养优秀人才的崇高理想，做到想干事、敢干事、能干事、干成事，为建设"人民满意，世界一流"大学作出贡献。从校史中我们清楚地看到，一代又一代的师生员工为了人民大学的发展，为了我国的教育事业，为了民族的解放、独立和复兴作出了巨大的、开拓性的积极贡献，这样的校史，其实就是一部饱含着"真情"的历史，一部贯穿着"真想"的历史，更是一部始终奋斗着的"真干"的历史。学校长久形成的热爱人民、服务社会的奉献精神，"始终奋进在时代前列"、自强不息的先锋精神，实事求是、脚踏实地的科学精神，都将激励我们在新世纪努力奋斗。校史研究有利于广大师生员工形成对校情校史的共识，有利于"共同体"的"身份认同"和凝聚力、向心力的形成，这是建设"人民满意，世界一流"大学的动力和保证。

"一篇读罢头飞雪"，历史蕴藏着何等丰富的世界和情感！只有善于反省和超越的大学，才会在建设和发展征程中不断展现其勃勃生机。中国人民大学一向重视校史研究，前人的研究成果成为今天不可多得的宝贵财富；进入新世纪，我们进一步推动校史研究工作，希望从中挖掘出无尽的宝藏，获得不竭的智慧和动力。在学校即将迎来建校七十周年华诞之际，我们决定出版"中国人民大学校史研究丛书"，作为献给学校的一份"精神厚礼"。丛书既包括学校主持编写的史稿，又有记载学校要事线索的纪事，还有教职员工和校友的回忆录等，学校以后的校史研究成果都将纳入本丛书之中。我对此深感欣慰，同时希望我们的校史能够坚持实事求是的原则，既体现共性，又彰显个性；既反映时代的影响，更反映时代的互动；既要有宏观的鸟瞰，又要有细节的挖掘；既体现物质层面的变迁，更体现学校精神风貌的传承。总之，我校作为以人文社会科学为主的大学，校史研究更要突出学校作为高等学府和学术殿堂的人文底蕴和精神力量，使读者从中看到我们的求索，看到我们的奉献，看到我们的风骨、力量和赤子情怀。

　　历史令我们心潮澎湃，未来让我们豪情满怀，而面对现实，我们唯有不辱使命，鞠躬尽瘁，办好人民大学。相信校史研究丛书的出版，必将有助于人大人更加知我学校，爱我学校，荣我学校；亦将有助于社会各界以至于世界更进一步了解人大，关心人大，支持人大！

　　我们深知，仅仅靠一个部门、几个人很难把校史研究做得尽善尽美，加之时代久远，几经变迁，资料搜集相当不易，这些研究成果或许会与大家的期待有一定的距离。我衷心地期望大家能够多提意见，不断地丰富它，充实它，完善它。

　　上述感言，算是序吧。

2007 年 7 月 31 日

编者前言

《求是园名家自述》主要编发部分资深学者、专家及校友自述。文章或简述其人生经历、治学心路，或详谈某些历史事件、历史人物，力求展现中国人民大学与党和国家同呼吸、共命运、与时代共搏击的风采。

《求是园名家自述》（第一辑），从框架到细节的完成，都不是一气呵成的过程，可以说是从有趣到惶恐、从轻松到紧张、从零散到严谨的探索过程。

也就是在不懈的探索中，校史组编人员逐渐形成了"三个工程"意识：

一、存史工程。本书不仅是人大学者个人发展史，自述文章中也都联系了所处的时代，提供了大量鲜活的历史资料。主题或专或散，笔触或虚或实，都因人而异。我们在编辑过程中，尽量忠实自述者原文篇幅和意愿，尽量使文章再现学校发展过程中成败得失的部分历史细节。相信随着这批专家、学者年龄的递增，这些资料的历史价值也会与日俱长。

二、形象工程。本书不仅是人大学者"雁翔天空"的足迹追寻，也是人民大学部分学科发展的历史记载，是中国人民大学、人文社会科学在各个历史时期为国家和社会做出重要贡献的一段记忆。这些历史参与者和见证者谈今论古的文字，将是体现人民大学甚或人文社会科学形象的重要方式之一。

三、人心工程。本书的编写过程，可谓是体现"众手成史"精神的感人过程。资深学者付出的心血皆凝诸字里行间，稿件的采访、组稿和编辑的过程，是学校领导、各个学院、部门、老人家属和本书编写人员倾心合作的过程，学校的凝聚力再一次得到充分的体现。

在采访、编辑过程中，我们经常期待：天道有知，不应该让可敬可贵的人们老去。但是，岁月却忠实地昭彰着自然规律，丢给我们无边的痛憾：首批采访名单列好不久，时万咸、高鸿业、吴大琨等教授先后辞世；几位老人在我们采访不久后撒手人寰，留下隔世离空的教诲；有位老人走后，审改一半的稿件墨迹似未彻底干去；昨日病逝的彦奇教授在病重之际，还不忘与家人沟通手写稿件的编发事宜……

生命无常，宇宙无边，无论我们怎样努力追逐时间，都时常汗颜自己的力薄与拖沓，从而也更加努力地去追逐时间……

祝愿所有为人大历史写过一撇一捺的人们，能够以各种形式常在眼前。相信本书浸透心血的回忆文字，将是我们触摸生命质感的永久载体。

本书自述者都或多或少地提到了被下放的时光。黄达老校长在自述中作如是思考："建国后的这些活动，很多是在错误对待知识分子的极左指导思想下组织进行的，严重地伤害了知识分子。但作为一个社会科学理论工作者，我觉得这些活动，甚至'左'的路线本身，都使自己对人生有了一步深入一步的领悟。没有对人生的领悟，恐怕经济理论的奥秘之区也是难以深入的。当然，接触生活、接触社会，完全不必要以极左的伤害知识分子的路线为前提"。沧桑阅尽，有此体悟，使人敬服，故本书保留了自述者对运动的记忆，以期后来人在面对复杂的人和人生时，能从其切肤之体会中汲取一点力量和智慧。

本书系列，不求仰望崇高，亦不为寻觅圣灵，唯愿这些充满个性、侧重有别的学者之忆，能够体现知名学者、专家在专业领域自强不息的心路历程，体现中国人民大学的贡献和思考之一斑，体现中国人民大学在国家发展的各个时期追求真理、追求光明、追求进步，始终奋进在时代前列的光荣传统，体现中国人民大学实事求是、艰苦奋斗的执著精神，"兼容并蓄、有容乃大"的学术传统以及"立学为民、治学报国"的赤子情怀。

本书由纪宝成校长定名为《求是园名家自述》。"求是园"是踏入中国人民大学东门即可入目的一处秀雅园林。该园始建于 1985 年，原名学前区花园，1992 年改造时在园前树立了镌有"实事求是"四字的校训石，2000 年定为现名。日出日没，冬去春来，饱学之师与莘莘学子浸润其中，尽享求是园的自由和谐，并以其智慧与激情为中国人民大学"实事求是"的宝贵精神作出朴素却深刻的注解。本书以"求是园"命名，既是对学校历史上坚持实事求是传统的昭示，又代表着对未来继续牢记实事求是校训的愿望。

愿我们能始终相信：有一种财富叫精神。

中国人民大学校史研究丛书编委会
2010 年 2 月 25 日

目 录

人物自述

事件回忆

后记 ……………………………………………………… 653

人物自述

人大学者

冯其庸自述①

—— 我在中国人民大学的三十二年

摘要： 冯其庸（1924— ），江苏无锡人。著名国学研究专家，著名红学家，中国艺术研究院原副院长，中国文字博物馆馆长，中国人民大学国学院首任院长。本文回顾了他在中国人民大学工作三十二年的历程见闻，并对他的《红楼梦》研究情况和相关学术问题进行了简要介绍。

一

我于 1924 年 2 月 3 日出生在江苏省无锡县前洲镇冯巷的一个贫苦农民家庭里，我出生的那天是旧历的小除夕，癸亥年，还是民国十二年。

我小学五年级时因抗战爆发，家乡沦陷，学校停闭而失学，此后一直在家种地和放羊。但我喜欢读书，失学后就走上了自学的道路，于是一边种地，一边读书，书读得很杂但却读了不少。《论语》、《孟子》、《古文观止》、《东莱博议》、《三国演义》、《水浒传》、《西厢记》、《浮生六记》、《古诗源》、《唐诗三百首》、《西青散记》、《陶庵梦忆》、《西湖梦寻》等等，都是此时读的，我实际读的书比上面所举还要多得多。1939 年镇上办了农村

---

① 本文由冯其庸教授于 2009 年 7 月应校史研究室之约写成。

中学，我上了初中，毕业后又读了无锡工业专科学校，读的是纺织科印染学。但只读了一年，因为交不起学费又失学了。失学后仍是在家种地，后来就兼做小学教师，但一直没有离开种地，前后种了十多年地，直到1946年我考入无锡国专。所以我曾是一个真正的农民，家乡的所有农活我都能干，包括戽水、插秧、挑担、翻地、筑堤等等。

1946年春天，我考入无锡国专，第二年因搞学生运动而得到地下党的支持，1948年毕业后我直接与党的地下组织接上了关系。1949年4月22日夜解放军过江，我在锡澄公路上迎接了解放军，23日我步行到无锡城里正式参加了解放军，在苏南行署工作。当年9月又被组织派往无锡市第一女中任政治、语文教师，后来当教导副主任。1954年8月，奉调到中国人民大学国文教研室。

二

中国人民大学国文教研室的主任是王食三，当时还没有新闻系和语文系，国文教研室是直属教务部的。我1954年8月到校，9月就教法律系和经济系两个系的大一国文，教材是自己选的古代到近代的名文。我当时30岁，又是第一次到大学任教，加上到京才一个月就上课，没有准备的时间，感到有些紧张，只好天天开夜车用功备课。幸亏我从小就喜欢读书，又刚从无锡国专听了当代许多著名学者的讲课，所以也就从容地走上了讲台。当时王食三主任有点担心，但经过几周讲课的实践，两个系的反映都非常好，他也就放心了。这时正好批判胡适、俞平伯《红楼梦》研究的运动开始了，中宣部、全国文联、作协经常有学术报告，我经常要去听报告，还要参加讨论。我被编在何其芳、张光年同志的一组，周扬有时也来，他也作过几次重要报告。这些报告和讨论，对我来说是很好的学习机会，我对《红楼梦》的认真阅读可以说是这时开始的。在批判运动中我没有写过一篇文章，因为我觉得自己对《红楼梦》还不大清楚，怎么能去批评别人。

1955年人大创办了新闻系，国文教研室合并到新闻系，改称"文学教研室"。新闻系要开文学史课，而且指定要我来讲，但没有教材。那时建国才几年，适应新时代要求的文学史教材实在还不可能有，当时唯一的一部是李长之先生的《中国文学史略稿》，但也只写到南宋的辛弃疾，宋以后就没有了。此外还有东北杨公骥先生的一部《中国文学》，以讲作品为主，讲得较为详细，记得好像只讲了先秦部分，后面也没有。此外就是郑振铎先生的《插图本中国文学史》和刘大杰先生的《中国文学发展史》，那都是解放以前的著作。因为实在没有适用的教材，我既接受了这个任务，只好硬着头皮自己来编写，于是上面这几种书就都成为我的主要参考书。与此同时我就下工夫重读原著，每夜都要读书或写作到一两点钟甚或更晚。就这样从1956年起，我开始撰写《中国文学史》讲义，一直写到1958年，从先秦两汉一直写到明，全书约70万字。为什么清和近代没有写呢？因为从1957年的整风"反右"，到1958年的"大跃进"，整个社会的政治思想越来越"左"，再加上提出"厚今薄古"的口号，于是古代文学和文学史的课程钟点一再被削减，到1958年下半年，已嫌我原先写的讲义太繁了，所以1959年一开头，就由教研室的人将我的讲义删繁就简，本来约70万字的讲义，只剩下20来万字。所以等到我讲清代，剩下的钟点已很少了，讲《红楼梦》时，已剩下没有几个小时了。而学生的要求却是相反，不断地要求加钟点，但教务处是只听上面的意见，不听下面的（教师和学生）意见。再加上白天除少量的课程外，总是被开会、政治学习、搞运动占去了时间，在紧张的时候，常常是停课搞运动。到1964年，全体师生索性到乡下去搞"四清"运动了，我被派到长安县的马河滩大队。从1964年秋天下去，一直到1965年初夏才回来，整整在陕西耽误了一年。

我除教文学史课外，还有一门作品选课，是与文学史课紧密结合的，因为我认为学文学史，光讲空洞的理论不讲作品，便成为说空话，所以我非常重视作品选的课，往往讲一段文学史，就讲一段这一时期的文学作品。这样就使得讲课有骨有肉，既有作品的时代背景的讲述，又有作品的思想艺术的分析，要叙述中国文学史的发展渊源，也就显得源流分明、变化有序了。我主编的《历代文选》就是当时讲作品选的散文部分。诗歌部分的作品是由我选的，但来不及作注，不像《历代文选》是我和教研室的同志分头注释的，诗歌作品则实在赶不及，只好选取已出版的作品注释来应急，所以后来没有排印。

从 1954 年到 1966 年这 11 年间，我的教学工作一直是最繁重的。我每晚总要到一两点钟才能睡，一是要备课，二是要写讲稿。长期辛劳的结果是，留下了《中国文学史》（自先秦到明）油印讲义一部，约 70 万字。可惜经过一场"文化大革命"，我连油印讲义也没有了，幸亏原任安徽省政协秘书长的余乃蕴同志和原在湖北省委宣传部的周维敷同志还保存着这份讲义，最近他们把这部讲义（自先秦到唐宋元）寄回来了。还有我主编的《历代文选》，此书自 1962 年由中国青年出版社出版后就得到了毛主席的佳评，为此，吴玉章老校长还召见我，告诉我此书得到毛主席的称赞，并勉励我继续努力。此外我还配合教学，写了几十篇文章，后来结集为《逝川集》，由陕西人民出版社出版。所以长时间以来我虽然辛苦，却留下了一部文学史，两部论文集，现在回头想想，这段时间的拼命工作还是值得的。

在这段时间内，我还写了几十篇戏剧评论和戏曲研究文章，其中《彻底批判封建道德》一文，是应中宣部之嘱为分析认识传统戏曲中的封建道德而写的，发表后得到毛主席的极高评价，并让康生来找我。康生先想调我到他的办公室工作，后来又想调我到中央批判赫鲁晓夫的写作组去，因我已在中宣部的写作组而罢。我的这些戏曲评论文章，还有一篇《三看二度梅》是应《戏剧报》之约而写的，发表后，得到田汉同志的赞赏。因此田汉特意请我吃饭，还邀请了吴晗、翦伯赞同志。后来这些文章结集为《春草集》出版，共 30 余万字。

这段时间我的社会工作，一是由中宣部周扬、林默涵同志指定我担任全国现代戏会演的评论员，同时被指任的还有李希凡同志。我在此时写了

第一篇评《芦荡火种》（后改名为《沙家浜》）的文章，发表在《文汇报》上。还写了《不应当把糟粕当精华》，整版发表在《光明日报》上，此文也是默涵同志指定我写的，并被作为全国现代戏会演的理论文件之一，由大会印发给了与会的演员作为大会的参考材料。二是由学校安排，参加"四清"工作队，到陕西长安县马河滩大队进行"四清"工作，担任工作组的副组长（地方干部任组长），"四清"结束时，受到地方同志的好评。此时，我在长安县南堡寨一带意外地发现了一个规模巨大的原始社会遗址，我们写了调查报告，并在《考古》杂志上发表。北大原始文化研究专家苏秉琦先生还特意到我家里看我带回来的一批原始文化标本，肯定这是相当于仰韶文化的一处大面积的文化遗址。带回来的这些标本，还得到郭沫若院长的鉴赏和肯定，结论与苏秉琦先生一致。后来这个遗址得到了陕西省考古所的保护。三是这段时间，由于我讲文学史，想弄清楚中国文化的起源和它的民族特性，因而考察了全国各地重要的原始文化遗址，从而提出了"中国文化多元论"的论点，并于60年代前期在汉中师院作过一次学术讲演，后来在南京的一次古城研究的会议上，应邀作了同样内容的发言，获得了大会一致的赞同。到后来，我写的《一个延续了五千年的文化现象——论良渚玉器上的神人兽面图形的内涵及其衍变》（发表在南京博物院的专刊上）这篇长文，就与我对原始文化的调查研究有关。四是我由中宣部借调到中宣部、作协的写作组，与林默涵、张光年、李希凡等一起参写批判赫鲁晓夫的文艺路线的文章。写作组的领导是林默涵和张光年，他们两位自始至终与我们在一起。我们各自分头写的分节的文章，后来合成一篇大文章，由张光年署名。但正当我们完成这篇文章的时候，赫鲁晓夫已倒台了，政治形势突变，这篇文章就没有发表，中央的批判文章正发到"九评"，原来计划写的"十评"也停止了。

人物自述：冯其庸

7

三

1966年5月，"文化大革命"突然爆发了。在此之前，还有1957年的整风"反右"运动，1958年的"大跃进"、"人民公社化"、"大炼钢铁"、"超英赶美"的运动和1959年庐山会议的反击"右倾翻案风"的运动，前两个运动，与学校是密切相关的，后一场运动学校也进行了，但在我的印象里不是很深。

1957年的整风运动，我记得当时提出来的是开门整风，帮助党提意见，以便把工作做得更好。所以一开始教研室的同志都很积极，也没有什么顾虑，只是比平时开会要更坦诚更直接一些。提意见的主要对象当然是支部书记和总支书记，因为我们都在基层，不了解校党委的情况，所以很少对校党委有什么意见。我当时提的意见我还记得，是说支部书记和总支书记都应该把党和个人分开，不能把自己的意见都变成党的意见，也不能含糊其辞，让人无法分辨；另外我还提出支部书记和总支书记都应该担任教学任务，自己不教课，就体会不到教学上的困难。譬如安排会议，因为自己不上课，整天开会都没有关系，而要上课的教师，把时间都耗在会议上，读书备课的时间没有了，如何能上好课？如果自己也有教学任务，就不会这么安排了。我这些意见，也不是我一个人的意见，是当时大多数人的意见。当然这些意见在当时的环境下是比较尖锐而且针对性很鲜明的。不想就是因为这些意见我就被内定为"右派"，到后来把各系内定的"右派"召集在"铁一号"大礼堂集中鸣放，我也到了大礼堂。我们还以为是因为发言好受到党的重视才选拔出来的，因为党的中央委员李培之（王若飞夫人）要来听发言。当天第一个发言的是葛佩琦，第二个发言的是于德州，他们的言辞都较激烈。后来知道，他们都是早期的老地下党员，据说葛佩琦的身份只有周总理知道。当天我是第三个发言，我自以为我讲得对，所以才叫我到大会去发言的，所以仍照原来的意见讲了一遍，当然语气比他们要平和得多。没有想到我说完以后，李培之同志立即就说我讲得很好，大家要像我一样敢提意见又是出于爱护党，她说我看这位同志就是这样。我当时也只是感到我的发言得到了中央领导的赞许，谁知因为李培之的这几句话，我便从内定"右派"的名单里另列出来了。这是事隔多年后原人大的教务部副部长李新同志亲口告诉我的，他说我的运气太好了，要不是李培之的这几句话，我的命运就是另一个样子了。

我对"反右"运动的反思：从上层来说，我觉得当时中央对党内外的提意见作了错误的判断，其实当时党的威信很高。从全国范围来看，提意见的人绝大多数是善意的，只有极其少数的人是出于攻击，如果相信绝大多数的群众，那么这些极少数的人最终是会被孤立而区别出来的。但当时却把大多数人的意见看作是"右派"进攻，从而伤害了大批热爱党的人，毁了他们的一生。到十一届三中全会以后，全国的"右派"百分之九十以上得到了平反，这一事实说明了当时对形势作了错误的判断，打击了一大片，伤了国家的元气。就我个人来说，从"反右"开始后，我也积极参加了"反右"运动。我们系两位"右派"，一位是邵祖平老先生，当时他已很老了，因为他当年是与鲁迅笔战，受鲁迅批判的，所以系里就定他为"右派"；另一位是杨纤如同志，年纪也比我们大得多，据他说他是北京地区早期的地下党员，他常说的一句话是："老子的脑袋是别在裤腰带上的"。他有点高傲，人缘不大好，组织上还掌握他的其他什么情况我就不清楚了，当时也被定为"右派"。因此全系对这两位进行了集中批判，我也积极参加了批判。现在想想，这两位也没有什么攻击党和社会主义的事实，也是错定了的。邵祖平先生后来好像就不在人大了。杨纤如平反后还与我有较多的往来，他还创作出版了长篇小说，现在当然也已经故去了。当时大家虽然批判"右派"，但"右派"究竟算是什么、如何处理等都是不清楚的，原以为称为"右派"就是一种处分、一种区别，不会有更多的问题，所以听说有的单位还像选举似的互相推荐。等到后来明确了不仅口头上说是敌我矛盾，而且要作行政处理，这才明白划为"右派"，实际上是推向了生死的边缘，有不少人因此而死去。幸亏李培之的一句话，把我从死亡的边缘拉了回来。

1958年的"大跃进"、"人民公社化"、"大炼钢铁"等等，与教学的关系不是很直接，但不断要听报告，要政治学习，上课的时间也被占用了。

我记得在课堂上还专门讲了"大跃进"的民歌，我还被组织到徐水去参观亩产 2 000 斤的水稻田、参观养猪场等等。当我参观亩产 2 000 斤的水稻田时，我看到大片的水稻长得绿油油的极旺极旺。但我是种地出身，我在家种地时，亩产双担，即两个十斗（十斗为一担，约 300 多斤）就已经高兴得称为丰收了，现在稻子尽管长得很旺，能亩产 2 000 斤吗？因为当时还未收割，根本无法确算，所以我脑子里就存有疑问，但也不敢说出来，只觉得毛主席都来看过了，难道还会有错吗？根本没有想到会有弄虚作假的事。事后才知道，1958 年"大跃进"的各种喜讯，都是浮夸虚假的报告，是全社会刮起的浮夸风。

本来社会已经走向"左"的险境了，1959 年的庐山会议原定方针是纠"左"的，没有想到因彭德怀说了真话，不仅彭德怀被罢官，而且变本加厉地掀起了反击右倾的极左的运动，于是社会经济、政治再度走向"左"的险境。

四

1966 年的"文化大革命"运动，就是在以上的历史背景下发生的，当然更深层的原因就不是我所能知道的了。

在"文革"爆发之初，学校领导接到一份中央调令，要调我到中央文革工作。校党委立即作出决定，同意调我到中央文革去工作，并由副校长孙泱带着校党委的决定来告诉我，动员我去报到。我与孙副校长关系较好，他原是朱总司令的秘书，是孙维世的哥哥，我与孙维世、金山也有过交往，加之孙校长为人朴诚，所以我们比较投合。孙校长说，这场"文化大革命"谁也不清楚，学校生怕跟不上中央的形势，你去了中央文革，学校就不至于跟不上形势了，为学校着想还是去吧。我对孙校长说，什么叫"文化大革命"我一点也不知道，我怎么好去工作呢？何况我担任文学史和作品选两门课，一时都停下来，学生会有意见的。但当时是中央的调令，再加上党委的决定，我也不好坚决拒绝。所以我对孙校长说，让我缓一缓，等把课程安排好后再去报到，目前暂时不去。孙校长虽然觉得我讲得也有道理，但还是说你尽快安排好，尽快去报到。然后他就回西郊人大了。

　　我当时心里特别不踏实，实在不愿意去，所以就尽量拖延。大约过了一个多月，北京市委书记彭真垮台了。不久前，《5·16通知》刚下来时，彭真还召集会议，请理论家和史学家到市委讨论《5·16通知》，同时也讨论姚文元批判《海瑞罢官》的文章，我被邀参加了这次讨论。我见到戚本禹也去了，这时大家都还不认识戚本禹，只知道他是史学家，比较"左"。其实他是江青的同伙，说不定这次到会上，是来摸底的，他在会上一句话也没有说。会议讨论得很热烈，一致反对姚文元的文章，要求作学术辩论。其实这时连彭真都已被"四人帮"算计了，所以没有多久，彭真就垮台了。北京市委重新改组，由李雪峰任市委书记，人大党委书记兼副校长郭影秋任文教书记。郭校长就把我找去，问我去不去中央文革，如果不去，愿不愿意与他一起去北京市委。他是副书记管文教，他要我去负责写社论。"文化大革命"中担任北京市委的文教书记，当然是在风口浪尖上，我去写社论，那等于是在战场的最前沿。但我当时想北京市委比中央文革当然小多了，何况郭校长是我十分尊敬而信任的人，当时我的处境是不去北京市委就得去中央文革，我的打算是尽量往小的单位去，不要到中央文革去，所以我立刻选择了去北京市委。郭校长也很高兴，我也借此摆脱了中央文革。我到北京市委后，第一篇社论就是《热烈欢呼中央的英明决定》。这是新市委向中央表态的一篇文章，当时写社论的有三个人，就这个题目各自写一篇，由市委挑选后呈报中央批准。我交上去的当天深夜，报社忽然来电话，说社论已经中央通过了，是选的我写的一篇，一字未改，中央还有许多好评，说这篇社论思想好、文笔好，因此通知我赶快到报社去看校样，接我的车已快到我门口了。这样我连夜到了北京日报社，仔细校读了排印稿，然后就回家。第二天一早社论就出来了，当时市委内部一片好评，郭校长为此很高兴。谁知高兴的时间不长，大概只有一周多的时间，这篇社

人物自述：冯其庸

11

论被江青、康生看到了，说是"右"的思想，加上新市委在其他问题上也跟不上"四人帮"的步伐，所以新市委成立不久，就被打倒了。新市委被打倒后，"文革"的形势越发飞速发展，首都的高等院校以清华、北大为首，已经是闹翻天了，开始是批判所谓"反动学术权威"，中国人民大学与北大、清华一样，造反派已经声势浩大，摩拳擦掌。我当时还在北京市委，我与郭校长商量，我还是先回学校，郭校长也同意我的意见，让我先回学校。哪知我刚回到学校，一夜之间，语文系便满园贴出批判我的大字报，罪名是"中宣部阎王殿的黑线人物"、"反动学术权威"，后来又上升到"刘少奇的黑线人物"等等。我当时还只是一名讲师，为了批判我，一夜之间，便把我提升到"学术权威"的位置上。但我心里很清楚，我的学术地位并不会一夜之间提高，只是一夜之间，有些人找到了打倒我的借口而已。实际上长期以来，我在教学上一直挑重担，而且得到了学生的爱戴。还有我不断被中宣部、《文艺报》、《戏剧报》借调出去写文章，早已使有些人感到不舒服了，"打倒反动学术权威"正是最好的一个借口。所以我是中国人民大学第一个以"反动学术权威"、"黑线人物"的罪名被打倒挨批斗的，与我同时被打倒的还有胡华同志。正在我被批斗的同时，有一天夜里，人大校园内的高音喇叭发出刺耳的叫声："郭影秋被揪回来了！红卫兵都到广场上集合批斗郭影秋！"其声音凄厉而恐怖。我心想造反派马上要来抓我了，我如果躲开更加不好，不如挺身而出。果然刚刚想完，造反派就破门而入了（当时我已被关押在西郊语文系的宿舍里），把我押到广场的台上，站在郭校长旁边一起挨斗。

之后我的任务就是接受系里红卫兵的批斗，同时还要在全校批斗郭校长时陪斗（并不是每次都陪）。记得系里第一次批斗我时，恰好是一个狂风大雨的下午，我的衣服已经全部湿透，台下的人衣服也湿了。他们宣布我所有的一百多篇文章都是"大毒草"，他们连毛主席称赞过的文章也忘记了。这时雨愈来愈大，我想这是天在哭，为全国所有被暴虐的知识分子痛哭，为中国文化遭受历史上空前的大破坏、大劫难而痛哭！漫天的滂沱大雨和宣判我所有的文章都是"大毒草"，却促使我写成了两首诗：

一九六六年六月感事二首

一

千古文章定有知，乌台今日已无诗。

何妨海角天涯去，看尽惊涛起落时。

二

漫天风雨读楚辞，正是众芳摇落时。

晚节莫嫌黄菊瘦，天南尚有故人思。

有一次批斗是因为我交给党组织一篇调查报告《回乡见闻》，这是三年困难时（1962年）我回家乡探望我母亲时的所见所闻，全是事实。我交给组织后还得到校党委和北京市委的表扬，说我能向组织反映真实情况。因为我回家前，党内有过传达报告，传达党中央毛主席的指示，党员外出回来要向党组织反映社会真实情况，这时正是三年困难时期，大批地区发生灾荒，饿死不少人。由于党的嘱咐，我回来时才会向组织报告。我的报告里说，我亲眼看到我的老家无锡前洲镇冯巷饿死人的情况，亲耳听到了老百姓的议论。我还在报告末尾说明我的家乡是江南鱼米之乡，只要落实党的农村六十条的政策，干部的作风廉洁，纠正浮夸风，纠正虚报产量等等，困难肯定是会克服的。这样一个报告，造反派却说我是反"三面红旗"，是反党反社会主义，要我向全系作自我批判和认罪。但我手头没有这份报告，我把原稿交给组织后自己没有留底，我心里清楚，我头脑里根本没有反党思想，哪里会写反党文章。土改时，我与我母亲是一户（当时我还未结婚），我分得一亩五分地，我母亲也分得一亩五分地，共三亩地。我从一个真正的农民，如今成为中国人民大学的一名教师（当时还未评职称，统称教师），我感激党还来不及，哪有可能去反党？所以我就向军宣队提出要看原报告，否则我无从检查。军宣队就将我的《回乡见闻》（为批判我而重印的）交给了我，我看到原文后，心里愈加明白和自信了。我就向造反派们提出来，要批判我，要我认罪，必须到我老家去，将文章念给当地老百姓听，让他们来批判我，你们也可以批判我，这样不是批判得更彻底、规模更大吗？但我的意见他们不接受。实际上是他们不敢去，我家乡的老百姓如果知道我因反映了家乡的困难而遭诬陷，被打成反革命，老百姓是不会饶过他们的。这时军宣队、工宣队看了我的文章，也都明白了，根本没有什么反党反社会主义的问题，所以这场批判也就不了了之。我因此而重新得到了这篇文章，至今还保存着。

"文革"中的另一件事是有一天夜里，我被学生接走了，当时家里的人都紧张得不得了，要我多带点粮票。我说不用，我一直爱护学生，学生不会把我怎么样，我就跟着学生走了。出了"铁一号"的大门就上卡车，我认识路径，他们的方向是向西郊学校去的，汽车开到半路，有一位学生在我耳边悄悄说："别紧张，我们是来保护你的。因为知道对立派明天要来抓你，怕你遭灾，我们今天先来把你弄走，名义上只好说是去批斗你。"我听了也很感动，觉得学生还是好的。到了西郊人大，他们就把我藏了起来，对外只说被他们抓去批斗了。接着就是学校两派不断的武斗，还死了三个学生。我大约被关了20多天，运动的趋势又转向了，他们就放我回去，说现在没有事了，你回去吧。这样我又回到张自忠路住处。发展到后来，主要不是学生整我，而是语文系的造反派教师整我了。他们把我的日记抄走，加以篡改，并摘录重抄，说是我的反革命日记，要我签字承认。我对他们严加驳斥，我说我从未听说过日记是由别人记的，我对自己的日记每个字都负责，对你们抄的"我的日记"我一个字也不能负责。有一次一位教师拿着他们给我改的"我的家庭成分是商人"来通知我，我责问他们土改时我分到一亩五分地，这能是商人吗？他们无法回答。

在这一段时间里传来消息，老舍自杀了，陈笑雨自杀了，还有我的一位同班姓朱的老同学也自杀了（在无锡一个中学里），而且死得很惨。我听了非常伤心，后来我为老舍补题了一首诗：

哭老舍

沉江屈子为忧国，忍死马迁要著文。

日月江河同不废，千秋又哭舍予坟。

那一段时间，我的家被抄了多次，因为家里只有我大女儿和小女儿看家，我爱人在外语学院上班，家里无人管。抄家时我的多种《红楼梦》都被当作黄色小说抄走了，在西郊人大校园展览，我这才知道家里被抄，也十分担心这股把《红楼梦》当作黄色书抄毁的风一起，《红楼梦》要遭毁灭之灾。我就赶忙托人借来一部庚辰本《红楼梦》，每天深夜赶抄，抄了将近一年，刚好在 1969 年下放前抄完，所以我现在还留有一部我自己抄的庚辰本《红楼梦》。

1970 年，人大被下放江西余江。火车刚到刘家站时，正值滂沱大雨，却通知不要下车，直奔南昌，参加挖修八一湖的劳动。于是我们就直接到了南昌，参加了挖八一湖湖泥的劳动。我负责拉车，当湖泥装满一车（木板带框的车）时，我即负责拉走。这是一项极重的劳动，那时我虚岁 47 岁，身体还好，加上我在家乡种过十多年地，干过许多重活，所以还能顶住。在南昌挖湖泥约有一个月的时间，然后就到了余江农村。我们的村子记得叫李下基，住的都是营房式的房子，任务是开山、打石头，使之成为建筑材料；另外就是种茶、采茶，再有到春天农忙季节就是种水稻。这几种活我都很快就学会了。打石头时，我不小心被铁锤打坏了左手大拇指，情况很严重，幸亏医务处的同志很同情我，使劲给我打青霉素，居然没有感染溃烂。种水稻我是内行，学校里大都是北方人，不会种水稻。所以我还帮着教他们拔秧、插秧等。每到早春采茶季节，就是天天采茶忙，我的任务是挑茶叶。茶叶很娇贵，采下来的茶叶不能着地，一着地就会沾泥土味，所以必须一肩直挑到茶场晾茶处，我因为早年在家乡挑过重担，能挑100 多斤，不需要停下休息，可以转换着两肩直挑到茶场。这样我又成了专职的挑夫。

但是在干校，并不是光劳动，还要接受定期的批判，作检查。记得有一位同志因为晾晒《红楼梦》而引来了一场批判。就我所知，干校先后还死了三位教师，两位是因为江西天气太热，学游泳淹死的，一位是因受冤气愤不过，开木工房的电锯自杀的。这三位都是与我们在一起的。我那时与别人不一样，我把"文化大革命"看作是一场历史的浩劫，我们赶上了这个历史劫难，除了接受外，无处可躲避，除非是死。但我又觉得不值得去死，这要感谢司马迁，他说"人固有一死，或重于泰山，或轻于鸿毛"。如果因为不能忍受眼前的冤屈而死，我觉得太不值得了。我无锡国专的同班同学好友朱君用剪刀自杀的消息传来，我几乎为之痛哭失声，他是精熟历史的历史教员，但却不能从历史中取得鉴戒，我哭他的诗说：

哭同班好友朱君

哭君归去太匆匆，未必阮郎已路穷。

绝世聪明千载恨，泰山一掷等轻鸿。

末句是既伤心痛惜他，又责备他不应该泰山一掷。所以我当时自己发誓，并嘱咐家里人：我决不自杀，除非被打死。纵然被打死，也是屈死而不是该死。所以我的心态是一定要把这场运动看到底，看它个水落石出，就像我第一首诗说的"看尽惊涛起落时"。终于我在干校时就看到了林彪折戟沉沙的结果，当时我心里暗暗地想我也会看到江青的下场的。我的诗友江辛眉在"文革"中有一首诗，诗中有一句说："江草衰青卧少阳"。他偷偷给我看时，我微笑点头，心照不宣。所以当时虽然条件艰苦，命运未卜，但我却一直想着将来，我坚信有将来。我下干校时，除抄成《红楼梦》外，还买了不少书。当时不少老教授纷纷把书卖了，我非但不卖，还去把别人的书买回来。我把全部书钉成九个大木箱，我说如果真的战争了，那也是天意，但我坚信我会回来的，我仍要用这些书的。所以"文革"中除抄家丢失一部分书外，我还买进了不少书。在干校我也是这个心态，当我听到林彪摔死的消息时，我愈觉我内心所预测的或许真要应验了。

三年干校生活，我利用假日两上庐山、湖口、彭泽、东林寺，寻陶渊明、慧远、陆静修的足迹，在星子找到了黄山谷题诗的落星寺遗址和周瑜练水军处，用它与史实对勘。我还跑到铅山，想找辛弃疾的坟墓，没有想到虎头门离铅山还有数十里之遥，我只得无功而返。我还在除夕到了桂林，然后又到阳朔，在阳朔坐小船溯流而上，经九马画山，一路风光如画，我心里默默记着将来要把这些山水收入我的笔端。我还利用探亲假到了雁荡山，在永嘉看到了江心寺，想到了近代诗人施叔范《过永嘉江心寺哭文天祥》的名诗。我到了雁荡山谢公岭，遥想六朝诗人谢灵运的风致。还到了大小龙湫，从而领会了徐霞客对大龙湫的一段特殊的描写。我还利用回北京的机会到了黄山，那时整个黄山没有一个游人，我独自登山，在玉屏楼住宿。因为我到天都峰下时，已是夕阳残照，我趁此将没的天光，奋勇独自登上了天都峰顶，正是独立苍茫，满目残阳。我又赶忙下来，再穿一线天上玉屏楼，过一线天时天已漆黑，我是摸着石壁通过的，到玉屏楼已经掌灯，所以服务员说从来没有人像我这样敢黑夜登山。那次我跑遍了黄山全山，还意外地找到了石涛当年的古汤池。池很完好，但已被改作仓库。我是碰上他们开仓库取东西，从窗户里看到石壁上四面的题字，进去细看，才发现就是石涛所画过的古汤池。池原在路边，现仓库也仍在路边。画中提到的祥符寺，就在旁边，已被改为办公室。但用原地址一对，这几处古迹便可互相对证，确凿无疑了。我还从"人字瀑"中间找到了徐霞客当年登山的古道，因徐霞客书中记到他是从"人字瀑"登山的，至今古代的石级还依然存在，可以确证。我还利用回京的机会，登了泰山，直上岱顶，看到了秦始皇立的无字碑，还有浔阳张铨的题诗碑，诗曰："莽荡天风万里吹，玉函金检至今疑。袖携五色如椽笔，来补秦皇无字碑。"诗极有气势，令人不忘。我还看了曲阜的孔庙和孔陵，此时造反派破坏孔庙孔陵的罪证历历在目，依然可见。我在孔庙的东庑看了久已神仰的《五凤刻石》和《孔宙碑》。《孔宙碑》"文革"中也遭到了破坏，被凿坏了若干字。在邹县孟庙，我看了名刻《莱子侯刻石》，还看了文徵明手植紫藤，已是满地龙蛇，成为奇景了。

　　三年的干校生活，是我重干苦力劳动的生活，也是我仍在"文革"中接受批斗的生活，我在人身上和精神上都还未得解放，但是三年干校生活我还是有收获的：一是我好不容易有三年的时间回归自然，朝夕与山水田园相接触，如果没有隔一段时间的批判，几乎是陶渊明般的生活了，何况我们离陶渊明的栗里、彭泽也不算太远，我还到庐山的南栗里去调查过陶渊明故居遗址，到东林寺走过虎溪三笑的遗迹虎溪桥；二是我学会了几种新的劳动本领，如开山打石头、采茶等，这是我以前在家乡劳动所没有的；三是结合我读书调查的癖好，我游览并调查了不少名山大川和文化遗存，大大扩展了我的眼界和胸襟，这对我以后的读书、研究和书画都是有很大的好处的。所以当我离开干校时，还写了一首诗，隔了几年我再到江西时，还曾去干校探望，却已经是物是人非了。那首诗为：

干校即事

三年从事到江西，手植新桐与屋齐。

门外青山对图画，屋前流水入梅溪。

西崦日落锦为幔，东谷云生玉作猊。

最是村南行不足，红缨花映白沙堤。

五

　　我是 1972 年从干校回到北京的。回来后，到 1973 年 6 月，就给我落实政策，"文革"中加给我的罪名统统取消。但我被抄走的全部日记却一本也没有还我，原因是他们在我的日记上篡改了很多，作为我的反革命罪证，无法还我，所以由总支书记出面说已丢了，无法找回了，希望我不要计较。事实上我当时要计较也无从计较了。但由于这许多日记的丢失，有不少我的往事，我负债、还债的事，我的诗词作品（我的诗词常写在日记上），还有我与许多学术前辈和同辈的交往，就统统无从查考了。

我们刚去干校时，"四人帮"原想把人大留在江西不让再回来了，据说当时江西省委书记程世清嫌人大老干部多，工资太高，对他来说是一个大包袱，所以没有接受。最后人大仍回到北京了。这虽是我的耳闻，但回来不久，"四人帮"就宣布人大解散，这说明"四人帮"确是要取消人大的。

"四人帮"为什么要解散中国人民大学呢？许多人都不明白，其实当时人大的教师大都是清楚的。我认为，根本原因就是人大有一批老教授、老干部是从延安来的，都很了解江青的底细，江青就怕有人揭她的底。"文革"中，人大语文系的黄晋凯同志无意中从资料室所藏30年代上海的报刊上发现了江青当时的情况，因而被造反派狠批。当时"铁一号"传达室的一位老同志是长征干部，因为没有文化，在人大传达室工作，他就多次骂过江青，说她不是好东西。这是我亲自听到过的。所以人大的存在对"四人帮"是一个障碍，让江青夜不安席。还有曲艺协会的领导陶钝同志，是山东诸城人，与康生、江青都是老乡而且很熟。江青的母亲去世后，还是陶钝帮她料理的。但"文革"中，在江青的授意下，陶钝首先被打倒了。"四人帮"垮台后，文化部组织一批老干部去参观山西大寨，其中有曲协的陶钝同志、舞协的胡晓邦同志，我也一起去参观了，这是陶钝同志亲口给我讲的。所以江青最忌讳的是别人知道她过去不光彩的经历，凡是知道她的底细的人，都会遭到她的迫害。中国人民大学在"四人帮"的统治下，当然不可能有好命运。

我回京不久，蒙社科院李新和黎澍同志的关切，先把我调到社科院历史所，参加续修范文澜的《中国通史》。后又因人大解散，语言系被分到北京师院中文系，据说又因分去的名单里没有我的名字，故北京师院不接受这个分配方案，提出必须有我一起分配去，才能接受整个语文系。这是当时系领导到我家来动员我回来一起分配去师院时对我说的，后来李新同志也对我说你先去师院，我们再从师院把你调过来。因为当时中央组织部已经同意调我到社科院，所以我也就同意先到北师院了。因此又从社科院把我扯了回来，分到了北京师院。不到一个月，北京市委成立评《红楼梦》写作组，我又被派到市委评《红》组。原说只是写一篇文章，后来又说要写一本书，书完成初稿后，李新同志又向北京市委宣传部长张铁夫和写作组的上级领导曹子西把我要回到历史所去，这样我又回到了历史所。1974年下半年，袁水拍同志被任命为国务院文化组的副组长（即文化部副部长），有一次他到"铁一号"来找我，他说他不愿意当官，现在既然当了，总要做点实事才好，问我有什么建议。我就说校订《红楼梦》是一件极有意义的事：一是《红楼梦》一直没有好的校订本；二是这个选题一定会被批准，因为毛主席喜欢《红楼梦》，提倡读《红楼梦》。他听了非常赞同，立即就要我起草报告，报告送上去不久就被批准了，并且立即成立了《红楼梦》校订组，由袁水拍任组长，我和李希凡任副组长，小组直属国务院文化组。这样我又被正式借调到《红楼梦》校订组。从1975年开始，向全国高校调取的专业人员基本上到齐，就开始了校订工作。

校订工作碰到的第一个难题是采用哪一个本子作为底本。当时意见很不一致，争论很激烈。我主张用"庚辰本"作底本，有的同志说你拿出文章来，我当时确实还没有写文章。恰好这时"四人帮"垮台了（1976年），外面就有人说《红楼梦》校订组是"四人帮"搞的，主张解散校订组。这时从外地借调来的人已回去了，从北京借调的人因本单位的工作需要也回去了，校订组只剩了四五个人。有一次驻文化部的军代表到研究院来，在大门口恰好碰到了我，就对我说："大家先回去罢，现在'四人帮'刚垮台，事情很多，顾不上校订组的事了。"我就说："回去完全可以，但我们是国务院的调令借调来的，回去总也要有个国务院的文件说明情况罢，否则我们回去怎么说呢？"他听了马上就说："喔唷！我不了解情况，要是这样，那就不要动了。"他还说："你们是好的，不要误会我的意思。"这样校订组和校订工作总算稳定下来。不久，贺敬之同志来当文化部副部长，我就直接请示敬之同志，敬之同志说：《红楼梦》的校订工作是国家任务，与"四人帮"没有关系，非但不能停，还要加快工作。敬之同志的指示立即把《红楼梦》校订组的性质澄清了，工作也稳定了，校订工作也就顺利地继续下去了。但当时大家都忙于参加对"四人帮"的揭批工作，确实时间很紧张，小组的工作暂时濒于停顿。我恰好抓住这个机会认真研究了"庚辰本"，竟意想不到地从"庚辰本"里发现了它与"己卯本"之间的血缘关系，证明了"庚辰本"是照"己卯本"抄的。而"己卯本"又是怡亲王府的抄本（我与吴恩裕先生于1974年撰文证实了这个问题），怡亲王允祥与曹頫的关系比较亲密（见雍正的朱批谕旨）。因为在乾隆二十四年（己卯）时，外间还没有《红楼梦》的抄本流传，怡亲王府抄"己卯本"，它的底本只能从曹頫或曹雪芹手里借到，所以这个"己卯本"无疑是直接从曹雪芹的原稿过录的。更可贵的是怡亲王府抄"己卯本"时，是六至七人合抄的，因为要保持格式一致，所以分头合抄的人都一律照底本的格式来抄，这样合起来就成为一部格式统一的完整的书。这样一来，无意中等于是保存了曹雪芹《石头记》原稿的面貌。遗憾的是"己卯本"已散失了一半，现在只剩四十一回又两个半回了。可是想不到我在研究过程中又发现"庚辰本"是照"己卯本"抄的，也是因为抄手有多人，所以大家忠实于"己卯本"的原样，这样无意中"庚辰本"又保存了"己卯本"的原貌，也等于是保存了曹雪芹《石头记》原稿的面貌。这样一来，"庚辰本"的珍贵价值就被揭示出来了，而我们采用的底本自然也就是用"庚辰本"了。

我将我的这些重要发现，写成了一本书，定名为《论庚辰本》。原先我只准备写一万多字，不想因为新材料的发现，一写就是十万字。从1977年5月20日开始动笔，到7月23日凌晨结束，共写了两个月。我在这本书的序言里说："我坚信科学上的是非真伪，不能凭个人的主观自信而只能由客观实践来检验，只有实践才是检验真理的标准。"我在这本书的结尾处又说："究竟是谁的意见比较地符合这些版本的客观实际情况，这要由客观实践的检验来加以鉴定，实践是检验真理的唯一标准，除此之外，不能有第二个标准。"我提出"实践是检验真理的唯一标准，除此之外，不能有第二个标准"是针对学术研究而说的，想不到在八个月后，《人民日报》发表了胡福明同志的文章，由中央发动了检验真理的标准的讨论，而我却在这场讨论之前就发表了上述见解，这又是一次意外的巧合。我这本书是 1977 年 7 月 23 日写完的，恰好被香港《大公报》的老朋友陈凡兄见到，立即就拿去在香港《大公报》连载了三个月，后来由上海文艺出版社于 1978 年 4 月出版。

校订工作的第二个大难题是关于曹雪芹的祖籍问题。这个问题与《红楼梦》的正文无关，不在校订范围之内，但校订完了出书，总要有一个"前言"，对作者要有所介绍，这就涉及到这个问题了。当然，采取人云亦云的方法，也可以敷衍过去，但这不是认真做学问的态度，即使是用人家的现成结论和材料，也得把这些材料的真伪和结论的可靠性作一番检验，如果确实可靠，才敢使用，否则如何敢随意乱用。由于这个原因，我就对曹雪芹祖籍的有关史料进行认真检验，重新翻阅了原始资料，从头做起。竟意想不到地从《清实录》里查到了最早关于曹雪芹五世祖的记载，接着又借到了抄本《五庆堂辽东曹氏宗谱》，上有曹雪芹六世祖到曹雪芹同辈的世系，后来又发现了辽阳三碑，发现了两篇从未见过的《曹玺传》（曹雪芹的曾祖父），发现了顺治年间曹雪芹五世祖任职的职官志，还有曹寅《楝亭集》的自署。所有以上这些材料，无一不是说曹家的祖籍是奉天辽阳，而原来的丰润说，却是半个多世纪以来，从未有过一条真正可信的资料，除了弄虚作假外，再也没有什么真东西。因此我写了一本《曹雪芹家世新考》，此书从 1975 年开始写起，一直到 1978 年完成，30 万字，96 幅图片，1980 年由上海古籍出版社出版。从这本书开始，曹雪芹的祖籍是辽宁辽阳而不是河北丰润，遂成确论。此书今已三版，文字已增至 80 万字。

在校订《红楼梦》的过程中，还碰到很多难题，在注释工作上难题也一大堆，由于大家的共同努力，破解了一道道难题，所以我还分别写过

《红楼梦》抄本研究的专著、论《红楼梦》思想的专著、综论《红楼梦》思想艺术的专著，都分别作为专著出版。我们的校订本《红楼梦》于1982年由人民文学出版社出版，校订前后历时7年。此书出版后，得到了中央古籍整理出版小组的领导李一氓的肯定，李老还专门为此书写了一篇书评，认为此书可以作为《红楼梦》的定本。此书至2002年的20年间已发行300多万套。《红楼梦》新校注本的出版，也就是我们的校订工作的完成和结束。

六

人大自被"四人帮"解散后，我的命运一直漂泊不定。先是承社科院李新同志和黎澍同志的关心，使劲把我调到社科院，之后又因人大解散时分配工作，我又被硬扯到北京师院，在师院停留不到一个月，又被北京市委调到评《红》组，评《红》告一段落时，又回到社科院参加修编范文澜的《中国通史》。不久，又因国务院文化组成立《红楼梦》校订组，我又被调去当副组长，主管校订业务。1978年人大复校前，先是李新同志与我一起商量让我起草复校报告，后来李新同志与郭影秋副校长又一起商量让我再重新起草复校报告，当时一起参与争取复校的还有其他同志，我已想不起来了。人大复校后，我的组织关系又最终回到人大，我继续担任语文系的"文学史"和"作品选"的课。从1979年开始我带硕士研究生，连续带了三届，第一届是叶君远、邓安生和胡绍棠。叶君远的研究课题我为他确定作吴梅村研究，邓安生的课题是陶渊明研究。三十年来他们早已成了著名的专家，尤其是叶君远已是研究吴梅村的权威，邓安生则在陶渊明研究上取得了历史性的突破和重大的成就，他的书先在台湾出版，后来又在大陆出版。胡绍棠的专题是研究曹寅，去年也出版了曹寅《楝亭集编年笺证》。后来的两届研究生也都在工作岗位上工作得很好。当时我一方面担负着人大的繁重课程，另一方面仍继续借调在《红楼梦》校订组工作，直到1982年新校注本的《红楼梦》出版。之后校订组升级为《红楼梦》

研究所，我被任命为所长。到 1986 年，我正式被调到文化部艺术研究院任副院长。所以，1975 年到 1986 年这 11 年，我的组织关系仍在中国人民大学，就是我在文化部的兼职工作也都与人大有关，因为我当时还是在人大领工资，我未拿研究院的任何补贴。《红楼梦》的新校注本出版后，稿费百分之六十上交给艺术研究院，百分之四十由校订人员分配。我拿 250元（前后工作七年）是最多的，其他校订组的人一般都是 200 元。稿费的分配是由我定的，大家只有一个意见，说我拿得太少。我自己只有一个想法，把工作做好了是我最大的快乐，分配稿费得到大家的满意，也就是我最大的满意。

我在人大实际工作 21 年，借调出去 11 年，总共是 32 年。

我是在中国人民大学成长起来的，在人大受过锻炼、得到培养，也饱受风雨的摧残。重重的风波我都过来了，我仍然不能忘记人大对我的培育，仍然不能忘记人大的许许多多同甘共苦的同事和朋友，人大永远是我的根。

七

难忘 2005 年，这一年我已经离休 9 年了。这一年，我于 8 月 15 日第三次登上帕米尔高原，到 4 700 米的明铁盖达坂为玄奘立东归碑记。这一年我于 9 月 26 日由米兰进入罗布泊，到达楼兰、龙城、白龙堆、三陇沙入玉门关到敦煌，在大沙漠死亡之海里停留了 17 天，目的是为了确证玄奘取经东归最后的路段是经罗布泊、楼兰进玉门关的。这一年，我已经 83岁，但却幸运地完成了这一艰巨的调查任务。

更想不到的是正是这年，纪宝成校长恳切地请我再回人大任刚创办的国学院院长。

我理解的国学是广义的，也就是中华民族的传统文化，它是我们伟大民族思想、精神、智慧、文化的总汇，是我们多民族统一国家的共同财富。它包括"四书"、"五经"，但不仅仅是这些，它以汉民族的文化为主体，但已融合了各兄弟民族的文化和思想。我们党和国家的主导思想是马克思主义，但毛泽东同志反复说过马克思主义一定要与中国的实际相结合。那么，当然包括与中国的历史传统和文化思想传统的结合。也就是说，我们党和国家的主导思想应该是马克思主义与中国实际结合的主导思想，今天我们所说的有中国特色的社会主义，也就是说是马克思主义与中国实际结合的社会主义，是马克思主义实践的社会主义而不是纯书本理论的社会主义。所以我们的社会主义是马克思主义的丰富和发展。因此，我们建设中国特色的社会主义是一定要尊重中国的历史传统、思想传统和文化传统的。

但是，长期以来，我们对传统文化的重视还很不够，特别是经过一系列的运动，如"厚今薄古"运动等等，尤其是一场"文化大革命"，传统文化几乎是扫地以尽了。只要回想一下"破四旧"的风暴，就可以明白传统文化的命运了。我们的传统文化，是把文化与社会公共道德、个人的品德修养融合在一起的，当我们在接受传统文化时，也就同时接受了社会道德的教养、个人品德修养的教养，因而也懂得了做人的道理和对国家、社会、人民的责任，所谓"天下兴亡，匹夫有责"。但是一场"文化大革命"，对传统文化的破坏、对社会公共道德的破坏、对个人品德修养的破坏是无法估量的。一时间，儿子批判父亲，妻子批判丈夫，学生批判老师，好友顿成反目，一句"造反有理"的口号，成为破坏一切（包括社会道德，人与人之间的信义等等）的理论根据，于是社会的道德秩序全部被破坏了。我认为现在社会的许多弊病，很大一部分是"文化大革命"种下的恶果。社会严重地出现了信仰的危机、社会道德的危机、个人道德行为的危机。纪宝成校长有鉴于此，开始大声呼唤振兴国学，同时也遭到不少人的反对，这种情况恰好说明我们伟大中华民族的历史传统和文化传统已渐渐在人民的头脑里消减了。这种情况也说明，我们的马克思主义与中国实际的结合还有不够完善的地方，我们偏重了某几个部分而忽略了历史传统和文化传统的作用，忽略了社会公共道德、个人品德修养的作用。

所以我认为纪宝成校长是有远见的，他看出了当前社会的急需，所以振臂疾呼，不怕反对，奋勇前进，这种精神是可敬可佩的。不仅如此，他还创办了国学院，这就是说，他不仅仅是作理论的呼吁而且继之以实践，这就需要有更大的魄力，而纪宝成校长竟然独担风险，勇往直前，即此行动，谓之"铁肩担道义"我看也不为过。

纪校长是在这样的现实情况下来请我任第一任国学院院长的。

我是有自知之明的，无论是与前辈学者或同辈学者来比，我都有很大的差距。我有我的缺点，我的学识结构是非常不完善的。我每每想到我的校长，我的许多老师，就觉得我与他们实在相差太远了，就是与当代我所崇敬的许多学者来比，他们有的还比我年轻一点，但我也比他们要差。每每看到学问，我只有崇敬之心而没有年轻年长之别。所以从事实来说，我是不足以胜任国学院院长之职的。但我对纪校长的热情提倡振兴国学，是既钦佩而又感奋，看着他面对社会的争议，我真觉得他是国之诤臣。当他急需有人担当国学院院长的时候，我如果推辞，那等于是逃避，这是万万不应该的。在我受教育的过程中，无锡国专对我的影响是最大的，我的无锡国专同学中，也有很多出色的学者。这些年，就有同学多次提出要恢复无锡国专的想法。如果能对国学振兴有所贡献，我想也是对我无锡国专的老师们一个小小的交代了。由于以上这些原因，我才接受了纪校长的邀请，而决不是我自认为我有资格当这个国学院的院长。

我对纪校长提出了几项建议，其中就有建立西域研究所的建议，这项建议立即就得到纪校长的赞成。我所以作这样的建议，是我认为我们伟大祖国是一个多民族的国家，我们应该珍视兄弟民族的历史文化。我所理解的国学，是包含兄弟民族文化在内的国学，而事实上这种民族文化的融合，早已是几千年前就开始的事了。因为西域研究这项工程牵涉甚广，所以在 2005 年 9 月，我得到季羡林老的支持，共同上书胡锦涛总书记，陈述建立西域研究所的必要，并且需要得到国家的批准和支持。我们的信送上去不久，10 月 1 日，我在罗布泊的营帐里利用卫星电话与北京家里通话，他们就告诉我，我们的报告胡总书记已经批下来了，温家宝总理也作了批示，要教育部和财政部予以有力的支持。这样我们的西域历史语言研究所就顺利地建成，并在国际著名专家沈卫荣教授（所长）、王炳华教授、荣新江教授、孟宪实教授等的共同努力下，非常顺利地开展工作并往前发展了。

我担任国学院院长，主要是帮助课程的建设和师资的聘请。我们的课程设置特点：一是六年一贯的本硕连读，这样有利于学生的学业深造。二是经典著作的专题课程设置，这样有利于尽早把学生引入学术研究的领域。三是设立"国学讲坛"，定期延请国内外名家来作专题学术讲演。四是提倡学生的写作实践，"读万卷书，行万里路"，培养学生的社会实践和实际写作能力。我们希望国学院毕业的学生，都必须是能写一手好文章、能著书立说的，而且是独立思考的。五是国学院还鼓励学生的课外学习，不局限于课程设置以内，学生必须扩展视野，培养学术兴趣，而且是要重实践、重调查、重真实可靠的史料，这样可以培养学生严谨的学风。六是国学院实行导师制，在本科三年级的时候就开始有导师开展辅导读书、研究，这有利于同学提前进入学术研究。这些做法，也参考了当年我读无锡国专的经验。教师的聘请是一个难题，因为现在学校多，不少大学都有中国文学课，都需要这方面的专家，所以从建院之始，到现在还在延聘相关的专家。但我们已有较好的基本教师队伍，足以开设以上这些专题课。

我与纪校长约定，我担任两年院长，暂时承乏。因为我自知不足，不能耽误国学院的大事，况且我确实已老了，再在第一线，我已力不从心了。所以我从2008年起就退下来了。我把学校给我的全部报酬，捐赠给了国学院作为学生的奖学金，以略表我的一点心意。

我感到国学院的老师和学生是非常努力的，建院时的常务副院长孙家洲教授和其他教授一起，尽心筹建了国学院，当然这一切都是在纪校长统率下有序地进行的。现在的常务副院长黄朴民教授，也是恪尽厥职、尽心尽力的，再加上其他几位副院长和教授们的合力，国学院显得生气勃勃。

我曾参加过几次学生的学习活动，我看他们的作业大有可观，而且学习的气氛很浓，我仿佛又回到了我在无锡国专的学生时代。

我离职以后，国学院院长一时难得其选，由纪校长兼任，这也是很重要的举措。国学院创建伊始，如果没有热心果断如纪校长的人来坚持下去，它的发展也会受到影响或干扰。由纪校长兼任，我离职以后也就可以放心了。

国学院，从小的方面说，是培养继承和发扬传统文化的人才，是繁荣祖国的文化事业；从大的方面来说，它关系到马克思主义与中国社会实际的结合（在思想文化这方面），关系到建设有中国特色的社会主义，关系到我们国家的发展和繁荣。我体会毛泽东同志反复说的马克思主义与中国实际的结合，也就是要让马克思主义在中国的历史传统、民族文化传统的土地上生根，使它由外来的变为自生的，使它更加根深叶茂。从这一方面来说，国学院（包括全国的传统文化教育研究机构）的任务可谓重矣！我们也可以从这方面看到纪校长的远见和他的为国深谋。如果说建设世界第一流的现代化的社会主义新中国，离不开世界最先进的科学技术和最先进的文化的话，那么它也离不开中国的历史文化思想传统，因为一个独立的自强的有着13亿人口的泱泱大国，总不能离开自己几千年来生根发芽的土地，更不能离开有着传统文化血脉的人民。而我们的传统文化，也会吸收世界的先进文化而发展丰富创造自己的新文化，这在历史上我们早就有丰富的经验了。中华民族是一个伟大的有着远大目光和宽广胸怀的民族，我们的民族是善于吸收和善于创造的，我们有这方面的充分自信。

我们的伟大祖国，必然会在马克思主义与中国实际相结合的理论指引下和实践中大踏步前进，必然会在世界先进的科技知识、文化知识与中国现实的历史传统文化相结合下大踏步前进并推陈出新。我们的事业要走在世界科学技术文化的最前沿，我们的根却要扎在我们民族土壤的最深处，我们既要根深，更要叶茂果大。

我们有具有中国特色的社会主义常青之树。它是世界先进科技文化与中国民族历史文化的结合和发展创新，是马克思主义与中国实际结合的伟大创造。国学，永远是这一结合中的重要分子。

所以，国学是长青的，它是民族文化的常青之树。

我从1954年调到中国人民大学一直到现在，历经过多任的校长，吴玉章校长是我永远怀念的，他是建校的第一人，他永远在人大的校史上放射着光芒。其次，与我接触较多而且较为相知的是郭影秋副校长，他首先是一位学人而不是官，他对人大的建设，对加强人大的文化学术建树有很大的贡献，也有远大的理想，可惜他生不逢时，遇上了"文化大革命"，他的理想和生命都被"文化大革命"毁了，但他留下的中国人民大学毕竟比以往增强了学术气氛。他所倡建的清史研究所，今天更承担了国家修撰清史的重任，这些都将使郭影秋副校长在人大的历史上永放光芒。而人大发展到纪宝成校长的时代，仿佛进入了一个全新的时代，这有时代的大势所趋，这就是改革开放的大好形势，但更有纪宝成校长作为一位著名的教育家、著名的高校校长个人的努力奋斗、个人的远见、个人的建树在。创建国学院，是他一系列业绩中的重大业绩，这一业绩将伴随着祖国伟大事业的发展而同时发扬光大，因为中华民族将永远独立于世界之林。中华民族的文化永远是中华民族的文化，不会被外来文化所淹没。未来世界将是一个文化异彩纷呈的世界而不会是一个清一色的世界、一个灰色的世界。正因为如此，民族文化之花才必将万世盛放！

人物简介

冯其庸（1924—　），名迟，字其庸，号宽堂，江苏省无锡市人。中共党员，教授，红学家。

冯其庸1948年毕业于无锡国专，1949年5月在苏南行署工作，1950年到无锡市第一女中任教。1954年调入中国人民大学，历任讲师、副教授、教授等职。1980年、1981—1982年，两度赴美在斯坦福、哈佛、耶鲁等大学讲学。又曾历访新加坡、马来西亚、韩国作学术讲演，还曾应邀至德国柏林和法国巴黎考察敦煌与吐鲁番文献。1986 年调任中国艺术研究院副院长。2005 年 5 月任中国人民大学国学院首任院长，2008 年 1 月起任名誉院长。2009 年 11 月被聘为中国文字博物馆首任馆长。曾先后兼任中国红楼梦学会会长、中国汉画学会会长、中华炎黄文化研究会副会长、《红楼梦学刊》主编等职。

冯其庸主要研究中国古典文学、古典戏曲、中国文化史、中国绘画书法等艺术并从事诗歌、散文与书画摄影创作，尤以《红楼梦》研究著称于世。先后著有《曹雪芹家世新考》、《论庚辰本》、《石头记脂本研究》、《论红楼梦思想》、《瓜饭楼重校评批〈红楼梦〉》等。此外，他还创办并长期担任《红楼梦学刊》主编，主持校注了新版《红楼梦》。冯其庸在文史研究的其他方面和戏剧研究上也颇多建树，38 岁就主编《历代文选》，该书成为影响了一代人的文学读本，还出版了《逝川集》和《春草集》。20 世纪 80 年代中期开始关注西部研究，曾十次赴新疆，考察玄奘取经东归古道和"丝绸之路"，撰成《玄奘取经东归入境山口古道考实》等论文。冯其庸还著有《夜雨集》、《落叶集》、《秋风集》、《墨缘集》等散文集，先后四次在中国美术馆和上海博物馆举办个人书画展。

吴宝康自述①

摘要：吴宝康（1917—2008），浙江湖州人。著名档案学家，中国人民大学信息资源管理学院教授。本文回忆了他辛苦求学、参加革命的成长历程以及创建中国人民大学档案系和档案学科的情况。

我的家乡

我原名吴庆荣，小名福宝，家里叫陌福，或福官。吴宝康这个名字是在1939年参加革命后改用的。从这个名字的改称，也可反映我个性脾气的特点。本来一般人参加革命后喜欢改叫一个比较革命化的或时代化的名字，但是我没有，我偏偏改叫宝康这样一个又普通又俗气的名字。说起我的改名，还有一段来历，那就是当年我从上海到了无锡梅村参加革命后，我就向当时在无锡的东路特委书记张英同志提出改名的要求，意在参加革命后就隐姓埋名，不让人知。张英同志就问我，改什么名字？我就说请你帮我起个名字吧，普通一点的，群众化一点的就行。后来他就说，那就叫宝康吧，再群众化不过了。就这样，我就改名吴宝康，一直叫到现在。记

---

① 此文是校史研究室遵照家属建议，将吴宝康教授生前在《档案学通讯》1997年第1期发表过的自述文章选编录入本书，以资深切的怀念。

得在"文化大革命"初期，在中国人民大学校园里贴了很多关于我的大字报，许多人在观看，我也在人群中观看。只听得一群学生模样的年轻人在议论，说看这名字也不像什么学术权威。这是我有生以来难得听到的别人对我名字的反应。我的名字确实发挥了通俗普通的作用，不是一个革命化、时代化的名字。我只希望自己是广大群众中的一员，做一点普普通通的工作，起一点普普通通的作用，为革命多作贡献。我记得当年我在上海和下乡后，写文章都爱用"孙心烈"这个笔名，它又从另一个侧面反映了我的思想，我不喜欢锋芒毕露，慷慨激昂，而只求心似烈火，实实在在为革命做一些工作就是了。

我是浙江湖州南浔镇人，生于1917年9月4日（阴历八月二十日）。南浔是位于江（苏）浙（江）交界太湖南岸，运河横贯其间的一个美丽富饶的江南水乡小镇，是个历史文化名镇。那时全镇人口有一两万，商店林立，有相当繁华的商业街道，有坐满了每天从四乡摇了航船赶来集镇的农民广做交易、休息聊天的茶馆，有电灯照明。全镇正好建在与运河交叉的十字河口的两岸，分东南西北四栅，瓦房相邻，鳞次栉比，大小石桥横架河上，一派江南水乡小镇风光。人们就生活在市河两岸和伸展出去的店房住屋之中。有沿街的商店门面，也有大小石库门的住宅。南浔素以丝商、盐商等集居之地而闻名，较为富裕，有"四象八骆驼"之称，还有"一百只壮猪猡"，以形容富家之多。有的大户人家，如张、庞、顾、刘等，都建有私家花园，如南栅张家的适园、刘家的小莲庄和藏书楼、东栅庞家的庞园等，都是闻名遐迩的，这些都是我小时候随大人去游玩的地方。

我家就住在南栅泰安桥西堍，陶家弄口南侧的一座四进式二层楼马头墙石库门的古老住宅里。大厅上挂着"紫绶堂"的横匾，中堂有山水画轴，木制对联是"达德智仁勇，修身孝悌慈"。有楠木长条桌、供桌，厅正中两旁楠木椅几，中间一只大圆桌。蛤蜊花格木窗，厅前还挂着八只红木玻璃宫灯。宅内最后的一排房屋，有个大厨房，内有一座五眼大灶。大厅南门外，还有一排平房，共九大间。屋后还有一个大白场，可以看到我家的厚达三四尺宽的风火墙，即马头墙。过去我们写信时，把这里叫吴泳记，因为我的祖上就在这里开丝行的，丝行就叫吴泳记。大概是受帝国主义经济侵略，在市场竞争中失败，丝行纷纷倒闭，我家的丝行在我曾祖父一辈的时候就已关门停业了。我家祖上的经济从此走上了下坡路。

我的祖上是一个大家庭。在我曾祖父的一辈，有兄弟七人，姐妹三人都出嫁，所以共有兄弟七房，我家曾祖父排行第五。从曾祖父一辈起，名字都按"生、臣、其、庆"四字排下来。曾祖父一辈都是叫吴×生，我也不知我的曾祖父名字叫什么。我的祖父叫吴龙臣，我的父亲叫吴其况，字士良。他还有一个妹妹，名字也不知，嫁在湖州，丈夫早故，守寡终生。到我这一辈，我们兄弟姐妹四人。我姐叫庆珍，我叫庆荣，大弟叫庆华，小弟叫庆棠，小名小毛，现名吴健。我姐庆珍比我大三岁，嫁于南浔蔡厚生。全国解放后，蔡厚生辞去南浔中学教师职务，到上海华东局行政处工作，他是学园艺的，专管住房花园工艺。姐于 1991 年 9 月 26 日去世，姐夫也于 1992 年 1 月 31 日病故。大弟庆华，比我小三岁，小学毕业，抗战爆发后，曾参加游击队，后在苏州被日本鬼子杀害。小弟庆棠，比我小七岁，随我参加新四军，现为中共中央党校政治经济学教授。

我的祖母，娘家姓张。她们姐妹二人，其妹嫁于菱湖钱家，后代即今钱振麟家（上海）。她有一异母兄弟，叫张平夫，在上海做房地产生意，较富，已故。我祖母名节，写信时就写吴节，这名字可能也不是原名，是我祖父死后取的，守寡曰节。我祖母是个相当有能力有见识的人，她没有念书，但幼年在娘家时随弟听讲自学四书五经，也能写字看书。她看过许多古典名著，如《三国志》、《水浒传》、《红楼梦》等，她逐渐成为一个知书达理的妇女。嫁到吴家后，素为族人所尊敬，有相当威望，遇有大事，族人都愿同她商量，征求她的意见和见解，尊称她为龙嫂、龙阿姆或龙太太，是女中强人。

我没有见过我的祖父，只听说是在招商局的长江轮船上当职员，管钱财账册的，早年亡故时我父亲仅七八岁。祖母守寡终生。

　　父亲的长相，我已记不清楚，幼小时似乎也没有见过几次。他是一个破落人家的少爷公子，曾就读于上海同文书院。听祖母说，他也曾在招商局长江沿岸武穴的一个单位工作过，还在北京饭店，那时叫六国饭店工作过，但都因吃不来苦而作罢回家，欠了一身债，还抽大烟（鸦片），好吃懒做，不务正业，到了年三十就外出躲债，1924年三十多岁时在南浔家中死于伤寒症。母亲带着我们姐弟四个孩子，过着守寡生活。我的小弟庆棠还是个遗腹子，父亲也没见过。那时我也只有七岁。

　　正由于我家两代无人经营和工作，两代妇人守寡度日，在这旧社会里，我家经济拮据的状况是可想而知的。我出生时我家已经日趋贫苦了，我就是在这样一个家庭里出生和长大的。当时，实际上我们一家人都靠祖母在上海一所小学里管行政庶务所得工资过日子的，有时也有亲戚资助。我的父亲即使在尚未病故的时候，也是不可依靠的。他每次外出做事，总是欠了一身债回来的。我幼小时，常听祖母跟我讲每年过年三十夜是最难熬的，总有人提了灯笼到家里来索要父亲在外欠的债。

　　祖母做事的那所小学是上海城西小学，还附设幼稚园（即幼儿园、托儿所），是亲戚办的。这个亲戚就是祖母她后妈的娘家——姓龚的人家办的，也可以说是我祖母的舅舅家办的。校长是祖母的表弟龚元彪及其夫人。

　　为了减轻我母亲带四个孩子的负担，祖母决定带我到上海去。那时重男轻女，祖母同母亲商量究竟是带我姐出去还是带我。带我出去，年龄太小；带姐出去，姐是女孩，在旧社会有女孩长大了总是别人家的人的封建思想，因此商量结果还是决定带我去上海，随祖母在小学生活和念书。

　　当我虚岁六岁的时候，1922年过春节后不久的一天，就随祖母坐内河小轮船去上海，一路途经震泽、平望、黎里、芦墟等镇，进入黄浦江。船上过一夜。次日晨，祖母发现我在被窝里流眼泪了，就引着我看窗外黄浦江上的大轮船。不久就到达上海苏州河码头，从此我开始了上海生活，以后一般只是每年暑假、寒假才随祖母一起再坐小轮船回南浔（那时还没有长途汽车）。有时也不回南浔，就在上海亲戚家玩，如张家和钱家。

到上海

　　到上海后，我就随祖母在城西小学生活，同祖母住在一间房内，一切都由祖母照顾。祖母深知我父亲已无指望，因此一片爱心都倾注在我身上，像带自己的小儿子那样照料和培植，把未来的希望都寄托于我。我在城西小学最初还上了一年幼稚园，现在还留有一张那时的照片，背面书有"民国十二年七月十五日在上海城西幼稚园保育科修业期满摄影"字样。说明我是1923年7月在幼稚园修业期满后再上小学的。我在城西小学念了四年，于1927年7月初小毕业。在小学的情况，我已没有什么印象，只记得祖母说，我在小学时，每次上体育课就皱眉头，上图画、音乐课倒是喜欢的。

　　城西小学是一所私立小学，在当时法租界蓝维霭路永福里，靠近斜桥，只有初级小学四年，没有高级小学的五、六年级，于是毕业后就要转学于老西门附近的西区小学。西区小学是一所完全小学，初高小都有，还设有初中一年级。该小学与上海南洋中学是有关系的，初中一是为南洋中学代办的，念完后可直接升入南洋中学初中二。所以，这个小学的教学要求和质量较高。我从城西小学转过去，又在初小四年级重读一年然后升入高小，毕业后再上初中一。因此，从1927年9月到1931年7月一直在西区小学念书。

　　我的印象中，自到西区小学念书后，顿觉课程较前为重，要求也较前为严。这就促使我加倍努力，勤奋读书。语文课从《论语》到《古文观止》、《左传》、《战国策》等都读过。记得我的小学语文作业，曾有一次老师批曰："资愚勤学，可造之材也"。这也许可以说恰当地反映了我在小学时期的学习情况。我的天资并不聪明，但知道努力。老师的批语对幼小时代的我起了激励向上的作用。我小学三年级开始就学英语了。我的数学课是比较差的，只能及格或略强，也算能跟上。我在小学的课程学习，一般只能算中等，名次总是不高不低的，到了中学也基本如此。

当我即将结束在西区小学的初中一年级学习的时候，家里发生了不幸情况，即我祖母工作的城西小学要停办了，这就意味着祖母要失业，家庭经济将更趋困难。一天，祖母对我说，小学要停办了，只好回南浔去生活。今后家里经济收入将更无来源，就无力量再培植你上学深造，最多也只能争取上完初中，就去做生意了。西区小学初中一学完后，可升入南洋中学继续念书。龚家是南洋中学的董事，可托他们同南洋中学的校长说说，免费学习。我那时虽然还是个十四岁的小孩，但对家里困难情况已很明白。因此，祖母说了之后，我很理解，以后也就照此办理了。

南洋中学是当时上海一所办得较好的中学，有初中和高中，学生毕业后许多都上交通大学继续深造。南洋中学坐落在上海南市日晖港附近大木桥路，校长是著名的教育家王培荪先生。当我在西区小学念完初中一，经龚家与南洋中学王培荪校长联系，并同意我免费上学后，我就于1931年9月进入了南洋中学读书。记得为此我还应王培荪校长的约见，到日晖港他的住家去过，谈谈我的情况。王校长还当面表示同意免费就学，并勉励我努力学习。王培荪校长是一位善良慈祥的老教育家，戴着一副宽玳瑁边的深黄色镜片的眼镜，头戴一顶自织的绒线压发帽，说话很和气，可以感到他对家庭较困难的青少年学生富有同情心，愿意热心帮助。当我告别时，还送我到门口。就这样，我从1931年9月到1933年7月在上海南洋中学读书，即从初中二到初中三。

我在南洋中学是住读生。在一个大操场的西边，有三座两层的宿舍楼，我住在中间的楼。楼和操场的南边是沿马路的竹篱笆墙，在靠近南楼的竹篱笆下有一个小洞，可以向马路南侧的小苏州面店，买一碗牛肉汤面、红山芋汤等，从小洞里塞进来。我住在中楼的楼下一间房里，有六张木床，三张对坐的书桌。与我同房间的有汪祖绳、陈继能、翁福绵（即陈耀华，又名翁迪民）、俞锡南、沈承昭。我与翁福绵对面用同一个书桌。我同房间的同学功课有好有差，性格有老实有活泼，但都是当时所谓的好学生，都是用功努力学习，很守规矩的学生。我们六个同学相处得很融洽、团结，并能互相帮助。

我在南洋中学的两年是过着艰苦、朴素、奋发、用功的学习生活。从我进入南洋中学念书起，我祖母已因小学停办而回到家乡南浔，同我母亲等一起居住，坐吃山空，经济是困难的。有时也得到祖母的异母兄弟、上海的张平夫的经济帮助。在中小学时代，我与祖母有时寒暑假不回南浔，应邀到钱家去住，钱家是祖母的同母妹妹之家，我那时常与钱振麟住在一起，我叫他叔叔，但年龄只大我一岁。他家知道我家困难，也常将钱振麟穿过的半新不旧的单衣棉衣送给我。我小时候是穿过钱振麟不少衣服的。我们也很合得来，常有来往，关系很好，青少年成长过程中，思想也互有影响。在南洋中学时，我也有时独自去他家玩，他那时在格致公学读书。我的中学生活是相当清苦的，每个星期只有两角钱的零用费。电影大概一个月看一次，实际上就是每月一元钱。祖母托我的堂叔吴其安按月给我。有时就由他带我去看电影。

在这困难的岁月里，听我母亲说，我的外婆也常拿一斗两斗米和其他农产品来我家。我母亲的娘家姓孙，她名叫孙玉英，姐妹二人，兄弟六人，所以我有六个舅舅。大舅、三舅早年亡故，除二舅较富外，其他舅舅家境均较一般。外公原籍绍兴，年轻时来南浔一家银匠店当学徒，后来就成为这家银匠店的主人，店号就叫孙宝成银楼，设在南浔宝善街上，专做银器首饰生意。外公早年死后，二舅就继承了这份产业，并另有田地百余亩，所以日子过得很好。然而二舅家对我母亲的困境也并无多少支援，倒是我外婆怜悯我母亲嫁了一个不中用的丈夫，常带点东西来看望。在这些年间有时寒暑假回南浔，我也总是把学习生活安排得十分充实和妥帖。在南浔参加一些语文、英语的假期补习班，在家还练习毛笔字，学颜鲁公的颜体字，还学画，学芥子园的国画。当然也有时出去玩玩，上二舅家，或去离南浔西栅十二里东迁的外婆家，也在南浔镇上同姐弟等一起去适园、庞园、小莲庄等处游玩。母亲见我已长大成人，是长子，日益懂事，也很体贴母亲，所以有时也同我叙叙家常，谈谈心里话，讲讲家里的困难情况，没有钱用了，就偷偷拿点什么东西要两个弟弟到当铺里去当了钱，补贴家用。记得那一回我正帮母亲灶下打草把烧火煮饭，听了这些情况，暗自流泪。母亲看见了就极力安慰我，不要着急，身体要紧，总有办法的。

记不清楚是哪一年了，可能那时我十五岁，春天，我在上海去张家玩，那时张家的太婆还健在（即祖母的继母），我忽然肚痛得厉害，于是他们把我送到一家私人办的牛惠霖医院住院，祖母还来陪住、照料。这位牛惠霖大夫诊断是盲肠炎，因我体弱，未动手术，采取保守疗法，用一种什么药膏敷在肚子上，经一个多月治好了。我家付不起这笔住院医疗费，后来是张家舅公和我们族中的一位我叫新公公的，分担交付了一切费用。出院后，到暑假回南浔，祖母和母亲要我好好休养；也在力所能及的条件下，吃些滋补身体的食物。母亲说要吃一只母鸭，原汁原汤是很补人的。于是托乡亲买了一只鸭，母亲亲自炖煮，我吃了一只鸭。

我在南洋中学住读时，是很用功努力的。这也许与我同一宿舍的同学的良好学风有关，大家都是努力学习的好学生。记得我那时除争取学好各门课程外，喜欢利用业余时间，搞点课外知识积累的工作。那时，我用白报纸裁剪成 32 开，然后用线装订成厚厚的 64 开的小本子，讲究地装上一张图画纸的封面，还精心作了封面设计，写上自取的美术字体的书名，如"呐喊"、"激流"、"敝帚"等，内容大都是语言文学、中外历史、中外地理、国际知识等各方面搜集或摘抄得来的知识单元，分类按册集中收录，约有五六本之多，自己还视同珍宝，予以珍藏，可惜后来都毁于南浔战火。

我在中学的学习成绩是由低到高的。每学期结束时，张榜公布。我是从及格以上到最后一学期逐步爬到了第十名左右，总平均分数是 85 分左右。翁福绵、汪祖绳等常名列前茅，在前三名，但总平均也没有 100 分的，都是 90 多分的。

初中毕业了，同学们即将分离，大家都留下通讯地址。记得在最后一天，我们照例都到学生食堂吃饭，吃完饭，只听得一阵骚闹声，一些学生都将自己的饭碗往空中一抛，然后掉在地上，一阵啪啦声，碗都成碎片，许多学生也都随之抛碗取乐。我与同宿舍的同学都没有抛碗，都不以为然，觉得抛碗是毫无意义的事。

我自己知道，我初中毕业后就不能再读书了。我将失学，走上社会找职业。我与同宿舍的同学都讲了，他们都很同情；他们都将继续在南洋中学进高中求学，我们相互告别，分道扬镳。

谋生社会

当我行将初中毕业的时候，祖母就同龚家的表弟龚元彪夫妇商量，请他们帮助我初中毕业后找一个职业。暑假我离校回到家乡，祖母告诉我，过了暑假就可到松江电灯公司去当练习生，是龚家介绍的。松江电灯公司的经理徐锡之，是他们熟悉的。龚家在松江电灯公司也有股份，所以就说成了。这使我感到我小时候每走一步路，都是得到几家亲戚帮助的。没有亲戚的帮助，在这社会里是寸步难行的。

不管怎样，祖母、母亲还是高高兴兴地为我准备行装，福宝要出去学生意了，族中人也都为我高兴。我自己虽感到失学的怅惘，但也深知家里困难，是没有办法的事，现在有了工作，当然也乐于前去松江。

1933 年 9 月的一天，我踏上了走向社会谋生的第一步，那年我十六周岁，全家到轮船码头送我去上海，再坐火车去松江。

松江县城离上海不远。我到松江电灯公司报到时，办公室的几位职员已经事先都知道了。我在松江电灯公司是当练习生，具体工作是每月底到全城各家各户抄电表数字，回公司后计算每家每户用多少度电，要多少钱，然后月初就帮职员王先生拿了大皮包，随着他挨家挨户收电费。熟能生巧，为了节省计算钱数的时间，我自制了一张百度以内的度数钱数对照表，这样计算时就简便多了，也快多了。由于我小时候学会了骑自行车，后来我干脆骑了自行车，满城转，从东到西，挨户抄电表度数。

松江电灯公司并不很大，只有两部蒸汽机和发电机，它的发电量多少，已记不清，只记得用户不是太多，似乎只有几百户，基本上都在城内东西大街上的商业用户，住户人家是很少用电灯的。工人和技师约二十人，职员共约十人，练习生三人，除我以外，还有顾闻榉、王希贤。王希贤就是收账职员王先生的儿子。顾闻榉是与我同年同月生的，那时感情也较好，很谈得来，练习生的工资，记得我是每月八元，除交三元伙食费外，实际只余五元。祖母、母亲嘱我不要给家寄钱，钱也不多，自己用就是了。但我想到家里的困难，我仍每月寄一两元钱给家。有时寄不出钱了，在信中寄几张邮票去，心中也聊以自慰。我同祖母、母亲是心连心的。

从到松江电灯公司工作起，我开始每天记日记。买了很精致的日记本来记，连续记了六年。直到1939年在上海参加地下党后，就不敢再记了。可惜抗战前的日记本因留在南浔家中，都毁于战火，现在所存四本日记本，都是在上海汇丰银行所记的。

1988年我去上海开会，上海市档案局姜文焜局长陪我去松江一游。时隔五十余年后，我重访了松江电灯公司原址。现在已不是什么电灯公司了，而是松江地区的一个什么配电管理处的所在地。我进去看看，已经不认识了。经人介绍才找到原来办公室的房屋以及大门和传达室。大门已经用砖堵住不通行。还看到了原来的机房发电室，机器等已经不见了，据说是多少年前早已卖给河南的什么单位。那个高大的烟囱也早已拆掉不见。后来来了一位比我晚些年也曾在松江电灯公司工作过的老人陪我们参观，介绍情况。临走时还在几个依稀可见旧影的地方，合影留念。

祖母对松江电灯公司的练习生工资不高，总觉得有些不能满意，于是她又趁到上海张家探望之便，去找了龚家她的二舅——龚子懿，上海英商汇丰银行的老买办，及其子龚星五（祖母的表弟），当年汇丰银行的买办，要求他们帮忙，把我介绍到汇丰银行去，得到了他们的应允。于是我在松江电灯公司当了两年练习生之后，又于1935年9月，到上海汇丰银行去当练习生了。

汇丰银行比松江电灯公司气派多了，名气也大多了，在旧社会里是叫人羡慕和向往的，人称铁饭碗、金饭碗。它坐落在外滩江海关侧，一座典型英国式花岗石建筑圆顶大厦，在黄浦江远处就能望见。大门是三扇高大铜门，门口左右还有两只大铜狮，象征着大英帝国的威风。一进门就是一个有十几根高大的大理石圆柱的玻璃瓦大厅，高达十米。这大厅就是银行的营业厅，高大，明亮，又宽敞，是当年远东第一流的建筑，现在是上海市人民政府的所在地。前几年，几次到上海，市档案局的同志陪我去参观，真是旧地重游，感慨不已，引起了许多回忆，并摄影留念。

到汇丰银行，我被分配在大写间工作。什么叫大写间，迄今我也难以说清，可能是一个专管股票往来事务的机构。这个大写间是很大一间明亮的办公室，正好是沿外滩马路，濒临黄浦江，可以看到外国船只军舰往来的情景。大写间里有英国高级职员二人，其中一人即称"大写"，还有三个英籍女职员，做具体账务工作。还有两个中国籍高级职员，一叫曹心安，一叫曹松涛，是兄弟二人。曹心安是中国职员的头头，统管全行中国职员和练习生事务。至于银行业务，谁也不知道他们究竟管些什么具体工作。此外还有练习生三人，外间一人，叫徐春荣，里间二人，我就在里间。徐是我们的小头头。在大营业厅里工作的人，除有一位英国高级职员外，还有中国籍职员数十人，葡萄牙籍职员数十人，练习生几十人，总计约一百几十人。我们全体练习生还有一个总头头，类似工头，专门具体管理练习生事，他被俗称为"拿摩温"（是英语音译）。

所谓练习生，其实就是办公室里的当差人，少数"优秀者"也有机会可升为初级职员，我在大写间工作四年，即从 1935 年 9 月到我 1939 年 7 月下乡参加新四军前，都是做着这些所谓练习生的工作：一、听候当差，外国人叫你干什么，你就去干什么。如他要你去库房取一本大账本，或来往信件的案卷，或复函的复印本，你就去帮他取来，送到他的办公桌上。二、复印发出的英文打字信函和在信封上用英文打字机打地址，即外国人用打字机打的信函，打完发出前，都由我们练习生把它复印在一本特制的复印簿上，这种复印簿的纸张薄而坚韧，刷水吸干后不破，把打字信函放在湿纸之下，在特制的轧印机上压轧后，信函就复印在纸上了。这种特别的复印簿，用完一本换一本，保存起来，利于查找。我在汇丰银行四年，就是干了这样两件事。

汇丰银行大楼后面，还盖了一座新汇丰大楼，这就是后来上海市档案局、档案馆的所在地（最近已搬走，迁到上海西郊的新建现代化馆楼去了）。旁边还有一座两层楼的房子，我就住在这座房子的楼上，一个大房间里住了六七个人，有徐春荣、于定元（即于毅峰，后来改名李之青）、徐兴宝（后改名陆大明）、我、梁杏泉。还有一个职员姓邬的，镇江人，也与我们练习生住在一起。我就睡在靠房门口的一张床。每人有一张小桌，我的床与桌都是从张家拿来的。房门外是一个大平台。我们吃饭都是包饭，就在房间里一张八仙桌上一起吃饭，饭菜也不错。我们的房间和生活琐事还有一个公务员照顾。我刚进汇丰银行时，当练习生的工资是每月12元，当然比松江好一些，以后每年都增加2元，有时还额外再增加一两元，所以到最后，我在汇丰银行的练习生工资大概是20多元，未超过24元。上海与松江在生活水平上是不一样，上海的开支比松江要高。在上海，我社会活动要比松江多得多：我与亲朋同学间交往多了，上夜校、各种补习班的机会多了，逛书店买书的机会也多了，还要添置衣服等，文化生活如看电影等也较方便了。由于上海整体生活水平较高，工资虽比松江多，但开支也较大，我仍力争节余，多寄点钱回家，每月可寄5元、10元，有时十余元，以缓解家中困难。

我到上海汇丰银行工作后，生活上是有所提高的，捧着汇丰的"铁饭碗"，也是可以安稳度日，虚度一生的。但是恰恰在1935年9月到1939年7月的四年间，也是我一生思想上发生急剧变化和极大转变的时期，那时正是我从十八岁跨到二十二岁的青年时代。在那个年代里，我从一个安分守己、循规蹈矩的顺民转变为胸怀烈火、投身革命的旧社会的叛逆，从一个处在旧社会底层的外商银行里的地位卑贱的练习生转变为一个无产阶级先锋队——中国共产党的党员，从一个家境贫苦但又关系亲密融洽的家庭一员转变成为弃家从军的勇士，从一个在上海可以安居乐业的良民百姓转变为一个参加抗日队伍的新四军战士。这些都不是偶然的，是可以从主观上和客观上找到历史原因的。

思想演变

我自幼生长在这样的家庭环境中，对我的思想和个性的形成和发展，影响是很大的。当我还在母亲的襁褓之中的时候，母亲抱着我，指点着墙上挂着的那时称为月份牌里的美女逗我乐，嘴里还连声念着"争气，还债"，希望我长大后能争气向上，把父亲欠的债偿还人家。我祖母在我六岁的时候，带着我到上海去，在她身边读书，也是把一切希望寄托在我身上，把我这个长孙当作小儿子一样抚养着，指望培养成人，荣宗耀祖，重建家室，建功立业，出人头地，做一个有用的人。在小时候的家庭、亲友的内外环境中，我很自然地养成了性格内向、独自思考、沉默寡言、缺乏童心的人。思想表现在学校念书时，勤奋用功、努力向上。走上社会后，仍是一方面安分守己、循规蹈矩，做好工作，另一方面则继续争取自我学习、扩大知识、提高技能，以求谋生。总之，在旧社会，我在家是个好孩子，在校是个好学生，走上社会求职后是个好练习生，是个正直向上的人。我小时候在家庭、亲友的眼里，是个忠厚、老实、怯弱的孩子，不是才华横溢、聪明能干的人，而是一个实实在在做人的人。

1931 年"九一八"事变，日寇侵占东北三省。1932 年上海的"一·二八"事变，军民英勇抗日，那时我刚进南洋中学念书，在我思想上是引起出于民族观念的义愤，但尚未有很大的震动，对十九路军英勇抗日也为之兴奋和敬仰不已。在当时的形势下，对日寇侵华，国民政府的无能，在我内心已埋藏着不满，开始引起我思虑。

进入 30 年代后，新文艺思潮掀起，那时的上海，抗日文艺作品、革命文艺作品在社会上已经流行。我也在亲朋间爱好文艺者（如钱振麟、钱次缪等）的影响下接近了文艺，开始阅读抗日和革命文艺作品，成为一个爱好革命文艺的青年。我的思想启蒙是从爱好文艺开始的。那时，我开始购买文艺书籍，订阅文艺杂志，从中获得民族觉悟和抗日思想，增强阶级觉悟和革命思想。我也曾想过学走创作之路，写些身边的事，抒发自己的民族和阶级的感情，自我感觉与作者或作者所写作品中的主人公的环境遭遇和思想感情是基本相同的，或一脉相通的。

1935—1936年，正处在抗日战争即将爆发、革命高潮行将到来的时候，1935年的"一二·九"学生运动到1936年12月12日的西安事变，对我思想上的震动很大，使我从一般的民族意识和抗日思想，跃进到了抗日救国的思想境地，而且知道了有一个中国共产党，它是主张抗日的。这时我的学习志趣，逐渐从爱好文艺转向探索政治理论了，感到仅仅爱好文艺不能解决当前的抗日救国问题，而必须从研究政治理论中去探索出一条前进的道路。1937年7月7日的卢沟桥事变后，抗日战争爆发；"八一三"后上海、江苏、浙江的大片土地被日寇占领，家乡南浔沦陷，家屋被焚，族人被杀，祖母、母亲及姐弟等避难乡间。这种种家破人亡的景象，更使自己的思想从抗日救国发展到保家卫国、救亡图存的意愿和志向。记得我在抗日战争爆发前后的这一段时间里，因汇丰银行地处福州路外滩，去各书店十分近便，如商务印书馆、中华书局、生活书店、新知书店等都很近，走过几条马路就可到，所以差不多一个星期中要去几次，有时天天去。特别是生活书店，我有时中午吃饭后还去跑一趟，既看书，又买书，没有我所需要的书，就看看书也好。那时，我每月所得工资，除了汇寄祖母、母亲，添置衣服，观看电影外，主要就是买书看，越看越想看，求知欲空前高涨。除看书外，每天晚上仍坚持写日记，我当练习生六年，就写了六年的日记，也曾总结自己写日记的经验，觉得无非是"见、闻、感、谈"四个字，抗战后在汇丰银行记的几本日记，现在还保存着。

就是在强烈的求知欲的促使下，当我得悉上海市银钱业联谊会来汇丰银行发展会员时，我于 1938 年 2 月，同许多同事一起参加了联谊会。我参加联谊会的主要动机就是知道联谊会经常举办各种报告会、演讲会以及讲座等等，可以丰富和扩大知识面。此外，也有一些我喜欢参加的文化活动，我参加了歌咏队。当时教唱歌的是陈歌辛，教的歌有《上海——不夜之城》、《度过这冷的冬天》等。我还参加《银钱界》报当记者，写写文艺演出的报道等。我青年时代是并不太爱好参加社会活动的，是个不擅长于社会交际的人，但在求知欲的促使下，我参加了银钱业联谊会。

银钱业联谊会是抗战爆发后在上海组建起来的群众团体，它是我们党的外围组织。从联谊会的组成和发展，可以看到我们党的抗日民族统一战线政策的成功。当时，汇丰银行的买办龚星五竟还是联谊会的领导机构——理事会的副会长，我们练习生参加联谊会当然更无所顾虑了。想不到我就是在参加联谊会的活动中，后来加入了中国共产党，成为上海外商银行中第一个共产党员。

一般来说，汇丰银行在旧社会被看成是一个可以终生安居乐业的场所，然而在一个有进步思想的青年人眼里，却是一个沉闷、保守、凶狠、吃人不见血的老牌英帝国主义的经济侵略堡垒，我们这些年轻的练习生不过是一群在这个社会深处的底层挣扎生存着的被压迫、被剥削者——外国人的使唤者、侍候者，在这样的场所里长期工作和生活，很自然会引起一个追求进步青年的种种思想上的格格不入的矛盾。

1938 年的一天，我在大写间里间自己的工作桌前坐着看书，这已是我在办公场所的习惯性安排了，有工作时就工作，没事时就自己看书。平常那位高级职员曹心安进进出出看到我在看书，从来也不吭声，也可能他已经注意很久了。那一天，我已记不起在看什么书，他走到我桌边，忽然站住了，弯下腰来翻我看的什么书，然后合上了书，用规劝的口吻对我说："何必看这种书，自寻烦恼，抗日靠你一个人也没有用，还是好好做你的工作。"还威胁地说："你在人家廊檐底下走路，就得头低下来，不然，要碰得头破血流的。"说完气昂昂地走了。我当时被迫中止了看书，心中十分气愤,也未吭一声。但第二天起我仍继续我的习惯安排,没事就看书。从此他也不再说了,似乎默认了。但年底增加工资时,就只给我加了一元,比别人少。那时我心里也满不在乎,我行我素,只是感到受压迫,铭记在心,记得我后来还把这件事写了一篇短文,投寄《译报》刊登出来,诉之社会。

入党前后

从1933年到1939年的几年中,特别是1935年起到汇丰银行后的四年中,我看了不少文艺小说、哲学、经济学、政治理论、国际形势、社会发展史以及青年自学丛书之类的书籍和杂志。至今仍能记起并印象较深、思想影响较大者有如下几种:巴金的《家》、谢冰莹的《一个女兵的自传》、艾思奇的《大众哲学》、河上肇的《政治经济学大纲》,还有一本苏联作者的《新政治经济学……》、斯诺的《西行漫记》、胡绳的《社会发展史论战》以及青年自学丛书中有关世界观、人生观等方面的书籍。

抗日战争爆发后,在国共合作的形势下,1938年的上海是可以买到看到许多我们党的出版物的,如毛泽东的《论持久战》、《中国共产党在民族战争中的地位》以及洛甫的《中国共产党十七年》等,这些书在生活书店都是公开卖的。此外,当时我还看到过我们党出版的《解放》等刊物。

艾思奇的《大众哲学》对我的哲学思想方法、世界观、人生观的启蒙作用很大,使我产生了学哲学的兴趣,知道在身边就有哲学,哲学不是可望不可即的。那些政治经济学的书,虽然不一定都能完全看懂,但硬着头皮看,看懂的大部分也感到是能够领悟的社会真理。《西行漫记》使我对中国共产党的了解具体化了,第一次知道了毛、朱其人,我由衷地赞佩和敬仰。《论持久战》不仅是一本论述抗日战争的书,而且是一本成功地运用马克思主义哲学的著作。巴金的《家》,使我想起我的家,它对我走上革命和抗日的道路起了推动作用。谢冰莹的女兵自传,使我强烈地感到,一个青年女子可以弃家从军，我一个男子汉难道还不如青年女子！

我自从参加上海银钱业联谊会后，在自学求知方面得到了一定程度的满足。联谊会差不多每周都举办报告会、演讲会等，我接到通知和入场券，就每周都去听讲。现在还可以记得的有王任叔（即巴人）的国际形势报告、平心的青年思想修养等。经常听演讲报告，当时在提高思想认识、扩大知识领域等方面起了很大作用。

早在松江时期以及到上海的初期，我就利用业余时间上夜校，学习英语、会计等。到1938年，银钱业联谊会发来通知，称上海职业补习学校举办各科讲座，自由参加，我报名参加了所有讲座，如周谷城讲的中国历史、周予同讲的世界历史、孙冶方讲的政治经济学、平心讲的哲学、林淡秋讲的文学理论等。可以说这是入党前的一次较系统的马克思主义理论的学习，实际上为入党作了思想理论准备。我每讲都有笔记，分科装订后珍藏，可惜都在"文化大革命"中被抄家搜走，不知去向。

1938年下半年的一天，我照例去联谊会举办的报告会听讲。我每次去都是第一个到会场，晚上七点开讲，我差不多六点半就到了。这一次当我走进会场时，一位管理报告会、演讲会的人员，他叫赵扬，走过来同我搭腔说话。他说："你每次都来得很早，吃过晚饭没有？"我答："我已吃过晚饭，我是汇丰银行的，走过来很近，所以我就每次来得较早。听讲很有好处。"他又说："你每次来得很早，能不能帮助做点工作呀？"我问："什么工作呀？"他说："很简单的，只要有人来听讲，就请他在签到簿上签个名字，就行了。"我说："那当然可以。"他又客气地说："以后就请你帮忙了。"等了一会儿，他又问我："你在汇丰银行，住在那里呀？"我说："我就住在汇丰大楼后面。"他接着就说："那你同中国企业银行很近，那里有个叫尹克长的，你可常到他那里去玩玩，他也很爱好学习的。"从此我就负责管起这个签名工作，并且想尽早去找中国企业银行的尹克长交朋友。

过了没有多少天，一天晚上，我走出大门，一拐弯在江西路上找到了中国企业银行，并一下就在宿舍里找到了尹克长。我们两人真是一见如故，谈得非常融洽合拍，一直谈到深夜。我们相互交流了家庭、亲友、经历、银行工作情况、学习情况以及国内外形势等的看法，最后谈到中国共产党以及对党的看法和态度，并互约共同努力，寻找共产党的关系，谁找到就告诉对方。那晚，我很高兴交到了一位志同道合的好朋友。

过了些天，当我第二次到尹克长那里去玩时，他问我找到没有，并告诉我，他已经找到了党的关系，又问我参加不参加，我也问他参加不参加，他说参加，我说我当然也参加，我们一起参加。他说，要参加还得写一个申请。我问怎么写，他说要写本人的姓名、年龄、籍贯、家庭情况、自己的经历、亲戚朋友关系、对党的认识和为什么要参加共产党、对抗日民族统一战线的认识等。还说他也写，等我写好后，由他一起送去。我当然是完全信任他的。

我抽了几个晚上的时间，在宿舍里床边自己的小桌上，用薄而坚的纸，密密麻麻写了几张纸，有几千字，一一按照要求书写，并签名盖章，实际上这就是入党申请书。同事们也没有注意我在写什么，因为我平时每天晚上都写日记，有时写信，这是大家所熟知的，所以也没有被人觉察或引起怀疑。

当我将申请书送交尹克长后，过了一些天，尹克长就告诉我已经批准了，并告诉我过些天有人去找我接头，暗号是什么。就在 1939 年 1 月的一天，中国银行的杨扬同志，即杨同善同志，来汇丰银行找到了我，我们就在大写间门外营业大厅的长木椅上坐下谈话，接上了头，并默默地二人起立举行了神不知鬼不觉的简易的入党宣誓仪式。杨扬告诉我，尹克长就是你的入党介绍人，以后就由杨本人同我单线联系。他还给我留下油印的党章及党的纪律等材料。就这样，我从 1939 年 1 月的那天起，在上海参加了有些神秘的地下党，开始过着党的生活，学着以党的立场、观点来看待社会和世界的一切。

入党后，我开始意识到我是一个秘密的地下党员，我在日记里不敢写真话真事了，有时特意写一些落后话和荒唐事，为如果发生被捕等情况时做好准备，万一日记被搜，不至于给敌人提供口实。

不久，我就执行我的发展党员的计划，我首先向我当时的好朋友，汇丰的练习生于定元做工作。我也依样画葫芦，采用尹克长的方法同于定元谈话，用共同找党的关系的名义，发展了于定元为党员。他就是于毅峰，后改名为李之青，解放后任职于中国人民银行系统，后任上海市粮食局局长，现仍在上海。接着我又做另一位练习生徐兴宝的工作，并发展为党员，建立了汇丰支部，在这个英帝国主义的侵华经济堡垒里埋藏了一颗革命的"炸弹"。

四五月间，杨扬同志在一次接头会上向我传达了党中央的一项通知，动员党员去参加新四军，问我愿不愿意下乡。我当即表示愿意，要求下乡。革命抗日，这是我的夙愿，从此我就准备着离开这个繁华的大上海，去实现我的革命抗日的志愿。

当我下乡前不久，杨扬又来通知我，可以具体着手准备下乡了，哪一天有组织上的人来找你，具体面谈下乡事宜，暗号是什么。到了那一天，真的有一位同志来找我，后来知道就是李希之同志，他面谈了许多下乡事宜的细节，并通知我于7月5日傍晚六点钟到外滩4号码头入口处，有人在那里等着，手持什么，联络暗号是什么，接上头后，即可随此人上船，以后到什么地方，都要紧随此人，直到目的地为止。

我同于定元、徐兴宝二同志谈了下乡的事，他们也为我保守秘密，并作下乡准备；同时我向曹心安请假说回南浔探亲。到了5日那一天的傍晚，我装得像一个商人似的，穿了一身短布衣裤，拿了一个蓝底白花土布包裹，连钢笔也不敢带，只带了几件替换衣裤，在于定元默默陪送下，出了汇丰新楼的北门，握别后，独自一人由江西路、九江路，绕行到外滩码头，同一位同志对暗号接上头后，拿了船票跟着他上船。

这条轮船名叫"凯斯顿"，是不大不小的一条长江轮船，天黑起航，开了一夜。第二天早上到了长江南岸的浒浦。我跟着带路人上岸，有两个日本鬼子在上岸处守候着，观察着，但乘客都安全通过。我按照规定与带路人保持一段距离，但总能望见他。我们在小店里吃了早点，就又去上内河的小轮船，经梅李镇、常熟城，下午到了荡口镇。船上人就招呼乘客上岸，说"皇军"要检查。于是我们一一上岸，大约有一二十人列队等候，"皇军"一一看过后放行，我们又一一下船，这时船上只剩下十来个人了。小轮船开出后不久，那带路人开口说话了："好了，到了这里，就没有问题了，大家都是自己人，你们要说就说，要唱就唱。"于是大家高兴得都叫喊起来，有的跳起来了，后来有些人就唱起抗日歌曲，我一看大概有十个左右男女青年同志，这时才知道都是从上海下来到无锡梅村去的，都是那位带路人——交通员一个人带下来的。那时问了他姓名，现在也已记不起了。

我就这样到了无锡梅村，参加了革命，由东路特委分配工作，当时书记是张英同志，决定让我参加《江南》半月刊的编辑工作。

下乡前后

小弟庆棠快要小学毕业了，那时我已从松江回到上海，在汇丰银行工作，也已是十八九岁的青年了。想想庆棠小学毕业，也就失学，连个初中也上不起，怎么办？我想起了去找南洋中学的校长王培荪先生，请求帮助解决我弟庆棠去南洋中学免费上学，原以为难办，谁知向王培荪校长提出后，当即允准。我也很高兴，为庆棠能上初中而欣喜。谁知 1937 年抗战爆发，一切落空，美梦一场。后来庆棠到上海来玩，我就对他说："你本来可以上南洋中学读书的，现在日本鬼子已打进来，一切落空，你也就失学了。你应该记住，要恨日本鬼子。"我又告诉他："我将来想去抗日，参加游击队。"并问他："你恨不恨日本鬼子？将来我去参加了抗日游击队，你愿不愿去参加？"庆棠说："愿意同你一起去参加。"于是我要他先回南浔家去，说："如果我什么时候离开汇丰去参加游击队，我就写信给你，你再来上海。"为了瞒着祖母、母亲，我们相约："将来信中我只说为你找到了一个生意，你可即来上海，不能详说。"

当我接到组织上通知，于 1939 年 7 月 5 日离沪下乡时，我就一方面同于定元谈了庆棠的事，托他代我接待，并同组织上联系，把庆棠也送下乡去找我。另一方面我自己就写信回浔，要庆棠速即来沪，我想家中祖母、母亲接到我信是会相信的，会放庆棠来沪。后来庆棠到沪时，我已下乡去无锡梅村。庆棠的下乡，都是于定元同组织上联系后办理的。不久，庆棠也下乡到无锡找到了我，并由无锡东路特委分配工作。

　　我与弟庆棠二人的出走，在我家和汇丰银行里引起轩然大波。事情是从我姐夫蔡厚生到上海来找我们兄弟二人爆发出来的。家中自接到我信，要庆棠立即赴沪后，我们兄弟二人就音讯全无，于是心生疑虑，祖母与姐夫就吵吵闹闹，责怪姐夫把小毛逼走了，并一定要姐夫赴沪寻找我们兄弟二人。姐夫到了上海汇丰银行问询，汇丰银行曹心安说，庆荣是请假回浔探亲的。姐夫则说他没有回浔，到哪里去了，庆棠是接信到上海来找哥哥庆荣找生意的，又到哪里去了。姐夫又到张家去寻找，也说不知。于是真相大白，庆荣、庆棠兄弟二人肯定是相约出走了，只是去向不明。无论是银行人员还是家中亲人，都只能作种种猜测，私下议论纷纷。

　　我与庆棠私自出走，不告而别，受打击最大的就是我祖母和母亲。特别是我祖母，她老人家的一生，丈夫早亡，儿子不争气，原想把孙子带大，一切希望寄在孙子身上，而今孙子也跑了，还带了一个小孙子一起走，真是老来无靠一场空。从此闷闷不乐，终日唠叨，思念着福宝。次年，张家舅公邀她去上海玩玩，散散心，她去了，住在张家她弟家。住了一阵子，后来病了，她坚持要回南浔，死也要死到南浔去。后来病越来越重，我母亲第一次出门到上海张家，去接我祖母回浔，租了一条木船，由小火轮后面拖着，祖母躺在船舱里，母亲陪着。第二天早上，船还没有到南浔，祖母已经不声不响地去世了。母亲从她身上发现一百多元钱，想来是张家舅公——她弟弟给她的。后来到了南浔，就拿这笔钱办了丧事。祖母的一生真是苦难的一生，旧中国妇女的苦难是深重的，至今想来，我仍感到对不起祖母，她老人家未能活到我革命胜利回来。

当年我同家人诀别，既不是同家人闹了什么气，也不是有什么不如意的事，或有什么意见。我同家人——祖母、母亲等是有感情的，我深知她们的苦难。但是我在当时的条件下，无法解脱她们的苦难，日本鬼子的入侵更加重了我家的苦难。随着我民族觉悟、阶级觉悟的提高，当时我意识到，要保家必先抗日救国，要保家救国必先参加革命，只有走这革命的先国后家的道路，才是一条康庄大道。我正是这样想，才彻底打破了旧的家庭观念，冲过了这个家庭关，摆脱了旧家庭观念的束缚，下决心走上革命抗日的道路。

我自从离沪下乡后，就一直没有给家里写过信，祖母直到去世以前也不知道这个心爱的长孙到哪里去了。虽然这是革命的需要，也是一种牺牲精神，但我内心一直深感内疚和遗憾。我当年的狠心和决心，都来源于革命的信念和抗日的思想，表明了我与旧社会旧思想观念的决裂。历史决定了我这样一个旧社会的弱者转变为一个叛逆的强者，走上了革命的道路。

从抗战到解放

我于 1939 年 7 月 5 日离沪下乡到达无锡梅村后，就由东路特委书记张英同志决定我与杨增同志一起，参加《江南》半月刊（油印）的编辑工作。不久又任团长，去领导无锡各界抗日联合会的一个战地服务团，往来于无锡乡镇（梅村、甘露等）之间，进行抗日宣传鼓动工作。服务团有男女青年团员十五人，如袁心垲、陈闯、袁万、宋诚、毛伯勤等，演出当年最流行的活报剧《放下你的鞭子》，以及唱抗日救亡歌曲等，同时也做组织群众工作。

1939 年 10 月，无锡一带由于国民党忠义救国军胡肇汉部队的骚扰和进攻，组织上布置我们面目公开的干部撤退，通知我返上海暂时隐蔽，待时再来。于是我与张昆者、陆静同志三人按下乡时原路返回上海。到上海后曾住在保险业联谊会的楼里。我曾去张家，想暂住几天，但遭婉言拒绝，主要是怕我来路不明，大概那时他们也已知道我从汇丰不告而别。不久，11月，得到组织上通知，又再次离沪下乡。这次下乡，交通员没有再带我们去无锡梅村，而是到了常熟的东塘市。那时东路特委已移到常熟地区来了，我随即被分配去常熟县董浜区任区委委员，书记是刘景兴同志，徐明同志是组织委员，我是宣传委员。

12月，我患疗疮，在臀部上结毒，长成一个大疮，肿痛异常，不能行走，于是去江抗部队所属的后方医院。开刀后第五天，12月25日夜晚，后方医院移动到了常熟横泾附近的村庄里投宿。凌晨，忽闻日寇汽艇声，护士来通知起床，等待集合转移。但实际上当时已被日军包围，我躺在床底下躲避脱险，天亮时日军已退走，抓去包括护士在内的男女同志十人。后方医院共有包括护士、大夫以及伤病员数十人，大部分脱险转移，被捕者中有我到后方医院结识的战友张芸石同志，他擅长绘画，传闻被日军杀害。我以《太行山上》一歌改编一曲《虞山脚下》，以悼念战友，刊登在《大众报》上。

脱险后，于1940年1月，我就被分配到苏（州）常（熟）太（仓）地区董浜办事处任主任，负责交通联络工作。1986年曾旧地重游，走到相传是"沙家浜"阿庆嫂的茶馆看了看，据说当年谭震林同志也曾到过这里。我还走到河边眺望，依稀难以追忆，想找到原来办事处的所在处，也未能找到，因时间仓促，只能匆匆离去。

1940年3月，我又奉组织之命，调去东路特委《大众报》馆当编辑主任并兼任《江南》半月刊的编辑。《大众报》当时已有萧湘、徐庆云等几位同志在工作，《大众报》大概在1940年1月已经创刊，但他们中还没有一个党员，因此组织上派我去领导这个报纸的编辑出版工作，并要我发展党员，建立支部。后来，萧湘、徐庆云先后由我介绍入党。《大众报》是油印的，当时印几百份。

1940年5月9日，东路特委决定成立江南社，把《江南》半月刊和《大众报》统一由江南社负责编辑、出版、发行等工作。冯二郎同志（即曹白，后改名刘平若）任社长，我任编辑部主任，11 月任副社长。1941 年 3 月 18 日江南社奉命从苏常太地区移到澄锡虞地区，我任社长，冯二郎留苏常太地区工作。自成立江南社后，工作顺利发展。在上海地下党的帮助下，运来了脚踏式四开平架机、圆盘机、各号铅字、油墨、白报纸等，于 1940 年 7 月改油印为铅印。《大众报》为三日刊，《江南》仍为半月刊。在苏常太地区时，因是水网地区，所以印刷机、铅字盘都安装在几条木船上，在木船上排字、印刷。那时共有木船七八条，分属编辑部、出版部、发行部使用，大部分都给出版部印刷使用。编辑部有一条船，船舱里就是图书馆，都是从上海带下来的书刊。我们当时的编辑同志（包括我在内），都自己学会摇船，自己认路，所以在一个村庄住一两天或两三天后，就在夜晚自己摇船他往，谁也不知道我们又到了哪个村庄。我们经常活动在董浜、阳澄湖一带。作家锡金同志（后为长春东北师范大学教授）也就在这个时候同我们一起活动。移到澄锡虞地区后，由于河道较少，于是出版部工厂弃船上陆，安置在无锡北乡旗杆下村。5 月的一天，曾遭敌伪军袭击，受到相当的破坏和损失。在全体工人同志的努力下，很快就恢复生产，继续出版《大众报》。在这次袭击事件中，我们出版部有一名工人同志被抓走。

1941 年 7 月，敌伪在东路地区部署清乡，澄锡虞地区周围已筑起篱笆包围圈，江南社奉命撤退，过江到苏北靖江。这时副社长谢明明（即谢飞）也已到苏北，随即办理全社同志的重新分配工作。

1941 年 8 月，我接谭震林的电报，要我速即回江南，去镇（江）丹（阳）地区前进报社工作。我随即渡江南下，在丹阳访仙桥附近找到了陈光同志，决定去前进报社任社长。《前进报》是一张石印报纸。10 月敌伪清乡迅速从苏常太、澄锡虞扩展到镇丹地区，于是《前进报》又奉命撤退，我再次渡江到苏北。

到苏北后，我被派到新四军六师政治部当宣传干事，政治部主任由谭震林师长兼任。当时杨浩庐同志任政治部协理员，我在他领导下工作。

1941 年 11 月 8 日，我又奉命调任新四军六师政治部调查研究室主任，随谭震林同志渡江再次南下，并去茅山地区，到丹阳县的延陵镇，找到了当时的县委书记吴承同志（现名李隽，在沈阳），就在延陵一带开展农村调查研究工作。1942 年 3 月，组织上从苏北江（都）高（邮）宝（应）地区调程桂芬、陆培学、李贯一、黎光等四同志来调查研究室工作，并在延陵附近的东庄湖村、西庄湖村开始首次调查研究，取得地主、富农、中农、贫农、雇农的人口、土地数等统计资料。1942 年 5 月，为便于工作，研究室归地方领导，改为苏皖区党委调查研究室，我仍任主任。同年 8 月 13 日，又改为茅山地委调查研究室，我仍任主任，至同年 11 月又将调查研究室一分为二，恢复苏皖区党委调查研究室，由我任主任，并带领程桂芬、李贯一等同志去溧水、溧阳地区，在苏皖区党委直接领导下，开展调查研究工作。其他同志留在茅山，仍在茅山地委调查研究室工作。我与程桂芬经区党委组织吴仲超（副书记兼部长）、李坚真（副部长）同志批准，于 11 月去溧水前在茅山地区结婚，到溧水后，就在李巷以李孝廉同志家为基地，进行农村调查，程桂芬被派往溧阳调查。

1943 年 5 月，溧水地区环境因国民党部队进攻，日趋紧张，苏皖区党委决定机关实行精简，我下放到溧阳县自醒中学隐蔽埋伏，由校长张炳元负责安全，并任初中一年级语文教员作为掩护。7 月，日寇在溧阳西岗、唐王一带扫荡，自醒中学停课，程桂芬到自醒中学暂避，我们二人同去张炳元家隐蔽。7 月 11 日午饭时，程桂芬被进村搜查的朱琳镇伪军中的叛徒指认逮捕，并押解金坛。我于当晚离张炳元家，找到溧阳县政府，积极设法营救，同时，又被任命为溧阳县政府文教科长，并在溧阳各区了解小学教育情况。

1943 年 9 月 24 日，苏皖区党委调查研究室恢复工作，我在溧阳县的西岗唐王区、指前标区、罗村坝区、后周区、竹箦桥区等进行了全面的社会调查。1943 年底奉命离溧阳回到驻在溧水的苏皖区党委机关。我将调查所得材料，整理成几万字的《溧阳县社会调查》，油印一百余份，分发有关领导。

1944年3月30日到1945年5月23日，我参加了苏皖区党委机关的整风学习。本来组织上已决定调我去苏南党校参加整风，后因工作需要又临时决定我仍留机关，一边参加整风，一边继续工作。我参加了区党委机关整风的一个小组，成员是欧阳惠林（区党委秘书长兼宣传部长）、孙章禄（区党委敌工部长）、方克强（苏南行署秘书长）和我（苏皖区党委调查研究室主任）。

参加整风前后约一年，到1945年初夏结束。结束前我在区党委机关整风的大会上作典型报告，受到了当时苏皖区党委机关整风领导小组成员、十六旅政治部主任魏天禄同志的大会书面表扬。认为我的发言有理论有实际，理论与实际相联系，对机关整风起了良好的推动作用。

1945年2月，新四军一师在粟裕率领下，渡江南下到达溧水、溧阳，进军浙西浙东，开辟根据地，成立了苏浙区党委，我继任苏浙区党委调查研究室主任，随区党委机关活动于长兴、仰峰岕一带。是年4月，程桂芬终于重新找到了党组织，回到了区党委机关，经组织上审查，于1945年7月恢复党籍。随之，我们也恢复了夫妇关系。1945年8月，日寇投降后，我与程桂芬、程敏等去宜兴丁蜀山镇进行陶瓷业的调查研究，整理成材料交区党委。

1945年9月底，我与桂芬等同志正在丁蜀山继续进行调查研究之际，接区党委欧阳惠林同志的通知，立即返回区党委所在地，准备北撤。我们立即收拾行装返回机关，于10月初随机关人员在区党委副书记金明同志率领下，渡江北上。出发前不久，我曾同欧阳惠林等同志一起游览了宜兴的善卷洞。11月，到达淮阴、淮安休整。吴仲超等一部分人留在淮阴、淮安，我们另一部分人继续在金明同志率领下，往山东临沂进发。行前，我将所有苏皖地区历年的调查材料（包括油印的《溧阳县社会调查》）交给吴仲超，后来在七战七捷中都损失了，这是非常可惜的。12月，我们到达临沂城——中共中央华东局机关的所在地。苏浙区党委到达山东的全体干部，由华东局组织部分配工作，我于1946年1月分配到华东局组织部巡视团工作。

1946 年 4 月，组织上又征求大家对分配工作的意向，我想我对报纸工作较为熟悉，并有志趣，向组织上表示了这一意愿。于是被分配到华东局的机关报——《大众日报》编辑部工作。

当时《大众日报》的社长是匡亚明同志，总编辑是陈冰同志。我于 4 月到大众日报社后，就到编辑部任地方版的编辑，同事有于冠西、包慧、王平权等。苏、浙、皖各地报纸工作的同志撤退到山东后，云集于大众日报社，干部甚多。于是大众日报社决定成立研究部，调要闻版编辑商白苇任主任。1946 年 11 月，我也调研究部任研究员，主研军事与战争。许鲁野主研国际形势。当我主研军事与战争后，每天看阅并积累解放战争的战况材料，日积月累，做成统计，报道了从统计数字看敌我力量消长的变化，说明由我弱敌强到我强敌弱的转变。

这一报道在《大众日报》上作为重要消息刊登出来，新华社山东分社还电发总社和各地，当时解放区很多报纸都发表了这一新闻。这是研究部第一次发布自己编撰出来的新闻稿。后来我还多次发布新闻稿，画地图，制锌版，在报上刊登出来，并总结了我们研究工作经验，写成文章，刊登在大众日报社编的《新闻业务》期刊上。1947 年 7 月，我任研究部副主任，商白苇调东北后，我任主任。

1948 年 7 月，中共中央华东局成立政策研究室，急需建立资料室，于是调我到中共中央华东局秘书处任资料室主任，兼政策研究室秘书，这个资料室也是政策研究室的资料室。1949 年 4 月，解放军渡江作战，解放南京、上海，我随华东局秘书长魏文伯同志，从山东青州闵家庄坐十轮大卡车南下到扬州，并于 5 月进入上海。当时华东局机关及资料室设在上海福州路建设大厦，工作人员猛增到 50 人左右，并增调罗文同志任副主任，下设档案组、资料组、图书组，调来的中学生、大学生数十人，充实了各组力量。整理档案、添购图书、剪报贴报，全室热火朝天，一片繁忙景象。

建国以后

1950 年 5 月，华东局与上海市委分开办公，华东局机关移常德路办公，资料室撤销，一分为二，改设华东局办公厅秘书处档案科，我任科长。当时，秘书处处长是李波人同志。同年 8 月，我又调任办公厅秘书处编辑研究科科长，主编华东局机关刊物《斗争》。1951 年 5 月升任秘书处副处长，分工主管档案工作。1952 年 7 月，又兼任档案室主任。

1952 年 10 月 25 日，我奉调从上海到北京工作，程桂芬亦同北上。到北京后，任中共中央办公厅秘书处副处长，并被派往中国人民大学专修科档案班任主任，兼档案教研室主任，从此走上了高等档案教育工作的岗位。1953 年 8 月，中国人民大学专修科撤销，档案班扩大为档案专修科，我仍任主任。1954 年 12 月，我又兼任中共中央办公厅秘书局第三处，即中央档案馆筹备处副处长（到 1959 年 10 月）。

1955 年 6 月，档案专修科又扩大为中国人民大学历史档案系，我任系主任，兼党总支书记。从 1954 年 9 月到 1966 年 6 月，我一直是中共中国人民大学党委委员。其间，从 1955 年 6 月到 1963 年 10 月为中共中国人民大学党委常委。1957 年 8 月 14 日，又任国务院科学规划委员会资料组组员。

1966 年 6 月，"文化大革命"开始，我备受迫害与折磨，到 1969 年 8 月 1 日才宣布解放。同年 11 月，恢复党的组织生活，并在北京市的农村、工厂劳动锻炼。1970 年 3 月 27 日，我被下放去江西余江县中国人民大学"五七"学校劳动锻炼，前后长达两年半之久，开荒、采茶、养猪、看秧、耘稻、看花生地等活都干过。当时，我母亲亦同我一起前往江西，住锦江镇上，我每月从"五七"学校所在地骑五十多华里的自行车，返锦江休息四天。那时，程桂芬在江西进贤县中办"五七"学校，和我仅隔一县，但中办"五七"学校不同意我去看望桂芬，因此算来我俩有七年不见面。后来可通信，但中办都要检查后才给桂芬。大米、小米两个女儿都去山西忻县插队。因此我家虽然当时人都健在，但实际上家已破散。

我去江西时，仍将《马克思恩格斯全集》、《斯大林全集》、《毛泽东选集》、《鲁迅全集》以及档案专业的一套铅印出版的各科教材和译著作品，还有《辞源》、《辞海》等工具书，全部带到余江。我坚信马克思主义、毛泽东思想以及档案事业必将复兴。

1971年林彪事件后，学校人员就有返京的酝酿。1972年7月30日，我从"五七"学校返回原中国人民大学"铁一号"，住西小院，母亲也随我回到北京。其后，人大"五七"学校人员就陆续分批返京。我女儿大米、小米也一一从山西忻县回到北京，开始团聚。程桂芬直到1975年3月31日才返京。

人大返京后，1973年6月，奉命正式停办散摊。有的系带建制划归北京大学，有的系带建制划归北京师范大学，有的系带建制划归北京师范学院，唯独档案系没有学校愿意收留，决定解散。我当时虽已宣布解放，恢复党的组织生活，但仍属靠边站的干部，没有具体工作，无权过问其事。于是我以一个党员的名义和原档案系主任的身份，写了一封人民来信，一式三份，分送周总理、中央办公厅、北京市委。这封信的主要内容是说明停办容易恢复难，可能花上十年的工夫也恢复不到现在的水平。建议领导上慎重考虑，力避仓促决定。在此期间，建议暂交某一人学代管，待多作调查研究后，再作决定。信发出后不久，传来市委通知，表示同意采取由某大学代管的形式，再作研究，并称早该如此。据传，我给周总理的信当时也转到了市委，给中办的信则未知下落。就这样，决定档案系暂归北京师范大学按原建制代管，我也就于1973年6月随系一起到了北京师范大学。然而好景不长，过了一年，于1974年6月，据称接北京市委科教组来电话通知：北京市委科教组同国务院科教组以及中央有关部门商量后，决定档案系停办。至此，我也无能为力，就这样，档案系面临着真正解散的命运，教师干部重新分配，有的改行留在师大，有的分配到其他单位。资料大多送造纸厂，图书则转送中央档案馆明清部，实验设备则由有关中学来领取。一个艰苦创办了二十余年的档案系被彻底拆散了，档案教育事业蒙受了严重破坏。我被留在师大。时隔一年，1975年5月7日，北京师范大学成立顾问室，校长高沂同志亲自来开会宣布，让我任顾问。

1976年10月，"四人帮"打倒后，全国形势大有转机。原中国人民大学的教师干部掀起了复校活动，我也积极主张复校复系。至1978年4月党中央批准恢复中国人民大学及其原有各系，历史档案系也同时正式恢复，我被任命为系主任、党总支书记。后历史档案系又正式改名为档案系。我积极地致力于恢复历史档案系的工作，那时我是这样想的，妈也有错打小孩的时候，"文化大革命"就像妈错打了孩子一顿，现在党已经为此平反道歉，还有什么不可放下的呢！所以我仍毫无怨言地为党工作。后来，中国人民大学各系分属三个部，即马列理论部、财政经济部、社会科学部。社会科学部下辖法律系、新闻系、档案系、语言文学系等。1978年7月，各部设领导小组，我为社会科学部领导小组成员。9月又兼任中国科技情报学会常务理事。10月，任中国档案学会筹备委员会副主任委员。后又任北京市档案学会副理事长。1981年11月，中国档案学会第一次会员代表大会召开，中国档案学会正式成立，我当选为第一届理事会（1981—1984）理事、常务理事、副理事长。1984年12月又当选为第二届理事会（1984.12—1990.4）理事、常务理事、副理事长。1990年4月，又当选为中国档案学会名誉理事长，并由中国档案学会第三次会员代表大会通过决议，授予我"档案学研究荣誉奖"，颁发奖杯和荣誉证书。

1979年12月，我去云南昆明出席中国科技情报学会常务理事会以及学术讨论会，忽咯血不止，经解放军一医院抢救后，送云南省人民医院救治。在身在北京的曾三、张中同志的帮助吁请下，经中央办公厅主任姚依林嘱冯文彬电请卫生部派医疗组急救。医疗组辛育龄大夫在李凤楼陪同下，带麻醉师一人，飞往昆明，同昆明各大医院内外科主任十余人会诊，决定保守疗法，打针止血，云南省档案局大力配合。经40天的抢救，终于转危为安。1980 年 1 月，途经四川成都，飞返北京，后诊断为支气管扩张，因昆明海拔高达 2 000 米，气压较低，不适应所致。

病后，我想我的时间也许不多了，为争取时间把我对档案学理论与历史的研究心得和认识整理成稿，在疗养期间就开始伏案写作，终于写成了 30 万字的书稿，于 1982 年 10 月由中国人民大学出版社作为校内用书出版发行 7 000 册。后又于 1986 年 10 月，由四川科学技术出版社正式出版，书名仍为《档案学理论与历史初探》，印数 1.8 万册，1988 年 11 月获中国人民大学科研成果奖。

1983 年 7 月，我退居二线，任档案系名誉系主任，仍参加档案系主任办公会议，陈兆祦任主任。是年，我被评为教授，至 1985 年正式批准。自 1982 年起，我作为档案系的硕士研究生导师，直接指导三批研究生，都已取得硕士学位。冯惠玲、丁志民于 1985 年毕业，郑鸽、李宪、魏娜、朱国斌于 1986 年毕业，海滨、吴兰于 1987 年毕业。

我退居二线为名誉系主任后，除带了上述八位研究生外，主要努力从事档案学术研究工作。1985 年 7 月，国家教委正式批准中国人民大学成立档案学院。这个我从 1959 年起就努力为之奋斗的目标，终于在经过了几次曲折之后实现了。1985 年 8 月，《中国大百科全书·图书馆学情报学档案学》卷的档案学卷编辑委员会正式成立，我被聘任编委会主任，主持工作。同年 12 月，在上海辞书出版社的支持下，成立《档案学词典》编辑委员会，我被聘任主编。上述两本工具书的书稿都已完成，并于 1993、1994 年分别出版。

经几年的努力，《档案学概论》于 1988 年 1 月，由中国人民大学出版社出版，我为主编，和宝荣、丁永奎为副主编。此书于 1991 年 2 月，获中国人民大学优秀科研成果著作奖，同年 7 月，又获中国人民大学优秀教材奖，1992 年 11 月，又获国家教委高等学校优秀教材一等奖。

在研究生海滨的积极搜集材料和编纂、校阅下，我的论文集《论档案学与档案事业》一书，于 1988 年 4 月由南京大学出版社出版。

为了使我指导的八位研究生的学位论文编纂成册，发挥更好的学术作用，由我主编，丁永奎为副主编的《当代中国档案学论》一书，于 1988 年 5 月由档案出版社出版。

1979 年 7 月，我担任《档案学通讯》的总编辑，1987 年 7 月担任《档案学通讯》编委会主任（1984 年 12 月起总编辑改由原副总编辑陈兆祦担任）。

我还被聘任为几所大学的兼职教授。1984 年 9 月，任苏州大学兼职教授；1985 年 2 月，任上海大学兼职教授；1986 年 9 月，任南京大学兼职教授；1986 年 7 月，任空军政治学院兼职教授。

在 80 年代里，我还参与了档案专业高级职称的评审工作。曾任国家档案局档案专业高级职称评审委员会委员、江苏省档案专业高级职称评审委员会主任、上海市档案专业高级职称评审委员会副主任、水利电力部档案专业高级职称评审委员会副主任。

1987 年 11 月，档案学院举行成立 35 周年暨我从教 35 周年的庆祝大会，同时也正好是我的七十寿辰，得到许多同志的庆贺。

1988 年 2 月，我正式办理了离休手续，开始离休生活。

1989 年 4 月，我去上海出席上海市档案高级职称评委会，会议结束后的 4 月 27 日晚，胆囊炎突然发作，当夜即去华东医院急诊，并住院检查，确诊为胆结石症，于 29 日下午 6 时作胆囊切除手术。住院两个月，痊愈后返京。时正值北京政治风波期间，人们为我庆幸。此次病中，大米还专程赴沪照顾，上海市档案局也出了大力。

1990 年 7 月和 1991 年 7 月，我与程桂芬两次去北戴河，一面休养，一面为中国管理科学研究院管理史研究所举办的档案管理研讨班讲学。

根据 1990 年 7 月在北戴河的协议，由我主编一本适应研讨班教学需要的教材。经有关同志的努力，以《档案学简明教程》为书名的教材，由档案出版社于 1991 年 4 月出版。

在有关同志的推举下，我于 1990 年 4 月任北京教授讲学团中国人民大学分团的主任，并于 1990 年 4 月被教授总团聘为教授。1991 年 8 月，北京教授讲学团改为中国老教授协会，人大分团也随之改为社会科学专业委员会，我仍任主任。1993 年 3 月，我被中国老教授协会聘为特聘教授。

自 1992 年迄今，英国剑桥国际传记中心已来函 50 余封，我先后入选《国际名人传记辞典》第 23 版，《有成就的名人录》第 16 版等，并命名为"1992—1993 年度国际名人"，授予"20 世纪成就奖"等。美国传记研究所也已来函 30 余封，我入选"五千个世界名人"、"1993 年名人"、"十年来最钦佩的名人"、"1993 年世界名人"等，授予"世界终生成就奖"等。

回顾综述

我从 1939 年 1 月入党并下乡参加新四军，迄今（1996 年 1 月）已有 58 年，也就是说有半个多世纪了。在这 50 余年间，从我的工作经历来看，可以说经过了三个历史时期：一、抗日战争时期。二、解放战争时期。三、新中国成立后的革命和建设时期。当然，第三个时期尚在继续发展中。我的工作不管经历与职务如何变化，基本上是三大类：一、新闻报刊工作。二、调查研究工作。三、档案工作。虽然在抗战时期似乎调动频繁，实际上主要也就是新闻报刊工作和调查研究工作。解放战争时期又回归于新闻报刊工作，并开始从事资料、档案和研究工作。新中国成立后，则专一于档案工作、档案教育工作以及档案科学研究工作。在此过程中，我在党的培养下，从一个穷苦教职员家庭的孩子、初中毕业生、电气公司和外商银行的练习生，发展成为一个老党员、老干部、老教授，一个老档案工作者、档案教育工作者、档案学者。

为什么我这 50 多年的发展道路会呈现出这样的特点呢？为什么我能从一个练习生最终成为一个教授和学者呢？

党的干部选择、选拔和培养是重要的，也可以说是决定性的。最早的一次是我 1939 年下乡后，东路特委书记张英同志，要我去参加《江南》

半月刊的编辑工作，以及在苏常太地区主办《大众报》，从此我就走上了报刊宣传工作的道路。第二次是新四军六师师长谭震林同志于 1941 年冬决定调我去担任新四军六师政治部调查研究室主任，从此又转上了党的调查研究工作之路，搞了五个年头的调查研究工作。抗战胜利，到达山东，我又回到了较熟悉的报刊宣传工作道路。然而在华东局秘书长魏文伯同志的选择下，我又于 1948 年从大众日报社调到了华东局搞资料、档案和研究工作，从此就走上了档案工作的道路。直到 1952 年，在中央办公厅秘书处处长曾三同志的选拔下，调到北京，走上了档案教育工作之路，一走就是 40 多年。如果没有党的这些选择、选拔和培养，我是不可能从一个练习生成长为一个教授和学者的。现在已年届八旬，回想当年许多一起工作过的同志，他们有的牺牲了，有的病故了，有的徘徊不前，有的回家不知下落。同他们比较起来，我的经历虽然也是坎坷的，但还是幸运的，我是幸存者中的幸运儿。在我 50 多年的工作经历中，用历史的眼光来看，虽然也不是没有调动，但基本上是比较稳定的。这点对我一生很重要。从大的方面来看，所做工作大体可分为三类，但实际上这三类工作都有着内在的联系，环环相连，较为专一。从一定意义上说，我一生所做的工作，基本上都是属于文化、教育、科学的范畴。除非自己根本不努力，长期在这样的范畴中工作，总该培育成人的。

本人的思想观念和个性作风也关系很大，也许可以说这是我入党前所形成的马克思主义世界观、人生观所决定的。我历来认为，终身为共产主义事业奋斗是具体的，不是抽象的。要实现共产主义事业的理想，必须从具体工作做起，必须把自己所做的当前每一项具体工作当作终身事业来做，否则一切就成为空中楼阁，成为空谈。同时，我又认为，一个共产党员必须服从组织分配，在具体的工作岗位上为实现共产主义的理想而奋斗。我是共产主义事业的理想和现实工作的统一论者，事业与工作的统一论者。服从组织分配的思想，也是建筑在这样的认识基础上的。我历来认为，一定要把自己从事的每一项工作或职业，当作共产主义事业中的具体事业和工作来做。所以，我在做报刊宣传工作时，做调查研究工作时，做档案教育工作时，都是把它们当作我的终身事业来做的。一切积极性、创造性都来源于此。正因为这样，我在分配工作后，对待每一项工作都是很安心的，特别明显的事例是我在中国人民大学档案系工作 40 多年。这样的个人思想个性就更促使我工作经历呈现比较稳定的态势。

我不求当官，只想多做实事，这也是促使我的个人发展具有自己特点的思想因素。全国解放，刚开始建国的初期，我就想，今后国家的重点将转向建设，个人必须专一行，为国家建设出力。不能只想当官，当万金油干部。就这样，我选择了档案这一行，总的说来，已干了 40 多个年头，能够长期坚持在档案这一领域中工作，这不能不说也与本人的思想观念、个性作风有很大关系。

我能够从一个练习生起步，最终成为一个教授、学者，这同自己在几十年来不断努力地自学中建立起一定的思想理论文化基础也是分不开的。特别是我个人生涯的前半期，有三件事是在奠定我的思想理论文化基础上起着长远影响和作用的。

一、我是一个中学门没有出、大学门没有进的人，我通过自学弥补了这个在文化基础上的缺陷，特别是 1938 年我在上海参加黄炎培为校长的上海职业补习学校举办的各科讲座：中国历史、世界历史、经济学、哲学、文学等，当时的老师，现在来说都是名家了，如周谷城、周予同、孙冶方、林淡秋、平心、巴人（王任叔）等。在他们的讲授培植下，我打下了思想理论和文化的一定基础，这是难以忘怀的。

二、抗战时期 1944 年，在苏皖区党委机关参加党的整风学习，这在我生涯中可以说是一次具有重大意义的政治理论学习，收获是大的，效果是好的。主要表现在我的马列主义、毛泽东思想理论水平、思想方法、党性修养、思想作风等方面的提高，这是不可磨灭的，使我一生受用。那时使我真正体会到，做好一个共产党员确实不是件容易事，共产党员确实是要由特殊材料制成的，从组织上入党到真正思想上入党，是要有一个相当长时期的磨炼过程。就在那次整风学习结束时，我在一本整风文件的书后写上了一首自勉诗："读文件兮宜深入，整三风兮当坚执；思想正兮志气直，康兮康兮布尔什。"（1945年3月8日作）

三、抗战时期五个年头的调查研究工作，这对我深入农村，了解农民、了解社会，联系群众，培养实事求是的思想作风，锻炼思想方法，学会工作方法等，都有很大好处。当日寇投降之际，我正在宜兴丁蜀山做陶瓷工业调查，这也对研究我国市镇传统工业情况，以及了解和认识社会有很大作用。现在每想起这些调查材料，都已损失得片纸只字不留，感到无限惋惜。

我能够从一个练习生发展成为一个教授、学者，也许可以说不完全是偶然的，从自身的条件来说也不是完全没有一点基础的。

我一生的工作，可以说一直是同知识分子在一起的。在知识分子圈里，同知识分子打交道。他们或她们及当时当地的干部都是文化水平比较高的，从初中、高中到大学的都有。虽然我的工作职务有时也冠以什么长，如社长、科长、处长等，但在绝大部分时间里，我都是当主任的，如编辑部主任、调查研究室主任、研究部主任、资料室主任、档案室主任。1952年到了中国人民大学，从班主任、科主任到系主任，所以，可以说我是当了一辈子的主任。主任也是官，但也可以说不一定就是官，只是一定组织的一个头头而已。到中国人民大学这样一所高等学校后，即使系主任，我看也不是什么官，在几十年的担任系主任的工作努力中，自然可能逐渐向着成为一个教授和学者的方向发展了。到中国人民大学来工作，也许是我人生的一个良好的必然归宿。

我是在1948年以大众日报社研究部的工作为契机，转到了华东局的资料室工作，当时是为了适应华东局政策研究室研究工作的需要，把我调去管理华东局的图书、资料、档案等。1949年到上海，华东局的资料室扩大了编制与规模，下设图书、资料、档案三个组，共有几十个人，就这样开始接触了档案工作，当然也接触图书、资料工作。后来1952年又调我到北京，专门到中国人民大学去搞档案教育工作，这才全心全意去搞档案这一行了。看来，我转上档案工作岗位，既是偶然的，也有必然的因素。

干一行，安一行，钻一行，爱一行，这是我历来的态度。我认为这是一个革命干部起码应有的态度，共产党员就更不用说了。我对档案工作，从钻进去到热爱这个工作，是有一个发展过程的。即钻进去，有了兴趣，然后觉得可爱，又进而热爱，最后达到迷恋。有人说我似乎给迷住了心，其实对工作热爱，发展到迷恋的程度，这是好事。这表明此人确已钻进去了，而且是钻一行，专一行。这个从钻到爱的过程，也是伴随着对档案、档案工作、档案事业和档案学的认识逐步提高和完善的过程，它们是分不开的，互为因果的。热爱和迷恋自己的工作，这是任何想要专一行的人所必须具备的思想条件。

最初我在搞档案以及图书、资料工作的时候，我对它们是并无什么深刻认识的。但是起码有一点我是知道的，也是有个人的深切体会的，这就是搞研究必须有材料，没有材料，想要研究问题是根本不可能的。关于这个问题的理论，从马克思到毛泽东都说得很清楚。所谓研究所需的材料，我想，包括图书、档案、资料、文件、报刊等都是属于材料范畴。由此我就开始认识到档案和档案工作的地位、作用及其重要性。革命也好，建设也好，社会各方面的发展也好，我看都离不开对包括档案在内的材料的需要，这是一项基础性的工作。随着时间的迁移，工作的发展，我的认识当然也日益提高和发展，最后落到了对档案事业和档案学的认识和理论研究上。

在中国人民大学为建设档案专业奋斗的 40 多年，也许可说我是尝够了人生甜、酸、苦、辣的种种味道。有赞颂你的，有夸扬你的，也有来自内外的贬低你、怀疑你、轻蔑你、讥讽你、遗忘你的，甚至取消你、搞垮你、否定你的。当然，这未必是对人的，而往往是对事的。在这样的环境中，也锻炼了自己的意志和信念，提高了自己的认识和斗争精神，也反映了我的个性和脾气。我一定要执著地坚持下去！我非把它建成一个专业一门科学不可！你根本取消不了它的！最终总将恢复的！我有时心里这样想，你轻视蔑视它，只说明你不了解它，也许可以说是你无知。在 50 年代有人否定档案学时，在十年动乱中挨批挨斗、档案学遭受灾难时，在中国人民大学停办，档案系将决定撤销时，我都坚持自己的信念。党的需要，社会的需要，终将决定档案学是有生命力的。信念的力量来源于党的需要，社会的需要，以及自己的提高到了理性的认识。同时也表现了我的个性和脾气，我如果没有这么一点倔强劲，也许也不会来搞档案工作，更不会搞档案工作一搞就搞了 40 多年。

我做了一个共产党员所应该做到的。我为档案教育和档案事业奉献终生，也就是为实现党的共产主义事业和理想贡献一份力量。

党把我培养成为一个教授、学者，然而我归根到底还是一个共产党员，一名老党员、老干部、老战士。

以马克思主义、毛泽东思想为指导的、具有中国特色的社会主义档案事业、档案教育和档案学就是在斗争中成长和发展起来的。作为一个共产党员，实际上我也是在斗争中成长和发展起来的。

人物简介

吴宝康（1917—2008），浙江省湖州市人。中共党员，教授，档案学家。

吴宝康青年时就读于上海南洋中学。1939 年加入中国共产党。1939—1941 年，曾任《江南》半月刊编辑、董浜办事处主任、《大众报》主编、"江南社"社长、《前进报》社长。1941 年后，先后任新四军第六师政治部、茅山地委等多处调查研究室主任。1946—1949 年，曾任《大众日报》研究部主任、中共中央华东局秘书处副处长兼档案室主任等职务。1952 年9 月任中共中央办公厅秘书处副处长，同年 11 月任中国人民大学专修科档案班主任、档案学教研室主任。1955 年任历史档案系系主任兼党总支书记。1958年和1959年，两次受聘为印度历史档案委员会通讯委员。1978年以后，担任中国人民大学档案系系主任、名誉系主任，南京大学、苏州大学、上海大学、空军政治学院等校兼职教授，还兼任中国老教授协会特聘教授、《中国大百科全书·档案学分卷》编辑委员会主任、《档案学词典》主编、《档案学通讯》杂志总编辑等职。1992年开始享受政府特殊津贴。

吴宝康是新中国成立后档案学学科和档案高等专业教育的创立者，被誉为中国档案学界的一代宗师。从中国人民大学专修科档案班到档案系，吴宝康一直担任行政领导职务，在档案学教学和科研上做出了开拓性的贡献，培养了几代档案事业的接班人。他以马克思主义、毛泽东思想为指导，坚持理论与实践统一，建立和发展档案学学科体系，提出了理论档案学与应用档案学的档案学学科分类主张。他重视中外档案学史的研究和创建，强调用历史主义的研究方法，将研究对象放到相应的历史背景、社会条件以及档案实践之中，综合加以考察。在档案利用的研究上，他倡议"以利用为纲"，但不是"唯利用论"，强调利用和管理的辩证统一关系。20世纪80年代中期至90年代，吴宝康密切关注时代发展要求，明确提出开发档案信息资源是当前档案学研究中重大课题的主张，并认为档案学研究已开始进入从传统方式的档案实体管理研究，向着全面的档案信息管理和利用的研究发展的新阶段和新时期。认为图书、情报、档案三者一体化是必然趋势，分析了三者一体化的内部和外部条件。在此基础上，他预见将产生一门新学科，即高于图书馆学、档案学、情报学的文献信息学。

吴宝康曾讲授"档案管理学"、"文书学"、"中国档案史"等多门主要课程。主要著作有《档案学理论与历史初探》、《论档案学与档案事业》，主编教材有《档案学概论》，编著有《当代中国档案学理论》；主要论文有《重新认识档案与资料的区分》、《论档案工作的意义及目前存在的问题》、《当前我国档案学研究的现状及其发展趋势》、《中华人民共和国档案法的理论意义》等。其中《档案学概论》荣获1992年高等学校优秀教材国家级一等奖。他本人1990年被中国档案学会授予"档案学研究荣誉奖"。

黄顺基自述[①]

摘要：黄顺基（1925— ），广西昭平人。著名哲学家，中国人民大学哲学院教授，中国人民大学首批荣誉教授。本文回顾了他的学术历程、与毛泽东谈哲学、受钱学森的教导以及人大哲学系的发展情况等。

踏进科学的门槛

1947—1951年我就读于复旦大学数学系，大学的学习为我后来进入科学的殿堂打下了基础，特别是其中的两门学科，使我终身受益。

一门是数学。数学的分支学科不少，对我后来从事科学研究很有价值的：一是微积分，它是学习牛顿物理学必不可少的工具，而牛顿物理学正如爱因斯坦所说，"是理论物理学领域中每个工作者的纲领"；二是抽象代数，它以"结构"为范畴，概括了群、环、体等代数系统，大大锻炼了我的抽象思维与逻辑思维的能力。

---

① 本文由作者应校史研究室之约完成于2010年1月。

另一门是哲学。当时主要是阅读罗素的哲学著作，罗素是哲学家、数理逻辑学家、分析哲学的主要创始人，他和怀特海合著的《数学原理》奠定了数理逻辑的科学体系。罗素的哲学思想是：语言结构与世界结构一致；命题与事实相对应。由此出发建立它的知识论。罗素的思想对我很有启发。

党的教育与培养

我 1951 年大学毕业，由国家统一分配到中国人民大学马列主义教研室读研究生，系统地学习马克思主义理论，这是我走上学术道路的一个重要的转折点。中国人民大学建校初期的教师，除中共党史外全是苏联专家，教材是苏联专家的讲义，课程有哲学、政治经济学、社会主义（以《苏联共产党（布）简明历史教程》为主要内容），大约每两个星期发给每个研究生十几本参考资料。我分配在逻辑组，除听上述课程外，还专门听苏联专家尼基金的逻辑课。研究生期间的学习任务十分繁重，每天几乎都学习到晚上 1 点钟，星期天也不休息。

马克思主义理论总结了人类在 19 世纪所创造的优秀成果，它给我们以完整的世界观、方法论与价值论。这段时期的学习为我后来的教学与研究指明了方向和道路。可以说，没有这个理论基础便没有后来的学术成就。

1956 年哲学系成立，由于我的专业方向是数学与逻辑学，为了教学的需要，学校把我从工经系数学教研室调到哲学系逻辑教研室担任教学工作。当时哲学是党和国家十分重视的一门科学，也是我有兴趣研究的方向，担任哲学系逻辑学的教学工作符合我所学专业，这是我学术成长道路上的关键，它把国家的需要和我的专业兴趣结合，给我创造了一个发展的机会。

1978 年中国人民大学复校，由于工作需要我从逻辑教研室转到自然辩证法教研室。自然辩证法从此成了我后半生的学术研究方向。这门科学给我创造了更大的发展空间，因为：

第一，从学科体系来看，逻辑学是一门基础科学，而自然辩证法则是马克思主义哲学的重要组成部分，是关于自然界和自然科学发展的普遍规律的科学，是马克思主义的自然观和科学观，又是认识自然和改造自然的方法论，它涉及广阔的领域，在社会主义革命和建设中起着其他学科所不能代替的作用。

第二，从我校自然辩证法学科的实力来看，在全国高校中处于领先地位：一是教师队伍齐备。数学、物理学、化学、生物学、天文学等基础科学的教师都是大学本科毕业的，并有一定的哲学修养。二是有全国公认的教材。由中国人民大学、北京大学、北京师范大学共同编写的《〈自然辩证法〉解说》，从 1964 年到 1985 年一直是这一领域公认的、权威性的教材。三是在改革开放前人民大学是唯一培养过自然辩证法研究生的高校，曾培养过两届研究生，他们毕业后在自然辩证法界大多起骨干与带头作用。

在学术领域的探索

1957 年我与教研室主任王方名对当时苏联关于形式逻辑学科性质的观点提出质疑，认为：形式逻辑不是一门哲学学科，不能把同一律视为康德的形而上学；形式逻辑研究推理的形式，至于推理的内容则是其他学科研究的对象。这一见解引起了毛泽东的高度重视，因而与哲学界前辈周谷城、金岳霖、冯友兰、贺麟、郑昕等一同受到毛泽东接见，在中南海讨论逻辑问题。

20 世纪 50 年代后期，国内关于逻辑问题的热烈争论，以及毛泽东发出"学点逻辑"的号召，在全国兴起了一股学习逻辑的热潮。当时，许多重要逻辑学术会议都在中国人民大学召开。我参加了由教研室负责的《形式逻辑》编写工作，这本书成为全国高校的通用教材，并一直沿用到 80 年代，先后印刷了近 600 万册。中国人民大学逻辑教研室实际上成了中国逻辑科学的学术中心。

1978 年中国人民大学复校，由于工作的需要我转到自然辩证法教研室，接着就成为我国最早的科学技术哲学博士点的学术带头人。

20 世纪 80 年代初，世界新技术革命引发了一场关于人类发展未来的思考，"后工业社会"、"三次浪潮"、"大趋势"等学说如潮水般冲击我国思想界，我组织了自然辩证法界部分学者，编写出《大杠杆——震撼社会的新技术革命》一书。该书出版后立即引起了强烈的反响，《人民日报》、《中国青年报》、《大众日报》、《文摘报》、《文史哲》、《国内哲学动态》等，都先后发表文章称赞此书；著名科学家钱学森读后来信说："《大杠杆》比起时下流行的、中外关于新技术革命的书都更完全，所以是本好书。向各位执笔人及编者致贺！"

90 年代中期，我总结多年的教学与研究的心得，撰写出《科技革命影响论》。这部著作以马克思主义基本观点为指导，全面而具体地考察了科学技术革命对哲学、哲学史、历史学、经济学、中国经济的发展、中国社会未来的影响。哲学家黄楠森读后认为，"以如此广阔的视野，从哲学的高度，详尽论述科技革命影响的著作尚不多见"，评价该书"是十多年来我国科技哲学研究和讨论的总结，也是作者从马克思主义立场对时代挑战的回答，因而本书具有极强的理论性、时代感、现实性、创造性，具有高度的理论价值和现实意义"。

1997 年，我从科学技术哲学的岗位上退下来，但并未停止学术研究，继续在两条科学战线上进行新的探索。

一是逻辑科学。知识经济时代，在知识的学习、研究与交流中，特别是在知识创新中，逻辑学起着绝对不可忽视的作用。对这一新问题我提出了独立的见解，先后发表在《逻辑学在哲学中的地位和作用》、《HNC 理论和科学哲学的关系》、《知识创新不能没有逻辑》、《新世纪逻辑研究方向探索》、《问题、逻辑与理论创新》（该文《新华文摘》立即转载）等论文中，在逻辑学界引起了强烈反响。

2001年，我与逻辑学界同志一道主持了国家社科基金项目《逻辑与知识创新》，以著作的形式出版后，受到了逻辑学界专家学者的广泛关注与好评。

另外是科学技术哲学。在现代科学技术以雷霆万钧之势推动历史前进的新形势下，如何从新的视角考虑中国科学技术现代化的战略，对此我提出了较深层次的思考。先后发表了《中国科技发展战略问题初探》、《开创有中国特色的科学学研究》、《钱学森论科学技术业》（本文已收入《钱学森科学贡献暨学术思想研讨会论文集》）、《新世纪科技对社会影响的新特点》等论文。

2003年，受教育部社政司委托主持编写的《自然辩证法概论》（国家示范教材）正式出版，该书有北大、清华、复旦、浙大、南京大学、东北大学等校知名教授参加。根据20世纪90年代以来世界科学技术的新进展，该书提出自然辩证法是马克思主义的重要组成部分，是一门自然科学、社会科学与思维科学相交叉的哲学性质的学科的新观点，为开拓马克思主义理论发展的新境界作出努力。社会上普遍反映，这本书"较全面地体现了自然辩证法这门科学在新时期的新进展与新特点"。

毛泽东的接见

1957年4月的一天，校长办公室通知：上午10点钟派车送王方名同志和我到中南海，要整理好衣装。事前，据说是康生打电话给校党委书记胡锡奎，说是有中央领导同志接见我们。到了新华门，由门警通话，然后引我们沿中南海步行到颐年堂，田家英同志早已在那里等待，他和我们谈话不久，便见毛主席从后庭迈步走进厅堂，他后面紧跟着周谷城先生，我们两个赶紧迎上去和毛泽东握手。毛泽东向周谷城介绍说，这两位是中国人民大学的，在《教学与研究》上发表了关于逻辑的文章，你们的观点相同嘛！您有知音呀。今天约大家来谈谈。落座不久，陆续来了哲学与逻辑学界及学术界的前辈，其中有冯友兰、金岳霖、贺麟、郑昕、费孝通、胡绳等。

我那时刚三十出头，万万没有想到像我这样一个无名小辈竟然能够同学术界的名流坐在一起，特别是能够受到伟大领袖毛主席的亲自接见，这是何等的荣幸，接见时的情景我终生难忘！

后来我才知道，这件事不是偶然的。当时我国第一个五年计划已经完成，为了促进艺术发展和科学进步，党中央提出"百花齐放、百家争鸣"的方针。这时候逻辑学界展开了一场争论：一方代表苏联学术界的意见，认为形式逻辑是哲学学科，它的同一律是形而上学，是反辩证法的，因为它说同就是同，同不可能是异；另一方认为，形式逻辑是一门科学，同一律是指在思维与论述过程中应保持对象的同一性。与此相联系的另一个问题是：形式逻辑是否只管对错，不管真假？王方名同志和我发表的文章对苏联学术界的观点提出质疑，我们的意见和周谷城先生不谋而合，我们的观点发表在《教学与研究》上。

后来，从田家英同志那里传出，毛泽东十分关注《教学与研究》，它是新中国成立后党中央创办的第一所新型大学的校刊，面向全国，毛泽东在百忙之中经常深夜阅读《教学与研究》刊载的文章，了解国内的思想理论动态，当时我国逻辑问题讨论实际上是苏联逻辑问题讨论的继续。正是由于这个缘故，他邀请逻辑问题争论中的有关人士座谈，我才有幸得到最高领导人的接见。

我记得，毛主席在这次会见的谈话中，主要谈的是关于学习苏联的问题，他说：教条主义的亏我们吃得太多了，不能老是照抄照搬，要走自己的路；我找邓拓（当时《人民日报》总编辑）谈了几次；一定要结合中国的实际情况，多动脑筋；看样子贯彻起来很难呀。然后他话锋一转，谈到了学术问题，他说：学术上也应该百花齐放，各抒己见；京剧有梅派、谭派、马派，各式各样的派，为什么逻辑学界就不可以有周派、王派、李派等学派呢？他转向周谷城先生说，你的观点和中国人民大学的两位有同音，不孤独嘛！

座谈的气氛十分轻松、愉快、活泼。在谈话中，毛泽东提到在座的两位前辈，一位是金岳霖先生，逻辑学界的前辈，他在 1936 年由商务印书馆出版的清华大学丛书《逻辑学》这部著作中，最早把罗素的数理逻辑系统地介绍到中国，学术界公认他是我国现代逻辑学的创始人。当时他任中国社会科学院哲学研究所所长，毛泽东向他提出，希望他推动逻辑的研究工作。另一位是费孝通先生，他不久前在《人民日报》上发表《早春的天气》一文，毛泽东对费孝通先生说，你写的《早春的天气》，我看过了，写得不错嘛！田家英接着插话说：读了是有吸上新鲜空气之感。

谈话间不觉过了中午，毛泽东请我们一起用膳，我心里想，这是一次多么难得、多么幸福的接见啊！我赶忙走过去紧挨着毛泽东身边入座，田家英同志坐在毛泽东的左边。在毛泽东面前摆上一碟湖南家乡菜豆豉辣椒，其他便是几盘普通的菜，当加上杂粮的米饭端上来时，毛泽东笑着对大家说：这是金（黄色小米）银（白色大米）八宝（各种豆）饭。

开始用膳时，服务员斟上了葡萄酒，毛泽东举着酒杯，站起来风趣地说道："为消除紧张局势干杯！"（他的意思是说，在逻辑问题讨论中，各方都声称自己是站在辩证唯物主义的立场上，争得面红耳赤，彼此毫不相让，大有拼个你死我活的态势，这是何苦来哉！）坐下来毛泽东回过头来夹菜给我，问我多大年纪，哲学系主任是谁，我答说，系主任是何思敬。毛泽东说：哦，我们在延安认识。

饭后，我们接着坐下来谈，记得是毛泽东提出来的：动物是否也有思维？在座的几位学者谈了自己的看法，后来是胡绳（或者是田家英）说：行军过河时，马总是要用前蹄往水里探一下，看来动物还是有思维的。毛泽东谈兴甚浓，从上午十时起，直到下午四点多钟，谈话进行了六个多小时，仍毫无倦容。我们怕他累了，向他告辞，毛泽东亲自送我们，走到庭院时，他指着旁边茂盛的桂树说，八月中秋，这里桂花开得很香，那时再邀请你们来。说完便和我们一一握手告别。

回家之后，我兴奋得彻夜不能入睡。现在回想起来，我能受到毛主席的接见，并和学术界前辈相识，如此殊荣真得感谢《教学与研究》。在新中国成立初期"一面倒"的情况下，它竟然敢于发表与苏联老大哥不同的意见，以贯彻党的"双百"方针为任，这真是谈何容易！《教学与研究》不愧是我们党在思想理论阵地上的一面旗帜。我还得感谢当时担任《教学与研究》总编的王南同志，他思想开阔、学识渊博，不受教条框框束缚，为贯彻党的方针政策，敢于将持有不同学术意见、名不见经传的小人物的文章，发表在有全国影响的刊物上，这是要有极大理论勇气的。

钱学森的教导

钱学森院士是世界著名的科学家、战略学家，我一个高校的普通教师，能和他多次通信，并得到他关怀与指导我的研究，其间有一段鲜为人知的经历。

我和钱老的认识，是从 1986 年《大杠杆》这本书开始的，它的出版在社会上引起强烈的反响，各大报刊纷纷发表述评，给予高度的赞扬。我没有想到，钱老也通过山东大学出版社写信来表示祝贺，他说："《大杠杆》比起时下流行的、中外关于新技术革命的书都更完全，所以是本好书。向各位执笔人及编者致贺！"后来，我的访问学者北京医科大学刘奇教授告诉我，她曾和钱老住在同一个大院，有一次散步时碰见，钱老问她看过《大杠杆》吗，并郑重地说，这是一本好书，要好好阅读。这本书给钱老的印象很深。1996 年在获悉这本书获奖后，钱老立即来信说："我首先要向您表示祝贺，恭贺尊作《大杠杆》荣获全国高等学校首届人文社会科学研究优秀成果奖！"

1994 年，我写了一篇文章《社会科学也是第一生产力》，投到《人民日报》。当时学术界很多同志只认为自然科学才是第一生产力，不同意这个观点，据说党中央的一位理论权威也不同意，因而这篇文章很可能不发表。《人民日报》编辑部主任卢继传同志读后，认为这篇文章写得很有道理，他出了一个点子，把文章的题目从肯定的语气改为商榷的语气，以《关于社会科学是否是生产力的思考》为题发表。

我把《人民日报》发表的文章呈送钱老审阅，关于这个重大的理论问题，1995年钱老先后给我来过三封信。2月26日钱老回信说："您前次送来的大作我拜读后认为很重要，我也同意。我们要宣传社会科学也是第一生产力的论点。因此我已把尊作送呈宋健国务委员，我知道他关心此事。"5月29日，钱老又来信说："江总书记在全国科学技术大会上26日讲话是完全支持您的观点的，也是支持我的观点的：自然科学、工程技术要同社会科学、哲学联合；社会科学也是第一生产力！让我们庆贺吧！"9月3日他来信说："我从专访稿中才知道您原来是学数学的，数学属自然科学；所以您是从自然科学走到社会科学、哲学的，当然比不学自然科学技术的人要胜一筹。您现在看到社会科学也是第一生产力，比社会科学大多数人要高明，道理就在于您知道什么是自然科学技术。"

1995年9月11日，钱老在密切关注新产业革命对社会发展的影响之余，寄来美刊《科学美国人》（Scientific American），要我注意当今的信息技术的发展，钱老认为：它必然带来一次新的产业革命——第五次产业革命，它不仅是科学技术问题，也是社会组织的改革问题。建议我"何不组织力量探讨这个问题？即'第五次产业革命在社会主义中国'"。14日我回信说："'第五次产业革命在社会主义中国'的题目，非常好，这是一个有重大社会历史意义的课题，如果说第三次产业革命把落后的欧洲推上世界舞台的中心，并且为资本主义时代奠定了物质技术与思想基础，那么，您所提到的、当前正在进行的第五次产业革命，在正确的设计、指导与协调的条件下，必将大大推动社会主义中国迅猛前进，为建设中国特色社会主义理论开创新的篇章。"我提出，对如此重要的课题，非请他出来挂帅不可，以钱老的渊博学识，深刻的洞察力，高瞻远瞩，方能驾驭。钱老在我的去信上签注说："我只能当顾问，不挂帅。"他还请他亲自领导的课题组成员汪成为院士、戴汝为院士、王寿云秘书长、于景元所长、涂元季教授、钱学敏教授考虑这件事。钱学敏教授住我家旁边，钱老要她将结果告诉我。

1996 年 9 月 16 日"新产业革命在中国"课题组召开成立大会，来自中国科学院、中国社会科学院、中国自然辩证法研究会、清华大学、中国人民大学、北京邮电大学及国家人事部、交通部等 20 多个单位 30 多名专家学者，就这个课题展开了热烈的讨论。

1997 年第 1 期《哲学动态》以"探索工业化、信息化和生态文明相结合的现代化道路——'新产业革命在中国'课题组成立"为题，作了跟踪报道，指出：钱老的建议得到中国人民大学领导的高度重视和大力支持，决定由中国人民大学主办这个研究课题，并申报国家教委立项研究。现在，该课题已被批准为"国家教委人文社会科学研究'九五'博士点重点研究项目"，由我国杰出科学家钱学森亲自任顾问，黄顺基任课题组组长，国家文科基础学科人才培养和科学研究基地中国人民大学哲学系组织实施。研究成果有：《信息革命在中国》（1998 年）、《现代信息技术基础知识》（2001 年）。

回想起来，我在科技革命与社会发展的研究方向上取得的成果与钱老对我的关怀、帮助与指导是分不开的。

回顾我的学术成长道路，如果有一点成绩的话，其原因可以用六个字来概括：勤学、好思、敬业。

人物简介

黄顺基（1925—   ），广西壮族自治区昭平县人。中共党员，教授，哲学家。

　　黄顺基 1951 年毕业于复旦大学数学系，后进入中国人民大学马列主义研究班深造，次年留校任数学教师。1956 年起从事逻辑学教学。1978 年后，转入自然辩证法领域，研究自然辩证法和管理学。1992 年开始享受政府特殊津贴。2005 年被授予中国人民大学首批荣誉教授称号。曾任中国自然辩证法研究会常务理事、中国管理科学研究院科学技术社会学研究所所长、北京生态文明工程研究院学术委员会主任。

　　1957 年，黄顺基和王方名在《教学与研究》上发表文章，对苏联学术界关于形式逻辑学科性质的观点提出质疑。毛泽东看后高度重视，4 月 11 日在中南海颐年堂接见黄顺基、王方名等部分在京著名学者，讨论逻辑学问题。20 世纪 80 年代，黄顺基组织自然辩证法界部分学者，写出《大杠杆——震撼社会的新技术革命》一书，运用历史唯物主义原理，对新技术革命的冲击波作出分析和回答，1996 年该书获得全国高校首届人文社会科学优秀成果奖。20 世纪 90 年代中期，他的专著《科技革命影响论》以马克思主义基本观点为指导，全面而具体地考察了科学技术革命对哲学、哲学史、历史学、经济学以及中国经济发展和中国社会未来的影响。黄顺基主编和撰写的著作还包括《自然辩证法教程》、《大动力》、《科学的哲学反思》、《自然辩证法发展史》、《科学技术哲学教程》、《科学技术哲学导论》、《中国管理科学概论》、《现代科学技术革命与马克思主义》等 10 余部，发表论文 100 余篇，学术成果多次获国家级奖项。

王思治自述[①]

摘要： 王思治（1929—　　），四川自贡人。著名历史学家，中国人民大学历史学院清史研究所教授，中国人民大学首批荣誉教授。本文回顾了他早期的求学经历及在人民大学工作 55 年的治学历程及见闻。

在中国人民大学 55 年：工作于斯，生活于斯

1929 年我出生在四川自贡市，今年 79 岁。上小学的时候是八年抗战时期，当时日本很嚣张，而中国国力屡弱，我们在后方遭遇轰炸，敌机来了就得跑，所以小学延误了两年。初中和高中都是在蜀光中学上的。蜀光中学是南开中学校长张伯苓应自贡市乡绅的邀请所创办的，和天津的南开中学是姊妹学校。蜀光中学当时不仅在自贡市，就是在全四川也都是比较知名的，条件也比较好，有风雨球场，还有游泳池。1949 年高中毕业之后，我到成都去考大学。因为当时蜀光中学的学生都比较优秀，我们十几个人全都考上了所报的学校。我当时考上了华西大学、成华大学，因为四川大学考试时间比较晚，没有去考。后来我就上了华西大学哲史系，哲史

---

① 本次采访时间为 2008 年 11 月 27 日，由中国人民大学校史研究室负责采访、录音整理及文字编辑。

系主任是姜文刚。华西大学是教会学校，现在叫华西医学院，又叫四川医学院，在医学方面比较有名。1952年院系调整，我就到了四川大学历史系。当时川大的历史系是比较强的，系主任是徐中舒先生。他在解放初期是一级教授，跟傅斯年曾是同事，都曾在中央历史语言研究所工作过。另外，蒙文通教授、缪钺教授在当时国内也是很有地位的，他们都是解放初期的一级、二级教授。我们中国人民大学当时的一级教授只有两个：何干之和何思敬。

1953年毕业的时候，川大历史系的老师让我留校，后来因为中国人民大学办了教师研修班，培养以历史唯物主义为指导思想的研究人员和教员，我就到了中国人民大学读教师研修班，说好三年毕业以后就回川大去。来到中国人民大学后，我去了中国历史教研室。后来任中宣部部长的王忍之和在社科院工作的王戎笙，还有我们学校上一届校长李文海、历史系的教授韩大成也都是教师研修班的。我比他们低一个年级。刚解放时，中国人民大学的学生来源有各种渠道。我们这个班全是大学毕业生。他们那个班由两部分组成：一部分是调干生，像王忍之、李文海、王戎笙，他们都没上过大学，是高中生，解放后工农兵上大学，就把他们调来，所以他们年龄比我小。另一部分也有大学的副教授，像川大来的王杰平。当时戴逸老师还是副教授，但下面坐的学生有的比他年岁还大。我给档案系讲课的时候，很多人比我年龄大，不少是调干生。他们有"老八路"的作风，上课的时候腿都翘着，下课后，说："哎，王老师给我一支烟抽。"当时师生之间很随便的。

研究生班是三年毕业，因为我们的教研室主任尚钺教授一定要留我，我读了两年半就提前毕业了，还发给我毕业证书，与正常毕业生一样的待遇。我1956年2月留校，先做尚钺老师的助手。他主讲，我当辅导教员。他讲完后，学生有不太清楚、不太明白的就提问，我的任务是答疑。我每个星期去两次课堂，主持讨论活动。当时整个学校的氛围还是比较活跃的，我们组织各种问题的讨论。记得尚钺老师讲魏晋封建论的时候，他就请张政烺、陈梦家等人来给我们讲课，他们也是主张魏晋封建论的，也很有学术地位。后来全国批判尚老师的时候，学术界就比较紧张了。

给尚钺老师做了一年助手后，我就开始讲课，主讲中国通史，当时普遍都要开中国通史课程。我给许多系都讲过，有新闻系、档案系、党史系等。各系学时不一样，有一个学期的，有一年的，有两年的，最重的课是两年，就是档案系，因为中国通史是他们的主修课。一周六小时，由三个人讲：我讲前面，从北京猿人、蓝田人讲到两汉；魏晋南北朝以后是曾宪楷讲；郑昌淦讲明清。曾宪楷是老教师，当年他们都是副教授。这样一直讲到 70 年代中国人民大学解散，中间的政治运动不算。后来成立清史研究所，我就转到清史研究所，一直到 70 岁退休。因为我是 1983 年评的教授，当时对 1986 年国务院评聘的第三批博士生导师放宽了退休年龄，所以我 70 岁才退休。退休以后，又返聘了四年。返聘结束，我开始参加清史编纂工程纂修清史。刚开始参加传记组，我是三级项目联系专家。后来因为工作进程需要又成立了编审组，我被调到编审组，李文海任组长。我们的任务就是协助主任、副主任审稿、定稿。

我这个人，经历很简单，就是从校门到校门，没有在其他机关单位工作过，毕业后就留校，一待就是一辈子。我来学校的时候 23 岁，在人大待了 55 年，半个世纪都过去了，属于元老了。我写回忆录的时候，就说我是"工作于斯，生活于斯"，所以我对中国人民大学很有感情。

我的教学、科研经历及尚钺先生对我的影响

我的工作很简单，就是做科研和教学。当然这中间我经历了很多运动，都是过来人了。当时我之所以留下，是因为尚钺同志觉得我可以在教学上做他的助手。从第一天做教员开始，我就明确：在最高学府执教，必须要有真本事；要在课堂上立于不败之地，就得靠自己。如果学生说你讲课不受欢迎，那你在这个地方就待不住；你没有科研成果，就不能服人，

因为你没有具备作为大学教师所应该具备的学识和学术水准。所以我在教师研究班做学生的时候，就比较重视本专业的研究工作。我发表的第一篇文章是在《历史研究》1955年的第二期上。《历史研究》是历史学界的最高刊物，主编是郭沫若。当时刊物比较少，在全国比较有地位的（当时还没有核心刊物、主要刊物之类的概念）刊物有《历史研究》、我们学校的《教学与研究》以及《新建设》。在上个世纪五六十年代我主要就是在《新建设》、《哲学研究》、《历史研究》、《光明日报》、《人民日报》等报刊上发表文章。

为什么我当时比较注意科研？因为要在高等学校站住脚，就必须要有令学生、同行信服的成果。我一直是这样坚持的。从成立校学术委员会开始，我就是校学术委员，一直到退休。其间还做了约10年的校学术委员会副主任。校学术委员会主任是由分管副校长担任，副主任从文史（包括档案、新闻、历史等）、理论、部门经济三大块儿里边产生。以前人大没那么多学院，就是四大理论系、部门经济、文史片，一片产生一个副主任。我做清史所的学术委员会主任，也做校学术委员会副主任。到70岁退休了，但还是学位委员会委员，每年还通知我去开会投票。因为校学位委员会是教育部批的，任期没到。

在为人处世的学问里边我印象比较深刻的是尚钺老师。他比较器重我，认为我可以做他的助手。他主张魏晋封建论，当时全国批判，说他是"托派观点"，声势非常大。因为他的影响比较大，全国高校都参加批判，我们学校更个用说了，组织全校批判。但他始终不肯承认自己有错。这是学者的风骨啊，是不容易的。因为《毛选》说"中国自周秦以来就是封建社会"，而他说"魏晋是封建社会"，这当然跟《毛选》不一致，就说他"反毛泽东思想"。他不承认，他的理由有两点："第一，《中国革命与中国共产党》第二节'古代的中国'前面有个简介说明，不是毛主席写的，是范文澜写的，毛主席只是看过，它并不代表毛泽东的观点。我主张'魏晋封建论'，只是与范老在学术上的分歧，这是学术观点问题。第二，恩格斯讲'全部历史都要重新认识'，我是根据马克思主义基本原理来重新认识历史。我所有的认识都是大量引证马恩论述的，所以我没有反历史唯物主义，也没有反毛泽东思想。"尚钺老师还说："我是'魏晋封建论'，你们说是反毛泽东思想；那郭沫若是'战国封建论'，也不是'西周封建论'，那他是不是也反毛泽东思想？你们为什么不说他反毛泽东思想啊？"所以任何时候他都不承认，而且也不改变，就是坚持自己的学术观点。在那样的压力之下他都不变，至今对我的教育还是很深刻的。做学问要尊重学术。

　　历史是凝固了的前人的社会实践活动。一个伟大的民族、国家，它的历史是在长期发展中形成的。要认识自己的民族、国家，必须要回溯历史，从历史中认识民族、国家的发展过程，而且从历史中吸取经验教训，吸取智慧。所以我跟学生讲，不能信口雌黄讲历史。历史是我们先人社会实践的积累，要有一种敬畏的心情来看待我们的历史。中国人讲究寻踪追源，历史不能戏说。文天祥的《正气歌》开头就讲："天地有正气，杂然赋流形"，"在齐太史简，在晋董狐笔。"为了求真求实，齐太史兄弟三人，秉笔直书："崔杼弑其君。"老大因实录直书史实被杀；老二又去，依然直书，又被杀了；老三还要写，那好吧，没办法了，只能这样写了。如果你对自己的历史都不带有一种敬畏的心情，都是开玩笑地戏说，则是"远诬千古"的史家，乃是"记言之凶贼，载笔之奸人"。一个学者对自己的学术见地有信心，不要在外界的压力下随风倒，今天这样说，明天又那样说，就失去了学术的尊严了。

　　我当时是支持"魏晋封建论"的。我参加工作以后，尚钺教授专门给我配了一个助手，给我打字、打印，让我写从周、秦到魏晋南北朝，从原始社会到奴隶社会到封建社会这样一个历史的研究过程。在他的影响下，我前后写了七篇文章，三四篇发表在《历史研究》上，其他的发表在《教学与研究》等一些杂志上。后来我转入到清史，不再研究前面了，但我仍然坚持"魏晋封建论"，这个逐渐得到了不少同行的认同。现在承认古史

86

分期是一个学术问题了，而且承认主要有三种不同的意见。中国社科院历史所所长林泉主编的《中国古代史分期问题讨论50年》说：范老（范文澜）是一派，郭老（郭沫若）一派，尚钺一派。尚钺这一派的主要人物有很多，有王仲荦、有北京师范大学的何兹全等。中国古代史分期问题现在不像当年那么热了，当年，农民战争、土地制度、资本主义萌芽、民族问题、古史分期是历史研究的"五朵金花"。"文化大革命"以后，人民出版社把我有关两个社会性质的文章汇编成了一个集子，书名《汉代社会性质问题及其他》，但出版的时候是三联出版社出版的。为什么呢？他们告诉我说当时人民出版社出个人的集子，都是郭老、范老等前辈学者的，还没给像我这么年轻的人出过集子，所以最后就用三联名义出。

作为教师的体会：要有学术尊严、学者风骨

在几十年教学中，我觉得一个教师基本的素质就是做好本职工作。作为一个学人，要有学术的尊严、学者的风骨。第一点体会就是不要迷信权威。我这一生写的文章，主要是阐述我的一些看法。我跟翦伯赞老师在《历史研究》上指名道姓地争论，跟吴晗也发生争论。我并不是说我的文章写得怎么高明，而是说学术就是在不同的意见、争论中不断推陈出新的。如果权威说了就不能动摇，学术就不会有新的突破。翦老也很有胸怀、很有学术气派。他在《历史研究》上发表文章《关于两汉的官私奴婢问题》，认为汉代的奴隶是残余现象。我就写了《关于两汉社会性质问题的探讨》，认为汉代的奴隶不是残余，而是大量的存在。他当时是北大历史系主任，他开会见到我的时候就非常客气，叫我继续按照自己的做法研究自己的学术观点。"虽然我们的观点不一致，你能够在《历史研究》发表，还是有你的见地和根据的，你可以按照你的认识研究问题。"我当时很年轻，二三十岁。前辈学者对后进，不是说你反对我，我就一棍子（打死）。比如我跟吴晗老师讨论封建社会的清官问题。他是北京史学会的会

长，我是北京史学会的成员，每年开会都是他主持，我和他的秘书苏双碧也很熟。我当时全然不知道"文化大革命"时的这个背景。他写《海瑞罢官》，说海瑞代表农民。我认为海瑞不能代表农民。虽然他确实是个清官，但他的理想是唐虞"三代之治"，是儒家追求的"仁政"的最高境界，而这个境界并不是代表农民的。所以《光明日报》问我同不同意吴晗的这个观点，我说不同意。《光明日报》就约我写稿，我就写了第一篇《试论封建社会的清官好官》。我没点名，但是就说海瑞、包拯都是历史上最有名的清官，包公是白天治民、晚上治鬼这么厉害的清官，但他们都不能代表农民，他们只是同情农民。清官兴利除弊，压抑豪强，平反、昭雪一些冤狱、疑案，是从儒家"治世"的理想而"为民"，所追求的是所在皇朝的长治久安。文章发表后，吴晗写了一篇答复我的文章在《光明日报》发表，说：非向王思治同志请教不可。我又写了第二篇，答复吴晗的。"文化大革命"以后我在《光明日报》写了《再论"清官"》。郭老，我也跟他争论，但是我没敢争辩。他是替曹操翻案，他的观点是：曹操打败了黄巾起义，但又继承了黄巾起义的目的。把农民起义镇压下去又继承其追求的目的，我觉得这在逻辑上、史实上都讲不通，所以我就写了关于如何评价曹操的文章。他们都是鼓励后进，不迷信权威。

第二点体会就是年轻人得有学术的勇气，你自己认为有根据、不同于权威的观点，就要敢于申抒己见。我给博士生上的第一堂课，就跟他们讲韩愈的《师说》："弟子不必不如师，师不必贤于弟子，闻道有先后，术业有专攻"。我说：你们不要觉得我讲的每一句话都不能有不同意见。在我指导你们的学术活动中，论文也好，平时的文章也好，我对你们提的意见，你们都可以反驳，但不能是无根据的反驳。学术是个严肃的问题。历史研究应言必有据，顾炎武讲"孤证不立"。你必须对自己的看法，讲出根据。你根据什么不同意我的意见，我根据什么说你不对，不能想当然地不同意你的意见。现在我很大一部分工作就是看文稿、书稿并写评语。我担任多个编委，就要决定别人的书能不能出，我都得把根据讲清楚。我同意，是根据什么同意的；我不同意，或是因为书稿的论点难于成立，或是理论根据不充分，或了无新意，我得把之所以不同意的原始材料和有关的理论根据都写清楚。所以我的评语和修改意见他们大都采纳，包括台湾搞清史的学者。大家都是行家，你说的话没有根据，别人一看就知道你浅薄，就知道你是信口说话，不行啊！所以做学问，只要自己认为充分掌握了材料，形成了你的观点，就要敢于提出自己的看法。我跟学生常讲的就是：你要敢于给老师提不同的意见，不然你就像鲁迅讲的九斤老太那样就"一代不如一代"了。你们都不能超越我，那学术怎么发展？你自己就无法前进。两千多年前的荀子都知道：青出于蓝而胜于蓝，冰成于水而寒于水。后来者居上，这是事物发展的规律、社会发展的规律，也是学术发展的规律。每个人都有一定的局限性，我讲的也不一定都对，但我讲的都有根据，我会举出我的材料。虽然我搞清史三十多年了，也写了不少文章，但确实史籍浩如烟海，档案、实录等官私文献无人能穷尽，我只谈一些常识性的、有把握的事，没有把握的我就不讲。当然有时候常识性的也不一定就是对的，所以老师不要认为学生都不如自己，如果学生用几年的时间致力于一个课题，他看的资料一定会比老师多。那是不是我就不能指导你？那不一定。一个问题牵扯多个方面，也许你把握得比较窄，写文章要有逻辑，怎么开篇？怎么布局？怎么阐释清楚？你是不是支离的、枝蔓的，主题没说清楚？当然这些方面老师还是可以提些意见。总之，后来人总是要超过前人。

作为个人，当然你要勤奋。对我做学问影响比较大的是缪钺先生的一句话。我到人大以后，川大的老师要我回去，缪钺先生给我写了一封信。我现在记得很清楚，其中一句话就是说："你将来回来就是要作为骨干教师，要抓紧时间学习历史。""在中国人民大学已经三年，你要厚植基础，将来回校才能承担繁重的教学任务。""厚植基础"，就是这么一句话。缪钺先生去世时都九十多了，眼睛都看不见了。

我指导研究生，除了具体的学术问题，最主要的就是强调这两点：第一点就是韩愈《师说》的"弟子不必不如师，师不必贤于弟子"；第二点就是"天道酬勤"，"业精于勤荒于嬉"。做历史研究，一个要坐冷板凳，一个就是要扎实。既然选择了这样一个专业，就要有坐冷板凳的准备，要勤奋。你只要努力，一定会有回报，一定会有成就，一定会有建树的。总体来说，我培养的这些学生从这两点要求上面做得都不错，留在我们学校的一个是刘凤云，一个是何平。吴吉远、张小也、高翔他们现在都是独当一面了，已是教授、博导。高翔现在是《中国社会科学》、《历史研究》、《中国社会科学报》等六刊一报的主编。我一直告诉他们，"天道酬勤"，一定要勤奋。

第三点体会就是历史是我们先人的社会实践的记录。历史有几个基本特征，第一个特征就是它的客观性。它是客观存在，叙写过去，不能改铸，也不能杜撰，所以研究历史必须言必有据。这是最重要的。我们今天修史，首先就要存真，存真求实就是所谓的信史，信今才能传后。信史建立在大量可信的资料基础上。历史是一个发展过程，是不能割断的，这是历史的第二个特征。要把握历史的过程，必须要有理论的素养，也就是说要有指导思想，要有哲学。现在国外的各种学术观点引进以后就是很乱。我认为还是要坚持历史由低级向高级的发展过程，要坚持历史唯物主义的指导原则。恩格斯讲得很清楚，历史从什么地方开始，那么你的理论思维就从什么地方开始。透过历史的表象认识历史的本质，才能把握历史的核心。理论思维的进一步发展、对历史的逻辑性认识不过是历史客观进程的抽象的一种表现形式。历史是客观存在的，研究历史的人是有主观意识的。研究历史的历史工作者，他本身的知识构成和理论素养决定他建树和成就的大小。因此，作为一个历史工作者要不断地充实自己、发展自己。这几十年来我自己一直实践着，退休以后也并不是完全闲着。在这几十年中，我到过哈佛费正清东亚研究中心、哥伦比亚大学、夏威夷大学、香港大学等地方讲课或学术访问。我们这样的研究方法，并不是跟世界就不接轨了，也不是跟他们就格格不入了，我到哈佛就是按照历史唯物主义的原则去讲的。有人觉得好像教授之间要交流，就要完全接受对方的各种理论体系，我看不是这样的。我一直坚持我的观点，但这并没有影响我跟他们的交流。联合国教科文组织组织全世界的学者分别写历史，第一卷原始社会中国部分是夏鼐写的，其中第五卷（16 世纪—18 世纪的中国）是由我负责撰写的。我跟日本学者也有不少交往，他们翻译了我五六万字的文章，刊载于和田正广编著的《中国传统社会的历史特质》一书。我在台湾还出了几本书。可见，也没有影响我们交流嘛。

我的重点意思不在于说我做了哪些工作，而在于告诉年轻人：不要迷信想要接轨就一定要按照外国人的那套体系来，恰恰相反。比如清史研究，中国是清史的故乡，研究的中心自然应该在我们国内，不是说非要跟他们的研究方法一样我们才能够接轨，才能交谈，那不一定。现在年轻人容易受思潮的影响，好像是不引用这个论、那个论，就不能体现学术的创新一样。我觉得没有必要。当然不是说我们不吸收，一点都不看，我们也要注意吸收、借鉴。

研究中国史还是要有自己基本的、扎实的学术造诣。要立足于自己，才能跟别人交流。研究清史更是如此，要扎扎实实地从档案、文集、各种官私著述来形成自己的看法。现在新修清史，戴逸同志对我们最基本的要求也是这样，第一条就是不能有硬伤，白纸黑字，别人抓住了就没话可说；自己犯了这个错误，就不得了，所以我们工作要兢兢业业。研究历史知识面也要广，梁启超先生曾说"历史是百科全书"。比如清代的治河问题，除了要了解清人在这个问题上的争论，还要有一定的自然科学知识，要是一点不知道，写出的文章就会很肤浅。康熙都知道用传教士送给他的水平仪来测量黄河为什么泛滥。他发现是河床高于地面，于是，他就筑堤束水，两边修堤，把河身变窄，使流速加快，借助水的流速把沙冲走，使河床降低。研究中很多例子都是这样。清初开国打仗打得很厉害，其中有从西方传入的红衣大炮，如果完全没有炮的知识，它的仰角、滑膛都看不懂，就不知道中国的土炮和西洋的大炮有什么区别。历史是综合性的，要不断地充实自己，如果连看都看不懂，具体内容就更写不出来。

运动岁月中　难掩书卷气

当时我们很年轻，都是上山下乡的"常委"，每次都跑不掉，秋收、割麦子、"农村社会主义教育运动"、干校，哪有不去的。"反右"的时候，开始批尚钺先生，我们不是批得很激烈，但是不批也不行啊。举个例子，尚钺同志在《光明日报》发表过一篇文章论述山顶洞人后来怎么就没有了。他推论原因是血族复仇，就是部族和部族之间战争，因此山顶洞人就没有了。我和李文海就合写了一篇文章，说尚先生是望文生义，没有根据，也就是反对尚先生做学问不严谨嘛。那个时候，批判得多厉害啊！在西郊新饭厅全校开大会批判，说他是"托派"观点。全校教师坐在那里，尚先生在下面。要他表态的时候，他说"我不是托派观点"。尚先生资格很老，是 1926 年入党的老党员，做过满洲省委秘书长。他是金日成的老师，金日成走上革命还受他影响呢，金日成来北京就找他。抗战时期，他在昆明和西南联大的那些人，包括闻一多等人，一起反内战。所以尚先生就说："我怎么会反党呢！"当时我对他非常尊敬。他不仅是老革命，而且做学问也很用功，还不是一般的用功啊！我们在鸭儿胡同住的时候，我一般晚上 11 点就睡了，他都是凌晨一两点才睡。我们都看见他在自己房里，一灯相伴，清夜深深，仍在写《中国通史讲义》（现在已经出版了）。

我们经历的运动太多了，印象最深刻的还是十年"文化大革命"。"文革"期间，我就没完没了地做检讨，检讨自己"走白专道路"。当时，有工宣队、军宣队，有学生来"掺沙子"的，说要帮老师"洗涤灵魂"。我是从校门到校门，也没在社会上工作过，其他也没有好追究的事，所以就说我"走白专道路"。我虽然是 1956 年入的党，但是我对政治不怎么感兴趣。我就发表了一些文章，就检查这个了。检查一遍通不过，检查两遍也通不过，因为都没有触及灵魂，就通不过。我当时也非常苦恼，戴逸也非常苦恼，他是"牛鬼蛇神"，被关进牛棚了。李文海也是当权派。我因为是一般教员，在学校除了教书就是搞科研。那时我做教研室主任，整个教研室就是做研究工作，也抓不出什么东西。他们天天帮助我，同乡也好，同学也好，军宣队也好，说我"走白专道路"，不是"又红又专"。我就如实地讲：在大学里，你首先要做好本职工作，当然首先要讲好课，要讲好课就不能一个讲义十年不变，必须不断研究、吸收成果，始终站在学科最前沿。我说我自己没有偷懒，我的工作分三个单元——早上、下午、晚上，我晚上吃过晚饭，8点钟就在书桌上备课，11点睡。那时我每隔一天就要上一次课，一次要写出五千字的讲稿，讲两个小时，一个星期要写一万五千字的讲稿，怎么可能偷懒？我实在想不出办法。那最后是怎么通过了的呢？以前我在《新建设》上发表过一篇文章，后来《光明日报》约我写一篇东西，跟以前那篇文章有关，我就用了上面文章的两三条材料。我就批判自己，说自己名利思想严重，为了出名，用同样的材料写了两篇文章，在两个地方发表，得两笔稿费，十分龌龊，这种行为不像一个学者。这样才算触及灵魂，得到解放了。当时出现了很多笑话。戴逸同志他们就更不用说了。

"文革"开始的时候我36岁，前十年我写了多少东西啊。我们最好的十年就这样浪费了。

在江西余江干校的时候我是主要劳动力，盖房子、打石头。江西经常下雨，下雨天都得打石头。当时雨衣多是塑料雨衣，打完石头回来雨水一身。当时干校政工组下面有学习指导小组，后来我调到了学习小组。学习指导小组有庄福龄、陈先达、许征帆、程秋源和我。每个星期有学习日，学六本书。我们学习小组印出学习提纲，发给每个连队。这就轻松多了。我们住在"水晶宫"，床挨床，住了约百人。跟我床拼床的是经济系的陈秋梅，他在干校自杀了。

当时军宣队成立了一个抓"5·16"的工作组。我们那里有好多个组，我也是一个组的成员之一，组长是庄福龄。每天让他们（"5·16分子"）

学习交代问题。军宣队定的调子，比如陈秋梅不是"坐船的"，是"划船的"，就是骨干分子嘛，就得交代怎么"反党、反社会主义"啊。天天交代，也没什么交代的。庄福龄比较不错，他就跟我商量怎么办。他说："都哪有那么多错啊？"我说："那就指定学习文件，然后给他训话，让他触及灵魂，再来交代。"今天指定一篇《人民日报》的文章，他回去好好学习，触及灵魂思考，明天交代。明天来了以后，又说"你到那边去学习，有什么问题，再来汇报。"有的人说还没考虑好，就下次来吧。我们比较轻松，比较简单，就放他们过关了。陈秋梅是另一个组管的。

干校后来就轻松了，成天休息了，石头也不打了，房子自己也不盖了，请老乡来盖了。我们有工资，大家就买西瓜降温。因为当时手表还少，老乡没手表，人大的教员每人有一块手表，上工的时候每人都戴手表，同时我们都穿着"五七"战士的衣服，特别破。当时有老乡编的顺口溜：人大干校，"穿得破，吃得好，光着膀子戴手表"。

干校没结束，尚钺同志修改《中国历史纲要》，需要人协助修改就把我调回来了。

寄语后来人：百尺竿头，更进一步

我已退休多年，对清史所的具体的情况也不了解，不能指手画脚，对清史所的教研工作更不能发表意见。但是从整个学校和社会目前的风气来讲，我觉得我们还是应该继承中国史学的传统，避免急功近利。我们还是应该珍惜清史所三十年来打下的局面，"百尺竿头，更进一步"，希望清史所蒸蒸日上。要学术界公认你，你就要有能见功力的新的作品。现在不是以量取胜的时代，应该以质取胜，扎实地做一些在这个领域里得到公认的有生命力的著作。当年尚钺教授尊重学术，公认古代史分期有三大家，承认他的学术地位。我自己也感到欣慰，因为毕竟在中国古代史分期问题的讨论中也有我。中国历史教研室曾经在学术上还是有自己的旗帜的。清史所在学术领域有自己的强项，希望在学术上有自己的见地，有自己的成果，能为大家所公认，成为清史研究的重镇。

人物简介

王思治（1929—　），四川省自贡市人。中共党员，教授，历史学家。

王思治1953年毕业于四川大学历史系，同年入中国人民大学历史教研室教师研究班学习，1956年2月毕业后留校任教。1986年经国务院学位委员会评定为博士生导师。1987年应邀赴美国哈佛大学费正清东亚研究中心、哥伦比亚大学历史系、夏威夷大学历史系进行学术访问、讲学与交流。1996—1998年任香港大学历史系兼职研究员。1999年8月退休。2005年被授予中国人民大学首批荣誉教授称号。曾任清史研究所研究室主任、国家重点学科点中国古代史学术带头人、清史研究所学术委员会主任、校学术委员会副主任等。现任《东方历史学术文库》学术评审委员会委员、《明清论丛》编委、《满学研究》编委等职，同时参加国家清史编纂委员会学术工作。

20世纪50—60年代，王思治主要从事中国古代史教学，偏重秦汉史研究，曾讲授中国通史、先秦至三国断代史。参与了史学界对一些中国历史重大问题，如中国古代史分期问题、中国农民战争史问题、中国封建社会的清官问题等的讨论，撰写了多篇相关的研究论文和理论与方法的文章。他被收录在中国古代史分期问题讨论集中的论文，被认为是魏晋封建论主张的代表性论著之一。他还曾发表《清代前期历史地位论纲》、《清代皇位继承制度之嬗变》等多篇有分量的长篇专题学术论文。20世纪70年代，中国人民大学清史研究所（初为清史研究室）成立后，王思治主要从事清史研究与教学，指导清史研究生、博士生，曾讲授清代通史、清史专题等硕士生、博士生课程。

王思治的代表性学术著作主要有《清史论稿》、《清代通史·康熙卷》

（合著，主撰）、《王思治自选集》、《康熙事典》（合著，台湾出版）、《康熙大帝》（台湾出版）、《避暑山庄与外八庙》（台湾出版）、《汉代社会性质及其他》、《人类史》（*History of Humanity*）第五卷中《16—18世纪的中国》等。主编《清代人物传稿》（一、三、五、八卷）、《陈廷敬与皇城相府》等。撰写史学论文数十篇，部分论著分别获北京市人文社会科学优秀研究成果一等、二等奖，教育部优秀科研成果三等奖。

宋涛自述[①]

摘要： 宋涛（1914— ），安徽利辛人。著名经济学家，中国人民大学经济学院教授，中国人民大学首批荣誉教授、首批一级教授。本文回顾了他参加革命、教书育人等方面的经历和坚持真理、上书周总理的故事。

坎坷求学路

　　我现名宋涛，原名侯锡九，别号禹鼎，小名叫侯大全。侯锡九是我第一次上私塾的时候先生给起的，取禹有九鼎之意。1914 年 12 月 5 日我生于安徽省利辛县展沟集谢圩子侯庄的一个家境并不富裕的农民家庭。

　　我从小喜欢读书。8 岁跨入私塾大门，在私塾学的就是《三字经》、《百家姓》以及《论语》、《孟子》、《诗经》、《书经》、《易经》、《礼记》、《春秋》、《古文观止》、唐诗等古文化典籍。8 年的私塾使我得以接受中华民族传统美德——仁、义、礼、智、信的教育熏陶，对人要友爱，为人要

---

① 本文由作者完成于 2004 年 11 月，原收于《宋涛文集》（经济科学出版社，2004）。

正直，要勤于学习。

1930 年，上完私塾后的我开始进入新式的阚町集小学学习，但不识字的父亲认为我能记个账已经足够了，后来在我百般恳求下勉强同意我上了小学。在那里，我有机会阅读了李大钊的《李大钊文集》、陈独秀的《独秀文存》等书籍，觉得他们所描绘的未来社会跟我所生活的现实完全不一样，比我看到的生活要好。

小学阶段最重要的事件就是日本发动的"九一八"事变。我们校长和老师还组织我们上街游行、喊口号。这一事件使我觉得中国政府的无能和腐败只能使国家走向没落，落后就要挨打。这可以说是我后来参加革命的一个思想起点。

1932 年，我小学毕业后，父亲因中学学费不菲，坚决反对我继续读书。但我不愿意就这样半途而废，我这个长孙在奶奶的支持下，父亲四处筹集学费，最终同意我就读于阜阳丽泽中学。我虽然是个埋头苦读的好学生，却也并非两耳不闻窗外事，《大公报》是每天必到校图书馆去看的。在街上我不时地还能看到国民党的部队荷枪实弹，很威武地向阜阳南部的霍邱等地去"围剿"红军，当时红军正在那一带闹革命。不断的内战让我对未来充满迷茫和困惑。

1934 年暑假，因为家乡遭遇洪水侵袭，只得辍学。在展沟集小学任教的同时，我自学完成了初中的课程并攒了　些学费。1935 年我考入了安徽省省会安庆一个教会办的圣保罗高级中学。学校特别重视英语课，正是这段时间的英语学习让我后来在解放区得以接触和学习一些经济学的英文书籍。

弃学从戎走上革命路

1937 年夏，我第一次从安庆回家过暑假，谁曾想在返校的路上，七七事变就爆发了。随着日军从北向南的进攻，安庆的形势急转直下，学校被迫停课了。我想，如果日本人来了，我们家乡也被占领了，我不就成为亡国奴了吗！后来有一天，我在学校的布告栏上看到安徽省学生战地服务团招人，我好像一下子看到了自己的前进方向，马上就报了名，从此走上了抗日救亡的革命道路。

我先被分在 32 团任副团长，后调任 33 团团长，前往安徽省潜山、霍邱、颖上等地参加抗日救亡的宣传工作。1938 年 5 月，五战区的动员委员会把我们团抽调到六安集训，在讨论抗战的集训会上，我慷慨激昂地就抗战形势做了个很长的发言，我说中国一定能取得抗战的胜利！我也因此被动员委员会里的地下党组织发现，经人介绍在新四军立煌兵站加入了新四军。

参加新四军后，支队政委郑位三同志要求我们新加入的几位同志改名字，我们几个刚参军的同学在一片小松树林里想着如何起名字，风吹松树林使之发出波涛般的声音，我说我叫侯松涛。报上去后，郑位三把我的姓去掉，又把"松"改成了"宋"，从此我就叫宋涛了。

组织上先是安排我到前线做宣传工作，不久，安排我们去延安学习。我们七位同学经过长途跋涉、冲破封锁，到达八路军西安办事处。在组织上征求我们是否愿意去学校的意见后，我和王廷、陈亦琴两位女同志终于在 1939 年四五月份到达旬邑的陕北公学，编入 31 队，我被指定为队里的学生会主席，不久又被指定为校学生会副主席。在陕北公学，我们一般是上午上课、自学或听报告，下午开荒种地、挖窑洞，晚上学习、讨论问题，精神上非常充实。

1939 年 7 月，我随陕北公学并入新成立的华北联大。8 月下旬，华北联大和抗大的师生在罗瑞卿、成仿吾的带领下向晋察冀解放区出发，我被队里分配作为火力排排长，和大家一起开始东渡黄河，越过封锁线，挺进河北阜平的城南庄。

我们华北联大师生安顿下来不久就开始上课。当时的老师、干部全都和同学们同甘共苦，一起在大食堂吃饭。他们不仅在业务课上有精深的造诣，还有非常良好的品德作风，大家在一起都没有什么思想顾虑，精神上感到非常轻松。

1939 年 11 月 7 日，华北联合大学在城南庄的打麦场上举行开学典礼。典礼之后，当文艺学院的师生正在演出时，成校长突然在前面紧急通知："敌人的冬季'扫荡'开始了，各队快快回去，带好衣物，准备反'扫荡'，学校师生一起向西南方向的平山、五台一带转移。"那时正值初冬季节，寒风在山沟里呼啸，不久开始下起了小雪，地上积雪渐渐没过脚面，饥寒难耐，但有革命的信念和乐观的态度支撑着我。我们在山区整日与敌人周旋，有时一天只吃一顿饭，就这样整整转了一个冬天。

1940 年 3 月，反"扫荡"胜利结束。队伍集中后，学校宣布学生毕业并分配工作。我和另外十多个同志分配到晋察冀边区四中开始教书生涯，当时的边区中学是为提高边区干部和青年的文化理论知识、培养革命干部而办的。我上的第一门课是统一战线，这对于我这个非党员来说是出乎意料的。在陕北公学时，我们队的指导员刘星华同志问我是否愿意加入中国共产党，还没等我回答，他就因有人找出去了。1942 年学校搬到唐梅村的时候，组织上认可了我的工作和申请，批准我成为中国共产党党员。

在边区四中，教书育人开始成为我最重要的任务，这是我一直以来的愿望。当时就觉得，作为教员，自己首先要把要讲授的每个学术问题研究得深入，自己若是一知半解，对不起学生，误人误己，因此当教员必须有真才实学，真知灼见。我一面学习一面教，当时没有现成教材，我就自编讲义，由刻蜡版的同志油印后发给学生。由于打游击和敌人"扫荡"，油印的讲稿有时没法带走，就埋在地下，一下雨，讲义被泡成一团，字也看不清了，有的就和泥巴沾在一起分不开了，所以解放以前我写作的讲稿等内容都没能留下。

边区中学因为教师缺乏，我陆续教过的课程有边区建设、社会发展史、生物、化学、中国历史、世界历史、政治课等。在打游击的时候，跑到山里面我也想尽办法给学生们上课，我自己也努力抓紧一切时间读书、思考问题，从不懈怠。后来，我除了当班主任和教书外，还给学生每周作一次抗战形势的报告，来增强大家对抗战胜利的信心和勇气，在生活上我也尽可能地照顾他们，我还负责给学生看病。因为在唐县边区四中的时候，白求恩医学院离我们很近，我除了教书备课外，还挤出时间去白求恩医学院听课，学了一些简单的医术，来为学生们治病。

1944 年 8 月，我们边区中学根据上级安排合并到华北联大教育学院，我负责给教育学院的中学班上语文课和作时政报告。

1945 年 8 月，全校的教师和学生们听到日本投降的消息后，从教室和卧室中奔涌而出，大家在一起欢呼、拥抱，叮叮当当敲脸盆庆贺。不久，经组织批准，我和陈建民同志结为夫妻，和一同批准的陈辛人夫妇等共同办了一次简朴的集体婚礼。

随着张家口的解放，我们联大教育学院于 1945 年 9 月陆续搬到张家口，我爱人随队前行，后分配在张家口的区委从事妇联工作。在张家口的东山坡，华北联大陆续成立了直属于校部的政治一、二、三、四班，我担任政治一班和后来成立的四班班主任、党支部书记兼教员。1946 年，国民党的军队开始进攻解放区，准备进攻张家口，联大师生开始从张家口辗转八百里经过广灵等地，来到河北束鹿县继续办学。

1947 年夏秋时节，政治学院成立经济系和政治系，我任经济系主任兼政治经济学教员。华北联合大学为适应形势的需要，开始按照正规高等教育的发展思路办学。我当时制定了办学的一些初步计划，以政治经济学为主，还开设一些部门应用经济学的课程，根据进城后的工作实际和现时需要而设置相关课程，让学生们既能掌握马克思主义的理论观点和方法，又能结合实际，解决现实问题。为了使学员在学习中不局限于课上所讲内容和书本上的理论，组织学生参加土改运动、社会调查，深入到田间地头，了解土改、生产、支前方面的情况，要求他们真正做到学有所用。

1948 年初，根据组织安排，我主管的经济系的学生归并到王学文在石家庄办的经济干部管理学校。不久，华北联合大学将与晋冀鲁豫解放区的北方大学合并组成华北大学，我担任第一区队区队长、教育科长兼教员，负责给政治班的学生们讲党史、抗日战争史和时事政治等课程。

北平解放后，华北大学迁到北平。由于解放全中国需要迅速培养出大批干部随军南下，学校也把重点工作放在华大一部的政治培训班上，大量招收知识分子。不久，校舍爆满，学校陆续设立正定分校和天津分校，我负责主持天津分校，扩大在天津的招生规模。

天津分校先是设在意国兵营，由于学生越来越多，也面临校舍紧张问题，经和当时的天津市委联系，迁到郊外东局子原法国兵营。在新校址的大院里举行了简短的开学典礼。我代表学校作了简短讲话，鼓励学生们学习马列主义，学习毛主席的理论，学习中央的方针政策，牢记"忠诚、团结、朴实、虚心"的校训，向工农兵学习，向实践学习。天津分校的在校学生达三千多人的规模，我除了要处理繁重的日常行政事务之外，还要给学生们上课，在我从教的几十年里，不论从事什么工作，在何种岗位上，一直没有离开过教学工作。

8月，天津分校的学生分配工作开始，我从毕业的学员中选调了十几位政治上可靠、文化水平高的毕业生回京留校工作，学校准备创办新中国的正规大学。回京后，组织上安排我担任华北大学政治研究所副所长，到西城区拈花寺主持办学习班。政治研究所接收的学员主要包括一些较有声望的民主人士和统战对象，有很多原国民党统治区的大学教授、副教授、回国的留学生等高级知识分子，前后办了四个班，三百多人，帮助他们学习马列主义和毛泽东思想，了解党的政策、改造思想，树立新的革命人生观。我除了和艾思奇一道讲授哲学外，还负责作时事报告，同时主持研究所的日常工作。

1949年10月1日，我在天安门东侧的观礼台上观礼，亲耳聆听了毛泽东主席在天安门上的庄严宣告："中华人民共和国中央人民政府正式成立了！"见证了五星红旗在天安门前第一次冉冉升起，心情无比激动。

参与中国人民大学的筹建工作　致力于经济学科建设

当我们还沉浸在新中国建立的喜悦中的时候，在华北大学的基础上筹建中国人民大学的工作开始了，这是新中国建立的第一所正规大学。当时我已是校党委成员，每天上午、下午、晚上都在开会，研讨院系设置、课程设置等等一系列问题。

1950年3月中国人民大学设立经济系，任命我为经济系主任，招收了3个班150人左右的本科生。我本来拟了一个经济系的发展计划，建立教师梯队，围绕经济系到底需要哪些学科和教授来支撑，计划开设政治经济学、部门经济学、学说史、中外经济史、一些必要的自然科学等科目。6月份，苏联专家来了以后，这个计划就没有完全进行下去，因为要学苏联的，由苏联专家对各系所学的学科进行设置。学校还规定，学英文的一律要改学俄文，学英文被认为是崇洋媚外。为适应形势的需要，经济系的本科学生并入经济计划系，经济系被撤销，成立直属于学校教务部的政治经济学教研室，我担任教研室主任，教研室同时成立了研究生班，由苏联人讲课，学科建设完全是照着苏联的模式设置，采用苏联的教材。

1950年10月3日，刘少奇、朱德、林伯渠、董必武等领导同志出席了中国人民大学的开学典礼。我作为全校教师代表在台上作了发言，发言稿经成校长审阅过，发言内容大致是：我们绝不能辜负党和人民的期望，教师和学生都要尽最大努力工作和学习，全心全意为人民服务，为建设强大的新中国而努力奋斗。

在教学方面，我开始讲授政治经济学。当时授课内容完全按照翻译的苏联教科书讲，但我还是在不断地思考讲授的内容。经过长期思考后，我逐渐发现教材的内容和我国现实有很大距离。但是，在当时的情况下，思想上可以认为这方面存在问题，但很难把反对意见说出来。于是，我就开始在一些会议上，提出编写我们自己的政治经济学教材。"大跃进"刚开始时，我们还没有下去调研过，编的教材中有一些片面地讲"大跃进"如何好的内容。后来我下放到河北安国，在地方上看到一些实际情况以后，自己的思想就更成熟和坚定了，我发现理论与实践有很大的距离，实践上有很大问题，理论上也存在着诸多问题，我就感到不能跟"风"跑，同时强烈地感觉到，做学问不仅要有深厚的理论基础，同时要真正了解现实情况。理论要能够解决实际问题，做学问必须实事求是，不能随风倒。

当时社会上对人的家庭出身和成分非常讲究，有的人对有国外背景的人差不多都被视为"有问题"，敬而远之，但我不怕这些。我觉得，只要在某方面有真才实学、品德好、为人正直，经过了解，我就会把他请来我们系任教，并为其创造出较好的环境。我认为，搞政治经济学的不能不懂西方的经济学，政治经济学是覆盖各个国家的，联系国内实际时也要联系世界的实际。在经济学方面很有才华的吴大琨是从美国回来的，刚开始，他因其他原因从山东大学调到中国人民大学教历史，我知道他是搞经济学的，就把他从历史系调到经济系。1957年，我抽调了经济系的部分教师和学生，由吴大琨主持成立了世界经济教研室和世界经济专业。

高鸿业 1957 年正值"反右倾"高潮时回国了，他是美国的经济学博士、副教授。他的回国当然是一种爱国表现，但是没有学校敢要他。因为解放以后，西方经济学在院系调整后完全被禁止了。我研读过经济学说史方面的一些书，在解放区就读过亚当·斯密、李嘉图、凯恩斯等人的英文书籍，我认为我们搞马克思主义经济学的人和学习经济的学者不能不懂西方经济学，马克思的《资本论》也是在批判性地吸收英国古典经济学的基础上发展而来的，西方经济学中的内容应该批判性地进行吸收。

当时的教育部有一个司长，他拿着高鸿业的材料找到我，问我要不要。我当时正在食堂吃午饭，看完材料后，我觉得他很有才华，就回话说，我要了。他来时，我亲自对他讲当时的运动形势，告诫他不能参加会议，然而我却不能告诉他为什么不允许他参加会议。我劝他用马克思主义的观点批判性地吸收西方经济学，认真读好《资本论》这部伟大的政治经济学，批判性地吸收西方经济学中有益的东西之后写出教学用的教材。后来，我和黄松龄副校长带头听他讲课，觉得讲的还可以，就让他开始正式给学生们授课。

我作为系主任的时候，对教师要求比较严格，我留下的教师都是很不错的，都要经过严格的考核，听他们讲课。老师讲得好表扬，讲得不好，下来后我就跟他谈话，教导他们。

20世纪60年代初，中科院经济所的孙冶方同志受到了冲击，我认为他的许多观点都是对的，我就邀请他来中国人民大学经济系给研究生班的学生上课。由于我们很早就经常在一起参加中央的一些会议，他长我好几岁，但我们可以说是志趣相投。我还给他找了间办公室，请他当政治经济学教研室的名誉主任。他为人正派，来我们这里上课也没有报酬，只是请他在学校食堂里吃顿简单的工作餐，他每次讲课，我都找几位同学认真记录，整理后印发给同学们。"文革"后，他恢复了工作，他在整理文稿时，打电话问我他当年的讲稿还有没有，后来我让我们系的同志找出他的讲稿，厚厚的一本送给了他。

在"运动"中保持清醒的头脑

反右派运动结束后不久，中央要求长期在学校从事教学工作的同志，要下放到实际部门里去，了解实际情况。1958年春，我挂职下放到安国县当副书记。我亲眼看到了"深挖地，广积粮，大炼钢铁"的种种场面，老百姓却传唱着"红薯面，红薯馍，离了红薯不能活"，感到这不是什么"大跃进"，而是实实在在的大破坏，心疼得很。

几个月之后的秋天，我从安国回来后，就和学校的李培之同志讲了这些情况。李培之说，你可以给周总理写信，李培之说她和周总理是法国勤工俭学时的同学。于是，我就写了封信，一封给了周总理，另一封给了当时的河北省委书记，把大炼钢铁、深挖地、广积粮的种种弊端都讲了一下。李培之先给周总理打了电话，在得到总理允许后，晚上八点多钟我和李培之一起去中南海把信面呈总理，并向他倾诉了我对"大跃进"和"人民公社化"运动的看法。

之后不到一个星期，总理就到安国视察了。

总理先到村里老百姓家里看了看，摸摸老百姓的炕，是凉的。到了县委办公室，地方领导汇报完情况后，周总理问我，宋涛同志，你有什么意见？当着那么多人的面，我只好说："没有，有些已经向总理汇报了。"总理就问县委书记："这里的群众怎么都不烧炕呢？"他回答说今年不怎么冷。总理于是反问他，为什么你这个房间烧了炉子？县委书记也没办法回答。吃完饭后，总理和我一起走，到地里去察看情况。一直到现在我心里对总理都很敬重，总理真是好，他是那么朴实，实事求是。总理去世那天我非常悲伤地哭了。

1959 年，中宣部组织我主持编写批判赫鲁晓夫和"反修"的文章，文章写完交给中宣部后，他们安排我们几个同志去东北参观考察，从黑龙江到长春后，学校来电报让我立刻回来。回来后的第二天，有人通知我，说我是"右倾"，是"三反"分子，反对"大跃进"、反对人民公社。我写给河北省委书记的信被转给北京市了，当时的北京教委主任主持召开了一个规模很大的会批判我，学校接着也开会批判我。直到当年 12 月 15 日，批斗才停止。1960 年 3 月份，教育部的负责同志和中宣部副部长周扬同志为此专程赶到我们学校，胡锡奎等几位副校长主持了会议。他们两个说，宋涛同志怎么会是反党分子呢？他年轻时就参加党，抗日战争和解放战争时期一直参加革命，是很进步的一个同志。就这样我被恢复了工作。

"文革"开始后，我是中国人民大学第一个被贴大字报的，标题就是《宋涛是什么人？》，顿时校园就轰动了。从那以后，学校的大字报就遮天盖地了。贴我大字报的那个研究生，后来向我道了歉。我说你们年轻人对时局没有认识，我不怪你们。实际上，批斗过我的人，很多是迫于无奈和对当时形势认识不清才去做的，我不计较这些，也不怪他们，我还是把他们当同事、朋友看。我觉得人要有坚定的信念和对实际情况的清醒认识，这样才能经得起风雨。

人不能随风倒，要有原则性，我认为人一生要无愧于同志和朋友，对同志和朋友，我都是以诚相待的。

1969年4月，我被下放到江西余江"五七"干校劳动，但我还是顽强地坚持自己的看法，不认罪，因为无罪可认。1972年底，军管会当场宣布，宋涛没有任何问题。我作为最后一批解放人员回到了北京，因1970年中国人民大学解散，我被分到北京师范大学。在北师大那里，我被恢复了教学工作和经济系主任职务。

我的家人因我而受到牵连，遭受了无尽的痛苦，儿子女儿都没有很好地上学。儿子宋强高中三年级，毕业没能升学就下放了，女儿宋文力是在高二时被下放到了河北。他们上学时成绩都很优秀，他们也是在我下放回来后，经组织推荐才成为工农兵大学生，后来一个在化工厂工作，一个在北京科技大学教书。

中国人民大学复校重任在肩

1976年毛泽东主席逝世不久，"四人帮"被抓，我高兴得无法形容。粉碎了"四人帮"，我们就想到中国人民大学复校的问题。1977年，我和几位同志去探望在中央党校的成仿吾，向他提出恢复中国人民大学的事，希望他能做做中央领导同志的工作。成仿吾同志德高望重，长征时期与一些中央领导同志有诸多接触，复校工作得到了中央大力支持。于是，曾在"文革"时期解散了十年的中国人民大学终于在1978年3月得以复校，当时已八十高龄的成仿吾被任命为中国人民大学党委书记兼校长。

随着中国人民大学复校，我也从北京师范大学带着在师大招收的几个班的学生一起回到了中国人民大学，开始了重振经济系的使命。复校虽然遇到很多困难，但是复校以后大家工作的热情非常高涨，大家都很兴奋，工作效率也特别高。

重振经济系，一个当务之急就是急需教师，从外面难以找到特别优秀的教师，我们就把一些优秀的学生留校任教，我们学校里有一些教师都是我们系毕业的学生，我自己培养的博士，目前还没有一个毕业后分配到我们系。

政治经济学是我们系的主要课程，数学是我主张增添的。作为一个大学生知识面窄了不行，学经济的学生一定要懂数学。我要求我们的学生在学习经典著作时要系统地学习、准确地理解，我要求学生基础要扎实，要务实、创新，要超过老一代，看问题要看得远、看得深、看得透，要看实质。学经济学的，不仅要对中国经济发展有所了解，还要了解世界经济的发展对中国经济的影响，如果对中国经济发展的具体情况不了解，那怎么行？

我主张我们的教师要真正了解社会经济发展的实际情况，有一些实际的工作知识。教育培养出的人才，要确实是高质量的人才，人才不仅体现在其知识和能力上，品德也要高尚。培养更多的品学兼优人才，一直是我对教育的一种期望。为了鼓励在教学工作中有突出贡献的教员和品学兼优的学生脱颖而出，1994年，我把积攒起来的十万元稿酬全部捐献出来，设立"宋涛奖学奖教基金"。钱虽不多，奖励范围也有限，希望能用来奖励、资助那些优秀的学生和教师脱颖而出。后来，我向教育部部长提议，培养的经济学人才功底要深厚，专业知识要丰富，要大力培养和选拔能够理论联系实际，具有创新能力的拔尖人才，现在，一些措施还是有些成效的。

十一届三中全会之后，1979年2月7日召开了理论工作务虚会，我在会上发了言，后来会议秘书处把我的发言稿整理为《一个会导致犯"左倾"错误的理论问题》，我从理论到实际阐述我自己长期以来对"左"的看法，得到了会上一些同志的赞许。我在"理论务虚"会议的讲话，并不是那一刻突如其来的想法，而是在思想上酝酿了好长时间。在那么大的会议上，我敢那么讲是经过深思熟虑的，其中不但有实践经验，也有理论基础。

务虚会议结束后，我就开始把工作的重点转到学校教学与科研工作了。复校以前我也做了一些科研，但写的文章很难脱离当时的现实。我们开始着手主持编写新的教材，先是主编了高校用的《政治经济学》教材，后又编写中央广播电视大学用的教材，并到中央广播电台去讲课。为国家机关干部编写学习用的《政治经济学》，由人民出版社出版，这些教材一次就印了几十万册。后来编写的还有《帝国主义经济》、《论当代帝国主义》等书。主编的《马克思主义经济理论全书》、《〈资本论〉辞典》等，都是集中了全国几十名著名学者专家编写的，光是审稿就审了好几个月。

复校后，我加强了学术研究，开始经常写文章。当时很多杂志来约稿，写文章也快，一两天能写一万来字，现在已经出版了三本文集。我现在回顾起来，我的这些文章都是根据改革开放的进程中出现的问题写就的，主要是关于社会主义经济理论的探索，我自己认为这些文章都是根据现时的实际情况写成的。直到现在，我还不断写关于国企改革方面的文章，没有国企还有什么社会主义呢？我觉得社会主义，就应该搞好国有企业的经营管理，在竞争中把国有企业搞好。

踏上改革开放的新征程

20世纪80年代初，国家决定开始搞学位制度，国家教委让我担任国务院学位委员会经济学科评议组的召集人。第一届经济学科评议组的成员有南开的滕维藻、北大的胡代光、北师大的陶大镛、复旦的蒋学模、厦门大学的吴宣恭、西南财大的刘诗白，还有南开的钱荣堃等人，其他还有一些想不起来了，我们这些人就组成了第一届经济学学科评议组。在学科评议组我担任了第一、第二届的召集人，十年里，我用在自己写文章的时间和精力减少了很多，为学科建设和评议工作花费了很多时间，当然能为我国各高校经济学科的发展做点事情令我倍感欣慰。

20 世纪 80 年代初到 90 年代中期，我参加各类社会活动也比较多。80 年代初，当时于光远等同志提议成立一个全国性的经济学团体联合会（以下简称"经团联"），由我担任第一届的执行主席和党组书记。当时，我是不太想去担任这个职务的，因为各方面的工作实在太忙。我说，我现在精力不够，我想写点东西，教了一辈子的书，没写什么东西，谁知道你是做什么的，就想推辞。后来他们说这是学术团体，不是做官，我这才应允。1981 年全国经济学团体联合会经过紧张繁忙的筹备工作在大连成立了，这是很不容易的。

在 80 年代初的中国，经团联举办的学术会议对于推动我国经济科学的研究还是有很大促进作用的，参加的也都是全国各地科研院所、大专院校一些很有学术成就的专家学者。

在经团联的成立初期，我们还成立了经济科学出版社。经团联成立后，由于缺乏办公经费，开学术会议等都需要经费，虽然于光远同志用他的稿费支持了若干万元，但我想，经费的长期来源问题必须解决。实在没有办法，我们就向当时的中央书记处书记邓力群同志汇报，看看如何能解决经费问题。后来，他建议我们办个出版社，一是学术出版的事情解决了；二是活动经费也解决了。1983 年，经济科学出版社正式成立。现在，经济科学出版社也有了很大的发展。

1989 年，由于一些原因，经团联也无法继续挂靠社科院了。这时候负责经团联的许毅同志找到了我，商量经济科学出版社的问题，我提出："能否把出版社挂靠到你所在的财政部？如果没有挂靠单位，出版社就得解散。"许毅表示同意，经济科学出版社后来就隶属于财政部了。

80 年代初，北京市经济学总会会长一职我担任了两届，后来就由吴树青同志接任了。中国《资本论》研究会是由许涤新同志创办的，1988 年许老去世了，研究会的几个副会长要我接替他担任会长，直到 90 年代后期。我所主持的全国高校社会主义经济理论与实践研讨会，从 1986 年迄今已经举办了 18 届，每年开一次会，只是有一年因为经费问题没开。我还提倡和主办成立了马克思列宁主义经济学说史学会，先后创办了《经济理论与经济管理》、《当代经济研究》杂志。

20 世纪 80 年代后期，《改革与新思维》一书在许多国家都引起了关注，作者是戈尔巴乔夫，提出了国际政治与苏联国内改革的"新思维"。我买了一本，连着读了三遍，越读越觉得糟糕，感觉苏联要有大变化了。

1990 年 6 月，国家教委在山东济南召开经济学方面的讨论会，有些人在会上说，应该借鉴"新思维"来指导我们政治经济学教材的改革。围绕如何改这个议题大家分组讨论了好几次。经过大家讨论，我也作了大会发言，我说你们的认识我不同意，戈尔巴乔夫不是马克思主义者，是社会主义的叛徒。我讲完之后，好多人都说，宋老师怎么能这样讲啊！我说这是我的看法，你们不同意咱们可以讨论。但在讨论的时候，许多人发言都只讲别的问题。

那次会议结束回学校之后不久，中央的有关部门就不断派一些同志来问我，为什么说那些话。我当时的看法就是：苏联当时的政策中确实有与实际不符的地方，有不符合马克思主义的基本理论的地方，代表不了民心，不断积聚社会矛盾，久而久之定要丧失民心。

那段时期，学校对我依旧，但我只有等待，看历史怎么发展。1991 年苏联突然宣布解体，我如释重负。2000 年，老校长袁宝华在我从教 60 周年学术研讨会上说："1990 年 6 月，宋涛同志在山东大学召开的会议上讲了话，宋涛同志讲话时，正是戈尔巴乔夫风云一时的时候。宋涛同志当时讲，看起来，戈尔巴乔夫是共产主义的叛徒，有人回来跟我讲，宋涛同志胆子真大，我说，讲得好。宋涛同志这个严肃、认真的态度正是他严谨求实、治学精神的反映。这一点就值得我们学习。"老校长袁宝华还欣然题词："真理在握，痛斥无产阶级革命叛徒；春风化雨，勤育社会主义建设英才。"

夕阳无限好　哪怕近黄昏

治国兴邦，人才为先。从社会经济发展方面来说，教育重要；从个人的品德与素质方面来讲，教育也很重要；从人与自然的和谐关系来讲，教育同样重要。在我的教育生涯中，教过的专科生、进修生、本科生、研究生和博士生数以万计，其中有很多成为著名的经济理论工作者、教育工作者和经济管理工作者，成为国家的栋梁之才，这是最让我感到欣慰的地方。

已至耄耋之年的我，从事教育工作已有65个春秋，这么多年来，是马克思主义指引我走上了革命的道路，成为我实现自己人生价值的行动指南，教导我要很好地为人民而工作。看到我们国家从贫穷落后逐步走向繁荣富强，从落后挨打逐步走向独立自主，兴奋与自豪在我心中油然而生。作为一个普通的教育工作者，我愿为把我国由人口大国转变为人才强国而继续奉献我的光和热。

人物简介

宋涛（1914—　），原名侯锡九，字禹鼎，安徽省利辛县人。中共党员，教授，经济学家。

宋涛1939年进入陕北公学学习。1940—1944年秋在晋察冀边区中学任教。1942年加入中国共产党，兼任班主任和党支部书记。1945年8月后任华北联合大学政治班班主任、党支部书记兼教员。1947年，创办华北联合大学政治学院经济系，任系主任兼教员。1948年8月，在华北大学任区队长、政治学院教育科长和教员。1949年春任华北大学天津分校主任、区队长兼教员。1949年10月，任华北大学政治研究所副所长。1950年，主持创办中国人民大学经济系和政治经济学教研室，并任经济系主任、政治经济学教研室主任，后历任校党委常委、校学位评定委员会副主任、经济系系主任和名誉系主任等职。1959—1966年，兼任《光明日报》"经济学专刊"主编等社会职务。自1980年起，历任中国社会科学院经济研究所学术委员会委员，中国经济学团体联合会执行主席兼党组书记，国务院学位委员会第一、二届经济学科评议组召集人，孙冶方经济科学基金会理事、评委等，是经济科学出版社创办人之一，也是《经济理论与经济管理》、《当代经济研究》等刊物的创办者。宋涛还曾任北京经济学总会会长、中国《资本论》研究会会长、中国马克思主义经济学说史学会会长等。1990年开始享受政府特殊津贴。2005年被授予中国人民大学首批荣誉教授称号。2009年被聘任为中国人民大学首批一级教授。

宋涛著有《政治经济学（社会主义部分）》、《政治经济学（帝国主义部分）》、《宋涛选集》、《社会主义经济理论探索》、《论国家垄断资本主义》、《当代帝国主义经济》、《马克思主义经济理论全书》、《〈资本论〉辞典》、《政治经济学》等数十部教材和学术著作，发表论文近200篇。主编的《当代帝国主义经济》荣获国家教委优秀教材奖和北京市哲学社会科学优秀成果一等奖。

作为当代著名经济学家和教育家，宋涛也是新中国经济学的重要奠基人之一。他始终认为，应当在理论与实践的结合中坚持和发展马克思主义，实事求是地探索社会主义经济规律，并为此在经济学的教学与研究工作中作出贡献。主要贡献有：一、在20世纪50年代就提出并主持编写适合中国国情的政治经济学教材；二、以马克思主义的立场、观点和方法，研究中国社会主义建设时期的实际问题，很早就提出要调动企业和劳动者的积极性，必须让企业具有一定的自主权并在市场竞争中成为主体；三、关于当代垄断资本主义国家基本矛盾问题的研究，阐明当代资本主义国家中各种新现象之间的内在联系和规律性，并以其揭示当代资本主义发展的历史趋势。

卫兴华自述[①]

摘要： 卫兴华（1925— ），山西五台人。著名经济学家，中国人民大学经济学院教授，中国人民大学首批荣誉教授、首批荣誉一级教授。本文回顾了他早期的求学经历及在中国人民大学学习、工作几十年中的故事，如建校初期的学习情况、苏联专家的教学、政治运动中的经历、理论研究中的感触以及对青年一代学者的殷切希望等。

抗战中求学　求学中抗战

我出生在山西省五台县一个偏僻的农村——善文村的一个农民家庭。我的祖辈与村上世世代代务农的村民一样，都是种地的，没有什么文化。祖父因为没有文化，常受别人欺负。父亲上了几年小学，初通文字，后来在村里当了村干部。父亲思想比较进步，希望子女们能够上学读书，学习

---

① 本文由作者应校史研究室之约完成于 2010 年 1 月。

文化知识，所以我不到6岁时就上了我们村的小学。读小学期间，我很爱学习，每次考试都名列前茅。我在初小读了5年半，直到1936年。由于年纪太小，不便到远处读高小。我在1937年春节后考上了离我们村近30华里的东冶镇高级小学。这所小学原名沱阳高小，是徐向前元帅曾经就读过的学校，在我进入该校读书时，他已经成为红军中的高级将领了。1937年发生了七七事变，1938年秋日本鬼子就占领了我们县，占领了东冶镇。沱阳高小是三年制的，但由于日本的入侵，我只上了一年半就辍学，回家务农了。可以说，我从小就是从风吹雨打中走过来的。作为农家子弟，我七八岁就开始跟着父母在农田里劳作了。日本人的入侵，使我失学了，但求学的愿望始终萦绕脑际。平日里总是想看书，也尽量地找一些书看。有时干了一天的农活，虽然很累，也会在中午或晚上休息时躺下来看看书，并以此为乐；有时跑到亲戚朋友家里或是其他什么地方，看到有书，就会借来看。总之是不想放过任何读书学习的机会。

日本军队在我们村驻扎过，并修了炮楼。日本鬼子烧杀抢掠、奸淫妇女等罪行我都目睹过，还多次逃难，因此对日本侵略军特别仇恨，并产生了强烈的爱国主义思想。当时，八路军的工作人员也常来到我们这里，与日本侵略军进行拉锯式的斗争。1939年，我就在共产党开办的峩峰高级学校学习过几个月，学校主要讲的是抗日统一战线以及有关党的抗日政策的一些课程。1940年，我还到党领导的五台县政府（驻敌后马家庄）所属的一个小山村参加过一个月“师资训练班”的学习，主要学习了晋察冀边区的文件和政策，还学习了许多抗日和革命的歌曲。学完回村后，我就在我们村里的小学当了一年多的小学教师。那时，日军虽然撤离了我们村，但邻村还有“炮台”，日军经常骚扰，无法进行正规的教学。为了读书，1942年，我考上了东冶镇高级小学内附设的中学补习班。日本侵略者搞“新民”欺骗人，也把这所学校改名为第四新民高小。

小时候，我的乳名叫玉童，“玉童”在农村来说就是金童玉女的意思。考东冶镇高小时，小学老师给我起了个“官名”，叫卫显贵，我弟弟则叫卫显荣。小学老师就是从名字上希望我们将来能够荣华富贵。我在东冶镇读沱阳高小时，用的就是这个名字，我的同班同学都记得我是叫卫显贵。1942年，我去日军占领的东冶镇上高小附属中学班时，就把名字改成了卫兴华。这个名字的寓意是振兴中华、复兴中华，就是抗日的意思。

我在东冶镇高小附属中学班里学习了一个学期。我们村离东冶镇大概30华里，所以我住校。和我一起住校的还有一个男生，其余的学生都是东冶镇的，都回家住。在这里读书期间，发生了很多故事。日本侵略者对占领区进行奴化教育，教人学日语、宣传"大东亚共荣圈"什么的。那时许多老师虽然对日本人的侵略行为也心怀不满，但行动上还是很谨慎的，唯恐出什么事。我有时看到东冶镇的日本鬼子和伪军欺负老百姓，也很愤怒。有次写作文时就写了一句：昨天我看见一个丘八穿着黄衣在打百姓……我没有直指日伪军，而是用兵字的拆写"丘八"来代替，讲些愤怒和不满的话。语文老师在我的卷上批了一句话："牢骚话不可多说。"他是怕我出问题。同班有个女同学写了一篇名为"大东亚战争，女子应负何责？"的作文，为日本的侵略战争宣传。语文老师认为她的文章写得好，就作为范文在学校大门处的照壁背面贴了出来。我看后很气愤，觉得这样做太没有民族意识了。日本人侵略了我们，同学竟然写这样的文章，老师还表扬她，把她的文章贴在醒目的地方作示范。上音乐课时，老师教我们唱歌，唱《何日君再来》，还教我们唱《农村的晚景》："几树寒烟杨柳，一溪流水桃花，空潭对镜春如写，倒影醉归鸦，又听那短笛横吹罢，农夫牧竖笑声哗，竹篱茅舍，三五人家，牛羊下，山月斜，一幅好天然图画，何必桃园幽雅，另寻丘壑到天涯。"歌中描绘了一幅很美好的田园画面，听起来仿佛我们中国的农村是那么的美好。而我看到的事实是日本侵略者在农村到处烧杀抢掠，唱这种歌曲完全是自欺欺人，蒙蔽学生。我和那位女同学平时没有说过话，就趁着她放学回家后，在她的课桌石板上写了几句打油诗，想启发她。针对那个《农村的晚景》，把农村描写得那么好，掩盖了事实，也针对她的那篇作文，我就是要在打油诗里还原事实真相。先后写过两首：一首是"日暮乡间一农夫，仰面悲恸泣如雨，房舍被焚粮遭劫，似火仇恨何时除。"另一首是"亡字当头镔，奴衣身上穿，呜呼痛伤兮，斯雠何时渝。"本来雠与仇字同义，我故意用了个难认的字。后来这个女同学报告了老师，加上我私下给同学们唱过抗日小调和其他"不端"行为，老师和校长估计肯定是我写的。不过我确实觉得，那个语文老师不管怎么样，起码意识上缺乏爱国主义，女学生写那样的文章还表扬。

那时上学好几年，岁数也不小了，我的抗日的意识非常强，任何支持日伪的活动我都躲着不参加。一次，伪县长要从五台县到东冶镇来，让我们学生排队去欢迎，我就躲着没有去。我不去，有人就怀疑我。加之先前的许多事，校方就派人抄了我的宿舍。宿舍里有被子和褥子等，被子里放了两本书，他们就把这两本书抄走了。这两本书是我们村里过去的一个共产党人留下的，一本是《各国革命史》，另一本是从苏联翻译过来的哲学著作。查我的时候我正好上街去了，回来以后校长把我叫到办公室，校长和教我们唱歌的那个老师把两本书拿出来给我看。这个老师和校长也不是坏人，在那种情况下，他们也只能那样做。他们问我："你看这个书，是有意识的，还是无意识的？"当然我是有意识的，但我只好说我是无意识的。他可能是给我台阶下，我说我是无意识的。他说如果你是无意识的话，你就把它烧掉。我们五台县有那种地炉子，就是冬天烧柴火的，也能烧煤炭。我只好把它撕破了，塞在地炉里烧掉了。那个时候我觉得当亡国奴，受日本帝国主义的侵略，爱国主义不能表达，实在憋气。后来我就想离开日本占领区，到后方上学。那个时候要想跑到八路军地区，也能跑去，但觉得那不是正规的学校。我当时有一个思想，就是要上学就上正规的学校，正规的中学，正规的大学。

1943 年，我到了"后方"，在第二战区晋西隰县上了进山中学。在学校里，公费粗布衣裳，吃高粱面和小米，没有菜，连盐也没有，很是艰苦。那时进山中学校方的领导人叫赵宗复①，是个共产党员（"文化大革

---

① 赵宗复，山西五台人。1933 年加入中国共产党。1937 年毕业于燕京大学历史系。曾任反帝大同盟燕京大学支部书记，历任山西省教育厅厅长，山西大学副校长，太原工学院院长、党委副书记，山西历史学会理事长，九三学社中央委员。

命"中被迫害致死）。他父亲是山西省政府主席赵戴文，阎锡山对赵戴文也很尊重和亲近的。赵宗复在燕京大学就参加了共产党。我上中学时，一直受到他的影响。1945年抗战胜利后学校迁回太原，1946年我就在进山中学参加了党的地下工作。我在学校里担任过学生会主席，在进步社团"投枪社"担任过编辑组长，还在地下同志组织起来的青年读书会当过负责人。1947年暑假，我按组织安排秘密进入解放区，在太行区太原工委（也是城工部）正式履行了入党手续。一方面在赵宗复的领导下，另一方面与太行区的太原情报站，又跟太原工委，就是我们解放区的太原工作委员会建立了地下工作关系。那个时候我们准备解放太原，需要太原的军事情报。太原情报站驻在解放区的太谷县范家岭村，番号叫909。太原情报站有一个派遣人员，是个团级干部，叫王天庆。他是我们解放区情报站派去打入阎锡山军队中搞地下工作的，搞军事情报，我跟他直接联系。王天庆按909的建议安排乔亚、杨盛钦和我组成进山中学三人领导小组。乔亚任组长。乔亚同志在太原解放前夕被敌人杀害。杨盛钦同志在"文化大革命"中被迫害致死。王天庆同志被捕后，遭严刑拷打，坚贞不屈，壮烈牺牲。

1947年8月我被捕了，坐了将近一个月的牢。放出来以后，因为太原环境恶劣，阎锡山的特务组织监管得很严，很难直接往外送情报，就想从北平绕。地下同志给我的任务就是到北平以后想办法建立一个联络点，接应从太原来的同志回解放区，所以我就转到北平来找地下关系。我们地下同志收集到阎锡山的军事情报，就是他的碉堡、重要军事设施的部署等，我就帮他把情报（太原城防图）藏好，送他回山西解放区，把情报送出去。太原的同志把军事情报缝在布袜子底里面，用细线缝好，将布袜子带出来。带来以后，我想办法先藏到我的住处、藏到枕头里，然后再找关系帮他送到解放区。这个对解放太原起了很大作用。我们还把一些从太原来的同学送回解放区，并成立了"山西学生流平同学会"，争取成立了"山西临中"。总之，这个时期，我做了一些工作。

进入中国人民大学学习

1948年11月4日，我与孟沚蘩同志一起回到解放区，先到正定，进入华北大学。我到华北大学的过程是这样的：先经沧县"平教会"（党的接待机构）到泊头镇，在泊头镇（城工部）住了几天又到石家庄，在石家庄见到了石璜。本来想回山西解放区，但火车不通。石璜是从北京来的大学生，来到解放区，任石家庄市市长柯庆施①同志的秘书。我们之所以见到石璜，是因在北平华光女中上学的他的女朋友托我们带他一封信。石璜建议我们先去华北大学学习，他请柯庆施写了介绍信给当时华北大学的副校长成仿吾。凭此介绍信，我与孟沚蘩就进入了华北大学，在一部19班学习，宋涛同志是我们的区队长。在那里学习了一段时间后，我们就回山西参加了解放太原。太原解放以后我又回到北平，继续在华北大学二部教育系学习。那时华大二部在先农坛，后来搬进了城里。华北大学后来设立俄文大队，我又到俄文大队学俄文。成立中国人民大学以后，我就到经济系去学习，宋涛同志是系主任，徐禾同志是秘书。1950年的8月，成立政治经济教研室，苏联专家来了，要培养研究生，我就从经济系学生里被选拔到政治经济教研室当研究生。那个时候也不考试，就是选拔的。1952年毕业后就留校当老师了。

从华北大学教育系到俄文大队、从俄文大队到中国人民大学经济系本科，再调到政治经济学教研室当研究生，全是组织上调配的。组织上安排我搞经济学，我就努力钻研。从小学到中学，我都是喜欢文学的。上中学时，我就在太原发表了不少的文章，包括散文、杂文、报道，还发表过打油诗，有的报纸还连载过我的中篇小说。我还担任过太原《青年导报》的

---

① 柯庆施（1902—1965），安徽歙县人。1922年加入中国共产党。曾任中共河北省委军委书记、中共中央北方局组织部部长、石家庄市市长。新中国成立后，历任南京市市长、上海市市长、中共中央华东局第一书记。

特约通讯员。《青年导报》名义上是阎锡山"民族革命同志会"太原市分会的机关刊物,但实际上是我们地下的同志在办刊物。曾经请我做特约撰稿人的《工作与学习》也是他们办的。我还担任过山西最大报纸——《复兴日报》的特约记者。我们的校领导赵宗复和《复兴日报》的社长刘士毅(字志弘)很熟,就为我弄了一个特约记者证,这样从事地下活动比较方便。我在这些报刊上发表了不少文章。我参加革命工作以后,一切服从于革命的需要,到了解放区,更不考虑自己的志愿。那个时候,组织上也不征求每个人的志愿,就是统一分配。我们那一代的观念和现在的青年人不一样的,就是组织上让我们干什么,我们就干什么,一切服从组织分配。

组织上分配我去政治经济教研室做研究生,可"政治经济学"这个词我都没有听说过,非常生疏。苏联专家一开始就让我们阅读《家庭、私有财产和国家的起源》和《资本论》。由于没有基础,看起来很费劲。过去不像现在,大学生、研究生有自由空间,可选择一些辅导教材,当时一开始就叫我们硬啃,啃不动,怎么办?老百姓有句土话叫"笨鸟先飞",别人用一遍能看过来的,我用十遍,人家用十遍能看懂的,我用一百遍。人家用一倍的力量,我用十倍的力量,人家用十倍的力量,我用一百倍的力量。所谓"人一能之己十之,人十能之己百之"。那两年的学习,就是靠的勤奋,几乎没有任何节假日,全部用来看书了。上课、看书、做笔记,中午吃了饭就趴在那儿学习了。那个时候也不像现在外面花花绿绿的事那么多,生活非常艰苦,经济上很困难,吃饭也吃得很简单,买菜买的都是五分钱的菜,最便宜的菜。

运动中的坎坷经历

我的命运是和我们党和国家的命运联系在一起的。我们党和国家的命运走曲折道路的时候,我的命运也是曲折的。"文化大革命"中,我们党的许多领导干部受到迫害，作为一个普通的老百姓、一个普通的教师，我也是受迫害的。党的十一届三中全会后，我们党和国家走上了改革开放的正确道路，党和国家的各项事业逐步发展繁荣，我的命运也逐步好转。

我是在风风雨雨、坎坎坷坷中走过来的，几乎每次"左"的政治运动我都是挨整的对象。改革开放以前，整个政治空气是比较"左"的，我自己又喜欢独立思考，跟不上"左"的那一套。我1947年入党，后来被捕，出来以后，我不能再直接去解放区。1955年"肃反"，当时被捕以后的是非没有结论，是审查的对象。1957年"反右"的时候，我差一点被划成"右派"，最后划了一个"中右"。为什么呢？那个时候我给学校个别领导提意见，说他缺乏科学态度、缺乏民主作风。我讲了些例子，主要是指校方组织批评我校历史学家尚钺教授关于我国奴隶制与封建制的历史分期问题，它与毛主席著作中所采取的范文澜的西周封建论不同。其实，郭沫若也不赞同西周封建论，主张春秋战国之交的历史分期，毛主席是允许百家争鸣的。我提出这是一个科学、民主的问题，要讲科学、讲民主。人家就说我是在提五四运动的口号，说你在向谁要科学要民主呢？这不是说党不民主，党不科学吗？这不是反党吗？因此，我被划成"中右"，被打入另册了！

我在"文化大革命"中被定为"叛徒"、"特务"，被群众专政，受冲击也很大。那时凡是坐过牢的全是叛徒，包括刘少奇、薄一波等，我也不例外。他们的道理是：敌人宁可错杀一千，不能放走一个。怎么把你放出来的？肯定是从狗洞里爬出来的叛徒；我们地下工作者死了很多人，那还不是你们出卖了同志，靠出卖同志不就是从狗洞里爬出来的吗？我说如果说我是"叛徒"，你们应该查一下我是怎么叛变的，查一下报上登过我什么嘛。他们说要害就在这里。如果报纸上登了你写的自白书、自首书，你就当不成特务了；把你放出来，报上不登什么，那正好让你当"特务"。在这种逻辑下，我就成了"叛徒"和"特务"。我被抓到地下室，就是中国人民大学现在教学二楼的地下室，严刑拷打，不仅拳打脚踢，还用木棍打。打够了、打累了，就把我押到一个小屋里，水泥地上铺点稻草。我的生命也没有保障，但我的信念是：第一不能自杀，第二不能被杀。那时候经常抓你，放出来以后，过两天再把你抓起来打一顿，逼着你交代。没有的事情，我怎么交代？生命没有保障了，实在没有办法，我就想到"三十六计，走为上计"，就赶快走掉了。因为档案里都有我老家的地址，我没敢回家，就跑到一个远方本家的哥哥那里，他在大同口泉煤矿当工人。我在大同口泉躲了二十多天。后来就回了老家，又躲了一个多月。听到中央人民广播电台广播军宣队、工宣队进入中国人民大学，我觉得生命有保障了，就回校了。

回来以后，我、宋涛、吴大琨、项冲、徐禾、李光宇等十几人都被关到"专政队"挨批挨斗。那时，我是"叛徒"，吴大琨是"反革命"，宋涛是"走资本主义道路的当权派"，我们都受到监管，失去了自由。我和宋涛是被关押时间最长的，1968年过春节也被关着。

1975年，我恢复了教学工作。由于中国人民大学被解散，经济学系并入北京师范大学，我参加开门办学。我系师生到李瑞环同志任党委书记的东郊木材厂边劳动边教学。粉碎"四人帮"以后，中国人民大学复校，同时政治空气慢慢转变，历史是非才搞清楚。在1984年我当经济学系主任的时候，才彻底地把最后一些历史问题搞清楚。1984年10月18日的组织结论是"卫在敌人审讯时没有暴露党的机密和个人身份"，并肯定我由太原到北平后，"参加组织了山西流平学生的反阎活动，包围前门外宪兵队，保存了地下工作人员所寄存的太原城防图，还介绍过进步学生去解放区。"按照中央文件复查，恢复了我的组织生活。党籍恢复到1947年8月，参加革命工作从1946年算起。

我觉得，"文化大革命"是很坏的事情，但对我来说坏事也变成了好事。为什么呢？"文革"中"左"的那一套，不仅仅是我们一般的下层人员受到迫害，包括像邓小平、彭真他们这些高层都受到迫害。他们就会知道，过去"左"的一套，害死了多少人啊，政策就慢慢地转过来，平反昭雪。在这种情况下，中央的政策、文件一个个地出来了，冤假错案慢慢地平反了。有些历史问题，认真搞调查，原来造反派搞调查是想把我打成"叛徒"、"特务"，大搞"逼供信"，后来实事求是地调查之后没有这回事，反而对我有利了。他们把正面、反面人物都找了，最后才把我的问题彻底搞清楚了。

理论研究：泥沙俱下中坚持自己

我的治学态度是：不唯上，不唯书，不唯风，不唯众，求真求实，追求真理，走自己的路，由他人去评说。搞研究也好、讲课也好，我从来不会随风跑，也不喜欢那些风派理论家，东风来了往西倒，西风来了往东倒。我作为中国人民大学第一届研究生于 1952 年毕业后，一直在本校从事政治经济学专业的教学与研究工作。在"左"风盛行的年代，我深受其害。我的经济学研究不愿随风转，没有写过宣传"大跃进"、人民公社之类的东西，也没有参与写过"大批判"的文章。又想搞点学术研究，只好选择一些与"左"的理论和实践较远的题目。写文章应有感而发，言之有物。我常提出一些与流行的理论观点不同的意见，进行学术探讨和争鸣。尽管有些文章是 20 世纪五六十年代所写，但至今我仍坚持其中的观点。20 世纪 50 年代，我对当时在国内流行的苏联政治经济学教材中的一些观点，提出了不同意见。例如，苏联教材中讲，货币具有阶级性，抽象劳动是商品经济范畴，我国的有关论著中也跟着讲。我于 1958 年在《新建设》刊物发表文章，否定货币有阶级性。在 1957 年《读书月报》第 1 期发表文章，否定抽象劳动是商品经济范畴。在苏联和我国的经济学教材中，我发现对有关级差地租和绝对地租的理论阐述及其加总计算的方法存在纰误，于是在《经济研究》1956 年第 1 期发表了《关于资本主义地租理论中的一些问题》，指出其纰误所在。党的十一届三中全会以前，我发表的论著是与当时"左"的政治氛围保持了距离的，没有为"左"的理论和政策进行过论述和宣传。

粉碎"四人帮"和党的十一届三中全会后，我有一种理论精神上的解放感，积极参与了理论工作中的拨乱反正。针对批判所谓"修正主义的唯生产力论"及宣传上层建筑决定论、生产关系论决定论，我在《光明日报》1978年4月10日和6月19日先后发表了《生产力是社会发展的决定力量》和《略论生产力发展的连续性》，并在《哲学研究》1980年第8期发表了《关于生产力的内容和发展生产力的问题》。此文超越了生产力二要素、三要素的框框和争论，提出生产力多要素论。并且说明：长期以来，"把生产力的内容理解得很狭隘，它的许多因素曾在长时期中被忽视了。如，片面强调人的因素而忽视物的因素；在物的因素中片面强调生产工具的作用而忽视原材料、电力和其他能源等的作用，对自然资源和生态平衡没有加以很好的保护和利用；强调群众运动，而忽视甚至鄙弃科学技术和科技人员的作用，还不断批判'技术至上'、'专家路线'；强调政治的决定作用，而忽视生产组织和经营管理的作用。"

针对当时流行的关于"过渡时期"的"新"理论，将马克思所讲的"过渡时期"错解为从资本主义到共产主义高级阶段的过渡时期，宣传整个社会主义历史阶段都是过渡时期，据此再把列宁关于过渡时期阶级斗争更加尖锐一类话加之于社会主义，我在《教学与研究》1980年第1期发表了《我对马克思"过渡时期"理论的理解》，肯定"过渡时期"只是过渡到共产主义社会第一阶段即社会主义社会的历史时期。针对在我国长期盛行的"唯成分论"，我在《经济问题》1983年第3期发表了《马克思怎样看待资本家和地主个人》一文，阐述了马克思不要资本家和地主个人对资本主义关系负责的历史唯物主义观点。针对引证列宁关于"小生产是经常地、每日每时地、自发地和大批地产生着资本主义和资产阶级的"的论断，作为搞阶级斗争的理论论据，我在《经济学动态》1982年第3期发表了《怎样理解列宁关于小生产的一个论断？》一文，以澄清对列宁论断的误解和误导。针对为生产而生产、忽视人民物质文化水平的提高问题，我在《经济研究》1979 年第 1 期发表了《社会主义制度下的物质利益关系》，还在《光明日报》1980 年 7 月 5 日和《教学与研究》1980 年第 1 期以及其他刊物上先后发表了几篇有关社会主义生产目的的论文，并提出了"社会全部实际需要的满足程度"的计算公式。针对理论界和教科书中多年流行的一个论点——在社会主义社会，劳动之所以还没有成为生活的第一需要，是因为劳动者的思想觉悟水平还不够高，并且受剥削阶级好逸恶劳、轻视劳动思想的影响，我在《光明日报》1978 年 11 月 11 日发表了《为什么劳动还没有成为生活的第一需要？》一文，指出这是历史唯心主义观点。社会主义社会劳动还没有成为生活的一个需要，是因为"生产力的水平还不够高，从而旧的社会分工还存在，人们还不能获得全面发展，劳动时间还比较长、比较繁重"等。

改革开放以后，许多经济问题需要进一步的研究，无论是对马克思主义经济学，还是对改革开放中出现的实际经济问题，或是对社会主义经济理论问题，都是需要进行深入研究的。这些问题的研究都是和我们党和国家的路线、方针、政策紧密相连的。我是搞理论经济学、马克思主义经济学的。马克思主义经济学的研究，当然不是简单地照搬马克思的著作。我们必须深刻地学习领会、把握马克思主义原著的精髓，在理论上进行创新和发展，把它与我们的国情和实践相结合，与我们的改革开放相结合，与我们的经济发展相结合，这是我们国家的需要，也是我自己研究的领域。改革开放 30 年来，我从事教学与研究的主要方向有三个：马克思主义经济学、社会主义经济理论和经济改革与发展理论。在马克思主义经济学方面，我既根据教学与研究的需要，力求较深入地阐述马克思、恩格斯、列宁的有关经济理论，又经常针对我认为是显然错解和误解了经典作家的东西进行讨论与争鸣；在社会主义经济理论方面，我既从正面探讨社会主义经济理论与实践问题，又针对我认为是不正确的见解提出质疑和辩驳；关于经济改革与发展的研究，我在如何处理计划与市场的关系、国有企业改革、收入分配以及经济发展增长与发展方式转变等方面都提出了自己的见解。

我始终认为，要使自己的研究工作与国家的需要结合起来、与为国家培养高级的经济人才结合起来。基于这种理念，我兢兢业业地工作，尽量对我的事业负责、对学生负责、对学校负责、对国家负责，尽量做一个合格的教师。我现在年龄大了，过80岁了，但我觉得我头脑还没有老化，还没有糊涂，我还可以继续带博士生，学校经济学院还继续聘请我。我是2004年5月，79岁才办离休的。离休后还继续工作，带博士生。有些朋友劝我说年纪大了，用不着还写那么多东西，还费那么大的劲，更多的应该安排好自己的晚年，享受生活。我觉得他们说的都有道理，但从我自己的角度看，我已经习惯了，觉得把日子白白浪费过去太可惜。有些青年学者还希望能够读博士，跟我学习，我觉得这也是自己的责任和义务。所以我还在继续带博士生，进行教学，并参加校内外的学术活动。只要在北京，我每周都会和博士生一起讨论学术问题，讲一些理论上的体会。

改革开放以后，我们的学术空气比较宽松了，百家争鸣，学术自由，比过去环境好得多了。但是现在理论思想有点乱了，说得好听一点，就是百家争鸣、各抒己见；但是在理论工作上，泥沙俱下。改革开放以前，一股劲地反"右"，以"左"反"右"；改革开放以来，又多年反"左"，理论界包括经济学界，"右"的东西也大量冒了出来。是以"右"反"左"，以反"左"的名义连不带引号的左即进步的、革命的左也去反。一般我写文章不愿意用"左"呀"右"呀的词句，但事实上有些人是用"右"的东西来反"左"，把马克思主义、把科学社会主义也当"左"来反；谁坚持马克思主义，谁坚持社会主义，就被认为是"左"，是保守。这个东西也不行，这一套我也不认可。我觉得目前有一个很重大的问题，就是怎样坚持和发展马克思主义经济学？怎么样在真正的马克思主义指导下、在毛泽东思想和邓小平理论的指导下、在正确的路线方针指导下进行改革开放？而不是像有些人要把我们的公有制经济完全变成私有制，搞私有化；要把社会主义转变成资本主义。有这么一股势力，我是不赞成的。所以这些年来我不断地写文章，从正面阐述和力求创新与发展马克思主义经济学，研究和阐发中国特色社会主义经济理论，澄清一些理论是非。现在我还照样在做。我最近还写了一篇文章，标题就是《警惕"公有制为主体"流于空谈》（《经济学动态》，2005（11））。如果公有制没有了，公有制企业垮了，全是私有企业，私有化了，那社会主义经济制度也就不存在了。西方通过各种渠道对我们进行"和平演变"。我们的革命斗争牺牲了两千万人，周围牺牲了一大批的朋友，所换来的社会主义新中国，最后就可能像西方所希望的那样，逐步和平演变。苏联东欧是剧变，社会主义垮台了，弄不好我们中国不是剧变，而是渐变。

1983年到1986年学校让我担任经济学系主任，干了三年我就向学校申请不干了。一是快到60岁了，也因为要干得太认真的话，也太费事，那个时候系里有什么事都找我，子女就业、夫妻吵架也来找我。我还是想搞好教学与研究工作。后来退下来，学校同意了，又让到《中国人民大学学报》工作，当了几年的总编辑。我还当过多年校学术委员会副主任、校学位委员会委员和理论经济学分会主席。

寄望于青年一代：走出世界级的经济学大师

我们这一代和现在年轻的一代在许多方面不完全一样。当然也不能要求现在的年轻人和我们完全一样，因为社会在发展变化，时代在发展变化，人们的思想意识和观点也在发展变化。我们那个时候很艰苦，思想上没有节假日，整天埋头读书、上课、开会，没有自己的娱乐活动，没有现在的电视机、电脑，连电话也没有，圈子比较小。我1952年研究生毕业当老师时，连手表都没有。上课要看时间，只好借别人的手表用。直到1955年中国人民大学俄语竞赛，我得了80块钱的奖励，才买了块手表。没有收音机，小孩想听小喇叭广播，还要跑到有收音机的别人家里去听。1958年"大跃进"发了跃进奖，我才拿奖金买了一个大壳的收音机，当时觉得挺"享受"的。1952年开始当老师到1958年，六年才买了个收音机，

1964 年才买了辆自行车。那个时候生活很困难。做研究生时，我到食堂看菜牌子，看最后五分钱的菜。不像现在我们的孙子辈都有手机，方便联系，外面活动多、知识面广，看电视、听广播、上网站，四方八面的知识很多。年轻人现在的生活比我们丰富多了，这是他们的优势，不能按照我们过去的模式套他们。但我觉得有些原则性的东西还是应该要保留下来，如艰苦朴素、勤奋学习、深入钻研、不急功近利、不浮躁等。

我们这一代人，都已经七老八十了，我都八十多岁了，未来只能寄希望于青年一代了！我们的青年教师、青年学生应该比我们更强。在国内，我们可以关起门来说你是经济学泰斗呀，是经济学大师呀，但是世界级的经济学泰斗、经济学大师，可以说还没有出现。有些人在国内可以说是著名学者、著名经济学家，但是好像还没有哪一个学者在国际上很有名、著作翻译到许多国家去、在世界上能够起到领先的作用。希望我们的青年教师、青年学生能够出世界级的经济学泰斗、经济学大师。但只有愿望不行，需要一步一个脚印地去走。希望我们的青年教师和青年学生们能够真正刻苦学习、刻苦钻研，能够像过去讲的"为学当如金字塔，要能博大要能高"。埃及金字塔又博大又高、基础深厚。要理论功底扎实、知识面宏厚。这就要自己努力了，而且需要人品和文品都达到一个比较高的境界，因为人品和文品是统一的。不能投机取巧、急功近利、唯利是图。

我觉得现在的青年教师、青年学生追求商业化的东西过多了。现在搞市场经济，想把自己的生活安排得更宽裕一点，考虑个人利益无可厚非，这个是可以理解的，但是不要过分的商业化。比如外面请我们出去讲学、作报告，我从来不讲价钱。他们问需要多少报酬，我说我不讲这个。一次他们通过经济学院的行政人员请我，问卫老师报酬该给多少。我对学院行政人员说千万别跟人家讲价钱，可对他们说："卫老师从来不讲这个，给不给都可以。"我最初到外校讲学，给我报酬我都不要。后来其他人都要我不要，好像这个并不见得效果好，毕竟这已经成为一种惯例。但是我不喜欢有些人那样子，首先开价钱。有的胃口很大，前两年的时候，国内有的学者开价：没有五千块钱报酬"免开尊口"，要价上万的都有。我觉得这样是过分的商业炒作，不好。讲学、出去作报告，是应该给人家更多的思想启发、更多的精神食粮、精神财富，给一定的报酬也可以，但不要过分地追求这个，要能够安心治学，不要浮躁，不要急于求成，要踏踏实实，一步一个脚印地走。

人总要朴素一点，学风也要朴素一点，不能夸夸其谈，特别是我们的青年学生。我觉得现在这一代在关心国家的富强发展这一方面和我们那一代比起来就有差距。我们那一代，确实是一腔革命热情，抛头颅洒热血也在所不惜，参加革命就是要付出，不求回报，要有牺牲精神的。我们学习也是为了振兴国家，当然个人的利益和国家的利益、民族的利益要结合起来。我们这一代，更不用说老一代，首先考虑国家的利益、民族的需要，服从分配，让干什么就干什么，从不讲价钱。集体主义、爱国主义比较强，拥护党，拥护社会主义，历史感比较强。现在新的一代，包括我们青年的教师、青年学生，受外界的影响更多，心态有些浮躁，作风也浮躁。接触外界多，获取的知识面广，这对他们有好处；但是外面接触的多，有时候受负面的影响也多，或者是考虑个人的东西过多，不能专心致志地学习和给社会作贡献、给国家作贡献、关心人民的疾苦。各种力量、各种思潮都在影响着他们，他们应该有一个正确的人生观、价值观，应该在行动上更多地考虑弱势群体的利益，更多地考虑国家的利益、人民的利益，为他们做一些工作，为他们服务。我们在行动时应该时时有这样一个信念：怎么把我们国家的经济工作搞得更好，怎么使我们的民族更加强盛。不应该眼界太狭小，仅仅只看到自己鼻子下面的东西，仅仅关心自己和自己的家庭的利益，那样的话，往往也可以获得一定的学术地位，或者有一点点声誉，但是我们应该获得更多人民对你的正面评价。不然讲一些不负责任的话，讲一些伤害人民利益的话，只追求自己的利益，老百姓就会骂你。我们应该成为人民的经济学家，应该成为人民拥护的经济学家，替老百姓、替人民说话的经济学家。

中国人民大学是新中国建立的第一所新型的正规大学。那个时候新闻媒体的宣传与报道中，中国人民大学都排在第一位，中国人民大学在全国的影响是很大的。因为解放初期的几年中，我们是向苏联学习的，苏联派了很多专家来办学、搞教学。在那个背景下，中国人民大学在全国高校里有举足轻重的地位，大家都来中国人民大学取经学习。那时我们中国人民大学是艰苦朴素的，学风很好。我们的校舍也能看出来，没有追求过分的豪华，也限于当时的条件，虽然艰苦，但是学风正，欣欣向荣。

经过"文化大革命"，中国人民大学解散了，受到了很大损失。刚复校的时候，我们有一段时间青黄不接，有一些老教师或青年教师调走了。复校以后，应该说我们中国人民大学在全国的高校中仍有重要的地位，教育部评选中，我们许多学科，包括理论经济学，都是居全国第一位的。但是不能因此而自满，应该看到我们的优点，也要看到我们的不足，要看到其他许多的兄弟院校的发展很快，高校系统也在竞争，许多院校在迎头赶上。从经济学科来讲，我们中国人民大学是以马克思主义为指导的，在这一方面应该是比别的学校更有学术地位。目前，在马克思主义被某些人淡化、边缘化的情况下，我们中国人民大学应该在这方面更好地坚持发展马克思主义、坚持发展马克思主义经济学，更好地发挥我们的带头作用。

怎么样使我们的校领导和教师上下沟通、相互了解、相互支持。更紧密地沟通将有利于我们学校的发展。另外，我觉得学校领导应该重视学校的一些有造诣的、有学术成就的、在社会上有学术影响的教师。我们学校已经有三十多位教师获得了荣誉教授称号，还发了金质的奖章，这是很有意义的，希望再做更多的工作。同时，也要关心培养和重用中青年一代中有学术造诣和社会影响的教师，要善于发现人才、爱护人才、培养人才、使用人才。

人物简介

卫兴华（1925—　　），山西省五台县人。中共党员，教授，经济学家。

卫兴华 1952 年于中国人民大学政治经济学专业研究生毕业后留校任教。1981 年被评为北京市劳动模范，1984 年被评为博士生导师。历任经济学系系主任、校学术委员会副主任、校学位评定委员会理论经济学分会主席、《中国人民大学学报》总编等职。1991 年开始享受政府特殊津贴。2004、2005 年分别被聘为中央马克思主义理论研究和建设工程政治经济学教材编写组和马克思主义基本原理课题组主要成员。2005 年被授予中国人民大学首批荣誉教授称号，2009 年被授予中国人民大学首批荣誉一级教授称号。曾任第三届国务院学位委员会经济学科评议组成员、全国哲学社会科学经济学科规划小组成员、中国《资本论》研究会副会长等。现兼任江西财经大学经济学院名誉院长，黑龙江大学、南京大学等 30 余所高校的特聘教授等职。

卫兴华著有《卫兴华经济学文集》（三卷）、《政治经济学研究》（二卷）、《我国新经济体制的构造》、《市场功能与政府功能组合论》、《卫兴华自选集》等著作 40 余部（含主编、合著），主编的《政治经济学原理》教材是全国影响力、发行量最大的教材之一。在《中国社会科学》、《经济研究》、《人民日报》理论版、《光明日报》理论版等国家权威报刊上发表论文、文章 700 余篇，许多论文被《新华文摘》、《中国人民大学复印资料》、《马克思主义文摘》等文献转载。曾荣获国家级教学成果一等奖，国家教委优秀教材一等奖，教育部第一、二、三届人文社会科学优秀成果二、三等奖等 20 余项重要奖励。部分论著荣获孙冶方经济科学奖第一、二届论文奖，第四届中国图书奖一等奖。

作为马克思主义经济学家，卫兴华被誉为中国《资本论》研究权威，在经济理论和经济改革研究方面成果显著。1956 年，他纠正了苏联和我国经济学界在资本主义级差地租与绝对地租加总计算上普遍存在的纰误。20世纪 50 年代，在全民所有制内部非商品经济论和生产资料商品外壳论等观点流行的时代，他明确肯定了全民所有制内生产资料的商品性质。1980年突破流行的生产力二要素或三要素论，提出了在经济学界影响广泛的生产力多要素论。1983年系统点评了学术界探讨马克思生产劳动的各种观点，澄清了一些理论是非，阐释了马克思的生产劳动和非生产劳动理论。1986年明确提出了"计划调节市场，市场调节企业"的经济运行模式，最早系统研究经济运行机制的理论，还突出提出公有制的实现形式问题。近些年在深化马克思劳动价值论、收入分配以及社会主义所有制等问题的研究上，成果颇丰。

高鸿业自述[①]

摘要： 高鸿业（1921—2007），江苏徐州人。著名经济学家，中国人民大学经济学院教授，中国人民大学首批荣誉教授。本文回顾了他早期的求学经历及无怨无悔回祖国到中国人民大学做学者的心路历程。

　　我出身于中小知识分子家庭。父亲高勉之，是孙中山先生建立的同盟会的会员，曾任我原籍（江苏徐州）出版的第一家报纸《醒徐日报》的主编。1925年，他因揭露当时徐州的军阀县长贾月壁贪污救灾款项而被贾杀害。当时，我才4岁。母亲张莲修，小学教员，含辛茹苦把我拉扯成人。我的生活和教育得到了我父亲的挚友滕仰支先生的大力支助。没有他的支助，我不可能有今天。

　　我的童年和青年时期处于中华民族苦难深重的年代，特别是在日本帝国主义的侵略之下，中国面临着亡国灭种的危险。

[①]　本自述是高鸿业教授生前所作，曾发表于《高鸿业选集》（山西经济出版社，1999），录入本书以资永久怀念。

当我中学毕业时，已经是抗日战争开始后的第二个年头。那时，中国存在着被称为"科工救国"的思潮，意思是说：日本鬼子之所以能欺负我们，原因在于我们科学落后，工业不发达。要想拯救国家，必须走振兴科学和工业的道路。在这种思潮的影响下，并不特别擅长于理工科的我，也同许多青年一样，选择了学工的道路，进入当时已搬迁到重庆的交通大学机械系。

1944年春，当我快要毕业时，国民党政府下令征召中央、交通、复旦和重庆这四座大学的应届毕业生，让这些学生充任驻华美军的翻译。那时美国和中国是抗击日本的同盟国。

通过位于重庆的复旦大学专门为这次征召进行的几个星期的英语培训，我随后被分配到昆明炮兵学校，任炮兵战术课程的翻译。一年多以后，在1945年夏，我和100名翻译一起被派遣到美国，据说是为了美军在我国沿海登陆袭击日军之用。到了美国才知道，这批翻译是被用来培训国民党政府的留美空军，而我则被分配到密西西比州的凯丝洛飞机场充任飞机修理翻译。14个月以后，到了1946年秋，翻译任务结束，我进入美国科罗拉多大学读书。

这时，抗日战争早已胜利结束，对我说来，"科工救国"已无必要。如果还是走工程的道路，那么，并不擅长于工科的我也许能充当个二流工程师，不可能有较大的发展。另一方面，自己的天性倾向于文法科，而经济学又是其中比较实用的科目。因此，我改读经济。

从改读经济到取得博士学位，花费了我特别长的时间。这是由于两个原因。一方面，由理工转入文法科，需要补修许多额外课程。更重要的另一方面是，我完全没有经济来源，过着半工半读的生活。我通过奖学金和充当家庭教师、厨房打杂、餐厅服务员、农场收获工、给教授改卷子、实验室管理员等取得经济来源。

1951年，我完成并通过了经济学博士学位所要求的所有课程和各种考试，只剩下论文写作。按照美国大学的常规，论文写作并不一定要学生住校进行。学生可以离校就业，只要在规定的年份以内呈交论文并获得通过，便能取得学位。我采取了离校写论文的方式。因为，几年的半工半读的生活实在很辛苦，有时因没有钱每天只吃一顿正规伙食，剩下的两顿以方便食品充饥。我想找个正式工作，改善一下经济状况。

找到的第一份正式工作是西部地球物理探矿公司的计算员。该公司的业务是寻找石油矿。我的工作很简单，不过是根据给定的公式把勘探仪器得到的数据换算成石油蕴藏量的指标。这样，我便成为石油勘探队的一员，随着勘探队在田野中过着流动的生活。这种生活方式使人很难接触到书本，更读不到什么专业书籍；如果这样生活下去，我不可能完成我的论文。因此，当了三四个月的计算员以后，我便辞职不干，到旧金山另谋新职。

在旧金山，靠着我学工的背景，找到了一份助理工程师的工作。干了一年，虽然经济情况有所改善，但是，论文仍然只字未写。因为，工作一天下来，已经很累，不想再干些什么；另一方面，工程师的生活也不能提供写论文的条件与环境。为了完成论文，我只好再度辞职，到加州大学经济系当了两年助教。

助教的收入给我提供了经济来源；更重要的是，它使我易于向知名教授和学者请教并能经常和同行的青年教师进行切磋和交流。这种有利的环境使我在两年的助教生涯中基本上完成了论文初稿。

带着论文初稿，我于1955年回到科罗拉多大学。修改和通过论文占用了约一学期的时间。在取得博士学位的时候，已是1956年初。到了那时，取得学位后是否回国成了必须决定的问题。我总的倾向是回国。但是，已经离国12年了，在长期的远离之后，又怕难以适应国内的环境。因此，关于回国，一直在踌躇，心情经常处于矛盾之中，非常苦恼。

正在此时，密苏里大学管理学院院长访问我校，谈到急欲聘请一位商业统计教授。由于我博士学位的辅系（即第二专业）是统计，我的一位老师推荐了我。通过面谈之后，这位院长聘用了我。这样，我想不妨暂过一段教书生活，令人苦恼的回国问题可以拖延一下，再作决定。于是，我成为密苏里大学管理学院的副教授。

教授的物质待遇是令人满意的。我添置了衣物，购买了汽车，一天三顿正规的伙食，穷学生的处境一下子转变成为中等程度的生活。尽管如此，我在精神上却很苦恼。已经快40岁了，成家立业似乎不能再拖。一旦在美国成家，家庭的拖累使回国几乎成为不可能的事情。许多朋友的经历都充分说明了这一点。另一方面，那时正是朝鲜战争结束不久，中美两国处于没有外交往来的敌对状态。如果留在美国，势必终生为外国人服务，不能为哺育我的祖国做一点哪怕是力所能及的小事。对此，我将终生引以为憾。况且，留在国外，我也未必会有什么成就。在旧金山的唐人街区，当时有一个小街心公园，我经常看到一些退休后的老华侨在公园的草地上晒太阳。我留在美国的归宿也会如此，顶多有一辆汽车和一幢住宅。况且，在当时的美国，种族歧视依然存在，我经常有"二等市民"的感觉。正如一位华侨小姐告诉我的那样，她自己可以说是"一个团体的成员，却永远不属于这个团体"。那种滋味并不好受。考虑到所有这一切，我决定回国。

1957年春，我向学校辞了职，经由香港回到祖国，被分派到中国人民大学经济系教书，一直到现在。

以我个人的经历而论，回国的决策是对自己有利的。改革开放后，我曾于1983年、1987年和1992年三次重回美国。前两次分别应科罗拉多大学和国际管理研究院之聘，去两校任客座教授，各讲学一学期。后一次是作为富布赖特学者进行西方经济学的调研工作。旧地重游，不免遇见一些昔日来自祖国大陆的同学和朋友，他们都已退休或接近退休，而正如我过去所预料的那样，物质生活比我优越，一般都有汽车和住宅，对此我固然羡慕。但是，他们却为此而付出了一辈子为外国服务的代价，在这一点上，看来他们也并未取得突出成就。

在那些同事和朋友中，比较成功的一位是我在科罗拉多大学读书时的同学。我们二人的才能大致相等。他一生在美国的一所二流大学当教授，其最大的贡献是出版了一本相当流行的初级数理经济学教科书，仅此而已。如果我也留美不返，决不会取得更大的成果。因此，得失相比，回国对我有利。这当然仅就我个人的情况而言。这也并不是说，我回国后的生活全是美好的。例如，在"文化大革命"中，我也受到过不公正的待遇。有的时候，我甚至感到羞愧，怀疑自己对祖国所贡献的力量是否能补偿自己从它那里取到的报酬。

总的说来，已属垂暮之年的我，心情是舒畅和愉快的，能够看到中国从一个四分五裂、任人宰割的半殖民地转变为独立自主的统一国家，特别是看到香港的回归，消除掉了昔日的奇耻大辱，我的一生已经算是值得了。特别令人振奋的是：我们的国家前途光明，照我看来，只要能维持政治稳定和使人口受到控制，我国的富强一定会实现。然而，我现在也有不安的感觉，甚至是恐惧的感觉。我国目前仍然相对贫穷和落后，而国际上的敌对势力正是想利用这种贫穷和落后，处心积虑，觊觎我国，企图从我国的失误中捞取好处，或重新获得他们失去的天堂。这些都值得忧虑并且必须加以警惕。我此时的心情可以用我的一首打油诗表达出来。现录之如下，以作这篇自述的结束：

龙套吟以明志

落叶归根意未休，甘跑龙套跟旗走。

愿为梨园添春情，不卖色相充名优。

末座有愧冷板凳，寸草报晖暖心头。

老来犹唱满江红，只缘群夷窥神州。

人物简介

高鸿业（1921—2007），江苏省徐州市人。教授，经济学家。

高鸿业 1944 年在国立交通大学获工程学学士学位。1946 年进入美国科罗拉多大学改学经济学。1952 年至 1954 年任美国贝克莱加州大学经济系助教。1956 年获美国科罗拉多大学经济学博士学位。1956 年至 1957 年任美国密苏里大学经济管理学院副教授。1957 年回国被分配到中国人民大学经济系，从事西方经济学的教学与研究工作。1984 年被批准为我国第二批博士生导师。2005 年被授予中国人民大学首批荣誉教授称号。曾任中华外国经济学说研究会名誉会长、教育部社会科学委员会委员等职，以及美国科罗拉多大学经济系、美国国际管理研究院客座教授。

高鸿业主要从事西方经济学、中国经济体制改革和社会主义市场经济理论等方面的研究。他在上个世纪 60 年代初就与其他学者共同主编了《当代资产阶级经济学说》系列教材，介绍和评析现代西方经济学。这是新中国成立后我国第一部由本国学者编著的西方经济学教材。1964 年，他节译的美国著名经济学家萨缪尔森的《经济学》（第五版）出版，被高等教育部指定为经济系学生的参考书。1977 年，高鸿业翻译了萨缪尔森《经济学》（第十版），并发表了《评萨缪尔森〈经济学〉》10 篇系列论文，推动我国经济学界对当代西方经济学的分析和研究，受到学界高度评价。高鸿业由此成为我国研究萨缪尔森经济学乃至现代西方经济学的权威学者，成为我国公认的西方经济学学科的开拓者和奠基人之一。

高鸿业率先在中国人民大学给研究生主讲"西方经济学专题研究"，还开设"西方经济学与中国"、"博士生经济学前沿专题"等研究生课程，培养硕士生和博士生 70 余人。他曾多次出国进行学术交流，并在外国开设"数理经济学"和"远东经济"等课程。他公开发表中英文论文数十篇，代表性著作还包括《现代西方经济学》、《西方经济学教科书》、《西方经济学与我国经济体制改革》、《现代西方经济学词典》等，译著还包括凯恩斯《就业、利息和货币通论》。此外还主持翻译斯蒂格利茨《经济学》和萨缪尔森《经济学》（第十二版）。其中：《现代西方经济学》获北京市哲学社会科学优秀成果一等奖；《西方经济学教学指导思想的改革》获北京市普通高等学校优秀教学成果奖；《评萨缪尔森〈经济学〉》获国家教委人文社会科学研究优秀成果二等奖。先后被评为北京市高教系统先进工作者，获北京市劳动模范，北京市十佳教师、人民教师等称号。2001—2007年期间主编的《西方经济学》（教材）第二版、第三版和第四版，分别被评为国家级"九五"、"十五"和"十一五"教材。第二版还获得北京市第七届哲学社会科学优秀成果一等奖和教育部全国普通高等学校优秀教材一等奖。

黄达自述[①]

摘要：黄达（1925—　），天津人。著名经济学家，中国人民大学原校长，中国人民大学财政金融学院教授，中国人民大学首批荣誉教授、首批一级教授。本文回顾了他从事经济理论领域教学、科研的经历和感受。

我是 1950 年秋季学期开始从事金融理论教学与科研工作的，此后未曾改行。十年动乱期间，不能教学，但也仍然断断续续地利用各种机会进行这方面的研究和资料积累。算到 1993 年底为止，已 43 年有半。今后岁月，恐怕"终于斯、老于斯"几字庶几可以概括。

本来，少年时的志向既不愿当清贫的教师，更未想到进入经济理论领域。那时，一心想学工，将来当个工程师；如迫不得已学人文科学，向往的也是文学、历史之类。中学毕业时，一场大病失去了升学机会。在历经坎坷之后，于 1946 年，用当时的用语来说，"走向了革命的道路"，即跟随中国共产党投入波澜壮阔的解放全中国的滚滚巨流之中。在那摧枯拉

---

① 本文由作者完成于 1993 年 12 月，原收于《黄达文集》，中国人民大学出版社，1999。

朽、地覆天翻的年代，个人的荣辱得失和事业理想都显得非常的渺小。虽然也想"革命成功之后"还是学工，但当中国人民大学成立之际，分配我从事经济理论教学，也就欣然接受了这一决定终身职业的安排。

要教经济学，却未曾受过正规训练。虽然1946年春我考入了华北联合大学并进了财经系，但在这个熔炉中学的主要是革命的道理。在缺乏专业基础的条件下，硬要走上经济学的讲坛，真像俗语所说的，是"赶鸭子上架"。然而终于"上了架"并在这一领域铺下了一些便于后学的石子。对此，旁人誉之为"自学成才"，以示鼓励；我自己则喜欢用"土法上马"这几个字，以示这是特定历史背景下的特殊路子，更能形象说明自己成长的时代特点。

土法上马并能一步一步地前进，我自己总结，颇得益于教学。如果确是真心诚意地想把学生教懂，首先得自己懂。自己懂了远远不够，还要通过文字，特别是要通过口头表达自己之所懂。所以说，从备课，到编教材，到讲授，到主持讨论，到组织考核等等，每个环节都是从"自己懂"向"使人懂"的转化。转化不过去，或说明并未真懂，或说明懂之不深，这又会推动对学科的吸收和消化。并且，像在讲授、答疑这类思维高度紧张的环境中，往往会提供在学科中进一步创造的气氛和机会。还有极其重要的一点，青年学生要求教师的是讲道理，是严密的逻辑论证，是判断真假善恶的理性思维和一以贯之的标准。所以，面对学生，总会感到有一种极其强烈的必须坚持科学态度的约束力量。"教学相长"像是已经俗而又俗的口头禅，但我的感受却是常说常新。直到今天，不论行政工作和社会活动如何多，我始终把不脱离教学第一线作为自己遵守的准则。

土法上马并多少有所成，我自己总结还有两个必不可缺的条件。

其中之一是文化底子。高中，我是在天津历史最久的一所中学上的。这所学校只招男生，而且入校一律剃光头，当时学生都把它叫作"和尚学校"。教师的阵容极强。我从以学数学的杨学涵老师，风骨清介，学问扎实，那时先后的同学提起他老人家均肃然起敬。如果没有他的教导，我是没有可能补学经济理论所需的最低限的高等数学的。在语文方面，一位老师裴学海，是知名的文字学家，他在讲授中，拆章析句，辨字正源，使我们真正有可能进窥汉语的殿堂；另一位老师王荫浓，带着我们历游中国古往今来的文学园地，为我们理解民族的心灵打开了一条通路。当时学校有一个图书馆，中午可以借书。我住家远，带一顿午饭，用不了半小时就吃完了，还有一个半小时可以到图书馆读书。主要是读中外文学作品，也杂七杂八看些科技知识性读物。在家读课外书，是我从小学即养成的习惯。那时只是浏览，是看故事。也许没有过多似是而非的"指导"，所以涉猎面广，由此拓展的视野使我至今受益。应该说中学的课内课外，除课外读了几本有关社会发展史之类的书籍——当时被列为禁书外，几乎很少涉及经济理论。但经济不能脱离整个文化，没有必要的文化底子，土法是上不了马的；上去了，也跑不起来。

再一个条件是广泛接触社会。参加革命前的 20 多年，我经历的是温馨的童年，贫苦的少年，中学毕业后的坎坷谋生，变化极大。但也正是这个原因使我有机会广泛地观察到社会的众生相。参加革命后，两度从事土地改革运动，深入到农民中间，使我这个出身城市的青年真正看到了中国更广大的农村世界。从教后，又多次走出校门参加城乡各种运动。十年动乱期间则下放到"五七"干校。新中国成立后的这些运动，很多是在错误对待知识分子的极左指导思想下组织进行的，严重地伤害了知识分子。但作为一个社会科学理论工作者，我觉得这些活动，甚至"左"的路线本身，都使自己对人生有了一步深入一步的领悟。没有对人生的领悟，恐怕经济理论的奥秘之区也是难以深入的。当然，接触生活、接触社会，完全不必要以极左的伤害知识分子的路线为前提。

时代背景不同，每个人自己的条件不同，但科学之路总会被有志者走出来的。

人物简介

黄达（1925— ），天津市人。中共党员，教授，经济学家、教育家。

黄达1946年5月考入华北联合大学，1947年3月调本校校部工作。1949年在华北大学任班主任、区队助理。1950年中国人民大学成立后，在财政系任教务秘书并开始讲授货币银行学等课程。1957年评为副教授，1979年评为教授。1951年起，先后在财政系担任教研室主任、副系主任、系主任等职；1983年起任中国人民大学副校长，1991年11月至1994年6月任中国人民大学校长。1991年开始享受政府特殊津贴。2005年被授予中国人民大学首批荣誉教授称号，2009年被聘任为中国人民大学首批一级教授。现任中国人民大学校务委员会名誉主任。

黄达曾任第八届全国人民代表大会代表、全国人大财政经济委员会委员，国务院学位委员会委员，先后任经济学学科评议组和应用经济学学科评议组召集人，全国哲学社会科学研究基金经济学学科和应用经济学学科规划小组成员及其部门经济学学科评审组召集人，中国金融学会会长和中国财政学会、中国价格学会、中国行政管理学会、中国物资流通学会副会长等，现任中国金融学会名誉主席、教育部社会科学委员会顾问。

黄达于1950年起就开始讲授货币银行学及有关课程。在研究课题上，除了货币银行理论外，还扩展到物价、财政及综合平衡等领域。他的论著曾两度获得孙冶方经济科学奖，一次获得普通高等学校国家级教学成果一等奖，多次获得优秀科研成果奖和优秀教材奖。

由他组织编写并负责全书统稿的主要教材有：《资本主义国家的货币流通与信用》、《货币信用学》（上册）、《社会主义财政金融问题》（获全国高等学校优秀教材奖、北京市首届哲学社会科学和政策研究优秀成果一等奖、中国财政学会全国优秀财政理论研究成果奖）、《货币银行学》、《货币银行学》（修订版）（为国家教委审定的全国高等学校财经类专业核心课教材，获全国普通高等学校国家级教学成果一等奖、全国高等学校优秀教材一等奖、北京市第三届哲学社会科学优秀成果一等奖）。专著有：《我国社会主义经济中的货币和货币流通》、《财政信贷综合平衡导论》（获 1986 年度孙冶方经济科学著作奖、1995 年全国高等学校人文社会科学研究优秀成果奖）、《工农产品比价剪刀差》、《宏观调控与货币供给》、《宏观调控与货币供给》（修订版）。他还出版了《黄达书集》、《黄达选集》、《黄达文集》（上、下）、《黄达文集》（续）等。

名家自述

王传纶自述[①]

摘要： 王传纶（1922— ），江苏苏州人。著名经济学家，中国人民大学财政金融学院教授，中国人民大学首批荣誉教授、首批荣誉一级教授。本文回顾了他的求学经历和治学生涯中的所见、所闻、所想，阐述了他对若干学术问题的思考。

　　和一些年轻的老师相比，我经历的社会变动多一些。我在国民党统治时期是个学生，后来在国外留学主要是作研究。1953 年底我到中国人民大学财政系，到现在已经半个世纪多了。在中国人民大学经历了两个时期：一个是计划经济时期，一个是改革开放后一直到现在。我个人的历史和经历，实际上也反映了中国社会的一些发展状况。到八十几岁的时候，回过头来，我觉得有些事情对现在还有点启发。

---

　　① 本次采访时间为 2008 年 4 月 15 日，由中国人民大学校史研究室负责采访、录音整理及文字编辑。

求学之路

1937 年发生卢沟桥事变，日本军队开始全面侵华，后又占领上海。日本占领我家乡江苏苏州城的时候，我在苏州中学刚读完高中二年级上学期，苏州沦陷后，学校就停课了。我就离开了苏州老家，跑到上海去了，时年十六岁。那时有同等学力考试，高中没毕业也可以考大学，所以我到上海后就考了大学。当时北京大学、清华大学和南开大学搬到南方后，在云南昆明成立了西南联合大学。1937 年底 1938 年初，西南联大第一次招生，我以同等学力的资格考上了西南联大，后就从上海经过越南河内、海防，到云南去念书。

1938 年秋天，我在昆明开始念书。因为考试的时候我高中还没毕业，物理、化学才刚念，数学念得也很少，所以我考的文科，是哲学心理系。念了一年以后，我就转到了经济系。从 1938 年到 1942 年，我在西南联大念了整整四年。在昆明那段时期，主要的问题是生活很困难。我家是一个中等水平的城市工商之家，而且远在江苏，家里也很难寄钱。我就靠当时政府给每个学生发的公费和一点米来生活。我在昆明四年曾经做过很多课外工作，比如商店的职员、卖盗版书、卖文具，我也做过相当长时间的家教，就是给当地的中学生补习考大学的一些课程。我们好几个同学合在一起，你教这个课，我教那个课，跑到别人家里去教。因为没有经过战事的打击，昆明那时有很多家庭比较富裕。这些家庭的子女们都很羡慕我们，想进入西南联大学习，所以他们在考前就招募西南联大的学生来讲课。因为我是经济系的，所以还在银行里做过会计。总的来说也就是为了糊口。1942 年毕业以后，我就继续找生计，在贵州当了几年中学教员。

抗战胜利了，西南联大解散，清华回到北京招研究生，我就报考了清华大学经济系的研究生。一年多以后，清华大学经济系的一些老师，也是原来西南联大的老师，对我有些了解，他们知道我还可以，所以就想办法把我送到国外去学习。那时英国有奖学金，他们就代我申请了。当时英国经济学科比较出名的学校，一个是剑桥，一个是伦敦经济学院。我申请到奖学金以后，就得选择去哪个学校，后来发现并选择了在英国北部苏格兰格拉斯哥的一个学校——格拉斯哥大学。格拉斯哥大学是一所很老的学校，有几百年历史了，亚当·斯密曾在那里待过。格拉斯哥是英国第二大城市，是个工业城市。它有一百多年历史的煤矿，但我去的那时，煤已经挖得差不多了；它又是个港口，又造船，所以就带动了一些比较重要的制造业，如机械制造、造船等等。这个城市人口很多，很脏，典型的污染很严重的城市。工会的力量比较强，工运方面的活动也比较多。那时的格拉斯哥大学就适应社会的需要，办了一个社会经济研究系。这个系里有一个研究苏联的小组，该小组出版了一本刊物叫《苏联研究》，是西欧当时唯一一本研究苏联问题的刊物。我出去的时候已经是二战后，中国的前途也看得比较清楚了，国民党肯定要垮台了，将来共产党进城以后建立政权，国家的政治经济状况就会以苏联为榜样。而且那时我也看了邹韬奋等进步人士的书，很向往苏联。所以我就没有进剑桥，也没有进伦敦经济学院，就上那里去了。

到那里去后，我就在《苏联研究》（这个杂志现在还有）做编辑助理工作，杂志的主编就成了我的指导教师。他是一个英籍犹太人，上世纪三四十年代的时候在苏联待过很久。那个地方是一个研究机构，不上课，就是看东西，我帮他们写东西、编杂志，然后跟指导老师一块吃饭、聊天。我通过这些方式了解了一些苏联的情况。

从上大学一直到在清华大学读研究生的那段时期，我的生活一直很艰苦。在清华大学当研究生时，虽然有一点所谓的公费、奖学金，仍很难维持自己的生活，很多情况下为了生计要投入很多时间和力量。当时面临的环境是什么样呢？整个社会政治、经济的状况让人觉得很失望、没有前途。先是民族的压迫。日本军队占领我家乡后，我回去过一趟。那时苏州城相当大，城门被日本军队占领了，每次进去都要搜身。当时我所碰到的日本兵都是年纪很轻的，他有意做出这种样子让你怕，吓孩子，对大人也有点震慑作用，这种感觉很难受。所以我只回去过一次，后来就到上海去了。

高中的时候，我年龄还小，对国民党政府的印象还不太清楚。到昆明以后，那时的国民党政府就很糟糕了，而且越来越糟糕。我们这些人生活很困难，做了很多工作，才能够勉强维持生活。可是当时国民党已经很明显的是官商结合起来，发国难财。我们在学校里头搞"半工半读"，他们这帮人就用公家的卡车通过唯一的国际陆上通道中缅公路从缅甸运东西进来。运的并不都是国计民生的重要东西，还有奢侈消费品。运来以后，卡车的押车人和司机本身就可以走私发一笔财。让人看了以后都觉得，他们就是流氓啊。所以大家知道国民党靠这样的一些人维持，这样的政府官员，这样的人，怎么可能使国家状况改善？我们刚去昆明的时候，东西虽然少，可物价还算稳定。一年后，物价就涨得太厉害了。当时国民党给我们学生的公费是米。物价涨了以后，米总得要给，但米的"内容"就不一样了。他把米拿走一部分，然后混进去一些沙子之类的脏东西，结果米的质量越来越坏，简直吃不下去，菜也没有，所以生活上很困难。再加上政治上的那种状况，所以很早我们就都很清楚，国民党是没有希望了。

当时我们学校是按欧美的教学制度安排课程，相应地就是念他们那些书。比如经济学，我们念《经济学的基本原理》，第二年又念马歇尔的《经济学》。这些书不能说是坏。就像现在的年轻人看了西方的一些书，有时候觉得受它们吸引一样，我们那时也喜欢。因为觉得它推理细致、严密，文章写得很好。它讲的那些，比如自由放任、经济配置的合理化、最大化，像画在纸上的一张画，挺好看的。我看了这些东西以后，也能够欣赏，逻辑上也能够了解它。可对我们这样的一些人，它并没有什么实际的现实意义。这一点必须要认真看待的。不是我们这帮人特别聪明，而是我们所处的环境让脑子向着这个方向，就觉得不可能吸收这些东西，它们虽然美好，但就像象牙塔里的东西，跟现实生活没有关系。那么，相反的，那时是不是会很容易地接受共产党的阶级斗争思想、用武装来推翻这个制度？说实话，那时我的思想还没有到这个地步。因为这跟自己的环境和所受的教育有关系。当时很多知识分子都倾向于接受一种改良的思想。我在40年代初期就是这个思想：经济上我们必须要改变当时的状况，政治上要民主自由。通过一种什么办法呢？就是通过改良的措施。那时候我写过一些文章，也做过这方面的一些工作。当时最吸引我们的是什么东西呢？战后英国克莱门特·艾德礼的工党上台了，工党的社会主义思想是"费边社的社会主义思想"，主张通过组织工会的力量来维护工人权益，在劳资纠纷中间增长工人的力量，通过劳动立法、劳工组织来保护和改善工人的生活、改善工人的地位。这在西南联大和清华大学的经济社会学系中有很大影响。这种思想对青年影响非常大，被相当多的人接受。其中有一些比较激进的或者看问题看得比较深的，就觉得国民党政权是不可能真做出来的，所以要推翻这个政府，就接受当时地下党提出的比较革命的激进的思想。当时青年学生的思想大概"左"倾是比较普遍的，中间的还分成两个层次。我后来去国外，选择去格拉斯哥大学社会经济研究系，就是因为有这种动机在里头。

在英国关于苏联问题的思考

在英国，我在《苏联研究》杂志做助理编辑工作和研究工作以后，碰到了一些情况。这些情况我很少跟人讲，不过在历次政治运动中我也写过一些材料。我去的那个杂志社是专门研究苏联的，文献、资料比较多，可以随便看。它的资料有几种，一种是来自苏联的官方书稿，还有一种就是欧美人对苏联状况的一些研究和分析。这里面包括了一些外面对苏联的评论，比如斯大林时期清洗联共党内的一些案件。这个时期，苏联的东西我看得比较多，脑子里就慢慢地产生了一些问题。有些是经济方面的，比如有关苏联的计划经济效率比较低的问题，有些是政治方面的。苏联不是不知道这些情况，苏联也有一些措施。那时苏联在搞一种劳动竞赛，叫"斯达汉诺夫运动"。就是在工作中，把先进的树立成标兵，叫"斯达汉诺夫运动者"，然后其他人就和标兵比较，找出差距，弥补差距。当时苏联发表了一些官方文章，而且这样的报道量很大。我觉得类似"斯达汉诺夫运动"这样的劳动竞赛运动就可以把效率提高上去，挺了不起的，而西方知识界对苏联的批评没有太多的根据。那时恰巧我有机会看到了毛主席的《实践论》和《矛盾论》。我就觉得苏联当时搞的活动，如"斯达汉诺夫运动"，它实际上和毛主席讲的"矛盾论"有一致性。矛盾有差异，有差异就可以有变化，就会有进步。我觉得这种思想从哲学一直到经济学，一直到人的管理都是很一致的。我觉得这个还是很好的，就发表了自己的一些想法，有时候写一些东西。可我的指导老师对这个问题不怎么感兴趣，后来他就跟我讲，这些东西是写在纸上的东西，是宣传的东西，还不是实际的东西。他意思是他在苏联待过几年以后，发现这些东西实际上是没有能够真正做到。为什么没能真正做到？他没有加以分析。

　　还有一个问题跟经济有关。"十月革命"以后，列宁曾经在苏联实行过"新经济政策"。当时苏联很困难，城市里没有什么东西了，没有土豆，不要说肉了，开始饿肚子。官方说是因为农村的富农"抠"，农民不把余粮卖给城市。所以列宁实行"新经济政策"，用现在的话，就是开放了农村的集市，让农民把粮食能够卖给城市的人。不过"新经济政策"实行的时间不长。列宁把"余粮收集制"跟"新经济政策"作比较，"余粮收集制"实际上等于用命令的手段把余粮从农民手里收起来，这是不能长久的，将来大家都得饿死。后来整个苏联就改变了，就搞集体农庄了，粮食问题算是初步解决，可农业的劳动生产率始终很低。苏联的土地非常多，质量非常好，可粮食亩产量还是很低。当时我就想这是为什么？当时为什么要实行"新经济政策"？显然是要加强城乡的市场交换嘛。为什么后来又实行不下去？一直到上世纪 30 年代的时候，苏联发表的学术刊物中，始终有一个思想就是要加强经济核算。加强核算听起来很普通，可是为什么要用这么大的力量来加强经济核算？也就是说明当时在苏联的经济生活中，并没有真正地核算生产中的物质消耗。加强经济核算在我们念的西方教科书和西方的经济学著作中，根本不是这样一个问题。市场的发展，生产者、企业家必然为了他们自己的利益而着想。可是为什么苏联在这个时期在报纸上、杂志上要花很大的篇幅来讲这个？一直到50年代初期，斯大林逝世以前，还有一本书叫《社会主义经济问题》，实际上就是总结了苏联以往的经验，承认在经济生活中必须运用价值规律、市场的规律。我总觉得苏联经济上还是没有很好地解决这个问题，是需要研究的。西方国家可能不是太善意地来研究这个问题，可是像我们中国应该是从另外一个角度来研究这些问题，这些问题还是存在的。

还有一点，就是苏联有一个比较严峻的政治问题。我看了一些材料：斯大林当时秘密处理了很多人，其中包括相当多的将军、文化人，还包括当时联共党内的一些领导人。让我印象特别深的是布哈林，关于布哈林，有很多中英文著作，他和托洛茨基还不大一样，布哈林是个理论家。我看了他的著作和审判他的发言，还有他最后一次的陈述，我觉得他不是反党，更不是和当时苏联的敌人——美英政府有什么勾结，这没有根据。在审问中，他承认自己违背了苏联党的最终意志，自己的一些想法是不对的，什么右倾啊等等，不过他始终没有承认自己通敌。其他的一些人，有的就承认了自己通敌，实际上都没有通敌。我看了这些材料后，就觉得怎么会有那么多人被处理？

这是在英国时的初步的想法。我不大愿意跟别人说这个，可是我脑子里始终就觉得这是个问题。因为我身处欧洲，看到的文献可能比国内看到的多，既有正面的，又有对苏联的一些负面的消息。

1953年调入人大，继续探求价值规律等问题

中华人民共和国成立以后，国内有一些代表团到英国去。那时我负责

留英中国学生联谊会，大概在 1951 年的时候，我见到了一个代表团成员周培源。在西南联大时候，周培源是物理系的老师，他认识我。他建议我："你是不是回国？就上清华吧。"那时我托他带了一本关于马克思主义经济学的书给陈岱孙，随书还附了一封信。陈岱孙是清华经济系主任，也是我的老师，跟我关系一直很好，我出国就是他想办法申请的奖学金。隔了一段时间，陈岱孙老师给我写了一个便条，大概的意思就有两条：一是要我回国，二是不用到别的地方工作，就回清华。我收到他的信，1951 年国庆前就回来了。

我直接到了清华。清华那时是综合大学，有文学院、法学院、理学院、工学院，农学院刚刚开始创建。我在清华经济系教书，可实际上也没做教学工作。到清华二十天以后，有一个中学同学，他原来是地下党，当时也是清华经济系的一个同事，就建议我去广西参加土改。当时北京高等学校的师生都要到广西去搞土改，他们都已经去了。我比他们晚了一个多月。一起去广西的那些人，像吴景超、戴世光是后来在中国人民大学的，还有一些其他教员像徐毓楠等后来是北大经济系的。1952 年初到广西，我就参加了土改团。那时也很莫名其妙。我们是以解放者的姿态去的，要从思想上提高贫雇农，让他们翻身起来当家做主。但当时我想，我自己的思想状态根本就不可能解放别人的思想。我们去的时候，陶铸作了一个报告。他讲得还比较好，说我们去做工作队员，是去受教育的。我们这些人，特别是年纪稍微大一点的教员，实际上是去受教育的。我参加了两期土改，每期半年，再加上前后的培训，在广西待了一年，回到清华的时候，已是 1953 年初了。

回来以后，清华在搞一个政治运动，主要是对教职员进行思想改造。当时我们这些人多半都是原来西南联大的，后来又在国外，思想意识跟当时中央重视的一些方面还连接不上。所以我就参加了，当然，也没有太大的困难。后来高教部进行教育改革，1953 年清华就变成了一个综合性的工科大学，所有的文、法科都搬出去了。文科基本上都进了北大；法科，就是经济社会各系，人比较多，一下子分配情况困难，所以成立了一个中央财经学院，陈岱孙任副院长。我就调到那里去教财政学，进入财政教研室。可是这个学校的寿命很短，只有一年。进一步调整后，清华这一部分人大体上都调到了中国人民大学。

到了中国人民大学以后，我就做教学工作。教课对我来说没有问题，因为我也懂俄文，而且苏联的教材一般都很简单，把书上的东西搬到讲台上去，也没有太大困难。当时做研究就是搞苏联的东西，我利用优势在这个时期写了一些文章，基本上都是一些关于苏联情况的介绍，如财政方面的一些制度。50 年代初期，这些东西应该说也还有点用处，现在看起来这些东西谈不上学术。真正带点学术性的问题实际上就是我脑子里曾经想过的价值规律的问题和在英国期间所遇到的那些想法与困惑。苏联虽然不是把价值规律作为经济运行的主要渠道，但当时对价值规律问题是比较看重的，从列宁开始一直到斯大林逝世之前，在苏联的报刊上都可以看到对价值规律的重视。比如说对经济核算制度的重视，经济核算制度自然就是讲求效益。要建设一个新的国家，不能没有这个。苏联的资源很丰富，但如果不注意效率、效益的话，自然就会在战后的苏美竞赛中落后，所以它自己也注意这个问题。那时，像中国社会科学院的于光远等人实际上也已经觉察到这个东西。所以大家对这一方面都有些思考，可是始终也没有能够提出要把市场经济作为资源配置的一个基本的问题。讲注重价值规律、重视经济核算、要重视市场、发展城乡农贸市场，这些东西的根本问题是承认不承认市场在资源配置和提高经济效益方面起到一个基础的作用。我们国家一直到 20 世纪 80 年代才正式提出来这个，也是不容易的。所以我可以想到苏联当时也是提不出来的，就像斯大林在苏联是决定一切的，也只有他才能够在临逝世不久以前写《苏联社会主义经济问题》。

在英国留学时的那些问题也随着回国而一同带了回来。去土改后，就完全是一个很不同的环境。我脑子里想的东西很难表露出来，更不能作为探讨讲出来或者写出来。这些问题是继续钻研或者思考呢还是放弃？应该说思考还是有的，可是不可能再去研究了，因为没有这个条件，而且也不大可能再去跟别人探讨这些问题。现在看起来也正因为这种原因，所以我在中国人民大学屡次政治运动中基本上没受冲击。从个人来讲，这等于是吃了一些预防药，了解了苏联共产党生活中的这些状况。当然一是为保全自己，还有就是对情况确实不了解。我对苏联的成就还是佩服的，可是它却付出了这么多的代价，那说明总是有问题，可是也不太清楚这些问题究竟在什么地方。

经受特殊年代的磨炼

到中国人民大学以后，遇到的第一个运动就是"反胡风运动"。胡风是搞文艺的，对我没有什么直接的影响。所谓的"胡风分子"，虽然和我没有直接的关系，但我有一些了解。有一些跟我是同一个学校的，有一些是因为他们很有成就了，比如翻译过高尔基著作的那个人，后来在山东大学，他被定为"胡风分子"。那时候，年龄比我稍微大一点的文艺工作人员，他们自然很倾向于左派的思想，从鲁迅开始就是这样子。这些人呢，我认识几个，他们都很有才华。要说缺点嘛，就是这些人都比较张扬，恃才傲物。可要说他们搞阴谋，我想他们不是这样的一些人。当时叫"胡风集团"，那个压力是很大的。跟胡风有直接来往的人，当然是属于"胡风分子"了，甚至跟"胡风分子"有过某些接触或交往的，都得在会上或多或少地交代，有的还戴上了"胡风分子"的帽子。一些知识分子自由民主的思想根深蒂固，他们说话随便，有时候甚至还"语不惊人死不休"。胡风搞的东西还是在文艺领域里，顶多是搞一个宣传他主张的刊物、报纸。我觉得文艺领域立一个旗帜，这个旗帜和周扬他们代表中宣部的旗帜有些不大一样，可也不见得是完全反对中央的。因为我还摸不清楚胡风文件到底是什么材料，那个材料看起来都是些信件。所以那时候我也没有说什么话，另一方面我还是觉得有些想不通。

当时我们系里有一个叫高岚的同志，是系里的总支书记，管运动工作。她还是挺好的。我就把我在国外看到的苏联的情况跟她谈了，主要是政治情况，就是一次次的政治运动等问题。我说我看到这种东西，思想上有一种困惑，这些问题在我脑子里都没有解决。我一向比较谨慎，公开场合都没有表示过，我用这种提问题、求解决的态度跟她谈了，这个态度还是挺不错的。她当然说我这种想法是不对的了，"你对这个表示怀疑是不对的，可是你这个想法还是好的"。当时苏联共产党跟中国共产党简直是不分，我们以联共党史为教材、标本，凡是跟联共党史不符合的观点都是不对的。她代表党组织听我的，然后我还写了一个书面材料。当时我手头还留了一些关于布哈林的材料，我说我现在不想再看了，就把这些交给了她。这样子就过了这个政治运动，因为我跟"胡风分子"没有一点直接的关系。

之后，可能中国人民大学的党组织就觉得我思想上比较复杂，可也并没有什么反对中国共产党的行动，还是比较老实的。也正因为这样，所以历次政治运动我都没有太受冲击。在"反右"运动中，我对一些被划成右派的人比较同情。我们教研室有一位同志被划成右派，实际上就是因为他对支部的其他人员有所不满，他提的意见尖锐一些。当时的支部就认为这个同志反对支部、反对党组织，又加上这个人平常是恃才傲物的一个老师，所以就这样评上了。还有一些人是糊涂的，他们解放前曾经参加了一些革命工作，在国民党垮台的时候，自发或者半自发地就起来反对国民党，有的还成立了某种组织。应该说，这些组织都还是起了一定的作用，咱们统一战线也是非常需要这些人。这些人就觉得自己立了功。另一方面当时党内有人觉得这些人来路不清楚，是不是真正的共产主义者？所以对他们有点歧视。这些被歧视的人在中国人民大学被划为右派分子的相当多。"反右"运动中，我被邀请参加由校党委组织的大会，在会上发言。在这种情况下，我也理解这个形势，基本上不发言。所以后来熟悉的人就说，"'反右'的时候，怎么会找你？你没有发言，也没法划你右派"。

"文革"时，生活颠倒了，谈不上什么系统的想法了，就是应付怎么能够生存的问题。那时我家三个人，一个孩子、两个大人，孩子毕业到了军垦农场，我就第一批上"五七"干校了。干校在江西鹰潭余江县的刘家农场。当时学校派去看地点的是原来的党委副书记崔耀先，他原来当过山西的一个地委书记，后在学校管党务工作。他到那去以后，就挑了余江县。余江县因血吸虫病而出名。他知道学校这些人也不会干活，得了血吸虫病就很麻烦，所以就挑了一个坡地，下面有一点水，可以洗脸、洗澡。那里的生活条件非常苦。最初去的一帮人分成两部分，一部分是盖房子，一部分管生产，管茶树、养猪、种地。我在基建队，基建队的主要成员是经济系的教员，我跟张腾霄（后来的党委书记）在一起劳动。我没有技术，也没有劳动技能。他虽然年纪比我大，但那时他体格比较好，又会劳动，他就带着我干活。我们两个合在一起做基建队最粗的活，就是把石灰跟沙子搅拌在一起，每天搅拌四五车，给基建队盖房子用。

"五七"干校的时候，劳动很苦。军宣队带我们去，就是认为我们这些人主要是去接受教育的，而越是困难的条件下，越能锻炼人，所以我们有时候白天没太多劳动，晚上却要劳动。我们这些人年龄比较大，还有相当多的人戴眼镜，晚上劳动就比较困难。劳动完了以后也挺累的，也没人看书研究了。基本每人都有一个半导体收音机，就靠这个知道外面的消息。

这种情况到"林彪事件"传达以后就慢慢地松了。军宣队知道国内的政治情况要有一些变化，所以就不像以前那样抓得紧了。后来生活、劳动各半天，半天劳动完了以后，剩下的时间愿意干什么就干什么。好多人就千方百计地请假回北京了，然后想联系哪个单位了。北京的一些单位也觉得可以从我们那个地方找人，所以一批一批的人就陆续回来了。

当时我们在那里干了一两年以后，粮食够吃了，菜也多了，还有很多肉吃，生活就慢慢改善了。每个人都在考虑自己将来做什么，真的当一辈子农民？我想大家都没有这个想法。我觉得如果自己当农民的话，会是一个不合格的农民。当时想将来总是有一份可以做的工作吧，虽然不一定是自己喜欢的工作，可也不会强迫你做一些实际上不能做、也不会做的农活。

那时候还有一个"笑话"。经济系的项冲跟军宣队的人探讨，他说我们年纪这么大了，将来做什么？军宣队的同志说将来总是有事情可以做的，比如图书馆看看柜台呀、传达室看看门呀。可问这个问题的人呢，他脑子想的就根本不是这样的。他跟我很熟。他患有神经官能症，还失眠。大家也了解他，就觉得他身体不好，不能劳动，就给他找一头牛放，就跟他讲他的任务就是管这头牛，每天拉着牛上山。可时间久了以后，他觉得老放牛也有问题，就吃安眠药自杀了。我听他们说他在自杀以前还想找我聊天。他原来是燕京的，年纪比我还大一点，是搞金融的，国民党时期曾在银行里工作过。

1972年回来的时候，中国人民大学没有了，那时就有一个前途问题。中国人民大学当初的副校长是郭影秋，他当时也是被打倒的，没有发言权了，可多少还有些影响。郭影秋有一个比较富有远见的打算，说中国人民大学既然没有了，这些人也不可能老留在中国人民大学，但中国人民大学聚起这样的队伍不容易，就成建制地调到别的学校去。所以我们经济各系就基本调到北京经济学院。经济学院原来是以劳动人口为主的，我们调去以后，就配备经济各系，基本上不打乱，不和他们合编。这个学校的学生很少，原来的教员都还在，而且也没有这样的系科，我们进去以后也没有什么事情。另外有一部分人到北师大了，清华、北大也都有一些，还有一些人在市委或调到其他单位去了。大体上不是太分散，基本上都在北京。

我到了中国银行。当时中国银行有一个调查研究处，叫第四处（现在叫国际金融研究所），"四人帮"打倒了以后，还是有些对外的经济关系。中美关系以及周边的一些关系恢复，有很多未了的事情要处理，像中美之间的资产冻结问题、汇率的问题。虽然那时对外的银行很少，可终究还是需要有个窗口。那时候我们国际金融的一部分教员就跟他们联系，大家以前就熟悉，彼此也信任，他们也欢迎我们去帮他们工作，因为不占他们的编制，也不要他们发工资。最初去的时候，有陶湘、林与权等人。

去了以后就帮他们做一些业务上的事情，最简单的是翻译往来电报。后来因为中国银行要到处开展业务，就需要了解当地的情况。我先后做过拉美金融市场、银行情况的分析，纽约市场、东京市场的分析工作也都做过。胡耀邦到中央党校管事的时候，提出利用外资的问题。我就参加了这个工作，就是把列宁利用外资的一些情况和苏联当时的情况整理成材料。当时还做了一些其他工作，像利用外资的问题、人民币汇率的问题、外汇管理的问题，还有主要国家的金融体系状况等等。

复校初期，基本上是后勤的人盖房子，还有些行政工作。因为还没有学生，像我们教员就没有什么实质的工作，就搞自己的，每个系都根据自己的情况做些准备。金融恰恰有这个便利条件，对方也需要，我们有一些人就到中国银行工作了。中国银行聘请我当研究员，实际上是希望我能够离开中国人民大学到中国银行，可是等到真正要调我的时候，学校又不同意了。我在银行一直工作到改革开放以后，后来我们学校自己的事情多了，我就彻底回来了。

关于若干学术真理问题的研究与思考

在大学本科和研究生阶段我对西方经济学有点基础，后来就慢慢地转向了苏联方面的研究。苏联方面的研究也是阶段性的，应该说能够真正考虑问题、进行研究还是改革开放以后。因为改革开放以后有个条件，就是我们逐渐明确了要建立一个市场经济体系，这个市场经济体系又不同于欧美在教科书上描写的市场经济体系，我们要建立的是社会主义市场经济体系。社会主义市场经济体系具体的内容是什么？到现在我们还不是十分清楚。我觉得这个问题不光是经济学科的问题，是所有社会学科、人文学科的一个主要问题。这个问题，实际上并没有真正解决。

具体到财政金融领域，我认为有两个主要的问题没有解决。

一个就是政府和市场的相互关系究竟是怎么样的？我们叫社会主义市场经济体系，这里面就包含了政府应该起到必要的作用，有必要的功能。我们一方面提出市场经济要发挥资源配置的基础作用，同时也提出市场经济运行发展中存在一些不可避免的问题，这些问题如果不加以控制并适当解决，就会违背我们建立社会主义市场经济的本意。那么市场经济运行中间哪些问题，政府必须加以规范、调控或者限制？这个问题到现在也不是很清楚。这个问题恐怕也不是任何一本书或者一部著作能够充分解释的，因为每一本书、一部著作都是作者根据他所体会的、所碰到的问题，从他的想法、思想背景出发提出来的。他觉得他提出来的东西就是真理，应该说那只是部分真理，就是在他的那个条件下是正确的。社会科学跟自然科学不一样。自然科学在规定的条件下基本上是稳定的，而社会科学，其基本的背景条件是不稳定的，而且也比较复杂。比如说政府有时候是越位，有时候是缺位。这句话本身不错，可判断一下它什么时候越位？这个就很难，不是一个简单的事情。在经济发展顺当的时候和经济发展困难的时候情况不一样，不同的社会背景也不一样。比如西方经济学新古典学派的基本条件就是说人们具有理性行为，而人的理性行为是什么呢？就是人人都是按照他们自己个人的利益行事。可我们的情况就不大相同。我们苏州有一个范仲淹，他在《岳阳楼记》中写下了"先天下之忧而忧，后天下之乐而乐"。当然这只是一个说法，可《岳阳楼记》到现在已经那么多年了，不知有多少人特别是知识分子在这两句话中间找到了共鸣。这就说明在我们的思想深处，我们认为理性的东西和亚当·斯密或者现在西方经济学中普遍的"经济人"假设是不完全一样的。西方经济学的"经济人"假设是很纯的，所以数学化很容易。因为它是从很纯粹的假定出发而演绎出来的经济体系，均衡市场、均衡价格、配置的最合理化……这些问题在逻辑上都是一环套一环的。可有时候他们自己也疑惑，像经济数理化大家阿罗，他觉得这个理论就像一个建筑，其基础不怎么稳固。同样是西方，有的人觉得那个基础是稳定的，也有人认为稳固的中间有问题。比如以德国为主的社会市场经济学派，他们认为虽然市场经济是起作用的，但它有某些方面，如垄断的倾向是其内在就有的，所以他们在市场经济中就反垄断、反康采恩等等；比如瑞典的社会民主主义，他们也觉得市场经济是起很大作用，可是分配上的问题是它本身不能解决的。他们不是马克思主义者，可是他们对分配问题的重视未必比马克思主义轻。这个问题怎么处理，是经济学问题，可背后还有一个比较重要的问题，就是社会究竟怎么样运行才符合社会主义的原则？我们不一定说坚持社会主义原则就应该把私有制取消，这不可能；也不能让分配上的两极分化严重到一个程度，使社会上弱势的人日子不好过，而且感到受压迫，恐怕这也不是社会主义。究竟社会主义的市场经济是怎么样的，应该做进一步的解释。现在有人说社会民主主义是目标，像德国，信奉的社会市场经济，主张要由政府来解决市场经济竞争的问题；发展中国家也有很多其他的说法。这些问题我们实际上都还没有解决，我看也不是一天两天能解决的，有很多问题还是要随着现实情况的发展来适当地处理。我们以往按苏联集中的计划经济模式，积累了一些经验，也体会到自己工作中有很多问题。我们中国的一些干部，大部分是勤勤恳恳、尽职尽责的，他们知道很多问题，特别是在决策层。

改革怎么改？当时提出来的时候并不是很清楚。改革开放以后，进来的信息非常多。像苏联、美国、欧洲的情况，学术界的种种新发展都进来了，以前我们大部分的教员对这些都不太了解。有的说法对我们以往的知识是完全否认的，有的也不完全是否认的。所以中国人民大学就面临着这么一个情况，就是要尽可能地吸收有用的信息。这些信息包括学术的、事实的，有思想方面的，也有经验方面的。我们以往几十年的发展，不管是经验还是教训，哪怕是"大跃进"中有点半疯狂的经验教训，这些经验教训和进来的新信息必然要碰到一起。如果认为我们以往确实是有问题，但这个问题改革改掉了，不再犯这个错误了，那么原先的这一套理论和制度都还是可行的，这可能把复杂问题过于简单化了，如认为外面的东西都是市场的，都是资本主义性质的，我们接受不了，我想这也是不妥的，太狭隘了。我们有一些老同志，到现在为止，还存在着这样一些看法。

改革开放以后，进来的信息对年轻人来讲，接受得比较快。他觉得逻辑优美，思维简洁，没有条条，就认为这些东西就是接近真理的东西。他没有想到这个体系很庞大，从马歇尔开始到现在经过近一百年的发展，虽然完善，可也在不断改变。所以我们现在就是要了解这些东西，不仅要了解一些正面的东西，还要了解跟主流不同的一些看法。不要统统就说它没用，可是也不能完全接受。这样，才能够一步步建立一个比较接近现实的有较多真理性的学术体系。

再举个例子，特别是在金融这一方面。货币原来是实物、黄金，后来货币的实体变了，就没有黄金这个金属的实体，变成信用货币。这时货币就有两种运动：一种是你把钱放在口袋里不用；一种是你把钱存到银行，对你而言就是把钱变成银行存款了，而银行会把这些钱继续放贷。实际上你这一万块钱存款还是一万块钱，可银行一放款就变成几万。现在银行的信用越来越发展了，它不仅可以放款，还可以把放款的资产变成证券，又放到市场上去。公司、企业可以去发行股票、债券，那些债券、股票又在市场上流通。所以金融的发展就使得马克思所讲的一块钱的货币资本可能变成几块钱，多重存在。这个叫"虚拟"，虽然"虚拟"，但一样可以起资本的作用。我们以往在计划经济时代，完全没有考虑到这个问题，也没想到利用它为我们国家建设服务，可现在人家这么做了，我们能不这么做吗？如果不这么做，就等于一个小孩去跟一个成年人拼，必然是输，当然得要这么做。这样，金融发展中必然也会带来一系列的问题，最明显的就是风险。现在美国有风险，我们自己也有风险。这些问题，应不应该研究呢？能不能按照我们以往的经验，把缺点去掉以后，就能够应付这个局面呢？显然是不行。对西方国家几十年金融方面的一些理论甚至技术，都得了解。所以我觉得我们财政金融体系，说西方的东西一概不要，那是太傻了；说我们改变了以往做错了的地方，坚持原来这个，就一直会坚持下去，这也是太简单了。所以摆在面前的，就得很辛苦地把自己的东西和人家的东西都了解了。当然时间有限，我觉得最好的一个办法，就是针对我们目前在改革开放中碰到的问题，理论工作者、教育工作者和实践工作者一起来研究解决。

办学物质条件已经改善　建一流尚需具体化方案

全国解放以后，需要大量的干部，而当时的干部，有的是打仗过来的，有的是地方上做工作来的，但他们对社会主义经济建设、政治建设等都不是很熟悉。当时，苏联是我们的榜样，刘少奇等领导人就提出根据苏联的情况来设立学校培养干部，中国人民大学就成立了。我认为，当时中国人民大学实际上就是干部培训学校，主要的形式不是长时期的研究，而是干部的短期培训。中国人民大学的学术成就也主要是改革开放后慢慢积累的。改革开放已经三十年，社会上对中国人民大学多少还有些评论。有的就觉得中国人民大学"教条"，是"第二党校"。当时在比较"左"的思想路线下，中国人民大学批判了一些人，这些人也都受了一些不应有的委屈。应该说在当时条件下，有个别的同志也都是老同志了，他们不可能改变当时的局面，还是执行了当时"左"的路线，历次政治运动中间也伤害了一些人。总的来说这些同志并不是有意的，也不完全是他们个人的责任。

学校现在改善了一些办学的物质条件，中国人民大学教员的生活待遇已经提高了很多，我觉得现在的物质生活待遇也就很好了。作为一个中国的知识分子，不应追求过高的物质要求，但是也不要让做教学科研工作的人老要担心自己的生存。现在看起来，我们已经达到了这个水平，这就比较高兴了，比较放心了。作为一个学校，建设一流大学总体上要有目标，同时也要有具体方案，要在各个院系找出一个比较具体的、有行动性的目标。每一个人提出一个他自己感兴趣，而且觉得可以做的目标。比如搞金融，在金融史、金融经济学史这些方面，你自觉地想要通过你自己的力量或者通过合作力量，能够奔向一个比较远的目标。比如现在就有一个问题，当前中国在转轨国家中，不说是走得最成功的，起码也是比较成功的一个国家，碰到的问题又是其他的转轨国家所没有碰到的，这其中的经验可以好好地总结，我们应该做一些我们应该做的工作，每个院系都应该有这么一个目标。

做研究，必须理论联系实际

我高中只念了三个学期，如果念完了，情况就会大不一样。从本身的倾向来讲，我更倾向于思维方面的东西，我对理论物理、数学感兴趣，可是我没有条件，因为考大学时没有学过这些东西，我就考了哲学心理系。我总觉得这是自己的一个缺陷，我老说自己是"瘸腿"。后来我想既然是搞社会科学，特别是经济学，就应该考虑到实践的重要性，理论要联系实际。实际中提出来的一些问题，往往是理论家必须解决的。举个例子，资本主义发展了，就会有像马歇尔、帕累托、瓦尔拉斯这样的人从理论上来解释；等到20世纪30年代后期有些问题了，就会有凯恩斯这一类的人又出来解释经济发展中有哪些问题；后来经济发展中政府的力量起的作用大了，有时候滥用，导致一些经济失衡的问题，弗里德曼又来恢复市场经济。理论也是要随着实际发展的。

有人说做学问附属于实际，目光太短浅。他们认为根据实际情况就往往只是给当政者、给政府做解释工作了，其实不是这样子的。如果你真正搞研究的话，无论是东方还是西方，凡是有成就的、凡是站得住的学术观点和理论，无疑都是从实际总结出来的。比如博弈论，它不是靠诺贝尔奖捧起来的，而是它能够解释市场上的一些行为，它超过了马歇尔、瓦尔拉斯所讲的纯粹的市场理论框架，又不完全冲破那个框架，它把这个框架加以补充说明了。正因为如此，博弈论现在被大家利用了。所以不要说博弈论完全都是文字、符号的游戏，它既是知识，也反映实际情况。

我觉得青年学者做一些计量的分析，是个基本功。经济现象中复杂的因素很多，这些因素起的作用是交叉的，在这些因素中搞一个理论模型很容易，把理论模型数量化也是不难的。所以仔细把经济因素中的相互关系结合实际做一些分析，无论是中国还是外国，无论是农村还是城市，无论是对外还是对内，都是一种基本功，一定要多做。但我不希望年轻同志看到了外国的某一些大家有一个基本理论就被它打动，就觉得这个基本理论或者基本观点很神妙，拿来以后就把它套用在其他的信息方面，这样做往往肤浅。所以我赞成做一些实际工作，我也赞成年轻的同志最好是结合在一起，参与到一些大问题的研究中去。

人物简介

王传纶（1922—　），江苏省苏州市人。中共党员，教授，经济学家。

王传纶 1942 年毕业于西南联合大学经济系，1948 年在清华大学经济系研究生肄业，次年赴英国格拉斯哥大学学习，1951 年回国后，先在清华大学、中央财经学院任教，1953 年到中国人民大学。1982 年受美国普林斯顿大学之聘，担任客座研究员，并成为美国经济学会、北美中国经济学家协会会员。1984 年被国务院学位委员会批准为博士生导师。1991 年开始享受政府特殊津贴。1992 年获吴玉章奖教学奖。2005 年被授予中国人民大学首批荣誉教授称号，2009 年被授予中国人民大学首批荣誉一级教授称号。曾任第六届、第七届、第八届全国政协委员、经济委员会委员，中国国际金融学会常务理事，中国财政学会理事，中国金融学会理事，中国税务学会理事，中国外国经济学说研究会理事等职，兼任《中国人民大学学报》、《国际金融研究》等学术刊物编委等职。

20 世纪 50 年代初，王传纶翻译了《资本主义总危机时期的英美财政》，并开始收集整理东西方财政金融思想史的资料。1981 年撰写了《资本主义财政》；1982 年相继用中、英文发表了《财政支出系统的控制和核算问题》、《政府预算制度中的制衡机制和效益核算问题》、《中国的税制改革》等系列论文。在国际金融领域，1982 年发表了《汇价理论的探讨》。对于汇率问题，发表了《有关人民币汇率制度改革的几个问题》、《关于我国"七五"期间的汇率方针》等论文。1985 年开始培养新中国最早的几批财政金融专业的博士生。王传纶历来重视对西方财政金融思想的研究，为《西方财政金融思想发展》一书写了若干章节。1991 年主持编写《外汇管理概论》，这是新中国第一部专门研究外汇管理问题的著作和教科书。此外，他还主编了国内第一部国际金融学科的经济学辞书——《国际金融百科全书》，同时主持完成了国家教委社科基金课题《我国对外债务的宏观经济问题》。

陈共自述[①]

摘要： 陈共（1927— ），辽宁盖州人。著名经济学家，中国人民大学财政金融学院教授，中国人民大学首批荣誉教授。本文回忆了他在中国人民大学及其前身学习、工作 60 余年的主要经历，还记述了他对财政金融学院和学校发展若干问题的思考。

建校之初：招生与学习

我一开始工作就是在中国人民大学，这一辈子也都是在这里，算是典型意义上的"人大人"了。我是东北人，原来是东北大学农学院的学生。1948 年 11 月，从北平到解放区，到了华北大学学习。经过 4 个月的学习后，我留校工作。1949 年 4 月，我们这批人从正定来到北平。那时华北大学还要继续办政治学习班，培训大批的知识分子。当时华北大学在三个地

---

① 本文由陈共教授和校史研究室于 2010 年 1 月共同编写完成。

方办学：北平、天津和正定。我被分配到政治学习班，而且还要重新回到正定。在北平待了七天，然后就跟着一些老同志，带着一批学生回到了正定。回到正定后，我在 4 区队政治学习班当副队长。当时一个班有一个队长、一个副队长，我那个班的队长就是后来马克思主义学院的刘佩弦同志。4 区队队长是铁华同志。

我在正定一直工作到 1949 年底，中间在三个班当过副队长。大概在 1949 年 12 月，把学生都送走了，正定那边的工作就结束了，我们这一批人就又回到北京来了。这时中央已经决定办中国人民大学了。我们从正定回到北京没几天，1950 年初就组成招生组开始招生，我被编到东北地区招生组。我们组有五个人先到了沈阳，而后又分别到各个地区，我是到了锦州。那时已经临近春节了，还记得大年三十晚上我坐着火车回沈阳，在火车上过的春节。

当时怎么招生呢？我们直接跟当地组织部门打交道。我们到了沈阳先到东北局组织部，组织部长亲自接见我们，通过他们一层一层地到各省的组织部和各个部门。中央决定成立中国人民大学培养建设干部，各个省都要选拔推荐干部来学习，这件事情他们都知道，都非常重视，都知道中国人民大学校长是吴玉章。那时招生条件也很明确：有工龄限制，要工作三年以上；也要求有一定的文化程度，但不是很严格。但外交系有特别要求，需要具备团级干部资格才能报考。第一批招生多数是干部，还有一些产业工人，没有面向社会招生，是通过各级组织部门推荐，我们再考核一下，主要是看工龄是否符合条件，也测试一下文化水平。中国人民大学成立后多年都是单独招生，普通高校招生之前就录出了，大概好多年都是这个方式。记得 1956 年我又到江西省去招生，那时候还是自己审查档案，提前录取。

1950 年初，招生回来以后不久，我就接到通知到"铁四号"（"铁一号"隔壁，当时也是中国人民大学的校舍）报到。集中后告诉我们：现在大家集中起来开始学习财经专业知识，先自学讨论，等待苏联专家来了就跟专家学，然后当教员，从事教学工作。当时集中了几十个人，编成几个组，主要是自学讨论，在那儿待了一段时间，等待苏联专家的到来。苏联专家来了以后，学校的系和教研室建制以及各系的专业范围和课程体系已经都有规划了，这个时候我们这些人就具体分了一下，我被分配到财政系会计教研室。领导告诉我：将来你除了要讲会计课，还要教一门课程叫"工业企业经济活动分析"，据说这是苏联的一门新课，让我先跟苏联专家学习，开学了就要上课。

当时对我们来说，到哪儿都一样，反正什么也不懂。我虽然是农学大学生，但经济方面什么都不懂。也不是我一个人有这样的困难，大概当时有好多人都是属于这种情况。特别是会计，什么叫会计？我们知道它就是记账的，但记账也不是随便记的，挺复杂的，记一笔账有借方贷方，什么叫借贷方？一点儿都不懂。好在当时还年轻，反正叫你去就去吧，也没考虑到懂不懂。

当时跟苏联专家学还有很多障碍，不懂专业，也不懂俄文，要通过翻译来转达。其实翻译也不懂专业，他翻的我们也听不懂。比如"重工业"这个词，那时翻译成"沉重的工业"，什么叫"沉重的工业"？翻过来我们根本也不懂。说实在的，就是那么一种状态，我们就模模糊糊听着，似懂非懂。特别是会计课和政治理论课不一样，政治理论课是理论性的，像我们这些人都工作过，也都学过一些马列主义基本知识，要说两句话可能还说得出来；而会计的技术性比较强，什么叫借贷方？往哪儿借？往哪儿贷？不懂就是不懂，连一句话都说不出来，就是那么一种状况。

我们听专家讲课不仅是为了自己学习，听完课还要去教课，这个任务对我们这些人实在是太难了，我还不懂怎么去教别人啊？幸好当时有一批在解放前教过会计的老教员。那时在华北大学学习的不光是青年学生，还有一些过去的老教员，学完以后有的也留下来了。像这些技术性比较强的，他们具备这方面业务知识，就是翻译得不怎么好，大体也能听懂。老教员就比我们先知一步，所以，我们这些年轻教员，不仅要向苏联专家学习，还要拜老教员为师。跟苏联专家通过翻译来学习，听完课每个人回去都还要整理笔记，整理笔记就同时准备讲稿。因为苏联专家不直接给学生讲课，我们听专家讲课后，整理出讲稿，然后去给学生讲课。讲稿得整理出个样来，要不就没法讲。老实讲，我们还没太懂，或者似懂非懂，叫我们整理那个讲稿还真有点困难。我们开始讲课就是把那些老教员整理的讲稿拿来看一看，一看我们就大体懂了，然后把他们的讲稿整理整理，变成自己的讲稿，再去讲课。

特别是像会计这样的专业课，自己不是完全懂，或者懂了还不熟练，要到课堂上讲出去而且要讲明白那可就难了。记得我第一次讲课就挺尴尬的，因为自己不太熟悉，稍稍有点紧张，就是讲借贷方，借一笔贷一笔、贷一笔借一笔，转来转去就懵了，讲不下去了。讲不下去，怎么办呢？就坐下来想一想，想懂了、想明白了再上去讲，就是那么一个做法。那时候我还算年轻，大部分学生都比我年纪大，他们知道我们原来也不懂，从苏联专家那里学完了就来给他们讲课，很不容易，他们很理解。当然这样的情况也不长，我们这些人不管怎样还是有一定的文化基础，接受这些专业知识应该说还不算很难，经过几次讲课，课程就比较熟练地掌握起来了，就能够完满地完成教学任务了。

"一五"时期，度过"黄金年华"

"一五"时期对我们这一代人来说，是一个黄金时期，现在回想起来还是很留恋的。那个时候年轻，生活也是一天比一天好。我们刚到北京的时候还是供给制，20斤小米的标准，后来实行工资制，工资也比较高。那时候好多人还没结婚，拿那么多钱，真是觉得挺富裕的。1956年又提高工资，结婚了，有小孩了，也是很富裕的。那个时候虽然工作很忙，但心情很愉快，生活年年翻番。"一五"时期确实有这么一种感觉。

"一五"时期我主要就是讲"工业企业经济活动分析"这门课。这门课主要是分析工业企业的经济活动，怎么生产得多，怎么改善财务状况，怎么提高劳动生产率。当时开展大规模的经济建设，而从各条战线来的干部，大部分不懂这些东西，不懂工厂是怎么回事。所以这门课就非常有用，起码让你入门，知道企业是怎么回事、干什么、有哪些经济活动、企业财务状况的好坏怎么表现出来，通过报表分析，对企业的整个经济活动有一个全面的了解，而且能够进行一定分析，怎么样做得更好。学生反映这门课容易懂、很务实、很适用。后来社会上也都知道了，很多单位都邀请我们去讲课。天津市委工业局专门办干部培训班，邀请我们去讲这门课，机关干部和大企业领导都来听课。天津讲完了，北京市委、中央各部门（如当时的监察部）也都要求我们去讲课。各个院校中，我们学校是独一家，别的学校还不懂这个课，我们也到别的院校去讲。那个时候几乎每天都讲，一个星期大概要讲二十几个课时。我们学校对培养新中国的经济建设干部起了很大的作用，能起到这种作用，我们自己也很高兴，从来不讲什么价钱，不顾劳累，只要需要就去讲。干的工作越多，越高兴，就是那么一个精神焕发的状态。

"一五"时期我们学校办得是很有成就的，形成了一些好的制度和好的做法，现在回想起来这些制度、这些做法还是很值得回忆、值得提倡的。

一个就是大批教员的培养问题。以财经专业教员的培养问题为例。应该说，我们这批人大多数过去都没有接触过财经专业，首先面临的是业务学习，而且是从头学起。当时的办法就是邀请苏联专家来校，全面向苏联专家学习。我觉得苏联专家对我们的贡献是很大的。我们学校邀请的苏联专家是全面的，涵盖了财经专业的方方面面，而且全国独此一家。全国其他院校，比如现在的中南财经大学、东北财经大学，还有上海的学校，他们都派人到我们这儿来学习。有的直接跟专家听课，有的是来听我们的讲课。苏联专家给我们传授的这些东西对于我们来说都是新东西。它不仅仅对我们学校的教学起了作用，而且对政府财经部门的实际工作也起了很大作用。我们学校的专家有时候也到实际部门讲课，有的就给实际部门做参谋顾问。那个时候，党的方针很明确，就是认真向这些专家学习，毕恭毕敬地学习，是不准闹矛盾的，闹矛盾都是我们的责任，专家没有责任。就是那么一种态度，"一边倒"嘛。我们这批教员之所以能很快掌握专业并承担起教学任务，这是和苏联专家的帮助有直接关系的，如果没有这批苏联专家，我们不可能很快地就承担起教学任务。当然，那时候大家都还年轻，也有一定的文化的基础，接受这个东西也不是太难。另外呢，就是逼着我们学，边学边教，边教边学，明天就要去上课，看你怎么办？没有完全学懂或者还不是很熟练也要上课啊，上几次课就熟练了嘛。就这样，逼着你去学，逼着你去教，逼着你很快进步。

还有一条经验，就是专业教员不仅要学习本专业知识，还要重视政治理论学习。当时我们这批教员不光是教课，还要自己全面学习马克思主义理论。我开始是教会计学，后来又转到财政学，作为一个专业课教员，我深切体会到学习理论的重要性。1950年下半年我就开始上课了，到年底，领导对我说，学校举办一个政治经济学研究生班，你去学习吧。我十分高兴，因为脱产学习太难得了。在研究生班主要是跟苏联专家学习《资本论》，专家讲课，翻译翻过来，听了不完全懂，那时中文教材是王亚南的《资本论》译本，也是很难看得懂，大家都说，这不是学而是"啃"《资本论》。但是，"啃"了半年，却很有成效，把《资本论》第一卷基本上学通了。苏联专家非常严格，给我们留下了很好的印象。当时学《资本论》，专家要求我们把他指定的那些名句名段都要背下来。《资本论》某些句子和段落非常经典，非常精彩，当时我们真的能背下来。把《资本论》第一卷"啃"下来了，自己再看第二卷、第三卷也就不在话下了。半年的学习，为以后的教学和研究打下一个初步的理论基础，我感到真是受益终身。遗憾的是，只学了半年，因为教学任务太重，系领导说你回来吧，我就回来又开始上课了。

在培养教员和干部方面，当时中国人民大学建立起一种非常好的学习制度，就是举办夜大学。全体干部，包括教员，每个人都必须上夜大学。白天工作上课，晚上去上学，全面学习几门马列主义课：哲学、政治经济学，还有联共党史和中国党史。我之前学过《资本论》，夜大学又系统地学习了马列主义的各门课程，这样奠定了以后做教员的良好的理论基础，这些学习在后来自己发挥作用的时候深受其益。

中国人民大学历来还有一个良好的学风，就是理论结合实际，学校非常强调理论联系实际的学风。我们这些教专业课的人，经常深入实际部门，讲课要联系实际，带领学生学习也要联系实际。每年教完课都要带学生到工厂去，到了工厂，不是只去参观，而是要真正从事操作，比如到财务科，学生就要在那儿坐着跟人家学记账的操作过程，学习怎样进行财务报表分析。当时北京和天津的那些大厂我们都很熟悉，联系很紧密。那个时候我们经常参加财政部会议，和他们一块出去调查研究，也经常到科、处向他们请教。联系实际这个问题，应该说也是我们中国人民大学从"一五"时期创下的优良传统。

改革开放后："又一个青春"

"文化大革命"期间，中国人民大学停办了。复校以后首先是"重整山河"。马上就要上课，可是几乎 20 年没上课了，给人家讲什么？不能说我在干校怎样种地吧，那不行，还得讲专业，可这个专业已经近 20 年没摸了。要出教材，没有教材怎么来教课？现在回想起来，这些任务完成得应该说还比较快，比较满意。比如说 1978 年招本科，专业课还没有开始，可是 1978 年我们招了一批研究生，马上就要上专业课，这个课怎么上啊？这个时候，由一个人从始至终讲这门课还真的有点困难，我们就安排了五个教员，以黄达为首，他先开了头，每人讲一部分，就这么给研究生上课了。讲出来的内容，主要还是原来"一五"时期和 60 年代初积累下来的研究成果。每人讲课后的讲稿，又经黄达进行整合、改写和提高，于 1981

年就出版了一本《社会主义财政金融问题》专著，也是教材。这本专著或教材当时在社会上产生了良好的反响。1985年由我和侯梦蟾、袁振宇三个人编写出版了《财政学教程》，这也是比较快的。"文革"后很快就出自己的教材，别的院校是很难做得到的，他们都是五六个院校一起合编一本。1991年出版了由我主编的"高校财经类专业核心课程教材"《财政学》。这本《财政学》经过多次修订，以不同的版本一直延用到现在，已经发行了100多万册。

另外，这个时期除了完成繁重的教学任务外，还必须加把劲提高科研水平，不提高科研水平人大的地位也就不行了。我们在这方面还是做了一些工作。主要就是因为改革开放了，陆续提出了一些新问题，这些新问题我们怎么看待，需要重新研究。在实行改革开放政策后，经济建设不断出现一些新问题，我们提出了一些自己的观点，这些也受到社会公认。比如改革开放后的第二年，1979年，我国出现了巨额财政赤字，当时大多数人认为赤字是资本主义的东西，是资本主义现象，社会主义国家是不允许的。对这个问题我们就提出自己不同的看法，在前面提到的《社会主义财政金融问题》一书就曾论及到这个问题，就是从财政综合平衡的观点来看这个问题。我们认为出现赤字不是什么了不起的事，不是什么可怕的洪水猛兽，只要做好综合平衡就可以了。国家财政不是亏空了吗？但老百姓有钱储蓄啊，政府发行国债，把那些储蓄借过来补上不就行了嘛。我们就从这个观点来看，认为财政赤字不一定是资本主义的特有现象，它是一种可用的经济调节手段。后来，就是承包与税制争论的问题。"文革"后我国税制刚刚恢复，一边恢复税制，一边就搞财政包干了，对这个问题我们也有自己的看法。还有1998年实行积极财政政策的问题。改革开放后我国一向存在通货膨胀趋势，积极财政政策就是扩张财政，这在过去我们国家是不允许的。可是，1998年经济萎缩了，经济上不去了，这个时候借鉴美国的"罗斯福新政"搞扩张性财政政策是正确的，是对症下药的良策。大家都知道"凯恩斯主义"，其实凯恩斯主义就是"罗斯福新政"的理论总结，这说明凯恩斯的主张对我们也有可以借鉴的东西。

改革开放这是又一个青春。这个时期应该说是每个人的聪明才智都能得到充分的发挥，心情也是舒畅的时候，不担心挨批了。过去确实说话要加点小心，不定哪一天运动来了，就要找"对象"，你说话多了，就容易找到你。改革开放以后，提倡解放思想，让大家敢想敢说，这是邓小平同志最大的贡献。事情就是这样，你什么也不敢想、不敢说，你还能干什么事啊。特别是搞学问这个事不让他想、不让他说，他还能搞出什么学问啊。要允许他想、允许他说、允许他写，这才能出现一些新思想、新观点，才能对国家建设发挥一些推动作用。

1978 年复校以后，我一共带了 45 个博士生，现在在校的还有 4 个；硕士生也带了一些，不到 20 个人，后来就不带了。做一个教员主要是教学工作。也做过一段教学行政工作。"文革"以前我曾做过教研室支部书记，后来到"五七"干校当过副连长，从干校回到北京，原来财经各系的教员都安排到北京经济学院了，由于原系领导还未落实政策，财政金融这摊人就归我来负责了。在北京经济学院的时候，因为没有财政金融系，就以我们这批财政金融教员和一批外文教员为基础成立一个经济研究所，主要是研究西方 1970 年代经济危机，后来成立人口研究室也属于这个研究所，任命我为所长兼总支书记。当时如果没有成立研究所，我们这批人就会被分配到各系各专业去，那就分散了。所以，这个研究所起了一个很好的历史作用，就是通过研究所的形式把财政金融这批人保留了下来，复校的时候原班人马回来，基本骨干没有丧失；复校后，因为基本骨干没有失散，才可能很快承担起教学任务，很快出教材、出成果。复校后开始是黄达任主任，我和阎达五任副主任，后来我接替黄达当主任，担任财政系（现为财政金融学院）副主任和主任共 10 年。这 10 年也是付出了不小的精力，但这是不能用什么指标来表达的，只能说是尽心尽力了。

对办好学校和学院的几点看法

关于学校当前的全面情况我不是十分了解，只是从一个教员的角度谈点看法。

复校以后学校经历了几届领导班子，历届领导也都想把这个学校办得更好，兢兢业业，做了大量的工作，也取得了较大的成效。总体来说，纪宝成校长来到中国人民大学近十年学校的变化比较大，这届领导班子对学校的发展是有贡献的，今后可以在软件建设、内涵提高方面再多下一些工夫。

现在大家都说创办世界一流大学，许多学校都提出创办一流大学，这一流大学究竟是什么样？中国的一流大学是什么样？这个问题校长考虑得多，我们说不清这个事。提高学校在国内外的声誉，这是很重要的，这一点这几年做得也是有成效的。创办一流大学和提高对外声誉的关键，是要扎扎实实地把学校内部的事情办好。就像经济发展看 GDP 一样，没有 GDP 不行，光有 GDP 也不行，如果基础不牢靠，结构失衡，说下来就下来。作为一个教员来看，学校的主要任务是提高教学质量，培养合格的建设人才，而核心问题是教师队伍问题。我们学校已经形成一批中青年骨干教师，这是学校的未来，是学校的希望。要十分爱护和关注这批骨干的成长，充分发挥他们的作用。希望这批骨干教员也要十分自重，扎扎实实，夯实基础，厚积薄发，切忌浮躁，甘心治学，淡泊名利，带动全体形成一种良好的学风和校风。

我们有很多名教员已经成为社会活动家，这是允许的，也是好事。但是这些名教员首先要是一位好教员。所谓的好教员，就是当教员首要的职责是教好课，将研究成果带到课堂上贡献出来；否则，你可以是一位社会活动家，可以是一位好研究员，但不能称为一位好教员。好的教员首先应该在课堂上表现最好，真正能给学生讲出高质量的课程，培养高质量的学生。在教师心目中学生和教学应该永远是第一位的，若不然怎么保证教学质量和培养合格人才？说实在话，我们学校拥有一批中青年的后起之秀，如果把他们的才智集中到教学课堂上来，那教学质量将会大大提高一步。

科学研究是一种脑力活动，是以个人的努力为基础的。但教研室（或系）是一个学术集体，所以科学研究在我们这里又是一种团队活动。教学骨干同时也是学术带头人，要发扬团队精神。比如，作为学术带头人你不能申请一个研究项目就你自己干，这不对。因为年轻教师暂时还难得申请研究项目，需要有人带起来，然后年轻人逐渐地也能独立申请项目，这样才能推动整个学院或教研室的科研活动取得进展。

财政金融学院是中国人民大学建校伊始就存在的一个学院，在按系、教研室编制的时候叫财政系，当时会计专业也在我们这里，后来分出去了。我校的财政金融学院在全国有良好的声誉，这是通过多年的历史实践形成的。至于说教学质量、专业水平、研究水平在全国能居于什么水平，原来评重点学科我们两个专业都是全国第一，就是去年财政专业下落为第二名。财政专业名次的下落是因为这两年间就失去了三个教学骨干，一人退休了，一人突然去世了，一人外调了，教学队伍发生了剧烈的变化，削弱得太突然、太厉害。不过这只是暂时的，我们的后备军还比较强，所以注重青年教员加快成长，迅速补充教学骨干，这是当前的一件重要事情。我们这个财政金融学院有一个突出的特点，就是财政与金融两个专业的紧密融合。大家都知道，为了应对国际性金融危机，我国实施积极财政政策和宽松的货币政策，而且两种政策要紧密结合，相互搭配，这就属于我们学院的专业范围。目前我们还有一个国家级的财政金融政策研究中心，近年来取得丰硕的研究成果，更加彰显了我们学院的这个特点和优势，这是全国各兄弟院校所公认的。

我们学院招生的录取分数一直是比较高的，就业率也是比较高的。关于教学质量，我的看法是，本科的教学质量比较高，而且是稳定的、有保证的。据我的观察，研究生教学和培养中的问题比较多，自从扩招以后培养质量有下降的趋势。比如，硕士生实行二年制，现在的基本情况是一年学习、一年找工作，在哪些方面能有提高，这是一个需要进一步研究和解决的问题。博士生的培养，我认为应当不求多，只求精，要控制数量，注重质量。

人物简介

陈共（1927—   ），辽宁省盖州市人。中共党员，教授，经济学家。

陈共曾就读于东北大学，1948年10月赴解放区正定华北大学学习和工作，1950年转入中国人民大学学习和工作，研究生肄业，先后在财政系会计教研室和财政教研室任教，曾任财政教研室党支部书记。1972年至1978年在北京经济学院期间曾任经济研究所所长兼党总支书记。1978年中国人民大学复校后曾任财政系副主任、主任、校党委委员、校学术委员会委员。1986年被国务院学位委员会批准为博士生导师，1991年开始享受政府特殊津贴，2005年被授予中国人民大学首批荣誉教授称号，目前社会兼职有中国财政学会顾问、中国税务学会顾问。

陈共从事财政学科的教学与科研工作近60年，在学科建设和科研方面取得公认的重要成果，是中国人民大学财政重点学科的主要奠基人之一。早在1954年和1964年，他先后主持编著《工业企业经济活动分析》和《财政学》，成为新中国该学科最早公开出版的两部高校教材。1981年，他参加合著的《社会主义财政金融问题》出版后引起经济理论界的广泛关注，得到了高度评价，曾获1987年国家级优秀教材奖。他主持编写的《财政学教程》获1987年国家教委优秀教材一等奖，其他论文和著作曾获多项省部级奖项。他先后编写的列为教育部研究课题项目的《财政学》教材，为全国许多综合大学和财经院校所采用。他的科研成果涉及财政理论的广泛领域，诸如财政学本质、财政职能、财政学体系、资金及其运用等，几乎对每个领域的研究都有个人独到的见解。

高铭暄自述[①]

摘要： 高铭暄（1928——　），浙江玉环人。著名刑法学家，中国人民大学法学院教授，中国人民大学首批荣誉教授、首批荣誉一级教授。本文回顾了他求学和从事刑法教学及研究几十年来的经历，其中对 20 世纪 50 年代中国人民大学研究生教育情况、参与新中国第一部刑法起草工作、博士生教育等问题进行了重点讲述。

"法"门弟子的求学之路

1928 年 5 月 24 日，我生于浙江玉环县鲜迭村。1934 年 2 月到 1941 年 2 月我一直在村里的小学读初小、高小，读了七年，因为小学二年级时我语文学得不太好，就重学了一年。后来我就到温州考中学，初中是瓯海中学（现温州第四中学），高中是温州中学。当时大学都是单独招生，1947 年中学毕业以后，我考取了三所南方的大学：浙江大学、复旦大学、武汉大学。因为那时我父亲在杭州工作，家也在杭州，我觉得还是在杭州上大

---

① 本次采访时间为 2008 年 12 月 10 日，由中国人民大学校史研究室负责采访、录音整理及文字编辑。

学方便，所以最后我选择了去浙江大学法学院学习。

为什么要学法律？这个志愿在高中的时候就定了。当时受我的父亲的影响，因为我父亲一直做司法工作，他平常总是讲一些这方面的事情，另外他这方面的书比较多，这个对我有无形的影响。在我看来，司法工作还是比较高尚的，司法工作维护公平正义，为老百姓排解纠纷、保护安宁。如果没有司法工作，都是犯罪的话，社会能安宁吗？我是从这样的一些意义来理解的。再加上父亲既然在司法界工作，自己将来学习这个，也可以得到父亲的一些支持。这样一些朴素的想法，在高中的时候就有了，我就想将来考大学，学法律。

1949年5月杭州解放，不久，浙江省军管会文教部就把浙江大学的法学院撤销了。因为革命嘛，要粉碎旧国家机器，作为上层建筑的旧法律是旧国家机器的组成部分，也是要被废除的。这个我们早就听说了，所以杭州一解放，浙江大学别的学院没有撤，先把法学院给撤了。这样我们在浙江大学就不能继续学了，同学们有参加工作的，有转系的，也有转学的。我就属于转学的范围。因为那时我感觉自己还年轻，还是想继续把大学念下去，所以我就选择了转学。那时浙江大学法学院的院长是李浩培先生，他就推荐我转学到北京大学法律系。

1949年9月我离开浙江大学。9月16号离开杭州，到上海待了两天，接着从上海坐火车到北平，已经是9月20号了，我带着浙大的一些证明材料到北大。费青（费孝通的哥哥）是当时北大法律系的主任，当时也很有名。我把介绍信给他看，他就同意接收了。所以我1949年9月就开始在北京大学法律系插班学习。四年大学，我前两年在浙大念，三、四年级在北大念的，1951年毕业。

那时我们毕业服从分配，但也征求志愿，我的志愿就是希望到中国人民大学当研究生。中国人民大学是1950年才成立的，那时我知道中国人民大学是新中国第一所新型的、正规的、我们党自己办的大学。中国人民大学的成立是经过政务院专门做过决定的，实际上也就是说党中央要办中国人民大学。我想中国人民大学办学既然是正规的，可以学到很多的革命的道理、革命的理论，也就是可以学马克思主义理论。另外我知道中国人民大学聘请了很多的苏联专家，苏联专家都是学有所长。当时我们对苏联也还是很向往的，党的政策方针也提出来要向苏联学习嘛，因为建国以后，我们自己没有太多正规办学的经验，特别是法律这方面。苏联1917年"十月革命"以后建立了社会主义政权，到那时建国已经有30多年了，所以我们心里也还是比较向往苏联那一套。我知道中国人民大学聘请了很多的苏联专家来教书，法律系这方面也有很多专家，所以很向往中国人民大学。再说中国人民大学校长是吴玉章，他是老革命家啊，是"中共五老"之一，在我们心目当中有崇高地位。能到中国人民大学再深造一下，对我来说，是一个比较强烈的愿望，我把志愿就跟组织说了。正好那时中国人民大学要招研究生，也向北大发通知要人，北大法律系就选了十位到中国人民大学来当研究生。我们十个到中国人民大学来，有读宪法的，有读法制史的，有读法学理论的，也有读刑法的。这十个人现在除了我，都不在中国人民大学了，调出去的有宁夏大学的前校长吴家麟、福州大学的王克衷、复旦大学的叶孝信。当时留在人大的，有连铜炯，"文革"中又分配到北大，在北大工作期间去世；还有一个叫梁秀如，在法制史教研室，前些年也去世了。

我从1951年到1953年在中国人民大学读研究生，之后留校工作，一直到现在。孙国华、王作富他们是第一批研究生，是从1950年到1952年。许崇德跟我一样也是第二期的。当时来读研究生的，有各种各样的情况。许崇德是复旦大学来的，王以真是东吴大学来的（她是我们刑法班的，后任北京大学教授），也有中山大学来的，还有调干生。

在人大读研究生这两年，我接受了四位苏联专家的授课。这四位专家有一位叫贝斯特洛娃，来自苏联的斯维尔德洛夫斯克法学院；后来有一位叫达马亨，来自列宁格勒大学，现在叫圣彼得堡大学；还有一位是尼可拉耶夫，来自莫斯科大学；柯尔金主要是搞物证技术的，也兼搞一些刑法，他也来自莫斯科，好像也是莫斯科大学的。这四位老师对我们进行了系统的苏联刑法传授，既讲总则与分则，同时也给我们做过一些辅导，讲授一些学习方法。他们的讲授使我对刑法有了更全面、更系统、更深入的了解，研究兴趣也越来越浓，这为我的专业思想奠定了坚实的基础。两年中学的还有基础理论，当时有马列主义基础课。我们学的本子就是联共党史，也学过政治经济学、中国革命史和哲学，这叫四大理论。除了这些基础理论课以外，我们还听了一些逻辑课和一些实际部门的同志作的报告。

我们专业上学得比较系统。后期有中国刑法的教师，也给我们讲中国刑法的个别题目。这些老师，1950年成立法律系班子的时候就过来了。由于人大完全是新型的，所以我们人大就缺乏民国时期的那些老教授，原来那些老的大学，老教授就比较多了，他们解放前就在那里教书。

我一再沉思，我已与刑法学和人大法学院结下了不解之缘。研究生毕业后，我就被留校任教，而且一干就是五十多年。1983年5月，经国务院有关部门批准，晋升为教授。1984年1月，经国务院学位委员会批准，成为我国刑法学专业第一位博士研究生导师，结束了新中国不能自己培养刑法学博士的历史。如今我已由一名青年变成老者，并且仍在"老骥伏枥"。

关于人大法学院，目前，有的人认为朝阳大学是中国人民大学法学院前身，我看是不对的。在我看来，朝阳大学和中国人民大学法学院没有直接关系，但有间接关系。就是朝阳大学有一些学生，或者有个别工作人员，经过在华北大学学习，随后也就到了中国人民大学来，这是一个情况。还有一些学生到中国政法大学二部学习了，然后变成了后来中国人民大学法律系的第一届学员，比如政法大学的巫昌祯教授，她是我们人大第一期的，她原来是朝阳大学的；还有我们一些老师，像陈逸云教授，他原来也是朝阳大学的，后来经过华北大学学习再过来的，另外，朝阳大学的许多书籍也是由中国人民大学接收的。所以，就是有这么一个间接的关系，不是直接的。从整个组织体系来说，朝阳大学和中国人民大学没关系。华北大学是整个建制改了到人大，吴玉章是华北大学的校长，到了中国人民大学也还是校长。我认为这是不一样的。

参与和见证新中国刑法建设的进程

可以说，我见证了新中国刑法建设的全部进程。我刚毕业即参加了刑法起草工作，并自始至终参加了 1979 年刑法典起草和 1997 年刑法典修订工作，多次参与中国最高司法机关制定刑事司法解释的研讨咨询工作。

1954 年 10 月我参加了新中国第一部刑法的起草工作。当时是全国人大常委会办公厅法律室受命组织班子，负责起草《中华人民共和国刑法》。他们向中国人民大学要人，人大就把我派遣过去了。所以从 1954 年 10 月开始我就在立法机关参加立法工作。1954 年的 10 月到 1957 年的 6 月，这一段时间就搞出来了 22 部刑法草案稿子。1957 年 6 月后，"反右派"斗争开始了，那里的立法工作也停了，我就回人大了。到 1962 年我又去修改草案稿了。因为三年困难时期以后，1962 年 1 月中央开了一个扩大工作会议（"七千人大会"），那是中央开的，我们在下面也不知道。后来据传达，知道大会上叫大家有意见就提，允许大家谈嘛。我们也听说了一些比较有趣的话，叫大家有气放气，白天出气，晚上看戏。意思也是让大家把这三年当中的经验教训说一说，也发泄发泄吧。三年困难时期度过去了，情况慢慢又好转了，开了这个会以后，全国的形势又稍微活跃一点。毛主席对立法工作有指示，就是说刑法、民法还是要搞，没有法不行，没有法就乱搞一气。这些话传达下来以后，刑法立法工作又开始启动了。先开座谈会，接着又起草条文，修改条文。这样一直搞到 1963 年 10 月 9 号，把第 33 稿搞出来了。这一年多时间搞出了 11 部稿子，这些工作我都参与了。"文革"前刑法立法工作基本就停止了。

很快 1964 年我就去陕西西安长安县参加"四清"了，接着 1966 年开始"文化大革命"。我 1971 年 1 月从"五七"干校调到北京医学院，一直干到 1978 年 10 月，所以我在医学院前后也干了近 8 年。"文革"结束后，我回来又参加立法工作。这一段参加立法时间就不长了，1978 年的 10 月一直到 1979 年的 7 月，不到一年的时间，从第 34 稿到第 38 稿，把刑法搞完了。第一部刑法典是 1979 年 7 月 1 日通过的，之后，我又回学校工作了。可以说，我是自始至终参与刑法创制的唯一学者。在立法过程中，我已记不清提出过多少立法意见和建议，搜集和整理过多少参考资料，对每一个刑法条文作过多少次的草拟、修订和完善。第一部刑法典正式施行是在 1980 年 1 月 1 日，之后，从 1981 年到 1995 年，全国人大常委会又通过和颁行了 25 个单行刑法，对刑法典的内容作了重要的修改和补充。我参与了大部分刑事法律的草创活动，包括提供咨询意见，发表立法建议，要求纠正不当条文等，受到了立法工作机关的高度评价。我这样陆续地参加活动，一直到 1997 年刑法典出台。

1997 年的刑法典从 1982 年就开始进入酝酿准备阶段。自 1986 年起，我们中国法学会刑法学研究会在历年举行的研讨会上就不断讨论刑法的修改与完善等问题。每年年会后结集出版的学术论文集，为刑法修改的决策提供了重要的理论依据和资料。尤其是在新刑法典出台之前，1996 年 11 月 5 日—10 日在四川省乐山市举行的中国法学会刑法学研究会年会（中国刑法改革研讨会）上，与会的全国近二百名刑法学界的学者和法律实务部门的专家对 1996 年 10 月全国人大常委会法工委拟定的《刑法修订草案（征求意见稿）》进行了热烈的研讨，提出了不少富有建设性的意见。我在会上作了《为我国刑法的改革和完善而努力》的报告，总结了近十年来刑法修改研究的情况，可以说为新刑法典的顺利通过作了理论论证与铺垫。

刑法典的全面修改，是在 1988 年 7 月第七届全国人大常委会第二次会议后正式提上国家立法机关的议事日程的。至 1997 年 3 月第八届全国人大第五次会议通过新刑法典历时 9 年。在这 9 年的修改研拟过程中，作为全国人大常委会法工委经常邀请的专家，我除了撰文探讨相关问题外，还多次参加相关会议，参与立法起草、咨询，提出了一系列有关刑法修改完善、涉及宏观微观多方面问题的建议，受到国家立法机关的高度重视。

1993 年 12 月，全国人大常委会法工委委托中国人民大学法学院刑法专业修改刑法总则，由我负责成立了修改小组。我们从 1993 年 12 月到 1994 年 9 月间进行了较为集中的研讨和修改工作，先后提出了一份刑法总则大纲和四份刑法总则修改稿。这些给国家立法机关修改刑法典总则提供了建议和参考，后来全国人大常委会法工委在此基础上于 1996 年 8 月起草出《刑法总则修改稿》。自 1996 年 3 月新《刑事诉讼法》通过后，国家立法机关将主要精力迅速转入刑法典的全面修改工作。1996 年 8 月 12 日—16 日，全国人大常委会法工委在北京专门邀请我、王作富、马克昌、曹子丹、单长宗、储槐植等 6 位刑法教授就刑法修改问题进行座谈研讨。10 月 10 日法工委印发《刑法修订草案（征求意见稿）》后，又在 11 月 11 日—22 日在北京召开了大型的刑法修改座谈会征求对该草案的意见。我在 22 日作了大会发言，就修订草案中死刑的立法规定进行了评析，从历史经验、死刑价值、党的"少杀"政策以及国际斗争利益等多角度出发，旗帜鲜明地提出了削减死刑的建议。新刑法典通过后，我作为新中国成立以来基本上始终参与我国刑法立法工作的刑法学家，又应各种新闻媒介、教学科研机构、司法部门等邀请多次讲授、宣传新刑法典。

所以，刑法典是怎么出台的，一直到后来怎么修订的，我还是比较熟悉的。后来，我还和赵秉志教授共同主持编纂了一部全面、系统和客观反映新中国刑法立法文献与资料的大型书籍——《新中国刑法立法文献资料总览》。参加这些活动基本上没有脱离人大的岗位，去参加也是人大派去参加，完成了我就回来。应该说，这既是我个人的荣誉，也是学校的荣誉。

教书育人五十载

我来人大的时候是在铁狮子胡同一号报到，我记得是在主楼一层后面，刑法教研室在那里临时办公。当时刑法教研室的秘书叫齐俊成，后来在出版社工作。他负责接待我，然后把我领到教研室主任朱世英那里。朱世英那时是法律系副主任，兼刑法教研室主任。然后我就向朱世英报到，她勉励了我。在"铁一号"住了几天，我们就搬到西郊去了。灰楼（现在叫求是楼）当时就有了，红三楼也有了。我们系的教研室都在灰楼，我的宿舍在红三楼。我在红三楼住的年头很多，1951年当研究生的时候我在那里住，后来毕业留校还是在红三楼。"文革"期间下放到江西以前，一直在红三楼住。

1951年到人大以后，我就进了刑法教研室，做研究生两年，接着就做教师到现在，连学习带工作，到现在为止已经在人大57年。当然这中间因为下放和人大撤销，停止过几年。

人大停办时对教师是成块成建制的分配，当时这样做真是不错的。分到医学院的差不多100人。复校时说一声回去，就都回去了。医学院人事处有一些干部也是人大的，他们知道了人大要复校，得到通知就告诉我们：人大复校了啊，你们回去；档案这些你们就不要管了，我们把你转回去就是了。而我，说是1978年10月回去，实际上我没有回去，接着就去参加立法工作了，真正回到学校已经是1979年下半年了。我们法律系1978年招了第一批学生，像韩玉胜、刘春田、徐孟洲、贾林青等，这都是复校后第一期的学生。我回来以后就给1978级上刑法课。我讲总则，王作富讲分则，我们两位是比较资深一点的同志。因为我参与立法工作了，资料占有得比较多，所以上课的效果都还不错。除上课之外，还编教材。特别是1981年招了研究生以后，不仅给本科生上课，后来逐渐就主要给更多的研究生上课。我先后开设过《苏联刑法》、《中国刑法》、《刑法总论》、《刑法各论》、《外国刑法》、《刑事政策与刑事立法》等课程，无论社会活动如何繁忙，我都坚持在教学第一线。我认为教学是老师的神圣职责。

怎样指导博士生？带博士的体会我总结了一下，叫作"三严四能五结合"。"三严"就是严格要求、严格管理、严格训练，"四能"就是培养他们的读书能力、研究能力、翻译能力、写作能力，"五结合"就是使博士生做到学习与科研相结合、理论与实践相结合、全面掌握与重点深入相结合、研究中国与借鉴外国相结合、个人钻研与集体讨论相结合。这个当然是根据我带研究生总结出来的，实际也是这么做，一直到现在，我还是这样要求。硕士生我带的相对少一点，前后带了十个。后来专门带博士，因为有年轻的同志上来了，他们可以带硕士。所以我们带博士的时候就尽量创造带博士的经验。我做博导比较早，1983年5月评为教授，1984年1月经国务院学位委员会批准，成为我国刑法学专业第一位博士研究生导师，从此结束了新中国不能自己培养刑法学博士的历史。到现在为止我带的学生已经毕业拿到博士学位的是40名。我招的不多，每年两个，最多三个，现在只招一个了。博士毕业后在高校里工作的稍微多一点，也有在法院、检察院工作的，他们现在都已经发展起来了。

刑法教材编写：注重"三基"、"三性"、"四对关系"

我很重视刑法学教材的编写工作，因为我认为教材编写是法学教育的基础工程之一，是用刑法理论知识武装人们的头脑、加强同违法犯罪作斗争的不可缺少的重要手段。20世纪80年代初，由于刚刚经过十年动乱，我国法学园地几乎一片荒芜。中共十一届三中全会吹响了改革开放和社会主义现代化建设的号角，面对方兴未艾的法制建设，全国各地相继恢复的政法院系和政法机关，急需一套法学教材来满足法学教育和司法实践的需要。1981年，一批在全国刑法学界享有盛誉的学者云集北京，他们受司法部委托，编写高等学校法学教材《刑法学》。我被推荐为这本书的主编。这本书在1982年由法律出版社出版，成为"文革"后第一部最权威的刑法教材。这本教材体系完整，内容丰富；阐述全面，重点突出；纵横比较，线索清楚；评说客观，说理透彻；联系实际，解决问题。它既是教科书，也是学术著作，不仅集中反映和代表了我国刑法学研究的成果和水平，而且为我国刑法学研究的发展奠定了基础，从而在新中国刑法学发展史上，起着承前启后的作用。这本书出版后供不应求，出版社先后重印 10余次，发行量超过 150 余万册，创同类教材发行量最高纪录。这本书还在1988 年获得国家级优秀教材一等奖和司法部优秀教材一等奖。之后，在原国家教委的组织下，我又受命主编新教材《中国刑法学》。这本书在 1989年出版，反映了刑事立法的最新进展、刑事司法的最新动态和刑法理论研究的最新成果，体系更加合理，结构更加紧凑，表达详略得当，内容丰富多彩，为我国刑法学教材的编写树立了一个更加成功的典范。此书在 1992年获得第二届全国高等学校优秀教材特等奖。从 1981 年到 1996 年，我主编过本科、自学高考、业大、电大等不同层次的全国性刑法学教材 6 部，堪称我国当时主编刑法学教材层次最高、数量最多的学者。

1997 年新刑法典公布，迫切要求对此前各种类型的刑法学教材加以重大修订或重新编写。这时候我已经快七十了，但我仍然立即投入到新教材的主持编写。在短短三年内，我又相继主持编写了全国高等教育自学考试法律专业指定教材《刑法学（新编本）》、普通高等教育"九五"国家级重点教材《新编中国刑法学》、高等学校法学教材《刑法学》、全国高等学校法学专业核心课程教材《刑法学》等 4 部重要教材，再次引起学界的瞩目和读者的赞赏。此外，我还主编了 2002 年出版的研究生教学用书《刑法专论》。这本书已经由教育部研究生工作办公室推荐供全国法学硕士研究生特别是刑法学专业硕士研究生选择使用。

我编了多年的教材，深切地体会到，要编好一部教材，除了贯彻"三基"（基本理论、基本知识、基本资料）和"三性"（科学性、系统性、相对稳定性）的写作要求外，还必须处理好四对关系：一要处理好刑法学体系与刑法典体系的关系；二要处理好刑法理论与司法实践的关系；三要处理好全面论述与重点突出的关系；四要处理好编写教材与便利教师使用教材的关系。这些都是我的经验。

人物简介

高铭暄（1928— ），浙江省玉环县人。中共党员，教授，刑法学家。

高铭暄1947年考入浙江大学法律系。1949年9月因浙江大学法学院停办，转入北京大学法律系学习。1951年8月毕业后被保送到中国人民大学法律系刑法研究生班学习。1953年6月在研究生学习期间加入中国共产党，同年8月毕业后，留中国人民大学法律系刑法教研室任教。1984年1月，经国务院学位委员会批准，成为我国刑法学专业的第一位博士生导师，1991年开始享受政府特殊津贴。曾任国务院学位委员会第二、三、四届学科评议组成员暨法学组召集人。2005年被授予中国人民大学首批荣誉教授称号，2009年被授予中国人民大学首批荣誉一级教授称号。现任中国人民大学刑事法律科学研究中心名誉主任、教授，兼任中国法学会学术委员会副主任、中国法学会刑法学研究会名誉会长、国际刑法学协会副主席暨中国分会主席等职。

高铭暄曾开设"苏联刑法"、"中国刑法"、"刑法总论"、"刑法各论"等课程，为本科生授课，培养过硕士生、博士生，指导过博士后研究人员，还曾为进修生、电大生、夜大生、高级法官班学员、高级检察官班学员授课，并曾多次应邀为全国人大常委会以及部分省、市人大常委会和政法机关作法制讲座。受领导机关委托，高铭暄先后主编过全国性刑法学教材11种。其中，1982年出版的《刑法学》获全国高等学校优秀教材一等奖和司法部优秀教材一等奖；1989年出版的《中国刑法学》获第二届全国高等学校优秀教材特等奖；2000年出版的面向21世纪课程教材《刑法学》获2002年全国普通高等学校优秀教材一等奖。

高铭暄曾全程参与中国1979年刑法典的起草和1997年刑法典的修订工作，多次参与中国最高司法机关制定刑事司法解释的研讨咨询工作，并多次出访美、英、意、法、日、俄、奥、荷、比、西、韩、加等国，从事讲学、考察及学术交流活动。他紧密联系教学和立法、司法实际开展科研活动，出版个人专著 5 部，主编、合著、参著专业书籍 110 余部，发表论文、文章 260 余篇，代表作有《中华人民共和国刑法的孕育和诞生》、《刑法学》、《中国刑法学》、《刑法学原理》、《新中国刑法科学简史》等。其中，《刑法学原理》（三卷本）获第二届国家图书奖和全国高等学校首届人文社会科学研究优秀成果奖一等奖。

高铭暄始终活跃在我国法学教育战线，在刑法学体系结构、刑事立法、犯罪构成、刑事责任、死刑政策等方面的研究颇多建树，被法学界誉为"刑法学泰斗"、"新中国刑法学奠基人之一"，先后获得国家级"有突出贡献的中青年专家"、"全国优秀教师"、"全国师德先进个人"等荣誉称号。

许崇德自述[①]

摘要：许崇德（1929— ），上海青浦人。著名宪法学家，中国人民大学法学院教授，中国人民大学首批荣誉教授。本文回忆了他青年时期的求学经历、在中国人民大学期间的见闻，以及参与并见证新中国数部宪法和两部基本法的起草和诞生的故事。

求学、任教于中国人民大学

1929 年 1 月 15 日，我出生在上海青浦金泽镇（当时是江苏省青浦县，1958 年以后，青浦县划归上海，后又改成青浦区）。我在金泽镇上的小学，中学是浙江省嘉兴中学。1947 年考入上海复旦大学法律系，1951 年大学毕业。我读大学共四年，其中两年是解放前，两年是解放后。

① 本次采访时间为 2008 年 5 月 28 日，由中国人民大学校史研究室负责采访、录音整理及文字编辑。

本科毕业以后，组织把我分配到中国人民大学当研究生。因为人大是新办的学校，需要教师，就招一些大学生来做研究生，然后留在学校当教师。这是主管部门的一种设想。当时读研究生也不像现在的考试那样竞争激烈。那个时候不考，就是组织分配来当研究生，读研究生就是参加革命。那时还没有工资，都是供给制，国家负担吃、住、衣服，什么东西都由公家发，还有校服，我们中国人民大学校服也是统一的，到了冬天，黑的棉裤，黑的棉袄，一身黑。当时中国人民大学成立法律系，没有教师也没有学生，政法大学撤销后，并到中国人民大学这边来，学生还是当学生，教师也就当教师。孙国华、王作富他们是第一批研究生，我是 1951 年的研究生，比他们晚一期，跟我同期的有高铭暄、张希坡等。我们的老师都是苏联专家。

当时研究生学制两年，1953 年我毕业后就留下来当教员了。"文化大革命"中，1969 年我到了江西"五七"干校，后又在首师大待了 7 年。1978 年人大复校了，我就回到人大，一直到现在。1984 年学校叫我去当中国人民大学第二分校校长，在二分校当了一年多一点的校长。后来中央要起草基本法，我就进入班子，搞港澳工作一直到 1999 年，中间没有脱离学校。我从 1986 年开始招博士生，一边工作一边招生。2000 年退休后继续返聘，还继续招博士生，一直到今天。

我从复旦大学毕业，到中国人民大学来当研究生，因为当时的历史条件，不是个人选择的。那个时候都是组织分配，分配到这边，分配到那边，正如雷锋所说自己是颗螺丝钉，按在哪里就在哪里。调来以后，当时我们学苏联，分教研室，教研室就是专业。孙国华在法理学教研室，我在国家法教研室（即后来的宪法教研室），高铭暄、王作富在刑法教研室。教研室也不是自己选的，也是组织分配的，我就被分配到国家法教研室。这个事情很巧。在大学念书的时候，我就对宪法感兴趣。我的老师张志让是民主教授。当年旧的大学里面有一部分教师是比较保守的，有一些国民党的关系，但张志让是进步教师，支持学生运动。1948 年组织就把他接到解放区去了。新中国成立前夕，中国人民政治协商会议起草《共同纲领》、《中央人民政府组织法》，张先生是政协代表，参加了这些起草工作。他过去教我们宪法课，很受学生欢迎，大家都去听，我也比较喜欢这门课。所以中国人民大学把我分到国家法教研室搞宪法专业，我感到非常乐意。

现在研究生有导师，那个时候哪有导师啊？我们的老师都是苏联派来的专家。当时在中国人民大学的苏联专家有 50 多位，因为中国人民大学是按照党的决定、新中国自己创办的第一所新型大学，所以得到苏联的支持。苏联专家们住在友谊宾馆（当时叫专家招待所，只是招待苏联专家，不对外营业）。苏联专家在我看来，跟我原来读书时候的老师不一样。因为他们是苏共党派来的，工作都很努力，很热情。而解放以前的大学教授都是身价很高的，架子也蛮大，上课来，下课去。但苏联专家作为我们的老师，语言不通，他们来上课都是配备翻译的。刚建国，需要大量的俄语翻译，我们的翻译也就是在俄文大队培训 8 个月，然后就出来当翻译，所以翻译的质量不是很高。

读研究生的时候，有四门公共理论课，其中三门由苏联专家讲，中共党史是我们自己讲，是何干之老师讲的。我作为研究生，专业是苏联的国家法。这个专业还是很新的，完全用马克思主义的观点来研究。我们用马克思主义来研究法学应该就是从那个时候开始的。苏联专家要求学生读马列原著，特别是要我们把三卷《资本论》都得"抠"下来。当时出版的马列版本，翻译得都比较差，所以读不懂。我们读研究生的时候很艰苦，要读完的书摞起来有一人高。1952 年冬，我被抽调到中央组织的一个工作队，下到河北省农村宣传党的"一化三改"总路线，动员农民把余粮卖给国家。在农村工作的两个多月期间，我结合实际读了列宁的《论粮食税》以及苏俄当时实行新经济政策的一系列著作，得益甚多。

我们当时学的都是苏联的课程，我们的教学大纲、教学方法、教学制度跟莫斯科大学的一样，都是从那边搬过来的。特别是考试方法，苏联专家用口试，这个给我的印象比较深。做了好多考签，先抽签，给 20 分钟准备，然后口答，当场打分，这是口试。开始我不习惯这个，因为读了一辈子的书，一般没有口试，以前的考试都是进考场用笔来回答。但口答比较灵活，答的含糊的地方可以追问。除口试外，我们还要课堂讨论，叫"习明纳尔"。这个过去也是很少的，是从苏联来的。这个方法挺好的，不光要自学，还要集体讨论。我以前上的大学是英美体系，没有教研室，上课就是老师来上课，考试就是笔试。因为中国人民大学是苏式的，按照苏联的教学制度、教学方法，对我来说比较新鲜。后来苏联专家陆续回去，我们慢慢地搞中国自己的体系，后来口试也改了，到上世纪50年代中、接近60年代，也就不采用口试了。为什么改？我也不清楚，也许是大家觉得笔试比较清楚吧，写在纸上的东西，不能改，也不能否认，而口试却口说无凭；再说，当场打分，教师掌握标准也比较困难，没有比较。但学生可以锻炼口头表达的能力，这是口试的优点。

毕业后我就留在国家法教研室。我们国家1954年通过了宪法，我们就把"国家法"改成宪法。教研室、课程、专业也相应地变成宪法教研室、宪法课、宪法专业。当时从上到下对法律还比较重视，后来慢慢地对法律就不怎么重视了，没有什么法学了。我们人大法律系在"文化大革命"前两年已经开始不招生了。后来发生"文化大革命"，中国人民大学撤销，我们都去干校"修理"地球了，脑力劳动变成体力劳动了。我们的法律系是1978年才恢复并逐步兴旺起来的。

在各种磨炼中勤勤恳恳工作

我来人大以后，头一年到了冬天是"三反"、"五反"，接着是"肃反"，肃清隐藏的国民党分子、反革命分子。"肃反"完了是"反右"，"反右"完了之后就是"反右倾"。1958年"三面红旗"，我们就大炼钢铁并下农村搞人民公社化运动去了。历次政治运动，我还是平安度过的。因为我思想比较单纯，个人历史也很简单，历史上没有加入过国民党，也没有加入过三民主义青年团；我的家庭也很简单，我母亲，还有个姐姐，父亲在我不满周岁时就去世了，姐姐1938年到延安，后参加新四军，抗日胜利前牺牲了。但是我作为人大的一个教师，总是个知识分子。知识分子在"文化大革命"中叫"臭老九"（"地、富、反、坏、右、叛徒、特务、走资派"八类叫"黑八类"，"老九"就是知识分子），是受压制的，抬不起头来，总是比较抑郁。但是工作呢，还是要勤勤恳恳地完成。

1966年"文化大革命"开始后，群众就分派，不仅是学校，社会也是这样。当时中国人民大学的党委书记是郭影秋。郭影秋原来是邓小平的部下，是研究明史的学者。建国初四川分为四个行署区，他是一个行署区的领导，后来在云南当省长，之后到南京大学当校长。60年代初，周恩来总理要郭影秋到国务院当副秘书长，吴玉章校长知道了，就把郭影秋调到中国人民大学来当党委书记、副校长。他本来是南大校长，来人大却只当副校长，因为人大校长吴玉章是党的"延安五老"之一。不过吴老年事已高，所以实际主持校务的是郭影秋书记。郭影秋表现确实比较好，把学校治理得很好。但"文化大革命"一开始，他就被一批人打成"走资派"。同时另有一批教师、学生比较有正义感，觉得郭影秋是好校长，就保他。这样就分成两派了。全国各地差不多都分成两派，打派仗，打得很厉害，像四川、云南那边打派仗都动刀动枪。我们学校有一个校办工厂，里面有很多钢材、钢条，被拿去加工了磨成长枪，来武斗，中国人民大学也死了人的。我是保守派，保郭影秋的。后来，我们统统下放。那个时候学生分配离开人大了。到干校都是教师们带全家去的，携老带小，租了几个火车车皮，家具、火炉、锅、碗、瓢、盆都带到江西。人大教职工被扫地出门，人大校园给军队占用，不是个学校了。

我是1969年冬天去的干校，1971年春天就调回北京了。因为中国人民大学已经撤销了，我被分配到北京师范学院（现在的首都师范大学）政治教育系工作，系主任是李焕昌。李焕昌原来是人大党史系的。我在北师院政教系任党史教研组组长，跟工农兵学员打了几年交道。"五七"干校接受贫下中农的教育，回来后，到了学校还接受工农兵大学生的改造，从业务来说就没有法学了，所以不学习法律。

当时没有教材，就学《毛泽东选集》。也就是在这个时候给了我一个机会，把《毛泽东选集》从头到尾好好地读了。我是年级支部书记，不光是教课，什么都管。当时主要不是上课，而是"上山下乡"，上工厂、下农村，去参加劳动，向工农兵学习，这叫"开门办学"。我一边读《毛泽东选集》，同时也趁这个机会读马列。"文化大革命"的后期，有军宣队、工宣队进入学校。有一次印象很深，我们这个军宣队要我去张家口辅导他们部队学习马列。这是我平生工作最紧张的一次，一天讲了12个小时，上午4个小时，下午4个小时，晚上4个小时。那个时候军宣队把"臭老九"当成机器来使用，不管你受得了受不了，排课一天排12个小时，当然那个时候我比较年轻，还担当得起。

人大复校后，我们人大出去的就都回人大了。

参与并见证新中国宪法的发展历程

新中国成立的时候，我们没有立即制定宪法，因为宪法必须召开全国人民代表大会来制定。要召开全国人大，必须先选举人大代表。按照我们的《选举法》，乡镇这一级是普选，由选民直接投票。选出乡镇代表以后，再开乡镇代表大会来选上一级的代表，这是间接的选举。乡镇人民代表大会选县的人民代表大会，县的人民代表大会再选省的人民代表大会，省的人民代表大会建立以后，就选举全国人大代表，所以要召开全国人大来制定宪法的话，必须从基层普选开始。1953年，全国要搞普选，在全国普选之前我们国家一般先搞试点。当时派了一个工作组到山东泰安县、广饶县去搞试点，主要由内务部牵头，也吸收了其他单位的同志。

我研究生毕业以后就参加了这个普选工作队，去了泰安县。我们下去以后就分散到各个乡，我、吴家麟、张正钊三个人在泰安县城关镇。搞普选严格依选举法办事，首先选民登记，然后酝酿候选人，然后再选举，一个过程起码两个多月。农民都不晓得什么叫普选，什么叫选举人大代表，所以我们下去第一步工作就是训练宣传员。我们把农村的青年团员们召集起来先跟他们讲，然后叫他们去宣传。那个时候中国有多少人口根本就搞不清楚，普选要登记选民嘛，就趁这个机会完成人口普查的工作。我们进行选民登记结合人口普查，农民，特别是有的妇女从小连名字都没有。我们要登记啊，那就一个一个给他们起名，所以我们在当时给农民起了不少的名字。普选以后，召开乡的第一届第一次人民代表大会，然后再由乡选举县的人民代表大会，再一级一级选上去。这个试点工作完了，我们写了工作报告，总结了普选怎么搞比较好，这样我们就返校。

我觉得治学联系实际很重要。选举是研究人民代表大会制度的基础，人民代表大会代表要从基层普选选出来的。我们通过实践体会到了民主普选是怎么搞的，二是我们体会到怎么贯彻中央的精神，三是我们要体会群众对这个新政权的拥护。我们宣传"人民当家做主"的道理，"地、富、反、坏"没有选举权，有选举权是光荣的，农民都感觉到光荣。

回来以后，我留校任教了。到了 1954 年的春天，宪法起草委员会成立，主任是毛泽东，还有个秘书处负责日常事务。秘书处要招一帮人去做具体工作（等于借调）。当时中国人民大学被派去帮助工作的有四五个人，还有政法干校、北大和东北人民大学的，反正有很多单位的人。我们都住在中南海里面，在丙区办公，甲区是毛主席办公的地方。我分配在秘书处下面的资料组，专门整理资料。一是因为中国起草宪法是新鲜事，大家不了解，所以首先要搜集世界各国的宪法，把它们印出来。第二，我们还要编一些名词解释，宪法里面有一些专门用语，需要解释。因为搞起草的不仅有起草委员，还有中央委员，他们打了一辈子仗，也没有学过法律，宪法是什么，他们多半没有接触过。此外，我们还有一个工作就是整理宪法草案公布后各地送来的全民讨论意见，那都是捆成一大包一大包的，我们要编出《意见汇集》。我们资料室做的就是这三件事。大家分头来编，带领我们的是田家英，他是副秘书长，中央领导对宪法有很多疑难问题，他就把这些带下来，因为我们是学的这门专业，我们就帮他出出点子、提供咨询意见，供中央参考。

1954年宪法起草完了以后就召开第一届全国人大第一次会议，那个时候人民大会堂还没建造，所以在中南海的怀仁堂开会。我又被调到那个大会，做具体工作，主要是管材料，也参加会议。我们是工作人员，参加会议就在边上旁听。去参加全国人大会议，经历了我们最高权力机关开会的程序，而且我也亲眼看到我们第一部宪法的诞生，亲身感受到了当时热烈的气氛，那是非常感人的啊！中国人民为争取一部民主宪法斗争了一百年。怀仁堂当然没有人民大会堂那么大，但显得很集中，气氛非常热烈。2002年中央搞学习会，第一堂课是我讲的宪法，这个课堂就在怀仁堂的后厅，我以亲历者的身份讲到中华人民共和国第一部宪法的时候，就讲到当时地点就在前厅怀仁堂，还把当时的热烈气氛描述了一遍。

1975年宪法是在"文化大革命"中完成的，这是"四人帮"搞的宪法，我就没有参与。当时的做法是每个单位都搞一个方案贡献上去。大概是在1970年的时候，我在江西干校，军宣队的头把我叫去，说你给我写一部宪法。然后我就脱离劳动，关了一个星期，弄了一个草案。这样子他送去就完成任务了。

后来是1978年宪法，北京市对宪法要提供些意见，就召集北京的几位行家，在虎坊桥那里的东方饭店集中了一个礼拜。当时全国也没有什么宪法委员会，主要就是中央有个班子，其中有胡绳（后来的社科院院长，当时是中央党史研究室的主任）、吴冷西、龚育之，还有康生的秘书叫李鑫。我记得他们好几个人由北京市委书记吴德陪同，来找我们听取意见。我们中国人民大学去了两个人，另外一个是赵友琦。这次座谈印象比较深刻。我提的有一条就是恢复设国家主席，因为1954年宪法是有国家主席的，第一届是毛泽东，第二届是刘少奇，后来就没有主席了。到了1970年毛泽东指示改变国家体制，不设国家主席，后来就有庐山会议与林彪的斗争。在这一段，从 70 年代开始咱们国家就没有国家主席了，其实国家主席早就没有了，刘少奇在"文化大革命"中就被迫害致死，刘少奇死了以后就没有人当国家主席了。这样到了 1978 年宪法，我们开座谈会的时候，我就要求恢复设国家主席。我的发言论证国家主席应该有，讲了半个小时，大家听了觉得还是有道理。我们一起座谈的有个石景山钢铁厂的党委书记，他就站起来说"我反对设国家主席"，他也没什么道理，他只是说因为毛主席说过不设国家主席，所以就不应该设国家主席，就这么几句话。我印象比较深刻。他是个老工人，应该也有点文化，因为他是党委书记，但是他说是毛主席指示，大家都不吭气了，谁能反对毛主席？后来，1978 年宪法没有设主席。

以后，我就从学术的角度来宣传我的观点，呼吁国家应该设主席。在 1980 年 9 月我就被借调到宪法修改委员会秘书处，是正式的成员。当时因为我发表了不少宪法方面的文章，特别是呼吁恢复国家主席，受到上面的注意，于是把我吸收去作为秘书处的成员。1954 年宪法是组织调去的，因为他要人嘛。现在的这部宪法，1980 年开始起草的，它不是到学校来要人，而是直接通知到本人，去参加这个工作。当时我在学术上虽不知名，但已经受到人家的注意，所以就把我找去了。秘书处中从高校去的就三人：中国社会科学院法学研究所的王叔文、北京大学的肖蔚云和我。我们秘书处 12 个成员的任务就是起草条文，一条条都是我们经过广泛深入的调查，听取多方意见，一起研究讨论写出来的。宪法修改委员会主任是叶剑英，宋庆龄、彭真是副主任，委员大概有一百来人，主要成员就是中央政治局和各个民主党派的负责人。起草委员会开会，前后两年多，27 个月。委员会开会用的稿子就是我们秘书处起草的。草稿搞出来以后就全民讨论，开始我们秘书处开会就在大会堂，后来集中到玉泉山，秘书长是胡乔木，但开始不久他就因病住院了，于是我们便在彭真的直接领导下工作。

起草宪法的过程我受益很多。因为我是参加起草条文的，一条一条，不是一次完成的，那是翻来覆去，征求了很多人的意见，请了很多人来座谈，而且经过全民讨论完成的。这个工程很大，否则为什么花了两年多时间啊。叶帅（叶剑英）当时已经 80 多高龄了，宋庆龄作为副主任，都不管实际工作。实际上主持宪法起草工作的是彭真，我们秘书处可以说是彭真的助手班子。后来有个电视片《彭真传》，里面有一段讲彭真晚上研究宪法草稿，那一段就是根据我提供的材料编成的。当时是一个星期天，大家都回城休息了，只有我和王叔文还在玉泉山写东西。彭真打电话找秘书处的人员，但大都不在，所以只有我跟王叔文去了。那天晚上，老人家戴了个眼镜在那里用毛笔改宪法序言，我们研究到深夜。后来，《彭真传》摄制组根据我提供的这个情景，拍制的效果挺好。

宪法写出来以后，1982 年 11 月 26 日，五届全国人大第五次会议在北京召开，彭真受宪法修改委员会主任委员叶剑英的委托，代表宪法修改委员会，作了宪法修改草案的报告。在代表们讨论时，我还被分配到几个代表团去，在分组讨论会上接受咨询，解释条文原意。这部宪法是 1982 年 12 月 4 日通过的。所以，从宪法修改委员会成立、条文的拟定一直到宪法的通过，我是全过程参与了的。

八年时间参与香港、澳门基本法的起草工作

1985 年，我正在中国人民大学二分校当校长。二分校这个工作实在不好搞，主要是条件不好，缺乏办学的基础。我这个人也没什么行政工作经验，所以 1985 年让我去参加香港基本法起草，我就趁机请辞了。北京市教工委还不让我走，说还是有个知名的学者牵头比较好一点，这样又挂名挂了一年多，后来就跟二分校没什么关系了。我当校长是历史的误会，我是搞学问的人，担当不了这个职务。7 月，我接受全国人大常委会任命，担任香港基本法起草委员会的委员。基本法起草委员会开始的时候有 50 多个委员，其中 23 个是香港人，其他的都是内地的，主要是各部门的领导，因为香港收回以后牵涉到各个方面，经济、文化、金融、财政各个方

面，里面教授人数不多。中国人民大学有两个：我和吴大琨，因为他是搞世界经济的，基本法也要反映经济问题。

澳门基本法开始起草的时候，香港基本法起草工作还没有完成，有一段时间我是两边跨着。1988年澳门基本法起草委员会成立。香港基本法是起草5年，到1990年通过，澳门基本法也是5年，1993年通过，所以基本法起草我搞了8年。香港基本法起草的过程中，邓小平接见了我们三次：第一次是起草委员会成立的时候；第二次他给我们讲话，交代了很多政策，这个在《邓小平文选》第三卷里面有；第三次是1990年，这次讲话比较短，《邓小平文选》也有。他感谢我们的劳动，赞扬我们搞出了一个很好的法。1996年成立香港特别行政区筹备委员会，我是筹备委员会委员；1998年成立澳门特别行政区筹备委员会的时候，我也是筹备委员会委员。筹备委员会有不少的工作要做，因为要成立特别行政区，一个是人事安排，要组建新的政府；另外一个是制定一系列的条例，有一些法律方面的东西要定下来。前后算来一共12年。有一次在人民大会堂，我跟李鹏总理说，我搞了12年港澳工作，按4年读一个大学算，3个大学都毕业了。1999年，我被香港舆论称为"四大护法"之一。

给领导讲课，第一次是1998年给全国人大常委会的领导授课，《李鹏日记》上有一段记载这个事情，是全国人大法制讲座。后来中共十六大后，新的领导班子即胡锦涛同志这一届领导集休举行中央政治局学习会，第一堂课是2002年我讲的宪法。

坚持正确的政治方向、理论联系实际、要下苦功夫

研究法学一定要坚持正确的政治方向，这是非常重要的，无论是教法学哪一门课，我总觉得马列的著作这个基础是应该打好的。我们当年在苏联专家的辅导下，读了很多马克思、恩格斯、列宁、斯大林的著作，按目前的情况来看，要更加重点学习当代的马克思主义，就是中国化的马克思

主义，十七大提的是坚持中国特色社会主义理论体系，主要是邓小平理论、"三个代表"重要思想、科学发展观、和谐社会理论。我想对我们这门学科是非常重要的。我们宪法当然有它的专业，但是不能从技术层面来研究这门科学，必须有一个正确的政治理论思想作指导。从 2004 年开始，中央有一个"马克思主义理论研究和建设工程"，分了很多课题组，主要是哲学、经济学、马列主义，也有新闻学、法学、文学、史学等。2004 年成立的时候，有法学课题组，法学课题组有三个首席专家，我就是其中之一。三个首席专家的排名就是张文显、许崇德、夏勇。后来"马工程"又成立了一个宪法学的课题组，也是三位首席专家，我是第一，第二是韩大元，第三是现在社科院法学所的所长李林。现在这个课题正在进行中。中国人民大学是马克思主义的基地，我想我们中国人民大学对"马工程"贡献还是很大的。总的来说，我们中国人民大学在理论上很有水平，所以我们有很多课题组的首席专家。我觉得坚持正确的政治方向非常重要，我参加"马工程"更有这个体会。

第二点，理论联系实际非常重要。这是我自己的切身体会。有时候我跟学生说我也是生逢其时、生逢其世，国家不可能经常制定宪法，基本法也就这么一回。我参加选举、参加全国人大虽然都是具体工作，但都是第一次，都让我碰到了。书本知识很重要，但全靠书本知识毕竟体会还是有限的。书本知识、书上写的东西毕竟是凝固的，而实际情况却一直是在变化的，所以不能脱离实际。我觉得，即使是"上山下乡"，到工厂、农村去劳动，在北师院的时候还带工农兵学员到山西去"学军"（我们学军可不是像现在这么学啊，那可是跟战士在一起，下雨我们都趴在地上打靶，真枪实弹啊），虽然有折腾知识分子的感觉，也还是有收获的，否则就是一个从学校到学校的书呆子。总得要有接触社会的机会，到工厂去、到农民中间去、到部队去，都有好处，都是接触社会。

不仅如此，我还在法院临时工作过。上海解放以后，上海法院要几个学生去处理积案，当时我还没有毕业，去待了半年，在刑事庭审理反革命案件及其他的刑事案。1963年，我还在北京东城区人民法院工作了半年。当时杨秀峰是最高人民法院院长，他要实验毛泽东说的"群众办案"，所以组织了一个工作队。我们中国人民大学去了三个人：我、杨大文、江伟，都在东城区法院，搞了半年多。我体会到了解社会、了解实际、了解群众，对我们搞社会科学非常必要，不能当书呆子。

第三点就是个人要努力。当然这里有读书的方法问题，搞学问没什么捷径，我想还是要下苦功夫。"文化大革命"以前我都是用手抄的卡片。我有好几箱卡片箱，都是日夜摘录下来的，后来"文化大革命"到江西"五七"干校，那些都销毁了。当时，也不可能搬着这个东西啊，一辈子当农民了，我还带着这个卡片？但积年累月，手抄那么多资料，这真是下工夫呀！

有一年冬天下雪，是个礼拜天，我走到红楼拐弯那个地方，路特别滑，就摔了一跤，把胳膊摔断了，马上进医院，绷带包着。我就用左手写字，因为我还有好多稿子要完成，我觉得我还是很吃苦耐劳的。

后来1986年春天我眼睛坏了，眼底出血，看不见东西，医生叫我马上住院。当时基本法起草委员会第一次派五个委员去香港实地考察，通知我去。医生劝我别去，说你这个眼睛怎么去啊，我说要去，香港被英国占领了150年，到我们手里要把它收回来，这是雪耻啊，多伟大的事情啊，作为一个爱国知识分子，我不能不去。医生给我开了很多的针药，我都带去了。去后住在新华社，那个时候没有中联办，叫新华社香港分社。那里有个医务室，我每天到医务室去打针，带病在那里工作。我眼睛生病的时候，住了两个月医院，因为任务重，心里老是不安，我就背着医生、护士在医院住院期间阅看了9万字的稿子，又给《天津法制报》写了一篇稿子。按理说我这种情况不能工作，特别是在病房里面，但是有些任务不能不搞啊。

所以，我摔伤以后用左手写字，眼睛不好仍背着医生坚持工作，我觉得人就是这样子磨炼出来的。我有时候也跟学生讲自己的体会：你要轻轻松松，得不到什么东西。虽然你天资聪明，但这只是一个条件；要真正学到学问，必须要刻苦，要有为了报答人民、报答党的赤诚的心和甘愿吃苦的精神。

我们传统的特点应该保持、发扬，但不能故步自封

我在中国人民大学基本上不担任行政职务，怎么来组织教学、怎么改进学校各方面的工作我没有发言权，学问怎么搞我还可以说两句。

我总觉得现在从大环境来说形势很严峻。中国人民大学过去可以说是第一流大学，因为它是新中国党创办的第一所大学，其他都是旧大学，我们是崭新的社会主义新型大学。但是，为什么说大的形势比较严峻？现在各个教学单位、各个高校都发展很快，都有他们的特长，所以我们不能故步自封，不能还用 20 世纪 50 年代初的眼光来看问题。要有骄人的地方，你得拿得出东西来。人大不是说没有东西，我们还是有很多成就的，特别有很多学科搞得还是很不错的，成果也不少。但是要考虑在新的条件下、新的形势下怎么样有新的发展。上世纪 50 年代初《人民日报》讲学校的时候是叫"人北清师"，排名是这么排的：第一是中国人民大学，第二是北京大学，第三是清华大学，第四是北京师范大学；到"文革"时才叫"两校"，因为人大撤销了嘛。现在一说名校，大家还是清华、北大。但人大有特色，特别是人大从来就是马克思主义的基地、马克思主义的摇篮。我想我们传统的特点应该保持发扬。

有些年轻教师、年轻学生，曾盲目地崇拜西方这一套，特别是文风。我经常跟我的学生讲，你们写东西一定要学《毛选》的文风，要学《邓选》的文风，人家理论思想很深刻，但写得非常简明通俗易懂，我们写文章为什么不能用这种语言来写呢？我们有的人写论文都是翻译过来的，生硬的语调；甚至自己杜撰词汇，外国的名词汉语里不一定有相应的词，大家都来自由地创造名词，但是别人都看不懂。怎么能这样来表述问题呢？你说的到底是什么啊，确切的概念到底是什么啊？他本人也不一定能够了解。我觉得有很多文风要注意，应该经常要跟年轻人强调这个东西。

我们人大也走过了一条曲折的道路，撤销是最低的低谷，现在爬出低谷了，发展了。当然我们有些条件比不上人家，当时的优点现在成了阻碍了。当时的优点是艰苦办学，延安作风。当时假如学校要圈一大片地，像清华那么大，一点问题都没有。我亲耳听到，当时校领导的一句话，"要坚持艰苦朴素的作风，不要占农民太多的土地"。那个时候人大周边都是菜地，都是农田，所以强调不要伤害农民的利益。可是现在你看哪里还有农田？都是商店、公司、大楼。所以当时我们是很好心的。汇贤居后面这块地，原来是一处，再往西叫二处、三处、四处，还有南五楼、北五楼，都是简单极了，1952 年盖的，保险期 15 年，我们用了几十年，现在才开始慢慢拆了盖新的。当时刚好是"抗美援朝"，吴老就说了，国家财政困难，我们建校应该艰苦，于是造了像兵营一样的房子。

当然大学之大不在乎有大楼，首先要有大师、有人才。办学不能只靠一两个领导，要大家齐心合力，要大家创造良好的风气，真正全心全意忠诚于教育事业。复校的头两三年，学习风气非常浓厚，因为中国人民大学解散后好不容易恢复了，大家觉得要抓紧学习。须知大学四年、研究生两年、博士三年，时间过得很快，真正要搞学问根本不够用，所以必须珍惜时间。

另外，我觉得党的生活还要严格起来。当然我也不同意像 20 世纪 50 年代做的那样，天天坐在一起讲空头政治，不要搞这个。我希望进一步发扬批评与自我批评精神，回顾工作中的一些问题，在教学中坚持正确的政治方向，创建优良的学术风气。

人物简介

许崇德（1929—　），上海市青浦县人。中共党员，教授，中国当代宪法学家。

许崇德 1951 年毕业于复旦大学法律系，后入中国人民大学读研究生，1953 年毕业后留校任教。1986 年被批准为博士生导师，1991 年开始享受政府特殊津贴，2005 年被授予中国人民大学首批荣誉教授称号。历任中国法学会理事、学术委员会委员、中国宪法学研究会副总干事、名誉会长，中国香港法律研究会副会长兼秘书长等职。

许崇德曾参加 1954 年宪法起草的辅助性工作，1980—1982 年期间担任宪法修改委员会秘书处成员，参与现行宪法的草拟。1985 年、1988 年，受全国人大常委会两度任命，任中华人民共和国香港特别行政区基本法起草委员会委员和澳门特别行政区基本法起草委员会委员。1995 年、1998 年，由全国人大常委会先后任命为全国人大香港特别行政区筹备委员会委员和全国人大澳门特别行政区筹备委员会委员。1998 年 6 月，为全国人大常委会作法制讲座，开讲第一课。2002 年 12 月为中共中央政治局第一次学习会讲解宪法。

许崇德发表学术性文章 300 篇，出版著述及参与编写学术性书籍 75 种。主要著作有《中华人民共和国宪法史》、《港澳基本法教程》、《宪法与民主制度》、《分权学说》等；主编《宪法》（21 世纪法学教材）、《中国宪法》（全国高校文科统编教材）、《宪法学（中国部分）》等。代表性论文有《略论我国地方制度的特点》、《我国宪法与宪法的实施》、《邓小平理论永放光芒——重读邓小平同志关于"一国两制"的重要论述》、《与时俱进治国安邦》等。许崇德较早公开提出依法治国首先是依宪治国，宪法总的指导思想是建设有中国特色的社会主义理论和党的基本路线；曾对宪法教材的体系结构大胆革新，对宪法的实质、国家主席的设置和职权等问题提出独特的学术见解，认为"一国两制"包含着极其丰富的内容，是发展着的理论。他的一些学术观点，如认为宪法应规定国家主席"进行国事活动"、宪法应确认"六类人"等为中央接纳。

许崇德 2000 年 1 月获第一届"首都精神文明建设奖"，2004 年被中央电视台评为"年度法治人物"，同年 4 月被聘为中共中央马克思主义理论研究和建设工程法学课题组首席专家。专著《中华人民共和国宪法史》获北京市第八届哲学社会科学优秀成果特等奖，并获第五届吴玉章基金特等奖。

孙国华自述[①]

摘要: 孙国华（1925— ），河北阳原人。著名法理学家，中国人民大学法学院教授，中国人民大学首批荣誉教授。他于 1986 年为中央书记处授课，被誉为"中南海讲法第一人"。本文回顾了他早期的求学经历及在中国人民大学学习、工作几十年中的故事，如"反右"运动、"文革"中的人和事。

求学朝阳大学 投入学生运动

我老家原来是在山西省阳高县东井集镇，新中国成立以后由于水利的关系东井集镇划到河北省张家口地区阳原县，所以我以前是山西人，现在是河北人了。我 1925 年生，成长时正好是"九一八"事变、抗日战争时期。

---

① 本次采访时间为 2008 年 5 月 27 日，由中国人民大学校史研究室负责采访、录音整理及文字编辑。

抗日时期多数的同学、老师都是有爱国心的，有一件事情可以说明这一点。有一次老师出了一个作文题目叫《雾》，我就写了一首新诗："可怕的大雾，挡住我久未奔放的视线，使我看不见天坛屹立的身影和北海矗立的塔尖，但是总有一天会云消雾散，到那时，青天白日再现。"因为我们在安德堂①上课，安德堂是四层楼，站在楼上能看见天坛、北海。"青天白日再现"指青天白日旗，是当时中国的国旗。诗交上去了，我很担心，老师要是给我扣上一个罪名，或者跟日本人一说，我就有麻烦了！结果老师给我最高分，老师也是爱国的。这对我影响很深。大家都爱国呀。到了日本、德国快投降的时候，就是诺曼底登陆，"第二战线"要开辟了的那个时候，老师上课堂就不讲别的了，就讲战事的情况。1945年"八一五"日本投降了，我们当然很高兴了。当时，盼国民党中央军啊。听说是中央军要来，就把我们这些学生弄到太和殿前面去欢迎。十一战区是孙连仲的军队。去了一看，萎靡不振，印象挺不好，咱们中央军怎么这样呢？心里就有点……美国兵来了以后也横行霸道，到处是吉普女郎。我自己也有一个经历。我在前面戴着帽子行走（日本人在的时候不让我们留头发，都剃成光头，头发一下还长不起来，还戴着帽子御寒），一个美国兵跑过来，喝得醉醺醺的，也可能没喝醉他也那么干，他抓起我的帽子就扔了。"Why?"（我还会说几句英语，当时汇文中学一直有英语）哪还跟你讲理啊。"嘣"，就踢我屁股一脚。日本人那么欺负我，美国人也这么欺负我，再一看国民党那么萎靡不振，真是"盼中央，盼中央，中央来了更遭殃"（当时的顺口溜）。后来就出了沈崇事件，就发生在我们学校旁边的东单广场，我们都参加了抗议。美国兵横行霸道，连中国的警察都管不了他们。美国兵经常撞死人，有一次就在天安门东三座门那儿，一个人被撞死躺在地上，脑浆出来了，血流一大片。这个也给我们很大的震动。

1946年中学毕业，我原本想学理工或者音乐。1943年的时候，我父

---

① 即北京汇文中学的教学楼。

亲被日本人抓起来了，有人告他通八路。我就回家去忙这个事，结果感染了斑疹伤寒。我当时差点死了，在医院里一个月不省人事，幸亏汇文中学那个校医好，他很早就发现我不是一般的感冒，就把我送到西四的中央医院（现在叫人民医院），在那里治好了。但我的功课就受到影响了。人家讲三角函数 sin、cos，我不清楚什么意思，再加上大代数，我就赶不上了。这时家里也出事了，我的经济来源断了，我就想怎么也得考一个公费的学校吧，我就考了朝阳大学。

朝阳大学是私立的，基本上是国民党司法界的那些元老作为董事办起来的。抗日时期，在北平待不住了，先是搬到沙市，后搬到成都，然后又搬到重庆。在重庆的时候学生都是公费的。1945 年日本投降后，它又迁回来。它有地盘，就是海运仓那一大块地方。后来这个地盘给了我们人大，人大后来又给出去了，现在是中医研究院。朝阳大学回来为了早点把这个校舍拿回来，在 1946 年春季就招了一批学生，叫分班，总校在重庆。学校正式搬到北平的第一期就是我们这一班，秋季入的学。当时有司法组（都是公费）、法律系（部分是公费）、政治系、经济系四个系，还有监狱专修班、会计专修班。本来我想第二年转学，因为我那些要好的同学都很喜欢音乐，有的比我早毕业，已经上了北京师范大学音乐系，他们就动员我去。我那时也学提琴，但我没有钱，找不着老师，他们就找他们的同学来教我，不要钱。但入朝阳大学以后，我就投入到学生运动中了。

入学以后一直到 1947 年春天的"五二○"、"反内战、反饥饿"，有很多学生运动，可以说我是运动中间的骨干。虽然当时我还没有入党，但我是积极分子，而且是带头的，因为我有指挥唱歌的能力，还会编歌。当时我们用民间一些容易上口的歌曲来改歌词或编一些歌来唱。如"反内战、反饥饿"，就用《虹彩妹妹》的调，把歌词改为："内战在打哼嗨哟，打得惨呀哼嗨哟，妻离子散哼嗨哟，家破人亡哼嗨哟"，然后再轮唱："内战在打、内战在打哼嗨哟……"。这些歌一唱就会，一下子就唱开了，而且马上起作用。这样我在无形中就投入到这个运动中了。当时党内的进步同学给我一些进步书籍，像《钢铁是怎样炼成的》。我们从这本书里获得了力量，可以说，这本书培养了我们那一代人的献身精神。再加上我们听到解放区的一些情况，八路军跟国民党的所作所为这么一比，再看看当时世界上的情况，就逐渐地实现了世界观的转变。再上大街上就不是光看那些少爷、小姐了，而是要看到拉排子车的那些工人，他们是怎么生活。这个时候在走知识分子与工农相结合的道路，思想上就树立了这个方向，接受共产党的领导。

1947 年的"反内战、反饥饿"运动在朝阳大学斗争得很激烈。在成都，朝阳大学在学生运动中就是领头的，因为西南联大这些学校都在昆明。后来到了重庆也是这样，当时马寅初、邓初民、黄松龄（后来是人大副校长）都是朝阳大学的兼职教授。所以朝阳大学在重庆、在大后方的学生运动中是领头的。朝阳大学有一定的进步力量，但反动力量也相当强。1947 年上半年学生运动蓬勃发展，各个学校都成立了歌咏队。我和另外一个人也挑头成立了一个"海运仓"歌咏队，我们唱进步歌曲。1947 年下半年，学生自治会成立，采取"三权分立"的思想，有代表会，议事的；有理事会，是执行的。两个会都是我们占主导。1947 年下半年我们又成立了一个"呼唤"歌咏团。后来这两个合唱团合并，都由我来指挥，当然有地下党的领导，还有党的外围组织。每次运动我们这些人一集合，往那儿一站，一唱歌，学生们就都来了，然后就整队出发了。

1948 年春天我们以学生会的名义做了好多事，其中值得一提的就是我跟华北学联的联系，记得跟我联系的可能就是胡启立。我跟他以学生会的名义联系，他给我写条，到苏联大使馆借《列宁在十月》的片子，然后再写条到东单头条（或者是二条，年久记不清了），那儿有两个日本人，他们有放映机，把他们的机器借上，到海运仓大礼堂放《列宁在十月》。还有一个空军的片子，一共两个片子。那时苏联大使馆在现在最高人民法院那个地方。拿上片子后，他们用车把我送到学校，然后我再找人把那两个日本人接到学校，放电影《列宁在十月》。周围各个学校的学生都来看，包括中学的老师，所以影响很大。但第一次没放完，放了一半特务就把电线剪了。这时我就出来组织大家唱歌，没有乱。没有灯了怎么办呢？咱们好多地下党员，还有外围组织的成员，他们的手电筒都集中照我，就都能看见我指挥了。我们马上就用"反对列强"那个调编了新词，唱："反对黑暗，反对黑暗，要光明、要光明，反对黑暗要光明，要光明、要光明"。特务没有得逞，我们反倒用这个机会进行了宣传。我们学校的旁边有国民党的一个军械库，军械库炮楼的枪眼就对着我们这边。这时那边就打机关枪，"嘟、嘟、嘟"，制造恐怖气氛让我们害怕。因为第一次没放完，我们研究放第二次，就跟工友商量好了，准备两条线，如果特务剪一条，我们就接另一条。后来第二次演完了也没剪。这件事情我亲自经历的，但是这个事情的过程，当时不是很在意，后来我才想起来是胡启立同志给我写的条。我比较穷，他也是个穷学生，但他可能比我好一点，每次我们见面，到沙滩附近的小饭馆里吃点油饼什么的就算不错了。

这个时候我的表现就被组织上认可了，有好多同志是我的同学，也知道要发展我入党的事。可是我不知道他们，对这些同学有的我还抱怀疑，因为他们的表现并不怎么突出。我后来理解了，搞地下工作不可能像我想的那样。经过一段了解，我交了入党申请书，组织上跟我说"你交入党申请书就算入党了"，三个月以后就转正了。可刚交入党书不久，我就被捕了，因为我已经上了几次黑名单。被捕以后辗转了几个地方，先是在警察分局，然后又押到警备区司令部，最后转到特刑庭看守所，就是草岚子胡同特刑庭看守所。1937年，薄一波同志他们也曾关在那里。我们实际上是草岚子胡同最后的一批犯人了。

在草岚子胡同关了两个月，然后也不知道为什么，可能说我们是要犯还是怎么着，就把我们几个人转到"炮局"了。"炮局"是军统局的，军统局就能随便杀死你，据说苏联大使馆的人让他们逮着就在那里被杀死了。军统的手段挺黑的。我在"炮局"关了两个月后，又把我们送回草岚子了。这个时候解放军已经快进城了，我们就在里面扭秧歌，监狱的狱警态度也好了。这时人民解放军和傅作义已经在谈判，谈判条件中有一条就是必须要释放一些政治犯。所以把我们又弄回来的时候，允许我们取保释放。我就找我们的学校取保释放。我跟王舜华（原来也在法律系，后来到社科院法学所了）是一块进去的，我们两个人戴着一副手铐，他那只手、我这只手，我们上厕所也得一同去。我们俩也是一块保出来的。这时候北平还没解放，狱里还有人。我出来的任务是干什么呢？那时围城，我就找亲戚弄点菜、饭给还在狱中的同学送过去。另外就是组织上研究交给的迎接解放的任务，给那些头头们送信，让他们别走，留下来好好听候接管，保存咱们的革命力量。

从朝阳大学到中国人民大学

解放以后我高兴极了。解放军先头部队进北平，我们都去迎接，一直走到西直门。我们陪着解放军，一路唱歌走到"铁一号"。他们住在"铁一号"旁边，我们就一直陪着。解放军正式入城那天，我们也都去欢迎。

解放时，学校不上课了。我们就组织学生联合会领导学生参加一些学习。那时，除了学校以外，我还到各个工厂去教唱《国际歌》、《没有共产党就没有新中国》这些歌曲。我一个人教也不行，就拉上几个有点指挥天才的。后来成了民族大学法律系系主任的庚以泰，他也是朝阳大学的，当时我也拉他去指挥。那一年我的嗓子就一直哑着。

后来南下，我本来要参加南下工作团的。南下工作团第一分团就住在朝阳大学，那个分团的领导看到我这些活动了，也很欢迎我去，可是组织上不同意我去。后来要接管朝阳大学，都是我们直接出面跟朝阳当局谈、跟秘书长谈。接管以后，当时中华人民共和国还没建立，只有华北人民政府，华北人民政府就派了三个干部，陈传纲、李化南、王哲，然后结合着我们地下党的一些同志来管理朝阳大学。我们把愿意回来的同学组成学习队，学习党的文件，改造思想。第一件是"忠诚老实运动"，一个月不许回家，就是要把过去的一些情况、事情、历史交代清楚。陈传纲带队来的，他宣布说："从今天开始，你们就是参加革命工作了，所以你要对组织忠诚老实。"毛主席《论人民民主专政》发表后就安排学习，请一些领导，包括民主人士来朝阳讲课、作报告，沈钧儒、柳亚子、陈毅都来过。

开国大典时中国政法大学已经有了，分三个部：一部是老干部短期学习；二部是年纪大一点的，就是朝阳的高年级学生，另外又招了一些，学习时间相对长一些，八个月；三部是原来低年级的学生，同时又招了一些年轻的，准备再读四年大学。一部是陈守一任主任，当时他是华北人民政府教育司的负责人，后来是北大法律系系主任；二部主任是王汝琪；三部主任是冀贡泉，他是冀朝鼎、冀朝柱的父亲（他是山西大学法律系的系主任，在美国住过多年）。还有一个新法学研究院。新法学研究院就是把旧法人员都组织起来重新学习，这跟我们当时的认识有关系。当时的认识就是《中共中央关于废除国民党的六法全书与确定解放区的司法原则的指示》中说的那样。那是当时多数人的认识，比较强调划清新旧法的界限，这是对的；要批判旧法观念，这也是对的。但是那里面有一个很大的毛病，就是把旧的法律文化完全否定了，要求蔑视一切旧法，资本主义法都要蔑视。从战略上蔑视可以，但战术上得重视，简单地否定不了，新旧法是有联系的。这就埋下了个大问题，也埋下了对旧法人员的看法的片面性，新中国成立以后对法律的态度都跟那个文件有关。现在有人写文章说好像那个文件主要是王明起草，把他的"黑思想"加进去了，恐怕这样说也不一定就对，因为那时大家都是同意的，是大家通过的。我记得好像是周恩来同志，还有朱老总提出：旧法还是有一点可以考虑的。有那么一点意思，但是也不明确，多数就那么认识。所以给我一个很大的启发就是，我们不能形而上学地看问题，对的里面也可能有错的因素，错的里面也可能有对的因素，这就是辩证法，不能形而上学简单看。有些问题就是不经一事不长一智，既不能因此就否定大的方向，也不能因为坚持正确的方向就忽视里面错误的东西，而且这些东西就是后来发展为"以阶级斗争为纲"的根源。本来批判旧法只讲法律不讲政治，只认法律不认政策。批判旧法观念是对的，但是批判批判就变成只要政治不要法律、只要政策不要法律了，有了政策就不要法律，主张党的政策就是法。所以到了1958年、1959年的时候，就有问题了。

原来中央的想法是要把朝阳大学接收过来办一个真正像样的政法大学。谢觉哉是校长，李达是副校长，还有一个副校长是朝阳大学的进步教授左宗纶，搞经济学的，两个副校长一个校长。还有两个秘书长，一个是陈传纲，主要是他主事；还有一个就是于烈臣，他是管行政事务的。图书馆馆长是关世雄，他原来是朝阳大学的老师，是地下党员。成立中国政法大学的时候，我是地下党员，了解一些情况，我们就提议把朝阳大学同学里能做这方面工作的调回来，到中国政法大学学习或工作，如让他们当班主任。这些人后来又到了人大法律系。

成立中国政法大学不到半年，中央又考虑要成立中国人民大学，就把中国政法大学的二部、三部合到中国人民大学。一部和新法学研究院都到中央政法干部学校，在复兴门外，后来才搬到现在中国人民公安大学那儿，中国人民公安大学就是在那个基础上建立的。二部、三部到了中国人民大学，三部的学生就算是中国人民大学法律系的学生了。1950年的上半年，法律系是筹备性质的，系主任是朱世英同志。在筹备时期，何思敬何老还没来。何老在第一次国内革命战争时期参加过国民党，也参加了共产党，是很早的党员，而且懂得好几国的外语。毛主席说他是中国第一流的法学家。毛主席到重庆谈判时，他是法律顾问。解放后周总理让他挑一个工作，他说还是愿意到学校，所以才来到中国人民大学主持法律外交研究室的工作。1950年的下半年，中国人民大学正式成立，何老就担任了法律系的系主任。现在看来组织上当时在干部的使用上是恰当的，系主任何老，再加上当时来了好多苏联专家，在学术上也是有实力的，所以为什么那些年全国都用我们中国人民大学法律系的教材，一个重要原因当然是全国都要学苏联，"一面倒"；另外，我们也有像何老这样的老法学家和一些在法学方面颇有培养前途的青年知识分子。三部到了人大就是法律系，二部到了人大就叫法律专修科。法律专修科当时由李培之、谢飞负责。谢飞曾是刘少奇的夫人，是法律专修科的副主任①。专修科这批人学习八个月，然后毕业分配。当时参加南下工作，有好多起了很好的作用，省里司法厅、法院的院长好多都是专修科毕业的。

应当承认朝阳大学与中国人民大学法学院的联系。大海是汇流百川来的，不应当把历史掐断，我们应当搞五湖四海，不要搞得太狭隘。当然，陕北公学是我们的老根，然后有北方大学、华北大学、华北人民革命大学、中国政法大学，而中国政法大学又是接管朝阳大学成立的。朝阳大学的校址、图书和职员、工友也由中国政法大学接管转归中国人民大学，当然后来有的档案交到北京档案馆了。人大法学院的骨干教师许多是朝阳大学来的，大概几十个人，如：法理的林景仁、柴宗麟、尹平、谢会皋、张云秀和我都是朝阳大学来的，后来做了上海社科院法学所所长的齐乃宽，跟我是同一期的研究生，也是朝阳来的，宪法的王向明、谭叔辩、刘新、董琦、周嵩峰，刑法的王舜华、孔昭、周惠博、陈士正，民法的唐世儒、关怀、郑立、王溶，还有诉讼法的陈一云、周亨元，办公室的徐卓士、曹重三等都是朝阳大学来的，其中很多人是在华大、革大短期学习后又分到人大来的。再加上咱们华北大学过来的、华北人民革命大学过来的"三八"式老干部，像朱世英、杨化南、田野、张仑、刘琦这些领导同志，就构成了 50 年代人大法律系干部队伍的主干。

在人大法律系做第一期研究生

我到人大的时候，觉得自己还是想去搞音乐，组织上也同意我的意见，所以就去人大文工团了。人大文工团实际上是华大文工团三团，郭兰

---

①　1950 年 3 月—10 月，为主任。1950 年 11 月—1953 年 7 月为第一副主任。——编者注

英她们那个团，我去的时候郭兰英已经走了。我本来想到人大文工团去学习音乐，但去了以后，事与愿违。文工团都是小年轻，我还得给他们讲乐理，还要指挥乐队、合唱团、作曲。搞了半年，演话剧《伟大的友谊》。"抗美援朝"开始了，于是就出去宣传，这时，又过了半年，人大文工团就有些搞不下去了。因为说专业又不专业，是一个大学的文工团，但大学养个文工团干什么？说是业余的，团员又都是脱产的、专业的。方向不明确，所以搞了半年就搞不下去了。我们文工团属于研究部，属于李培之副校长管。这个时候苏联专家要来，他们要物色可以作为研究生培养的人，一看我过去学过法律，就要调我到法律系去当研究生。因为我到文工团以后挺失望，学也学不到东西，专业也不明确，我们文工团团长李超同志就劝我说："你甭去了，我把你送到天津音乐学院（当时中央音乐学院还没成立）。"可这时上面调得紧急，一个劲地催，在这种情况下我就又去学法律了。

我到人大法律系报到当第一期研究生，专业是"国家与法权理论"，第二专业是国际法。国际法是何思敬指导，国家与法权理论是苏联专家指导。我们这一批从华大、革大、政法等来的年轻人，有的人就不再只学习了，而只能边教边学，我们调出来做研究生这一批是组织上作为后备力量培养的，让我们多学一学，所以学了两年。当时我们住得很分散，白米斜街一批，织染局一批，主要到"铁一号"去上课，我们研究生住在织染局。我是我们班的班长，也是马列主义大班的班长。建校初期来了很多苏联专家，我们教研室有一个，刑法教研室有一个、民法一个，当时大概每一期总有七八个，是轮换的。开始的时候是 E. M. 谢来里亨，他当过一段专家组组长，后来是沃也沃金。斯大林寿辰的时候，我们都给苏联专家送礼，当时确实从心里觉得佩服。那时我们特单纯，就觉得苏联老大哥真好，没有一点怀疑。现在知道得多了，在东北它（指苏联）还曾把我们的东西抢走。当时我们还是挺天真的。我记得毛主席那个话，我们熟悉的东西将要闲起来，我们不熟悉的东西将强迫我们去学习，要老老实实学习，向一切内行学习。当然他又特别强调了首先要向社会主义苏联学习。所以我们是认真地组织学习，就是学习、学习、再学习。苏联专家要求很严，上来就读《资本论》。《资本论》看都看不懂，但还是得看，看了多少就要有多少读书笔记，而且我们组织上都保证。当时我是党的分支负责人，到时候要组织保证，检查读了多少页，还有多少页没读，有没有读书笔记。法学课程的教材是苏联的，就是把苏联的教材翻译过来。翻过来也有个过程，开始是活页的，后来再经校对以后才成为正式的版本，不止翻了一本，翻了好多本。那时全国都用人民大学的教材，而且地方开课也往往是我们这里的人去讲。比如华东政法学院开法理课，林景仁去讲；开刑法课，王舜华就去讲；西南政法学院开课，也是我们这里的毕业生在那儿讲课。当时认为旧的那些东西都不能用了，就是学我们这些新的，所以北大那些老的学者，比如吴恩裕、芮沐等老先生都来人大听课，听苏联专家讲《政治学说史》。

当时为了节约，我们睡觉的房子冬天都不生火。我们还提出一个"向科学的堡垒进军"的口号，这个口号不是我们提的，斯大林也提过这个口号。但是我不知道他是怎么理解的，反正我有我的理解，但后来被批判是"白专道路"。

经受运动磨炼

我1952年毕业就当老师了。后来就来了一个"三反"、"五反"。"三反"、"五反"就是"打老虎"啊，咱们学校管后勤的鲍建章、刘一心都当"老虎"打了。我到人大的时候第一次就是他们跟我谈的话。"三反"、"五反"就开始出问题了，"左"的苗头就相当厉害了。

后来，先是"胡风事件"不少人受影响，"反右"范围就更扩大了，然后就"反右倾"。"反右倾"比"反右派"从级别上稍微差一点，但也更厉害了，面更广了，包括像张晋藩这样的老师，都请他入"老君炉"。

1955年"胡风事件","肃反"、"审干"时，我因为被捕那件事，被留党察看两年。这年教研室副主任我就不当了。某种意义上说这也保护了我，我已经不是别人的拦路虎了，所以"反右"的时候我没做"右派"，但是也是个"中右"，曾让我去发言批判"右派"，我也去发了言，但被认为"软弱无力"。我不知道学校总共划了多少"右派"，反正人大法律系划了不少，其中研究刑法、宪法的最多。

当时法律系有个林希翎，原名叫程海果，年龄不大。因为她很崇拜蓝翎、李希凡，就改名为林希翎。我当时是团总支书记，她入不了团，我知道这个人很有才华，而且后来林默涵也很欣赏她。吴老曾经专门给她一间小房子让她写作，就因为她有才华。她看到一些事，看到我们黑暗方面的一些东西。赫鲁晓夫在苏共二十大的秘密报告，我们都不知道啊，她知道一些，就给抖出去了。这不就是大问题了嘛，就批判她。当时就是这样，批过头了，她就越不服，越不服就批得越厉害，最后就定了个"反革命"。后来咱们人事处老处长、老干部李逸三给她奔波，要给她平反。李逸三曾给葛佩琦平反，葛佩琦也是个冤案，但是林希翎这个就一直没平反。人都逃不脱时代的局限，时代的悲剧。

1959年庐山会议以后又"反右倾"。那时提出来的观点是"政策就是法，是我们最好的法"。我不同意，我写了文章，而且因为这个差一点把我逼死。开小会、大会批判斗争我，一直到最后我就觉得已经活不下去了。可是峰回路转，给我发了一张票，让我去人民大会堂参加新年联欢会。我说这是怎么回事呢？我已经被批判成这个样子了，还让我去参加联欢会。我眼泪还没擦干、心里还咚咚直跳，就到那去参加会去了。怎么回事呢？听说是这样的，有位老同志到胡锡奎那儿去了，说："你们学校有个孙国华，毛主席说'政策就是法'，他反对。"这一下子就找到我了，就批呀、批呀。后来，不知道怎么又传到那个老同志那里，那个老同志说因为"那天我多喝了一点酒"而说话不准确，我才摆脱了厄运。

后来"四清"，我又到农村搞了几年。先在通县搞了两年，后来又到平谷跟周新城在一起。搞"四清"一直搞到1965年春天。当时苏联要派一个留学生来，大概胡林昀了解我懂得俄语，就让我来带留学生，把我从"四清"那边调回来带这个留学生。当时带留学生也不好带。咱们党有好多纪律规定，不让他到家，他要请你到苏联大使馆也不能去，而且我们要贯彻党的方针政策，给他指定的都是"一评"、"二评"、"三评"、"四评"、"五评"……"九评"①，当然有些还能有共同语言，比如说到专业的问题，他也同意我们的观点。但是也免不了还有些不好相处的地方。

"文化大革命"时法律系斗争很激烈，有人说法律系阶级斗争严重，郭影秋专门派人来调查，调查的结果是没有他们说得那么严重，认为不是那回事。郭影秋提出"应当团结起来向前看"。而这就是郭影秋被揪出来的理由之一，也是罪状之一，说他搞阶级调和。另外，郭影秋还被说成是"二月兵变"黑干将。在毛主席"八一八"接见红卫兵以前，邓小平辟谣，说军队除了毛主席能调动，谁也调动不了，所以说贺龙"二月兵变"是没有的事，郭影秋是冤枉的。当时郭影秋在苏家坨蹲点，郭影秋这个人作风也挺好，苏家坨的人就来了好多，农民要保郭影秋。后来，周总理在人大当时那个南边大操场开大会，号召大家回去"就地闹革命"，不要这么跑了，回家"抓革命促生产"，是这个调子。可"八一八"毛主席就在北三环路上接见了红卫兵，还是号召要继续发动群众，搞大串联，揪啊、斗啊。毛主席还在另外一个讲话中点了郭影秋的名，说他把农民引进城来保他。

那些农民我想是自发来的，不会是郭影秋招来的。因为郭影秋在那里搞过"四清"工作，农民知道他是个好干部。郭影秋在人大这段口碑还是不错的。看他对法律系这个事，他真正来调查，确实是不应当再那么搞阶级斗争了。如果谁要查你的三代，还不查出点事来？查你海外关系，还查不出事来？社会关系有的人说了，有的人就没说。过去地下的时候要提高

---

① 九评苏共中央的公开信，也叫作"九评"，指1963年9月—1964年7月中国共产党党报党刊《人民日报》、《红旗》杂志发表的9篇编辑部文章。

些警惕，多注意一些那是对的，但也不能不加分析，可是现在搞成"以阶级斗争为纲"就错了。

后来，人大江西"五七"干校成立了，我夫人是第一批，先去。她走了一个多月，我就和全家去了，家里的东西，大部分书籍卖废纸了，除存了一点（主要是马恩全集、列宁全集和一个大衣柜）在学校外，其余的东西也都搬去了。她母亲是老北京，原来是贝满中学的老师，退下来就住在我家，后到西安去找她大儿子去了，我们北京就没有家了。那些年中学生们也管不住了，也都闹着要去参加兵团。我的几个女儿，老大去了东北兵团，去了 10 年；老二是内蒙兵团，9 年；老三后来插队。这个时候老大、老二走了，老三、老四、老五跟着我，还有我老母亲，都去了江西。当时家属都住在锦江镇，我们住在刘家站。去农村接受贫下中农教育、与工农相结合，在我的思想里我还总觉得这个是必要的，我们确实是应该这样锻炼锻炼，但是回想起来却耽误了很多宝贵的时光。就说外语吧，原来用英语、德语，后来用俄语，这个不知捡了多少次，扔了多少次。

那时我们被叫作"亡命徒"，我开始是在一连，后来到三连。三连连长有一句口头禅，说什么工作拿不下来，就说"找几个亡命徒"来。比如这个建筑拿不下来，找几个"亡命徒"。就是说我们什么都能干，拉塘泥、盖房子、打石头、搬石头，从房子上面跳下来，艰苦的事都干得了。"亡命徒"就是什么也不怕，天不怕地不怕的。这些人不一定都是"戴帽子"的，像我当时也是"敌我矛盾人民内部矛盾处理"，开除党籍了，那时真难受。我们这些人是真干，只要这个事真正交给我干，我就把它干好。那时我还老给人家提意见呢，看到损害公共利益的事我就愿意说，人家说到这个时候你还提什么意见。

在干校也学习，当然是学习"左"的那一套东西。干校比在学校好一些，因为在干校打乱了原来两派的那种关系了，各个系在一起。档案系那些人都还比较好，不大会戴着有色眼镜看你，都是比较通情达理的。在干校那段还是培养了深厚友谊的，大家都是五十来岁了嘛。

1972 年人大被停办，这帮人怎么处理呢？留在江西，当时江西省委第一书记程世清不要，说我这儿人都安排不了要你那些干嘛。周总理后来说还是回北京。在回北京以前，安排我们到井冈山去看了一下，然后就分批回北京。我跟另外一个干校的人（档案系的董俭同志）押着货车走了好几天才回到北京。

从干校回来以后，开始没什么事，后来决定了人大一分为几，我们这批人就到了北大，还有一部分到师大、师院，还有个别根红苗正的人在我们以前就分配工作了，而且有几位根本就没去干校，就留在北京。这就是历史，挺复杂的。

我曾经先后去过三个干校，1959 年就下放到人大在丰台建的第一农场，就是锻炼干部，也叫干校，张腾霄也去了，他是赶大车的，我在那儿搞了一年半。第二次是到江西的干校。分配到北大以后，对我说，又该第二次下放了，又把我下放到北大的干校，一直到毛主席去世，到了第二年春天我才回来。回来就让我上课，学生包括陈兴良、周旺生、李克强等，我就给他们上课。北大 1977 年就招生了，比我们早一点。北大法律系一直没停，只是有的时候不招生，有时招的很少。本来北大法律系也要取消。迟群、谢静宜把法律系那些人召集到一起，说：毛主席说大学还是要办的，指理工科，文科要不要办了？法律系还要不要了？让大家讨论。北大这些同志也很聪明，他们不敢公开反对，就说先做个调查。来了个缓兵之计！到法院一调查，法院的那些人都老了、不行了，得换班了；第二是一调查就拖时间了，所以北大法律系就一直没取消。

复校后致力于法理学研究

人大复校的时候，我刚从北大干校回来开始上课。我跟北大法律系主任陈守一很熟，在政法大学我们就认识。他说："你甭回人大了，就在北大干吧。"当时我觉得还是对人大有感情，就回到人大了。正式回来是

1978 年暑假了。第一批学生我记得是刘春田、徐孟洲这些人。我给他们讲话，说："我们好像是在战壕里等援兵一样，终于来援兵了"。另外我号召他们做新时代的包文正，人民的包文正就是新时代的马青天嘛。

"文化大革命"结束以后，邓小平同志出来了，就开始宣传法制了，就在公安大学给全国的干部办了个法制宣教班。法制宣教班就讲法制课，我就是其中一位讲师，高铭暄、关怀都去了。然后在这个基础上就办政法干校，在河南济源那个山沟里（原来是个工厂），搞第二政法干校，我又给他们讲课，那时学生很多。然后出统编教材，1982 年出的第一批统编教材，那一批教材基本上是我们那批人，特别是人大的，做主编写的，佟柔、高铭暄、关怀、吴家麟、吴祖谋等，都是我校的或从我校调出去的人。别的学校一直用我们的教材，复校初期，我们先编出来《国家与法的理论》，三本，内部出版的。后来（1982 年）出版了统编教材《法学基础理论》，也是我牵头任主编。所以人大法学院在法理学方面占有领先的地位是客观事实，在一定的历史时期我们确实是领先的。

解放前学法律，实际上我没怎么学，但也听了一些课，主要是搞学生运动。解放以后，跟苏联专家学习国家与法的理论，才认真学习了一些。苏联的"国家与法的理论"，其中除了社会主义的意识形态、马克思主义意识形态这方面的东西以外，它结合无产阶级专政的原理，还吸收一些大陆法系的文化传统，我觉得还是有道理的。他们的理论也在发展，有一些变化。因为我懂得俄文，合理的我都及时地吸收进来了，所以我在主编统编教材的时候，就有好多不是过去讲的"以阶级斗争为纲"了。另外理论上也吸收了苏联后期的一些新东西，比如"法除执行阶级统治职能以外，还执行社会公共职能"，"法不仅有阶级性，还有继承性"，"法不仅仅是一个纯粹的力量，它还要讲理、讲正义（不同的时期有不同的正义）"。这是过去讨论都不明确的，我们都承认了。我在第一本统编教材中讲"社会主义法的阶级性与人民性、社会性与规范性、科学性与公正性、国家强制性与居民自愿遵守性"，这几个"性"当时是对的，现在看来也有道理。当然苏联学界有些人后来更厉害了，他们把马克思主义这个根本推翻抛弃了，这就不对了。统编教材那个调子，现在看来基本上还是对的，虽然这些年又有很多新的发展。那个统编教材《法学基础理论》是 1982 年出的，多次印刷，大概共印了 200 多万册。

在这方面的研究，我觉得自己没敢偷懒。党培养我，把我安排在这个工作岗位上，我要尽最大的努力作出一些贡献。有一些理论观念上我比较深入，像"关于法的本质"，我提出来的法是"理与力的结合。理是基本的，力是必要的"。我们就要强调这个。我们共产党人是以理服人，而不是以势压人。毛主席说了，帝国主义势力大，但它是纸老虎。我们是靠真理吃饭的，靠维护人民的利益、体现人民的意志，所以我不同意有的人反对《共产党宣言》那个关于法的概念的原理。像我们国家的法，就是工人阶级领导广大人民群众的意志的体现。我们现在还得有个统治，不统治怎么行呢，现在还不到取消国家政权的时候。我是坚持这个，但我也有自己的理解，在这些方面作出一点成绩。一直到后来"法的概念、本质问题"，"法律的调整机制"，直到最近写的"法的和谐价值"，我觉得还是做了一些工作。在这方面有一定的研究，也培养了一些学生，像现在的肖扬、祝铭山、朱景文、公丕祥等都是我的学生。肖扬是 50 年代的研究生，我给他们上经典著作。那时不能讲法律了，讲原著对他们也有很大帮助。学生是不少，有认识的也有不认识的。咱们学校的这课不说，各学校兼职讲的课，中央电大的课，还有全国法院业余大学的法理课，给一些省市的领导班子，各种层次的课堂上都讲过法制课。

现在离休以后还带几个学生，还有一些社会活动，中国法学会里面也有些活动。我的态度就是能做一些就做一些，顺其自然，做不了就不做了。

我喜欢音乐，即使离休后还参加了几个合唱团。我觉得音乐和法律是相通的。音乐讲和谐，法律也是讲和谐的。双方打破了头，吵架，就找法律说说理，用这种和平的方法来解决矛盾。法律为什么能和谐呢？

音乐讲真、善、美，法律也是讲真、善、美。法律是讲真的，真的假不了，假的多少年也得推翻。法律是讲正义、讲道理的。法律是惩恶扬善，惩恶扬善就美了，而且它有"度"，它不是说不讲"度"，该多大罪就多大罪。法律是人类总结的一套治理社会的精巧武器。所以我觉得音乐和法律是相通的。有人说法律铁面无情，从某一种意义上说的确是没有私情，但是无情也有情呀，惩罚犯罪分子就是维护人民的利益，同时也是为了挽救他。

难忘的课堂　珍贵的回忆

作为一个法学教师，我给许多人讲授过法制课，从学生到干部，从群众到领导，从基层到高端。能给这么多的人讲法制课、能和这么多的人讲自己的认识，交流自己学习、研究的一些体会，立足本国、面向世界，谈谈民主、法治这个保障人民当家做主、实现国家长治久安的重要问题，是我一生最大的幸福。在我经历的许多课堂中，最难忘的课堂之一，当然是1986年7月3日在中南海给中央领导同志讲的那堂课，不过那堂课与其说是我给中央领导同志上课，莫若说是党中央、中央领导同志也给我、给我们、给全国人民上了重要的一课。

"文革"后，"人心思治、人心思法"，邓小平同志集中了人民的这种愿望，总结了社会主义胜利和挫折的经验教训，提出了"没有民主就没有社会主义，就没有社会主义的现代化"，"为了保障人民民主，必须加强法制。必须使民主制度化、法律化，使这种制度和法律不因领导人的改变而改变，不因领导人的看法和注意力的改变而改变"，以及"国要有国法，党要有党规党法。……没有党规党法，国法就很难保障"等极其重要的论断，在这些科学理论的指引下，我国的民主法制建设到80年代中期就已取得了令人瞩目的成就。为了带动全体干部群众学法、守法、用法、养成依法办事的习惯，中央书记处决定为中央领导同志举办系列法律知识讲座，由中宣部组织领导，司法部和中国法学会协同办理，经研究确定由我担任第一课"马克思主义关于法的作用"的讲授。

接受这样光荣的任务，是我意想不到的，了解我的情况的同志可能会知道，选定我这样的人去担任这样重要的讲授任务，确实显示了中央领导敢于用人的魄力和对我的知遇之深。我在正式讲课两星期前，接受了这个任务，又是高兴、激动，又是担心时间短、自己水平低，怕讲不好，赶快抓紧准备。好在经过试讲，吸收了许多专家学者和领导同志的意见，写成了讲稿。题目作了一点小小改动，原来的题目是"马克思主义关于法的作用的理论"，我考虑自己当然要努力去讲马克思主义关于法的作用的理论，但自己讲的是不是都符合马克思主义，恐怕也未必；况且中央领导同志马克思主义理论水平都很高，有的还是全党全国甚至全世界公认的马克思主义理论权威，在他们面前我实在不敢用这个题目。我把题目改为"对于法的性能和作用的几点认识"，意思是向中央领导同志汇报一下自己对这个问题的一些看法，供他们研究、参考。听试讲的同志们同意了这个小改动。讲稿共分四大部分：一、社会——社会调整——法律调整；二、法的本质、作用和职能；三、新时期我国社会主义法的职能的转变；四、确立适合社会主义商品经济的法律观。这个讲稿由中国政法大学出版社于 1986 年 12 月以《对于法的性能和作用的几点认识》为书名出版。

1986 年 7 月 3 日上午 9 时前，司法部宣传司郭德治同志接我来到中南海，在司法部部长邹瑜和副部长蔡诚同志的率领下，步入中南海怀仁堂的小礼堂。只见田纪云、郝建秀两位领导同志已经来了，他们对我表示欢迎，胡启立同志进来后也寒暄了几句。后来我回忆起，解放前在进步学运中，我与他曾有过联系。接着胡耀邦、方毅、乔石、李鹏、胡乔木、姚依林、陈慕华、陈丕显、王兆国、王鹤寿等同志，中共中央办公厅、中央政法部门、宣传部门和中共北京市委的主要领导同志陆续到达。9 时整，讲课正式开始。耀邦同志、启立同志让我坐在主席的位子上，耀邦同志笑着说:"今天是上课,先生应当坐在主座上嘛。"我坐下后说:"今天给这么多中央领导讲课,心情特别激动,怕自己讲不好。"没等我说完,耀邦同志又笑着说:"那没有什么。你不要担心,你是老师,今天我们这些人都是你的普通学生嘛。我们保证都用心听讲。如果你在讲课中有什么问题,也可以提出来,我们这些学生和老师一起讨论,教学相长嘛。"在座的领导同志都表示赞同总书记的意见。这大大缓解了我紧张的心情。我不禁脱离开讲稿激动地说:"我从在座诸位带头学法这一举动和态度中,看到了我们党的事业兴旺发达的未来。"这次讲课确实使我学到了很多,大大加深了我对党和党的事业的伟大的认识,大大增强了我献身人民的法学教学与研究工作,为发展社会主义民主、实行并加强社会主义法治而奋斗的决心和信心。

讲课前胡启立同志传达了小平同志"加强法制重要的是解决教育问题,根本问题是教育人"的重要指示。耀邦同志也有一段讲话,他说:"旧社会的法律是为反动统治阶级服务的,我们要革命就不能按照他们那个法办事,所以毛泽东同志说对他们就要'无法无天'。今天呢,情况不一样了,我们已经取得了全国政权了,人民已经当家做了主人,就得要有法有天了,就要不仅依照党的政策办事,还要依照法律办事。现在,再'无法无天'就是乱我们自己了,我们就要像在'文化大革命'中那样吃尽苦头。"我体会小平同志讲加强法制"根本问题是教育人",耀邦同志实际上是告诉我们进行法制教育,首先就要使人们分清新旧法的本质区别,记取"文化大革命"的教训,认识在人民取得政权的今天,依法办事的重大意义。

这次法制课持续了两个多小时,中间休息一次,中央领导同志都很认真听讲,许多人还作了笔记。时而有人提问,时而有人插话,探讨问题,的确像记者报道的那样,"课堂上充满了教学相长的热烈气氛"。胡乔木同志提了些问题。我讲法西斯也讲法治、法西斯的德意志也讲法治,但那是假的法治;德国人也讲严格守法,但是他那个法律本身就有问题,不是真正的法治，不是以民主为基础。他大概没大听清楚，提了问题，大意是说："法西斯还讲法治？"后来耀邦同志给他解释了我讲的是什么意思。我那次讲的落脚点大概就是要建立适合商品经济的法律观，当时还没提市场经济。我觉得这个大方向也是对的。

当我讲完后，参加听课的同志再次热烈鼓掌，给我以鼓励。耀邦同志建议把听讲的范围再扩大一些，他说："更多的同志来听一听大有好处"，我想大概正是根据他的这个建议，我后来还为河北、山西、贵州、四川、云南、山东、沈阳、重庆等许多省、市的领导班子讲了法制课。乔石同志建议"课程不要太多，要贯彻少而精的原则"。李鹏同志提出应安排讲一讲刑法的内容、讲一讲政策与法律的关系问题。乔木同志也提了类似的建议。我翻看当时随手记的纸条，发现乔木同志当时还谈了他的一些发人深思的认识，如他说："法律再完备也不能代替政策，政策再完备也不能代替法律，政策与法律的关系是很重要的问题"，"把法律虚无主义归结为封建主义，是夸大了，二者不一定要扭在一起，有的并非中国一国的问题"，他还特别强调了随着实践的发展更新理论的重要意义，说"过去讲马克思主义基本原理不能动，实际上马克思主义基本原理本身，也必然要发展"。

课后温家宝同志（当时是中共中央办公厅主任）、王兆国同志（当时是中共中央办公厅副主任），还有一位中共中央办公厅副主任我记不得名字了，邀请我和邹瑜部长同他们一起，共进工作午餐。那种温暖、朴实、同志式的款待给我留下深刻的印象。

离开那次令我最难忘的、也是令我一生引以为最大荣幸的课堂，已有20多年了。20多年来，我国的民主法制建设，也取得了巨大的成就。当时参加那次法制课的中央领导同志，如胡耀邦、胡乔木、姚依林、陈丕显等同志都已离世，不少同志也已离（退）休。以胡锦涛同志为总书记的党中央领导集体，正领导我国建设社会主义法治国家，构建和谐社会，实现可持续发展。现在，我自己也已是83岁高龄的人了，抚今思昔，回忆我讲过的课，不由感慨万千！

学校发展要坚持"长远的观念"

人大要有长远的观念，没有恐怕就不好。复校以后为什么人大耽误了一些时间？我觉得是复校以后满足于恢复到原来或者比原来略好些，缺乏从全局考虑问题，缺乏一个大发展的观念。就像下棋一样，有一个全局的观点才能有利，只有局部是不够的。同咱们整个国家的形势一样，人大这几年有很大的发展，也是不错的。我曾经跟纪校长建议过，除了文科各个系要办以外，理科也要有一定的数量，否则就不是 university（大学）。现在咱们搞了几个自然科学系，化学系、物理系也都有了。但是要搞这么大的话，我们学校面积就可能不够了，所以得向外发展。向外发展应该总结前些年的经验。政法大学原来向外发展到了昌平，好多人不愿意，到现在有人也不愿意去。可是现在连昌平这个地方也不容易找了。检察学院原来在八大处找了一块地方，现在那边也成宝地了。恐怕我们也得考虑考虑搞分校，就像黄埔军校搞了好多分校，搞分校一样能发展。"发展是硬道理"，发展才能使一定的矛盾获得解决。

在法学领域，人大从上个世纪 50 年代起就一直领先，改革开放以后到现在也还是领先的。张文显说全国法学院校要有个领头羊，这个领头羊或排头兵就是人大法学院。但领头的也难，可能有一些学科还领头，有一些就不一定领头了。我们要承认这个现实，要赶上。怎么解决？关键还是人的培养。选择好了人，那一定要大力扶持，给他们一些条件。人大教授的含金量跟外面的是不一样的。要严要求，但也要创造条件，把年轻的一代扶植起来，让他们真正在这个学科里能够领头，人大才能领头。抓人才培养理论要跟上形势的发展。抓人才培养还要有一个好的学风。过去人大老干部多，虽然他们有点"僵"，但原则性较强。其中有一个邹鲁风，我们印象很深。他来人大以后抓教师水平的提高，起了很大的作用，可惜这位同志后来调出人大，最后惨死了。希望我们的学校还是多总结总结过去的经验。

　　一个学校要办好，像纪宝成校长讲的要有"大师、大楼、大气"。大楼现在有了；大师，多少年出一个？把年轻人扶植起来很重要。教育部搞了那么多评审、评估，当然量化的东西也是可以搞的，但是不要把这个作为主要的问题。教育部应该考虑考虑教育方针贯彻得如何？用人如何？学校的一把手、二把手考虑学院的一把手、二把手怎么样，学院的一把手、二把手就应考虑教授是不是真的人才。

人物简介

　　孙国华（1925—　　），河北省阳原县人。中共党员，教授，法理学家。

　　孙国华1946年考入朝阳大学，参加进步学生运动，逐渐接受了马克思主义。1949年7月到中国政法大学教育科工作。1950年9月入中国人民大学法律系研究生班学习国家与法的理论，1952年7月毕业后留校任教，1986年被批准为博士生导师，是中国人民大学法学理论博士点的建立人。1992年开始享受政府特殊津贴。2005年被授予中国人民大学首批荣誉教授称号。兼任中国法学会理事、名誉理事、学术委员会成员，中国法学会法理学研究会副总干事、顾问，中国法学会董必武法学思想研究会常务理事，最高人民检察院专家咨询委员会成员等职。

　　孙国华长期从事法学理论、特别是社会主义法学理论的教学与研究，曾为不同层次的学生系统讲授"国家与法的理论"、"政治学说史"、"马列主义关于国家与法的经典著作选读"、"法学基础理论"、"法学概论"、"苏联法的一般理论"等课程，培养了数十名博士、硕士和大量的本科生、电大生、在职干部。他曾主编多部法学理论教材、专著和工具书，发表150余篇文章。1986年曾为中共中央书记处领导同志讲授法制课，并先后多次为中央国家机关司局级以上干部和部分省市领导干部讲授法制课，被誉为"中国社会主义法的理论的奠基人之一"。

孙国华的主要著作包括《我国人民民主法制在社会主义建设中的作用》、《法学基础理论》、《对于法的性能和作用的几点认识》、《人权：走向自由的标尺》、《社会主义民主：跨世纪的沉思》、《市场经济是法治经济》等，他主编的《法理学》获得 2002 年国家图书奖。

王作富自述[①]

摘要： 王作富（1928— ），河北唐山人。著名刑法学家，中国人民大学法学院教授，中国人民大学首批荣誉教授。本文回顾了他在校期间的一些经历和治学感悟，如建校初期的学习科研情况、参与立法工作等。

进入人大 圆大学梦

1949年，我从唐山市开滦中学高中毕业，面临报考大学。当时，有的人选择读法律专业，是因为喜欢研究法律或者将来从事法律工作，用法律维护正义等等，而我却不是。我当时只想学理工科，根本没想过学其他专业，所以就报考了北京大学工学院。开滦煤矿是英国人开办的老矿，那里的一般管理人员叫作"员司"，矿上给每人一套条件很好的平房小院居住。因为我家在林西镇开滦矿区附近，我就想大学毕业后到矿上找个工作，又不离开家。没想到考试时数学考砸了，自知录取无望，余下的科目没有考就回家了。后来有一天，我在街上闲逛，见到报栏上有一份报纸，上面登有中国政法大学的招生简章。当时，我也没有多想，只想有个大学上就

---

① 本文由作者应校史研究室之约完成于2009年12月。

行，就去报了名。考完之后回家，也没有把录取的事放在心上。有一天，我三叔偶然在报纸上看到中国政法大学录取学生的名单里有我的名字，而且距离报到截止日期只有几天了，他立即通知我赶快去报到。于是，我第二天就坐火车来到北京，到海运仓（原朝阳大学旧址）中国政法大学办报到手续。这样才使我没有失去在大学学习法律的机会。有的人说，在爱情场上，有的人是先恋爱后结婚，有的人是先结婚后恋爱。我学习法律专业，也可以说是先学习法律，后爱上法律，而且是越爱越深，直至终身不离。

中国政法大学校长是谢觉哉，学校分三部：一部主要是来自解放区的革命干部，二部主要是比较知名的社会人士、大学教授等，三部主要是青年学生，本科读 4 年。我是三部的本科生。开学典礼十分隆重，刘少奇、朱德等中央领导人到会，刘少奇还在大会上作了讲话，我们都很受感动。

学校刚刚创办，除了接收朝阳大学的校址、图书馆、教学设备外，一切教学计划、方案等都不可能短时间制定出来。所以，入学后，我们也不知道 4 年中要学习什么课程。当时主要是接受思想改造，学习社会发展史，听一些报告，进行小组讨论。因此，学习相当轻松，生活也比较愉快。后来，中央人民政府政务院作出了成立中国人民大学的决定，1950 年 2 月，中国政法大学第三部的全部学生就来了人大，一部、二部的学员也进行了分配，中国政法大学也就不存在了。3 月，我们来到人大，地址就在现在的张自忠路，当时叫作铁狮子胡同 1 号。由此，我成为法律系的第一期学生。从此，除了 1973 年至 1978 年人大停办期间，我和法律系大部分教工一起到北大法律系工作 5 年外，再也没有离开过人大。

人大法律系成立以后，最初没有进行法律专业的学习，主要是学习毛主席的《论人民民主专政》等著作，对学生进行政治思想教育，提高学生对中国共产党的认识，树立为人民服务的思想等。

因为新中国刚成立，国民党的伪法统，包括"六法全书"都被中央明令废除了。解放前，国共合作期间，解放区也用过国民党的法律来判处案件，但是现在不行了；讲授国民党法律的教科书也不能使用了，而新中国的法律和教科书又不可能在短时间搞出来，唯一的办法就是向苏联学习，学习他们的社会主义法律和法学理论，然后再逐步创立我们自己的法律和法学理论。为此，学校从苏联高等院校聘请来许多位专家作为各系的顾问或教授。法律系的各教研室都派来了苏联专家，他们的主要任务是培养教师。刑法教研室先后来了四位：一位是女教授贝斯特洛娃，另三位男教授是达马亨、尼可拉耶夫和柯尔金。当时的教学方案中，法律专业课基本上都是参照莫斯科大学的计划、方案制定的。比如，在法律专业课方面，就有苏维埃宪法、苏维埃国家和法权历史、苏维埃刑法、苏维埃民法、苏维埃刑事诉讼法、苏维埃民事诉讼法等。苏联专家首先向各专业教师讲课，教师再向学生讲课。因为教师一般也是缺乏苏联法律知识的，基本上是边学边教，现趸现卖。有的教师刚听了专家讲课不久，就拿着翻译成中文的讲稿给学生去讲；有的翻译错了，教师也就讲错了，自己也不知道，学生更不可能听出来。当然，这些都是暂时的现象，是教师成长过程中难免的。

我们法律系为了加快培养各专业的师资，在 1950 年成立了研究生班，地点设在东城区织染局胡同一个四合院里，有一大间正房作教室，有几间房作宿舍，还有一个小食堂。学生按专业分组。我在本科刚学了几个月，1950 年 9 月就被分配到研究生班，在苏联专家指导下专攻刑法。我以前没有学过法律，也不知道哪个专业学习什么，更谈不上兴趣和爱好，所以学刑法并不是我选择的，而是领导指定的。只是在学过刑法以后，才知道刑法是研究犯罪和刑罚的；法官就是根据刑法的规定来判定一个人是不是犯了罪，该判什么刑。研究刑法，就会知道各种各样犯罪案例，这挺有意思的。我当老师以后，很多学生也说他们喜欢刑法，说老师讲犯罪案件很生动，很有意思；而他们把苏联民法讲义说成是"天书"，晦涩难懂，不感兴趣。

在研究生班，我们和教研室的老师通过翻译，一起听苏联专家讲授刑

231

法和刑事诉讼法课。听课之后，我们在小组里进行讨论。说老实话，那几位在大学学过刑法的同学还可以运用旧法的一些知识讲一通，而我只能向他们学习，慢慢地理解苏联刑法的规定，但理解力显然不及那几位同学。有一次，专家给我们辅导，我们提出问题，专家给以解答。我对《苏俄刑法典》分则中关于"反革命罪"的定义有些不理解。就是按照我国《惩治反革命条例》的规定，"反革命罪"必须是以推翻人民民主政权、破坏人民民主事业为目的的行为，才能定"反革命罪"。但是，《苏俄刑法典》关于"反革命罪"的定义，一方面说，"反革命罪"是具有与我们法律规定的类似的反革命目的的行为，同时又规定某种没有这种目的的行为也是"反革命罪"。我刚接触刑法，基础差，总觉得这种规定前后矛盾，理解不了，于是就向专家提出了这个疑问，专家作了解答，但我还是搞不明白，又接着再问。专家有些不耐烦了，她好像觉得我是在挑他们国家法律上的毛病。于是，她严肃地说："希望你们中国学生不要批判苏联法律。"她的意思是说，苏联的法律是很好的法律，我们只能老老实实学习苏联法律。一个不知天高地厚的中国青年，敢于批判苏联法律，那还了得。当时我觉得，自己是不是有点冒失了？以后我再也不敢这样提问题了。

教学生涯：理论联系实际

我在研究生班学习，应当在 1952 年暑假毕业，可 1952 年初就把我调到刑法教研室当助教了。当时，我很高兴，更感到意外。我大学本科、研究生都没念完，怎么能这么年轻就当大学教师呢？我们班有好几位同学是大学法律系毕业的，像马克昌就毕业于武汉大学，为什么不调他们呢？后来，我想可能是当时认为他们学过国民党的法律，中国民党法律的"毒"比较深，需要好好学习一下，消消"毒"；而像我这样的年轻人，没有学过旧法律，脑子里像一张白纸，好培养一些。当然，这只是我自己的猜想。在今天看来，这不过是在特定的历史条件下，对特定的事情的一种特殊处理办法而已。

上课初期，本科生的课由老教师讲，我只能给学生辅导和主持课堂讨论（当时叫"习明纳尔"），再就是和老教师一起听苏联专家讲苏联刑法。1954年，我才开始给本科生讲刑法分则。因为我感到教苏联刑法只靠听专家的讲课是很不够的，所以我下了很大工夫来学习俄语。我买来一本俄语语法教材系统研读，又买了一套1953年出版的《俄华大辞典》，然后从俄文的《苏维埃国家和法》杂志上选一篇刑法论文，借助辞典硬啃，既增加了词汇量，又增加了刑法知识。这样我可以把这些补充到我的讲稿中，使学生听了比较满意。因此，我在1956年就被评为讲师，工资连跳几级。

我主要靠自学学习俄语，这对于我的刑法教学与研究发挥了重要作用。从1953年开始，我已经可以借助辞典大致看懂一般刑法论文中的基本观点了。我也曾多次把几位不懂俄语的老师请到办公室，把俄文杂志上有参考价值论文的主要观点口译给他们听。我还和高铭暄等同志共同翻译了一些论文，后来收集在《苏维埃刑法论文选译》中并公开出版。更重要的是我参加翻译了苏联著名刑法学家 A. H. 特拉依宁的专著《犯罪构成的一般学说》，并在1958年出版。这本书在我们国内刑法学界产生了重大影响，成为刑法研究生的必读书。这让我真正体会到了，掌握一门外语对于理论工作者是多么的重要。

在给学生讲课期间，我和学生的联系比较多，对学生比较关心。每周至少有两到三个晚上到学生宿舍去，随时给他们解答问题，所以我跟学生的关系特别好。他们也就感觉到学习上遇到问题，可以随时得到解答。当时，学生最反对老师到时候不下课，或者有的老师讲完还没到时间。我时间掌握得非常准，准备的东西准时讲完，绝不会到最后赶时间、压缩。因为我每次讲课，需要多少字数，我都有准备。所以1956年以前这段教学，学生反映也都比较好。

1956年，在人大工作的苏联专家都回国了，本科生学习的课程全部中国化了。我们教研室的教学、研究转向中国刑法的研究。在教研室主任鲁风同志的具体领导和参与之下，我和其他同志一起很快就编写出了《中华人民共和国刑法总则讲义》，内容基本上就是苏联的理论结合中国的司法实践和案例。可惜的是，因为当时受种种条件的限制，未能公开出版。但是，1957 年，这本书稿被最高人民法院的一位领导发现了，他们拿去内部印发到全国各级法院，作为业务教材供法院干部学习参考。这也是我们集体为实践服务所作出的一个积极贡献。

理论联系实际，理论为实践服务。这在我们教研室同志的思想中是扎了根的。我们教研室主任鲁风同志特别重视这一点，不仅她自己积极争取，不止一次地到最高人民法院参加调研工作，掌握实践知识，而且还积极为其他同志接触实践创造条件。有一年她亲自带领我们几位同志，用几周的时间，在北京市检察院搞调查研究，掌握第一手资料。这对我们很有益处。

在教学工作中，我特别注重理论与实际相结合。给学生讲刑法课，我总是要求学生，在上课之前要预习教材，大致了解相关内容之后再来听讲。这样，我在课堂上就可以在书本之外，结合司法实践的情况和问题来讲，使他们知道怎样把法律的死规定活生生地运用到司法实践中去。特别是在培训班上，我向公安、司法干部、律师、党政干部讲刑法，在课前，我都要尽可能地先征求学员的意见，希望他们提出要求讲授的重点，或者我根据他们的工作性质，选择与他们工作性质接近的疑难问题来讲。这样讲，他们会感到收获比较大。我在国家检察官学院担任过几期的刑法课的主讲。学员们普遍反映，听我讲课或者看我写的书"解渴"，也就是能解决他们脑子里的一些实践问题。

但是，实事求是地说，我的教学、研究也有不足。我不喜欢搞那些玄奥的、不能直接解决司法干部面临的实际难题的问题。这与我多年来与司法实际工作者接触较多有关。他们往往反映，不太喜欢老师在课堂上大讲外国的、古代的东西，觉得这些对他们的工作没有多大帮助。其实，对于法律工作者来说，不应该只满足于眼前的一个个案件怎么样作出合理、合法的处理，而应当在更深层次的基本理论及方法方面有所掌握，就像掌握一把万能钥匙，能够帮助打开各种疑难之门。在这方面，我做得不够。好在现在年轻的一代学者成长起来了，中外的法律哲学、法学方法论的著作等也大量出版了，他们兼容并蓄，知识基础比较扎实。我相信，他们会为我们国家培养出更多的合格人才。

在理论研究工作中，我主张学术民主，无论老学者之间，青年学者之间，或者老学者与青年学者之间，在学术观点上出现分歧、展开争论都是很自然的。青年学者要敢于向老学者挑战，提出自己的新见解，这对于促进理论的发展是很有益的。同样，老师对学生也应该讲学术民主，教学相长。我从来不认为我的观点都是正确的，学生必须接受我的观点。我鼓励学生要善于独立思考，要博览群书。我对学生，从来不是以导师自居，居高临下，我喜欢同研究生讨论问题，他们的观点、论据有时也使我得到启发。我鼓励学生要向那些著名学者学习，学习他们的研究方法和精神，同时也要敢于提出自己的不同观点。

参与立法咨询及法律普及工作

1954 年我们国家颁布了第一部宪法，起草刑法典的工作随即展开。全国人大常委会担任刑法起草工作的部门领导，为了适应以科学理论指导刑事立法工作的需要，曾经邀请我为他们讲授犯罪构成的基本理论。这是我第一次走出校门，运用所学理论为实践服务。从 1979 年刑法典到 1997 年刑法典的创制过程中，我先后两次应邀参加了较大规模的修改刑法典草案的活动，并且都分别担任一个小组的组长。第一次主要是来自北京市政法机关、政法院校的代表，有几十个人。我是总则组的组长，高铭暄同志是分则组的组长，由陶西晋同志主持。第二次是来自全国各地的代表，130多人，我是其中一个小组的组长。

1978 年党的十一届三中全会胜利召开，催生了盼望了将近 30 年之久的我们国家第一部刑法典。1979 年，刑法典在全国人大通过，这是我们国家朝向民主法治国家迈出的坚实一步。法典公布了，就要学习、宣传，尤其是全国司法干部，面临着认真学习刑法典的迫切任务。而宣传刑法典自然是我们刑法理论工作者义不容辞的责任。所以刑法典一公布，我不用说多高兴了。我好像觉得，是我当教师以来，第一次有大显身手的机会了，过去脑子里的那些"紧箍咒"也一扫而光了。我们教研室的同志也都一样，大家立即行动起来，准备为宣传刑法作贡献。1980 年我们教研室集体编著并出版了《中华人民共和国刑法讲话》。1982 年，我们教研室集体著作、由我统改定稿的《刑法各论》出版，这本书是刑法典颁布后，全国第一本系统、全面论述刑法分则的著作，并于 1985 年获得了学校优秀科研成果奖。1988 年，我的专著《中国刑法研究》出版；1989 年又出版了《刑法分则要义》。前一本书 1991 年获得北京市哲学社会科学优秀著作二等奖，《刑法分则要义》发行了 10 多万册，影响比较广。

同时，我与全国人大常委会法制工作委员会刑法室以及最高人民法院、最高人民检察院研究部门的联系十分紧密。因为我们距离很近，联系也方便，有的领导又是我们学校早年毕业的学生，所以我经常被邀请参与研讨法律或司法解释的制定和修改。最高人民法院还时常将下边报上来的疑难案例印发给我们，征求我们的意见。我也常常用这些案例组织学生讨论，培养他们运用刑法理论来分析、解决实际问题的能力。比如，1979 年刑法典有一条规定："以营利为目的，引诱、容留妇女卖淫的，构成引诱、容留妇女卖淫罪。"但是，1997 年刑法典把这种犯罪修改为："引诱、容留、介绍他人卖淫的……"把"妇女"改成"他人"。那么，"他人"是否包括男人？因为立法机关和最高司法机关都没有对此作出具体解释，有的教科书对此也不加说明，在理论上就产生了分歧。我参加过立法草案的讨论，我了解当时有些同志建议过这样修改。因为实践中产生了男人卖淫的现象，而这种行为与女人卖淫一样，同属于伤害风化的行为。因此，有必要把它纳入到惩罚范围。我把这一看法向学生讲解，他们一般都是能接受的。

参加这些活动，可以使我掌握第一手资料，对于我的教学、研究很有好处。

教学科研曾受到较大冲击的两件事

新中国成立后的 20 多年时间，我们国家几乎是在接连不断的政治运动中度过的。"镇反"运动、"三反"、"五反"运动、"肃反"运动、"反右派斗争"、"反右倾"运动、"四清"运动，直至"文化大革命"运动，我都是作为群众的一员经历过的。有的政治运动，我既不是运动斗争的对象，而且还认为在全国开展这种政治运动很有必要，例如，"镇反"、"肃反"运动、"三反"、"五反"运动等。而有的政治运动，虽然我不是运动的对象，但在我的思想上却产生了很大的震动和疑虑。

在几十年当中，政治运动对我个人的教学与研究产生直接影响比较大的，主要是两次。

一次是 1963 年接受学校命令，脱离教学工作，参加农村的"四清"运动，又叫"社教"运动。什么是"四清"呢？一开始，"四清"的内容是指"清工分、清账目、清仓库、清财物"，后期又表现为"清思想、清政治、清组织、清经济"。我从 1963 年一开始就参加北京市房山县农村"四清"工作队，在城关西街大队搞"四清"。1964 年起又先后转战到通县农村"四清"工作队和房山县文教"四清"工作队。一直到 1965 年夏天，市政府把全市"四清"工作队员集中到中央政法干校，学习了几天文件之后，宣布解散，我才又回到了学校。

另一次就是下乡参加农村劳动锻炼。第一次是 1961 年到北京市丰台区看丹乡人大的农场去劳动锻炼。当时，正是我们国家遭遇天灾人祸的影响，经济开始出现严重困难的时期。人们的粮食不够吃，副食品奇缺，鱼、肉、鸡蛋、食油、豆腐等等，都凭票定量供应。有一次开全校大会，聂真副校长讲话："过去我们吃牛肉，牛吃草，现在，我们没有牛肉吃了，干脆就直接吃草"，引起大家一阵笑声。当然，他不是说让大家去吃野草，而是指当时所说的"瓜菜代"。比如：有的用生产的小球藻经加工后掺到主食里，代替粮食。我当时正在农场劳动，我们的食堂没吃过这种东西。我们是把玉米脱粒后的玉米骨磨碎后，与玉米面掺和一起蒸窝头，也不难吃。因为粮食不足，有许多人两腿浮肿，所以，我们在农场基本上也不参加多少劳动。在那里待了大约有一年时间。回校后，搞了一点研究，参与编了一本油印的刑法讲义，没有讲课。1963年，我就去参加农村"四清"运动了。第二次是在1970年，和全校许多职工一起去人大在江西省余江县建立的"五七"干校劳动锻炼。干校设在江西省余江县离鹰潭几十里路的刘家站附近。有些人是一家老小全去，有的是夫妻，有的是单身。有的老人七八十岁，是用担架抬上火车的。到站下车后，军宣队为了使大家经受第一场劳动锻炼，能走路的一律不准乘汽车，要走几十里路到干校。干校把大家分到各种班，有大田班、采茶班、养猪班、养牛班、积肥班、采石班、炊事班等，还办了一个小茶厂，自己种茶、加工制茶。我们系的杨大文同志就是在茶场劳动。我们还养猪供自己吃。党史系的一位年轻老师，不知是学过还是凭胆大，竟然操刀成了屠夫。法律系女老师毛天祜在养猪班。有一天，她给猪配种，我去看了。因为公猪太大，母猪太小，又没有技术人员指导，费了半天劲，也没有配成，把她急了一身汗。我分配在大田班，我们除了劳动，就是学文件，组织讨论。我在干校大约干了两年，直至干校停办，回到学校。

回顾过去几十年中，我认为"镇反"、"肃反"、"三反"、"五反"等运动都是必要的，这些运动对维护人民政权的安全、保障国家经济建设的顺利进行，具有十分重要的意义。"反右"斗争搞了扩大化；"文化大革命"中，林彪、"四人帮"篡党夺权，对人民实行法西斯专政。对这些运动，党中央都有结论。但是，对于与我个人以及广大教学、研究人员有关的上山下乡劳动锻炼，我认为，值得好好总结一下。抓知识分子的思想教育是没有错的，问题是采用什么方式、方法。适当参加一些体力劳动，甚至较长时间上山下乡劳动锻炼，也不是说没有一点好处。但根据我的体会，这样做，也未必能在思想上产生多么深刻的变化，而本身的专业却可能荒废了。我是共产党员，我一向严格要求自己，老老实实做事，堂堂正正做人，今天还是这样。我感觉不到两年多的劳动锻炼给我带来了多大的内在动力，可是，我失去的教学研究时间却再也补不回来了。因此，我希望，今后再也不要搞这种运动。

科学研究是非常严肃的事情

中国刑法学从上世纪 50 年代发展到现在，可以说已经进入了一个空前大发展的阶段。上世纪 80 年代以来，随着世界经济一体化，中国刑法学同整个世界刑法学逐渐在取得同步性的发展。今后中国刑法学除了本土化，还要吸收、借鉴世界各国，特别是发达国家在刑事法制建设方面的经验。我也接触到我们司法系统的干部，包括一些学者，他们一般对西方的东西不是太感兴趣，对这种张口闭口英国美国的研究不太喜欢，认为讲了很多外国这个那个的，但解决不了他们工作中的实际问题。理论结合实际是对的，但也不能说研究、吸收外国的东西就脱离实际，否则就变成了故步自封、夜郎自大。一些中青年学者把外国一些好的东西介绍过来，我们应该好好学习，好好研究。很多问题的解决，我们感觉理论基础不够，因为我们知识有限，只局限于中国这个案子的现状，看不到将来的发展怎么样，也不看世界怎么样。比如说人权就是非常现实的问题。西方国家比较强调人权，老拿人权大棒来打击中国，我们过去批判它的人权概念，但不等于说西方国家有些关于人权的规定就没有借鉴的价值，也不能认为我们的人权状况就十全十美，不存在问题。所以我们要发展完善中国的法律制度、司法制度，需要借鉴一些西方发达国家的经验。所以对于借鉴、吸收国际上一些有益的东西，我认为，这是中国刑法学发展必不可少的，还要加强。

1980 年以前，搞刑法研究是相当困难的。一方面，是因为我们法制很不完备，刑事法律没有几部。讲刑法，很多没有法律依据，写什么呢？讲起来没有依据。它不像政治经济学，有马克思《资本论》及其他大量经典著作，可以充分地研究。另一方面，过去多年中，由于受当时政治环境的影响，我们的思想不能解放，西方比较先进的刑法思想不能引入，刑法研究的领域过于狭窄，学术争鸣难得展开。中国法学会在上世纪 50 年代办了一个全国性的法律刊物叫《政法研究》，后来改为《法学研究》，到上世纪 80 年代以前的几十年当中，每年发表的刑法论文就没有多少篇，有分量、有价值的专题著作，一本也没有。

我认为，法学研究是一件非常严肃的事情，如果不经过深思熟虑，很轻率地就拿出一个东西，结果观点站不住，就可能起到一种消极作用。所以搞科学研究应该非常慎重，不能太轻率，赶时髦不是一种严肃的态度；人云亦云，简单重复别人的观点也没多大价值。搞科研，不管是写书，还是写文章，总要有实在的东西，起码自己主观上必须要尽最大努力。

我写文章不太多。假如我有看法，但觉得这个问题没研究透，我就不轻易写。比如刑法学犯罪论当中一个非常重要的问题就是"犯罪构成"的理论。这个概念是我们从苏联引进过来的。犯罪构成理论体系到底怎么建立，有不同主张。从上世纪 50 年代开始到现在，以我校高铭暄教授等主编的《刑法学》为代表，叫"四要件论"。就是说"犯罪构成"是由犯罪客体、犯罪客观方面、犯罪主体、犯罪主观方面四要件构成。现在，以北大的陈兴良教授、清华的张明楷教授为代表的一些中青年法学家认为这四个要件是苏联教科书的翻版，主张引入西方的"三要件论"：该当性、违法性、有责性。像这种问题，我有我的想法，觉得现在还是维持"四要件论"好，但是我也感觉这里还存在一些值得探讨的问题。有人希望我写篇文章，但我觉得自己还没对这个问题研究透彻，写成文章恐怕还不足以有更大的说服力使别人接受，所以我没有写。要写篇文章拿出来，必须要有足够的说服力。

人物简介

王作富（1928—   ），河北省唐山市人。中共党员，教授，刑法学家。

王作富 1949 年考入中国政法大学，1950 年 3 月入中国人民大学法律系本科，同年 9 月调入刑法研究生班学习，1952 年开始任教于法律系刑法教研室。1986 年被国务院学位委员会批准为博士生导师，1992 年开始享受政府特殊津贴，2005 年被授予中国人民大学首批荣誉教授称号。兼任中国法学会刑法学研究会顾问、北京市法学会刑法学研究会副会长、最高人民检察院专家咨询委员会委员、法律政策研究室顾问等职。

王作富从事刑法学教学与研究 50 多年，先后为本科生、硕士生、博士生讲授"苏维埃刑法总则"、"苏维埃刑法分则"、"中国刑法总论"、"中国刑法各论"等多门课程，指导毕业硕士生 19 名、博士生 23 名。代表性专著有《中国刑法研究》（1991 年获北京市哲学社会科学优秀成果二等奖）、《刑法分则要义》、《刑法学函授自修教程》（内部出版）等 6 部；主编《刑法各论》、《刑法总论》等 22 部，参编《刑法学》、《刑法专论》等 34 部，其中《刑法学》、《刑法学原理》、《中国刑法学》等多部著作荣获国家多种奖项，《中国刑法研究》曾被国家检察官学院列为几期学员的必读教材，《刑法分则要义》被认为是最受欢迎的教材之一。此外发表论文百余篇。

除担任校内教学与研究工作外，王作富曾多次担任电视大学、中央政法管理干部学院、国家法官学院、国家检察官学院等院校或各种培训班的主讲，经常参加实际案件的咨询活动，与实际部门建立了比较广泛的联系，为提高广大干部的法律业务水平作出了积极的贡献。此外，通过参加我国刑事立法的起草工作，为我国立法工作贡献了力量。

名家自述

彭明自述[①]

摘要：彭明（1924—2008），河南夏邑人。著名历史学家，国内公认的五四运动史研究以及中国近代政治思想史和中华民国史研究专家，中国人民大学马克思主义学院教授，中国人民大学首批荣誉教授。本文回顾了他研究五四运动史的心路历程。

第一辑

1946年，我在华北联大教育学院史地系学习。那年的五四青年节，我们的老院长兼系主任于力（董鲁安）同志在《北方文化》上发表了一篇文章：《北京高师参加"五·四"游行示威的情况》，讲述了他参加五四运动的经过。这篇文章引起了我对五四运动的兴趣，也就是从这时起，我开始了积累材料的工作。

1956年，我在编写教材的过程中，阅读了大量五四时期的报刊和回忆录，并进行初步的研究，越来越感到五四时期这段历史的重要性：在中国

[①] 本文是作者2007年应中国人民大学离退休工作处之约，为纪念建校70周年撰写完成并印发全校。

新民主主义革命过程中出现的政治思潮，差不多都是在五四时期传入或兴起的；中国新民主主义革命时期的许多革命运动，如工人运动、妇女运动等等，追根溯源，都是从五四时期发端的。

在中国近代历史上，太平天国和五四运动是两大转变时期的标志。如果说太平天国运动揭开了中国旧的资产阶级民主革命的序幕，而五四运动则是揭开了新的资产阶级民主革命的序幕，成为旧民主主义革命到新民主主义革命的转折点。我国历史学界对于太平天国的研究是比较充分的，如罗尔纲同志在三四十年代便从事过系统的研究，写下大量著作。而对于五四运动的研究，相比之下，是比较薄弱的。60年代初，我看到美国哈佛大学出版的一本数十万字的《五四运动史》（周策纵著，1960年英文版）。这本书激起了我也想写一本《五四运动史》的愿望：外国都有了，中国为什么没有？

愿望虽好，但有没有可能实现呢？主要是资料问题。根据多年摸索的经验，我感觉资料还是比较丰富的，如档案、文献、报刊等文字资料，当事人回忆的活资料等也是不难获得的，只要肯付出艰苦的劳动，便会产生出一定的效果。

题目选定之后，就要大力从事收集资料的工作了。"巧妇难为无米之炊"，没有资料是谈不上研究的。马克思说："研究必须充分地占有材料，分析它的各种发展形式，找寻这些形式的内在联系。只有这项工作完成以后，现实的运动才能适当地叙述出来。"我的资料来源包括以下几个方面：

第一，报刊资料。我在20世纪50年代编写教材时就将五四时期的主要报纸和期刊初步地阅读了。到60年代提纲拟成后，又分章分节分段地补读了应该看而尚未看到的一些报刊。在这方面我应该十分感谢中国社会科学院中国近代史研究所、北京大学图书馆、北京图书馆、马克思恩格斯列宁斯大林著作编译局等单位的大力协助。

第二，档案资料。报刊资料是重要的历史资料，但并非都是可靠的资料，因为它总有一定的宣传性质。由于各自的立场、角度、动机和时机的不同，报道混乱以至失实的情况是经常出现的。在这种情况下，都是靠档案资料才能解决问题。

第三，文献资料。五四时期一些代表人物的著作、论文、信札等，都应该广泛收集，反复研读。我在研读这些资料时都随时整理出了一些研究札记性的论文，作为写书的素材。

第四，口述资料。指当事人的一些回忆，即活资料。我对这些回忆录，除认真阅读外，并带着一些问题，走访过当年五四运动的参加者或目击者，包括五四时期北京大学的工友、赵家楼胡同的居民、陈独秀故居的房东等。这些活资料非常重要，它可以给你提供许多的文字资料所不具有的细节，给你回答一些不太容易解决的难题。如高一涵对李大钊、陈独秀、胡适等人物的思想和活动情况的提供，许德珩等关于学生运动情况的提供，罗章龙关于马列经典著作在中国翻译出版情况的提供，张申府、刘清扬关于周恩来等活动情况的提供，都是非常宝贵的资料。这些历史的见证者，有的已年近古稀，有的则已作古。如1964年春节前夕曾在南京接见我并做过长谈的高一涵同志，竟在"文化大革命"期间（1968年1月23日）去世了。而我在文章前面提到的五四游行中的高师学生于力同志则早在上世纪50年代就已去世。因此，我深感抢救活资料的迫切性。

除国内一些当事人的回忆资料尽量收集外，对港台及国外出版的一些当事人的回忆资料，我也尽量收集，作为研究的参考。如张国焘的《我的回忆》及曹汝霖的《一生之回忆》等等，都可作为一些史实校正的参考资料。

第五，实地考察。司马迁之所以能写出《史记》那样伟大的著作，一方面是由于他掌握了"石室金匮"之书；另一方面，或者说更重要的方面，则是与他到处访问历史古迹，进行实地考察，"网罗天下放失旧闻"分不开的。后者补充了前者的不足，解答了前者的疑问，因而才能使"百年之间，天下遗文古事靡不毕集太史公"（《史记》卷一百三十《太史公自序》）。

在研究五四史的过程中，我深感实地考察的重要性。我们不可能重新参加五四运动的实践了，但是我们研究历史的人却应该对历史的遗迹进行必要的考察，增加一些真实感受，作为向后代青年教育的材料。因此，我每读到一段文字资料时，总要尽可能地到发生这些事件的地方去走访。例如，我曾不止一次地走访过《新青年》编辑部——陈独秀故居、北京大学当时各科的旧址及毛泽东两次来北京居住和工作的地方；我也曾不止一次地按照 5 月 4 日当时游行的路线从东交民巷走到赵家楼胡同曹汝霖的住宅。我不仅自己这样做了，而且在每一次向学生讲完这一段历史后，也要带着他们这样走一趟，边走边讲。青年人说这样学历史印象深刻，很受教育。

"纸上得来终觉浅，绝知此事要躬行。"通过实地考察，确能纠正书本上的或传闻上的一些谬误。例如，在文字记载中，《新青年》编辑部曾在"新世界"散发《北京市民宣言》，我原来听说，"新世界"就是前门外的劝业场，但经过实地的访问调查，发现不对了：不是劝业场，而是珠市口西香厂路口的一座楼房（曾为一小学，现已拆除）。当年北京的"新世界"，类似上海的"大世界"游艺场，通过两次访问（第一次承一位小学老师接待，第二次承小学的一位工友接待，这位老工友是五四当年经常出入"新世界"的一位梨园世家子弟），并参考了当年报纸上的"新世界"游艺场的广告，使我了解到当年"新世界"的全貌。这样，再来读高一涵的那篇和陈独秀一起在"新世界"散发传单的回忆，就活灵活现，印象逼真，真是如见其人、如闻其声了。

前人说："行万里路，读万卷书"。我自己行路虽不多，读书也很少，但我觉得这个方向还是对头的。至于一些具体的路子，如怎样做笔记、如何积累卡片的方法，我在往日的教学中已经讲了很多，这里就从略了。

范老（范文澜）谈治学，经常要人坐得住冷板凳，而且要下决心坐上十年，意思是说研究工作持之以恒，必然会出成果。不要三心二意，三天打鱼两天晒网，一事无成。一是坐冷板凳，一是不要发空论。这是范老经

245

常告诫人们的两句话，后为学者们以"板凳要坐十年冷，文章不写一句空"传诵至今。每当研读范老的著作时，总能想到这两句话。我到广东讲学时，特请著名书法家胡根天老先生草书此联，矢志自律。

现值校庆70周年之际，我愿把这副对联再贡献给在校的同学们，以资共勉。

人物简介

彭明（1924—2008），河南省夏邑县人。中共党员，教授，历史学家。

彭明1945年12月入华北联合大学教育学院史地系学习，1947年、1948年在华北联合大学和华北大学先后师从胡华和范文澜先生攻读研究生。1949年担任华北大学中国革命史助教，1950年起，在中国人民大学从事教学和研究工作，1983年任教授，1986年任博士生导师，1991年开始享受政府特殊津贴，2005年被授予中国人民大学首批荣誉教授称号。曾任中国人民大学学术委员会副主任，全国哲学社会科学规划学科组成员，中国现代史学会常务副会长、名誉会长，黄埔军校史研究会会长，中华炎黄文化研究会理事，北京市政协委员等职；曾被国内多所高等院校、科研院所聘为兼职教授、客座教授、荣誉研究员。

彭明是中国人民大学政治学理论（原中外政治思想）专业博士点的开创者，是国内公认的五四运动史研究以及中国近代政治思想史和中华民国史研究专家。他23岁时与胡华教授合作出版第一部著作《日本投降以来中国政局史话》，60年来，共撰写和主编学术著作10余部，发表学术论文200余篇。代表作《五四运动史》积36年心血而成，一经问世便激起学术界强烈的反响，同时引起当时国家领导人王震的关注。王震亲自批示各学校机关要以此书为参考书，胡绳和胡乔木也都在不同场合多次推荐此书。《五四运动史》成为研究五四运动的奠基之作，成为人们学习、研究相关历史或事件时不可或缺的参考资料。该书1987年获北京市哲学社会科学优秀科研成果二等奖，1988 年获全国普通高等院校优秀教材一等奖。

　　彭明的其他著作中，合作主编的《中国新民主主义革命时期通史》1988 年获国家教委优秀教材一等奖；合作主编的《中华民国史》（第二编·第二卷）1992 年获孙中山基金会学术著作一等奖；主编的《从空想到科学——中国社会主义思想发展的历史考察》1995 年获全国普通高等院校人文社会科学研究优秀成果（著作）二等奖；合著的《中国共产党的创立》1996 年获北京市哲学社会科学优秀科研成果一等奖。论文《五四运动与二十世纪的中国》1999 年获"卓达杯"全国征文大奖赛一等奖。

彦奇自述①

摘要： 彦奇（1926—2010），吉林延吉人。著名政党史学家，中国人民大学马克思主义学院教授，中国人民大学首批荣誉教授。本文回忆了他青少年时期辗转求学、投身革命，最终在中国人民大学学习工作的经历，其中对建校初期的学习生活、"五七"干校的劳动、复校后的治学心得等问题作了重点回顾。

辗转求学革命，曾被国民党特种军事法庭缉捕

1926 年 2 月 5 日我生于吉林省延吉县铜佛寺村的一户佃农家里。5 岁时发生了日本帝国主义侵略我国东北的"九一八"事变。10 岁时父亲突然去世，家里有母亲、哥哥、弟弟、妹妹和我五人，生活非常困难，主要靠 16 岁的哥哥给人家当警察小兵月收入八块钱支撑，还有母亲常会去打短工，以及外祖父做木工的收入来资助。我上的小学是县立铜佛寺村小学。在学习中我非常羡慕老师，想毕业后考中学，以后好当教师。所以小学毕业后，我就"不知深浅"地去考中学了。我的笔试成绩很好，从榜上看不

---

① 本文由彦奇教授应校史研究室之约完成于 2009 年 12 月，2010 年 2 月 24 日，彦奇教授病逝。谨以此文致以永远的敬意与怀念。

是第二名就是第三名，可是口试却出现了问题。考官首先问："你家里几亩地啊？"我回答："没有。"他说："你父亲是干什么的啊？"我说："死了。"又问："那你靠什么生活啊？"我说："靠哥哥当警察兵。"他说："一个月多少钱啊？"我说："八块钱。"他说："要是考上以后，住宿一个月就要八块钱，像你这样的，怎么也来考呢！"于是就说："你出去！"我就这样被他们赶出考场了，这给我打击很大。以后我就在家帮助母亲做些农活，如放猪、割猪食菜等等。两年后因我家搬到一个有中学的地方——延吉，我才上了中学。

我上的中学是省立延吉第一国民高等学校。我中学成绩很好，每个学期结束时，学校都要张榜，我不是第一名就是第二名。我的学习动力是我母亲带我们兄弟姐妹几个人很不容易，我要好好学习，将来挣钱养活我母亲。当时学制是初高中合在一起四年，在中学毕业的前一年我曾认真地思考过毕业以后干什么？有两条路：一是到哪里当个小职员，可自己正处于征兵的年龄，可能被征去当兵；一是考大学，考上大学可以不当兵。权衡了一下，还是考大学好。但上大学家里无钱，只有考"官费"大学，而"官费"大学非常难考，只有碰碰运气了。当时日本统治下的整个东北地区只有建国大学和陆军军官学校是"官费"大学，我则考上了军校。

1944 年 12 月，我走出了延吉那个小天地到长春（伪满首都，时叫"新京"）的军校上学了。此时我才知道延吉考场只考上了我一个人，叫真叫"难考"。我在这里念了八个月的书，1945 年 8 月，抗战胜利，日寇投降，学校也就自然解散了。

1946 年春，国民党政府在几个大城市办了收容"沦陷区"大学生的临时大学补习班。5 月，我入了沈阳的东北临时大学补习班，9 月补习班结束，我入了东北大学理学院地理系学习地质，仍是个"官费生"。我要学这个专业，主要是当时有一种浪漫主义色彩思想，即毕业后背着一个小背包，拿着一把小镐头，走遍祖国的山山水水，为祖国勘探矿藏贡献力量，该有多好！

入学后，我在学习方面是很积极，但同时也很快地参加到了爱国学生运动中。

1947年5月，国民党统治区广大爱国学生开展了"反饥饿、反内战、反迫害"的斗争。东北大学的同学则在6月2日开始了长达两个多月之久的"六二"大罢课。在大罢课中，我是学校五人罢课委员之一。同年冬，在东大同学反对国民党当局组织"东令营"强迫学生接受审讯的斗争中，我是理学院开展斗争的发起者之一。

1948年春季东大校园里就有把东大迁到北平的议论，所谓"只有在和平环境中学习才行！"旋即国民党当局和校方就公然提出了迁校北平的主张。对此，我们进步同学进行了反迁校斗争。6月15日我经同宿舍的好友、文学院俄语系的卢宗和同学介绍参加了党的外围组织——中国民主青年同盟（简称"民青"），卢宗和是我的上线领导人。其间，国民党当局允诺派出飞机帮助东大迁校到北平，东大同学可分批乘飞机赴平。我因是理科学生，想北上到哈尔滨工业大学读书，但我们上线领导人卢宗和告诉我，上边不同意我们离开同学，让我们也到北平去。7月3日我们就坐上国民党当局派来的最后一批的最后一架飞机来到北平。

刚到北平就听说北平市参议会通过了一个"强迫东北来平学生充军"的决议。这引起了来平学生普遍的愤怒，我们感到自己是上当者，也是被出卖者。与此同时又听说李宗仁已来平，住在中南海。7月5日，东北各校学生齐集中南海西门，向李宗仁请愿。当时我因身体不适离开队伍回到东大学生暂住地铁狮子胡同4号。傍晚听同学们说，当学生转向议长许惠东在东交民巷的住处请愿时，遭到预伏那里的军警之伏击，当场死伤多人，此即"七五"惨案。当晚东大同学召开全体学生大会，改选了学生自治会，我被选为学生自治会五人主席团成员与理学院学生自治会主席。此后，我在党组织的指示下参与了组织北平和东北两地各大学学生于7月9日举行的"七九"大游行。以后，我又在同学们的催促和鼓励下参与组织了东大同学反对北平市参议会的游行。由于游行前没有做任何准备，而游行的目的也似乎就是要报复一下参议会，当游行队伍到达参议会门前时，又遭警察筑起的人墙所阻，所以部分同学推倒了人墙后，就冲进了参议会内，将参议会内的东西都砸了。有同学说："电话都砸成饼了"，并问我："还干什么？"我说："让大家唱《团结就是力量》"。说实话，我也不知道还要干什么。幸亏此时燕京大学同学的慰问代表来了，他们打着写有校名的横幅，接着，清华大学同学的慰问代表也打着标有校名的横幅来了。他们找到我表示慰问后，都告诉我："队伍怎么来的，就怎么回去！"我恍然大悟，立刻调动队伍，变排尾为排头，排头为排尾，井然有序地回到了我们暂住地铁狮子胡同4号。很明显，我们的这次游行是一次非常冒险的行动。当天晚上，我的上线领导人，工学院矿冶系韩复兴同学（此时我的原上线领导人卢宗和同学已回东北哈尔滨，韩复兴是东大地下党支部书记，也是校学生自治会五人主席团成员、工学院学生自治会主席）即来找我聊天，他着重提出我不应该擅自组织同学去游行，并指出这次行动的危险性。8月下旬的一天晚上，他又来找我，告诉我说："现在特种刑事法庭要缉捕你，组织上决定让你到解放区去！"又说："你说话东北口音很重，路上有人盘问你时，就说你是从沈阳来的，问你到哪儿去？就说你到吕家庄去，因为那边的确有个吕家庄，问你到吕家庄干什么？就说小时候跟父亲到沈阳开个文具店，现在父亲病故，回家去探望多年未见的老母亲！"又说："你走时要打扮成小商人模样，要改姓名，因为吕家庄的人全姓吕，至于名字由你随便改，叫什么都行。我现在已给你准备好了衣服、钱、烟卷等，在途中遇到军警时，要随机应变，要抽烟，给他烟抽……最好在途中能找个跑小买卖的老大娘，她能掩护你……"接着又告诉了我要走的路线，如到沧州找公安局，到泊头找城工部刘仁同志。我问他什么时候走？他说："越快越好，后天拂晓到前门车站坐上天津的火车……"就是这样，我按照他的嘱咐，一路跑到了泊头镇。

说到这里，我想多说几句。解放后有关我被北平市特种刑事法庭通缉之事得到了证实：

一、大约是1950年或1951年，在中国革命史教研室的一次党支部会上，支部书记说："党委书记胡锡奎同志让我在党支部会上宣布一件事：在我们对国民党特种刑事法庭档案进行清理时，发现了缉捕彦奇同志的材料，现在已经到了我们学校，胡锡奎同志说要把这个材料装进彦奇同志的档案里。"我在"文化大革命"中是被打倒的，听说我们学校的档案已被造反派搞得乱七八糟，现在不知道这个材料是否还在我的档案里。

二、1955年"肃反"运动期间，哈尔滨电机厂派人来我们单位找我调查，说他们厂里有个被监督劳动的人，叫姜开岩，问我认识不认识。我说认识，他是东北大学理学院化学系学生。调查人则说："希望你揭露他迫害你的罪行。当年北平特种刑事法庭缉捕你，是他递的黑名单，他已交代他是个特务。"我告诉他："我确实不知道他是个特务，平常见面，他还总点头哈腰的。在敌伪统治时期，他是个留日学生，其他情况，我确实什么也不知道。"最后据此给他写了个材料。

三、1967年"文化大革命"中，哈尔滨电机厂又派人来找我调查，此时我已被"打倒"，来人一定要我揭露姜开岩是怎样迫害我的。我跟他们说："我确实不知道他是怎么迫害我的。"于是，他们拿着"小红书"一遍又一遍地念着有关阶级斗争的段落给我听，到最后我还是给他们写了个同"肃反"时写的材料一样的东西。这说明了什么？说明人家国民党的特务还高明，人家迫害你，你却对人家一无所知。

我们继续说下去。我到泊头镇后很快就找到城工部。我说："我找刘仁同志。"出来接见我的不是刘仁同志，是韩冲同志。在城工部住了二十天左右，主要做了两件事：一是组织上让我改名，我就改了现在这个名字，叫彦奇；二是让我写了不少东北大学的情况。据说我是东大迁平后第一个来解放区的。以后，根据城工部指示，我便取道德州，路过石家庄，到正定华北大学了。

从华北大学到中国人民大学

我到华北大学报到后，被分编到一部十七班学习，当即被指定为第四组组长，后又当选为青年团的支部副书记。我在这里接受了有关中国革命的基本理论教育。由于革命形势的迅速发展，我们的结业时间也被提前到11月中旬了。在这里我学习的时间虽然很短，但它在我人生道路上却占有十分重要的位置，因为它帮助我树立了马克思主义的世界观，帮助我增强了普通革命者的使命意识。在华北大学结业后，同班同学戴逸、吕凡和我都接到留校到一部政治研究室当研究生的通知。我们到政治研究室报到时，研究室副主任刘烈夫同志（上海解放后被调到上海任高等法院院长）热情地讲了些鼓励我们的话，"将来在学校当政治教员"，并介绍了政治教研室的情况。当时政治教研室分设政策组、经济组、党史组，各组组长分别是何戊双、宋涛、胡华。戴逸和我在党史组，吕凡在政策组。此后，戴逸和我便在胡华同志领导的党史组当研究生了。

我们当研究生时的情况，大体上是这样：平时要多阅读一些与党史有关的书籍和期刊，现在记得的，如华岗的《大革命史》、邓中夏的《革命职工运动简史》、陈伯达的《中国现代史》以及《中国共产党烈士传》等等，期刊有《新青年》、《向导》等，当然也注意搜集其他资料。然而更重要的是要为组长的教学做好辅助工作，具体一点说，就是胡华同志坐在讲台中间的讲桌后讲授时，戴逸和我要各站在讲台两边的两块黑板前写板书，因此，我们俩被同志们戏称为"哼哈二将"。这种方式的教学辅助工作之所以被采取，主要因为：一、学校当时没有教室，学生是在露天空地上坐着马扎听课的，且听课学生太多，不易听得清楚；二、学生都是为追求革命来自"蒋管区"各大、中学校的青年，他们对党史上的人名、地名根本不知道或很少知道；三、胡华同志是南方人，讲课时奉化乡音较重，学生多是北方人，不易听懂。总之，写板书是为了提高教学效果。

我认为我们那个时代的研究生，不是一般意义的研究生，是具有明显时代特征的研究生，是"从学习中工作，从工作中成长"的研究生。

革命形势发展得很快。1949年1月北平解放。3月，胡华同志全家以及戴逸和我便坐着一辆第四野战军的大卡车由正定来到了北平。我们来平后的学习和工作与在正定时大体一样，读书、搜集资料和写板书。

7月1日，党在先农坛体育场召开了北平市全体党员庆祝党的生日的大会。我当时虽然不是党员，却也接到参加大会的通知，参加了大会，受到很大教育。亲耳聆听了毛主席向高呼"毛主席万岁"的党员群众高呼："同志们万岁！"

8月，我在政治研究室加入了伟大的中国共产党。

9月，华北大学成立了俄文大队，提出要为新中国培养第一批红色俄文翻译。全校包括研究生在内的所有青年干部都是俄文大队的学员。俄文大队共编九个班，但在学习月余之后，又从各班中抽调学习较快的十多个人编成了第十班，也称快班，戴逸和我都是这个班的成员。正当我们铆足劲儿学习，要当新中国第一批红色翻译时，突然接到通知，要我们到学校人事科去报到。到人事科后，被告诉到胡华那里工作。这样，我要当新中国第一批红色俄文翻译的梦想就完全被打破了。

此后，戴逸和我又投入到搜集资料、查对资料以及校对书稿等工作中。1950年3月，胡华编著的《中国新民主主义革命史（初稿）》在人民出版社出版了。这本书的发行量很大，对全国各界人民学习党的历史起到了很大作用。

在这本书出版后，听说"上边"还要求编一本参考书，"光有书，没有参考书不行"。这样我们又着手编辑《中国新民主主义革命史参考资料》一书。这本书是在1951年4月由商务印书馆出版的，发行量也很大，在配合全国各界人民学习党的历史中也发挥了积极作用。此书稿酬很丰厚，我们悉数捐出与人合伙为中国人民志愿军买战斗机。

1950年，中国人民大学成立了，特别值得人大人记住的就是在开学典礼上党中央副主席刘少奇、朱德两位同志相继作的重要讲话，他们都指出成立中国人民大学就是要为新中国培养各方面的建设人才（大意是这样）。我个人理解：这既是党中央赋予中国人民大学的历史任务，也是党中央对中国人民大学的期许。当时我们作为最年轻的教员都在主席台前坐在马扎上聆听了他们的讲话，真有一种特殊的荣誉感。

中国人民大学的成立，就我个人来说，也是个相当重要的时刻，因为从此开始了我的漫长的教学生涯。

我从事教学的单位是我校四大理论教研室之一的中国历史与中国革命史教研室（后改为中国革命史教研室）。教研室主任是我国著名学者何干之教授。我是中国革命史的课堂讨论教员，主讲教员都是比我们水平高的教员、讲师、副教授、教授。我是 1952 年任主讲教员的，1954 年任中国革命史函授教学负责人，1956 年任马列主义研究班中国革命史分班主任。总之，我是一直处于中国革命史教学第一线的。

1958 年 11 月，历史系（是在中国革命史教研室和马列主义基础教研室的基础上于 1956 年 9 月成立的）党史专业为增设中国工人运动史课程成立了中国工人运动史教研室，我任教研室副主任（没有主任）。在接受这个任务时，真可说是诚惶诚恐，怕的是不能完成这个任务：第一，这门课程各大学都未开设过，没有可以借鉴、可以参考的；第二，完全是"白手起家"，没有资料信息；第三，系里规定完成任务时限太短，要在 1960 年开出课来，并要求几经讲课后，要写出讲义；第四，人手少，虽说是个教研室，但只有三人。怎么办？三人几经研究，决定先兵分三路：一人到上海，我国工人最集中的地方；一人到开滦煤矿；一人到"二七"大罢工发源地之一的长辛店。经过搜集资料与对老工人的访问，确实搜集到了一些可贵的材料，但距研究全国的工人运动史还远远不足。就在搜集资料的过程中，我们得知全国总工会职工运动史研究室有大量工人运动史料。经系领导同意，我们同七八位研究生一起到了职工运动史研究室。在这里我们用手究竟抄了多少资料，没有精确统计过，但估计总数不下几千万字。就在这时，全国总工会职工运动史研究室主任张承民同志提议：由全总职工运动史研究室、中国科学院近代史研究所工人运动史研究组、中国人民大学历史系中国工人运动史教研室协作编著一本《中国工人运动史》。经协商确定各编著单位分工如下：职工运动史研究室编写二次国内革命战争时期以前的工人运动史（含二次国内革命战争时期），近代史所工人运动史组编写抗日战争时期的工人运动史，我们教研室编写解放战争时期的工人运动史。这本书的主编是张承民、曲纪武（近代史所工运史组组长）和我。协作组成立后对我们开展工人运动史研究与开设中国工人运动史课是很有帮助的，我们有了可借鉴与可参考的便利条件。就是这样，经过教研室全体同志的艰苦努力，于 1960 年 9 月按时给我校历史系五年级同学开出了中国工人运动史课，开创了我国高等学校讲授中国工人运动史的先河。1961 年 8 月，教研室补充了三位历史系的毕业生。此时，我们完成了在协作组承担的编写任务。可是在 1964 年夏，教研室却被人家莫名其妙地撤销了。至此，中断了我对中国工人运动史的教学与研究。

在这里再说点事：正在我为开出新课而忙得"不亦乐乎"时，我还被调到"北京市高等学校党史讲义编写协作组"，在那里参加了《中国共产党历史讲义》的编写工作。此书于 1961 年 10 月由中国人民大学出版社出版，被高教部指定为高等学校教材。

"文革"中获罪"刘少奇吹鼓手"，"五七"干校辛苦劳动

在 1966 年"文化大革命"快要来临前，我们有些同志就有了"山雨欲来"的感觉，但没有想到那么厉害，历时那么长。在"文革"中我被"赐予"的罪名很多，其中最主要的是"刘少奇吹鼓手"，原因是因为我在讲授中国工人运动史时，结合历史讲了不少刘少奇同志有关党在白区工作的著作及其理论。刘少奇一被打倒，我就受到了比较严重的冲击，游过街、挨过打、受过侮辱，家被抄过四次，连头发也被人家剪了一剪子。1969 年 11 月，我被"解放"，恢复了党籍。前面说过，撤销教研室时我中断了对中国工运史的教学与研究，"文革"抄家彻底地打断了我对工运史研究的念头。因为抄家不仅抢走了我的讲稿和为协作组编写的书稿，也夺走了我所有的有关工运史的资料。

1969 年 11 月，我到中国人民大学设在江西省余江县刘家站的"五七"干校。我们的通称是"五七"战士。在这里，我种水稻、打石头、盖房子、当采买，还在离干校几十华里的锦江镇当过干校的积肥队队长。干校的活都是重体力劳动。就拿积肥队来说，积肥队是以大粪和垃圾为肥源的，每天要拉大粪十几车，每车重量不下两千多斤，每天要搜垃圾二十几车，每车重量几十斤，大粪和垃圾都要倒到许多个积肥坑里，而积肥坑又都在远离锦江镇的地方。这样就可以看出积肥队劳动的轻重了。由于积肥队把整个镇子的大粪都包了下来，人们称我是"粪霸"。我在"五七"干校待了三年，1972 年 11 月回来。其间我们学校被"四人帮"解散了。

1980 年，小平同志在人民大会堂主持了刘少奇同志平反大会，北京市委点名给了我一张参加大会的票，说我是受株连的。我参加了大会。我真佩服北京市委是怎么知道我的!?

复校后的工作　开创民主党派史的教学与研究

1973 年 6 月，我随党史系到北京师范大学从事党史教学工作，并任党史教研室党支部书记。

1978 年 9 月，中国人民大学复校，我又随系回到母校，当时那种分外高兴之情实在难以用笔墨形容。党史系为适应新的形势决定"再成立一教研室"，开设新的课程，任命我为主任，教研室名称为中国革命问题教研室，意思是凡属中国革命的问题在这里都可以研究。教研室有十四位同志，大家都为能拓展新的学术研究领域、开设新的课程而高兴、而努力。因此，在不到两年的时间里，教研室便开出了"中国各民主党派史"、"共产国际与中国革命"、"党的建设"等填补空白的新课。我主要致力于中国各民主党派史的研究，主编了"中国各民主党派历史研究"丛书，从 1984 年 3 月开始陆续由中国人民大学出版社出版，其中《中国农工民主党历史研究》一书，获得了中国人民大学优秀科研成果奖。

1989 年初，我为拓宽和深入研究中国各民主党派史，加深对党领导的多党合作与政治协商制度的研究与理解等，投入到对中国各民主党派史人物的研究，主编了"中国各民主党派史人物传"系列丛书。这套丛书是在 1991 年 7 月由华夏出版社出版的。第三卷出版时，在全国政协礼堂举行了首批发行讨论会。全国政协主席李先念同志亲笔为丛书写了"长期共存、互相监督、肝胆相照、荣辱与共"的题词。民盟主席楚图南同志为丛书写了书名，丛书得到了不少好评。首都各大媒体都对丛书的出版作了报道，特别是中央电视台在《新闻联播》中还作了报道。丛书前三卷也获得了中国人民大学优秀科研成果奖。丛书以后又出版了两卷。同年 8 月，我和张同新共同主编的《中国国民党史纲》一书也在黑龙江人民出版社出版了。

我在数十年的教学生涯中，培养了很多研究中共党史和各民主党派史的人才，其中有 16 位博士、5 位硕士、6 位访问学者、5 位外国研究生和进修生，他们大多已成长为国内高校的教授、博导。1994 年我曾被评为我校优秀博士生导师。

在做学问上，我有个体会，在大学里教书一定要讲好课，这里自然也有育人的问题。我在数十年的教学生涯中，大部分时期都是在课堂上度过的，不仅在校内讲，在校外也讲过不少课，我还给人家当过兼职教授。我认为，要讲好课一定要进行研究，因为研究是讲好课的根基；我同时还认为，要讲好课还要有一个正确的政治方向作指导。只有这样才能达到教书育人的目的。

要说到我的治学之道，可以概括成六个字：严谨、博精、拓新。

严谨，就是做学问要一丝不苟，要严格地遵循辩证唯物主义和历史唯物主义的原则，乃至严谨于资料的使用与文字的叙述。博精，就是做学问要着眼于摄取知识的宽广度上，进而集中精力于某种学科及其深度的钻研。拓新，就是做学问要敢于大胆地涉足前人未曾研究的领域，使自己的研究方向既有一定的合理继承性，又有相当大的开拓创新性，力求写出实事求是、具有新意的著述。

我招的博士生有两个研究方向，一个是中共党史，另一个是各民主党派史。

我一贯很乐观。我得过膀胱癌，做过大手术。人总是有生有死，人要乐观。回想我走过的路，最喜欢的是当大学生的时候，反对蒋介石政权，真有意思。

感恩母校　追忆先生

我对中国人民大学感情很深，谁要无缘无故地说中国人民大学不好，我心里总是很难过的。

人的一生总是要经过从不懂事到懂得一点事、到懂得一些事、再到懂得好多事的过程。我是从懂得一点事开始就在华北大学与中国人民大学学习与工作的，它给了我崇高的理想与信念。每当我遇到困难时，想到这些，一切问题就会迎刃而解。所以我总是比较愉快的。

在我漫长的教学生涯中，使我不能忘怀的有两位老师：一位是胡华同志，他是我步入党史专业的启迪者；一位是何干之同志，他是我最敬慕的师长。我听说何老师是毛主席要他到延安创办抗日军政大学和陕北公学的。抗战初期有四大教授到陕北从教，其中就有他一个。他在延安教书时，是最受学生欢迎的一位教师。何老师是广东中山大学毕业的，后来到日本留学，师从名师河上肇。河上肇先生是日本宣传马克思主义的鼻祖。何老师曾经跟我讲过，他回国的时候已经快要毕业了，这时发生了日本帝国主义侵略我国东北的"九一八"事变。他们在东京的爱国留学生，不顾日本政府的镇压，到东京最繁华的银座大街游行示威，高喊"打倒日本帝国主义！""反对日本帝国主义侵略我国东北！""还我东北！"等口号。1931年底，他们又举行游行示威，日本宪兵的马队在冲散了游行队伍后，就开始抓人，并把抓到的学生一直押到驶向上海的轮船上，驱逐出境。何老师就是这样被驱逐出境回到上海的，什么东西也没有拿回来。何老师是1934年在上海入党的，可要知道，他入党时正是党领导的中国革命处于低潮时期，白色恐怖最严重，党在白区工作损失达百分之百，何老师能在这个时期申请入党，可见其为共产主义理想奋斗的决心和意志是多么的坚强了，我是十分佩服他的。何老师学问也做得很好。他在社会科学方面造诣很深，著述颇丰，是我国党史学界的权威之一，也是我校最早的两位一级教授之一。何老师不但学问做得好，为人也很好。他诚恳、热情，善于关心同志。我很想念我的老师，没有想到他才62岁就走了，走得太早了。

人物简介

彦奇（1926—2010），原名商国臣，吉林省延吉市人。中共党员，教授，中国政党史学家。

彦奇1946年9月入东北大学理学院地理系，1948年7月随学校迁到北平，同年9月入华北大学一部十七班学习。结业后，留校入政治研究室当研究生，兼做教学辅助工作。中国人民大学成立后，彦奇开始在中国革命问题教研室党史组任教。1958年11月任历史系中国工人运动史教研室副主任（无主任）负责新课建设，1978年任党史系中国革命问题教研室主任，1986年被评为博士生导师。1992年开始享受政府特殊津贴，2005年被授予中国人民大学首批荣誉教授称号。曾任中国人民大学复校后首届校学术委员会委员、中共党史系学科带头人、中国统战理论研究会理事等。

彦奇曾讲授"中国革命史"、"中共党史"、"中国工人运动史"、"中国各民主党派史"、"中国各民主党派史人物选"等课程，培养了众多党史和民主党派史人才。

彦奇有多部学术著作。1951年4月，彦奇同胡华、戴逸编辑出版了《中国新民主主义革命史参考资料》一书。1960年10月参加作为高等学校教材的《中国共产党历史讲义》的编写工作。1984年3月，他主编的"中国各民主党派历史研究"丛书开始出版，这是一部颇具开创性的学术著作。1991年5月，应苏共中央社会科学院的邀请赴莫斯科参加国际学术研讨会，宣读了《论中国共产党领导的多党合作制度》论文，博得与会学者高度赞扬。同年10月，他主编的"中国各民主党派史人物传"大型丛书前三卷问世，丛书被誉为"一套好的传记丛书，填补了现代史的一个空白"。同年还出版了他参与主编的《中国国民党史纲》。

高放自述①

摘要：高放（1927— ），福建长乐人。著名马克思主义理论家，中国人民大学国际关系学院教授，中国人民大学首批荣誉教授、首批荣誉一级教授。本文讲述了他的求学与治学历程，主要回顾了其坚持思想解放、理论创新、取得丰硕成果的不凡经历。

　　我从1949年3月（22岁）北京解放时起，就开始从事马克思主义理论教育工作。和同时代的绝大多数知识分子一样，我也走过了一条曲折坎坷的道路，才在近三十多年来走上坦途，迈出大步，这首先要归功于党的十一届三中全会端正了路线，迎来了科学的春天。我从1979年起先后开设多门新课，开始培养硕士研究生，1981年经国务院批准为全国国际共产主义运动史专业的第一个博士研究生导师，成为这一门学科的全国学术带头人，迄今已培养了20名博士研究生；撰写了300多篇文稿，先后陆续出版9本文集、2本专著（共计400多万字），还合著、合译、主编了30多部书稿。我提出了一系列新见解，引起了海内外学术界的重视，被多种

---

　　① 本文由作者应校史研究室之约完成于2010年2月。

辞书和学界人士溢称为马克思主义理论家、社会主义学家、政治学家、历史学家、教育家、思想家。我之所以能够在近三十多年中作出较为显著的成绩，主要由于有了春光明媚的大好气候，也由于我年轻时打下了较为坚实的根底和后来善于从种种波折中总结出有益的经验，并且能够持之以恒地艰苦努力，辛勤耕耘。

我受过的三种教育

我在青年时代受到过三种教育，即英美式的自由主义教育、老解放区的革命传统教育和苏联式的马克思主义理论教育。这三种教育各有利弊，只要善于取长补短，取其精华，熔于一炉，刻意创新，就会受益无穷。要说清这一点就要从我的经历谈起。

我祖籍福建长乐县龙门村，1927年2月4日（阴历正月初三），出生于福州市一个职员之家，原名高元浤（元是排行，浤是《康熙字典》才能查到的古汉字，意为水势宏大。木华《海赋》有"浤浤汩汩"，这是形容浪涛的声音。因我五行缺水，所以父亲给我取此字为名）。由于家境清寒、父亲工作动荡和日本帝国主义入侵，我先后辗转念过六所小学，最后1939年毕业于闽清县六都坂中中心小学，随即考进当时迁到该县的福州三山中学肄业。1941年日本侵略者占领福州，我又转学到从福州搬迁到闽北顺昌县洋口镇的私立福州英华中学，这是一所由中国人于1881年创办的、当时已有六十年历史的著名教会学校。有赖于第一任华人校长陈芝美博士思想开明，领导有方，所以教师水平高，教学要求严，英美式自由主义教育传统深。学校虽然有教会的宗教活动，但是允许学生不信宗教、反对宗教；在国民党统治下学校虽然课堂上都讲三民主义，但是同时允许宣传马克思主义。学校领导还有意保护陈衡庭老师在学生中传播马克思主义，学生可以自由学习并切磋马克思主义。在这种气氛中相当一部分学生在宗教与科学、进步与反动、三民主义与马克思主义、国民党与共产党之间作了自觉的正确的选择。学校图书资料丰富，学习风气浓厚，学术团体林立，学术活动多样。我当时是理科班的学生，却对文科书刊尤感兴趣，阅读课外书刊约占一半时间。我读过孙中山、蒋介石、费尔巴哈、卢梭、托尔斯泰、屠格涅夫、鲁迅等人的著作。特别重要的是从陈衡庭老师处借读到《共产党宣言》、《西行漫记》等书，受到马克思主义的启蒙教育，并且对中国共产党有了初步的认识。我还积极参加读书会、讲演会、辩论会以及编壁报、编校刊等活动，由此打下了较好的语文和写作基础，并且练就了口才。从高中一年级（16岁）起就开始在省级报刊上发表多篇新诗、散文、杂文和新闻通讯。高中三年级当选学生自治会会长，创办并主编每周出版一期、对开四版铅印的《英华消息》。当时我梦想将来当编辑、记者兼业余作家，用自己的笔讴歌正义，抨击邪恶，描绘人生，倾诉衷肠。1946年6月我于英华中学毕业后，到上海报考大学。本来以第一名由暨南大学新闻系录取，然而我更追求名牌的北京大学。由于北大没有新闻系，我就想读政治系，然后进入新闻界和作家行列。1946年10月至1948年1月在北大学习期间，正是全国学生民主运动高潮之时。在这所富有民主与科学传统、同样具有英美式自由主义教育传统的最高学府里，我读了很多西方社会科学的名著，尤其是读到更多的马克思主义书籍和各种进步书刊，第一次读到莫斯科中文版《列宁文选》、斯大林著《列宁主义问题》、《联共（布）党史简明教程》和毛泽东的《新民主主义论》、《论联合政府》等书。同时我还积极参加学生民主运动。1947年6月参加了地下党领导的民主青年同盟，并担任支部书记（到解放区后转为共青团员），在校内墙报和北平报刊上发表过多篇文艺和政论文稿。英美式自由主义教育的优点是促人广泛阅读，开阔视野，活跃思想，独立思考。受自由主义教育，如果有正确的引导就会健康成长，否则容易陷入泥潭而难以自拔。

1948年1月我怀着革命激情，越过国民党设置的封锁线，从北平经天津投奔晋冀鲁豫解放区。初进设在山西潞城高家庄的北方大学文教学院，5月北方大学迁到河北邢台，7月再次迁到河北正定，与晋察冀边区的华北联合大学合并为华北大学。这时本来我经过考试已得文艺研究室主任艾青和副主任光未然批准转到华大三部文艺研究室当研究生，可是却被华大二部主任、中国革命史专家何干之看中了，硬要把我留在他身边当研究生，直到1949年2月北京解放。从此改变并且决定了我一生的工作方向和工作岗位。我已不可能去当编辑、记者和文艺作家，只能去从事社会科学的教学和研究工作。起初我的思想一直扭转不过来，后来逐步适应并且非常热爱教育和科学研究工作，感到这是饶有兴味和意义深远的重要工作。教育者首先要受教育，而且要受多方面的教育，然后才能满足学生和社会多方面的要求，才能教好书、育好人，才能写好书，对社会有较大影响。

　　到解放区后，我受到的主要是革命传统教育。这种教育的优点是艰苦奋斗，注重联系中国实际。当时过的是供给制生活，每年发一套粗布单衣和棉衣，吃的基本上是粗粮，一周才能吃到一次细粮，发的纸张都是粗糙的黄纸，晚上自习用的油灯也只有一根灯芯（研究生有两根灯芯）。当时范文澜、艾思奇、何干之等老师也都是在这种昏暗的油灯下备课、写作。范老后来写的对联："板凳要坐十年冷，文章不写一句空"，文如其人，给我留下了深刻的印象。当时解放区正轰轰烈烈地开展土地改革，我们身在农村，也不时参加宣传《土地法大纲》的工作或者发动贫雇农、批斗地主恶霸的大会，亲眼看到分到土地的贫雇农手捧泥土、喜笑颜开的情景。这比起以往从书本上读到的亨利·乔治的单一税、孙中山的平均地权、洪秀全的天朝田亩制度等等具体、实际、生动得多！从中深切体会到：学习一切理论最终都要与中国的实际相结合，都要为了解决中国人民的解放问题。1949年3月我随华北大学迁进北京，这时调到华大二部任学习助理员（相当于助教），帮助新入学的学员学习马克思主义，还兼任青年团支部书记和分总支宣传委员。进城之初，处于新旧社会转折时期的知识分子在思想改造中遇到了一系列问题，诸如谁是历史的创造者？谁养活谁？什么是历史发展的动力？中国是怎样由辉煌的封建主义大帝国沦为西方列强的半殖民地？中国为什么走不通旧民主主义之路而必须走新民主主义和社会主义之路？等等。我在对学员辅导时，注意联系学员思想实际，解决他们思想认识上的许多热点和难点问题，从中自己的理论水平和思想觉悟都得到提高。1949年8月25日摘登在《人民日报》的《"群"是有阶级性的》（参加"社会发展动力"问题讨论的文稿），是我发表的第一篇马克思主义理论文章。1949年9月底，中华人民共和国开国前夕，我满怀激情写了一首《新华门颂》，这是我年轻时喜欢诗歌并写下的最后一首新诗（《人民日报》副刊编辑李亚群来信说已决定采用，后因稿挤未刊登）。1949年12月30日我经华大俄文大队九班党支部大会讨论通过被吸收加入中国共产党。从此，我更加自觉地决心为共产主义事业奋斗终身。

艰苦奋斗、联系实际是老区革命传统教育的精华，其缺点是系统性不足。为了系统学习革命和建设理论，1950年9月中央创办了第一所正规的大学——中国人民大学，先后邀请了近百名苏联专家来华讲学。这时我即调到马列主义教研室当教员，开始教"马列主义基础"课，内容是联共（布）党史，教材主要是《联共（布）党史简明教程》。到1957年苏联专家回国之前，我边教边学，自己独立授课，同时听苏联专家的课，贪婪地学习大量的马克思列宁主义经典著作。除了《马克思恩格斯选集》（两卷集）、《列宁文选》（两卷集）、《斯大林选集》（东北新华书店出版的五卷本）外，还及时阅读了当时新翻译出版的关于社会主义历史与理论的几乎所有经典著作。苏联专家在马列主义教学中非常重视经典著作，每读一篇或一本都要求我们弄清其历史背景、基本思想和现实意义。我这七年教学中，通过略读、细读、精读和研读大量马克思主义经典著作，打下了坚实的理论基础，牢固地树立了马克思主义世界观，养成了从理论角度观察问题、思考问题的习惯，掌握了从理论高度分析问题、解决问题的方法。苏联式系统的马克思主义理论教育的缺点在于教条主义习气浓厚，当时所谓联系实际就是从马克思主义经典著作中寻章摘句来论证党的领袖的正确和英明伟大，充满个人崇拜；对党的决策只限于作诠释，不管正确与否都要论证其如何依据并发展了马列主义。

由于我以前受过自由主义和革命传统这两种教育的影响，所以我受教条主义之害不算太深。这几年我还是作出了较为显著的成绩。1951年初结合我国的镇压反革命运动，我写出了第一篇史论结合、论从史出的科学论文《从巴黎公社和十月革命的历史吸取镇压反革命的经验教训》（收入中国人民大学《科学集刊》第2辑，另分别发表于《新建设》和《学习》杂志）。1953年党中央公布了过渡时期总路线，1954年初我校举行总路线理论问题讨论会。我提供了《论我国过渡时期的工农联盟问题》的学术报告，得中国人民大学优秀科学论文乙等奖，后经修改由上海人民出版社出版，这是我的第一本论著，从1954年9月到1955年7月先后印刷四次，发行64 000册。1955年湖北人民出版社又出版拙著《列宁论过渡时期工农联盟》，当时我是想结合我国农民占绝大多数的国情特点，长期重点研究工农联盟问题。此外，这几年在报刊上还发表过十几篇文稿。1956年，几个听过我的课的人大学生朱守贞等毕业时曾联名给校领导写信，认为在校四年中听过几十个教师讲课，给他们留下最深刻印象的教师有两个：一个是讲授中国革命史的李新，另一个是我，认为我讲课富有新意，逻辑严密，分析深刻，语言简练。学校领导根据这封表扬信，曾要我总结一些教学经验，以便在全校推广。教学和研究的突出成绩使我很快晋升，这一年我连提三级，从行政十七级升为十四级，提到教学六级，即讲师最高级、副教授最低级，工资增加将近一半，全家迁进了四居室一套的新建楼房。虽然1954年我国刚开始评职称时我才定为讲师，但是1956年就被评定为副教授上报，可是从1957年起"左"的指导思想占上风，不搞学衔。1963年我又一次被评为副教授上报，但是1964年搞"四清"运动，"左"的指导思想又抬头，又压下来不批，直到1979年才正式批准下来。

我经历的四个阶段的思想变化

我受过自由主义、革命传统和马克思主义这三种教育，只要能各取其长，按理会顺利成长。可是在"左"的指导思想下，我的思想历程却是十分曲折的。50多年来我的思想变化大体上经历了四个阶段：从1949年至1957年，我年轻气盛，敢想敢说；从1957到1966年，我遭到批判后转变为唯命是从，不想不说或不想照说；1966年到1976年"十年动乱"期间我深沉思考，敢想不说或敢想巧说；粉碎"四人帮"之后尤其是1978年党的十一届三中全会以来，我感到重担在肩，不能不独立思考，力求善想善说。

由于我喜欢博览群书，遇到问题总想打破砂锅璺到底，所以在跟苏联专家学习联共（布）党史的过程中常提出一些令他们不悦的问题。例如，经济派、孟什维克的首领们算不算革命家？后来有没有变为布尔什维克的？托洛茨基派的四十六人政纲的具体内容有哪些？能不能把这个文件找来，让我们读一读？苏联专家就认为不应该对反面人物和反面书刊这样感兴趣。斯大林在1924年4月发表的《论列宁主义基础》中说："为了获得社会主义的最终胜利，为了组织社会主义生产，单靠一个国家的努力，特别是像俄国这样一个农民国家的努力就不够了，——为了达到这个目的，就必须有几个先进国家中无产者的共同努力"，这明明是认为苏联一国不可能建成社会主义，明明与托洛茨基的观点一致，为什么1926年1月他在《论列宁主义的几个问题》中又自认为这种观点是反对托洛茨基意见的？还有，斯大林在1946年说第二次世界大战一开始就带有反法西斯性质，而1939年共产国际却认为战争双方都是帝国主义性质，这该如何解释呢？苏联专家对于这种在经典文献中挑毛病、找矛盾的做法十分恼火。1956年苏共二十大批判了斯大林和《联共（布）党史简明教程》中的错误，揭开了长期存在个人崇拜和教条主义的盖子，促进了思想解放；国际上又发生波兰、匈牙利事件，各国共产党由以往的观点统一开始出现意见分歧。这种情况对我思想震动很大。1956年秋后，我的教学内容就开始由联共（布）党史转向国际共产主义运动史，同时还担任马列主义基础研究班班主任工作。在学习和教学中，我坦率地在各国共产党的争论中表明了自己对一些问题的看法，万万没有想到这几乎给我带来了灭顶之灾。例如，我认为：赫鲁晓夫提出的、许多国家共产党同意的和平过渡的可能性是存在的；斯大林的错误是与苏联实际存在的制度有关的（即破坏了民主集中制、搞个人集权制）；苏联第一次向匈牙利出兵是不必要的，反而加深了苏匈矛盾，使局势更加复杂化；南斯拉夫实行工人自治是有创造性的新试验。从1957年到1959年，一再批判我的这些"修正主义"观点，认为我是受了修正主义的系统影响。1956年批判了联共（布）党史教学中的错误之后，我主张把马列主义基础课的内容改为科学社会主义。在编科学社会主义教学大纲时，教研室主任主张按中共中央发表的《再论无产阶级专政的历史经验》一文中所总结的苏联建设社会主义的五条经验分为五个专题；我认为教学大纲应该分得更细一些，我提出了分为十个专题的方案。因学术观点的这种分歧，我被扣上"反党"的帽子。1957年"反右派"斗争开始时，我是批判右派"谬论"的积极分子，没有料到后来由于对教研室主任的思想作风提了意见，他就极力要把我打成右派分子。有赖学校校长吴玉章和校党委监委书记李培之等领导出面讲话，认为我是学术思想和理论观点问题而不是政治问题，才幸免于难。即使这样，1958年还是把我作为走白专道路的典型乱加批判，要拔白旗。其实我不是脱离实际，恰好是太注意联系实际。由于我有点独立思考精神，又敢想敢说，直言不讳，而不愿意随波逐流，盲从领导，才被认为离经叛道，更为有家长制作风的人所不容。狠心要把我打成右派分子的人虽然未能得逞，但是拖到1959年，还是作为"中右"分子硬加给我留党察看两年的很重处分。

1957年遭到严重打击之后，我的思想由敢想敢说转向不想不说或者不想照说，一切照党的指示和领导部署办事。1958、1960和1964年，我三次下乡到实际中锻炼。先在河北遵化投身人民公社运动，再到北京郊区看丹农场劳动并参加黄土岗公社的整社运动，又到陕西西安郊区参与领导一个生产队的社会主义教育运动（即"四清"运动），其间我先后担任过工作组组长和党支部宣传委员。前后两年多时间深入实际，确实使我更加了解我国的农村和农民，更深切地体会到广大农民的贫困和愁苦，同时也更增强了为工农联盟、为中国农民和全人类的解放而献身的信念。我有意继续注意研究工农联盟问题，写过工农关系、农民生活和农村阶级关系的多篇调查报告，得到领导机关的重视和好评。从 1957 年到 1960 年，我还在系资料室选编出版了大批资料，使我紧跟时代脉搏的跳动，又更加熟悉并掌握了做学问的基本功。从 1961 年起，一方面参加供全国统一使用的国际共产主义运动史教材的编写和统稿工作，另一方面又从事国际共运史的教学工作和培养第一批正规研究生的工作，此外还兼系资料室主任工作，并在报刊上发表过多篇文稿。总之，这个阶段由于我缺少独立思考，努力埋头苦干，在风云变幻的政治环境中平安无事，而且取得领导的一点信任。可是今天看来，却因当年没有开动脑筋深入思考问题，而且循规蹈矩，跟着执行过"左"的路线而深感内疚。

1966 年"文化大革命"开始不久，我即被当作反动学术权威、反革命修正主义分子和漏网右派而挨批挨斗。"文革"中的造反派为了给我扣上"反毛泽东思想"的大帽子，除了继续批判我于 1956 年曾经支持赫鲁晓夫提出的"和平过渡"等观点外，几次抄家也找不到什么新论据。于是他们就说：在我参与撰写并负责统修的、准备作为全国文科统一教材的《国际共产主义运动史》教本中，全书多达 50 万字，为什么只引证毛主席的两句话？这不是极大地贬低毛泽东思想吗？其实当时编书时，全国文科教材办公室有统一规定：只引用毛主席对某一历史事件的直接论述，不必引用毛主席对一般原理的论述。按照这个规定，我们只引用毛主席直接论述辛亥革命的两句话。而这一部分恰好就是分工由我撰写的。如果说我贬低了毛泽东思想，其他参与撰写的十几位同志一句话都不引，岂不更是贬低了毛泽东思想？可见这种批判完全是强词夺理。红卫兵到我家抄家时，看到我把《马克思恩格斯全集》、《列宁全集》、《斯大林全集》摆满了大书架，而把《毛泽东选集》另放在靠近我书桌的小书架中，就气势汹汹地质问我："你为什么把《毛泽东选集》另放在小书架中？这不是贬低毛泽东思想吗?"我机智而又如实地说:"因为小书架靠我办公桌近,我要经常拜读、查阅毛主席的著作,这样顺手取书很方便,不必起身再到大书架上去拿。""文革"中诸如此类毫无道理乱批判、大批判的事例不胜枚举。

尽管我靠边站,被强制劳动,甚至被关押拷打,我依然万分关切党和国家的命运。我尽可能地在校内并到北大、清华等校看各种大字报,采购各种小报和有关资料,还同几位信得过的同志时常交流各种见闻。种种异常情况迫使我深沉思考十分尖锐的政治问题,但是在那种翻云覆雨的气候下我只能是敢想不敢说。那时不乏儿女揭露父母、妻子揭发丈夫"炮打无产阶级司令部"的事例,所以有许多疑问和想法只好自己关在房间里自言自语,自问自答,以至家里人还以为来了什么稀客(那时除了红卫兵、造反派来抄家和审问之外,很少有人来造访)。我读过老解放区出版的《毛泽东选集》,其中有一篇是1930年毛泽东给林彪的一封信(收入解放后出版的《毛选》时定名为《星星之火,可以燎原》,题解中笼统地说:"这是毛泽东同志的一篇通信"),信中批评的明明是林彪的观点,怎么能够说林彪"一贯紧跟毛主席、一贯高举毛泽东思想"呢?这岂不是伪造历史的不实之词吗?1967年元旦我从西郊校园骑车进城,沿途到处看大字报,西单十字路口居然有这样一条横幅标语:"欢呼毛泽东纪元元年到来",我只好暗自发笑而不敢在大庭广众之中公开摇头。当时还买到一本《刘少奇反毛泽东思想一百例》,其中把毛、刘二人在不同时期不同场合针对不同情况而提出的观点掐头去尾排列在一起对照。我读完之后就想到:按照这种做法,岂不是可以另编一本《毛泽东反毛泽东思想一百例》吗?在"文革"动乱中思想上涌现了一系列问题,难以求得其解,我想还是抓紧时间通读、细读马列著作,力求从中寻找答案。为了不虚度光阴,我把平时来不及读的《马克思恩格斯全集》和《列宁全集》中的文稿全部翻读了(《斯大林全集》较为浅显,数量又少,"文革"前已通读过),自己感到更充实了,理论基础更加坚固了。尤其是马克思与恩格斯的深厚友谊和列宁对马克思主义既坚持又善于向前发展的精神,给我留下了异常深刻的印象。我时常这样想：如果搞共产主义运动的人都能有这种精神，少在自己战友之间搞内斗，少犯教条主义的错误，共产主义运动岂不可以少走弯路、高歌猛进？1969年我恢复了组织生活之后，1970年至1972年到江西余江"五七"干校劳动三年。当时江西在穷山沟里修建共产主义新村的做法和林彪的乘飞机逃跑坠毁使我思考了很多问题。1973年中国人民大学停办后，我校国际政治系的教工都合并到北京大学国际政治系，在这里我教了五年工农兵学员。除了国际共运史和经典著作外，还教过哲学课、经济学课。这时我还同工农兵学员一起下乡下厂开门办学。极左路线的推行使我对国家和党的命运更感忧虑。1976年1月8日从广播中惊悉周恩来总理病逝时我从来没有那么悲伤地失声痛哭，深感折此栋梁，国家和党危难更重。最痛苦莫过的是当时无法正常表达自己的思想。在给学生讲哲学时，开列了普列汉诺夫的名著《个人在历史上的作用》，我只能含蓄地要学生特别注意读此书第六章。其中写了这样引人深思的历史教训：法皇路易十五宠爱贪求虚荣的彭帕杜尔夫人，而这位宠妃大力支持庸碌无能的苏俾兹将军，因此使法国军队在七年战争中处于劣势，打了败仗。可见，平庸的人，尤其是贪求虚荣的女人能在历史上起这么重大的消极作用，是因为有皇帝的宠信这个特定的社会条件。有的老朋友对我这种煞费苦心的巧妙讲法交口称赞，又捏一把冷汗。

粉碎"四人帮"的第二天我就从好友处得到消息，真是喜出望外，心情无比激动！由衷感到我们党和国家得救了，今后大有希望。我不顾当时北大还处于"四人帮"严密控制之下的恶劣环境，立即把这一喜讯悄悄告诉另外的北大好友。1978年中国人民大学复校，我又回到人大执教。十一届三中全会端正了党的路线，1979年人大党委复查了过去对我的错误批判和处理，予以彻底平反。我自己也进行反思和总结。我深感应该着力清除"左"的影响，同时警惕右的侵袭，坚持并发展马克思主义，重新探索无产阶级和全人类解放的过去、现在和未来的一系列问题。教育工作者重担在肩，应该对学生重新传播马克思主义，用全面的、真正的马克思主义武装年青一代，武装我们的广大干部，大力推进社会主义的改革开放，不能再误人子弟了。从此，我焕发了青春，以不减当年的锐气和激情投身理论教学与研究工作。这时我不仅早已过了"四十而不惑"之年，而且也超越"五十而知天命"之年，理应成熟、沉着一些，不能再像年轻时那样天真、冒失，要力求做到独立思考，善想善说。要善于思考问题，即要从事物发展客观规律的高度、事物本质特征的深度以及中外古今发展变化的广度和长度来思考问题；既要考虑理论本身的发展，又要考察实践的新经验和实际的新变化；既要深入领会党的新论断和新决策，又要结合理论与实际独立探索；要明辨是非，着眼于用创造性的新理论来分析新情况，解决新问题。要善说是指要善于区分不同场合与对象，有分寸地探讨问题、表述问题：有时引而不发，有时发而有度；有时画龙点睛，指明要害，有时蜻蜓点水，擦边而过；有时只讲或多讲理论原理，不讲或少讲现实难点；有时只讲或多讲外国与历史，不讲或少讲中国与现状；有时只讲或多讲下面问题，不讲或少讲上面情况。总之，要尽量讲得言辞有度，写得恰到好处，适可而止，藏而不露，令人心中有所震动，值得回味。理论工作者在研究中有新体会、新见解，理应直言不讳，和盘托出。但是鉴于"左"的思想根深蒂固，往往只能煞费苦心，迂回婉转，少露锋芒，这样才容易为人们所接受，又不易被抓住辫子。

我在理论上的创新主要由于思想高度解放

近三十多年来我开设过国际共运史、社会主义思想史、苏共党史、当代世界社会主义概论、科学社会主义的理论与实践、民主集中制的理论与实践、建设有中国特色的社会主义理论等课程，在马克思主义学、社会主义学、政治学、历史学（包括世界近现代史和中国近现代史）等学科领域探索新问题，提出新见解，旨在发挥理论的超前先导作用。这里试列出我在社会上影响较大的一些新论点。我用一句话 22 个字把马克思主义简明定义为"马克思、恩格斯创立的无产阶级和全人类解放的科学",同时指明斯大林用 4 句话 66 个字把马克思主义说成是自然与社会发展的规律等等既过于冗长、又过于牵强。我认为马克思主义不仅有哲学、经济学和社会主义学三个组成部分,而且还包括政治学、法学、军事学、社会学、历史学、文化学、教育学、民族学等十几个组成部分,相应也有十几个来源;无产阶级和全人类的解放需要有这十几门科学为它服务,马克思和恩格斯毕生的研究,对这十几门科学都有重大建树。在马克思主义博大精深的科学体系中,最重要的是三大组成部分,其核心是科学社会主义,因为它比哲学更直接、比经济学更全面地指导无产阶级和全人类的解放斗争。科学社会主义的学科名称要改为社会主义学,以扩大其研究范围,并与其他学科的名称协调一致(其他学科的名称"学"字都列在后头,如哲学、经济学、政治学等等)。社会主义理应先在资本主义较发达、文明成果较多、现代化程度较高的西欧、北美诸国首先胜利;20 世纪社会主义首先在东欧、东亚资本主义不发达诸国取胜,是一种特殊历史现象,其客观原因是资本主义在全世界范围扩展后由于发生世界大战等条件造成资本主义统治的薄弱环节,其主观原因是这些国家的无产阶级政党领导人民进行了强有力的斗争。不发达国家实现社会主义应有其特殊规律,其要点是:首先要彻底铲除封建主义余毒,同时要适当利用资本主义文明成果,不能急于消灭资本主义,不能急于建立又高又纯的社会主义,更不能急于过渡到共产主义。由于未能正确处理好封建主义、资本主义、社会主义和共产主义这四个主义的关系,由于教条主义作祟(照搬马克思主义针对发达国家提出的社会主义理论和原则)和封建主义的影响(尤其是在政治体制方面的个人集权制、领导职务终身制、指定接班人制、等级授职制、高干特权制等),社会主义国家长期推行过"左"的急于求成的路线和权力过度集中的党政领导体制,加上采取夸大成就、文过饰非的实用主义做法,所以社会主义在发展中屡遭挫折。正是长期的"左"才促成了后期的右,右是对"左"的惩罚和反动。正是教条主义、实用主义和封建主义、先"左"后右才合葬了苏联东欧的社会主义；也有一"左"到底的（如罗马尼亚一直坚决反对市场经济和多党制，坚持计划经济和一党制），结果失败得更惨（齐奥塞斯库夫妇被起义人民处决，罗共覆灭）。

我提出国际共产主义运动史应该以无产阶级和人民大众的解放运动为主线，要改变以往"四个突出"的偏向（即过分突出几个大党、几个领袖、几本经典著作和几次路线斗争），力求完整地反映历史本来面目，全面地总结历史经验。我认为战后国际共运发生重大波折的主要原因在于个人崇拜、教条主义、单一模式、大党主义和"左"的指导思想；苏联社会主义模式的弊端可以集中归纳为权力配置不当的一个"权"字，具体表现为一党揽权、个人专权、层层集权、干部特权、对外霸权；社会主义国家体制弊病的根子在于政治体制受封建主义影响太深，个人集权制、职务终身制和指定接班人制这三种体制带有明显的君主专制国的色彩，背离民主共和国的原则（民主共和国应是权力制约制、权力任期制和民主选举制）；改革的关键在于发展民主与科学，不能照搬西方民主的议会制与多党制，而要发展共产党党内民主，发挥民主党派作为参与联合执政政党的作用，扩大人民民主。民主集中制的实质在正常情况下应该是民主制，集中是民主制本身的要求，没有不集中的民主（极端民主不可能形成体制），却有不民主的集中（如官僚集中制、领袖集中制）。民主集中制在以往实践中的主要错误是集中过度、民主不足；要重视党代表大会和全国人民代表大会作为最高权力机关的作用，主张按照 1956 年中共八大党章规定，实行党代表大会年会制和常任制，要把党的权力中心由中央政治局和常委回归党代表大会；"全党服从中央"的提法要改变为"全党服从党的全国代表大会"、"地方和部门服从中央"。社会主义国家已建立 90 多年，尚未出现无产阶级的华盛顿（拒不当个人集权的国王，拒不搞终身制，只参加两届总统竞选就退位），实际上的个人集权制、领导职务终身制和指定接班人制不废除，社会主义国家的悲剧就要不断重演；共产党党内民主和社会主义多党制不完善，社会主义民主就没有保证；政治体制改革如果长期滞后，经济体制改革和整个社会主义改革就难以顺利进行、根本奏效。社会主义要彻底清除封建主义糟粕、全面吸取当代世界资本主义的精华才能增强自己的活力；只有建设富强、民主、自由、人道、文明、和谐的社会主义，才能对世界人民有强大的吸引力。

要全面分析西方的各种社会思潮和学术派别，取其精华，摒其糟粕，全盘照搬和全盘排斥都是不对的。对托夫勒著《第三次浪潮》这样有世界影响的论著要独立分析，全面评价；托夫勒认为已经取代工业社会的信息社会，实际上只不过是工业社会的高级阶段，未来能取代工业社会的将是生物工程业社会，21 世纪将是生命科学和生物工程业得到大发展的新世纪。世界资本主义的发展经历了四大阶段，即 16—18 世纪的封建资本主义，19 世纪的自由资本主义，20 世纪的垄断资本主义，以及 20 世纪末出现的社会资本主义；社会资本主义指其经济政治文化的社会化程度越来越高，国家的社会职能越来越强，社会主义因素越来越多。社会主义国家大都纠正了急于求成的"左"的错误，不同程度地转向实行改革开放的方针，坚持以社会主义公有制为主体，允许发展一部分资本主义。当今这种社会主义可称之为资本社会主义，即有资本主义因素的社会主义。要善于迎接、应对全球化的浪潮，在参与全球化浪潮中增强社会主义国家的实力和国际竞争力。社会资本主义与资本社会主义这两种社会制度在世界范围的和平共处、协作、竞争和斗争，决定着今后世界的发展；殊途同归，不论资本社会主义还是社会资本主义，未来都将逐步趋同发展到完全的社会主义，那是建立在高新科技基础上的完全崭新的社会主义。马克思主义创始人提出的"自由人联合体"的社会理想经过几个世纪的努力，一定终将实现。

由于学术上能够本着解放思想、实事求是的原则，不囿旧说，勇于创新，敢于持之有故地提出自己独立的新见解，而且力求生动活泼、富有文采地进行表述，所以人们爱听我的讲课和发言，爱读我的论著和文稿。学术界的一位泰斗、活到 108 岁高龄的陈翰笙老先生（1897—2004）早在

1979年就曾经半开玩笑地问我并对我说："你的名字什么时候取的？取得真好！高放就是思想高度解放，和三中全会精神完全一致。"我是在1948年初到晋冀鲁豫解放区时感到思想上精神上获得解放才改用这个名字的（同时也为了甩掉我原来名字中那个"五行缺水"的封建主义尾巴）。按理说，我的思想早就应该高度解放，可是在"左"的路线压抑下又被束缚了二十多年。由于我所研究的这些学科异常敏感，"左"的积习根深蒂固，因此尽管我相当谨慎，还难免有时发表一些被认为有离经叛道之嫌的观点。

再次受打击之后依然保持独立学术品格，取得丰硕学术成果

1989年政治风波之后，人大学报编委会于当年9月召开批判资产阶级自由化思想的座谈会，我作为学报编委之一应邀到会。听到会上有人笼统地批判多党制，我就发言讲明：不能笼统地把多党制当作资产阶级自由化思潮来批判，应该只批判有人要照搬西方那种相互拆台、轮流执政的多党制的错误观点，同时要肯定并发展中国共产党领导的多党合作制，这是一种新型的社会主义多党制。我的发言当即遭到思想僵化保守者的反驳，从此我被列入另册。随着这次反资产阶级自由化的开展，有些人把目标也指向我。例如，他们把我提出的社会主义多党制等同于西方的资本主义多党制，把我所说的社会资本主义与资本社会主义和平共处、协作、竞争和斗争的观点，胡乱扣上美化资本主义、丑化社会主义的帽子，还说我反对民主集中制、主张趋同论等等。我国实行的是共产党长期稳定领导的多党制，这怎么能够与西方轮流执政的多党制混为一谈呢？如果在理论上否认社会主义多党制，难道我国实行的也是社会主义一党制？既然邓小平讲过"我们国家也是多党"（《邓小平文选》第2卷，第267页），而且我国的多党合作已经形成体制，为什么在理论上不能概括为社会主义多党制？难道把当代资本主义说成是纯粹资本主义、把社会主义看成必须是纯粹社会主

义才算真正坚持马克思主义吗？难道依然采取集中压倒民主的传统做法才算坚持了民主集中制吗？难道在实现社会主义和平建设的新时期、在贯彻民主集中制时不应该注重发展民主而仍然要一味强调过度的集中吗？西方的趋同论是鼓吹用资本主义吃掉社会主义、趋同于资本主义，或者主张对资本主义与社会主义各取其长、各去其弊，趋同于既非资本主义又非社会主义的第三种制度。这两种趋同论当然不切实际，因而都是错误的。如果说社会资本主义与资本社会主义，最终都要摒弃资本主义，趋同于未来的新社会主义，这种新趋同论难道不是反映了未来世界发展的一种新趋势吗？如果否认这种新趋势，那就是依然要采用传统的无产阶级暴力革命的老办法，推翻资产阶级的统治，打碎资产阶级国家机器，强制性地打倒剥削者，建立一大二公的社会主义。应该看到，在当代新科技革命迅猛发展和资本主义社会经济政治结构发生重大变化的态势下，这条老路越来越走不通。从对我的新见解的指责，可以看出一些人的教条主义和思想僵化是何等严重！在这重要关头，1992 年初，88 岁高龄的邓小平同志毅然决然到南方视察，又一次发表了惊天动地、扭转乾坤的重要讲话，指明要警惕右，但主要是防止根深蒂固的"左"，"左"也可以葬送社会主义。邓小平的讲话犹如东方风来满眼春，真是春色已满园，西风无力吹。但那些仍然坚持"左"的一套的一小部分人，到 2000 年春夏之交又硬说我主张"社会主义国家要有二三个共产党互相竞争"，给我扣"鼓吹西方那种多党制，否定党的领导"的政治帽子。事实证明，他们是错误的。

从我自己来说，一生中经受了三次思想上的重大打击（1957 年、1966—1969 年、1989—2000 年）之后，心路更加通达了。应该更加清醒地估计到中国的现状，今后只有更加严谨地深入钻研问题，更加尽心地做到善想善说，以期继续发挥余热。1992 年 10 月在石家庄市召开的中国国际共运史学会上我就苏联东欧发生剧变的原因作了较为全面而深刻的分析。一位国防大学的中年教师特地在会终聚餐时向我敬酒说："我们是一般的教师，更高一个层次是学者，最高层次是思想家，您是当之无愧的思想家。听了您的这次讲话，我们真的豁然开朗，'殷鉴不远，在夏后之世'，中国真应该从苏东剧变中吸取教训啊！"1995年10月我又在郑州市举行的同一学会的年会上就如何振兴国际共运和加快政治体制改革作了专题发言，好几位同志认为我讲到了点子上。承徐州市委党校的同志在会上录了音，回去后广为传播，据说在那里掀起了一阵"高放热"。就在这一次年会换届选举中我还被选为中国国际共运史学会副会长。

当然，只要封建残余和极左余毒未消，真理的探索者总难免还会遭受意料不到的打击，还要付出代价。可是，既然我们已经把生命许与真理女神，对人民一片丹心，即便是赴汤蹈火、粉身碎骨，也在所不辞、无所畏惧。科学工作者不仅要有科学精神、科学态度、科学方法，而且更重要的是要有科学良心、科学道德、科学作风。应该矜持独立品格，认真独立钻研，深入独立思考，勇于独立探索，敢于并且善于发表自己的独立见解。不唯上、不唯书，凡是自认为不对的观点，不论什么人讲的，都不要去论证，去传播。要讲真话、实话、新话、深话，不要讲假话、空话、套话、浅话。要虚心听取不同意见。如果自己的看法被别人认为或者被实践证明是有偏颇的，就要勇于修正和改正。不应该人云亦云，随波逐流，更不能投机取巧，随风转舵。暴风骤起时，我们个人无力顶住，更无力压倒，只能暂时卧倒，但是不要躺倒，更不能被吓倒，甚至跪倒、颠倒。马克思一生坚韧不拔的奋斗为我们树立了光辉的榜样。他亲身体验和提炼的名言佳句时刻激励着我。他说："任何的科学批评的意见我都是欢迎的。而对于我从来就不让步的所谓舆论的偏见，我仍然遵守伟大的佛罗伦萨人的格言：走你的路，让人们去说罢！"（见《资本论》第一版序言）又说："我的见解，不管人们对它怎样评论，不管它多么不合乎统治阶级的自私的偏见，却是多年诚实研究的结果。但是在科学的入口处，正像在地狱的入口处一样，必须提出这样的要求：'这里必须根绝一切犹豫；这里任何怯懦都无济于事。'"（见《〈政治经济学批判〉序言》）即是说，真正的社会科学工作者要有准备下地狱的决心和勇气。当代中国的知识分子应该对国家和民族、对世界和人类具有强烈的时代感和使命感。正像鲁迅先生所说："由历史所指示，凡有改革，最初总是觉悟的智识者的任务。但这些智识者，却必须有研究，能思索，有决断，而且有毅力。他也用权，却不是骗人，他引导，却并非迎合。他不看轻自己，以为是大众的戏子，也不看轻别人，当作自己的喽啰，他只是大众中的一个人，我想这才可以做大众的事业。"（见《门外文谈》）

多年来，我为人民大众的事业做了一点工作，而人民给予了我过多的荣誉和信任。1980年我被评为中国人民大学先进工作者，自那时起连续被选为国际政治系国际共运史教研室副主任、当代社会主义教研室主任。1983年被评为教授（也是全国国际共运史专业的第一个教授、第一个博士生导师），1987年中国人民大学成立国际政治和国际共运研究所（1993年改称国际事务研究所），委我为所长；在校内还担任学术委员会、教师学衔委员会、吴玉章奖金基金委员会、学报编委会、大学丛书编委会的委员和书报资料中心的顾问。社会兼职三十多项，主要是：国务院学位委员会学科评议组成员（1983—1991年），中国政治体制改革研究会副会长，中国政治学会理事，中国国际共运史学会常务理事、副会长、顾问，北京市国际共运史学会会长，北京市政治学行政学会第一副会长，《国际共产主义运动》杂志主编，"现代人丛书"副主编，全国党政军民34所高等院校兼职教授、客座教授或名誉教授，解放军出版社特约编审，中国社会科学院、北京市社会科学院和中国（海南）改革发展研究院特约研究员，中国当代社会研究中心高级研究员，商务印书馆"外国历史小丛书"编委，河南人民出版社"国是丛书"顾问，中国人权发展基金会高级专家顾问委员会成员，中共中央党校世界政党研究中心顾问等等。参加过中共中央书记处、中共中央办公厅、中央政治体制改革研讨小组、中央宣传部、中央组织部、中央对外联络部、中央统战部、中共中央党史研究室、中共中央文献研究室、中共中央编译局、中共中央党校、全国人大常委会办公厅、国家教委、北京市委、军事科学院等部门召开的多次讨论会和座谈会，就社会主义改革开放和现代化建设问题提出建议；到 28 个省、市、自治区讲过学。1991 年曾到美国哈佛、哥伦比亚、康奈尔、霍普金斯等校进行学术交流；1988、1993、1999 年三次到香港访问并在香港中文大学、城市大学等校讲学；1995—1996 年到台湾考察并在台大等十所大学讲演；2000 年又到美国考察了近八个月，参加了四次国际性学术会议；1988 年参加"世界未来研究"、1993 年参加过"亚非研究"等国际学术会议；被海外人士称为"中国大陆杰出的思想家"，被学术界称为"思想高度解放的学者"。受国家教委委托，于 1979 年和 1984 年两次主持编写《国际共产主义运动史教学大纲》，1988 年又主持编写《科学社会主义的理论与实践教学要点》。受聘担任《中国大百科全书》外国历史卷、政治学卷和《科学社会主义百科全书》的编委兼分支主编或副主编，《国际共产主义运动史文献》编委会编委；还担任《当代世界与社会主义》（中央编译局与中国国际国运史学会主办）、《新视野》（中共北京市委党校主办）、《中共天津市委党校学报》、《理论探讨》（黑龙江省委党校主办）、《社会主义论坛》（中共云南省委宣传部主办）、《管理信息》、《资产与产权》等杂志顾问，《社会科学研究》（四川省社科院主办）编委。1992 年获国务院颁发的表彰为高等教育作出突出贡献的证书和政府特殊津贴。1994 年以全票当选为全校优秀研究生导师。名列《中国当代名人录》、《中国现代社会科学家大辞典》、《中华当代文化名人大辞典》、《中国当代历史学学者辞典》、《中国人物年鉴》（1995 年）等多部辞书，还被美国传记研究所出版的《世界五千名人录》两次收入（1990 年和 1994 年）。湖北省社会科学院主办的《江汉论坛》月刊 2001 年 8 月在封面上刊登我的彩照，对我作了形象宣传，并在底页简介了我的学术成就。虽然我为人民服务了整整半个世纪之后已于1997 年 9 月年满七旬之时办理离休，但是事实上离而不休，欲罢难休。我还继续被外交部机关党校、中央社会主义学院、北京大学、湖南师大、宁夏大学、天津市委党校等校聘任为教授、兼职教授或客座教授，还不断被邀请到上海、海南岛、黄山、温州、天津等地参加学术会议和讲学。我在校内正式上完有历史意义的"最后一课"之后，还继续在校内外没完没了地高谈放论，散居在海内外的众多弟子还时常不断向我"求教"、"求助"。好些报刊和出版社还不断在向我约稿，1998 年为纪念《共产党宣言》发表 150 周年，还在《人民日报》等报刊发表文稿，为中央电视台作了两次有关《共产党宣言》的讲解。1999 年为庆祝建国 50 周年，我在《人民日报》10 月 5 日头版"与共和国同行"专栏发表《黄金年与黄金时期》短文，概述 1956 年对我和广大知识分子是一闪而过的黄金年，1978 年以来却是难得欣逢的黄金时期。2000 年 10 月应邀参加胡锦涛同志召集的中共中央党校讨论江泽民总书记提出的"四个如何认识"高级研究班。10 月 20 日上午胡锦涛同志亲自听我就当代资本主义新阶段做了四十分钟发言，后以《社会资本主义是资本主义的最高阶段》为题写成论文，先摘登于中央党校主办的《理论动态》，后全文发表于《江汉论坛》，还被《中国青年报》和上海《报刊文摘》摘登，有较大社会影响。

迎来新世纪，年年岁岁新

迎来 21 世纪，我国学术界重现了生机与活力，我校也更新了领导班子，萌发了新气象。在新世纪的头十年，我个人在学术上可以说年年有新事发生，岁岁有喜事临门。

2001 年是新世纪的第一年。作为中共中央编译局与中国国际共运史学会主办的《当代世界与社会主义》的顾问，我应约在第 1 期发表《从全球化浪潮看新世纪、新千年、新世界》的论文。文中概述了 18 世纪末以来三次全球化浪潮的发展，阐释了全球化与现代化的内在联系，预测了新世纪太空化、宇宙化的科技发展前景和新千年世界社会主义化的胜境，提出了发展中国家应对全球化的战略。本文社会影响较大，被一些文摘报摘登，被深圳综合开发研究院主办的《开放导报》全文转载。后又得到《天津行政学院学报》副主编赏识，经增补后再次发表，并收入中国人民大学报刊复印资料。同年春后，为纪念建党 80 周年，中共中央对外联络部与中央电视台联合拍摄电视文献片《和平、发展、进步——中共对外交往 80 年》，约请我在片中讲解苏南冲突这一段的历史往事。

同年 9 月，团结出版社出版了我的第三本文集《高放政治学论萃》（近 20 万字，此前黑龙江教育出版社和云南人民出版社于 1993、1994 年为我出版过我自己选编的《马克思主义与社会主义》和《社会主义在世界和中国》两部文集，共 130 万字）。2002 年 1 月到 6 月新闻出版署直属中国书籍出版社为我出版三大部我自己选编、印刷装帧精美的专题文集，书名分别为《政治学与政治体制改革》、《国际共产主义运动别史》、《纵览世界风云》，共 230 万字。从这 6 部文集的书名可以看出，改革开放以来我的学术研究领域比以前更加宽广了，这些文集的出版扩大了我的学术思想在社会上的影响。2002 年 11 月党的十六大之后，我为国际关系学院师生作了《中共十六大的三大创新》的学习体会报告，讲解了十六大在理论上提出"三个代表"重要思想、在政治上提出全面建设小康社会和在组织上实现了中央领导班子的大幅度更新。随后在《当代世界与社会主义》2006 年第 6 期和《云南行政学院学报》2003 年第 2 期发表了摘要和全文，为诠释十六大文件做了一点贡献。

2002 年 2 月间，中国人民大学出版社负责人向我们国际关系学院领导提出：由我主编的《科学社会主义的理论与实践》自 1990 年出版以来，广受读者欢迎，被众多高等院校采用作为教材，已先后发行两版、20 多万册，时隔十多年之后需要增补很多新内容，鉴于此书已占有较大市场，为持续扩大市场效应，尽管我已离休六年，仍然要求由我牵头主编。我当即决定与国际关系学院院长李景治和世界社会主义研究所所长蒲国良联合主编。考虑到他们两位都肩负行政和教学双重工作，所以主要由我出力统修全书 40 多万字，于 2003 年 1 月出版全书第三版。本书由于体系新、内容新、观点新、材料新，能较好解决青年大学生政治思想上的困惑问题，所以广为传播，两年之中重印四次，并且于 2005 年底被北京市教育委员会评定为"北京高等教育精品教材"。经过再次修订，于同年9月出版第四版。2007年又经过重新编写，于2008年再推出第五版，这一版被教育部审定为"十一五"国家级规划普通高等学校硕士研究生马克思主义理论课教材。第三至五版，累计印数已达30万册。

2003年3月，北京市国际共运史学会举行第六届代表大会，继续推举我为学会顾问，并且约请我在会上为纪念马克思逝世120周年、诞辰185周年作主题发言，在会上得到众人赞扬。我的发言稿后以《问题在于改变世界》为题，摘登于5月9日《人民日报》学术动态版；全文标题为《马克思：千年最伟大的革命家》，发表于中央党校主管的《理论视野》第六期。文中说明马克思不仅是第二个千年最伟大的思想家，而且从六个方面论证了马克思又是第二个千年最伟大的革命家，马克思是冠盖农民革命家、平民革命家、贵族革命家、资产阶级革命家、空想社会主义革命家的最伟大的无产阶级科学社会主义革命家。2003年9月应山东临沂师范学院特别聘请，我到该校讲授"当代世界社会主义"专题课两周，随后又应邀到南昌江西财经大学人文学院讲学。同年，中共中央党校主办的《中国党政干部论坛》第9期发表拙文《以马克思主义为指导，大力加强社区建设》，这本来是2002年11月我应邀参加广东湛江市召开的社区建设研讨会在会上的发言，发言当场就受到热烈欢迎，认为我提出以马克思主义关于"自由人联合体"的思想来指导我国的社区建设是站得高、看得远，富有启迪。拙文公开发表后，上海《报刊文摘》于10月6日以下述鲜明标题特摘："高放撰文认为马克思所说的'自由人联合体'就是社区"。实际上我提出了可以把"自由人联合体"另译为"自由人社区"，把"共产主义"另译为"社区主义"的新见解。2003年12月我还应邀到澳大利亚，参加悉尼科技大学中国研究部举办的"自由主义在中国的命运"的学术研讨会。我在发言中依然力排众议，强调实践已经证明自由主义之路在中国走不通，只要批判地继承自由主义的积极成果，完全可能建成中国特色社会主义。

2004年春天，中国人民大学发展研究报告编委会决定组织我校教师撰写一本主题为"精品与评价"的年度学术研究报告，其中要凸显精品的意义与期盼、评价的缺失与矫正，并以学者的睿智和良心特别关注马克思主义理论建设。编委会约请我校各学科、各问题领域的领衔专家用独特的笔触剖析学科进展，聚焦学术视点。当全书主编刘大椿教授要求我撰写科学社会主义这门学科的评论时，我表明我已离休7年，不在校内教学岗位上，理应约请本校在职的本学科带头人来写最为合适。可是学校领导认为我虽然已经离休，从我每年发表的文稿来看，我依旧站在本学科最前沿。校领导给予我鼓励和信任后，我只好硬着头皮，从5月到10月努力写出《科学社会主义研究纵横谈》这篇2万多字的文稿，概述了科学社会主义这门学科100多年来尤其是改革开放20多年来在我国发展的成就，并且扼要评论了学术界近几年来热点争论的五个问题。另外，我又为这本学术研究报告增写了一篇题为《加强马克思主义整体研究》的文章。这本名为《中国人民大学中国人文社会科学发展研究报告2005：精品与评价》的新书于2005年4月由中国人民大学出版社出版。作为我校的一个重要学术品牌，本书引起社会各界和众多读者较广泛关注。我为本书撰写的两篇文稿，也都在其他有关学术刊物另行发表，更扩大了社会影响。

鉴于我自1997年离休后学术成果连年累累，2005年1月我校学术委员会讨论返聘我继续招博士研究生之事。据说会上有的不认识我的、较为年轻的委员提出：此人已经离休8年，年龄已经78岁，为何还要返聘？纪宝成校长当场表明：高放教授8年来依然坚持马克思主义，发表了大量论著，继续为学校争光，我校80岁以上还能工作的老教授还有好几位没有办退，或者继续延聘。最后学术委员会一致通过返聘我上岗。决定传出后，在校内外颇为引起轰动。住在西郊校园内我们学院的好几位老教师来电话向我表示热烈祝贺。原国际政治系总支书记杨光远教授还在电话中特别讲到："当年'左'的势力压力很大，所以才让你在1997年离退了。这是不公正的。现在新校长把这件事纠正过来了，这是大好事。"我校原副校长谢韬教授还在中国老教授协会人大分委会等主办的《夕阳红之声》

2005年第2期发表《闻高放返聘为博导有感》七言律诗："八载离休复返聘，七八高龄又应征；白发壮心追马迹（指追求马克思主义），老骥伏枥振社荣（指振兴社会主义）；决策改弦有胆识，用人唯贤人才兴；半纪相知惊末座（指初唐王勃居末座而写《滕王阁序》才华展露），壮怀乡国放翁情（指像宋朝陆放翁一样关怀祖国和平统一大业）。"北京大学、中央党校等单位的同行好友也都有向我祝贺的。我在离休8年之后又被返聘上岗，这可以说是我校学术史上绝无仅有、悲喜剧式的佳话。自2005年以来我已陆续5年招收6名新博士生，2009年已毕业两名。2005年9月10日教师节，我们学校授予33位老教授以荣誉教授称号，发给荣誉证书和金质奖章，其中包括我在内。由于我是我校9位1981年我国第一批博士生导师之一，所以在授奖时是与宋涛、黄达等老教授并坐在台上前排正当中。见到这个场面的知情者都说："这回给高放彻底平反了。"

2005年5月25日《人民日报》发表拙文《国际妇女节新探》，后收入《新华文摘》同年第9期。文中以翔实资料考证出国际妇女节起源于为纪念1908年3月8日纽约女工的斗争，纠正了我国学术界和各种媒体近80年来一直误传为起源于1909年3月8日芝加哥女工的斗争的不实说法。

2006年4月经重庆出版社科学著作出版基金指导委员会审定、出版了我自编的第7本专题文集《中国政治体制改革的心声》，收入改革开放以来我就政改这个主题的文稿42篇，共计近36万字。全书分为政治体制改革总论、民主法治与政治文明、关于共产党党内民主、关于人民民主、关于多党合作的党际民主五编。篇篇都是依据马列主义原理就如何进行体制内政治改革提出具体建议，决不照搬西方政治体制。我是本着古诗所云"子规夜半犹啼血"、"杜鹃再拜忧天泪"的情怀，呕心沥血、忧思含泪发出呼唤政治体制的心声。此书出版后立即得到社会上强烈的回响。初版5 000册很快脱销，可惜未能得到重印，仅在一年多时间内，报刊上就发表15篇书评。从一些书评的标题便可以看出专家读者对此书的深情赞誉，如《杜鹃的啼血》、《啼血唤东风》、《啼血能够唤回东风》、《杜鹃啼血唤改革》、《盛世危言诉心声》、《可贵的心声》、《赤子情怀，赤胆忠言》、《改革开放攻坚阶段的一系列独到建议》、《学习宣传马克思主义民主科学思想的生动教科书》、《解决台湾问题的新思路和新途径》（评论本文集中收入的我于 1996 年从台湾考察两个月归来后所写的一篇重要文稿，原题为《对海峡两岸关系和"一国两制"问题的新思路》。文中我提出：两岸关系应是热为好（热烈交往）、和为贵（和平解决）、通为先（三通先走一步）、谈为上（谈判是上策）、统为终（最终达到统一）；目前两岸双方的统一方案相距甚远，好比"山重水复疑无路"，只要采取"国中有国"的新方案就会"柳暗花明又一村"，即在中华人民共和国之中包容一个台湾的中华民国。这种"一国两制"的新方案是互利双赢的最便捷可行的新思路）。

2006 年 5 月 12 日，我应约在北京市国际共运史学会举办的苏共二十大 50 周年研讨会上作了《重评斯大林之新见》的发言，提出斯大林对苏联的振兴是功大于过，对国际共运的发展则是过大于功。7 月 10 日《北京日报·理论周刊》在争鸣专版以《重评斯大林之我见》为题发表拙文后，引起热烈反响，许多人赞赏拙见，也有人认为我把对内与对外的功过分割反比不科学。有的单位甚至悬赏 5 000 元，鼓励有人出面写文批驳我，可是没有人回应，后来又提升到 1 万元，还是无人认标。我早已准备好应战，然而迄今尚无人上阵。

2007 年我年满 80 周岁，这是我一生中大喜庆的一年。4 月间，黑龙江人民出版社出版了我自编的第八本文集《马克思主义与社会主义新论》，收入文稿 70 篇，共计 45 万字，与此前已出版的我的七本文集概不重复。全书分为关于马克思与马克思主义、关于科学社会主义、关于世界资本主义与世界社会主义、关于中国特色社会主义四编，提出了不少新观点、新论述、新论析、新论证、新论据。为了庆贺我的 80 周岁，出版社特地加印了写有"谨以此书献给高放教授八十华诞学术研讨会"的红底黑字硬纸条套在这本文集的封面封底。9 月 1 日我校国际关系学院联合北京市国际共运史学会、北京市政治学行政学学会在我校明德楼举办了"高放教授八十华诞学术研讨会"。与会者包括外地赶来的学者和媒体记者约 150 人。会前校党委书记程天权送来亲笔手书"文丰人寿"的条幅高挂在会场主席台上，会场还摆满了纪宝成校长等送来的大花篮。学校领导原定主管科研的副校长冯惠玲出席讲话，出乎意料的是纪宝成校长临开会前通知，他要亲自来祝贺并讲话。纪校长特地带来了我校出版社刚印出、尚未上市的 50 万字精装本《高放自选集》（这是我校为纪念建校 70 周年出版的 28 本"中国人民大学名家论丛"之一）送给我。他在即席讲话中指出："我主攻经济贸易专业，学科相隔比较远，但是高放教授的大名早就如雷贯耳。我于 2000 年 9 月起担任中国人民大学的领导职务，对中国人民大学各学科的带头人、著名教授有所了解"，"对高放先生，我有两点印象比较深刻：第一点印象，高放教授是一位非常执著的学者。他辛勤耕耘，潜心治学，博览群书，著作等身，爱岗敬业，终身执教"，"高放教授从中国人民大学建校至今，始终耕耘在三尺讲台，正是长期从教、终身从教的优秀教师代表。""他具有很强的事业心、责任感"，"无论人才培养还是科学研究，都倾注了毕生的心血。""第二点印象，高放教授是一名不断进取的探索者。他敢为人先，勇于探索，坚持学者的视角，以极大的理论勇气在马克思主义、政治学、社会主义理论、国际共产主义运动史等多个领域进行不懈探索，是一名孜孜不倦的探索者。""也是一种锐意创新的探索。""我认为这种探索的精神和姿态，对哲学社会科学的发展起到了积极的作用，作出了巨大的贡献。"纪校长的讲话给予了我极大的安慰和鼓励。冯惠玲副校长在讲话中概述了我在教研工作中的成就，指明"高放教授以其勤勉的治学精神，严谨的治学态度，创新的学术观点，丰富的学术思想，在国内外享有很高的声誉。""他的很多思想观点得到了学界同仁的普遍公认，在学术上可谓独树一帜。高放教授以其敏锐的思想观点、深刻的学术见解形成了自己的思想体系，推动了我国学术和教育事业的发展。"校外的专家也在会上对我的学术成就作了很高的评价。例如，曾任中国政治学会副会长、85 岁高龄的北大赵宝煦教授说："我可以毫不夸张地说：他真正是当前中国哲学社会科学界的一位大师级人物。"中国科学社会主义学会会长、中央党校赵曜教授说："在国际共产主义运动和科学社会主义这个领域，说他是一位'百科全书'式的学者不为过，是毫不夸张的。""从高放教授的渊博学识、独树一帜的学术思想和观点，以及培养出众多的追随他的学生和弟子，可以说我国学术界已经形成了马克思主义的高放学派。"中共中央对外联络部研究室原副主任肖枫研究员说："近20年来，高先生差不多每年都要被请进中联部，有时还不止一次，我们之间的交往是很频繁的。""高先生关于社会主义多党制等等重要观点表明他是正宗的马克思主义者，但不是僵化教条式的马克思主义者，而是致力于开拓创新的马克思主义理论家。"研讨会召开了一整天，在会上发言者有30人，内容涉及我学术研究的各个领域以及教研方法和学风等等，还有人表明民主没有阶级性，不同意我大力论证的社会主义民主。会议开得相当热烈。会后《人民日报》、《光明日报》、《北京日报》、《社会科学报》、《马克思主义与现实》、《理论探讨》等八家报刊都把"学术界举行高放教授八十华诞研讨会"作为新闻进行报道。我作为一个民间学者、平民教授能够享此盛誉，在我校历史上可以说是破天荒第一个。对我的各种过奖都只是对我的鼓励和鞭策。有人说：人生始于八十华龄（Life begins at eighty）。但愿我的八十华诞是我学术生命的新起点，我还要矢志不畏艰险，勇攀科学高峰。2007年9月，香港大学邀请我参加该校主办的中国新闻传媒的学术研讨会，这是改革开放以来我第四次到香港讲学。2007年10月，党的十七大开过之后，国际关系学院和统计学院请我作了学习十七大文件的辅导报告，随后以《科学与民主是社会主义的生命》为题发表于2008年1月14日《北京日报·理论周刊》，占一整版篇幅。2007年11月1日，我校在世纪馆举行庆祝校庆70周年大典，我在荣誉教授队列中佩戴红花首先入场，受到全场数千名师生热烈欢迎。当天在校内发行我校荣誉教授的28本自选集，散会后买到《高放自选集》的好几位校友纷纷找我签名留念。这是我改革开放以来出版的第9本文集，共50万字，收入54篇文稿，是从我已经出版的8本文集和未收入这些文集的文稿中精选出来的，可以说是改革开放以来我的精品成果。

2008年8月，黑龙江人民出版社推出我校国际关系学院编《高放学术思想评论集》，收入100篇全国各地老中青学者评论我的学术思想的文稿，共47万字。除了在"高放教授八十华诞学术研讨会"上的20多篇发言稿以外，还包括80年代以来报刊上发表的书评与记者的有关报道和访谈录以及对我八十华诞的贺电、贺诗、贺信。原中共中央顾问委员会委员和中央组织部常务副部长李锐已是90岁老人，还特地寄来亲笔手书的七言律诗致贺："三十年来志未休，居高放眼反思尤，呕心沥血伤时泪，立说著书还我愁；柳暗花明因大悟，山穷水复不稍留，实施宪法须民主，维护人权靠自由。——拜读大作《中国政治体制改革的心声》后祝贺高放教授八十大寿。"中共中央宣传部常务副部长雒树刚因参与十七大文件起草工作未能在9月1日到会祝贺，还于12月28日特地给我来信："恭贺尊敬的老师高放教授八十周年华诞！送上迟到的祝福。顺祝新春快乐，身体健康。"发来贺电的有湖南师大校长刘湘溶、聊城大学党委书记程玉海、江苏省科协党组书记徐耀新、中国驻乌兹别克斯坦大使于洪君等。这本学术思想评论集收录"在高放教授八十年华诞学术研讨会上的致辞"9篇，另分为科学社会主义与国际共产主义运动篇、社会主义在世界和中国篇、政治学与政治体制改革篇、教书育人与学术风格篇、高放教授学术采访录。作为我校的一名普通老教师，生前能够出版这么一本包括100篇评论其各方面学术思想文章的文集，这在我校学术史上也是未有先例的。这并非表明我个人有多大的学术成就，而是改革开放以来在我们党领导下我国人文社会科学真正开始繁荣昌盛的生动铁证。

2008年是《共产党宣言》出版160周年纪念，我发表了《〈共产党宣言〉当代解读》、《〈共产党宣言〉与中国特色社会主义》、《〈共产党宣言〉对我国的深远影响及其核心思想辨析》等八篇文章，对这本划时代的马克思主义经典文献进行新的阐释。这一年我还发表了《选举是民主第一要义》、《"公仆"的理念与实践》（曾收入《新华文摘》）、《三论社会主义国家政党制度——关于社会主义多党制的近见》等较有社会影响的论文和讲演。福建省委主办的《海峡通讯》在岁末第 12 期"八闽之子"栏目刊登了该刊副总编杨建辉等撰写的《站在改革开放潮头的思想家——记著名学者高放先生》。文中用如下三个标题概述我的学术经历与成就：坚定执著，追求真理的传奇人生；勇于探索，呼唤政改的理论旗手；持续创新，谱写学术的华彩乐章。称我为思想家实不敢当，我只是一个力求做到勤于、敏于、勇于、善于思考的人。

2009 年 2 月 25 日，中国中共文献研究会在人民大会堂举行成立大会，中共中央政治局常委习近平出席并讲话。我在会上被推举为研究会名誉理事，这促使我今后还要加强研究我们党的历史文献。

2009 年 3 月，我校授予我荣誉一级教授的称号，这个被视为"具有相当于院士地位和影响力"的称号，使我诚惶诚恐。

2009 年迎来新中国成立一个甲子的六十大庆。我校为迎接国庆于 6 月 26 日举办"中国人文社会科学论坛国际研讨会"，纪宝成校长点将要我在会上作 20 分钟的主题发言。我选定了《建国六十年来开拓社会主义现代化新路探析》作为讲题。后来这篇论文荣获中国马克思主义研究基金会举办的"马克思主义中国化研究"优秀论文二等奖。为庆祝六十大庆，我还发表了《60 年来对社会主义认识的三次转变》、《60 年来工农联盟的发展》、《亲历建国大典的深切回忆》等文。报刊上对我从 1949 年开始从事政治理论教育工作 60 年也有反映。《北京晨报》于 8 月 12 日第 7 版作为新中国成立 60 周年专版刊出记者朱烁采访我之后撰写的特别报道，通栏大标题是《初执教鞭，我给师母当老师》。内容主要写我在 1946—1949 年中国命运惊天动地巨变中如何经历从北大学生到解放区华北大学研究生、再到华大革命干部的"三级跳"，1949 年初我再次回到北平时已经成长为一名 22 岁的大学教师。标题中所写的"我给师母当老师"指的是我把我在北大读书时认识的沈从文老师的夫人张兆和引荐吸收到华大二部师资班学习，我正在这个班辅导学员学习社会发展史、新民主主义革命理论与历史等课程。这篇长篇报道和大幅照片几乎占全版四分之三版面。在报道提要和照片文字说明中，两次称我为"学界泰斗"，实在名不副实，我只是学界一个衰老的漏斗，盛不了多少水了。《人民日报》为迎接国庆 60 周年推出"我和我的祖国"专栏，从 6 月份起陆续刊登 60 年来各条战线作出突出贡献人物写的短文。报社在 6 月间就派记者朱佩娴来舍对我进行访谈，并约我写一篇 800 字以内的短文。9 月 9 日在要闻版刊出我写的《60 年两度"闪光"》。文中主要写我的祖国 60 年来在实现社会主义现代化新路上两度开创辉煌，前 30 年初创辉煌，历经曲折，后 30 年更创辉煌。我与祖国同命运，前 30 年在教研工作中初度闪光，1956 年连升三级（从 17 级升为 14 级）并被评为副教授上报，遗憾的是 1957 年后特别是"文革"中我被当作"白专"道路典型和反动学术权威，失去光芒；改革开放以来的 30 年，我迎来了沸腾的思想解放和燃烧的教研青春，再度闪光，1981 年当上了全国第一批博士生导师，2009 年又被授予荣誉一级教授称号，出版了十四部专著和文集。记者朱佩娴依据采访，在文前又为我增添了一句引语："虽然已到耄耋之年，但我仍有伏枥之志，愿继续为伟大祖国教书育人，建言献计。"文章还配有我的彩照和签名。《人民日报》迎接 60 年国庆的这个专栏，在全国政治理论战线就挑选出我一个人刊登这篇短文，对我一生的两度"闪光"给了充分肯定和宣传，这是我的殊荣，我要倍加珍惜，更加奋进。

2010 年 1 月，《炎黄春秋》月刊在封面上首篇刊出：《高放：斯大林怎样破坏党内民主》，这与该刊 2009 年 11 月也是在封面上首篇刊出的《高放：什么是党内民主》，可谓是姐妹篇，是从正反两方面说明共产党党内民主的存废实乃党生死兴亡的首要关键。这两篇文章在社会上引起较大反响，我已接到好几位朋友来电话和素不相识的读者来信叫好。1 月初刚发表的这篇文章，已被北京《生活周刊》和福建《每周文摘》摘登。香港凤凰卫视"有报天天读"在 2 月 8 日中午杨锦麟主播的"天天杨言"评论中，还以"前车之辙，值得借鉴"为题，评论了拙文，提出一定要汲取苏共由于破坏党内民主而亡党的教训，避免重蹈覆辙。黑龙江省委党校主办的《理论探讨》2010年第1期还把拙文《改革开放以来中国政治体制改革的回顾与展望》作为重点文章推出。本文原是我于2008年底在北京市政治学行政学学会年会上的主题发言，重点强调政治体制改革不能只限于走碎步，而要适时迈出中步和大步。但愿来年我们党内民主能够得到新发展，政治体制改革能够迈出新步伐，这是构建和谐社会与和谐世界的首要前提。

我最欣赏的格言是马克思在《资本论》第1卷法文版序言中所说的："在科学上没有平坦的大道，只有不畏劳苦沿着陡峭山路攀登的人，才有希望达到光辉的顶点。"还有宋朝范仲淹所说的："宁鸣而死，不默而生。"以及楚图南为戴震纪念馆所题："治学不为媚时语，独寻真知启后人。"

我的座右铭是：生命不息，奋斗不已；勤学不懈，运思不泥；求索不倦，矢志不移；笔耕不辍，乐此不疲。

纵观我的学术生涯，我想可以用四种颜色的金属概括我人生的四个时期。1949—1957年像紫铜，1957—1966年如白银，1966—1978年若黑铁，1979年以来为黄金。回想1956年前后，我的确有点红得发紫，被人们称为中国人民大学四大理论课的"四大金刚"之一（另外三位是中国革命史的胡华、哲学的萧前、经济学的苏星）。可是1957年遭批判之后，被认为是走"白专"道路的典型，依然银光闪闪，经过下放劳动后，照样活跃在讲坛和文坛上。到"文革"时我被打成黑帮，我犹若铁塔，铁骨铮铮，坚强挺立。经过长久磨炼，我最终才能放射出黄金般的光芒。我在"高放教授八十华诞学术研讨会"的答谢辞中曾经朗读一首《八十感怀》的七言律诗："黄红白黑呈奇彩，真假是非探至知。"这表明我们这一代知识分子在探索真理的坎坷风雨征程中是怎样铸就了多彩的传奇人生。

老骥伏枥期盼青春永驻，烈士暮年唯思昂然奋起，尽心培育桃李，竭智求索真理，这是我有生之年的夙愿至理。

人物简介

高放（1927—　），原名高元浤，福建省长乐市人。中共党员，教授，马克思主义理论家。

高放1944年开始在《东南日报》、《南方日报》等副刊发表散文、诗歌、杂文。1946年考入北京大学，积极参加学生民主运动。1948年进入解放区北方大学文教学院学习，后入华北大学读研究生。1950年起在中国人民大学执教，长期讲授"国际共产主义运动史"、"科学社会主义"、"当代世界社会主义"等课程。1979年开始招收硕士研究生，1981年被国务院学位委员会批准为全国第一批博士生导师，建立了全国第一个国际共运史博士点。1983年被批准为教授，1992年开始享受政府特殊津贴。曾任中国人民大学学术委员会委员、国际政治系当代世界社会主义教研室主任、国务院学术委员会第二届学科评议组成员等职。2005年被授予中国人民大学首批荣誉教授称号，2009年被授予中国人民大学首批荣誉一级教授称号。现任中国人民大学国际关系学院教授、博士生导师，兼任中国和北京市国际共运史学会、中国科学社会主义学会当代世界社会主义专业委员会和北京市政治学行政学学会顾问等职。

高放主编、合编、合译、合著、专著50多部。20世纪80年代参加过《中国大百科全书》第1版政治学卷、外国历史卷和《科学社会主义百科全书》的编撰，担任编委、分支主编或副主编。1982年出版约23万字的专著《社会主义的过去、现在和未来》（获北京市优秀哲学社会科学著作奖）；同年开始主编《国际共运》杂志。1984年合译的《第二国际史》第1卷出版。1986年后，撰写和主编了多部专著和教材，其中部分获奖。《社会主义思想史》1995年获得国家教委全国高校人文社会科学优秀著作二等奖，主编教材《科学社会主义的理论与实践》2005年第3版被北京市教委评为北京市高等教育精品教材，此外还主编了教材《"科学社会主义的理论与实践"教学要点》、《当代世界社会主义概论》（后改名为《当代世界社会主义新论》）。1993年以来，六家出版社先后出版《高放文集》（9册）。

高放在国际共运史、科学社会主义和政治学领域成就卓著，《中华当代文化名人大辞典》、《中国现代社会科学家大辞典》、《中国人物年鉴》（1995）等都对其有较高的评价，称其为"国际共产主义运动史学家"、"政治学家、马克思主义理论家"、"社会主义学家"等。1990年和1994年，美国传记研究所出版的《世界五千名人录》两次将其收录在内。

方汉奇自述①

摘要： 方汉奇（1926— ），广东普宁人。著名新闻史学家，中国人民大学新闻学院教授，中国人民大学首批荣誉教授、首批荣誉一级教授。本文回顾了他在中国人民大学学习、工作中的故事及见闻。此外，他还对新闻史研究情况及相关学术问题进行了简要介绍。

1978 年前的工作经历及见闻

我 1926 年出生，今年 83 岁。1946 年到 1950 年，我在国立社会教育学院新闻系念大学。全国解放后，系主任马荫良先生在《解放日报》办的上海新闻图书馆做馆长。这个图书馆是用来安置一些从《申报》、《新闻报》两报退下来的老新闻工作者，老报人的。《申报》、《新闻报》两报是民族资产阶级办的报纸，他们的馆舍由当时的上海市委机关报《解放日报》进驻。这些报人呢，他们不是官僚资产阶级的，也不是国民党的，也不是反动派的，所以要给他们适当的安置。我就接受马荫良先生的邀请去了上海新闻图书馆。我在那里待了三年，整天跟老报人打交道，同时也搞

---

① 本次采访时间为 2009 年 2 月 16 日，由中国人民大学校史研究室负责采访、录音整理及文字编辑。

一些新闻史的研究和教学。1951年曾应邀在圣约翰大学新闻系讲新闻史专题，开始和新闻史的教学、研究打交道。

1953年我调到北大中文系新闻专业教新闻史。1958年，北大中文系新闻专业整个建制并到中国人民大学新闻系，我就到中国人民大学来了。中国人民大学新闻系是1955年成立的，我报到的时候已经成立三年了。北大新闻专业整个建制，连学生带老师、图书资料整个都过来了，学生还没毕业包括还在实习的就都跟过来了。这样中国人民大学新闻系就壮大起来了。

1958年到人大，赶上了"大跃进"的尾巴。当时到人大，一进东校门，红楼那一片，松树林中，就一溜小高炉，热气腾腾，正炼钢呢！那时我正带着学生在保定、安国、徐水等地实习。

当时的提法是"教育与生产劳动相结合"、"教育为无产阶级政治服务"，所以学校的教学秩序很不稳定，常常组织学生下去参加劳动。该春耕了，就下去种地，夏天到了，就拔麦子，冬天又该动土方修水利了。十三陵水库、密云水库我们都下去劳动过。凡是有运动、有劳动任务的时候教学就让路了，教育与生产劳动相结合嘛，教育要为无产阶级政治服务嘛，教学只能见缝插针了。"大跃进"时在教学上也提了很多高标准，如办报，搞实习报纸，新闻系办得还是挺火热的。办了28个实习报纸，印厂也是那个时候办的。现在还存在的书报资料中心当年也是新闻系办的，叫报卡社。中国人民大学新闻系有这个条件，有自己的印厂，当时有100多位教师，最多的时候师生上千人，是一个很大的系，师资力量足够同时办5个省报。那时搞教材建设、搞实习报纸、搞劳动、搞运动，热火朝天。现在看来，这里头有很多经验和教训。搞得挺热火，但没有按照教学规律来办事，跟着政治运动走，跟着劳动走。在当时的那个"左"的路线影响下，整个教学工作不符合教学规律，但精气神还是不错的，学生也得到了一定的锻炼，通过参加实践，提高了动手能力。

1959年庐山会议以后，开始"反右倾"，我们很多系的领导和教师都被扣上"右倾机会主义"的帽子，下放劳动。新闻系主任罗列被下放到丰台区的看丹酱菜厂去做酱菜了，像余致浚、汪溪这些新闻系的骨干教师都被扣上了"右倾机会主义"的帽子下放劳动了。这个实际上都不是教学问题，是政治思想的问题。思想路线上的"反右倾"，使这些解放区来的老革命、老教师也受到了牵连。

从 1958 年到 1960 年再到 1962 年有一个波峰和波谷。60 年代初的七千人大会总结了"大跃进"的经验教训，1959 年到 1961 年，是所谓的三年困难时期，粮食减产了，口粮降低了，活动削减了，前进的那种狂热的劲头有点收敛，教学研究又开始受到重视，强调要多读书。朱老总当时有个题字叫"认真读书"，是在报上发的。所以那几年校园里又恢复了一定的教学秩序。但是从 60 年代初到 1966 年这一段，也就是"文化大革命"前的六七年，阶级斗争这根弦整体来说还是绷得很紧，教学秩序基本上是服从运动。这一段时期，整个教学也仍然受"左"的思想影响：搞大批判。批了一些该批的，也批了不少不该批的。人大新闻系 1960 年曾经有过一次"左"的学术批判运动，是由当时的系总支带头发动的。号召全系师生对旧的教材（所谓旧也是刚编出来的五部教材：新闻史的，新闻理论的，新闻实务的，实务包括编辑、采访、评论）的所谓修正主义观点、资产阶级观点进行批判。发动群众、发动学生、发动老师，停课，组织大批判。这五部教材都是人大新闻系 1955 年建系以后集中一些骨干教师，先是积累材料、搞调查研究，辛辛苦苦编写出来的。到了 1960 年刚出版不久，就组织批判，说是其中有大量资产阶级修正主义的、右的错误观点。很多不该批的观点也都批了，像"报纸是人民的教科书"、"记者是社会活动家"，这些提法很多都是马克思、列宁等一些革命导师的观点，也都拿出来批。1961 年，此事受到中宣部的关注。当时中宣部长是陆定一，他批示由副部长张磐石带队，人大方面由崔耀先副校长参加，组织了工作组到人大新闻系来重新组织"批判"，把 1960 年批判错的那些观点又重新订正了过来，凡在北京的学生——已经毕业的或在校的——都请回来参加。在那一次事件中，开始我也遭到批判。当时我坚持认为：中国新民主主义革命时期的一些革命报刊和历史上的戊戌维新运动时期的报刊、辛亥革命时期的革命报刊，它们之间是有批判继承的关系。这个观点其实是列宁的。列宁对赫尔岑、车尔尼雪夫斯基、杜波留波夫就是这么认为的，他认为布尔什维克和他们以前的革命民主主义者之间是有着一种批判继承的关系。可当时那个极左的学术批判运动否定这个观点，而我则坚持这个观点，所以挨批了。当时观点就那么"左"，否定一切。后来又改回来了。这也是一次折腾。

1964 年到 1966 年，搞农村"四清"，教师学生分批下去。新闻系的师生分两批去搞"四清"。第一批是 1964 年走的，去的是山西定襄。我参加的是第二批，就在北京近郊，1965 年进村，1966 年回来。老师同学整个建制地下去，一去一年，下去的那一部分就不上课了。这是教学服从政治运动的典型例子。我们这批"四清"是黄达带的队，地点就在四季青公社，我被分在四季青公社万寿寺大队魏公村生产队。魏公村那时已经是城乡结合了，不是很典型的生产队了，社员家往往是工农联盟户。因为生产队附近的中央团校、民族学院、外语学院已经盖起来了，占了农民的地，就吸收部分社员去当学校的工人。所以我有时吃派饭的时候就被派到民族学院，社员到食堂打饭了。厂洼、万寿寺、魏公村、法华寺、白石桥，包括现在世纪城所在的蓝靛厂，这些地方当时都是生产队。我在魏公村生产队参加了一年"四清"。

等到"四清"快结束的时候，"文化大革命"已经开始了。我是 1966 年 7 月回来的，从生产队回来之后就直接进了"牛棚"。那个时候原来的领导已经被靠边了，造反派当权了。我们新闻系那时在南一楼（今品园楼一楼、二楼那个位置），是座两层楼，学生宿舍、资料室、党政办公室都在那儿，我们的"牛棚"也在那儿。所谓的"牛棚"就是找一个教室把我们集中关起来，吃住学习都在里边。当时学生和革命教师，以学生为主，组成革命委员会，就停课闹革命了。"牛棚"里关了不少系的领导和骨干教师、问题教师，系领导都成了走资派。我是因为社会关系、历史问题被关起来的，这些问题和关系其实都是思想改造的时候自己写的和交代的，但也因此成了"文化大革命"的对象，当上了"牛鬼蛇神"，住进"牛棚"了。

"文化大革命"开始的时候我正好 40 岁，身体最好的时候，干起活来是强劳动力。我的体会是知识分子只要体质好，过劳动关并不难。相对地说，劳动人民过知识关要难得多。那一段时期，再苦再累、再脏再重的活儿都没问题。一个是思想上有那种自觉：知识分子要改造，要和工农结合，要向劳动人民学习。这是建国以后接受的思想意识，有这种主观的要求，对劳动并无抵触情绪，另外劳动本身也是件快乐的事情。那个时候条件很艰苦，三九天都在户外干活。西郊中国人民大学的所有下水道我都钻过，所有的房顶都上过，打扫卫生，扫厕所，再苦再累再脏的活都不在话下。

"文革"中，革命群众在打派仗时，我们这些"牛鬼蛇神"就被搁置一边了。两派之间互相是不来往的，但我们这些老牌的"牛鬼蛇神"倒是可以两边走动，因为两边的"革命群众"都认识。比如新闻系的办公室在南一楼，这里属于"天派"的地界。新闻系老师学生的所有信件、报纸都送到南一楼。而"地派"在中间线北侧，他们就拿不到属于他们的信件报纸。我们这些"牛鬼蛇神"就可以当信使，每天为两派"革命师生"送报送信。两派都不拦我们，因为这也是他们的需要；要拦的话，就没有人送了。所以我就游走于两派之间，在职工食堂（现在艺术学院那个地方）吃饭，然后到南一楼劳动干活。这种情况维持没有多久，军、工宣队入驻，两派斗争告一段落，稍后学生一分配，学校基本上就没人了。接着人大的教师干部就开始下放干校了。

1969 年 11 月，我作为第一批"五七"战士去了位于江西余江的人大"五七"干校。下去时报名很踊跃，除了老弱病残基本上都下去了。"五七"干校是根据毛主席的指示办起来的。旧的学校已被砸烂砸碎了，旧的道路已经走不通了，知识分子就只能到工农那里去接受再教育了。所以去的时候并没有多少思想障碍，觉得走这条路是很自然的，去干校的时候是下了决心连锅端的，全家都下去了。原来我住在林园 2 楼，房子都退了，所有的锅碗瓢盆全都带下去了。人大的后勤和组织工作做得非常好，有很多人连没用完的蜂窝煤都带了下去，还组织了专列。包括铁路运输在内，当时一切都是服从政治运动。

在干校的第二年，我们曾听说人大"五七"战士要在江西就地分配，又听说有关方面的领导曾为此和江西方面谈过，但没有被接受。一个理由就是人大的人级别太高，工资太高，江西承受不了，没法安置。人大的干部职工和教师有很多是从陕北公学、华北大学过来的，级别有的比县长、比省里的领导都高，省里不好安排，也安排不起。再加上当时的校领导，包括郭影秋、崔耀先他们有这么一个考虑：就是这支队伍不要打散，按编制整个序列地分割到几个学校，以便在适当时候重整旗鼓、卷土重来。这是他们当时的一个远见，事后证明这个安排是正确的。这个队伍只是稍有流失，个别人自行脱离人大，各奔前程。多数人像我们这样，整个建制地下去了，整个建制地回来了。

当时下干校去的时候，我就已经做好不回来的准备了，觉得能在"文化大革命"那么大的风浪中苟全性命就已经不错了，不必考虑再搞教学、研究那些营生了。当时觉得当工人、当农民也挺好的。可能有一些老干部、一些在党内已经有较长革命经历的，他们会有一些想法，而像我们这样的没有。因为当时我们这样的"牛鬼蛇神"在政治上已经早已沦为贱民，一切听从安排，不敢有非分之想，只希望整个国家好、大家都好。

"五七"战士每年有一次探亲假。1972 年我从干校回北京休假，就留在了北京。那时候我老伴和孩子们已经回北京了，她在北大附中当老师，当时中学已经复课了，孩子们也要念书啊，所以她带孩子先回来了。当时，北大中文系新闻专业已经开始招工农兵学员，设了文学专业、新闻专业。新闻专业报的人特别多，报文学的则较少，但中文系没有新闻学的师资，所以人大新闻系的一些没有去干校的老师就已经去帮忙了，等到我们陆陆续续回来探亲时，也都被留下了。所以1972年我就在北大中文系给新闻专业工农兵学员上课了，留在干校的其他老师在半年内也陆续回来了。

从1972年到1978年人大复校以前，我在北大中文系新闻专业工作了5年，这是我第二次到北大。这5年，主要是跟着工农兵学员转。当时的说法叫"上、管、改"，即"工农兵学员上大学，管大学，改造大学"，教师是被改造的对象，既是为工农兵服务的，又是被工农兵改造的；既接受改造、接受教育，又为工农兵服务，为他们提供教学服务。

当时北大推行历史系的"小班经验"，实行小班制，就是把同一年入学的学员分成几个小班，每一个小班的工农兵学员从一入学起，就安排三个老师跟他们到毕业。三个老师中有一个是党员老师，任支部书记，然后带两个非党员老师。当时学制是三年，这三年期间，工农兵学员干什么，跟班教师就干什么。学员们学兵学工学农，教师们就跟着他们一起摸爬滚打。他们上什么课，我们就辅导什么课。所以从1972年到1978年，我和我所在的那个班的学员一道，听过北大诸子百家的课，也辅导过诸如党史、政治经济学、新闻采访、写作等门类众多的课。我专业是新闻史，新闻史倒是不教，没安排。除上课外，学员们的所有活动都参加：实习、劳动、拉练、"斗、批、改"，包括"斗资产阶级"、"斗修正主义"、"批林批孔"、"批邓"、"评水浒"、"评鲁迅"、"学鲁迅"……一样也不落。为了"批林批孔"，我们还到过河北枣强，因为董仲舒是儒家，"评法批儒"的时候他是批判对象，而枣强、故城那一带则是董仲舒的老家，我们就跑到董仲舒的老家去批董。我们也劳动，也参加学生的实习。我跟的那个班是去的山西，1974年去实习了半年。所有的这些活动都是跟着这个小班一块干的。反正学生学什么我们就辅导什么，成了"麻将里的白板"。他们所有的作业我们都帮着修改，实际上干的是写作课的任务。有时工农兵学员们会拿一首诗让我修改。他们上什么课我就要辅导什么，所以我必须跟着学员们听课。这倒也是个机会，可以听听北大老师们的课。听的结果，发现有的名气大的讲课效果不一定好，讲得好的名气不一定很大。每个老师都有他的特点，这也是一种学习。因为要辅导，所以我还要抢着比学生早学一点：下星期的课我这个星期先看。这也是个学习嘛！缺什么补什么。好在工农兵学员文化水平不一，多数是中学程度，个别的还是小学程度，整体水平不是很高。所以那种教学方式还能勉强对付下来，也就那么糊弄了几年。要是碰到现在这种高中毕业考进的学生，谁也对付不了；怎么可能你对每一门课、每个专业都熟悉啊？不可能的。

1978 年人大复校，我就回来了。

现在总结起来，1953 年从上海调到北京，到 1978 年又重新回到人大，这 25 年我在大学里从助教开始做教学工作，基本上就是跟着运动转。在教学上只是应付上课，做一点积累，但是没有太多的时间进行科学研究，教学也不系统。1956 年开始到 1958 年这一时期有一些业务刊物开始创刊，要新闻史方面的稿子，我为此也写一些相关的小文章。所以现在看起来，那一段教学和科研的成果非常少，主要是服从当时的那个大的形势的需要。"文化大革命"那些年，我先是当"牛鬼蛇神"，当革命对象，住"牛棚"，参加劳动，然后就是跟工农兵学员摸爬滚打。我现在搞的专业，做的科研工作大部分都是 1978 年以后做的。所以如果 1978 年我就退休了或者改行了，或者死掉了，那这一辈子就什么也没干成，就只搞了运动和劳动了。1978 年以前我身体挺好的，既因为时常参加劳动，也因为那一时期比较注重体育锻炼。我们现在的体育锻炼不如 50 年代，那个时候每个人都要通过劳卫制，下午 4 点半以后全部上操场，教室里、图书馆里没有人。在那种大环境下，我身体挺好的，而且有很多时间去做社会工作。从 50 年代后期到"文革"前有 5 年间，我是新闻系工会的文娱委员，为会员们提供文娱方面的服务，就是给他们买票等等。买回来之后再卖给大家，然后又去排队买第二个星期的。那时都买一些重要演出的票，像京剧界的马连良、梅兰芳、谭富英、裘盛戎、袁世海、张君秋这些人演出的票。我每周星期一、星期二去排队买票，星期三、星期四卖票，卖不掉的，星期五就去退票。碰到好的戏我还可以到里头先看一段再退掉。我的兴趣很广泛，那个时候也自得其乐。看一点杂书，主要是文史和新闻史有关的；同时做卡片，做一点积累。1978年以前也就是做点这方面的工作。

研究中国新闻史

1978年以后到现在的这30年，正好是建国60年的后一半。咱们整个国家走向改革开放是最近这30年，我正儿八经地做教学工作也是这30年。1978年开始拨乱反正，把过去批判错的东西逐步地改正过来，从做法到观点都在拨乱反正。这样我的教学和研究工作也开始走向正轨：1953年我到北大新闻专业开始教中国新闻史，1978年以后又回归到我原来的专业——中国新闻史。在这以前只能说是什么都搞，什么都没搞成。

我小时候的愿望是当一名新闻记者，但建国以后就没有这个可能了，因为那个时候我还不是党员。我1984年才入党。之前像我这种情况，入党难度很大。改革开放后在发展党员的观念上、党员的构成上，都跟过去有一些不同，注意从知识分子当中吸收党员。所以我在1984年以后成为党员，在党员里头算是资历比较浅的。解放初期当记者，政治上首先得是党、团员，或者是地下党；我有旧的社会关系和海外关系，是不可能去当记者的，只能做点教学研究工作。这是在当时那个大形势下必然的选择。做教学工作其实也挺好，研究新闻史，政治上没有那么多要求。1978年以后这一切都正规了，就有条件去做自己专业上的教学和研究工作。那时候临近人大建校30周年，我就给系里提出来，想写一本《中国近代报刊史》，为建校30周年献礼。我就跟系主任罗列商量，他同意了，然后我就着手写这本书。本来开始就是作为一个普通的献礼的书，准备写七八万字就可以了，后来写着写着，一发不可收拾，足足写了两年——30周年的献礼没赶上——写成了一部50多万字的专著。

开始写的时候受旧的思想意识的影响，还有当时大批判的一些观点的影响，思想上还比较"左"，写得很拘谨。具体的表现，就是对于外国人在中国的办报活动、对维新派的办报活动还是否定的多。因为当时有这么一个观点：改良不好，革命好。其实改革和改良在英文里是一个词，都是"reform"。但只认可改革，贬抑改良，说改良不好，改良就是修正主义；暴力革命是新社会的产婆，革命才好。所以讲近代报刊史就老讲孙中山的革命办报活动，对维新派的办报活动就否定得比较多。另外，新闻史上的人物到了"文化大革命"后期基本上都被否定掉了，新闻界的名人也不能表彰。所谓"三名三高"，即所谓的名作家、名演员、名歌星，都是不可取的，是名人就要反对。再加上前 30 年的政治运动和学术批判活动，大部分的新闻工作者都被否定掉了。50 年代的时候还提李大钊、陈独秀，还提邓中夏、萧楚女，后来也提范长江、邓拓。到了"文化大革命"，这些人都提不起来了——李大钊成了叛徒；陈独秀"从来就不是一个好的马克思主义者"；范长江打倒了，在干校自杀了；邓拓是"文化大革命"首当其冲的批判对象；瞿秋白写了《多余的话》，也成了叛徒了。结果可以肯定的，只剩下了一个毛泽东和一个鲁迅——毛泽东说鲁迅是圣人，他是贤人。——就剩下他们二位了。一时间在新闻史上几乎没有人物，也不提人物，"革命"的报人不能提，旧报人不能提了，资产阶级的报人更不能提了。我开始写《中国近代报刊史》的时候就是这么一个大背景。

随着学术界的拨乱反正，慢慢意识到这个思想还应该解放，过去的批判不一定是正确的，这种观点逐渐调整、修正。所以写到后来，后面的观点就跟前面的观点不一样了，解放的程度也不一样。最后《中国近代报刊史》写了 1 500 个人物，有的是详细展开的，有的是简单提名的。由于一路写来，思想解放的程度不一样，所以前头还有很多"左"的痕迹，如对外国人在中国的办报活动全部否定，认为都是"特务"，都是帝国主义侵华史的内容，一个好人都没有，一点好的影响都没有，是全部彻底的否定。这个不是太实事求是的。现在对司徒雷登不也有了一些比较公正的评价了吗？当年由于毛主席的那篇《别了，司徒雷登》，就没有人再给他说好话了。实际上他很早就提出中美要建交，美国当时是希望和新中国建交的，但没有被接受。司徒雷登其人对中国人民还是有感情的，可在当时，这个人是基本上被否定的。这种思想解放的程度也是逐步逐步提高的，写了两年，写到后来，成了一个"半大的解放脚"。现在那本书再版过几次，我基本上没有动那个稿子，就保留当时的那个思想状况。在后记里说明了这个认识的过程，一看便知。这书是1978年开始写，1981年出版的。当时刚从干校回来，写的时候连个桌子都没有，就把装书的几个箱子垒起来当书桌，就是在那样的条件下写的。

这算是改革开放以后我的第一个成果。然后以此为基础，不断地有所拓展。一个是因为教学上有了比较多的投入，有了比较多的认识，有了比较多的时间从事教学；另外也有了相对宽裕的时间做一些科研工作，写了一些个案研究的文章，组织了全国50个新闻史教学研究工作者完成了一部280多万字的《中国新闻事业通史》。接着又搞了一部编年史，也是三卷，也是200多万。这一段时间，我还参加《中国大百科全书·新闻出版》卷的编辑工作，我是中国新闻事业这一部分的主编。这个工作做了五年，它要求很严谨，要求充分占有原始材料，对我也是一个很好的学习机会。

我之所以从近代报刊史开始，是因为改革开放以前，我在新闻史教学上在北大有一段时期是讲通史，从古代一直讲到当代，当时就我一个人在讲这门课。到了人大以后教员比较多了，我们新闻教研室有8个教员，最多的时候有10个，5个讲中国的，5个讲外国的。教员里头有很多是老解放区来的、老资格的新闻工作者，像黄河，是1932年的党员；刘爱芝，是"三八"式的干部。他们是新闻史教研室前后两届的教研室主任。有这样的一些老同志在，共产党成立以后的那一部分报刊史，就理应让老同志们让党员讲。那时我还不是党员。就好像党史，如果你都不是党员，你怎么研究啊？所以到"文化大革命"以前那一段时期，我只是讲古近代部分，五四以后那部分就由那些老同志讲。那些老同志现在有的去世了，有的后来调到实际部门工作去了。像刘爱芝，后来是《甘肃日报》的总编辑，《红旗》的编委，最后是《光明日报》的副总编辑。现在也去世了。

由于上述的原因，拨乱反正以后，我的第一本新闻史的著作是《中国近代报刊史》。这是因为我长时期的教学分工就是搞中国古代和近代新闻史。后来，我搞通史、搞《中国大百科全书》的"中国新闻史"部分，就开始介入了中国新闻事业史的多个阶段，不再以古近代为限了，关注的面也比较宽一些了。但相对来说，我在中国新闻史研究的比重方面，古代、近代和现当代党报以外的报刊这部分比重仍然偏大一些。这和我刚才说的那个大环境有关系，我1984年才入党，入党以前基本上这些党报、党刊的研究由党员教师去搞。

因为吴玉章老校长自己就办过报，所以他很重视新闻系。他一生办过四次报。辛亥革命的时期，他是同盟会成员在东京办《四川》，这是革命民主派的言论机关。后来又办《赤心》、《救国时报》，这些都是中国共产党在海外的重要宣传机关，受第三国际支持，他是负责人。然后是办重庆的《新华日报》，这家报纸被国民党勒令停刊撤回延安，最后的那一阶段的工作是在他的主持下进行的。

作为一个教育家，他对新闻教育非常重视。1955年他全力支持办人大新闻系，曾一次批给新闻系资料室两万元购置报刊资料的经费。那时两万块钱算很多啊！这个消息传出去以后，上海旧书店的旧报纸都为之涨价，因为听说人大新闻系要收购旧报刊。北大中文系新闻专业并到人大后，曾在1958年6月21日举行过一个欢迎的仪式，那个时候我在保定带学生实习，没赶上。但是那一年暑假开学以后，吴老曾专门到新闻系给全体师生作报告。报告前，系主任安岗把我们这些老师都一一介绍给吴老，介绍我的时候说："他是研究近代报刊史的"（那时候我也没有写这方面的东西，但是分工管这方面的教学工作），吴老就跟我很热情地握手。他那个时候已经70多岁了，我那个时候30多岁，对他老人家十分敬重，很荣幸能够认识这样的革命老前辈。他给全系师生作了报告，讲得很精彩。

这以后因为运动太多，他来新闻系的机会少了，但一直对新闻系很关照。所以他去世后，我对老人家一直很怀念。吴玉章奖金基金会以他的名义设了五个奖金，其中就包括新闻学奖。我是第一个吴玉章新闻学奖的获奖者。我有两本书得过吴玉章奖：一本是我自己写的，一本是我主编的，还得过一次吴玉章教学奖。先后得过三个吴玉章奖，深受他老人家的提携，对他非常敬重。现在我还是吴玉章奖新闻学奖评审组的召集人，我一直都积极参加这个评审活动。吴老在党内有很高的声望，在新闻史上有很重要的地位，在教育上又对新闻教育非常关注，所以从这些方面来看他是一位非常值得敬重和怀念的革命老前辈。

新闻研究应该坚持历史唯物主义精神

学术研究在任何时候都应该投入力量，促进发展，这是整个国家民族文化传承的需要。在改革开放以前由于"左"的路线影响，这方面的传承和发展受到了一些干扰，改革开放以后又得到了恢复。我觉得这就是一种拨乱反正，是正常的，应该的，学术上应该保持这种历史传承的关系。我们在新闻史的研究上，也是继承上个世纪 20 年代的新闻史研究的成果，在前人的基础上力求做到有所发展、有所发明、有所前进。这和改革开放以后整个国家进入正轨、综合国力不断地提高、学术研究不断得到支持和发展这个大环境有关系。比如搞《中国大百科全书》，搞学科建设，特别是有一些人文社会科学在最近 30 年得到比较大的发展。新闻传播学、社会学、法学、心理学是这 30 年来人文社会科学的众多学科当中发展比较快的一些学科。由于"左"的思想影响，社会学、心理学在建国后不久就被"枪毙"掉了，认为是资产阶级的。拨乱反正以后，重新建设起来。新闻传播学在前 30 年倒没有被否定，但是被过分政治化了。实际上新闻传播学有比较丰富的内容。现在进入信息时代，我们又"入世"，要推行全球化，想自我封闭都不行。现在我们必须适应全球化的形势，必须适应信息时代的特点，必须促进包括网络、多媒体这些传播手段、传播媒介的发展，使整个新闻传播学得到全面的发展。新闻学在这30年有比较大的发展和大形势有关系，应该说是在大形势推动下，使新闻传播学有了比较大的发展。

幸运的是，我们中国人民大学新闻传播学的教学研究从改革开放以来一直保持着全国领先的优势。50年代那一时期我们也是全国领先，那时中国人民大学新闻系的师资力量、教学力量和学生队伍都是全国第一。不过那个时候是政治路线有问题，教育路线有问题，所以当时的发展是畸形的，是难以持续的。而改革开放以后我们的持续发展是全面的，是科学的，是适应信息时代的要求和发展的。新闻史作为新闻传播学的一个部分，在这30年里赶上了这个机会，也得到了很好的发展。我们新闻史的研究，包括中国新闻史的研究和外国新闻史的研究目前在全国都处于领先地位。这也是改革开放给我们提供的一个很好的机遇。盛世修史，盛世修志，上个世纪80年代有一个很大的修地方志的高潮，我们赶上了。在新闻理论还在拨乱反正的时候，我们新闻史已经开始起步了。1989年我们还成立了中国新闻史学会，是一级学会，和中国教育学会是同一级的，我是这个学会的两任会长。到今年为止，我们的中国新闻史学会已经有20年的历史了，它团结全国的新闻史教学研究工作者，从事新闻史研究的开拓，取得了很大的成果。我们的通史就是在新闻史学会的支持下完成的，很多的科研项目也是这个时期完成的。新闻史方向还比较早地开始招收博士生。我从1984年开始招新闻史方向的博士生，至今已经培养了近50位新闻史方向的博士，早期的博士现在已经都是新闻史教学研究领域内的骨干了。

历史就是过去的新闻，新闻就是明天的历史。新闻和历史有非常紧密的关系，它们最主要的共同点就是事实第一性，强调事实的真实。在新闻报道中，事实是第一性的，应该坚持这种历史唯物主义的精神。新闻史上有过这样的不尊重事实的情况，比如"大跃进"时期浮夸的报道，"放卫星"，"亩产从 500 多斤一直发展到亩产 13 万斤"，这是 1958 年《人民日报》上面的报道。这都违反事实。新闻史的研究，也涉及到历史真实的问题，应该实事求是地去总结历史上的经验和教训。历史研究的目的是以古为鉴，以史为鉴。以史为鉴，可以知兴替，可以使我们聪明一点，可以使我们少走弯路，不犯历史上曾经犯过的错误。历史研究总是会考虑到现实的，是可以为现实服务的。应该确立一个科学的态度、实事求是的态度：不唯上，不唯书，不为尊者讳，不为亲者讳。历史研究当中为尊者讳、为亲者讳的事太多了，为一个时期的政治需要来歪曲叙述和描写历史的情况也都有。最近，李新在自己的回忆录中，就提出他做的很多事让别人歪曲了，所以他必须出来说话。中国人民大学建校他就来了，是"老人大"了，他认为说的话必须是真话，不说假话。他的这种观点是对的。

人大新闻系在全国的新闻传播教育领域内一直保持领先地位

人大新闻系在全国的新闻传播教育领域内一直保持领先地位，从上世纪 50 年代就已经是这样了，改革开放以后在历次的评选当中都保持领先地位，这是历史形成的。

50 年代的人人新闻系之所以雄居全国新闻教育的榜首，有一些客观的原因，那就是领导重视。首先中国人民大学在当时就是被国家重视的。当时新闻媒体提起全国的高校的时候，首称"人北清师"，中国人民大学是放在第一位的；当时教育部部属的四所高校的经费，中国人民大学占了其中的五分之三；苏联专家中国人民大学有 100 个，也是全国最多的。但那都是政府行为。现在中国人民大学没有这些优越条件了，靠的完全是自己的努力，中国人民大学新闻学院这些年来也是靠自己的努力，才继续保持全国领先地位的。这很光荣，很值得高兴，但也很不容易。

我们现在面临着非常激烈的竞争，排在第二位的只比我们少两分：我们是 85 分，第二位的中国传媒大学和复旦大学是 83 分，而且中国传媒大学是以全校的力量来和我们竞争，只比我们少两分。他们实力很强，很多方面都超过我们。然后复旦、北大、清华这些年来发展得很快，武汉大学、华中科技大学的新闻传播教育的发展也很快，我们面临着非常激烈的竞争。我们如果稍有闪失，或者是力度稍有不够，就很容易被别人反超。所以要想继续保持领先地位的话，我们还需要付出很多的努力。我们的物质资源不如中国传媒大学，它是举全校的力量；我们也不如北大、清华，北大、清华有理工科的综合大学的基础，它们有 18 个亿，我们没有，我们在很多方面处在劣势。我们必须在师资梯队的建设和教学科研方面加大投入，才能够保持这个领先的地位。我们学院还缺少海归的师资。这些年来学校投入很大的力量，支持很多教师去国外访学交流，但是我们一个真正的海归都没有；北大、清华，还有外地的一些学校已经有了，这方面我们需要加大投入。学校是我们的后盾，我们冲锋在前，还需要学校的大力支持。我们这一次和其他的几个学科如社会学、法学、应用经济学这些学科争得了一个领先的地位，希望学校能够继续给我们提供更多的支持，让我们继续保持领先。

311

人物简介

方汉奇（1926—　），原名方汉迁，广东省普宁市人。中共党员，教授，新闻史学家。

方汉奇 1950 年毕业于苏州国立社会教育学院新闻系，1951 年起，在圣约翰大学新闻系讲授新闻史专题。1953 年调入北京大学中文系新闻专业任教，1958 年随该专业并入中国人民大学新闻系任教，先后开设和讲授了"中国新闻事业史"、"中外资产阶级新闻思想研究"、"名记者研究"、"港台和海外华人报纸研究"等课程。1984 年被国务院学位委员会批准为博士生导师，同年被全国记协评选为全国一级优秀新闻工作者，1987 年被国家教委评为全国优秀教师，1987、1997 年两次被评为北京市优秀教师，1991 年开始享受政府特殊津贴，1996 年获韬奋园丁奖一等奖，2005 年被授予中国人民大学首批荣誉教授称号，2009 年被授予中国人民大学首批荣誉一级教授称号。曾任国务院学位委员会第三届学科评议组成员、国务院学位委员会第四届新闻传播学学科评议组召集人、中国人民大学学位委员会委员、《中国大百科全书·新闻出版》卷编委兼"中国新闻事业"部分主编等职，兼任北京大学、清华大学、浙江大学等 17 所大学新闻传播院系的顾问、兼职教授、客座教授或课程教授，南京大学新闻传播学院名誉院长、中国新闻史学会会长等。

方汉奇先后撰写和主编了《报刊史话》、《中国古代的报纸》、《中国近代报刊史》、《中国新闻事业简史》、《报史与报人》等 10 余部教材和专著，发表了 200 余篇新闻史方面的论文。其中，《中国近代报刊史》（57 万字）对中国近代新闻事业的产生和发展，作了科学、系统的记述，是改革开放以后出版的第一部新闻史专著，曾五次再版，1987 年获吴玉章奖新闻学一等奖。《中国新闻事业简史》是新中国成立以来第一部公开出版的大学新闻史教材，在国内出版的中国新闻史书刊中流传最广、发行数量最大，1996 年获北京市哲学社会科学优秀科研成果一等奖。《中国当代新闻事业史》1996 年获高校文科优秀教材一等奖，1997 年获国家教委国家教学成果二等奖。《中国新闻事业通史》（三卷本，180 余万字）是国家"七五"重点项目，是我国迄今为止规模最为宏大的新闻学专著，是对 70 余年来中国新闻史研究成果的历史性总结，代表了当前中国新闻史研究的最高水平，2002 年获吴玉章奖新闻学一等奖，2003 年获高校人文社会科学优秀科研成果一等奖，2004 年被教育部认定为研究生教学用书。其中的第一卷1994 年获北京市优秀科研成果一等奖。《中国新闻事业编年史》（三卷本）2002 年获第十三届中国图书奖。《中国新闻传播史》2005 年获"北京高等教育精品教材"奖。方汉奇从事新闻史教学研究工作近 60 年，是公认的中国新闻史学权威和学科带头人。

甘惜分自述[①]

摘要: 甘惜分(1916—),四川邻水人。著名新闻理论家,中国人民大学新闻学院教授,中国人民大学首批荣誉教授、首批荣誉一级教授。本文回顾了他投奔革命及从事新闻实务工作和新闻教育工作的不凡历程与体会。

投奔延安,跨对人生第一步

我 1916 年出生在四川省邻水县。我是个孤儿,三岁的时候,父母都去世了,幸好大哥把我带大,让我上学,一直到初中毕业。初中时期,音乐和美术老师都非常喜欢我,他们看我字写得好、绘画也学得很快,就把我当作艺术家来培养,想让我初中毕业之后到成都去上艺术专科学校。但我家里穷,初中毕业后就在乡村小学当了两三年老师,后来又在县政府当过一个小职员,管度量衡。

---

① 本文由作者应校史研究室之约完成于 2009 年 12 月。

抗日战争前，我并不知道我们那个县的地下党全部被破坏了，我只能依靠从上海邮寄来的进步书报中学点东西，我的思想变化与上海的进步书刊有很大关系。我当教员的工资大部分都汇到上海生活书店、读书出版社等进步出版社邮购书刊了。我还利用五哥在县民众教育馆当管理员的机会，多方订阅上海进步书刊。我团结了一些进步小青年，成立秘密读书会，并以民众教育馆阅览室为联络点，开展我们的活动。我读了很多上海出版的、以邹韬奋为首的一些进步思想家、作家办的报纸书刊，成立了秘密读书会，我出书，大家传阅，然后交流。读书会培养了好多革命同志，这帮年轻人后来起作用了。1949年新中国成立后，我曾回到邻水，中共邻水县委党史研究室告诉我：1927年"大革命"失败后，邻水县的党组织全部破坏，长期无党的组织，1938年我赴延安后，我那个宣传队（读书会）中的青年欧汝钦在成都入了党，省委派他回邻水建立了中共邻水县委。后来欧汝钦被敌特杀害。小说《红岩》中许云峰的原型许建业就是邻水青年。现在邻水县委资料中写道：甘惜分同志那几年在邻水县的革命活动为后来中共建立组织奠定了组织基础。

我还有两个朋友，一个是我表哥熊寿祺，他是一个大人物，在大革命时期便到武汉参加革命，跟着毛泽东秋收起义后上了井冈山，以士兵委员代表的身份参加红四军前委，很得毛主席的信任。1929年他奉命前往上海向党中央汇报工作，回苏区时联系线断了，回不去了，就回到上海在光华大学上学，后来又到日本留学。他在上海、日本的时候对我帮助很大，因为他是老革命啊！他经常给我写信，教我学习马克思主义，让我用辩证唯物主义、历史唯物主义看人看事。他寄来上海新出版的《辩证唯物论教程》让我细读。他有一次回邻水时问我："你想到江西苏区吗？我可以写介绍信给你，我的朋友很多，林彪、陈毅、陈士榘都是我的好朋友。但怕搞不好把你当作奸细，就不好了，还是过些时再说吧。"另外一个朋友是熊复，我俩一起去的延安。新中国成立以后，他当过中宣部副部长、《红旗》杂志总编辑。他中学比我高两届，对我帮助很大。他初中毕业后去上海、成都考大学，眼界比我宽得多，我俩就开始经常通信，痛快淋漓地评论天下事。这些通信都写得很长，使我开阔了眼界，也锻炼了写作水平。

接近共产党，接近进步思想，一个是我自己学习，一个是朋友帮助，我那时思想发生了大变化。1935年，我不在小学教书了，到成都去接受度量衡方面的培训。在那里，我碰到了熊复，那段日子里，我俩经常到成都祠堂街一带的书店里看书。这里的书店卖的大都是上海的进步出版物，正合我们需要。1935年华北事变后，全国形势风云突变，华北国土之内竟容不下一张书桌，是可忍孰不可忍。北平学生首先游行示威，立即波及全国。我在成都，正碰上"一二·九"运动，我和熊复都参加了。每次回来，如同经受了一次革命洗礼，思想不断提高：家国亡矣！非革命不可！

抗战爆发后，我们的秘密读书会也公开了，改叫抗日移动宣传队。我们就到邻水县城和乡镇上去演出抗日的戏剧，到处贴宣传画。一天，我突然收到熊复写来的一封信，信很简单："接信后速来我家，同赴延安。"哎哟，当时真是高兴得要死！当时，我手下几十个青年正在外地演出，我怎么能单人独马弃他们而远走高飞啊？但是错过这个时机，我何时才能到达朝思暮想的延安呢？想来想去，走！给我那些战友们留下一封信，说明我内心的痛苦，只能暂别了，待革命胜利后再相见。

我的出走，除了五哥，我的家人谁都不知道。我五哥思想比较进步，也支持我。我大哥把我培养到20岁，他看到我心眼好，没有坏习惯，很用功，想让我光宗耀祖，好好在家里接他的担子。他曾经要我参加国民党，被我拒绝了。他不让我走，可我的思想哪里在邻水？在全国、全世界。我满脑子想的全是革命的大问题。我那时已经是一个革命青年啦！所以我对我的家庭算是叛逃了！我走后，县长发出了通缉令。

第二天清晨，只有我五哥和另一位早年因病脱党的老朋友在西城门相送。当天傍晚，到熊复家中，他高兴之至，带我去和他父亲见面，他父亲支持他。次日赴重庆，途中宿一小店，我俩同睡一床，他告诉我，他入党了，我很为他高兴。在成都，我们去延安要报告四川省委审查批准，所以在成都等了几个月。后来经川陕公路到西安八路军办事处，他们用卡车送我们去延安。三天后，1938年2月26日才到延安，这个日子我记得十分确切。多年之后，熊复问我：你怎么把这个日子记得这么准？我说到延安之日，正是1937年2月26日日本军阀政变一周年、近卫内阁上台侵华之日。可见我当时对时局多么关心。这一年，我不到21岁。

到延安以后，我进入抗日军政大学（简称"抗大"）政治教员训练班。不久，这个班转到中央马列学院，我被分配到政治经济学研究室，啃《资本论》。延安只有农业，没有现代工业，没有工人阶级，也没有资产阶级，哪里能读懂《资本论》？但在马列学院能听到别处无法听到的讲演，如毛泽东、博古、张闻天、陈云、刘少奇等人的精彩讲话。中央马列学院与中央党校是两个并立的高级党校，专门培养理论干部，我在那里学了一年。我在家乡时读过一些党外进步理论书刊，那是二手货，到延安后读到马列经典著作译著，真是别有一番滋味在心头。于是潜心研读，收获不少。到延安没几个月我就入党了，介绍人是我们抗大队长尚耀武和区队长陈秉德。我从不忘记入党介绍人。

1939年夏，党中央决定把抗日军政大学和其他多所学校一律移往敌后抗日根据地，以减轻延安的米粮负担。我原是抗大来的，所以命令我回到抗大去担任政治教员。我们由抗大校长罗瑞卿率领渡黄河、过山西，到达了河北西部的晋察冀边区（聂荣臻、彭真领导）。这时正逢贺龙将军率领的八路军一二○师从冀中平原率部来到晋察冀边区休整待命，日寇一个联队（相当于一个团）跟踪追来，被贺龙的一二○师包围于陈庄并歼灭之。战后，贺龙对罗瑞卿说："我们的干部大都是长征过来的，有战斗经验而不懂马列理论，经验不能提高到理论。请你们帮忙给我们派两个政治教员，好不好？"罗瑞卿一口答应，派出两个青年教员支援，其中一个就是我，另一个是文山。这是我人生历史上一大转折。

一二○师司令部在一个小村会口。一进门，一二○师几位最高领导人师长贺龙、政委关向应、主任甘泗淇、参谋长周士第都出来迎接，我们受宠若惊，连忙敬礼，自称我们太年轻，政治水平不高，到延安初学，恐不堪重任。当时关政委说："我们的干部都具有丰富的战斗经验和工作经验，但缺乏理论修养，这是我们的最大弱点。请你们来，是把你们在延安学习的理论和我们的中国革命经验相结合，提高我军的政治水平。"他具体强调："要把你们在延安学过的《联共（布）党史简明教程》第四章第二节的'辩证唯物主义和历史唯物主义'结合中国实际讲具体一些，使我们的干部懂得马列主义原理。"关政委到底是政治委员，他在上世纪30年代就在上海党中央任职，后被派到湘鄂西与贺龙合作。他小个子、小胡子，我们对他十分敬畏。报到后说干就干，一批团以上干部到师部报到，立即开课。这个班称为高级干部研究班，三个月一期，一共讲了三期。文山同志讲辩证唯物论、讲哲学，我讲历史唯物主义，其实就是讲人类社会发展史，从原始社会怎样一步一步向奴隶制社会、封建专制社会、现代资本主义社会转化，将来又将进入社会主义社会、共产主义社会。斯大林在《联共（布）党史简明教程》一书中写了一小节，我要把它讲授几个月，所以要搜集很多资料，花费很多心血来充实。这本书现在看来有很多错误，但那时无人指出。

接着，阎锡山制造了抗战以来首次反共高潮。这时中央急电，命令一二〇师火速赶回晋西北。于是我军日夜兼程，从河北赶回晋西北。我记得我们到达山西岚县之日，正是1940年大年初一，白雪盖满大地。从此一二〇师在晋西北安家，这一地区称为"晋绥地区"。我在山西待了10年，到山西时刚24岁，30多岁在全国解放以后才离开山西，我把全部青春都献给了山西。

在行军之中分散了的高干班在兴县重新集合，并在兴县开课。这个班学员主要有廖汉生、杨秀山等人。三个月毕业后，又办第二期，主要学员有余秋里等人。再办第三期，已是1941年。我差不多认识了一二〇师所有团以上的高级干部。他们毕业后，我去他们部队做客，他们还大写标语欢迎。

1941年后，一二〇师高干班停办了，中共晋西地方党委开办党校，校

317

长是林枫，他顺手向贺、关首长要教员，组织上又把我们派去晋西党校，学员都是县级以上，我给他们讲授马列思想和党史。晋西党校的两期学员毕业后，晋绥军区（即原一二〇师）调我回到军区政治部，在政策研究室做研究员。

1942年，我奉命配合从延安中央来的张闻天同志在兴县农村调查，我在另一处也学习作了半年多的农村调查，并写了一本10多万字的农村调查报告，并就农村阶级关系变化作了分析。日本投降以后，新华社需要我，就调动到新华社的绥蒙总分社做记者。1949年南下，到重庆新华社西南总分社工作，担任采编部主任，报道了重庆解放前夕蒋介石下令对集中营进行大屠杀以及成渝铁路从开工到通车的全过程。

1954年，我又从重庆调到北京，在新华社听候分配；9月，中宣部下令让我到北京大学中文系新闻专业讲新闻理论。1958年，北京大学的新闻专业合并到中国人民大学新闻系，我们也合并过来了。我一到北京大学就是副教授，那时我已经38了，到人大时42岁。从那以后就再没动窝了，一直就在人大，现在快50年了。开始是副教授，后来是教授、博士生导师。我是离休干部，离休证上写的1994年，其实我是1998年才离休的，因为那年教完最后一个博士生，我才正式下来，那时候我已经82岁了，我总共带了10个博士，他们现在大多成了知名人物。

一生当中，我的第一个转折就是从四川一个偏僻的小县大胆地走向了延安。我不是那种解放军打到家门口了才参加革命去的。四川是国民党统治区，那么远，我和熊复一起千里迢迢跑到延安了。这步跨得非常大，是我人生当中一个重大的转折。如果我不到延安，就在邻水县或四川，会怎么样呢？如果按我大哥的想法，培养我在地方当一个小官，就是当个县长又能怎么样？我当时那个眼光，对县长都看不上。我用马列主义的观点来看那些人、那个社会，都非常腐败，我在那儿能干什么啊？所以我把这一步跨出来了，参加共产党、参加八路军，而且最后当了全国两个名牌大学——北京大学、中国人民大学的老师，这步跨得很大也很正确。所以好多人都奇怪，从那么一个小地方、穷乡僻壤到了北京——全国的首都，一个初中学生怎么能当名牌大学的教授，而且到现在精神依然不衰？这里就包括了一生的艰苦奋斗。不学习马克思主义、不参加共产党就没有我这一生，我这一生中第一步跨对了，艰苦自学，才能有成。

涉足新闻实务实际工作　曾亲手编发刘胡兰烈士事迹

　　1945年日本投降后，国际国内形势不断变化，晋绥地区的战斗部队开到了前方，我们坚守后方机关。因为我在高级干部研究班当过教员，高级干部我都认识。我们的政治部主任张平化（"文化大革命"期间当过中宣部副部长，后来当过湖南省委书记）比较了解我，他让我给政治部和司令部的干部讲当时的形势。于是他把干部集中起来，在村前的树林里作了两次政治报告。大家都说讲得真不错。紧接着派给我一件新工作：每天向中央报告军情。张平化说："新华社每天都找我们。内战开始了，把晋绥地区军情报告中央，你来干这个工作。"我就从政治部调到司令部去了。军区参谋长陈漫远每天同我看前线的电报，看墙上的大地图，陈漫远（解放后当过广西自治区的第一书记）拿个小旗在地图上摆来摆去。我把电报一看，地图一看，然后写下来，派人送到新华社晋绥总分社去，由总分社转发新华总社。这是我同新华社接触的开始。

　　此后，马歇尔来华调停国共内战，司令部和政治部主要领导都去了前线，认为我在后方机关已无大的作用，让我赶快上绥蒙前线当前线记者。1946年1月，我到达平绥铁路，正逢我军进攻包头不克，全线撤退，与傅作义军相持于平绥铁路。那时国共谈判有执行组，在大同也派了一个执行小组。这年5月，我就跟我们军代表——执行小组的中共代表一块儿到了大同。那时我的名义是新华社记者。我在大同待了几天，进去就满街逛，观察大同市内动向。执行小组的代表我认识，是我的老学生王赤军同志，抗日时期是团长。我对他说我现在到了大同满街观察，还到了春柳社。他说："哎哟，那是个特务机关，他们没把你抓起来还不错呢。你怎么乱跑呢？"我说："我也不知道啊，我是新华社记者，可以利用名义到处观察。"后来我被阎军特务发现，强制押送我出境。回到丰镇（我军后方），我写了几篇短通讯：《大同——日本投降者的乐园》、《阎军虐待我战俘作苦役》。我是敌人首次发现的新华社记者。不久之后《晋察冀日报》记者仓夷也是未经事先准许闯入大同，被敌特设计杀害了。我不得不感叹：我好险！我差点成为被敌人暗杀的新华社记者。

当时，中共绥蒙区党委要创办一份《绥蒙日报》，就向军方交涉调我去《绥蒙日报》工作。军方同意，我正式转了我的组织关系。此时《绥蒙日报》筹备正紧，我是创始人之一。我们领导说："你字写得不错"，就让我写了《绥蒙日报》的报头。写报头不应当由我写，应当由党委书记来写，我推托不过就写了。

1947年新华社调我回到新华社晋绥总分社担任领导。我从新闻外行很快成为内行，关键在于每日钻研，每日总结，我这个人就是每天研究新事物，研究新华社，也研究地方实际。事实上，当记者是我很久远的一个愿望。以邹韬奋为首的进步报刊过去给了我很大鼓舞，我就想做邹韬奋式的人物，当个新闻记者。但是没有办法，在延安不可能，那时我太小。现在有希望了。

当时，新华社晋绥总分社与《晋绥日报》在同一个锅里吃饭，我们是同命运的。《晋绥日报》是中共中央晋绥分局机关报，按党章规定：党报必须严格服从党的领导，党委的政治路线对了，报纸的办报路线会正确，党委路线错了，报纸的路线也必然跟着错。执行办报者是一批年轻的知识分子，头脑清醒者不多，做到独立思考很难。这时正处于土地改革高潮，头脑发热也是势所必然，《晋绥日报》每日宣传"贫雇农路线"（实际上抛弃了中农）、"贫雇农打江山坐江山"（也是排斥中农），对地主已变化阶级成分的也"残酷斗争，无情打击"。大约半年之内，晋绥城乡路断人稀，喊杀震天。我在新华社晋绥总分社工作，总分社的任务是每天把晋绥地区的要闻报到总社，总社再转发全国。把错误路线大为张扬，报纸有错，总分社也有错。此时，新华社还发表了表扬《晋绥日报》的两篇社论，更为错误路线添薪加火。最后还是毛主席在黄河西岸发现了晋绥地区的严重错误，写了一系列指示，才把狂风煞住。他在1948年3月底离开陕北前往河北西柏坡，路经晋绥，谈了两次话，对新闻记者正式讲了一次，把纠正错误也算作一种成绩，这是保护干部的一种新方法。

刘胡兰烈士的事迹也是经我手编发的，前方记者来稿，我删繁就简，发往总社，经毛主席题字，全国大为震动。中共一个小姑娘竟如此英雄！难怪中国共产党打不垮。

1949年，北京举行开国大典，我们齐集山西临汾待命，准备解放大西北。但中央忽然来电，要从晋绥抽调几十个财经和新闻工作方面的干部前往湖南常德去中共中央西南局报到。我们立即从临汾出发，辗转到了常德，随刘伯承、邓小平领导的第二野战军向大西南进军。11月30日解放重庆，晋绥总分社十来个人前往接管原中央社总社，国民党旧人员人去楼空，我们挂起了新华社西南总分社牌子办公。我担任采编部的主任，一直到1954年离开西南总分社。我报道了蒋介石逃离重庆时下令屠杀全体政治犯数百人，其中包括杨虎城将军之惨死；还报道了成渝铁路从动工到通车的全过程。几年后我又补写了《会议桌前的邓小平》一文，受到赞扬。当时邓小平为西南局书记，兼财委书记，我作为西南总分社负责人每周前往列席财委会议。他主持会议，先沉默而后发话，果断刚毅，快刀斩乱麻，令人敬佩不已。

初教于北大　后随系并至人大从事新闻教育

1954年，我和妻子文家荣带着两个孩子一同调到北京。文家荣是中共地下党员，在国民党溃退前的大逮捕、大屠杀中险些遭难。

我到北京后，从4月到9月，半年没分配工作。在此闲暇，我写了一本《十月社会主义革命》的小册子交通俗读物出版社出版。

9月1日，我持中宣部介绍信到北京大学报到。我为何到北大？因为在1952年中国高等院系调整中，原燕京大学新闻系合并到了北京大学中文系。燕京大学原系美国创办，教师和教材均是燕大遗留，北大要求中宣部派来具有党报工作经验的教师。新华社老干部很多，可以派人去。从长远来看，我很感谢新华社这次任用。我这人一生只好读书，不会当官。当时还打算派我去科学院，我说我不懂自然科学，外行不能领导内行，去了一定不善于团结人，搞不好。人贵有自知之明，结果就到了北大。从那时起到现在，55年我都在大学教书，不会纵横捭阖，不会上下其手，只会钻书本，但我不是一个读死书的书呆子，我是一个读书严谨、务求创新的马克思主义"书呆子"。

一进北大校门要填张表，我一直如实填写学历"初中"。让我填表的同志奇怪，怎么初中学生来当大学教授？他说："你的最高学历是什么？"我说："延安马列学院。"他高兴了，这是块金字招牌，从那里出来的是好样的。就这样，我踏上了北大的讲坛。我想，我教过八路军高级干部，还怕年轻学生吗？不过我接受的任务是讲授新闻理论，这是新闻系的核心课程，对我是个新问题。

当时没有教材，苏联也没有，苏联高级党校有个薄薄的小册子：《苏维埃新闻的理论和实践》，打开一看，全是讲俄国和苏联各时期报刊的历史，到了最后一页，才讲到苏联报纸的几大原则：党性、思想性、战斗性、真实性、群众性。这五个"性"，也比较合乎我党的办报思想，但也并不完全相同。我翻阅了马恩著作中关于报刊的作用和性质的片断论述，虽是片断，却很中肯。我就以这些原则为基础，再以党多年办报思想的指示为导向，以我在新华社的十年经验为材料，不断摸索，不断前进，开始了我的新闻理论教学。

很快，"反右派"运动开始，"左派"和"右派"的斗争十分激烈。我在这次斗争中基本偏左，但我没有发言。我说我对党有意见，应当在党内讲，其实这时我还没有恢复党籍（1943年我因一次事故停了党籍，因战争情况，恢复党籍还待调查），但我严守党纪，仍以党员标准要求自己，学生们认为我讲课全是马列主义。

那几年政治运动不断，"反右"、1958年"大跃进"，1959年又庐山会议批判彭德怀、批右倾思想。这时北大新闻专业的几个老革命干部，包括专业主任、总支书记和我都力求把北大新闻专业合并到中国人民大学新闻系，因为中国人民大学是党中央直接办的大学，政治性强，新闻学又是政治性很强的学科，人大新闻系初办，人手也不足。我们认为，两校新闻系合并后，力量必可大大加强。教育部批准了这个建议，北大新闻专业就合并到了人大新闻系。

在"教学检查"中与极左思潮大冲突

1960年，全国都在反对"右倾机会主义"。我们中国人民大学也在反"右倾"，新闻系也不例外，就是要清查我们国内新闻界，尤其是学术界的"修正主义"和"右倾机会主义"思想。那时首先挨批的是领导。新闻系的几个领导罗列、孙觉、汪溪，还有几个党员都挨批了，到农村劳动去了，系里还剩鲁西良等几个领导。那时参加运动的人都是年轻的教师和刚毕业的学生，也有老教师。他们都很积极地清查中国人民大学新闻系有没有"修正主义"、"右倾机会主义"的影响，就把教师的讲义、讲稿、文章、书一一清查。他们做摘要，清出了800多条。这些老同志都走了，结果我就成了众矢之的。他们开始没有批判我个人，而是批判一些所谓右倾思想。我听后发现，这些青年师生不是以马克思主义批判右倾言论，而是以极左思潮来批判正确言论或批判并不错误的言论。我白天开会，晚上读马克思主义经典著作，第二天作长篇发言反驳，说：你们不是什么马克思主义，也不是毛泽东思想。我把他们的言论一条一条地加以反驳，把他们的言论和马克思主义相比较，我说："你们是列宁所说的《共产主义运动中的"'左派'幼稚病"》，你们就是那种人。"这一下就把大家惹火了，结果我就引火烧身。人家说全国都在反右，甘某人一个人反"左"。非党人士反起"左"来了，像话吗？所以火力集中，非把我打倒不可。我真理在手，无所畏惧，尽管我这时尚未恢复党籍，我想这是学术批判，与党籍无关，就一直坚持到底。直到1961年春天，我看到形势有点变化，就给中央写信，请派一个工作组到中国人民大学来查他们是怎么批判修正主义的。中宣部副部长张磐石带着工作组十几个人，查了三四个月，个别谈话、开会。找我单独谈了几次，我就把我的意见全部说了。后来中央说，甘惜分同志的意见是正确的。这样党就把我解放了，特别是在我还没有党籍的时候。据说我的报告上了中央政治局，成为全国十大"左"倾案件之一，不知确否。

"文革"十年，我再次被打倒，竟没有一张大字报为1960年我批极左思潮翻案。那些造反派为什么不向我发起反攻呢？何况中宣部也成了阎王殿，这种安静只有他们心中明白。

这一段也是我一生当中的一大光荣。那样的全国大风浪，敢顶，还顶住了，我把他们批得体无完肤。我是个打不倒的老家伙，我没有东倒西歪，就是坚持马克思主义，坚持共产主义的世界观、人生观、方法论。对这件事，好多人说："老甘啊，你真是大胆啊。"这没胆量是不行的。那时候如搞得不好，自己可能就到监狱去了。是的，我之所以有这么大胆量，是因为我坚持认为马克思主义是正确的，辩证唯物主义、历史唯物主义是正确的，共产主义的崇高理想是一定要实现的，人类发展的历史道路，将来必然最后要到达共产主义。这些是基本思想、基本立场、基本观点，我坚信。在延安的时候，我20岁刚过，就树立了这个观点。我坚持的是真正的马克思主义观点。虽然我暂时没有党籍，但我还是以共产主义者自居。我给学生上课，他们根本不知道我是非党员，多少年以后才知道，他们说："甘老师，我们听你讲课一直是马克思主义的观点，我们从来不知道你是非党员。"

"文革"后　独自担纲完成《新闻理论基础》

1961年之后，我发觉毛泽东的政治路线在向"左"倾斜。"四清"运动我参加了，我觉得像走过场。"四清"草草结束后，我又回到中国人民大学。"文化大革命"中，新闻系办公室的墙上贴满了批判我的大标语和大字报，把我关进"牛棚"，门口贴着对联"庙小神灵大，池浅王八多"。

我在"文革"中，虽未家败人亡，却也妻离子散，一家五口，分散到四省市，只是没有挨打，可见人心还在。我们天天扫地、扫厕所、打石头，干重活。当时，我50多岁了，已属老年，却是老年中干活最多的。日子久了，我实在想当一个石匠，当体力劳动者，不当"臭老九"。可是积习难改，还是最爱读书。我在"五七"干校时，晚上就在煤油灯下读了大量马列经典著作、中国历史名著，大开眼界。我读书有四个目的，重在"国家兴亡，民族盛衰，思潮起伏，英雄成败"，越看眼睛越亮，越尊敬周总理。周恩来一生无私，人格高尚，鞠躬尽瘁，死而后已。

"文革"十年，我从50岁到60岁，精力浪费了十年，但对人情世故的了解少不了这十年。从"四人帮"及其党羽被粉碎之后，我在北京东城区张自忠路三号的住宅内经常高朋满座。十年不见，生死茫茫，今日欢聚，快如何之！加上我的老伴文家荣烧得一手好菜，大家说"甘家的饭好吃"，真是高朋满座。

自从1945年解放战争开始，我进入新闻界，并迅速由外行转为内行；后来慢慢地由新闻第一线（记者、编辑）转为第二线（新闻教育与科研），最后再由新闻科研转为"无业游民"：其中"牛棚"四年，干校三年，1973—1978年曾一度调入北大中文系新闻专业五年，在"四人帮"严格控制之下，无所事事，幸未堕入"梁效"之列。1978年，中国人民大学复校，我又担任新闻理论教研室主任。

至1980年，一个新任务摆在我面前。学校为庆祝建校三十周年，要求每个系写一本书，但时间很紧，从 4 月开始至 7 月交稿，仅四个月。我们理论教研室首当其冲的问题是谁当此责。我当时是新闻理论教研室主任，考虑有几个人在上课，而且我不愿意与人合作写书，因为几个人合作写书，观点、文风都不一样，讨论大纲恐怕一年未必能成，所以我说我自己写，保证四个月完成，立下军令状。1960 年那次所谓学术批判，我是众矢之的。现在我自告奋勇，勇挑重担，教研室内有人未必服气，但他们不敢站出来，只有我站出来担纲。这年 4 月，我 64 周岁，可谓老将出征。

我之所以敢于承担这一重任，是心中有数。我是延安马列学院出来的，受过马克思主义基本理论训练，有 20 年新闻实践锻炼，其他人都没有这些条件。再加上从 1960 年那次论战之后，我一直在思考新闻学的根本问题，从未停止。即使在农村劳动中，凡与新闻问题有关的问题，我都在思索。我常说我之所以比较长寿，是由于我只想大事，不想小事，我的事业就是我的大事。我有约 100 个笔记本，记下看到的、想到的事物和思想，以便随时运用。我这人很笨，记性也不好，只有笨鸟先飞，下些笨功夫。从 1954 年到 1980 年，这 26 年中大多在政治运动中瞎折腾。人一生有几个 26 年！到了老年才进入角色，悔之晚矣！但为了党的教育事业，我必须站出来！

1980 年上半年我全力写《新闻理论基础》。这是大学新闻学理论的入门书。我翻了五四运动前后的新闻学书籍，大多是资产阶级新闻观点或抄自外国，我弃之未用。我要写的是马克思主义的新闻理论教科书，必须是立足于马克思主义的立场、观点和方法，还必须从中国实际出发，充分利用中国新闻界实际经验。我平时收集了马克思、恩格斯关于新闻学的论述。他们虽没有留下新闻学专著，但留下了大量关于报刊作用和报刊言论争论的文章和书信，这些代表他们的新闻思想的片言只语是何等宝贵，我要把这些理论与实践组织在我的书中。这本书中我特别注意对"四人帮"的报刊思想路线的痛切批判。我指出，"四人帮"把封建专制主义当作了社会主义而大加吹捧；把个人崇拜吹上天，而把所有比封建主义更为先进的社会思潮贬入地狱，为"四人帮"这帮政治野心家登上皇帝宝座制造舆论。我把报刊与人民的关系摆在最重要的位置，人民是党的母亲，没有母亲，哪有共产党。陈毅说淮海战役的胜利是山东人民用小车推出来的，这真是至理名言。我曾说过："我们天天讲为人民服务，我们可知道人民在想什么？我们到底给了人民什么？"我们在延安住了12年，我们进大城市以后，到底有几位领导人回延安看过？周恩来总理去了三次，其实抗战八年，周总理大多数时候不在延安，而在重庆同蒋介石谈判。现在延安还是老样子，我们心里不难过？我们的报刊有多少反映人民生活和人民思想的报道和文章？办好一张真正为人民的报纸，是我"文革"之后所有论文的核心。一直到2007年我编辑《甘惜分自选集》，写了一篇《这个老头何所思》，那是我90岁之作，都在为这个核心思想呐喊。

此外，我在《新闻理论基础》这本书中，反对报纸上很多问题不说真话，只讲假话，粉饰太平，带坏作风。我写过一副对联："写真事、说真话、讲真理；传民情、达民意、呼民声"。我借这本书表达了我的许多新闻观点，这都不是在"文化大革命"以前所能想到的。

这本书我不是很满意，因为太仓促了，但基本观点是马克思主义的观点。历史上还没有一本用马克思主义来写新闻理论的书，这是第一本。所以尽管它不能说是很好，但起了很大作用，它以马克思主义观点来解释新闻现象，提出了过去没人提过的问题，冲破了旧式新闻学的俗套，开拓了一片新天地。这本书开始只是内部参考，印了7 000本，结果拿出去之后，一下子就轰动了，重印了好几次，印了20万册。这是从来没有过的。

此书出版之后，我又写了《新闻学原理纲要》，往前进了一步，但我仍不太满意。可以说，我从来不认为我的任何一本书是令我满意的，从不知足。我反对那些把我称为"泰斗"的人，我只是一个执著的新闻规律的探索者。

我为党的新闻事业作出的其他贡献

我个人势单力薄，对粉碎"四人帮"不可能出大力。鉴于党内几十年来内部斗争的尖锐，我曾想研究党史，也看过一些材料，写过很少文章，但终于发现自己长期无党籍，看不了党史档案，我只能放弃这一愿望，还是老实一点，钻进我的新闻学去吧，到那里去发挥自己所长。从后果看，这个选择还是对的。我的这一本马克思主义新闻学初试锋芒之作，立刻引起了各地领导人的注意，当时正值全国新闻界评定新闻工作者的职称，必须经过考试。中央宣传部指定，新闻理论考试全国都以我的《新闻理论基础》为基础，各省先后请我去作报告和讲授，中国社会科学院新闻研究所为此书组织了讨论会。如果说1960年我在全国反右倾之浪潮中大反极左思潮，打出了中国马克思主义的第一炮，那么1980年我写出《新闻理论基础》，放出了马克思主义新闻学的第二炮。《人民日报》曾报道：甘惜分是运用马克思主义的立场、观点和方法研究中国新闻的第一人。

在此以后，中国自己培养的第一个新闻学博士生童兵毕业，导师就是我。这也是中国新闻界的大事，大报都发表了消息。以后我又连续培养了10个博士生，现在他们都成为我国新闻界年青一代领军人物，如童兵、喻国明、刘建民、刘燕南等等。许多人问我有何秘诀，我回答八个字：博览群书，独立思考。

同一时期，我带头成立了中国第一个舆论研究所。舆论研究的抽样调查是世界潮流，是了解世界民情的最科学的方式，以前毛泽东倡导的那种几个人座谈是一种方式，但范围太小了，只能了解局部情况。当前全世界实行无记名投票，向各界人士散发同一表格，被问情况在表上表示为程度或态度，用×或√符号表示反对或赞成态度即可。这种调查民情方式，大大优于小型座谈方式。我和人大新闻系几个志同道合者，成立了民间性中国人民大学舆论研究所，艰苦起家，在无办公室、无专业人员、无经费、无电话"四无"的情况下，向各界要求捐助，破土而出，连续做了多次针对各界代表人士的调查，以了解民情，摸清脉搏，在全国引起了广泛注意，对我国相关部门了解民情起了一定作用。中国人民大学舆论研究所曾荣获"北京市先进单位奖"。

我曾公开质疑过毛泽东新闻思想。那是 1979 年新中国建国三十年，在人民日报大楼开会，与会的皆是首都新闻界专家。我发言，认为毛泽东一生关心新闻事业大有建树，但也有错误的新闻观点。我指出：1948 年 4 月 2 日他对晋绥日报人员谈话有这样一段："报纸的作用和力量，就在它能使党的纲领路线、方针政策，工作任务和工作方法，最迅速最广泛地同群众见面。"（《毛泽东选集》，第四卷）这句话本身并没有错，但缺了一句，毛泽东不是精通辩证法吗？这句话应当说："报纸的作用和力量，还在于把人民的意见、要求和批评等等集中起来，形成一股强大的舆论力量，推动我们的工作。"这样才比较全面，把党性和人民性集中起来了。据我所知道的所有讨论会，我这是第一次向毛泽东新闻思想提出质疑，我在真理面前敢于指出毛泽东有些思想也经不起实践检验，在场的同志却都表示赞成。我今后还将继续研究毛泽东思想。

四十年坚持　等到了恢复党籍

我曾经在 1943 年出过一段大事，是我一生当中遇到的很大的挫折。

1943 年，晋绥军区安排了很多工作，军区政治部指示政策研究员每人带一个工作团（几个人）去一个分区作调查研究，回来写一个报告。我去的是绥蒙军区，工作团其余四个人已先派出，我去和他们会合。我带着一匹马和一个饲养员，经保德、河曲等黄河东岸县到达偏关县，当晚同绥蒙军区政治委员高克林同志整夜长谈。第二天，绥蒙军区派一个连护送我到前线司令部，司令员姚喆要我随司令部行动，了解情况。我这个人呢，不甘寂寞。我说我虽然是八路军，但没扛过枪、打过仗，只是拿笔杆子，想上前线看看。我的目的是亲自参加一下战斗。姚喆同意，他们说可以，不过要注意安全。绥蒙军区全是骑兵，只有一个步兵二营，据说是战斗力最强的步兵部队，我同意去步二营。司令部吩咐步二营营长注意保护我的安全，并派一个排护送我去数十里外的步二营营部。这个地区是游击区，人烟稀少，每天换一个村庄住宿，白天游动。

去后三四天，1943 年 5 月 14 日，中午我们正在平鲁县东港村午睡，听见山上放哨的"啪"打了一枪，知道敌人来了，大家翻起来就上山。随后枪声越来越密集，我还未走到山顶，营长下令"撤"，大家又掉头下山，我也跟着下山。他们跑得快，我跟在后面进入一个山沟里，战士们一脚就上了土坎，我上不去，马也跑得不知踪影。之前的谈话记录都在我的包里，都是机密，我就赶快把身上所有的东西都埋在地里。敌人一会儿就上来抓住我，我当了俘虏。

这时候我才发现，同时被俘的还有三四个战士。看到十多具战士的尸体，真是让我心如刀绞。敌人押着我回到据点井坪，第二天又转到了平鲁县，在那里日本鬼子就审问我了。我路上走的时候心里就已打定主意怎么办了。我想起毛主席说过：我们这个队伍的特点，是打散了还能逃回来。如果出卖党的机密、出卖同志以保全自己，这是叛徒。我充分估计到当时敌占区没有人认识我，我有个想法：我已经把那些东西都埋起来了，然后我一定要找个机会逃回来。如果敌人不杀我，要我做劳工，我也去，但我还是想千方百计逃回来。我就跟同时被俘的几个人说："他们如果问我的话，你们就说我刚刚来，对我什么都不了解。"确实我也刚刚去，他们都不知道我姓什么。我说："你们对我什么都不知道。千万不要说我骑马来的。"我说我姓康，叫康有成，山西人。我是到前线来教战士认字的文化教员，别的不知道。因此我把我的姓名和职务都改了，别的我什么也不讲，就讲捏造的东西和在根据地的人所共知的一些东西，譬如司令员是贺龙等。后来敌人又把我押到朔县，把我一个人关到黑监牢。

抗战后期，日本要"以华治华"。1943 年 9 月，敌人扫荡晋察冀边区，敌人想利用我给他们干事。到了大同，又到了广灵、灵丘。我想逃跑，但鬼子早把我管制住了，大小便都有人跟着。到了广灵县南关，那是个市场，敌人想利用我看看老百姓有什么反应和物价情况。我心里一惊，这不是给敌人干事吗？可转念一想，我正要利用你为我服务。我穿着一件破衣服，先是随便敷衍，然后就随便问："这里有八路军活动吗？""有，一到晚上他们就到了城边。他们在城南，你看上山那条路，一到山顶就是八路军的根据地。"我把所有的喜悦都藏在心里，回来向鬼子敷衍了几句，仍去扫地、打水，使敌人认为我是个勤杂人员，胸无大志。那些监视我的特务、汉奸每天晚上都出去逛窑子，很晚才回来，回来睡得很晚，早晨起不来。我想，太好了，机会来了！9月24号（距离我被俘4个多月），天刚蒙蒙亮，我起来拿了个西红柿就朝着山上那条石板路奔去。我走到半山，天已大亮，山下打锣放枪，显然是敌人发现我跑了，到处搜捕。我早已打算好了，如果路上碰见鬼子，我就同他们拼了，被大刀砍死，也算值得。但是这一切并未发生，我上了山。山上有个小村子，我就说："老乡，这里有八路军吗？"他们说这里是八路军游击区。我就高兴啊，疯狂似的大笑啊。哎呀，我真是逃出来了！

我没有出卖党的机密，没有出卖同志，没有给地方党造成任何损失，最后钻了一个空子，冒着枪林弹雨逃出来，找到了我们的部队。虽然不是我原来的部队，但天下共产党都是一家。逃出来的当天晚上，区政府的人就来了。我讲了我的经历。晚上我就跟那个区干部到游击支队。游击支队的队长大概是个老干部，他就问我晋绥政治部主任是谁、司令员是谁。我答对后，他说："好吧，把你送到军区，你这个问题只能到军区才能解决。"到了晋察冀军区政治部，他们说："我们正在组织一个赴延安干部队，要经过你们晋绥。等我们把干部调集起来一块儿走。"我就在那个小招待所里住了半年多，第二年春天才出发。不过那时，我生活也很充实：到附近的小村子里头去借些旧书来看，还借来读了毛泽东同志《在延安文艺座谈会上的讲话》。

这样，第二年（1944年）5月我才回到了晋绥军区，就是我去年出发的那个地方。去年从这里出发北上，恰好一年。同志们看到我还活着都大吃一惊，说："你的包我们找回来了，就是你埋在战场土堆中的那一个包。"打开一看，一件都不少，谈话的记录、我那个小本也在。他们把包交给我了。我说这是个证明啊，证明我在最危急的时候保存了党的机密。

后来组织上跟我讲："你刚回来，你的经过，组织一点不了解，党籍问题谈不上了。所以你就安安心心地在这儿接受审查吧，审查有结论的时候再恢复你的党籍。"

我这个人啊，在政治上从来是打不倒的。我在这个时候丝毫没有说是只接受审查，而是比过去更加倍地工作，把过去一年中丢失的时间抓回来。无论处在什么环境中，我都比别人干的多。

后来，我从部队调到了新华社工作。1947年，新华社晋绥总分社就调我回总分社，我就做领导了。当时，在这之前，绥蒙区党委书记高克林同志曾在绥蒙集宁县好心劝我重新入党，有利于工作，待革命胜利后调查清楚了再恢复党籍。我竟拒绝了他的好意。后来反思，十分歉然。我坚持要以自己的忘我工作和把事实弄清再恢复我的党籍。

解放初期，我在重庆新华社西南总分社担任采编部主任。1950年，西南局为有利于我的工作，批示重新入党。我被迫同意了。我们西南总分社全体同志尽心竭力，工作很有成就。但很快，新华社西南总分社又调来了第二野战军新华社总分社的一批人马。他们人多，经常闹矛盾。最后总社把我调回北京。而我到北京之后，突然又宣布撤销我的党籍，凡此种种，至今都令人莫名其妙。几十年里，我没有看到组织部门派人到我的出事地点和逃出地点做过调查，拖拖拉拉，见我工作照常，党籍问题总拖着。

所以，1943年被俘、1944年逃回来后我一直被审查。到晋绥，后来又到重庆，又从重庆调回北京新华总社，又到北人、中国人民大学。一直到80年代，被审查40年了，我都没党籍，是一个没有恢复党籍的老共产党员。

我一生当中都是工作骨干。到了"文化大革命"，造反派非把我当作叛徒不可，"叛徒"、"特务"两个帽子戴头上，批斗我。上个世纪80年代初，胡耀邦说了几句话："凡是不实之词，凡是不正确的结论和处理，不管是什么时候、什么情况下搞的，不管哪一级，什么人定的、批的，都要实事求是地改正过来。"过去的结论，无论是谁作的，是哪一个组织，错的就是错的，这才把我的问题解决了。中国人民大学奉上级的命令，全部给我解决了，说我这个问题基本查清，恢复1938年入党的党籍。全部党籍到今年是71年。

从1944年开始受审查到80年代初，40年了，这是我在政治上从失败到最大的胜利。我一直很自信，坚持着，终于盼到了胜利的一天。"文革"后，有的同志痛心疾首，希望退党，心情灰颓。我却坚信马克思建党学说，尽管党受到一些坏分子的腐蚀，但大多数是好人。人类最高的共产主义理想，必将实现。我视党籍为我的生命，我为它从四川投奔延安，在全国奔走，为它而日夜奔忙。

我恢复党籍的事很快传遍了我的朋友和学生，他们说：我们根本就不知道甘老师是一个非党员，因为他从言到行都是共产党员。

九十多岁　我仍在思考

人到老年，特别是我这样一生坎坷、一生拼搏的老年，免不了时常反思以往的历史，以勉励下一代。

我有什么不足？第一个我不懂外语，这是我很大的局限性。我不能看外国的书报，不能和外国人交流，因此很多国际会议我不能参加，眼光就狭窄了，很难吸收当代世界的新的潮流、新的学派等等。还有我从初中开始就不重视数理化，而现在科学技术发展迅速，什么都离不开数理化。我很笨拙，想学已晚。第二是我性格的一个缺陷——太书生气，这几十年我没有变过书生味道。社会交往，我都不用心；人情世故，我都不太关心，一天就专心到书本中去了，眼睛老看到外面，对身边的事情就不太关心。因为这个，我吃了不少亏苦。我是一个孤儿，任人宰割，在家天天挨打，外人看不起，常听到的一句话是："打死你这个没出息的东西"。我想：我将来就要有出息给你们看看。从小养成内心反抗、对人忍辱的性格。因为我家里很穷，我大哥抚养我，我是他最小的弟弟。虽然我不会做饭菜，但那些杂事都是我干——洗碗、打扫卫生等等。回到家里，他们讲话，我不讲话，就在旁边坐着，有一种屈辱感。后来长大了，我参加了革命后，才学会直起腰来。被俘逃回，直奔党内，我以为扬眉吐气了，谁知低人一等。1960年，我为党立了大功，但还是审查对象。改革开放以后，我为党为民写了许多很有棱角的文章，好像就自觉地争取平等，敢于独立思考，敢于慷慨直言。这是对我长期受辱的反抗。至于对我自己这几十年不幸的遭遇，也是忍过来了，是忍辱负重之心仍在起作用。比如我回到党内这个问题，很多高级领导人都是我的熟人、上级，但我不会找他们帮忙解决，只凭自己的才能和修养，按组织原则解决。当宣布恢复我40年党籍时，我也没说一句话。我这几十年工资待遇还是解放初期的，所有这一切，我都是忍让。一个国家，一个民族，一个人，既要有忍的一面，也要有挺腰而起的一面。不敢讲话，都是我从小养成的。这是我为人处世、待人接物当中不妥当的方面——忍辱负重，不该忍辱也忍辱。

现在我对很多东西都带着反抗、逆反的心理。我不仅是对成年的叛逆，也是对幼年的叛逆，对某些领导的叛逆。几十年来我是毛泽东的精神崇拜者，一直到"文化大革命"我才觉悟到了他的思想也有错误。周恩来是当代周公，能文能武，能屈能伸，辞世之后，全民同哀，是一个真正伟大的政治家。但是周恩来也有不如毛泽东的地方。毛泽东军事智慧的魄力，那可是举世无双啊！我对他这一点也很崇拜。但是他的领导艺术，对人对领导干部问题、人民内部问题、党内的问题，他都存在我难以理解的错误，把自己人当敌人来抓。一个伟大的革命领袖，怎么会变成这样？值得人们研究。这一点我抵触得很厉害。

人家说我这个老头子九十岁了，但思想上还是年轻人的思想。我每天都在工作，没有星期日。看书、看报、想问题，有时候还写点东西。我关心的主要还是政治历史方面，现在的那些新闻我很少看了，太假。我是研究新闻学的，但是我的思想不被接受，多冤！

现在我最大的愿望是要求人民享有真正的自由平等。我这个自由不是自由化的自由。人民利益、国家利益、世界和平的利益，在这三个利益的前提之下台阶一个一个上。要允许人家讲不同的意见，要允许人独立思考。首先在学术上要有学术自由。我觉得中国人民大学要真正成为中国第一流的大学，首先是要进一步思想开放，延揽人才，把那些具有真才实学、有独立见解、肚子里大有货色的学者请来当教授，否则诺贝尔奖是永远无缘的。中国人民大学是在延安建立起来的，有时候很保守，这是最大的不足。

对新闻从业人员，我说："新闻记者不是文字匠，新闻记者是政治观察家和社会活动家。"我国记者最大的缺点是他们不是政治观察家。我看很多外国记者的文章，人家比我们的记者写得好，他写一个小事反映了大局，也从一个小事来看中国。我们中国记者呢，能不能通过一些小事来看外国呢？我看这个能力不是都有的。首先要掌握大局，第二是要注意细节。有人说马列主义作为一种世界观、人生观，是正确的，但在具体问题上，不是没有缺点。几十年前、百年前的著作，今天看起来当然可能有不足的地方，但是它作为一种世界观是放之四海而皆准的理论，是一个很正确的立场和方法，所以我们新闻记者也要认真研读唯物辩证法。我觉得这些年我比较注重学习辩证法。我们现在很多报纸很少用马克思主义的观点来观察世界，报纸上充满娱乐、享乐、吃喝玩乐，衣食住行，酒色钱财，讲美赛美，明星满天飞，不是说不要，而是不能太滥。有些都市报纸太庸俗了，这才是中宣部真正要管的地方。

我这一生在苦难中度过，幼时在家中受气；参加革命后，又受审查的冤案的气。最后十多年，我也不消沉，还在日夜苦思，忧国忧民，不当小市民。我认为我是 20 世纪遗留下来的文人，有责任以天下为己任，天下兴亡，匹夫有责，而不是躺在床上等待死神召唤。

我这一生并不是完全苦难的一生。我从小参加革命，为中国革命贡献了自己的全部血汗，赢得了广大学生和朋友的尊敬，我为中国马克思主义新闻学奠定了初步基础，我对我生命中的这方面也应该有足够认识。这一生也并不都是苦难的，也是拼搏的。

最后我有几句话：世界无平静之日，美、日两国是中国之大敌，它们口喊和平，要警惕它们对我国搞突然袭击。

人物简介

甘惜分（1916—　），四川省邻水县人。中共党员，教授，马克思主义新闻理论家。

甘惜分于 1938 年 2 月奔赴延安，先后在抗日军政大学和马列学院学习，1939 年奉调到八路军一二〇师任高级干部研究班政治教员。后担任过前线记者，1946 年 1 月《国共停战协议》签字后转为新华社绥蒙分社记者，是《绥蒙日报》的主要创建者之一。1947 年奉调担任新华社晋绥总分社编辑，后随刘邓部队前往解放大西南，1949 年 11 月重庆解放后，任新华社西南总分社采编部主任。1954 年奉调到北京大学中文系新闻专业任教，1958 年随北京大学中文系新闻专业并入中国人民大学新闻系。1984 年被国务院学位委员会批准为博士生导师，1991 年开始享受政府特殊津贴，1998 年离休。2005 年被授予中国人民大学首批荣誉教授称号，2009 年被授予中国人民大学首批荣誉一级教授称号。曾任中国人民大学学位评定委员会委员、中国人民大学舆论研究所所长、中华全国新闻工作者协会特邀理事等职。

甘惜分从事新闻教育和新闻研究 40 年，主要研究马克思主义新闻学理论。著有《新闻理论基础》、《新闻学原理纲要》、《新闻论争三十年》和《一个新闻学者的自白》等。《新闻理论基础》是新中国建立后公开出版的第一部全面阐述新闻传播规律及新闻事业性质、特点、功能的专著。1993年，甘惜分主编的《新闻学大辞典》出版，这部辞典由国内 100 余位新闻学者和研究者共同编著，是新中国第一部详细、全面的新闻学辞书。此外，他还撰有大量学术论文。他创建的中国人民大学舆论研究所是中国内地第一家专门从事民意测验和调查的学术机构。在他的指导下，中国人民大学开设了"舆论调查原理与方法"、"舆论学原理"等课程。

邬沧萍自述①

　　摘要：邬沧萍（1922—　），广东广州人。著名人口学家，中国人民大学社会与人口学院教授，中国人民大学荣誉教授、首批荣誉一级教授，中国人民大学人口学科的开创者之一，参与创建了中国人民大学人口所和人口学系，是中国最早从事现代人口学研究的学者之一。本文回顾了他的求学经历及致力于人口学和老年学研究，"文革"后与刘铮、林富德一起上书中央，建议控制人口增长的故事。

放弃留美机会，归国执教报国

　　我 1922 年出生在广州，父母都是知识分子，曾经留学日本。我就读的中学是广东广州广雅中学。中学毕业后，我考上了岭南大学。岭南大学

---

　　① 本次采访时间为 2008 年 4 月 14 日，由中国人民大学校史研究室负责采访、录音整理及文字编辑。

是一所教会大学，上课大多用英文。1937年，岭南大学从广州搬到了香港，并在香港大学上课。我一年级在香港大学，后来在岭南大学一直读到毕业。大学毕业后，我考入上海海关学院，毕业后分配到香港中国九龙海关当公务员。1948年，我自费从香港去美国留学，在纽约大学念工商管理。纽约大学的工商管理研究院很有名，因为校址就在华尔街，许多教授都是华尔街的高管。新中国刚成立时，我的孩子还小，不能长途旅行（当时很少人能坐得起飞机，主要是坐轮船，得要半个多月）。1951年，到了孩子一岁、稍微能够旅行的时候，我就和爱人从美国回到了中国。

回不回中国，对当时所有留学的知识分子来说都是一个人生道路的选择。我的思想斗争得也很激烈。当时的反华力量比现在大多了，他们封锁中国。美国希望中国留学生都留下来，因为它们认为留学生回中国肯定是帮助共产党。所以毕业的时候美国就想留下所有留学生并提供奖学金，可以在美国念书，也可以工作。当时在美国拿绿卡很难，一般人都拿不到绿卡，但我跟别人不同，我们可能拿绿卡。我的爱人曾在哥伦比亚大学念博士。我们俩都在美国，我们的孩子在美国出生，算是美国公民，这样我们就成为美国公民的监护人，可以长期留在美国。那时学校的留学生顾问都劝说我们："你可以继续学习，也可以在这里找工作，什么都可以。"这是一条路。另外，台湾的国民党也做了很多工作，说你们回台湾，我们保证你什么什么。一直到船上，他们还在做工作。当然，当时中央人民政府也派了一些人去做留学生的工作。中央号召我们回国参加革命，参加社会主义建设。但当时回来的是极少数，绝大部分人没回来。当时中国很穷，跟美国的生活水平差几十倍。凡是决心回来的人，都是比较爱国的，首先考虑的是爱国主义。

我之所以选择回国，是因为中学念书的时候，包括后来在香港，我都受一些进步势力的影响。要是没有这个条件，我也不会回来。中学里有很多进步的教师、学生，我受到爱国主义的影响。后来到香港读大学，又在海关工作，我看了一些进步书刊，也一直受到香港进步报纸的影响，如

《华商报》、《大公报》和《文汇报》等。我在美国也一直订阅香港《大公报》、《文汇报》来看。我爱人是燕京大学学历史的，学社会科学的人，多少还懂得中国悲壮的历史，思想也比较进步一点。当时我们在美国也都看了一些进步的书，如《西行漫记》等。我在美国三年多，虽然一直受各种舆论的影响，但爱国主义始终是主流。

当时在美国也有一些代表我国政府劝留学生回国的进步团体，像北美基督教学生联谊会。我们党在美国工作的人也来劝导、动员留学生回国。当时动员了一部分，学自然科学的多，现在科学院的一些老院士大部分都是跟我们差不多的时候回来的，但社会科学回来的就比较少了。1950 年，我就拿了工商管理硕士（MBA），MBA 现在在中国很吃香，但当时国内MBA 没有用武之地，因为我们搞的是计划经济，不搞市场，根本就是两个不同的体系。我们学的股票、公司会计、金融学、银行学全都不行了，只剩下一些技术上有用的东西，像会计学、统计学这些。那时候中国在政治上是完全的"一边倒"向苏联，连英文都认为没用，都得学俄文。回来后，教育部有位领导跟我们说："你们在国际书店都是文盲。"现在似乎不能想象。回来以后我们都学了俄文，因为英文底子好，所以我俄文学得很快，能随便看书。我在美国除了学 MBA 以外，还在哥伦比亚大学学了统计，一回来我就教统计。统计是属于技术的，当时认为它阶级性比较弱。回来之前，我还在纽约大学继续念博士，除了论文以外，全部课程都学完了，有人跟我们谈，说没必要念学位了。那时候根本不讲学位，我们也都觉得学位没用。

回来后，当时教育部对愿意从教的人就分配到各个学校去，但那时肯定不能分到人大。我们在国外就知道中国人民大学是中国第一所新型社会主义大学，新型的大学里面样样都是新的、革命的，所以它吸收的教师全都是革命、进步的青年和知识分子，都是从北京、天津等地到解放区的学生。我们这种从国外回来的，想都不敢想能去中国人民大学。中国人民大学地位很高啊，当时学校排位是"人北清师"，人大、北大、清华、师大。

我一回来就被分配到辅仁大学经济系，说这个学校最缺人。

那时候国家建设很需要人才，1952 年院系调整，将北大、清华、燕京、辅仁四个学校搞财经的教师都组织起来，成立了中央财经学院，我们这些人就都到了那里。中央财经学院仅成立了一年，1953 年，中央决定将中央财经学院全部合并到中国人民大学，因为中国人民大学当时奇缺教师。这样，北大、清华、燕京、辅仁一些老教师都并到人大，分配到各个系里去了。原先中国人民大学里老知识分子很少，在大学教过书的人也不多。调整后，我们人大底子里就有了一批北大、清华、燕京、辅仁的，像赵锡禹、戴世光、王传纶、林富德、林懋美、唐功烈等。我就从辅仁大学到了人大统计系。到现在为止，我到人大已经 55 年了，不是"开国元勋"，也算人大的"老臣"了。

我是中国民主同盟的盟员。因为抗日战争、解放战争时，我本来就对民盟、对共产党有好印象，也有爱国主义思想，主张要团结抗日。我在香港一直看《华商报》，在美国时一直阅读《大公报》、《文汇报》。《华商报》是民盟的机关报，共产党也支持。当时民盟坚决站在共产党一边，坚持国共合作，坚持进步、反对分裂。我就看了很多他们的报纸，了解了他们的主张，而且实际上《文汇报》、《大公报》里面很多也都是进步的新闻人士。我们在美国也参加些进步活动，比如庆祝中华人民共和国成立。我跟进步的同学偶尔也讨论一些中国问题，还学点马列主义，读《大众哲学》等。当时都知道国民党官僚资本主义贪污、不公平，我们都主张社会公平。有了这样一个基础，所以我就能够回国。回国以后，我还达不到共产党员的水平呀，所以没多久就加入了中国民主同盟，到现在五十多年了，是老盟员了。我当过民盟北京市副主任委员，一直当民盟中央的常委，现在还是民盟中央的顾问。

在劳动中思考

1951 年后，政治运动就很多。本来我已报名准备到农村参加土改，但辅仁大学党委认为土改已近尾声，建议我参加了"三反"、"五反"运动工作队。到了中国人民大学以后，运动更多。我多少也受到了些政治影响，但对我来讲也不算是很不公。很重要的一点，就是怎么认识世界观、人生观、价值观的问题。比如思想改造，我们回来以后，我一直在思想改造，学马列主义。我们学习很刻苦，对历史事实大多都知道，外文较好，比一般人都学得快、接受得多。大家都有点能力，也都努力工作，政治运动对我没有什么，被批评得不厉害。因为我当时还年轻，而且我历史干净，没有国民党、"三青团"的经历，到海关工作也全是凭考试成绩优异，政治问题就比较简单。当时，也有人说了好话，说我们刚回来的人也不容易，所以说对我还是公正的。

我到统计系时已经有了几位苏联专家。我们按苏联这套教材来讲课，像我们这样，适应讲课并不难。"文化大革命"以后，我才调离统计系。

我们名义上在统计系教了好多年，实际上到农村下放的时间也很长。"反右"以后，要加强对教师的思想改造，特别是对所谓"资产阶级知识分子"（外国"海归"的都属这样的知识分子）进行改造。因为中国人民大学是从解放区出来的，样样运动都是带头先走一步。1957年"反右"以后，北京市委动员一批知识分子"下乡跟工农结合"，目的不是为了生产，而是思想改造。中国人民大学就带头开始干部下放，知识分子下乡劳动。当时动员大家响应党的号召，跟工农相结合，进行思想改造，中国人民大学头一批去了六七百人，到不同的地方。我是积极分子，下放到北京西山四季青乡南平庄。下去后还照发工资，但过的完全是农民的生活，不读书，也不怎么研究了，完全就是与农民同吃、同住、同劳动。下乡以后，我的思想就慢慢地转变了，认识了"两个阶级"——劳动阶级和不劳动的阶级，知道了劳动人民是很勤劳的，相比之下，我们是养尊处优。

一年后我们就回来了，接着第二批又下去，但时间就没有多久。后来有"四清"运动，我们又下去了一年。这次我到了湖南湘潭一个叫易俗河的地方。当时条件都很艰苦，我们分到了一个粮食够吃的队，这就算是照顾我们了。1970年的时候我们再次下乡去了，这时候口号是："走五七道路"。"五七"干校就是根据毛泽东"知识分子跟工农结合"的批示而建立起来的。整个中国人民大学都下去了，我们去了三年。这三年里，我主要是种稻子，许多教师则是打石头盖房子。

这就是我们的历史。至于下乡调查、生产实习，下乡一两个月就都不算在内，整整下乡的年数，我去过五年：四季青一年、湖南一年、江西三年。

对我来说，当时最大的考验是第一次下放。当时说得很明白：需要你的时候，就回来；不需要你，就一辈子当农民，看你相信不相信党。当时没有说回来的时间，不像以后很明确地说下放半年或一年。所以很多人当时就不敢报名，有的人报了名又反悔。

知识分子跟工农兵结合用下放劳动的这种方式，究竟是一个进步，还是浪费呢？我看来，下放劳动起码不是一条很经济的方法，还是弊多利少。如果是利大于弊，为什么只有教师知识分子这一批人需要这样，其他的人就不需要了？现在看来在某种意义上这是一种人力资源浪费。当然，这对我们来说还是有些好处的，实践也证明经过劳动锻炼的这些人，后来不论到哪里都还是比较坚定、任劳任怨的；思想作风都很艰苦朴素，爱国主义都比较坚定。我也算是曾经沧海，发达的地方、好的生活都见过。我在香港海关工作时工资很高，被称为"金饭碗"；到美国也是住在纽约。通过劳动，我慢慢地就觉得对我国农民生活的认识对于我从事社会科学有好处，自己长期在城市里生活，换换环境，参加劳动，过艰苦朴素的生活也有好处。我相信乐观、豁达很重要。我下放的时候三次都是劳动模范，1960年还被评为北京市先进工作者，在干校的时候还是"插秧能手"，当过"五七"战士代表回京观礼。这些对我们后来究竟有什么影响，我现在还没总结，但对整个世界观、人生观、价值观，还是有一定影响。

转向人口学研究，1979年曾向国务院提议：提倡一胎，杜绝三胎

我真正转到人口学是在 1972 年，那是从"五七"干校回来以后。1971 年联合国恢复了中国的合法席位。加入联合国以后，我国就得履行联合国的义务，要参加联合国的很多讨论会。对我国来说，许多工作有些措手不及。当时全世界的人口增长得很快，人口问题是当时世界三大难题之一（人口、贫困、污染，即英文所谓的"三 P"：Population，Poverty，Pollution）。联合国的几个委员会里就有一个人口委员会。人口委员会经常开会，当时我国也准备参加 1974 年召开的世界第三次人口会议，于是就由国家计委组织了一个班子来研究人口问题。

在此之前，人口问题是个"禁区"，中国没有人敢谈人口问题。为什么？我研究发现，我们之所以在理论上不能正确认识中国人口问题，很大程度上是受苏联的影响。因为中国那时候许多理论观点完全受苏联影响。苏联地广人稀，一直鼓励生育，最要紧的是苏联在理论上认为人口多、增长快是社会主义优越性的表现。毛泽东也有一些言论，但是毛主席的言论如何解读，也不是每个人都一样。比如毛主席说"人是世界上最宝贵的"，这个命题一点没错。人能创造物，当然人是最宝贵的。但真理超过一点就是谬误了。"人是最宝贵的"马上演绎出来"人口是最宝贵的"，那就不一样了。在相当长的一个时期里全国就有人认为人口多是好的。我知道中国还曾经按苏联的办法推行过几个月奖励生育的政策。

当时在理论上曾经有过争论，认为"人手论"比"人口论"更科学，马尔萨斯"人口论"是资产阶级的。"人手论"把人看成是生产者，人手多，劳动力就多；劳动力多，力量不就大了吗？力量大了，国家创造的财富就多了。所以实际上"人手论"跟"人口论"概括起来就是怎么样看人。如果仅把人看成一个消费者，没有看到人还是一个生产者，就认为这是资产阶级的观点，资产阶级不劳动嘛。科学的人口理论不能这样简单

化。苏联的观点"社会主义优越性都表现在人口多、增长快"对我们影响很大。在相当长的时期里，实际上党内党外都有很多人认为中国不能这样。当时搞社会学的人几乎都认为中国人口太多了，但这一批人在1957年遭到了批判，很有名的都被划成右派，全军覆没。我们学校的李景汉、吴景超，清华的陈达（也在人大工作过），北大的费孝通，民族大学的潘光旦，也都是很有名的社会学家，南方也有一些，几乎无一例外地都是右派。《人民日报》有一篇社论：右派分子利用人口问题反党反社会主义。把他们划了右派以后，人口问题就完全变成政治问题了，所以就一直没人敢谈。1957年的时候有人敢谈，就是马寅初。马寅初当时是北大校长，他多次在国务会议上谈到人口，当时毛主席也赞同他的观点。后来他写了一个《新人口论》，1957年7月在《人民日报》上发表。他认为中国人太多了，素质要提高，科学技术要下乡。然后他就提倡控制人口数量，提高质量。这个观点是对的，但1959年对马寅初比以前对搞人口的社会学家批判得更厉害。马寅初自知寡不敌众，但那时几乎没人敢响应说马老是对的，因为只要响应就也被批为是马尔萨斯学说，因为马尔萨斯主义就是资产阶级、是"反马列主义"了，甚至上纲为"反革命"呢。所以对马寅初批判完了以后，就没人敢搞人口了。谁敢搞人口学啊？一说中国人口多，就怕被说是"反革命"、"反马克思主义"。

我们在理论上一直没有搞清楚人口是多好，还是少好？中国应该怎么办？这就耽误了20多年。当然在理论上全面认识也很难。过去我国一个农民家庭生六七个孩子，你让他不生，也做不到。如果我们一开始能全面认识人口问题，就能够早开始搞计划生育。

1971年联合国要开人口讨论会了，所以我国要组织一个班子来研究，当时主导思想还不敢肯定中国必须要控制人口。因为以前批判马尔萨斯的时候，中国人民大学里就有人搞人口理论，所以国家计委一开始就找中国人民大学，而且当时各个政府机关很信任中国人民大学。计委找到徐伟立，人大停办前，她是校党委委员，又是工经系系主任。她去找刘铮、李宗正商量，然后找我做些翻译。这个工作需要研究很多英文材料，要翻译很多文件，而那时老师们几乎都是学俄文的，懂英文的不多。研究小组一共有十几人，工经系、法律系、经济系等各个学科都有，刘铮是小组的负责人。到计委工作的，绝大多数是中国人民大学的人。

当时大多数人不愿意研究人口，都作为临时工作，都认为人口研究是"禁区"，里面有风险。我怎么认识这个问题呢？我想中国这样穷有两个原因：经济不发达是一方面，人口多也是一个原因。我早就认为中国并不是像过去所说的那样"人口众多、地大物博"。中国地大但物并不博。我在美国读书的时候研究过中国的人均国民收入。研究结果表明 1936 年是旧中国最好的一年，但收入还是很低，那年中国的人均国民收入是 36 美元，而美国是 2 000 美元多一点，相差近 60 倍。所以当时我就认定人口多是中国提高人均收入的一个大障碍，必须改变。

当时领导征求我意见，我认为也没有什么可怕的，但搞的时候也有点担心，确实心有余悸。那时"四人帮"搞的极左思潮还在台上，以前划右派的许多人也都是因为人口问题。学术上的问题事小，政治问题就大了，所以我们搞人口就不敢搞政策，主要搞外国的人口。我们就梳理了日本、法国等怎么搞人口研究的，还有一个就是搞历史，搞中国的人口史。顶多算是崇洋和厚古薄今，政治风险要小一点。不敢接触到政策，怕触"高压线"，因为怕一接触到政策，一提人口多影响我们的经济，那问题就大了。当时，许多搞社会科学的，为了远离政治，不少人搞历史、搞外国，所以我们先搞了外国的和历史的。"四人帮"倒台了，"实践是检验真理的唯一标准"出来了以后，我们才开始敢搞点政策方面的。那都得"试水"啊，得慢慢来。我就是这样慢慢地进入这个角色的。

1979 年 3 月，我与刘铮、林富德共同给国务院写了一个人口研究报告——《对控制我国人口增长的五点建议》，我们提出一个意见：要严格控制中国人口的增长，要用经济手段、各种各样的手段来解决这个问题。这是全国第一个向上写的人口研究报告。这个建议通过当时计生办一个副主任送到国务院，国务院也作为讨论文件，两次登在《内部参考》里，发给各个省委，然后也在中央经济工作会议上散发了。这个稿子是我起草，以我们三个人的名义发表的。实际上 1979 年以前我们人大的一些同志就已经开始研究人口数量和年龄结构了。我们在一些地方搞过调查，发现很多人，比如工人里就有这样的想法，他们认为："国家这样困难，我们生孩子多了也不好啊。"有的女工就提出来："我们也可以只生一个孩子。"他们都很爱国啊。所以我们当时就有一个思想：短期内提倡生一个也不是不可以。所以我起草的时候就很坚决。我们的政策是什么呢？就是"提倡一对夫妇只生一个孩子，坚决杜绝生三个孩子"。现在很多人都认为那是当时形势下一个比较明智的选择。

后来，我和刘铮又在《人民日报》上共同发表了我国人口学的第一篇理论文章《人口非控制不可》。《人民日报》已经有近二十年不发表人口文章了，自从马寅初被批以后，没有人敢写人口文章了。我们在《红旗》上也写过一篇《控制人口增长是我国社会主义发展的客观要求》。

搞人口，对我来说也是一个重大的抉择。当时工经系、法律系、经济系很多人都参加过人口研究，但开完 1974 年国际会议以后，这个临时人口研究班子就散了。国务院文教办、北京市委和计划生育办公室三个单位就联合向上建议成立一个常设机构研究人口。当然首先得从人大这批人里选，谁愿意做谁就留下。结果没几个人愿意留下来，都愿意回原系，只有刘铮和我留下来了。当时人大停办，我认为反正干什么也都是革命工作。另外，当时我认为搞人口研究对国家的作用比统计显著，统计很多人都能搞，已经培养了许多人才。搞人口我们要有基础的，因为统计学里有一个分支就是讲人口统计学；另外又要懂数学、英文，还要懂得马列主义理论，我们的条件比较全。我们中国人民大学教师早期学马列主义十分认真。上个世纪 50 年代，人大对所有成员的马列主义要求很严格，教职员都无一例外地上马列主义夜大学，系统学习四门理论课，一年一门，每周两次，每次讲授或课堂讨论两三个小时，雷打不动。每学期期末都要考试，考试方式都是抽签口试，教师当场评定成绩，考试是严格的。那时我才30出头，记忆力和理解力比较好，四门课八次考试我都是优。我觉得我是得益于学过马列主义。我并不认为马列主义所有言论都没过时，它也有时代的局限，但它的基本原理和哲学基础可以作为一个望远镜，它站得高、看得远，这一点是其他西方学者不能比拟的。我就有这个信心。有了这几个条件，所以当时我没犹豫，还是愿意搞人口学研究。因此我就成为中国最早从事现代人口学的研究者之一，迄今为止也是从事人口研究时间最长的人了！迄今已近四十年了！

中国人民大学的人口学教学研究在全国始终处于领先地位

1974年成立的人口研究机构就在中国人民大学院子里。那时候中国人民大学还没有复校，穷得很，我们的办公室只有半间房子。名义上我们是在北京经济学院（我们成建制分配在经济学院），但是人大的人都没散。在北五楼（世纪馆西侧）的一间破旧房子里，我们出版了好多书、办了很多杂志。人口研究室当时十几个人，大部分都是原中国人民大学的人，后来才加了几个北京经济学院的人进来，其实他们中间也有过去人大分过去的人，像林富德、冯立天。复校后，我们就回到了人大。我们一直在从事人口工作，上面讲到的那个报告是1978年人大复校后在人口研究所写的。当时全国其他高校还没有这样的机构，人大是独一无二的。记得联合国人口基金项目启动之前，1979年组织一个中国人口学家代表团到联合国、美国、英国、法国、泰国访问考察时，全团五人中有四人是人大的，另外一人是中国社会科学院的，刘铮是团长，我是秘书长。

由于人口问题在世界上的重要性，1979年联合国就给中国资助，要中国进行人口培训和科学研究。其重要目的之一是资助我们搞人口普查，弄清楚中国究竟有多少人。中国的人口数量长期搞不清楚，原先一般都认为中国有四亿五千万，后来说是四亿七千五百万，经过普查以后确认是五亿四千万。中国人口不清楚，全世界有多少人口就没法算，所以联合国就希望我们将中国的人口问题搞清楚。联合国资助以后，条件就好多了，有十个院校相继成立了人口研究的机构，但我们是接受援助的大头，是领先的。第一期援助的时候大部分是由我们接受。社科院也在我们后面，那时北大还没有人口研究机构呢。当时人口所在人大的研究机构里面是很"阔"了，条件很好，有几十台电视机，又有汽车，还有一台几十万美元的彩色印刷机（后来给出版社了）。

第二期联合国援助的时候，人口研究所由 10 个，又扩大到 20 个，后来扩大到更多。第四期又收缩了，有些机构就转行不办了。联合国的资助很多，又比较容易出国，所以当时很多人都愿意搞人口。最开始我们只是做研究，没有招学生。复校不久开始招研究生，1980 年后才开始招本科生。当时国家教委批准有两个学校可以招本科生，北方是人大，南方是复旦。办了十几年以后，1995 年本科专业调整，人口学专业改属管理专业。人口管理的内容很多，比如人口、老龄、婚姻、流动人口等等。

我们学校人口学教学研究在全国高校里始终处于领先地位。我们人口所接受联合国的捐款最多，图书资料也最多。人口研究所曾被定为全国人口学的研究中心、资料中心。1985 年由教委和人口基金把人大人口所定为"中国人口学教学与培训中心"，承担国内外人口学培训的任务。人口所派出的留学生在人人也是最多的，在国际上有较高的知名度，人大人口所经常出去作报告，考察交流，我就出国七十多次。我们在学术上一直到现在都还是有一定影响的。其他的名校如北大、复旦、南开都有人口所，它们就没有像人大这样的规模和历史基础。不过情况是不断变化的。

我们为国家作了一定的贡献。我们学校创办了我国第一个人口机构——人口研究所，创办了第一个人口学系，创办了第一个人口学学术期刊——《人口研究》，参加了我国第一个国家人口出国访问代表团，创办了我国第一个国际人口学培训机构。"中华人口奖"先后颁发过五次，人大人口所一共获得了四次，我是 1995 年获得第二届"中华人口奖"的。

总之，荣誉算是不少的，这些都是经过我们自己的努力奋斗而来的，但这些都是历史了。

我们研究所为国家政策制定提供过很多建议，如最先的"五点建议"。我们的建议也得到了重视，但最后采纳的是其他的意见，他们是用数学、电脑来研究的。他们认为：一对夫妻生一个孩子，这样持续几代人，中国人口就不会有十几亿人了，就变成六到七亿了。计生委一度曾经考虑过每一个地方都做个地方人口规划，这个人口规划就是按只生一个孩子的方针。当时在昆明开过一个全国人口规划会议，要各地贯彻只生一个孩子的计划。我代表所里去参加。我们反对这样做，我们认为在一定时期提倡生一个可以，但要强制只能生一个，持续几代人，肯定不行，既无先例，后果也不清楚。所以我在会上就起来舌战群儒，发言不免有些激动。有些人要对我进行批判，当时我已经是全国政协委员了，我认为应该坚持自己认为正确的意见。现在对这次争论都不再提及了，似乎未发生过，但是原计划从基层开始定人口计划，最终达到六到七亿这个目标根本就没有人再提了，可能也贯彻不下去，到后来不了了之。现在看来这个是不切实际的规划。后来我们国家生育政策进行了调整，如对农村人口的生育政策也放宽了些。

现在人家谈中国一对夫妇只生一个孩子，不够准确，因为农村生了一个女孩也可以再生一个。1980年提出一对夫妇只生一个，在当时第一个人口高峰下，我们已经没有选择了，不得已而提出。总的来讲，我们当时提出严格控制人口还是利大于弊。我们在谈改革开放30年成就的时候，没有谈人口，我认为也是不公正的。因为如果不是控制了人口，少生了三四亿，中国绝没有今天这段发展机遇，光是吃饭、就业、住房问题就难办得多。

开创老年学：为老人说话，为社会谋利

在人口学研究的基础上，我已预见到人口老龄化的必然加速。少生必

然老化，少子必然高龄化，老龄化问题将成为一个重要的社会问题。我认为我们不能再犯忽视人口问题的错误，如果不能未雨绸缪，防患于未然，人口老龄化的后果也是很严重的。所以我在1982年以后慢慢地转向老年学研究，要为老龄问题鼓与呼。我提出人口老龄化是必然趋势，提出我国未富先老，提倡健康老龄化，提出不能靠多生孩子缓解老龄化等言论，倡导研究老年学，并主编了我国的《社会老年学》，招收老年学博士生等。研究老龄化问题没有什么市场，因为中国老年人太穷，没有多少人愿意搞。老年学作为一个专业，在发达国家十分受重视，我国大多数人只是口头上重视。我之所以能开拓这个学科，也是当时国家教委和我校高瞻远瞩，同意我在20世纪80年代开始招收博士生、硕士生，以人口老龄化和老年学为研究方向。我认为我们学校的领导是有远见的，我们已经培养了一大批老年学人才。20多年来，前后招了30多个学生，现在他们中许多人是我国从事老年学研究的教授和研究人员中的骨干。老年学今后随着人口老龄化肯定会愈来愈受到重视。我希望在有生之年能对我国积极应对人口老龄化问题、提高老年人生活质量作力所能及的贡献。

351

人物简介

邬沧萍（1922—　　），广东省广州市人。中国民主同盟盟员，教授，人口学家、社会老年学家、统计学家。

邬沧萍1941年考入岭南大学经济系，1946年毕业后在香港中国九龙海关工作。1948年到美国纽约大学攻读硕士学位，1950年取得MBA学位后，继续攻读博士学位，同时在哥伦比亚大学专攻统计学。1951年带领全家回国参加新中国的建设，不久加入中国民主同盟，并先后在北京辅仁大学经济系、中央财经学院统计系任教。1953年转入中国人民大学计划统计系任教，1972年开始专职从事人口学和中国人口问题的教学与研究。"文革"中国人民大学停办期间，转到北京经济学院（今首都经贸大学）人口研究室，专门从事人口研究。中国人民大学复校后回校任教，1980年起专门从事老年学研究，1983年起专门从事老年学和老龄问题研究，是中国最早专门从事这两门科学研究和教学的学者之一。1984年被国务院学位委员会批准为博士生导师，1990年开始享受政府特殊津贴，2005年被授予中国人民大学首批荣誉教授称号，2009年被授予中国人民大学首批荣誉一级教授称号。曾任第六届全国政协委员，第七届、第八届全国政协常委，兼任中国老年学学会会长、中国人口学会副会长等职。邬沧萍是中国现代人口学和老年学的开拓者和知名学者之一。

邬沧萍自20世纪80年代以来，指导人口学、老年学博士生、硕士生约30人。主编、副主编、独著、合著、翻译的专著、教材、辞典、译著等有20多部（本），代表性著作有《人口统计学》、《世界人口》、《人口学辞典》、《英汉人文社会科学词典》、《社会老年学》、《中国人口老龄化》、《人口、资源、环境关系史》、《老年学概论》等，公开发表论文、文章200多篇。自1979年起，先后70余次受邀出国参加学术会议、讲学、考察、访问、合作研究。出访过30多个国家，参加了百余次国际会议。

邬沧萍先后获国家教委第一届社会科学一等奖、第二届社会科学三等奖，获北京市社会科学一等奖3项，二、三等奖多项，获历次国家计生委、中国人口学会一等奖、二等奖多项，获中国老年学学会特别奖、一等奖多项，获《人民日报》、《北京日报》、《中国人口报》征文一等奖，2004年8月获国家人口和计划生育委员会宣教司"纪念邓小平诞辰100周年——学习邓小平人口思想征文"特别奖，1960年获北京市先进工作者称号，1995年获第二届中华人口奖（科学奖），2000年获中国老教授协会十大教授科教兴国奖，2002年获香港浸会大学中国课程优秀教学奖，还获得中国人口学会、中国老年学会等机构多次、多项一等奖。

方立天自述[①]

摘要：方立天（1933—　　），浙江永康人。著名佛教研究专家、中国哲学史专家，中国人民大学哲学院教授，中国人民大学首批一级教授。本文回顾了他秉承"立身有道、学有专长"的人生信条，自强不息、刻苦钻研的治学历程及感悟。

三个重大转折决定我的生命历程

1933 年 3 月，我出生于浙江省中部的一个农村：永康市四路口中村。我的家乡山清水秀，景色宜人。村落边上，有一条日夜流淌不息的小溪。童年时，我和伙伴们有时就在这条小溪里抓鱼。村子的周围，是起伏的丘陵，绿绿的农田，非常美丽。

幼年时，我沉静少言，不贪玩耍，喜好读书。可是时运不佳，由于日寇的侵略，我的家乡屡遭践踏，致使小学上课时断时续，没能连续地把小

---

① 本文由作者应校史研究室之约完成于 2010 年 2 月。

学念下来。1946 年春，我开始在永康县立初级中学读书。1949 年毕业时，我国历史发生了翻天覆地的变化，我被时代车轮带进华东财政系统的干部学校学习、工作。新中国的成立，使我得以较早地投身革命，经受革命锻炼，这是我人生第一大转折。

1956 年，党中央号召"向科学进军"，鼓励在职青年报考高等院校。这一年的秋季，我幸运地考上了北京大学哲学系。这是我人生旅途中的第二大转折。从 1956 年入北京大学，到 1961 年大学毕业，可以说是我学术研究的"准备时期"。北大美丽的校园、雄厚的师资力量和丰富的藏书，使我感到只有奋发上进，才能无愧地面对这一切。我学的是哲学专业。北大哲学系有中外哲学史界一流的师资，冯友兰、汤用彤、张岱年、任继愈和郑昕、洪谦、任华等都是哲学史界的泰斗，能最大限度地满足学生的学习要求。在学习期间，我对中外哲学史产生了强烈的兴趣，中外哲学家的深邃睿智深深地打动了我。学习先哲的智慧，锻炼自己的思维能力，成为我最急切的需要和最大的乐趣。后来我感到中外哲学史齐头并进，有些困难，根据我自身的条件，就确定以中国哲学史为专攻重点。一度令人兴奋不已的是，冯友兰先生虽已年过花甲，还登台执教。先生深入浅出的讲授艺术、严密的逻辑论证，使我们受益匪浅；他幽默的讲课风格，至今仍历历在目。当时我是班上中国哲学史的课代表，与冯先生的接触较多，自然我对先生对待学术问题的态度、治学方法乃至精神气象，也更多了一层了解。这时，我也到历史系听了两年张政烺、田余庆等教授主讲的中国通史课，还自学了《中国文学史》等教科书。在北大的学习，为我以后从事中国哲学史的研究工作打下了初步的基础。由于政治运动的干扰，北大五年实际上课的时间不到一半。当时一有空，我就扎到文史楼阅览室看书，由此也养成了一个终生受益的习惯，这就是泡图书馆。后来到人大工作，几十年如一日，我端着一个水杯，背着一个书包，和大学生一起按时到图书馆查阅资料、学习备课、研究写作。

1961 年，从北大毕业，我被分配到中国人民大学哲学系中国哲学史教研室工作。这是我人生旅途的第三个也是最重要的转折点。自那时起，我在学术生涯的漫长道路上开始了艰难的跋涉。在一次讨论研究工作重点的分工会议上，我选择魏晋南北朝隋唐哲学作为重点研究的对象，这一段哲学包括了儒、道、佛三教，内容丰富，便于把长达七百年历史的佛教哲学和世俗哲学结合起来研究。我决心把中国哲学和中国佛教作为自己的专业研究方向，在这两块园地进行"双耕"，这成为我相当长岁月里学术活动的基本内容。

决定研究佛教，这是我学术生涯中的一个重要选择。我之所以选择佛教而又矢志不移，主要考虑了以下这几点：一、从佛教的内容来看，佛教是人类历史上最庞大的思想体系，涉及人生、宇宙诸多方面的根本问题，内容丰富庞大，其理论思维、经验教训很值得总结。二、从佛教与中国文化的密切关系来看，佛教传入我国后，在和中国固有文化的冲突、融合的过程中，对中国哲学、伦理、文学、艺术、习俗等都产生了极其广泛而深刻的影响，研究佛教，对于研究中国文化的各种形态都有着重大的意义。可以说，不研究佛教，就难以全面研究中国文化史。三、从佛教哲学与中国哲学的相互关系来看，如果从哲学层面去研究佛教，尤其是中国佛教，又从整个中国哲学发展史的背景出发去探讨中国佛教哲学思想的形成和演变，就既能拓宽佛教的研究领域，揭示佛教哲学思维的丰富内容，把握中国佛教思想的根本特征，提高佛教研究的学术水平；又可以利用佛教哲学的研究成果来丰富中国哲学史的教学内容。这也就是把中国哲学与中国佛教研究结合起来，使两者互促互补，相得益彰。四、从中国佛教研究的现状来看，由于佛教研究的难度大，往往使人望而却步。同时，整个宗教研究都不太受重视，有的人甚至认为研究宗教就是信仰宗教，误解、排斥宗教研究。在"文化大革命"浩劫期间，甚至把宗教研究者视为牛鬼蛇神，研究宗教不仅不受重视，而且还有很大的压力。因此，研究佛教所得的成果和我国佛教的丰富内容是太不相称了。我想，正因为佛教研究被视为畏途，佛教研究几乎是一片处女地，所以投身其间，脚踏实地，埋头研究，也许是更有意义的事情。

当然，决定研究佛教，绝不是一件简单的事。从理智、认识上肯定佛教研究是一回事，从意志、行动上最后坚定地从事佛教研究又是一回事。这是因为：首先，研究佛教的难度大。研究佛教需要具备语言、文字、宗教、哲学、历史等多学科的知识，而且，还需要对佛教的宗教生活实践有一定的体察和了解，这都不是容易做到的。至于研究佛教义理的三大难关——概念术语的特定含义，佛教思维方式的独特内容，以及佛教整个思想体系的庞大复杂、歧异多义，也都是不容易掌握和驾驭的。再就是研究的条件比较差。这主要是指研究的客观条件，如资料不齐全，舆论气氛不太好，而且研究成果的发表有时也会受到种种制约。但我想，凡事都有它的另一面，困难多，条件差，成功的机会也可能更多些。本着这种想法，我就很有信心地研究起佛教来。

大学毕业时，我的佛教基础知识是很有限的。为此，我于 1962 年到中国佛教协会主办的中国佛学院进修了八个月。我虚心地向法尊、正果、明真、观空诸位法师以及周叔迦副院长、虞愚教授等学习佛教的历史、理论、典籍。周叔迦副院长还亲自为我拟定阅读书目，嘱我定期向他报告阅读心得。在佛学院进修的时间虽然不长，但收获不小，主要是初步地掌握了佛教的历史和理论的基本知识，对僧人的生活实践也有了直接的了解和感受。

回到中国人民大学后，结合中国哲学史的教学工作，我开始了佛教思想的研究，也取得了一定的进展。但不久便开始"四清"，后来又是"文化大革命"，刚刚开始的研究工作不得不因此而中断。我一向珍惜光阴，但"文化大革命"使我在无所适从、无所作为、无可奈何中度过了一生中最宝贵的黄金季节，这是我终生为之遗憾、又是无法弥补的。我不仅不能从事所挚爱的学术工作，而且连中国人民大学都在"四人帮"的破坏下被迫撤销了！从 1969 年到 1972 年，我和中国人民大学许多教师一道，被发配到江西省余江县"五七"干校劳动。这一段时间可以说是我学术生涯的

"蛰伏时期"。即使在这样的命运安排下，我仍然争取机会读书。在余江，除了阅读马列毛的著作外，我还读遍了《鲁迅全集》，这在当时是允许的。现在看很难说我从这部中国现代文化经典中具体学到了什么，也许后来有人对我"冷峻严肃"的气质评价，就是在这段蛰伏期中得到强化的。

"文革"后，在改革开放的宽松环境下，我的佛教研究工作又得以继续，按原来的设想并结合实际的需要而有计划地进行，先后经历了"拓展时期"和"专攻时期"。回顾昔日人生历程，我一直生活在社会不断大变革的不平凡的岁月里，深感个人命运与历史演变密切相连，个人的学术活动也深深打上了时代的烙印。我工作了50年的中国人民大学，如今已经成为国内外知名的宗教学研究重镇。是中国人民大学为我提供了研究的机会，早在"文化大革命"前，有关领导对我的佛教研究价值就有深刻体认，记得1964年中国科学院在毛泽东同志的指示下创立世界宗教研究所，并在全国选调人才，我的老师任继愈所长想调我过去工作，但是中国人民大学领导没有同意。多年来，我朝着理想努力工作，终于在21世纪初被教育部选中为佛教与宗教学理论研究基地的带头人，后获得了"全国先进工作者"等各种荣誉，2009年被学校聘为一级教授。

五方面体现佛教研究轨迹，十五年著成《中国佛教哲学要义》

迄今为止，我着意研究的佛教主要有以下几个方面：中国佛教思想家哲学思想的个案研究，中国佛教典籍的整理、校点、注释、今译，佛教哲学思想的宏观研究，中国佛教文化的探索，中国佛教哲学思想的系统、整体研究。这五个方面的研究大体上反映了我的佛教研究的轨迹。

（一）中国佛教思想家哲学思想的个案研究

如何根据现实的主客观条件展开佛教研究，如何选择突破口，使研究确有成效，我思索良久。最后我确定从魏晋南北朝的佛教思想家开始进行逐个研究，逐个突破。我首先选取的是当时最有代表性的几个佛教思想家：道安、支遁、慧远、僧肇、道生和梁武帝萧衍等作为研究对象。至于隋唐时代，我对华严宗和禅宗的思想有兴趣。在我看来，中国佛教对中国哲学影响最大的是华严宗和禅宗，所以，隋唐时代的佛教思想家我选取法藏、慧能等作为研究对象。

我比较注意从中国传统哲学文化思想和佛教思想发展的广阔历史背景出发，去揭示佛教思想家的哲学内涵和思想特色，评价他们在佛教史、哲学史乃至思想史上的地位、作用和影响；同时又通过佛教思想家的典型思想，凸显当时的佛教思潮和整个佛教思想的发展脉络。我研究的具体方法和步骤是：尽可能地"竭泽而渔"，即搜集研究对象的全部著作和有关传记等原始资料，不惜花费大量的时间，尽可能无一遗漏地反复阅读史料。在阅读时特别注意文中的哲学思想观点及其内部结构，力求较准确地体会作者的原意和精神，随时勾勒出文中的观点、见解，并记下读后的感想、疑问、评论，以便形成对研究对象的独特看法。在此基础上，再参考阅读他人的研究成果，细心比较，取其长，补己短；略他人之所详，详他人之所略，精心撰写论文。

1978 年后，我抓紧时间，继续按十多年前的设想，进行魏晋南北朝时期佛教思想家的个案研究，先后写出支遁、僧肇、萧衍等人佛教思想的论文。中华书局于 1982 年出版了我的《魏晋南北朝佛教论丛》。后来，考虑到慧远是一位着力于融合印度佛教思想和中国传统文化的典型人物，在中国佛教思想史上占有重要的地位，于是又撰成《慧远及其佛学》一书，由中国人民大学出版社于 1984 年出版。此外，我还撰成《法藏》一书，1991 年由台湾东大图书公司出版。

在上述的专文与专著中，我注意努力挖掘佛教思想家的哲学意蕴，在揭示佛教思想发展规律方面作了某些尝试，并重视总结佛教理论思维的经验教训。

（二）中国佛教典籍的整理

要科学地研究佛教思想，最重要的是要读懂佛教典籍，深知其意，这是研究的基础和前提。读懂佛典，把握其中所包含的意蕴，绝非易事。要读懂佛典，我的体会：一、先要懂得佛教术语的含义，了解佛教的理路、体系和历史。二、要真正读懂佛典，没有捷径、窍门可寻，而是要老老实实地多读、反复地读。要设身处地地思考：佛教为什么提出这样的问题，为什么这样论证，要解决的是什么问题等等，如此认真思索，深入体会，以求达到真正的理解。三、认真做一点佛典的整理工作，这是有助于提高阅读效果的一种极为重要的方法，因为它能逼迫自己全神贯注地去弄懂原意，并通过动手整理，收到非眼看口读所能收到的效果。基于此，我做了一点佛教典籍的整理工作。如，和几位师友就中国佛教的重要典籍进行了比较系统的整理、标点，由中华书局出版了多卷本《中国佛教思想资料选编》。我个人还对华严宗的重要著作《华严金师子章》进行了校释，撰写了《华严金师子章校释》一书，由中华书局出版。后来又应约在原来校释的基础上，将原文译为现代汉语，撰成《华严金师子章今译》，由巴蜀书社出版。佛教典籍的整理工作，是一种重要的专业训练，在切实把握佛教思想方面，对我产生了良好而持久的作用。

（三）佛教哲学现代化研究的尝试

1986 年，我的《佛教哲学》一书问世，后经扩充于 1991 年出版了增订本。1997 年，中国人民大学出版社又将它列入"人文丛书"再版。当时我写《佛教哲学》，主要是出于这几种考虑：一、近四十年来，我国的佛教研究著作以佛教通史和断代史居多，而介绍不同历史时代、不同地区、不同宗派的佛教共性的东西，即佛学的基本思想，却不多见，这难以适应一般读者的需要；二、一些已有的佛学概论著作，多数是依据佛教论旨，用佛教术语组织和论述的，一般读者不易读懂。如何用现代哲学论题和术语介绍佛学的基本理论，提供一本学习佛教思想的入门书，是我长期积蓄心头的愿望。我写《佛教哲学》一书，在内容方面是着重于如实地勾勒出佛教哲学的传统体系。我认为，佛教哲学主要是由人生观、宇宙观、伦理学和认识论等方面构成，这几个方面又是密切联系、不可分割的。佛教的宇宙观和认识论为解脱论提供依据，包融于人生观和伦理学之中，而人生观和伦理学又是融为一体的。佛教哲学可以说是一种人生哲学，而佛教宇宙观、认识论比起佛教人生观则更具有浓郁的哲学思辨色彩，也较多地包含和积淀了人类认识史上一些理论思维的经验教训。为此，我在书中突出的是佛教宇宙观的论述，并在增订本中增添了佛教认识论的内容。

是否善于运用多元化的正确方法，对佛教哲学现代化的成功研究有着重大关系。我在撰写过程中，注意运用的方法主要是：首先，从实际出发，力求适应现代人的需要，这包括两个方面：一是从佛教文献中筛选出现代一般读者应当了解的哲学思想诸层面；二是力求用现代汉语表述佛教哲学思想，这又主要表现在标题的现代化用语、佛教术语的现代化语言解说以及佛教哲学内容的现代化阐释等方面。其次，运用历史与逻辑相统一的方法。佛教哲学的发展，从小乘到大乘，从空宗到有宗，从显教到密教，由天竺而中华，由亚洲而欧美，蔚为茂林。面对这无比繁复的演变过程，我着重依据其发展轨迹，筛选其积淀着理论思维成果的主要概念、范畴、命题和论纲，依其固有的逻辑，阐释佛教哲学的思想内涵。最后，实事求是的分析、评述方法。佛教发展两千五百多年，三藏典籍浩如烟海，拥有数亿信徒，在历史与现实中都有很大影响。对这种世界性的宗教，作为一种严肃的学术研究，应当如实地把它作为世界文明史上的宝贵思想财富，同情了解，谨慎对待，认真阐释，细心分析。我在论述中，竭力排除主观好恶，淡化情感色彩，努力多作客观平实的分析和叙述，并且着重挖掘其特殊的价值和贡献，认真揭示其失误与流弊，力求做到辩证分析，实事求是，合情合理。

（四）佛教文化研究的开拓

20世纪80年代以来，随着改革开放的深入推进，不可避免地与现今人们观念深处的传统文化劈面相撞。学术界的历史使命感和探索精神在中华大地上升华，于是一股强劲的关于传统文化的反思热潮随之兴起。在这种思潮的影响下，我也产生了探索佛教与中国传统文化关系的强烈冲动，撰写了《中国佛教与传统文化》一书，于 1988 年由上海人民出版社出版，后又由长春出版社、三联书店（香港）有限公司、中国人民大学出版社相继出版。我在书中指出："把佛教作为一种文化现象来考察、研究，是十分必要的。"为此，我用层次和结构的观念来理解、把握佛教，强调佛教文化不仅仅是一种无形的观念形态，也是一种有形的物质实体，它的内涵和外延都是极其丰富的。

对于中国佛教与传统文化关系的探索，我主要是运用文化比较学的观点，着力揭示中国佛教与传统文化各种重要形态的联系。在《中国佛教与传统文化》一书中，分章论述了佛教与中国政治、伦理、哲学、文学、艺术、民俗的相互关系。

（五）中国佛教哲学思想的系统、整体研究

约自 1987 年以来，我开始集中研究中国佛教哲学思想。与内容偏于印度佛教的《佛教哲学》不同，本书从中国人的佛教著作出发，力图从中梳理出中国佛教的重要哲学问题，阐释中国佛教哲学思想的历史演变，勾画中国佛教哲学体系；在此基础上，又与印度佛教哲学思想以及中国固有的儒、道哲学思想加以比较，以凸显其独具的异彩。撰写专著《中国古代哲学问题发展史》的姊妹篇，即在思路和体裁方面与它近似的中国佛教哲学著作，是我长期以来的又一个心愿。我想，对中国佛教文化核心的哲学思想进行系统的整理研究，必将有助于从根本上把握中国传统文化的重要组成部分——中国佛教文化，也有助于更全面地总结中国哲学，进而丰富中国哲学史的教学内涵。

经过约 15 年持续的专攻、研究、撰写，我完成了 90 多万字的《中国佛教哲学要义》（上、下卷）一书，于 2002 年由中国人民大学出版社出版。全书除"绪论"和"结语"外，设五编三十二章。"总论"编阐述中国佛教哲学的形成、演变和思想体系。"人生论"编分别阐述中国佛教的因果报应论、神不灭论、涅槃观念的演变和发展、佛的含义的转换与拓展，以及净土观念的类别与转型。"心性论"编着重阐明中国佛教心性论

的哲学范畴网络、南北朝时期佛教三大心性论思潮、天台宗的性具善恶说、华严宗的自性清净圆明说、三论、唯识和密诸宗的心性论。"宇宙论"编论述中国佛教的宇宙结构论、现象论和本体论。"实践论"编分别论述中国佛教的伦理观、禅修观、直觉论、语言观和真理观。此书先后获第六届国家图书奖、中华文化优秀著作一等奖、北京市第八届哲学社会科学优秀成果特等奖，并列入"中国文库"和"经典中国"国际出版工程出版。全书韩文译本已于 2006 年出版，日文和英文的翻译正在进行中。

阐发中国哲学，弘扬中华智慧

中国哲学上下数千年，源远流长。历代哲学名家，群星灿烂，学派林立，内涵丰富。中国哲学有着自己独特的自然、社会环境和漫长的历史形成、发展过程，蕴藏着精湛的中华智慧，是世界哲学之林中颇具特色、影响深远的一个哲学类型。我一直认为，努力阐明中国传统哲学的思想价值，是我们人文学者的一项义不容辞的责任。上世纪 80 年代，我在从事中国哲学史的教学工作的同时，还撰写了专著《中国古代哲学问题发展史》（上、下册，中华书局 1990 年出版）。

我采用问题解析体来写中国哲学史，是有见于近几十年来，通史体的中国哲学史著作已为数不少。这类著作，是以年代为经、以人物为纬来阐述中国哲学思想的发展过程。其长处是，人物思想突出，脉络清晰，有助于读者了解特定时期哲学家的总体思想。但也有其局限，这就是不容易从总体上把握中国哲学重要问题的基本内容、逻辑发展和主要特色。问题解析体也有局限，就是具体人物思想不突出，但利于叙述哲学重要问题的源流演变，这个长处正好可以弥补通史体的不足，通史体和问题解析体两种体裁互补，就能更有效地阐述中国哲学史的丰富内容，更便于读者。

《中国古代哲学问题发展史》以问题为纲统领全书，将中国哲学的浩繁史料和诸多头绪，化约为十二个问题：宇宙生成论、本体论、时空观、常变观、矛盾观、形神观、人性论、人生理想观、历史观、名实观、知行观、真理观。每个问题编为一章，每章分别由引言、基本内容和结语三部分组成。引言是对该专题的概念、范畴的界定，对有关哲学理论问题的介绍，以及与西方哲学关系的厘定。基本内容是依据历史发展顺序，选择有代表性的人物或重要哲学著作的观点，探求本源，阐明其发展演变，给予客观描述和价值评判。结语是总结该专题的演变、类型、特点和理论思维经验教训。本书取材于儒、道、墨、法、名、阴阳诸家的学说，以及玄学、道教和佛教的思想，提要钩玄，客观评述，力争做到博中见约、由约显博的史料梳理与理论提炼。

探求中华文化精神，探讨中国宗教理论

20 世纪 90 年代以来，随着社会发展和时代前进步伐，我的学术视野有所扩大，研究领域也有所延伸。在中国佛教和中国哲学"双耕"的基础上，我对中华文化精神和中国宗教理论产生了兴趣，并结合工作需要，作了某些探求性和探讨性的研究。

探求中华文化精神，是为了彰显中华民族精神，提高国民素质，建设共有精神家园。为此，我着重探求中华文化的传统和核心问题，提出对中华文化三大传统（人本主义、自然主义和解脱主义）的看法，并认为人生价值观是中华传统文化的核心，人文精神是中国国学之魂，自强不息是中华民族的主要精神，也强调思维方式对一个民族进步的重要意义。

此外，儒、道、佛三教关系是我长期以来的学术兴趣所在，我重视三教关系的探索和比较研究，认为这是推进中国传统文化研究的关键性环节，但是受制于诸多因素，我的相关研究进展缓慢，成果有限。

在中国宗教理论领域，我近年来一直在思考，正确研究和总结马克思主义宗教观、中国传统宗教观和中国化马克思主义宗教观，有着特殊重要的意义。经过初步研究，我发现当代中国化马克思主义宗教观对于马克思

主义宗教观和中国传统宗教观都有重大的创新和发展，也体悟到遵循中国化马克思主义宗教观的指导，是做好我国宗教工作的关键。宗教不是社会上的孤立现象，也不是文化领域中的绝缘形态，对于宗教必须与影响它的相关因素联系起来进行研究，才能显现其独特的本质与价值。我撰写的宗教与和谐社会、经济社会、科学、文化教育等关系的小文，就是这种观念的产物。

五十年"仰望崇高"，积累治学心得体会

五十年来我孜孜以求的治学生涯中，撰写了一些专著、论文。我的文章有一个共同点，一条主线，就是阐释中国传统文化的根本精神。这种精神就是追求人心向上、人性完善、人格完美，追求人际和睦、社会和谐、世界太平，也就是追求理想境界，追求崇高精神。这是我著作的宗旨，也是对自己的要求。

纪宝成校长最近看望我时，再次提到了治学"板凳须坐十年冷"、静心读书、潜心治学的精神，我对此体悟较多，深知淡泊宁静对于一个学者和学校的重要性。回顾自己半个世纪的学术生涯，我积累了一些心得体会，与有志于学术研究的同志们共勉：

一、树立志向。我根据自身的条件，确定以从事教育和学术研究为自己的职业。治学贵在立言，重在创新，即要在学术上作出新贡献。治学是一项严肃的科学工作，从事人文科学工作关乎人的精神世界构建问题，更需要适应时代要求，承担相应的社会责任，肩负起历史使命。为此我要求自己要有一份良知和真诚，以回报祖国、人民对自己成长的培育之恩。

二、不畏困难。如，佛学自古号称难治，要求具备较多学科的知识和相应的条件，而且有时候舆论氛围又不好，成果发表也受到一定的限制。但我认为任何事情都有它的另一面，正是由于研究有难度和不利条件，研究才会更有意义，而且成功的机会也许更大。我的佛教论著可以说就是排

除和克服困难后取得的一些成果。

三、勤奋不怠。治学不仅要不畏困难，而且还要勤奋努力，有恒心，有毅力，甘于寂寞，耐于坐冷板凳。《荀子·劝学》云："锲而舍之，朽木不折；锲而不舍，金石可镂。"只有常堪精进，百倍用功，才能天道酬勤，有所收获。

四、好学深思。要步入中国哲学和中国佛学的殿堂，研读有关古典著作是基础性环节，为此我要求自己虚心体会并反复琢磨古典著作探索宇宙奥秘、人生真谛的苦心深虑，以理解其内在意蕴，力避望文生义、生吞活剥。司马迁说的"好学深思，心知其意"，是我治学的座右铭。

五、独立思考。独立思考是治学的生命。学术创新离不开独立思考，学术创新也离不开实事求是，而只有独立思考才能实事求是，也只有实事求是才是真正的独立思考，两者相辅相成。每当我反思以往的学术生涯时，深感有时因画地为牢，作茧自缚，而给自己带来窒息思维、桎梏思想的困境，影响了自己学术研究的开展，这种深刻教训是值得自己永远记取的。

人物简介

方立天（1933——　），浙江省永康市人。中共党员，教授，哲学家、中国哲学史专家。

方立天1950年参加工作。1956年入北京大学哲学系学习，毕业后在中国人民大学哲学系任助教、讲师。1984年被国务院学位委员会特批为教授，1992年开始享受政府特殊津贴，2005年获全国先进工作者称号，2007年获第五届吴玉章优秀科研奖，2009年被聘为中国人民大学首批一级教授。历任中国宗教学会副会长、顾问，中国哲学史学会常务副会长、顾问，《中国哲学史》杂志主编，教育部社会科学委员会哲学学部委员，中央文史研究馆馆员。现任教育部人文社会科学重点研究基地中国人民大学佛教与宗教学理论研究所所长、宗教高等研究院院长。

　　方立天主要从事中国佛教、中国哲学和中国文化的教学与研究。专著有《魏晋南北朝佛教论丛》、《华严金师子章校释》、《慧远及其佛学》、《法藏》、《佛教哲学》、《中国佛教与传统文化》、《中国古代哲学问题发展史》（上、下册）、《中国佛教哲学要义》（上、下卷）和《方立天文集》（六卷本）、《寻觅性灵：从文化到禅宗》。《佛教哲学》获 1986 年中国图书荣誉奖、1995 年国家教委全国首届人文社会科学优秀成果一等奖，是当时国内影响最大的佛教普及读物之一。《中国佛教哲学要义》获第六届国家图书奖、第八届北京市哲学社会科学优秀成果特等奖、首届中华文化优秀著作一等奖，被誉为"中国佛教哲学研究里程碑式的成果"。发表文章 350 余篇，其中有 30 篇发表于《中国社会科学》和《哲学研究》。论文《论中国化马克思主义宗教观》获北京市第九届哲学社会科学优秀成果一等奖。

胡乃武自述[1]

摘要： 胡乃武（1934—　），山西文水人。著名经济学家，中国人民大学经济学院教授，中国人民大学首批一级教授。本文回顾了他的求学经历和从事经济理论领域教学科研的经历和感受。

367

考入中国人民大学前的求学与工作经历

我是山西文水人，1934 年生。7 岁开始上小学，到抗日战争胜利那年读到小学四年级。1946 年秋到了太原，进入太原市东缉虎营中心国民小学读高小。这所学校，是当时太原市较好的小学，老师精心教书，学生发奋读书，学习气氛很浓。我也不甘落后，每晚都学习到深夜，早晨天还未亮就到学校上自习去了。记得在冬天的清晨上学时，一路上还没有行人，只有稀疏昏暗的路灯相伴，偶尔也看到几个点着小灯捡煤核的人，大地仍被黑暗笼罩着。到了学校，校门还关着。敲门进去学习了一个多小时之后，

---

① 本文由作者应校史研究室之约完成于 2010 年 2 月。

大批同学才到校。由于这样勤奋学习，我的学习成绩在全班一直名列前茅。

在高小的学习生活中，有两件事给我留下了深刻的印象。一件是全太原市小学进行的一次作文竞赛。当时，太原市有 40 多所小学，每校从五、六年级学生中选拔 5 人参加竞赛（我是五年级学生），这样参赛者就有 200 多人。我在这次竞赛中取得了第五名的好成绩，获得了一套学生制服的奖励。另一件事是入迷地学习数学。教我们数学的是温承泽老师，他课讲得好，又对学生的数学学习抓得很紧，经常印发课外数学练习题让我们做，渐渐地使我对数学产生了浓厚的兴趣。后来，所学的数学课本和老师印发的课外数学练习题已远远不能满足我的要求。于是，我找到一本线装的书名为《鸡兔同笼 100 题》数学四则难题来做。那时，我住在姨母家，姨父是太原铁路局的工程师，北京大学工学院毕业，数学造诣深，是我最好的数学家庭教师。每晚完成作业之后，全家人都睡了，只有我一人在隔壁房间挑灯苦读，专心致志地解那一道道难题。每题怎样去解，都要经过自己的独立思考，遇有困惑之处，就请姨父指点一下。这样，持之以恒，我终于把那本数学四则 100 道难题全都做了出来，并把演算过程工工整整地写在一册厚厚的练习本上。通过这本数学难题的演算，不仅使我在数学四则题的运算方面打下了坚实的基础，而且还提高了我的抽象思维和逻辑思维的能力，养成了刻苦学习的良好习惯。1948 年夏，当我高小毕业、报考太原市第一中学时，数学试卷的答题时间是两个小时，而我只用了不到一个小时就全部做对交卷了。发榜时，我名列榜首。也许别人以为我天资颇高，其实也不尽然。天才在于勤奋，勤能补拙。

1948 年秋，我的家乡山西晋中地区已经解放，太原市成为一座被我解放军包围的孤城，物价飞涨，民不聊生，根本不可能在这里继续读书，我很想回到解放了的家乡。但是，阎锡山死守太原这座孤城，对它控制得很严，无法从太原直接进入晋中解放区。这时，在北平成立了山西临时中学，并供给食宿。于是，我在亲友的接济下，于 1948 年 8 月由太原到了北平，进入山西临时中学。同年 11 月，又随同亲友，取道北平和天津，通过国民党统治区的封锁线，历时半个多月，来到解放了的石家庄和晋中解放区，进入我党创办的山西省立祁县中学读书。这所中学是由晋中各县（榆次、太谷、祁县、平遥、汾阳、文水、交城和清徐等县）的原县立中学合并成立的，图书资料丰富，实验仪器齐全，师资力量雄厚，是当时山西省的重点中学之一。校长是老共产党员、曾任八路军随军记者的蔡力夫，教我们语文的是太原国民师范毕业的贾老师，教我们数学的是山西大学毕业的权之美老师，教我们化学的是山西大学毕业的刘老师，教我们物理的是大学毕业的蘭稚夫老师，体育老师是北洋大学毕业的。总之，这所中学，政治气氛浓，师资水平高，敬业精神强。我能在这样一所中学读书，是很幸运的。由于我小学时期是全优生，语文和数学基础好，于是跳级插入初中二年级学习，并担任学习班长。那时，同学们学习刻苦钻研，相互间团结友爱，政治上要求进步。这段学习生活，令我难以忘怀。我对各门课程的态度是：兼顾全面，突出重点。其重点，就是数理化，同时这也是我的爱好所在。在这三门课程的学习上，我的确下了不少工夫，自然也获得了这三门课程一直保持全优的成绩。当时，北平、天津、太原都还未解放，我在我们党创办的这所学校的熏陶下，"为人民服务，无上光荣"这几个字，已深深铭记在心中。那么，自己将怎样为人民服务呢？回想起来，当时的理想已很明确，那就是像姨父那样，当一名工程师。因为新中国成立后，搞工业化建设，需要大量的工程技术人员，而自己的数理化又比较好。我这个学工的愿望，就是同窗好友们看来也是很自然的，以至于后来我学了经济学之后，他们都感到始料未及。

全国解放之初，国家缺乏干部。1950 年底，山西省邮政管理局首次通过考试录用干部。于是我放弃了享受人民助学金继续升学的机会，在老校长蔡力夫的积极支持下，欣然报考了山西省邮政管理局。当时，山西省邮政管理局只招收 50 名干部，而报考者多达数百人，竞争是相当激烈的。考场就设在太原市侯家巷山西大学里，初试录取 100 名，复试再从这 100

名中录取 50 名。我在这两次考试中，都是名列前 13 名，幸运地被录取了。

1951 年 2 月 10 日，我前往山西省邮政管理局报到，参加了工作。在上岗前首先要经过三个月的业务培训和考察，大部分人被分配到县邮政局工作，留在山西省邮政管理局工作的仅有 10 多人，我也是其中之一。当时，为适应工业化建设的需要，国家干部统一学习《联共（布）党史简明教程》第九至十二章。我担任山西省邮政管理局机关干部政治理论学习班的班长，每周去省政府大礼堂听取省政府副主席邓初民等专家、学者的报告，回机关后再给大家传达。那时，我们这批新参加工作的青年，勤奋工作，努力学习，积极向上，朝气蓬勃。我不仅担负着繁重的业务工作，而且还兼任省局机关的青年团和工会的工作。为了做好本职工作，我虚心学习，刻苦地钻研业务，仅用了一年多的时间，就熟练地掌握了自己所承担的业务，成为全科的主办科员。记得我 19 岁那年，亲自编写了 10 万多字的业务培训讲义，为县邮政局局长培训班讲授业务知识。此外，我还经常深入到各县邮政局，检查工作，总结经验，经常为《山西邮电报》、《中国邮电报》和《人民邮电》杂志撰稿，并被《太原日报》聘为特约撰稿人。经过几年的实际工作，我的兴趣发生了很大的变化，由原来爱好数理化转到爱好哲学社会科学上来。那时，我订阅有《学习》杂志等多种报刊，工作之余，认真研读。

1952 年，我们党领导全国人民顺利地完成了国民经济恢复工作，从 1953 年起开始执行国民经济第一个五年计划，进行大规模的经济建设。为适应国家大规模经济建设对专门人才的需要，中央要求高等院校扩大招生。但是，那个时候，高等院校生源缺乏。为了解决高等院校生源不足的问题，国务院专门发了文件，要求各个单位推荐优秀的在职青年报考大学。1955 年，我所在单位——山西省邮政管理局推荐我报考大学，我填写了三个志愿：第一志愿是中国人民大学经济系；第二志愿是北京大学哲学系；第三志愿是北京邮电学院管理系（1955 年北京邮电学院刚刚成立，我又是在邮电部门工作）。

在中国人民大学读书与工作

中国人民大学是我党创办的新型的哲学社会科学综合性大学，也是高等教育部直属的重点大学，当时（直到"文化大革命"前），全国高等院校的排名顺序是：人、北、清、师，即人大、北大、清华、北师大。所以，人大的考生甚多，1955年中国人民大学是在全国高校统一招生前单独招收学生，平均每10名考生才录取1名，我以第一志愿被录取。当时，中国人民大学经济系设有两个专业：一个是国民经济计划专业，当年招收了五个班（每班30人）；另一个是政治经济学专业，当年招收了两个班（每班30人）。我被编在国民经济计划专业第五班，任学习班长，并兼任五个班统一上课的大班班长。

大学期间，我们的学习目的十分明确，那就是为建设祖国而学习，学习之刻苦真的是到了废寝忘食的程度。那时，除了上课，就是钻图书馆，电影、跳舞等娱乐活动几乎和我无缘，周末、礼拜天以至寒暑假都是在学习中度过的。四年的大学生活，收获最大的就是系统地学习了马克思主义理论，尤其是对政治经济学的学习下的工夫最多，理论素养有了较大的提高。

1959年8月大学毕业时，在我们国民经济计划专业应届毕业生（五个班约150人）中，四年内只发展了三名中共党员，我是其中之一。同时，系里从这五个班的应届毕业生中挑选了三名全优生免试保送攻读三年制国民经济计划专业研究生，我也有幸被推荐，并指定我担任研究生班（包括国民经济计划专业、统计专业和生产布局专业的研究生）的班长。

在攻读研究生期间，正处于三年困难时期，对学生来说基本上没有安排什么上山下乡活动，也没有搞什么政治运动，这就使我们专心致志地读了三年书。在这三年里，我认真研读了《资本论》等马克思主义政治经济学和哲学经典著作，如《〈政治经济学批判〉导言》、《路德维希·费尔巴哈和德国古典哲学的终结》和《反杜林论》等论著，这使我受益良多。而在专业方面，当时可读的书并不多。记得曾经精读过的颇有分量的论著主要有：科尔冈诺夫的《论国民收入》、克隆罗德的《社会主义制度下的社会产品及其构成》、索波里的《国民经济平衡表问题概论》和图列茨基的一些代表作，以及刘国光和董辅礽关于社会再生产和国民收入方面的一些论著。这些论著，无论在专业理论上还是在研究方法上，都使我受益匪浅。

在研究生期间，我各门课程的考试成绩均为优秀，并在广泛搜集中外资料和深入研究的基础上，撰写了近五万字的研究生毕业论文——《论社会劳动力在农业部门与非农业部门之间的分配比例》。这篇论文，比较深入地阐述了社会劳动力变动的规律性，指导教师刘宗时先生（时任国民经济计划教研室主任）评定成绩为优。

1963年研究生毕业后，我留在中国人民大学计划统计系国民经济计划教研室任助教。当时强调认真读书，把最好的教师配备到教学第一线给学生上课。我到计划统计系报到后，就投身到对全国计划干部进修班的教学活动中去。主讲教师是钟契夫先生，我则主要讲授马克思《资本论》第二卷中的社会再生产理论。在完成进修班的教学任务后，经系领导报请学校教务处特别批准，让我给本系的高年级学生讲授国民经济计划专业课。这对一个刚刚留校任教的青年教师来说，担子的确不轻。但我知道，这是系领导对自己的培养和信任，我毫不犹豫地挑起了这副重担。为了把课讲好，我天天备课到凌晨两三点钟，如此坚持了一年之久就被随之而来的"四清"运动和"文化大革命"中断了。

"五七"干校和"文化大革命"中的其他经历

"文化大革命"进行到1969年的11月，中国人民大学在江西省余江县刘家站建立了"五七"干校。我是第一批下放到"五七"干校的。初下去时，我任四连一排三班的副班长，负责果树管理。工经系的王志忠老师任四连连长，计统系的吴景山老师任副连长，工经系的李志坚老师任一排排长，农经系的周志祥老师任一排副排长。也许是连排的领导们看到我劳动表现好，不久就把我提升为班长，接着又提升为一排副排长，带领着果树、种菜和养猪三个班。事实证明，无论是种菜、养猪，还是果树管理，我们这些知识分子都干得很好。就拿种菜来说，我们所种的各种蔬菜，包括黄瓜、空心菜、辣椒等等，供应我们全连一百多人吃菜绰绰有余。例如，我们只种了二分地的黄瓜，产量就高达两千多斤。

人大"五七"干校初创时期，生活条件和劳动条件都十分艰苦。当时，我心里很清楚，把广大知识分子通通下放到农村"五七"干校，就是要对所谓的"老九"们进行劳动改造。但我作为一名出身农村、由党一手培养起来的知识分子，并不把自己看成是资产阶级知识分子。我要在"五七"干校的劳动中为知识分子争口气，做一个有知识、会干农活、能吃苦耐劳的新一代"农民"。于是，我积极主动地学做各种农活，在战天斗地的劳动中自觉地吃大苦、耐大劳，不怕脏、不怕累，不怕烈日暴晒和风吹雨打，以此来磨炼自己。例如，在早春 2 月，凌晨四点钟就起床，背着竹篓，伴着丝丝冷风，淋着毛毛细雨，穿着硬邦邦的塑料雨衣，佝偻着背，在茶树丛中采茶；夏日在 50° 的高温下，挑着 100 多斤重的粪桶，在菜地里施肥；经常冒着大雨，拉着平板车，奔驰在丘陵起伏、泥泞难行的路上；整天背着刺鼻的波尔多液给果树喷药；秋天的夜里，在田间被成群的蚊子叮咬着，踏着轰鸣的脱粒机进行水稻脱粒，脱粒之后，挑着装有 150 斤稻谷的箩筐，沿着羊肠小道送到仓库。我这样自觉地吃大苦、耐大劳，以苦为荣、以苦为乐来锻炼自己，反而使我身在苦中不知苦了。在干校一年来的劳动，使我的身体健壮了起来，彻底治好了我多年不愈的失眠顽症，更主要的是培养了我能吃大苦、耐大劳的品质。这可以说是我在"五七"干校所取得的终生受益的重要收获。从这个意义上说，我去"五七"

干校没有白去。

1971年1月，我于中国人民大学宣布停办之后，从江西余江"五七"干校被分配到清华大学任教。当时，清华的广大教师还都在江西鲤鱼洲"五七"干校，校园里没有多少人，显得很寂静。起先把我分配在校机械厂的一个加工车间，从事计划调度工作。校机械厂工宣队的一位负责人对我说："之所以让你做这个工作，考虑到你学的是计划专业。"我说："我学的是国民经济计划专业，与车间的零部件加工调配计划是两回事。"他又说："现在，能有个工作做就不错了，还讲什么专业对口不对口?!"我觉得他说的也对。当时，原教育部部长蒋南翔还在清华铸工车间劳动。于是，我安下心来，把在车间工作当作我"学工"的好机会。我拜车间的师傅们为师，虚心地向他们学习车工活，深入了解车、铣、刨、磨、钳等加工程序和加工特点。师傅们对我很好，我从他们身上学到了不少优秀品质。

在加工车间工作一年之后，我还是向机械厂的领导提出了调动工作的申请。1972年初，我从机械厂调到清华大学政治课政治经济学教研室从事政治经济学的教学工作。

1973年3月，为解决当时北京市18所高等院校公共政治课缺乏教材的问题，北京市委大学部从北大、清华、北师大、北师院、北航、钢院和北医等院校抽调一些骨干教师组成编书组，编写北京市高等院校公共政治课用哲学、政治经济学和中共党史教材，并任命我为三门课教材编书组副组长兼政治经济学编书组副组长。为了把政治经济学教材编写好，我们用了两个月的时间去全国各地的主要高等院校进行调查研究，吸收兄弟院校所编教材的长处，认真编写教材大纲，在统纂书稿时，两三人坐在一起，字斟句酌，一丝不苟，先后用了一年多时间，就把上述三门课的教材编写了出来。

编书组单独成立了党支部，先后住在北大附中和北京市委党校。在那里，我们认真读书，调查研究，相互切磋，通力合作，大家感到收获颇大。在当时"四人帮"横行的年月里，我们这个编书组是一个难得的"世外桃源"，我们可以借编书而不去参加政治运动，精神上比较放松。

1975 年 9 月，在完成北京市高等院校公共政治课用的政治经济学教材的编写任务后，我回到了清华大学，担任了政治课教师进修班的主讲教师，主要讲授马克思主义政治经济学原著选读，如马克思的《〈政治经济学批判导言〉序》、《雇佣劳动与资本》、《工资、价格和利润》、《哥达纲领批判》以及恩格斯的《反杜林论》中的政治经济学篇。此外，还系统地讲授了列宁的《共产主义运动中的"左派"幼稚病》等经典著作。为了准确地阐述这些论著的基本内容，首先我自己必须认真地研读这些著作，并详细地写出讲稿。在课程进行过程中，还安排了两次社会调查，一次是去天津四新纱厂，围绕资本家对剩余价值的榨取问题进行资料搜集和深入的调查研究；另一次是去河北遵化县进行关于"五小"工业的调查，每位同学都要运用所学的理论，在调查研究的基础上写出调查报告和学习心得。这种理论联系实际的学习方式，无论对教师还是对学生都收获很大。

1976 年 10 月粉碎"四人帮"后，为了推动我国的改革开放事业，加快经济发展，实现中华民族的伟大复兴，按照邓小平同志的指示，国务院政研室成立了四个专门小组，即理论与方法组、经济结构组、农业经济组和工业经济组。其中，理论与方法组由于光远任组长，董辅礽任副组长，我是该组的主要成员，积极地参加了该组的各项活动，其中主要有以下几项：第一，连续多年召开全国按劳分配理论研讨会，深入批判"四人帮"在按劳分配理论上的种种谬论。在第一次按劳分配理论研讨会上，我提交了题为《按劳分配绝不会产生资产阶级》的论文，并被于光远同志指定在大会上发言，受到与会者的一致好评，在社会上反响很大，许多报刊书籍都作了转载。第二，开展社会主义生产目的的大讨论。在这次大讨论中，我提交了两篇文章，一篇是《试论社会主义社会的消费》，另一篇是《按最终产品组织综合平衡》。这两篇论文，从再生产理论的高度阐述了社会主义生产必须以满足人民群众物质和文化生活的需要为目的，以及"跟满足社会需要脱节的生产是会衰退和灭亡的"这一真理。深入批判了"四人帮"所谓的"唯生产力论"。我撰文指出:"社会主义要战胜资本主义,就必须创造出比资本主义更高的社会生产力。因此,无产阶级取得政权之后,最根本的任务就是要大力发展社会生产力。"第三,在无锡召开了关于价值规律作用问题的讨论会。在这次会上,我提交了题为《计划和市场相结合是我国经济管理改革的基本途径》的论文,比较早地提出了"社会主义经济是商品经济,应当重视价值规律和市场"的观点。第四,连续多年在人民大会堂召开全国性的经济发展战略双月座谈会。在这个基础上,于光远组织编写了《社会主义经济建设常识》一至六册,我撰写了本书的第四章"社会主义制度下的社会公共经济生活。社会公共财产。社会主义国家和其他社会组织在社会经济生活中的作用"。第五,受教育部政教司委托,由于光远组织编写供全国高等院校公共课使用的政治经济学教材《中国社会主义经济问题》,我作为主要成员参加了该书的撰写、修改和统撰以及再版修订工作。该书由人民出版社 1979 年初版,1982 年修订再版,发行 1 000 多万册,获得全国出版单位优秀著作奖。

复校后,争分夺秒地工作

1978 年,按照中央的决定,恢复了中国人民大学。于是我从清华大学回到母校任教,为了把过去因政治运动而耽误的时间抢回来,我和广大教师一样,争分夺秒地工作。改革开放三十多年来,我在教学、科研和人才培养方面所做的工作可以概括如下:

在教学方面,我为国民经济学专业的本科生、进修生以及全校的硕士研究生和博士研究生开设了"国民经济管理学"、"经济杠杆导论"、"社会主义经济增长理论"、"马克思主义再生产理论"、"政治经济学"、"中国社会主义经济问题"、"马克思主义与当代社会思潮"和"博士研究生主文献"等课程。此外,我还连续多年为中央党校举办的全国省市计委主任研究班、全国省市统计局长研究班以及中央部委举办的培训班讲授"中国宏观经济管理"课，为解放军总政、总参、总后、二炮和北京军区的师军级干部学习班讲授中国社会主义经济问题，还经常应邀到全国各地高等院校、政府部门和科研单位讲学。20世纪八九十年代，我教学任务繁重，每学年都大大超过教育部规定的教学工作量。特别是在1982—1992年的10年中，平均每年完成的教学工作量高达两千多学时，相当于国家教委规定的年教学工作量的两倍。最多的时候，每周为本科生、研究生和进修生授课高达18学时。为了把课讲好，我认真备课，写出详细讲稿，经常备课到深夜，有时是通宵达旦，节假日也从不休息。由于我教学态度认真，教学内容新颖、充实，逻辑性强，理论联系实际，能够反映经济学研究的新动态和新成果，因而受到听课者的一致好评，课堂总是爆满。基于我在教学工作中的这些成绩，1987年获得中国人民大学1983—1986年优秀教学成果一等奖，1993年和1997年又获得北京市优秀教学成果一等奖。

我认为，作为大学教师，不仅要认真做好教学工作，而且还应当十分重视科学研究，力争使自己始终站在本专业领域的学术前沿，用科研成果丰富课堂教学内容。因此，我坚持多读书、多思考、多写作。

1977年以来，我在《人民日报》、《光明日报》、《中国社会科学》、《经济研究》、《新华文摘》等报刊上发表学术论文200余篇，出版学术专著（包括撰写和主编的）30余本，主持国家级重大项目、重点项目以及省部级项目10余项。其中，主要的研究成果有：《胡乃武选集》（山西经济出版社1995年出版）、《中国社会主义经济问题》（人民出版社1979年出版，1982年再版）、《计划经济学》（中国人民大学出版社1983年出版，1985年再版）、《经济杠杆导论》（光明日报出版社1985年出版）、《模式·运行·调控》（中国人民大学出版社1987年出版）、《现实的抉择——社会主义初级阶段的经济》（中国人民大学出版社1988年出版）、《经营管理大系·基础经济知识卷》（上海人民出版社1989年出版）、《中国宏观经济管理》（中国人民大学出版社1989年出版）、《国外经济增长理论比较研究》

（中国人民大学出版社 1990 年出版）、《马克思主义经济理论全书》（理论篇）（吉林人民出版社 1992 年出版）、《当代中国经济发展中的政策选择》（浙江人民出版社 1993 年出版）、《中国经济非均衡发展问题研究》（山西高校联合出版社 1994 年出版）、《国民经济宏观管理问题研究》（北京大学出版社 1994 年出版）、《国民经济管理学》（中国人民大学出版社 2007 年出版）、《社会主义和谐社会利益关系研究》（中国人民大学出版社 2009 年出版）、《论适度积累率》（《经济理论与经济管理》1981 年第 2 期）、《马克思的外延与内涵扩大再生产理论同我国的社会主义现代化建设》（见《〈资本论〉与社会主义经济》，人民出版社 1983 年出版）、"Disparities in Regional Development and Macro-Economic Management in China"（《中国社会科学（英文版）》1996 年第 4 期）、《转变经济增长方式与增加就业的关系》（《新华文摘》2001 年第 7 期）等。

我的主要学术贡献可以概括为如下几个方面：第一，早在 1979 年我国改革开放之初，我在一篇题为《计划和市场相结合是我国经济管理改革的基本途径》（《经济研究》1979 年第 7 期）的论文中，就提出了社会主义经济是商品经济，应当重视价值规律和市场的观点。第二，1980 年，在题为《社会主义国家所有制和企业自负盈亏》（《社会科学辑刊》1980 年第 4 期）的论文中，提出国有企业的生产资料所有权是可以同生产资料的使用权、支配权以及经营权相分离的，应当让国有企业"自主经营、自负盈亏"的主张。第三，1985 年，在《经济杠杆导论》一书中，对经济杠杆的内涵作了科学的界定，揭示了经济杠杆的基本特征（即它具有物质利益性、价值形式性和国家可控性），阐述了价格杠杆、信贷杠杆和税收杠杆的调节功能。第四，1986 年，在国家体改委委托的关于十三大背景材料的研究报告——《关于改革与建设的几个问题》中，提出应将社会主义初级阶段的理论作为党的十三大政治报告的重要内容。第五，1989 年，在《中国宏观经济管理》一书中首次提出社会主义市场经济条件下的宏观经济管理应包括总量管理（需求管理）、结构管理（供给管理）、平衡管理三条主线，以及经济运行、宏观调控、经济增长与发展等主要过程，由此形成中国宏观经济管理学的一套理论体系，受到同行专家的好评。第六，在宏观经济管理方面，提出宏观调控体系是由中央的计划、财政和金融三大部门，以及计划手段、经济手段、法律手段和行政手段组成的。其中，计划手段为经济发展和结构优化升级指明方向，起着导向的作用，是其他手段所不能取代的；经济手段是通过经济利益的调节来诱导企业实现国家计划目标，因而是市场经济条件下宏观调控的基本手段；法律手段具有强制性和相对稳定性，也是市场经济条件下宏观调控的基本手段；行政手段的调节主要是着眼于国家的整体利益和长远利益，而忽视被调节者的局部利益，这是与企业的商品生产者地位相矛盾的。因此，在市场经济条件下进行宏观经济管理，应当把对行政手段的运用限制在最必要的范围之内，而不能滥用。总起来说，这四种调节手段，各有所长各有所短，由这四种手段所组成的宏观调控体系，就能够取长补短，有效地调节宏观经济的运行。第七，1987 年，发表了题为《社会主义经济增长理论初探》（《中国人民大学学报》1987 年第 1 期）一文。在这篇论文里，阐述了社会主义经济增长的类型和特征，揭示了社会总产值、工农业总产值、国民收入、盈利之间增长速度对比关系的规律性，探讨了提高经济增长质量和效益的基本途径。第八，1983 年，我在《计划经济学》这本新编的教材中，设专章论述了国民经济中的经济效益问题，分析了社会主义经济效益的实质，构建了衡量宏观经济效益的指标体系。这一指标体系包括：消费基金率、社会生产效益、社会积累效益、建设周期、资金盈利率、基金产出率、流动基金占有率、能源利用效益等，它们可以从生产、建设、经营管理和人民生活等方面，综合反映国民经济效益状况，构成一个宏观经济效益指标体系。第九，1981 年，在《论适度积累率》（《经济理论与经济管理》1981 年第 2 期）这篇论文中，阐述了适度积累的内涵，强调了保持适度积累率相对稳定性的重要意义，提出了确定适度积累率的三个公式：

$$A < N - S\,(1 + S') \cdot P\,(1 + P') \tag{1}$$

$$A = \text{I} \ (v+m) - \text{II} c/r1 \tag{2}$$

$$A = \text{II} \ (v+m-m/x) - \text{I} \ (v+m/x) \ /r2 \tag{3}$$

在上述公式中，A 为适度积累量；N 为国民收入总额；S 为报告期按人口平均的消费额；S' 为计划期城乡居民消费水平提高速度；P 为报告期人口总数；P' 为计划期人口自然增长率；$r1$ 为生产资料积累占积累总额的比重；$r2$ 为消费资料积累占积累总额的比重。第十，1993 年，在题为《马克思的外延与内涵扩大再生产理论同我国的社会主义现代化建设》一文中，对"外延与内涵扩大再生产"这一范畴进行了科学的界定，论述了这两种类型的扩大再生产在社会主义建设中的地位、作用和重要意义。

在人才培养方面，自 1986 年指导第一批博士生至今，我共培养博士生（包括博士后）60 余人。现在，他们有的已是省部级干部，有的是高等院校的教授、博士生导师，有的是商界精英。他们之中，比较突出的有：国务院副秘书长张勇，国务院政策研究室副主任宁吉喆，江西省副省长熊盛文，安徽省政府副秘书长韦伟，上海市发展研究中心主任周振华，山西省交通厅厅长王晓林，中国银行业协会专职副会长杨再平；中国人民大学校长助理、研究生院常务副院长、长江学者吴晓求，中国人民大学经济学院院长、长江学者杨瑞龙，中国人民大学统计学院院长赵彦云，中央财经大学政府管理学院院长赵景华；摩根斯坦利大中华区首席经济学家王庆，中国银河投资管理有限公司董事长许国平，中国金融出版社总编辑魏革军，中国航空工业集团投资公司副总经理郭柏春，中粮生化科技有限公司董事长宗国富，中国东方电气集团公司副总经理温枢刚，中国水利水电建设集团公司副总经理黄保东。

改革开放三十多年来，我获得国家级与省部级奖共 20 余项。其中主要有：1986 年，由中共中央组织部、国家人事部、国家教委和国家科委四部委授予"国家级有突出贡献专家"称号；1989 年，我参与制定的《1988—1995 年中国经济体制改革规划》，获第二届孙冶方经济科学论文奖；1991 年，获北京市德育先进工作者称号；从 1992 年起享受国务院政府特殊津贴；1992 年，我主编的《中国宏观经济管理》一书，获第二届全国普通高等学校优秀教材奖二等奖；1993 年，《面向社会需要，调整教学与科研方向》获北京市普通高等学校优秀教学成果一等奖；1994 年，我主编的《当代中国经济发展中的政策选择》，获北京市第三届哲学社会科学优秀科研成果一等奖；1996 年，我主编的《中国经济非均衡发展问题研究》，获北京市第四届哲学社会科学优秀科研成果一等奖；1997 年，《努力培养政治合格、专业过硬、适应时代需要的经济人才》获北京市普通高校优秀教学成果一等奖；2003 年，获北京市教育创新标兵称号；2007 年，荣获第四届"十大中华经济英才"特别奖；2009 年 4 月，被评聘为中国人民大学首批一级教授。

人物简介

胡乃武（1934—   ），山西省文水县人。中共党员，教授，经济学家。

胡乃武 1951 年参加革命工作，1955 年考入中国人民大学经济系读本科，1959 年攻读中国人民大学国民经济计划专业研究生，1963 年研究生毕业后留校任教于国民经济计划教研室。1971 年 1 月—1978 年 5 月因人民大学停办被分配到清华大学政治经济学教研室任教。1973—1975 年，任北京市高等院校公共政治课（包括哲学、政治经济学、中共党史）编写组副组长，兼政治经济学教材编书组副组长。1978 年 5 月中国人民大学复校后又回到经济计划系任教，1983 年破格晋升为副教授，1985 年破格晋升为教授，1986 年被国务院学位委员会批准为博士生导师（第三批），并荣获"国家级有突出贡献专家"称号，从 1992 年起享受政府特殊津贴。2009 年被聘为中国人民大学首批一级教授。现任中国人民大学经济学院一级教授、博士生导师、校务委员、校学位评定委员会委员、应用经济学分会主席，校教代会主席团副主席，北京市经济学总会副会长，兼任山东大学、北方交通大学、安徽大学、河北大学、山西大学等十余所高等院校和科研机构的客座教授与研究员。曾任中国人民大学经济学研究所所长，校学术委员会副主任，《经济理论与经济管理》副总编，北京市哲学社会科学科研成果评奖委员会经济学组组长等。从教近 50 年来，严谨治学，教书育人，先后培养博士生（包括博士后）60 余人。主要研究方向：国民经济管理、经济体制改革与经济发展、社会主义经济理论。

张象枢自述[①]

摘要： 张象枢（1931— ），河北丰润人。著名农业经济学家、环境经济学家，中国人民大学环境学院教授。本文回顾了他在中国人民大学学习、工作几十年来的经历，重点回顾了他从事农业系统工程研究、人口资源与环境经济学研究、可持续发展研究等多方面研究的学术经历。

进入中国人民大学学习

我是华北大学一部第九区队 93 分队的学员，我们的区队长是宋涛，孟氧是我们学生会主席。1949 年 6 月，我们一部九区队有 108 个人到北平。到了北平以后，好像又变了三次，先是说分配到西北，分走一批人。后来全国总工会成立，也要一批人。然后中宣部说要一批鼓动员，在太和

---

① 本次采访时间为 2008 年 4 月 22 日，由中国人民大学校史研究室负责采访、录音整理及文字编辑。

殿开会，又把我们这批余下的人分到中宣部当鼓动员。当时中宣部学苏联共产党要了很多鼓动员，苏联共产党叫"агитатор"（俄语），就是鼓动员的意思，像电影《列宁在十月》里，在工厂里鼓动工人加紧生产，或者在战争片里在部队行进中唱歌、鼓舞士气的那些人。最后，陈唯实（当时华北大学的教务长）宣布，党中央已经决定要成立中国人民大学，就把我们这批人给调回去了。

调回学校后，我分到俄文大队二班。俄文大队的任务是学俄文，因为当时斯大林派了几十名苏联专家来，要求我们直接听苏联专家讲课。我们那个班里有许征帆、卫兴华、黄安森，卫兴华、许征帆是我们的团支部书记。我当时 18 岁，在班里算是偏小的。那时候我别的不行，年轻嘛，学外语还记得牢一点，俄文学得不错，中间领导曾想让我和查瑞传等当翻译。解放前我的兴趣一个是数学，一个是外语。我外语水平不高，就是比较喜欢，所以我到华大时就带了两本书：一本高等数学，一本世界语。后三十年数学和外语基础也是我搞好新专业的两个有利条件。后来组织上大概考虑我年纪小，说还是搞经济建设吧。从此我就在经济系学习，当时主要学《资本论》。

1950 年，我在大学政治经济学班还没毕业，就被抽去当研究生了。当时人大、北大、清华都有一批，叫"拔青"。因为当时的任务很紧，缺青年教师，所以大学没毕业就去念研究生了。我的导师叫卢哥夫斯克依，是进攻冬宫的老布尔什维克。他教农业经济，这样我就从经济系调到计划系农业经济教研室了。这时研究生班已经开始上课，我是中间插进去的，从大学生蹦到研究生，跟着他们上课。当时要求直接听俄文讲课，后来加上翻译了。不过辅导课有时候有翻译，有时候可以用俄文直接跟苏联教师谈，我还能说上几句。苏联的教授卢哥夫斯克依上课比较死板，都是念现成的讲稿，但是个别辅导的时候他什么话都说。当时我们就提了一个问题：苏联在全盘集体化基础上消灭富农，"全盘集体化基础上消灭富农"是什么含义？我们的潜台词是：是都从肉体上消灭了，还是作为一个阶级消灭了？当然他上课时就说是作为一个阶级消灭了富农。实际上，苏联那时候大概死了不少。这些他在下边就随便讲。

研究生大概是一年半，这样"连蹦带跳"，1952年我就研究生毕业了，但实际上研究生期间我就教书了。这期间我教过政治经济班，黄孟藩（曾任人大外国经济研究所所长）当时在统计系农业统计研究生班，所以也听过我讲的课。后来我们成了好朋友。我正式教书是1952年7月毕业留校任教以后。

马克思主义名言助我走上研究人口、资源与环境经济学之路

前三十年我有两个最大的收获。第一个就是比较认真地学了马克思主义，包括马克思主义哲学、马克思主义政治经济学，还有科学社会主义。当然学习方法有些问题，死记了不少"马克思教导我们说什么、在第几页"。不过这种填鸭式的方法填进去以后，现在看来还是管用，得慢慢消化。我觉得学马列对我世界观、人生观、价值观乃至学术思想的形成的确还是起了很大的作用。第二个收获：毛主席说文科以社会为工厂，作为中国人民大学的一般教师，又是在农经系，注定得往农村跑，我又那么年轻，二十来岁，所以出去跑的活、实习一直由我来做。我觉得收获最大的就是在这两个方面。

比如学了马克思主义以后，后三十年起作用的有三条印象比较深，这三条影响了我后来三十年的学科取向：一是改造思想。改造思想的时候都要学恩格斯的《劳动在从猿到人转变中的作用》，《资本论》里也讲了什么是劳动。马克思在《资本论》第一卷里讲了这么一段话："劳动首先是人和自然之间的过程，是以人自身的活动来中介、调整和控制人和自然之间的物质变换的过程。"我这个人爱钻牛角尖。这个"物质变换"不好理解，在《资本论》第三卷里又谈到这个"变换"，那么这个"物质变换"应该是什么呢？应该是以最符合人性的方式来进行的。当时我查了一下德文的

原版，这个"变换"呢，意思就是物质代谢（Stoffwechsel）。我为什么要搞人口、资源与环境经济学？实际上就是从马克思的这句话引起的。传统经济学实际上只是谈了物质代谢里的一个部分，比如把木头从树上砍下来，然后由木匠做成桌子，油漆匠们刷油漆。它算的成本是种树的费用、砍木头的费用、买木头的费用、制桌子的费用，还有一个油漆的费用，再加上劳动的费用，这就是传统的经济学关注的经济内容。如果按物质代谢的整体和全过程来看，那就不一样了。它就应该有三方面，一是劳动对象变成了桌子，二是在这个过程当中也消耗了人的体力、脑力，三是消耗了自然。我们原来的经济学只研究物质代谢里面的一个侧面，就是木头变桌子。后来我就悟出来一个什么道理呢？这同时是人的体力和脑力的消耗以及自然资源的数量减少与质量下降，同时它的功能也发生了变化。所以我现在搞的人口、资源与环境经济学不是人口经济学、自然经济学、环境经济学的简单相加，而是研究物质代谢整体和全过程的三个方面。这三个方面是什么？一是木头变桌子的过程，这是传统经济学要研究的。这个过程当中对人有正面的作用，也有负面的作用。负面影响挺明显的，如矿上死难、劳动过程中的工伤、职业病，这都应该包括在物质代谢里。还有正面作用，比如说我们上"五七"干校。我在干校里挑鱼苗，七十里地一铁桶，鱼苗不能洒出去。当时我还可以换肩呢，大概有六处可以换肩。这叫什么？身体变好了，这叫劳动对人的正面作用。另外劳动对人的智力开发也有用，这是物质代谢的第二个方面。物质代谢的第三方面是自然环境有多种用途。原来的经济学认为它是原料的来源，就是人的一切生活资料、生产资料的最终来源，是仓库的作用，这是第一个功能。第二个功能呢，叫环境容纳功能，就是吸纳一些废弃物，有一定的环境容量，在一定的范围内可以吸纳、消化掉。第三个功能呢，国外叫舒适性资源功能，我觉得它比较窄。这个功能包括审美、认知，甚至一些灵感，像李白的诗是来自于自然的，来自三峡，吴昌硕的竹子也是来自于自然。所以第三个功能应该是满足人的精神需要的功能。劳动中这几方面的功能也会发生变化（正面或负面)。

我对马克思关于劳动这句话的领悟实际上就是我现在搞人口、资源与环境经济学最原始的起因。我觉得经济学应该是研究人和自然之间物质代谢的整体和全过程，算账的时候应该把环境的损失考虑进去。洪水滔天不就是因为砍树砍得太多嘛，传统的经济学解释不了这个。比如现在好多湖，如太湖为什么出蓝藻呢？前一段在贵州也出了蓝藻。清华大学一个、我一个，还有一个是航空航天大学的，我们三个被请到那儿评审一个有关的研究项目。那儿是高寒山区，挺冷的，水又非常深，为什么也会出现蓝藻呢？后来我们发现一个问题。本来蓝藻实际上就是生物，如果周边是空地的话，藻类到了上边，太阳一晒，几天就完了。现在人们发展旅游，沿着湖泊周围都弄成了旅馆，这就打乱了自然规律。这类因人类经济活动不当造成生态破坏的例子到处都是。现在想起来，的确，那个时候学马克思主义理论真有用。

恩格斯的《劳动在从猿到人转变中的作用》里面还讲了两个字，叫"反思"。我现在讲可持续性发展理论，讲环境经济学，讲人口、资源与环境经济学，根本问题就是反思。人类要反思自己。比方说小汽车很舒服，但是污染空气。人为什么能存在那么长时间，而且有可能可持续？恐龙比人厉害，块头也大，曾经不可一世，为什么它死了？因为它不能反思。人为什么有可能多活几年？在地球上多混几年呢？就是人能反思。中央不是说要科学发展吗？传统发展不行，要科学发展，要注意环境。这就是反思的结果。这是第二个例子。

第三个例子是《马克思恩格斯全集》第一卷，恩格斯有一段话讲经济学的任务。他说：我们到底要解决什么问题？"在本世纪要解决两大问题"，一个叫人和人的和解，一个是人和自然的和解。现在不是也讲人和人的和解，讲和谐社会吗？恩格斯百年前就提出了这个任务。人要和自然和解。他用的是和解，咱们用的是和谐，就这点不一样。还有一点不一样，他太乐观了，说是"本世纪"的任务，我看不是本世纪的任务，恐怕得用好几个世纪来解决。这几个例子就说明了一个问题，学习马克思主义理论对我后三十年的发展真是打了一个好的基础。

从"文科要以社会为工厂"中受益

前三十年第二个收获，我觉得还是毛主席关于"文科要以社会为工厂"的思想让我收获很大。我参加了什么运动呢？首先是"三反"、"五反"。解放军进城以后要修颐和园，营造商就贿赂主持修缮工程的干部，用"糖衣炮弹"拉他下水，目的就是从里面得到好处啊。包了活以后就偷工减料，两边都得好处。对于干部来讲这叫"三反"，对他们营造商来说是"五反"。我那时候还不到二十岁。

第二个事就是"肃反"。我去搞外调，实际上就是跟北京公安局合作，配合公安局搞"肃反"。到劳改农场提审犯人，这些事我都干过。我到那儿去都是以教师身份去的，实际上是通过参加"肃反"工作，增加知识。

毛主席不是有个"农业社会主义高潮"吗？就是《红星集体农庄的远景规划》。因为我是干农业的，那时候搞规划，我就带学生实习，搞农村发展规划。我们就到处跑，到北京郊区，也到老区，像长治专区，是崔耀先介绍我到那块去实习的。把学生送走以后，我就背着背包在山里头转。那时候是吃饭票，我背着行李卷，一个人在山里跑，不像现在下乡那么神气。有一次太累了，山洪下来了，走到一个乡政府就睡了。还有一次在南方，躺在牛车上就迷糊了。

一些东西当时没觉得怎么样，现在想起来挺有滋有味，而且对我一生的影响是挺大的。最大的影响就是从自己亲身取得的错误和经验中悟出一些道理来，比如说现在一开会就说毛泽东头脑发热，什么"三面红旗"——总路线、"大跃进"、人民公社。这实际上不是毛泽东一个人头脑发热，咱们都发热啊。1958 年，我曾跟其他学校的一些党委书记和干部到河南学习如何搞人民公社，之后就在北京郊区搞人民公社。那时候一所学校要办一个公社。人大副校长邹鲁风兼任四季青人民公社的党委书记，他的助手就是我们农经系的系主任张树楠，担任公社副书记。现在我住的海淀区世纪城时雨园那儿，南坞、北坞那一块当时是玉泉大队。1958年，全校的学生，一个系包一个大队，农经系包的是玉泉大队，党史系包的是香山大队。我们的学生到那儿去，把咱们的厨房用具、床、书都搬去，还盖了个小图书馆，统统到那儿劳动和念书。我每周跟大队干部讨论，一个星期七天，三天半得保证学生念书，三天半干活，一半一半。我白天跟学生干活，晚上就作为大队书记跟大队干部一起开会。另外，不是搞后院炼钢嘛，炼钢得有钢，没钢怎么弄呢？那时候上面下命令了，我们也执行了。当时找不到炼钢的材料，甚至有人把老乡的门锁、柜子的锁撬下来，拿去炼钢。

现在有时候说毛泽东怎样怎样，其实，当时恐怕不是他一个人的问题，大家的脑子都热了，都想很快地奔向共产主义，问题就是不讲科学。所以我也胡干过，你说知识分子就准有知识？

那时候跟学生一块儿，带他们劳动。晚上开完会回去后，我跟学生都睡通铺。学生干完活，没事了回去就躺下了。有一个学生叫罗伟雄（曾任农经系的教授、博导，已退休），当时他们开玩笑，实际上不是冲我来的，就是把门上弄一个小的笤帚，还弄一个簸箕，我一推门，就"哐"一下扣到我脑袋上了。直到现在说起这事来大伙也都挺高兴的。1958年我27岁，还有点劳动力，但是跟学生比是不行的。一次和学生耕地，他们找两个壮劳力安排在我左右，开头我是跟他们拼，走着走着就跟不上了，他们前面一包围，后面也一包围，然后就欢呼说"解放台湾"，把我剩下那块地耕了。当时就是在海淀区青龙桥那一带种京西稻，非常好吃的。冬天要翻地，但特别冷，我们得光着腿下去，打着红旗，然后喝酒热身。

回想起这些，我觉得当时不光做对了的事，就是做错了的事也对我有很深的教育意义。

前三十年对学术有消极影响的两个问题

第一条就是极左思想。本来马克思主义有一条原则，说马克思主义不是一个宗派，它是要吸收各方面的知识。我这个人比较死心眼，我看列宁的书知道列宁当时批判大卫的《社会主义农业》。我想列宁如何批判大卫的观点我看见了，到底大卫怎么说的我没看见。我去找农大的一个教授王毓瑚，他是德国毕业的农史专家。他有一本原版的《社会主义农业》借给我了。后来"文化大革命"中，别人就说你不信任马克思主义，为什么列宁都批判了你还找那个被批判的书？你是要替他翻案呢还是怎么着？而且借给你书的那个王毓瑚后来又成了"资产阶级反动学术权威"。我是想看看原来被批的人到底是怎么说的。应该说要真搞学术就该这样。可当时就成问题了：你什么意思？你不相信列宁，你还要替大卫反攻倒算。我觉得这是前几十年的一个大毛病。另外，因为我比较喜欢数学，所以对用数学研究经济问题就比较感兴趣，然而在"文化大革命"中被批评了。像萨师煊等老师，我们都是喜欢用定量分析来研究经济学，所以就都挨批了，说我们是匈牙利那个"裴多菲俱乐部"，尽琢磨歪门邪道。现在学经济学，瓦尔拉斯的一般均衡理论，那时候实际上我们就看了，那不都是数学模型嘛，当时却被批得狠。我觉得这是个大毛病。一动脑子就挨批，这样很难发展社会科学。咱们不是说创新嘛，走出一步就挨批，怎么能创新呢？当时整个社会科学界都是这样，这是一个缺点。

对做学问不利的第二条就是切断了信息来源。国外的一些著作，咱们不能及时了解，这耽误了好多事。一个就是你的思想封闭了，再一个就是你接触不到这些东西。这不是说别人的问题，我也有这个问题，因为我也是头儿。

影响自己转变的两句话

后三十年，首先一个转机就是到干校。我印象最深的两句话，第一句话是军宣队说的："知识分子住高楼的时代一去不复返了"。我到干校时，一大堆书都卖了，我以前的书，一屋子都是，普希金的诗、《钢铁是怎样炼成的》，俄文的。可惜！

第二句话就是有人说"你们都是滞销品"。干校后来开始往外调人，先分配年轻人和搞技术的。他们都"毕业"了，我们就总毕不了业。我想既然是"滞销品"，那就得想办法卖出去啊。因此，我就设法转向了。我为什么要搞系统工程呢？一是原来我就喜欢数学，二是1958年我在公社大队时，学生还要学数学。当时有些现实问题，比如说建打麦场，究竟放在哪儿合适？如何使运输费用最少、运力浪费最少？这是个典型的运筹学问题。我就向当时的中国科学院运筹所的许国志先生学。他是我们后来系统工程学会的理事长，是和钱学森一块儿从美国回来的。我学习后再教给学生怎么用这一套。这样，我就跟系统工程发生联系了。

"反右"的时候我带学生去实习了，是和我们系主任张树楠一块去的。我是在崔耀先介绍的一个地方，当时叫武安，现在叫武安市，是在太行山。这时学校已经开始批林希翎。因为上边有领导张树楠，党委很相信他，要是我带头的话也恐怕得回来参加"反右"。等我们回来的时候，"反右"就已结束了。所以"文化大革命"的时候我被说成是漏网的右派。

回来以后学校里就整天大喇叭批判林希翎，批判这个，批判那个。然后让我们大鸣大放，谁还说反党言论呢？不过就这样还是挖出了一批叫"思想右倾"的。我带去的教师和学生，他们这批都没右派，最后回来以后都没戴帽，顶多是内定的有点"思想右倾"，都不算是敌人了。我们来的时候就已经批判过了，就错过了"鸣放"那个阶段。

"右倾机会主义分子"是怎么回事呢？我不光被漏了，还当了模范。

人民公社调查组为什么出了一堆"右倾机会主义分子"呢？是两个时段，刚下去的时候是 1958 年，那时都是讲人民公社的优越性。然后过一段是郑州会议，郑州会议就是揭问题，找出一大堆问题来嘛。结果 1959 年又批判彭德怀，咱们中国人民大学就出了一大堆"右倾机会主义分子"。

很幸运的是，我没有参加那个调查组。邹鲁风专门跟我谈话，"象枢啊，你是我们的教学骨干，本来是应该给你一个机会"——因为到调查组等于是搞业务——"但是我们要办公社，也要有人带队伍"，因为全系的学生都归我管。1958 年办公社他们跟我干的，有的当副队长，有的当一些小队的副书记，北坞、中坞、小屯、闵庄都有咱们的学生。邹鲁风说："你得带队，你带着学生劳动，这一样重要，你千万不要有思想问题"。当时一般认为参加调查有利于业务提高，干活和带学生是些麻烦事、苦差事。我是比较好说话、比较听话的，结果因为带学生在农村劳动，1960 年我被评为北京市社会主义先进工作者。

转向农业系统工程研究

"文革"后，江昭等人曾想让我跟他们去筹备信息系，我没同意，因为跟农经系那么长时间了，不想离开。不过我搞起了农业系统工程。

1972 年回北京后，我经常泡图书馆去看国外在农业系统工程方面的发展，也做了一些初步的研究工作。美国科学院在 1964 年开了一个会，说要把在军事上行之有效的系统工程应用到农业。钱学森就把这个事跟当时的农村发展中心主任杜润生说了，杜润生老先生就跟万里汇报，然后决定用系统科学的理论和方法、用系统工程的方法来培训农业技术干部。钱学森跟我认识的许国志是好朋友。许国志当时兼任国防科技大学七系（系统工程系）的主任。因为我 1958 年跟他们学习搞麦场设计，也有交情。这样，许国志就想起我来了。他认为要搞农业系统工程，第一，当然得有搞数学的，第二还要找搞农业的，还得有第三种人，既懂农业又懂数学，他就从朋友里面挑出了我。从 1981 年一直到 80 年代末，我主要干这个事情。

1978 年复校以后，我在全国第一个开了农业系统工程的课，然后在校外培训农业干部。我是系统工程学会里农业系统工程专业委员会的负责人，也是农业工程学会农业系统工程专业委员会的负责人。我们大概搞了好几个省、几十个地区（市）和几百个县的培训和规划。怎么搞的呢？开始就在湖南长沙国防科技大学培训中青年科技骨干。培训他们学半年，然后找一个地点实习。这样的话他们就可以一边学系统工程学、运筹学等课程，一边协助地方搞规划。其中农科院有一个学生，他搞了多次实验，积累了几麻袋数据，但是"文化大革命"以前批判用数学来搞农业、用计算机种地，这批数据都没有用。他说：张老师您介绍的这种生产函数方法，使这些数据都能有用了，这是一大功劳。我觉得这是我做了一件有用的事。直到现在农科院还请我讲系统科学，北大环境学院那边也请我讲系统科学。这是我的第一件事。

第二件事，因为我是搞系统的，所以很自然地就涉及到系统性问题。我们处理的是"开放复杂巨系统"（钱学森定义的），涉及到这么几个方面，一是系统内部的整体协调，二是系统和环境怎么适应，第三就是系统发展的各个阶段的衔接。涉及到这一类问题就是系统性问题。我们农业工程学会在浙江搞了一个培训班。有个温州的老客说："张教授，我觉得您这个系统性问题，就是我们浙江人说的一篓螃蟹，你那个大腿夹着我的大腿掰不开的问题。"我说太好了，你们学的系统工程的确就是要解决这个麻烦的问题，要把它整清楚，先做一个系统的梳理，然后找解决问题的办法。

我是搞农经的，后来又搞农业系统工程，跑了好多地方，特别是到西部。我搞系统工程的时候，每一次都要实习，带培训班学员。国防科技大学出一个人周曼殊，中国科学院出一个人杨挺秀，我们出一个人，我们三个人算我们学会的负责人，我们培训学员后，他们去给各个地方搞规划，依托的单位是各个地方的农业区划办。这是郑州会议决定的，就是用系统工程搞农业规划。所以这是官方的行动，但学校的课我一小时也没有耽误。其实我教的这类学生比学校的学生还多，现在还跟我保持联系。

我搞系统工程的时候有两件事引起了我的深思。一件是在云南昆明郊区的禄劝县，我在海拔3 000多米的撒营盘看到一个现象，就是农民由于贫困，为了生存只能欺负土地、掠夺性地使用土地，破坏了生态环境。

第二件事情是在浙江省杭州市下面的临安县。那里有个村子叫白沙村，以前靠砍木头为生。砍木头以后山洪暴发，把房子冲垮了，地也冲完了。然后我的一个朋友王安国是搞林业技术的，几个朋友就想招啦，就是不要动木头经济，要搞"林冠下"，搞非木质经济。"林冠下"是什么呢？是种蘑菇、山核桃以及跨季节、反季节蔬菜等。这样的话，整个经济结构里面非木质的经济占90%以上，保持了水土，保持了环境，解决了水土流失的问题。正好后来台湾因为工资提高、成本上升，便把竹笋加工产业转移到临安，所以他们又抓二产。再后来又引入生态旅游的概念，搞太湖源旅游开发。这两个事例给我一个启示，就是必须要处理好经济发展与保护环境的关系，所以我的第二件事就是搞了环境经济。

转向人口、资源与环境经济学研究与学科建设

环境经济这个事情实际上是上下齐动的结果。一个是上面，就是老环保局长曲格平，当时他说在清华搞了环境工程学，在北大搞了大气、环境理学、理科的环境科学，在武大搞了环境法学，唯独这个环境经济学，希望中国人民大学帮助搞起来。下面的人是谁呢？有原来农经系农业技术学的王沅、庄翠玲、鲁明中、孙承泳。马中最积极。我那时已经快60岁了，他们推出我来筹办环境经济研究所。后来原农经系换届时，我当副主任，主管科研。我上任第一件事就是成立农村发展研究所，我任第一任所长；后来我又成立了环境经济研究所，然后就是乡镇企业的研究所，所长是罗

伟雄；再后来是土地管理研究所，所长是林增杰。所以我们一个系办了四个所。环境经济研究所也是这类"四无所"之一。正好那一次，当时的教委主任彭珮云参加学校在密云开的中层干部会，我说中国人民大学有工业经济系，工业搞出来污染；有农经系，农业也搞出来污染，现在我要求成立环境经济研究所，一个"四无所"，第一不要编制，第二不要经费，第三不要电话，第四不要办公室，我就要一个戳。我们需要一个戳跟国外联系。纪宝成当时是教务长，黄晋凯是科研处长，他们都支持我。最后总结的时候，彭珮云说中国人民大学是一个有革命传统的学校，在这次会上听到了改革的呼声。于是学校就批了我一个戳。马中就跟美国未来资源研究所（Resource for the Future）联系，它就给了我们100多本书翻译。我这个所长用学校给的戳和美国未来资源研究所的代表斯波福德一起盖戳、签字了。签字以后美国的钱就给寄来了，它不要版权，可公开出版，高高兴兴，这不挺好嘛！不过好事多磨，工作开展后不久，正赶上1989年动乱，突然资金来源就断了。要翻译和出版，没钱我怎么办呢？我找到黄晋凯，借了我一万。后来我又找到曲格平，他一听，说，张教授你这是给我们环保做事情，好事！拨了一万五，不用还了。有这两万五，就由马中负责组织把国外环境经济的一些主要文献翻译过来了。

然后第二个就是关于培养环境经济教学骨干这方面的工作。我主要做了什么事呢？就是争取BC，是英国的一个项目。我可以带着马中、邹骥和王满传等博士生，每人可以在那儿待八个月，每月600英镑，是访问学者的待遇。我们去的学校是伦敦经济学院。

我们跟国际联系主要是美国的未来资源研究所，这是最早搞环境经济的。再有一个就是伦敦经济学院。还有一个英国环境经济学的专家叫皮尔斯（Pierce），是我们这个专业的权威。我找人联系，介绍我认识了他。那时候是1994年，我63岁，当时为了想办法弄钱、弄项目，我就跟要面临考试似的把皮尔斯先生的著作从第一本看到最后一本。看完了以后，坐地铁，拿着地图找到皮尔斯，就跟他讲我们搞起环境经济学的整个过程。他比较感兴趣，就介绍他的同事和学生与我们一起搞研究。

1995 年，当我和邹骥到伦敦经济学院以后，世界银行把我们中国人民大学环境经济研究所、泰国环境研究所，还有印度一个研究环境的研究所，作为在发展中国家的三个咨询单位。后来世界银行要在泰国开一个会，指名让我去。我就让邹骥以副所长的身份替我开会去了。以后，环境经济方面的工作就由马中和邹骥负责了。

1987 年有一次国际研讨会议，我写了一篇关于人口与环境的文章。人口所的刘铮也找我一起搞过人口发展与战略。我认为，环境与人口两个方面分不开，人要不多到一定程度就没有环境问题了，环境要是无限的话也就没有人口问题了。再加上我以前学习《资本论》时形成的关于人和自然之间物质代谢的这些想法，所以我后来在从事环境经济研究的基础上接着又搞了人口、资源与环境经济学。因为中国人民大学有一个人口所，又有一个环境经济研究所，就合起来申请了人口、资源与环境经济学博士点。咱们学校这个专业是全国最早的一个重点学科。

除农业系统工程，环境经济，人口、资源与环境经济学外，我做的第四件事情就是研究可持续发展。为什么我又要搞这个呢？北京大学和早稻田大学合办了一个"可持续发展的新进展"讲座，已经搞了三年，结后编成了三本文集。我在这个讲座讲课，每年讲一次。他们为什么找我呢？因为我曾写过一篇文章，叫《关于可持续发展研究的系统思考》。北大的环境学院跟我比较熟悉，就请我去讲课。我一共讲了三次课。第一次课是"经济系统演化的可持续走向"，第二次讲的是"经济人性化与和谐社会"，第三次是"文明演替与经济学创新"。我为什么又转到研究这个问题？因为马中他们完全可以主持环境经济的教学和科研工作，邹骥他们也能主讲人口、资源与环境经济学。我现在着重研究的是可持续发展这个问题。关于可持续发展，有不同学科背景的人，分别从各自学科的角度讨论可持续发展。经济学说要让自然资源保证经济持续发展，生态学说必须要保护生态环境，伦理学说要给后代留条生路，就是各说各的，对可持续发展没有一个整体的概念。我是搞系统工程的，系统科学有一个概念叫整体涌现性（whole emergence），是什么意思呢？整体涌现性指的是：系统各组分整合以后涌现的仅靠各组分简单相加所不具有的性质。例如，水的组分有氢，有氧。水的性质不是其组成成分的简单相加，它是由各组成成分结合起来以后出现的结构效应，产生原来的成分所不具有的性质。所以现在我们要研究的可持续发展不能仅限于把各学科的研究简单相加，而是应该有一个整体的概念和总体的分析。因此还要做大量的研究工作。

关于学科发展的想法

这不仅是属于我个人今后的工作计划，也是对学科发展的想法。

最顶层的当然是科学发展观。我觉得咱们学校对科学发展观的研究——这应该是当代马克思主义、马克思研究体系的最新成果——应该组织全校的力量甚至校外的力量一起进行。关于科学发展观，以人为本，起码在以下几个方面跟我们学科有密切关系。第一是人和自然，就是社会经济发展与保护自然环境这个统筹。第二是社会经济发展与人的全面发展的统筹。下面呢，我叫二点五吧，这个点五因为我们很多人来自农经系，所以对城乡统筹的研究也有兴趣，希望学校能组织这方面的研究。当然是以研究马克思主义的老师为主要力量，不过我希望把我们也当个小兵组织进去，这样可以发挥我们中国人民大学多学科的优势。我觉得这对我们本学科的发展也很重要，总是跟在外国人后面也不是回事儿。从学科的科学发展来讲，的的确确应该充分认识科学发展观的重要指导意义。这既是对学校的建议，也是对我们学院领导的建议。

第二层就是可持续发展理论。其实有两位先生已经做了一些工作，一个是已经去世的、我们环境科学学会的副理事长马世骏，他原来是搞蝗虫的，后来搞可持续性发展。马世骏把人类生活的这个生态系统叫作自然经济社会复合系统，它已经不是纯的自然系统了。还有一个是我的朋友叶文虎，他称之为环境社会系统。这两个说法我觉得都可以，也就是要从总体上研究可持续发展的条件是什么。这样就涉及一个视角的问题。应该以多视角、从整体的视角对这个问题进行多学科、跨学科的研究。我名字里面有个"象"字。英国农业系统分析专家斯培丁在一次国际农业系统工程会议上从我名字中的"象"字谈起，半开玩笑地用瞎子摸象的故事给我以启发，使我认识到问题的关键是视角。首先是一个总体的视角，要把"象"当一个大的系统从总体上来把握、来看；第二个就是每个学科都可以从自己的视角去考虑问题，但要承认你光抱了它的腿，不可能对"象"有全面的认识，还需要承认其他学科对这个问题的看法。现在搞经济的有一个"理性经济人"的基本假设，这方面亚当·斯密是老祖宗，但他同时也出版了《道德情操论》。还有一个发展中国家的代表、诺贝尔奖获得者阿马蒂亚·森，他说搞经济学如果缺乏伦理方面的考虑，就会影响经济学的预见性。比如现在的海地，没有粮食吃，是世界粮食没有了吗？不是，是因为它没有能力、没有权利获得粮食。所以可以从经济学的视角看到不少有价值的东西，但同时要承认学科的局限性，还要从生态学等其他多个学科的视角来看才有一个全面的认识。

第三层呢，我觉得人口、资源与环境经济学就是可持续发展经济学。实际上它也是经济学的一个创新。为什么管它叫理论经济学呢？因为它的确碰到了经济学的大理论。经济学不能像我批的那样，光算树变桌子的账，还得算对人类的全面发展有什么功劳，有什么过失，要算上矿难、职业病……要看到这也是经济学应研究的领域，应该研究的问题。再一个就是环境的变化。我认为可持续发展经济学应该研究人类通过劳动和自然之间进行物质代谢的整体的全过程。虽然我们已经开了人力资源经济学这门课，但整体上看还不够成熟，还要进一步深入研究。

最后一层就是要搞可持续发展系统工程。要有理论，而重要的是实践。比如我们学院在黄山搞了一个点，在"北大荒"搞了一个点，另外还有一个点就是我自己和临安的朋友在浙江临安白沙村搞的点。我觉得，一个是要有一套理论方法，把系统科学和人口、资源与环境经济学用在研究整个可持续发展方面，但是更重要的是通过一个点、一个点地实验，总结出规律来，再推广到其他地方。例如，海南省的一个县叫白沙县，就把临安白沙村这一套学过去，走上了脱贫致富的道路。现在中国面临一个大问题，我们崛起以后，别人又说我们是"新殖民主义"，如同老殖民主义一样，从发展中国家拿走了资源，破坏了生态环境。我觉得应该搞一条新的路子，除了在国内要搞试点以外，在国外也要推广可持续发展的实践经验。现在白沙村已经由联合国粮农组织（FAO）确定为"可持续林业网络"。我每年到那儿去一趟，以白沙村为教学基地，给一些发展中国家的来访人员介绍到底应该怎么走这条路。我们想用像白沙村可持续发展的这种方法帮助国内、国外的一些地方。现在菲律宾和智利也请我的朋友王安国教授帮它们搞林业的可持续发展。这样我们就有可能走一条路，这条路不是说我们到国外推广发展经验以后，把国外的地方弄得环境污染、资源枯竭、生态破坏，我要它学了白沙村可持续发展的经验以后，像白沙村一样美丽，一样走可持续发展之路。

人物简介

张象枢（1931—　　），河北省丰润县人。中共党员，教授，环境经济学家。

张象枢 1949 年 4 月—1950 年 2 月在华北大学九区队俄文大队学习，随后进入中国人民大学计划经济系攻读农业经济专业研究生。1952 年 7 月毕业，后留校从事农业经济、技术经济、企业管理、系统分析、环境经济以及政策分析等方面的教学与研究工作。曾任中国人民大学农业经济系副主任。现为中国人民大学环境学院教授、博士生导师。曾兼任中国农业经济学会副会长、中国生态经济学会常务理事、中国农业工程学会常务理事、农业部农业信息系统专家委员会副主任、全国生态农业县建设专家组成员、国家环保总局国家级生态示范区专家组成员、国际科联环境委员会中国委员会委员。

张象枢多次荣获各种国家级、省部级学术、科研奖励，1992年获第二届吴玉章奖金"优秀科研奖"，并于1994年、1995年两次赴英国伦敦经济学院进行学术交流；参与筹划、创立了中国人民大学"人口、资源与环境经济学"国家重点学科。

主要研究成果有：《农业系统工程概论》（获1987年中国图书奖荣誉奖）、《生态农业——中国可持续农业的理论与实践》（与李文华院士等合编，获第十四届中国出版奖）、《环境经济学》、《生态农业系统工程理论与方法》、《人口、资源与环境经济学》、《农业大百科全书农业工程卷》之农业系统工程分卷、《西方经济学大辞典》之自然资源经济学与环境经济学分卷等，另外还发表论文若干篇。

韩大成自述①

摘要： 韩大成（1924——　），山东青岛人。著名历史学家，中国人民大学历史学院教授。本文重点回顾了解放初期中国人民大学的教学、科研情况，也介绍了当时的教学风气、考试制度、学习方法。此外，作者还回忆了尚钺先生当年的故事及人大停办后图书的处理情况等。

从山东大学历史系保送到中国人民大学

我是山东省青岛胶南县人，家在红石崖镇。从小跟了一个私塾先生上洋学堂，先生是个秀才，大胡子，当时 60 多岁了。这个学校既学上面规定的课本，也学文言文，学体育、音乐，全是这个老先生教。我就在这样一个学校上了几年。七七事变时，我在上五年级，后来就回老家胶南县韩家寨，干了四年农活。日本占领的时候，家里根本供不起上学，后来听说青岛有个师范学校，管吃，不要学费，我就去试着考了，结果考上了。于是我就在师范学了四年，一直到 1945 年日本投降。那个时候国民党统治，

---

① 本次采访时间为 2008 年 11 月 25 日，由中国人民大学校史研究室负责采访、录音整理及文字编辑。

它要政审"敌伪区"的学生，说我们的学历是"敌伪学历"，要重新审查，重新考试。我是沦陷区的师范学校毕业的，它不承认这个学历，当小学教员，也不一定够资格。后来咱们地下党就领导了一个"反甄审运动"，就说当初你们这些官僚政府跑到哪里去了？你不保卫老百姓，跑到大后方去，现在你回过头来对老百姓进行审查，合理吗？为这个，国民党镇压了学运的领导人，制造了"费筱芝惨案"。这是现代学运史上很有名的一个事件。后来他们规定，凡敌伪时期学历者，都要考试。我参加了考试，最后青岛教育局派我到市郊农村去教了小学。

那个小学简陋得很，在一个大庙里面，有四个教室，六个年级（有的是复制，如五、六年级在一个教室，一个教员同时教两个年级），一星期32节课。我还在那儿当了教导主任，比较受重视。但我们那个校长蛮横得很（后来知道他是个特务）。我就这样忍气吞声地在那儿干了两年多。

后来我原来的一个老师在青岛市里一个很有名的中学当教导主任，他把我调去，我就在那个中学教务处当了一年职员。1949年6月青岛解放了，大家是由衷地高兴。8月份我就考入了山东大学。

日本占领时不准学英语，我学的是日语。考山东大学，入学考试英语，我考了个大零蛋。我们系主任一看："呀，你这个英语怎么了？"我说我没学呀，我学的是日语。他看我别的科考得挺好的，就让我好好学俄语。新中国成立以后俄语很重要，因为中苏友好嘛。所以我又学俄语。为什么学历史呢？当时华岗是山东大学的校长，他是咱们党内一个很有名的领导干部与学者，是新华社的主编。据说他要在历史系教课，我们就扑着这个名人去上了历史系。原来山大没有历史系，这个人来了以后才成立的，所以我上历史系也是因为华岗到青岛这个因素起的作用。

历史系刚刚成立，教授很少，之后才慢慢充实起来。后来山东大学历史系在全国也是数得上的，八大教授都非常有名，有几个都是终身教授。我们系主任是终身教授，很会办学，他能聘用各式各样学有专长的人，脾气大的，脾气小的，年龄大的，年龄小的，都能够团结，所以历史系办得很好。那时刚解放不久，到处需要人。我在山大历史系学了三年，学校说："你们可以提前毕业，以应对各方面的需要。"我们好多同学都学得挺好的，结果都上农村当中学老师了，只有我一个人保送到中国人民大学。我感觉这个机会非常难得，自己更要好好奋斗，应争分夺秒，好好学习，不然就对不起老师，也对不起组织，对不起党。我就是这样到的中国人民大学。

中国人民大学是一所新型的、综合性的、多学科的名牌大学

当时得知来中国人民大学的时候，也没感觉北京有什么了不起。因为青岛这个地方环境很好，校舍好，书很多，名教授很多。我们跟四年级一块毕业，四年级有两个同学留校了。我当时想留校当助教也挺好的。后来到了北京，特别是到人大以后，我就有很多感触。我有一个深刻的印象，就是中国人民大学的确是一所新型的、综合性的、多学科的名牌大学。到现在我仍然是这么认为。当初给我的印象就这么深刻。

1952年9月15号晚上，我坐电车到了东四六条。东四六条是我们的校部，在胡同里。当时黑灯瞎火，全是平房，这就是中国人民大学？下来以后，第二天报到，我坐校车到了西郊。西郊只有灰楼和红一、二、三楼，一些平房正盖着呢，一排一排的。当时我想，中国人民大学真是因陋就简。人大的校舍特别分散，后来我又住鸦儿胡同，就在北海那个地方，靠着卫生部。那是清代一个名人的府第，有红大门，进去好几层。在那里待了两年。其他的菊儿胡同、东四六条、九条、十二条，我都能数出几十个来，非常分散，全是破破烂烂的房子，给我的印象就是因陋就简。因为刚解放不久，国家没有什么钱。中国人民大学完全是从实际出发，作为新型大学，它不计较这些，并不追求排场。

教师呢，也没有多少是喝洋墨水的、外国名牌大学回来的。像山东大学有好多名牌教授都是喝过洋墨水回来的，植物系、动物系、水产系、历

史系等好多教授都是留洋回来的。有人就告诉我们："为什么留洋？就是要争一口气当一个教授，不留学很难成为教授。"所以那些学校不少教授都是留过学的。到人大正好相反，留学回来的很少，都是解放区来的，大多都是年轻人，老的都很少。教我们的好多教员都是三四十岁或四五十岁的人。这些教员非常艰苦，他们的宿舍我们都去过。特别是尚钺先生，教我们的时候50多岁了，他有四个孩子，就挤在两间房子里，阴暗得很，白天都得点灯。一般的年轻教员就是集体宿舍，或者是单身宿舍，有孩子也是在这一间房子里，很简陋。这些都给我留下很深刻的印象。

学生，工、农、学、兵都有。比如，我们这个班是研究生班，有四川大学的副教授，西北大学、山东大学的讲师，有贵州大学的助教；有战士、排长；还有两个大学毕业生，我一个，南京大学一个。这28个人就这么组成的，它不像一般大学都是高中毕业考进来的。好多四五十岁的老干部，呢子服装，一看这都不是一般的官了。有海军的、空军的，这些都是部队里的大官了。我们的同学有的是刚从抗美援朝前线回来的战士。所以工、农、学、兵都有，当时国家需要这么一批人。有的是调干，有的高中上一年，有的高中上两年，就进研究生班了，文化水平相差很大。但他们有的人学得就挺好的，比我们大学毕业生学得还好。调干生很勤奋，他们经过实际锻炼以后，特敏感，一学理论课，一问问题，好多问题认识得深。特别是搞社会科学的、经过锻炼的干部，一旦学起理论来，比一般书生学得好、领会得快，认识也深刻得多。所以我感觉中国人民大学从教师、学生都跟旧大学不一样。

另外学生中还有一批是进修的教师。中国人民大学设立的理论课，别的学校都开不了，他们就派几个得力教员来进修，有两年的，也有三年的，有好多进修班。之外还有专修科，还有外国留学生。当时波兰、捷克斯洛伐克、匈牙利的留学生都有，他们中国话说得都挺好的。

中国人民大学的好多学科都是适应当前的需要。当时中国人民大学几乎是无所不有，四门理论课是重点课，哪一个专业都要学，所以这四个教研室的人特别忙。我说四门理论课我在山东大学都学过，结果还得重新学一遍，要求很严。我们历史课也是共同课，因为吴老是搞过历史的，他认为中国人都得懂中国的历史。外语方面，有一个很大的俄语教研室，面向全校的，英语也有，日语也有。新闻系有日语，我还听过这个系的日语课。还有外交系、外贸系、档案系，后来外交系独立出去是外交学院，外贸系独立出去就是外贸学院。档案系是好多地方没有的，外交系就更没有了……中国人民大学集中的专业太多了，是多学科的。

当时学校的学制也挺复杂的，有一年的，有两年的，有三年的。研究生里面，有两年的，有三年的，各式各样的都有。工农速成中学还有个大学预科，就是往中国人民大学输送的，也是一年。还有夜校，人大的干部凡没有大学毕业的，可以上夜校，毕业以后也拿大学文凭。还有函授，人大有一个专门的函授学院，专门到校外或者外地去辅导。函授学院也照样拿本科文凭。总之，培养人才的方法是多种多样的。所以中国人民大学是一个多学制的、多学科的、综合性的大学。

我说中国人民大学还是一所新型的综合性大学，新就新在老师、学生都跟别的学校不太一样，是各式各样的。中国人民大学教学有主讲老师，还有辅导老师。老师讲完了，学生没有听清楚的地方，可以提问，进行深入讨论。有时是老师出题目，大家围绕这个题目发言。我发言完了，你不同意，你可以批驳我的，允许有不同意见，这叫课堂讨论。苏联专家来了，就是苏联专家带着翻译讲，曾经给孙中山做过翻译的一个很有名的人就给我们翻译讲课。

考试也和其他大学不一样，是抽签考试。老师拿一撂签，往桌子上一放，一个同学抽一个。上面两个题目，给你20分钟的时间准备，准备完了，就过来讲。那会儿大家觉得很新鲜，也锻炼了学生的迅速应对能力。

吃饭，我是大学毕业来的，助学金最低，每月只有10块钱，零花是自己的事儿。调干的有24块钱，他们可以吃得好一点。人家干部来的，战士来的，将军来的不用问了，他们钱多一点。10块钱吃得就非常好了。

八个人一桌，四个小的搪瓷盆装的菜。肉、肝尖、鱼什么的，相当好了。蛋炒饭、菠菜、海米汤，随便吃，没有什么定量。吃个中灶才12块钱，中灶比这个还好一点。

当时的生活是团结、紧张、严肃、活泼，完全都是集体，集体的活动，集体的早操，集体的作息时间。开夜车根本不可能，晚上生活班长一吹哨，灯就拉了，整个就黑了，只有厕所有灯。考试的时候有个别的女同志就上厕所去看书，紧张嘛。26平方米的房间，我们住9个人，一个人一个小桌。冬天早晨还有热洗脸水。大家齐心协力，一切扑在学习上。周末都是学习，大家都没有时间出去玩，因为各门课都要做发言提纲。《资本论》那三大本，天天紧张，但是心情很舒畅。我当时也是，就一心学习，无论如何我也要尽我的力量学习，学好学坏那是另外的事，但是我绝不会偷懒，就这么过来了。

1978年前在中国人民大学当教师的一些记忆

毕业了，我留校当了辅导教员。一天从早到晚上八个课堂，一个课堂两小时，八个课堂十几个小时就下来了。后来我还教过劳模班，劳模班里有高玉宝、陆阿狗等。劳模班人不多，有二三十个人。劳模班师生关系非常好，他们都很尊重老师。

当时我住在鼓楼附近的鸦儿胡同，得上北海去坐校车。有时候是去海运仓辅导，海运仓在"铁一号"东边，还有两站多；有时候是去西郊。那个时候，学校纪律严明，谁都不能迟到、旷课，当时口号是"救病如救火，救课如救火"。我听说，有一次，很多听课的人都到了，主讲老师没赶来。后来有一个教员，他正好也是学这个的，就挺身而出，上去替他讲，说"救课如救火"。这样，只要不叫学生空着回去，就是好样的。

我当时也有一个插曲。我当了教员以后，还兼工会生活委员。生活委员干什么，就是给大家赊购东西。当时有皮鞋、毛料子制服、大衣等东西都可以买。但那会儿大家的工资很少，我毕业一年以后才66块钱，后来89块钱拿了20多年。那会儿没有钱，就给大家赊购，还得记账，然后再扣钱。这月扣你5块，那月扣你10块，天天紧张不堪。有一次我正要去"铁一号"辅导学生讨论问题，忽然有人来借钱，我也不能推辞。借了钱以后还剩10分钟，等车也得几分钟，后来我是一直跑到"铁一号"去的。跑到那儿后，上气不接下气，一上课堂就不行了，汗水直流。下边的学生看我上气不接下气，说："老师，怎么了？"这样，最后课是上了，但迟到了10分钟。那会儿迟到10分钟就应当处分了。后来追查原因，是因为我给人家借款耽误的，又跑着去上课，就没给处分。当时只要你当教员，绝对不能误课。所以纪律比较严明，谁出了什么事，不管你资历深、资历浅，一样处分，包括搞恋爱的等等一样。有一个三十来岁的教员，为了谈恋爱，追一个学生，被女同学告了，他从讲师一下子成为一个资料员，不能教书了。纪律严明，说一不二，所以大家天天兢兢业业，认认真真地干，天天一心扑在教学上，大家都心情愉快，没有想三想四。

咱们中国人民大学的贡献的确是太大了。真是花很少的钱，能培养大量的人才。特别是我来的前几年，大家住那种房子，那种待遇，都努力工作。我说都像这样办学，那真是太好了。那时候都任劳任怨，没有争三争四，也没有钩心斗角要求待遇。在老干部面前你就没说话的资格。你一个青年学生，跟这些老干部能比吗？人家出生入死的时候，你在什么地方？没有说话的权利，也没有什么挑剔的余地。那时候我感觉是这样。

"反右"时我在中国人民大学历史教研室当辅导教员。"反右"开始的时候，"工人阶级说话了"我还在，我干工会工作，还领着开会。后来因病休息了一段时间。之前在鸦儿胡同给我分配了一个平房宿舍，有七八平米，白天都开电灯。那会儿就自己"开夜车"。成教员后，灯由自己支配，开到两三点都可以。第二天早上六点钟我照样起床，该辅导照样辅导。那时年轻，因为在农村干过活，身体很好，我不怕，不爱护自己的身体。天天如此，半年以后身体就垮了，神经衰弱，就睡不着觉了，提起笔来连封信都写不了。后来上中苏友谊医院（现在叫友谊医院），喝了巴甫洛夫药水。还得夜里3点钟走着去挂号，夜里反正不睡觉，结果怎么治也治不好了。到1957年"反右"开始，大约六七月时，教研室领导说："不行了，你这个身体。你下学期还有课，赶快回去休息。"医生有证明，我就可以回去休息。这样"反右"刚开始不久，我就回青岛待了几个月。8月底回来了，学校"反右"已接近尾声了。咱们学校打的"右派"不少，特别是法律系有个林希翎。听说林希翎在海运仓作报告，人山人海。我后来当然还有些想法。如果工作能做得细一点，右派就可能少一点。好多人，是可成右派，也可不成右派。

那时候我听说一个同学因为说农民的生活很苦，差一点就被打成了右派。我觉得，今天为什么中央要特别照顾农民，就因为农民生活还苦，把农民的生活提高了，国家工业就有市场了，内需扩大了，这些问题都好解决了。现在这个问题是这样，工农还是有差别，城市跟乡村还有差别嘛。那个时候说就不行了。

"四清"时，课还是照常上，该留校的留校，该上课的上课，不是搞运动似的都停下来。当时，我们教研室下去了好多次。有一大批上了山西五台县，我上了报卡社（即今书报资料中心）。今天看来那时候有些事是做得不合适的。当时，报卡社有些人曾经在国民党里面工作过，但他们过来了，这是党的政策允许的，而且还给他们工作了。那么你就要用这些人。当时夏加，是个老干部，他比较有胆量，说："这些人，党交给我，我该怎么要求他们，还怎么要求。"报卡社选哪条资料，不选哪条资料，得有点文化。这些人不管他曾经是国民党的校官，还是尉官，他总还有文化，也会办事，所以你要用他。既然把他们分配到我单位了，我们就要使用他们。可后来认为报卡社集中了这么些人，又出了一些问题，比如有的干部叫人"拉下水"了，夜里跟人打牌等等，好像非得好好"四清"一下"四不清"干部。我后来听说打打牌也是有的，好像还不算什么烂掉的干部、烂掉的单位吧，还是共产党在那里领导，夏加一直是很好的共产党员。他用这些人，别人好像就觉得不应该用，好像出了问题是因为他要重用这些干部。

"四清"时，我去过房山区六股道村，后来又上了邢台的临城搞"四清"。我也是赶鸭子上架，还让我当了个指导员。我们是 1966 年 3 月 5 号下去的，党委书记崔耀先送我们到火车站，说到邢台地区"四清"，一定要搞好。我们做出了些成绩，县委也很满意。但是今天看来还有很多问题。这样粗粗拉拉一直搞到"文化大革命"开始，到了 8 月份才回来。今天看来，那几年学校搞的运动太多了。

"文革"中，我去了江西"五七"干校。人大花的钱相当多，我听说光路费就花了几百万。到那儿以后，老乡家住不下，还要打石头盖房子。在干校，原来不能干的也得干。在江西我待了两年多，还是比较短的，有人待了三年多。尚钺先生没去，因为尚钺先生要修改《中国历史纲要》，就把沙知、王思治和我三个人调回来了。那时尚钺先生 70 多岁了，有人还非叫他去不行，他说："我为了党的工作，你看着该怎么办就怎么办吧。"尚钺先生根本不怕。尚钺先生对这些、对他受的批判，非常豁达，敢于提出自己的意见，敢于坚持自己的意见。历史系还挂着尚钺先生的那个语录："我们不是争一时一地的是非，而是争万世之是非"。当时批判他，我们也跟着做了。党要求每个党员要绝对服从，我们当时也跟着批判了尚钺先生。后来，我们对他说："真对不起"。他说："唉，我不计较这些，我都知道。我明白，你们不批判，行吗?"他都想得开，他心胸比较开阔，不像心里积疙瘩的人。所以越搞运动，人越不能和谐。今天提倡和谐社会，我由衷地赞成，只有社会和谐了，才能齐心合力。

在"五七"干校后期，本来要把人大这一批干部都给江西，崔耀先拿着这个文件找江西省委程世清。一问，这些干部中不少人级别都很高。程世清不敢要。比如我这个普通教师级别是拿 89.5 元，在江西那可不低了，他们中不少人才拿三四十块钱。那些老教员当然更多了，100 多的，像尚钺先生 280 多块，有的还 300 多块。所以江西人给我们编了个顺口溜，叫

"穿得破、吃得好，光着膀子戴手表"。最后人大教工只好都回北京。学校解散时，特别应当感谢郭影秋，他提出来要按块分，比如历史教研室分配到师大。我们后来分配到师大了，师大来拉家具，人也过去了。

在"文革"中，咱们有些很宝贵的图书丢失了。当时，一听说人大停办，人要去江西，书要怎么弄就怎么弄吧。上江西的时候，大家都去还书，自己还卖书。我找孩子去排了两个小时队，才能卖上书，7分钱1斤。现在一套《二十四史》是几千块、有的上万块都买不着，那时7分钱1斤。我们自己的书都要卖，图书馆的书几乎就没有人管了。我听说用车推着，然后到那儿一翻，堆着跟山似的。因为上江西也不带了，那会儿能不能回来都还是问题呀。我自己的书卖了，家具也卖了，一个大衣柜，10块钱就卖了。大家都卖就不值钱了，书也不值钱，什么都不值钱。现在讲文物，那会儿什么文物也不值钱，特别是红卫兵抄家以后，卖什么东西都便宜得很。

那会儿书糟蹋了不少，外面也有人来要。那时湖南新办了一个大学，来人大要书，大概给了它一些书。另外，首都图书馆来要书。反正咱们人大有好多名贵的书，原来有的，现在没有了。我和沙知从干校回来时，图书馆还好借书。我们曾经借的书还有明版书，我印象中就有正德《明会典》。后来我又想看了，别人说没有了。究竟怎么回事就不知道了。《永乐大典》咱学校原来似乎有几本，现在也不知道弄哪儿去了，大概也弄丢了。反正好多书损失了。咱们学校图书馆的领导，我觉得搞得不错。复校以后，又请了档案系的张我德先生，他原来也是历史教研室的，很懂行。他跟图书馆一起编了一个善本图书资料目录，把善本特别挑出来，后来都做了整理。

书损失不说，家具损失也不少，但幸亏郭影秋把教师按块分配，说人大一恢复，一块就回来了。人大能够复校，是郭影秋的功劳。那会儿郭影秋是"文化大革命"被冲得最厉害的干部之一，说他保守啊。"人大三红"和"新人大"为他打呀、闹啊，"新人大"保郭影秋，"人大三红"就反郭影秋。郭影秋在人大是个好校长，他在云南当过省长，后来又在南京大学当过校长，原来要上国务院当副秘书长，后来点了名叫他上人大来。反正这个人挺能干的，也很朴实。郭影秋的宿舍就在二处，是平房，砖房子。当然他住的稍微大一点，但没有搞特殊。崔耀先在"铁一号"住的也是间平房。这些领导干部都没有搞特殊。

复校后，历史系在艰苦的条件下开办

开始时历史是全校的共同课，中国历史教研室、世界史教研室的教师上课，至少我来的时候就是这样。我来以前，是不是也是这样，我就不知道了。反正我是1952年毕业，1953年的时候就是共同课。那时非常累，天天没有闲时候，而且都得上西郊和海运仓。在鸦儿胡同的那个房子，两个教研室，有七八十个教员，连研究生有100多人。那会儿当教员连个手表都买不起，到课堂上还得互相借着用。后来慢慢地历史课就少了，没有历史共同课了。吴老强调各系必须学点中国历史，后来的校长不那么强调了。后来历史系是人大复校以后成立的，当时叫中国历史系，尚钺先生是系主任。

历史系成立以后，做出了很多成绩。新上任的一批领导很能干。当然开办的时候难题很多。成立了历史系，没房子，要到办公室很难。后来在红一楼要了一间房子，作为历史系办公室。停校对人大的影响，图书是个损失，另外教员也是个损失。幸亏郭影秋说要成块分配。我当时不理解，为什么要成块分配？我现在理解了，成块分配出去也好成块要回来。有的没有成块分配的就出问题了，有的说他爱人在外地，正好他就出去了。那会儿历史系刚成立，不能每个断代都开课。给外系上，一个人从夏商周讲到明清，可以解决问题。但成立历史系就得讲得详细一点，每段都得有人去讲。可当时有好多段咱们没有人讲，于是就借人讲，就从内蒙古大学把我们同班同学黄佩瑾借调来了。他原来是人大经济系的教员，内蒙古大学

411

缺教员，来人大要，大家都不愿意上内蒙古。他这个人老老实实的，就服从组织分配去了，当了那里的历史系主任。后来人大历史系成立了，他非常高兴。我们说正好人大也缺历史教员，你最好调来吧。尚钺先生也很希望他来，也同意他来，但是得先借来上课。借了两年，我们这个老同学真是认认真真地讲，同学也都很欢迎，但就是调不回来，就是出去容易要想进来那很难。这件事非常遗憾，真对不起人家，我特难受。后来听说调一个普通的工人带着一家四五口可以进来，但是调教员就进不来。那会儿八个校长，包括孙力余、张腾霄这些校长、书记都签字同意了，就是调不进来。好多的干部出去了就回不来了。

系里都没有房子，教研室就更没有房子了，只有一间办公室，黄佩瑾住在这里，系里要开会他就只能上院子待着，真对不起他。教研室还要政治学习，那怎么办？有些教员原来不是中国人民大学的，有的有这样的问题，有的有那样的问题，有的是想回北京来。好不容易凑起来了，可都不住在人大，要开个会就很难。你得通知他，星期几开会啊。那怎么通知？那时很多家连个电话都没有。那会儿林园这几个楼中间有个电话亭，有时正好有人占着线，就只好上伙房里去借电话，求爷爷、告奶奶用几分钟，跟人说会儿话，通知张三、李四。好多同志都住在城里，有的年纪比我大，郑昌淦老师、沙知老师、孙方明老师，另外还有几个。本应当到西郊来开会，西郊又没有房子，最后只好在城里和西郊轮流开。现在大家都痛快了，有教授室、副教授室，当时想都不敢想。

尚钺先生对我的影响

我在山东大学时的教授们都很有名，他们对我的教育到现在都不敢忘，但他们的讲法跟咱们学校的讲法不太一样，他们很注重用史料论证历史。我感觉人大是新型大学，它有很多新方法，特别重视理论学习。我当初也抵触，因为四门理论课我都学过，你叫我再学一遍是什么意思。辩证唯物主义、历史唯物主义、联共党史都差不多。后来想明白了，学就学，好不容易有这个机会。我从心底感激新社会，到底是新社会好，在旧社会我就没有这个机会。

到这里以后，尚钺先生给我们讲课。他原来是鲁迅的学生，是1927年的党员，级别相当高，后来又成了满洲省委秘书长。我们当时也没觉得这有什么，但是听课时我有一种很震撼的感觉，他讲明代出现了资本主义萌芽。哎呀！我说怎么过去我就没想这个问题，在山大那么多教授没讲过这个问题。他引证的是小说，是个别的资料，论证虽然还不够充实，但至少我感觉这是个新问题，这个问题值得花点工夫。所以我也愿意搞这个问题。

我们理论课是在西郊上课，一年后，又到城里去，到鸦儿胡同去再上一年半专业课，由尚钺先生给我们讲一年的中国通史，一个星期八堂课。他都五六十岁了，夜里两三点钟还开着灯。他那个房子光线特不好，电灯也不好，真辛苦。

后来我选了个题目，就跟资本主义萌芽有关系。到最后半年写论文，叫我们到白米斜街去住了几个月。尚钺先生跟北京图书馆比较熟悉，北京图书馆特别照顾我们看书，所以我们那会儿半年就写好了论文。尚钺先生大概认为还可以，我就留校工作了。留校后不久，1957年，他选我们四个人的论文结集成《明代社会经济形态研究》，由上海人民出版社出版了。自己回过头来看，尽管那个论文集出了，但我的文章里面问题还很多。尚钺先生的影响很大，外面批评的也挺厉害，其中尚钺先生给我们那本书写的序言后来成为被批的对象。

我们同学有的分配到云南去，在全国批判尚钺先生时，单位就说他是尚钺的徒子徒孙。同学们压力挺大的。尚老师是个老革命，他能有多少问题？他就提点不同意见，他就不同意范文澜给毛主席写的那个第二卷"自周秦以来中国是封建社会"。"周秦以来"，这里面出入是很大的，是"周"还是"秦"啊？"周秦以来"，是汉还是什么？他自己就没说清楚。那么尚钺先生提了点意见，他认为是"魏晋封建论"，就成为全国批判的对象。当时，我们好多学生也起来批判他，当然到现在我们也很内疚。

尚钺先生受批判是因为他的"魏晋封建论"，也包括资本主义萌芽。其实，讲历史注重规律，这是他突出的优点。讲历史干什么？讲历史不说规律吗？他就是讲规律，这是他的独到之处。他原来跟鲁迅先生学习，鲁迅先生很器重他。他也写过小说，而且很有成就。最后他参加党的活动，他第一个爱人就是为党牺牲的，他也被捕过。他的经历很坎坷，但一直是对党忠心耿耿。

在做研究上，只要肯努力，尚钺先生就鼓励。他讨厌"板凳上有钉子"。什么意思？就是坐不住。他批评有的教员"你的板凳上有钉子，你就坐不下，应当看书，应当奋斗"。他自己就一直奋斗，所以我们不敢偷懒。在这些老师面前你敢偷懒吗？有人才他就往外输送，我们班有些很有水平、很有能力的同学就是这样调到外面的单位去了。他给我们的影响很深。后来尚钺先生受批判了，资本主义萌芽成为很敏感的领域，很多学者不敢研究了。

我读书的时候，也考虑一些跟萌芽有关系的明代经济问题。我最重要的感觉就是学习理论以后，觉得教历史不能光讲政治现象、你争我斗这个历史。他们为什么斗？归根结底都是为了经济利益。我觉得政治事件，前人不知研究多少遍了，"二十四史"很多都是讲政治问题，讲经济的很少，只"食货志"讲点土田水利、税收等。要弄清这一块，要看出点规律来，那太难了。中国地方这么大，多少省，多少县，如果只有个别材料，能说明一般现象吗？要说明一般现象，你就得了解各个省的情况。各个省地方志浩如烟海，一弄几千种，每种又几本或几十本，有的还60年修一次。所以，搞经济史，面很广，难度甚大。我知道应当搞，也花了一些力气。我抄了、看了不少书是真的，但没搞出多少成绩来，这真是一大憾事。

中国人民大学为国家培养了大量人才，贡献很大，老一代的贡献很大，新一代人贡献更大。吃的、住的、待遇等各方面，现在的条件比过去好多了，再不好好搞就对不起人大，对不起人民的培养。

人物简介

韩大成（1924—　　），山东省青岛市人。中共党员，教授，历史学家。

韩大成1952年毕业于山东大学历史系，1955年在中国人民大学研究生毕业后留校任教。曾任中国明史学会顾问及《明清论丛》编委等职务。

韩大成主要开设"中国古代史"、"宋元明清史"、"中国古代史学史"、"明代史籍与明史研究"、"明代经济史"等课程。先后发表学术论文数十篇，主要有《明代的族权与封建专制主义》、《家谱、族谱与史学研究》、《明代的佃户》、《明代的官店与皇店》、《明代的交通运输散论》、《明代牙行浅论》等。代表性专著有《明代社会经济初探》、《明代城市研究》（是明代城市史研究中最具代表性的一部学术著作）。他还参加了《中国大百科全书·中国历史》的编写，任明史卷副主编；主编了《中国大书典》历史卷（获北京市优秀图书二等奖）；与其他学者合著了《魏忠贤传》，合编了《清代农民战争史资料选编》（上、下两册）。

关怀自述[①]

摘要： 关怀（1927— ），河南偃师人。著名劳动法学家，中国人民大学法学院教授，被誉为"中国劳动法学第一人"。本文回顾了他早期的求学经历及在中国人民大学学习、工作几十年的经历和见闻，还回顾了上世纪50年代人大在劳动法研究方面的奠基地位及参与《劳动法》制定和修改的过程。

奔波求学　至朝阳大学就读

1927年6月3日，我出生在河南省偃师县[②]。我家是一个知识分子家庭。父亲是河南大学教育系毕业的，毕业后在县里当中学校长，后来又到上蔡县做教育局局长，可不久后染上霍乱而亡。那时母亲也才二十几岁，

---

① 本次采访时间为2008年11月14日，由中国人民大学校史研究室负责采访、录音整理及文字编辑。

② 今河南偃师市。

她是师范毕业生，教小学，艰辛地抚养我和妹妹。抗日战争爆发后不久，日本鬼子侵略到河南，母亲就带着我和妹妹逃到了甘肃。当时有大批的流亡学生到内地后方去，国民党政府成立了很多以各个省为中心的国立中学，比如河北的流亡学生在哪里集中，河南省的在哪里集中，这样成立了20几个中学。在西北一带的河南流亡学生，集中在甘肃清水县的国立第十中学。我母亲在学校工作。我在这个学校从小学五年级一直读到抗日战争胜利高中毕业。国立中学的学生享受公费待遇，管吃管住，另外冬、夏各一套衣服。抗战了八年，我在甘肃也读了整整八年，在这期间真正读了一些书。抗战胜利，学校撤销，就不叫国立第十中学了，学生回到原籍。抗日战争期间我是这样度过的。

回到河南以后，我在老家教了一年初中英语。我是高中毕业生，那时家境也很困难，我没有到外地读大学的资金，就先工作了。到 1947 年，我觉得这样下去不行，要出来上大学。我到南京、上海考大学。在南京时，我考取了北平朝阳大学。朝阳大学是一个法科学校，成立于民国二年（1912 年），为了适应民国建设的需要培养法律人才，当时一些国外留学回来的人士组织成立了这个学校。朝阳大学设在北京朝阳门内，以研究法律为中心，有法律系、司法系、经济系，还有专修科等等。在旧中国讲法律，有"南东吴、北朝阳"之说，这两个学校是很著名的。当时还有一个说法叫"无朝不成院"，意思是只要有法院，就有朝阳的法律学生。当时朝阳大学的校长是国民党元老、司法院院长居正兼任的，但他在南京，主持工作的是北平的一位校长。朝阳大学原来是在北平，抗日战争期间搬到了成都，后又迁到重庆。这个学校地下党的力量是很强大的，斗争也很激烈。学校有许多进步的教授，如在重庆时期就有"邓马黄"（邓初民、马哲民、黄松龄），学校返回北平时有陈瑾琨，陈教授后来去了延安，毛主席还接见了他。

投身学生运动，奔赴解放区

进入朝阳大学后我参加了学生运动。当时北平的各个大学都有地下党的力量，朝阳大学地下党的力量也是很强的，学生运动是在地下党的影响下开展的。1948 年 5 月，我被吸收为地下党的青年组织"青年工作先锋队"的成员，地下党员王开疆同志领导我参加活动。当时的主要活动是学习党的一些文件和搞游行示威，搞请愿，包括到中南海大门口摇旗呐喊，反对国民党政府的独裁，反内战、反迫害，要求民主、自由。国民党的军警开枪镇压游行示威的学生，有些学生就牺牲了。有一张 1948 年在中南海新华门前面参加游行示威的照片，是我在队伍中呼口号的留影。这个照片是当时游行期间拍摄的。解放以后全国学联在中山公园举行学生运动图片展，法律系的学生跟我说："关老师，我们在中山公园看到您解放前在新华门外参加游行示威的照片了。"他们跟我讲了以后，我到中山公园去看了，但没有从展览处要到照片。后来也不知道学联是怎么保存的。当时有很多社团，都是地下党的外围组织，我参加的是朝阳大学新诗社。当时北京大学、清华大学、师范大学、南开大学等各个大学的诗社联合起来，成立了一个华北诗歌联合会，还出版了一个地下刊物，叫《诗联丛刊》。我是朝阳大学参加华北诗联的编委，我们的工作地点在沙滩北大红楼的地下室，在那里我们经常开会。每次审稿，各个大学的诗社带来自己的稿子，编一个地下刊物，印刷后发到各个方面。学校里还有我们的诗刊墙报，每次出刊都占有很大一块墙壁，引人注目。我们以诗的形式来抗议暴行、反映民主要求等等。此外，还参加一些演出和庆祝活动，如五四青年节的活动。另外还经常参加一些集会，有时候我参加朗诵。我还参加了合唱团，地下党员孙国华是合唱团的指挥，我是合唱团的朗诵员。在集会期间，有时候我朗诵自己的诗篇，以诗歌来抗议国民党的暴行。例如国民党败退河南省当时的省会开封以后，对开封狂轰滥炸，致民众死伤无数，引起广大人民群众的不满。这个时候在北大民主广场开了一个抗议大会，各个大学的师生聚集在那里抗议国民党政府的暴行。清华大学的冯友兰教授是河南人，他在会上讲话，我也曾代表朝阳大学的同学们朗诵诗篇，抗议国民党政府的暴行。

1948 年的春天，我们有两个同学，在北京东四附近一条大街上逛街的时候，被国民党特务盯梢，拉到胡同里猛揍了一顿。他们被三轮车夫抢救，拉回了学校。国民党的这一暴行激起了朝阳师生的愤慨，学校全校集会，抗击暴行，贴了很多的标语。在这个大会上，我也朗诵了抗议的诗篇。当时特务站在后边，但同学们都是义愤填膺，他们也没敢下手。

1948 年 8 月，国民党反动派在北平搞了一个"8·19"大逮捕，镇压各个大学的进步学生。各个大学的学生都有上黑名单的，朝阳大学也有。国民党的军警到朝阳大学的门口要冲进学校。进步的学生知道以后，就把大门封了，同学们拿着棍棒站岗，谁也不许进来。我们这边把上了黑名单的几位进步同学藏了起来，这样一直僵持到第二天下午。当时的训导主任李贵民是个国民党特务分子，他把国民党军警带到学校的北门冲进来，把这些进步同学带走了，包括孙国华、王舜华等。他们被抓走了以后，大家就盯住李贵民猛追猛打，说："你这个大坏蛋出卖学生，罪该万死。"他挨打以后就没再来上班，一直病着。后来北京一解放，就把他抓起来了，在镇压反革命分子时枪毙了。

当时学校的斗争很尖锐，出现了这个情况后，地下党考虑要保存力量，认为这次抓捕仅仅是第一批，可能还要再来抓人，所以决定转移进步同学到解放区去。国民党反动派发动"8·19"大逮捕以后，我提出要求转移到解放区，因为我在这里已经暴露，被盯上了。一开始组织上说这里的斗争很需要人，大家都走了怎么行呢？当我再次提出来要走时，组织上批准我到解放区参加革命。我通过北平西城的一个联络站，住在一个老太太家里，这里是地下党的一个联络点。她家有堂屋，旁边是柴房，我们要去解放区的数位同学一起躲在那里，然后一起去。我的头剃得光光的，带着地下党搞的返乡证，化装成小商贩回老家，离开北平，辗转到河北沧县又转到泊头报到。

到那里以后，就去办理登记，填写各种材料。第一道程序，改名字。为什么改名字？说斗争的形势需要可能还得到北平，到北平的时候用原来的名字，在解放区用新的名字，这样有利于斗争。我原来叫关家驹，是我祖父起的名字。这时，我就改成了关怀。为什么改成关怀呢？意思是关心人民群众，关怀劳苦大众。后来就问我是工作，还是学习？我说我大学还没毕业，还想继续学习。接待人员说："那你就到华北大学。"这样，在泊头镇集中了大概一个星期后，就到华北大学去了。从泊头到华北大学还有两三天的路程，因为不通车，都是步行或者坐马车。

那时华北大学在河北正定县，我们经石家庄再到正定，到正定后根据到达的时间编班。当时华北大学分了很多部，第一部是政治学院，还有文艺学院、教育学院。我分配在华北大学第一部28班，宋涛老师是我们的区队长。每一个班有班主任，28班班主任是朱云同志。解放后朱云先在北京工作，后来到东北工作去了。人大经济系的孙健教授跟我一个班，他是从南开大学到华北大学的。在华北大学时，竞选班上的学生会干部，我跟孙健的票数最多。在华北大学党是公开的。这个时候我的地下党青年组织的关系来了，因为有地下党介绍，又是经过斗争考验才到这儿来的，提出入党申请后不久我就被发展入党了。我们班上两个同学同时被吸收为共产党员，在1949年3月履行了入党手续。我在华北大学学习了四个月就毕业了。这期间，我曾报名南下，但未获批准，组织上要求我留校工作。

从华北大学到中国人民大学

北平解放后，华北大学迁到北平，还有一批人留在正定。3月底，我到了北平，分配在华北大学一部办公室工作。形势发展很快，不久成立了天津分校，在天津又招了两三千名学生，成立了两个区队：第九区队、第十区队。天津分校的主任是宋涛，我从北平调到天津分校在办公室工作，给宋涛同志做秘书。从4月一直到8月，当天津分校的学生毕业分配了，我才又回北京。

这个时候中华人民共和国要成立了，需要法律人才，国家考虑要建立自己的法律大学。当时华北人民政府的司法部长是谢觉哉同志，中央让谢觉哉以司法部长的名义兼校长，接管朝阳大学，成立中国政法大学。当时派了六七个干部来接管朝阳大学。朝阳大学的地下党提供线索去找人，他们把我开入名单，说："他从朝阳大学走的，了解朝阳大学，又经过华北大学的培训，也了解解放区的教育。"这样在1949年9月，我从华北大学调入了中国政法大学。①

在政法大学，我是教育科的召集人，孙国华、王舜华也是教育科的，教务长是罗青同志。到职不久就筹备开学典礼。中国政法大学成立大会非常隆重，中央来了很多人，朱德同志也来了。朱德到的时候，我正在签到处，记者拍了一张朱德同志在签名簿上签名、我站在他旁边的照片。那张照片我一直保存着，非常珍贵的一张。我们教育科负责有关教学的组织工作。

政法大学成立了三个部。第一部的学员是老干部，是从解放区调来的司法人员。第二部是法律专修科，学员为原来在大学学法律的，也有一些法律院校在校的高年级学生，他们学过一些法律，学习半年后，再分配到法院等方面去工作。第三部是本科生，包括原朝阳大学一、二年级的学生和新招的一批高中生。

到了1950年2月，中央决定成立中国人民大学。中国人民大学校长是吴玉章，吴老在筹备学校的时候，考虑要按莫斯科大学的模式来办中国人民大学。莫斯科大学有法律系，中国人民大学也应成立法律系。这时吴老就找了谢老，说你就别搞政法大学了，把这个学校合并到我这里来就得了。中国人民大学办学也需要地方，就把原朝阳大学的、后来是政法大学的地址划了过来。谢老接受了吴老的建议，这样1949年10月刚成立不久

---

① 接管朝阳大学成立的学校校名为中国政法大学，于1950年2月并入即将正式成立的中国人民大学。现在的中国政法大学原为北京政法学院，"文革"后，北京政法学院复校，改名为中国政法大学。

的中国政法大学于 1950 年 2 月起成为中国人民大学的一个组成部分。①

成立政法大学，中央很重视。中国政法大学的校牌是毛主席亲自写的，刘少奇同志也很关心。这时把政法大学合并到中国人民大学来，第三部作为人大法律系本科，第二部为人大法律专修科，第一部成为中央政法干部学校。第一部的主任是陈守一同志，他是朝阳大学早期的学生，后来长期在解放区工作，解放初期在华北人民政府任教育司司长。接管朝阳大学、成立政法大学的时候，他是第一部主任，后来就任中央政法干部学校教务长。1954 年北大恢复法律系时，董必武同志派他到北大任法律系主任。

中央决定取缔国民党政府的"六法"，各个大学的法律系经整顿而陆续停办了，这时唯有中国人民大学有法律系。从全国来讲，中国人民大学的地位最高，教育部的很多经费都给了中国人民大学，因为它是从延安过来的，是中国共产党自己办起来的学校，很受重视。1950 年 10 月人大举行开学典礼的时候，刘少奇同志亲自到大会讲话，说建立了我们自己的大学，那个时候我已在法律系工作了半年。

1950 年 2 月，将政法大学合并到人大时，学校其他的系还没成立，只有俄语系同时存在。那时法律系有六个班，学员是从政法大学第三部转来的，系主任是朱世英同志，我是第四班的班主任。1950 年 3—10 月这一段时间，组织学员集中学习党的基本理论，听报告。1950 年 10 月中国人民大学正式成立，各个系都招生了。这时，孙国华同志到法律系当研究生去了。我呢，领导说："你别当研究生了，教书吧"，于是我就进入民法教研室，做了法律系第一批教师。教研室主任张仑，是个老同志，原来在解放区法院里工作过，后来是中国政法大学第一部的学员，政法大学合并到人大时，组织上派他做民法教研室主任，不久后他调到党委办公室做主任，

① 1950 年 2 月华北大学已改名为中国人民大学，从政法大学第三部合并到人大法律系的学生为人大法律系第一期的学员。1950 年 3—8 月法律系办培训班组织这批学生学习。1950 年 10 月中国人民大学正式开学，这批学生成为法律系第一届学生。

由陈启新同志接任民法教研室主任。陈启新也是一位老同志，曾参加过广东东江纵队。我做教研室的教员兼秘书，到 1953 年，我被任命为民法教研室副主任。

上世纪 50 年代各大学劳动法教师都是从人大法律系走出去的

民法教研室分四个教研组，有民法教研组、民事诉讼法教研组、劳动法教研组和土地法教研组。人大刚成立就来了大批苏联专家，我们教研室的专家是亚依契科夫，他是莫斯科大学的教授，到这里来做教研室的顾问，由他给我们中国教师讲授民法教研室的各门课程。他非常强调劳动法的重要性。他说："我们是社会主义国家，劳动法很重要，要关心职工群众，要保护劳动者的切身利益，劳动法在社会主义国家的法律院校中应是重要的课程。苏联在 1918 年就颁布了《劳动法》，1922 年又重新修订颁布新的《劳动法》。这门课程应受到重视。"我说行，我就干这个。这样我就到了劳动法教研组，从事劳动法的研究。还有赵中孚同志，那时候他已从本科调出做民法教研室研究生，因为老师不够，需要挑选一个人补充到教研室来，赵中孚就给我做了助手，1951 年在法律专修科讲课，我讲课，他做辅导。一开始我们两个人，后来人手还不够，王益英同志于 1952 年研究生毕业后，也调来了。其后郭寿康同志从北大调到人大，也分配到我们劳动法教研组了。劳动法课程当时是必修课，两个学期的课程，用莫斯科大学的教材《苏维埃劳动法》。中国还没有劳动法，我们就讲中国的劳动政策。课程内容分两部分，前面讲苏联的，然后再讲我国有关劳动问题的规定。有时候除了我自己讲，还请劳动部的政策研究室主任及劳动部的局长们来讲。有关我国的内容慢慢地增多，直至把苏联的部分去掉，逐步建立起中国的劳动法课程。

在法学教育中全国仅有中国人民大学法律系还不能满足社会上对法律人才的需要，因此从 1952 年开始，各个大区都设立了法学院，成立了北京政法学院、西南政法学院、华东政法学院、西北政法学院，东北未设法学院，但有吉林大学法律系。这些学校需要师资，人大就办了很多师资班，劳动法的研究生都到我们这儿来。我们从 1951 年开始招劳动法研究生，我一边教本科，一边为劳动法研究生讲课。研究生都是从各大学来的，学完了再回到各个学校教书。比如华东政法学院的叫宣冬玲；东北的是吉林大学的李芳志；西北政法学院的叫穆镇汉（后来是西北政法学院的院长），还有马原，她毕业后到北大教劳动法，后来是最高人民法院民事审判庭的副庭长、庭长，一直做到最高人民法院副院长；叶伟杰是武汉大学毕业后来人大做研究生的，毕业后到劳动部工作，最后担任劳动部劳动保护局局长。他们都是劳动法研究生班的，可以说人大法律系是研究我国劳动法学的基地，20 世纪 50 年代各个大学里教劳动法的都是从这里出去的。

要研究劳动法，就必须和工人运动相结合

1953 年召开了中华全国总工会第七次代表大会。这个会议新中国成立前叫劳动大会，开过六次，最后一次是 1948 年在哈尔滨召开的六次劳大。1953 年召开的大会是建国以后第一届工会代表大会，全国各省市的工会代表都聚集到北京怀仁堂开会。那时候吴玉章校长是中华全国总工会教育工会主席。我给吴老写了一封信，提出："现在要开全国的工会代表大会，我是研究劳动法的，如果不跟工人群众建立密切联系，劳动法教学就搞不好，所以希望能够参加这个会议。"写信后，吴老派秘书指示："你的要求很对，搞劳动法，不与工人运动相结合是没有出路的。你必须关注工人运动，这是一个方向问题。这样研究劳动法才有活力。你想参加工会七大，可以由学校介绍你去。"按照吴老的意见，校长办公室给了我一份致工会七大秘书处的介绍信，我带着介绍信到了全国总工会代表大会筹备处。当时全国总工会栗再温同志负责会议筹备工作。他接待了我，一看是吴老的

介绍信，说："欢迎你出席会议。"这样我就以列席代表的身份参加了工会代表大会。之后，我始终牢记吴老的教导，在教学与研究工作中跟工人运动紧密结合，与全国总工会建立密切的联系。

这是工会七大，后来我又出席了工会八大。"文化大革命"期间工会九大，我没参加。自 1981 年起我担任了全国总工会法律顾问委员会的委员，以正式代表身份出席了 1983 年召开的工会十大，我还被选举为全国总工会的执行委员，然后十一大、十二大连续三次我都是全总的中央执行委员。十一大时进入了主席团。全国总工会倪志福主席说："你只当执行委员不行呀，你是劳动法专家，得到主席团来。"经过代表团选举，我做了两届主席团委员。到工会十三大时，尉健行主席提出来要我还继续做主席团委员，但是我已 70 岁了，超过年龄了。尉健行主席说那还继续担任全国工会的法律顾问。从 1981 年全国总工会成立法律顾问委员会开始，我就是全国总工会的法律顾问，已 20 多年了。后来又以特邀代表的身份出席了工会的十三大、十四大，今年又参加了十五大。这次工会十五大开会，尉健行同志一看见我，说："哎呀，好几年没见面了。"倪志福也很关心我的研究工作。这次开会和倪志福、尉健行两位同志各照了一张合影，留作纪念。

我以研究劳动法作为我终身的目标，而坚持研究劳动法就必须和工人运动相结合，我一直跟工会保持着密切关系。建国以后从工会七大一直到十五大中间只有一次，即"文革"期间工会九大我没参加。我作为研究劳动法的学者成为全总主席团的成员，因此有关《劳动法》、《工会法》以及有关职工问题的法律我都参与了起草、制定、研究。

一生钟情劳动法教育、研究

院系改造时，北京大学法律系停办了。过了几年人们又认为北京大学没有法律系不行，应该恢复法律系。1954 年，社会上酝酿要恢复北京大学法律系，有人提议将人大法律系并到北大去，当时这个呼声很高。那时我是民法教研室副主任，我联系了几个教研室领导，写了一封信给吴老，表达我们的心情："法律系应该坚持留在中国人民大学，不应该到北京大学去。"这封信是我起草的，他们几个签了名。吴老接到信以后，让秘书通知我们到东四六条吴老的住处去一趟。吴老接见了我们，我们反映了一些情况，吴老亲切地给我们吃了定心丸。吴老说："人民大学是按莫斯科大学的体制建立的，我们学校怎么能够没有法律系呢？你们放心，我绝不会同意人大法律系到北大去。如果北大要重建法律系，可以另外组织，我校可以给予协助。"人大法律系终于保留了下来。为了筹办北大法律系，从人大法律系抽了几个人，当时的系副主任肖永清到北大法律系当副主任，办公室秘书也调到了北大法律系，还去了几个老师，为北大法律系配备了几个教员。这件事是很有意义的，表达了我们各个教研室老师对人大留恋的心情。1961年我被任命为民法教研室主任。

进入60年代，中苏关系产生了不少矛盾，大家认为苏联在搞修正主义。为了反对修正主义，中央宣传部希望在人大建立一个反对修正主义的理论基地，考虑在中国人民大学成立一个苏联东欧研究所，任务是反对修正主义。苏联东欧研究所的所长是当时的副校长孙泱，副所长由法律系的副主任韩铭立担任，人员由经济系、法律系、政治系几方面抽调，我被调入苏联东欧研究所。政治系来的和法律系来的合起来成立一个政法研究室，我被任命为苏联政法研究室主任。

后来中央发起了"四清"运动，我到湖南湘潭参加"四清"运动。在那里待了一年，回来以后不久就开始"文化大革命"了。1966年，聂元梓贴了大字报以后，北大党委书记陆平同志被打倒了，北大党委垮了。那时人大的校长郭影秋已经到市委了，郭影秋派工作组接管北大党委，由河北省委副书记张承先带队进驻北大，我成为工作组的成员去接管北大党委。人大的刘佩弦同志和王益英同志他们也都是工作组成员。我在北大技术物理系工作。工作组工作了两个月后，江青认为这是黑帮工作组，说工作组保护了黑帮，是"灭火队"。在北大大操场上召开大会，辩论了三天，讨论要不要工作组。后来江青宣布工作组是黑帮工作组，必须打烂工作组。工作组被打倒后，我们就变成被打倒的对象，召开批斗大会，我成为技术物理系的批斗对象。回人大后，又被批斗了一次，然后我跟各个系里被揪出的"走资派"一块强制劳动。郭影秋同志也被打倒了，拉回来也在学校劳动。

后来随着斗争越来越激烈，人大成立了两派，一个叫"三红"，一个是"新人大"。我们停止了强制劳动，参加到两派里头去了。我被吸收为"新人大"的成员，与"新人大"的一起参加运动。

1969年冬，学校决定到江西办"五七"干校，我和爱人都到了"五七"干校劳动。1971年学校在"铁一号"搞修建，成立了一个修建队，我被调进修建队，在北京工作了一段重返干校。1972年人大停办，"五七"干校人员回到北京，苏东研究所就整体调到北大，我还在苏东所做政法研究室主任，但我始终研究劳动法。

在北大工作了五年，1978年人大复校后，我们回到了中国人民大学，这时还叫苏联东欧研究所。搞了一段以后，因为反修斗争不太需要了，学校根据形势发展成立了法学研究所。我被调入法学研究所，仍担任教研室主任。我根据需要，开办了劳动法师资培训班。因为改革开放以后，各个大学需要增加法律教师，急需培养法律人才。司法部组织在西南政法学院举办了一个师资培训班，我曾应聘到那里讲课。为了给各个政法院校培养从事劳动法研究的教师，1984年、1985年我们中国人民大学法学所自己办了两期劳动法师资培训班。

1988年起，我开始招正规的劳动法研究生，之后每年都招。后来法律系与法学所合并成立人大法学院，我又重新回到法学院民法教研室，我原来就是民法教研室的成员，走了这么一圈，又重新回来了。

粉碎"四人帮"以后，法制建设受到了重视。为了普及法律知识，《辞海》要求增加法律条目。1981年，我参加了《辞海》法律部分的编写，当时《辞海》是张友渔同志主持。不久我又参与了《法学词典》的编写，任常务编委，接着又参加了《中国大百科全书》的编写，担任《法学卷》的常务编委。在恢复法律教育、加强社会法制建设方面，我参与了很多的活动。

为了重视法制建设，中央政法小组在中央政法干校开办了法律宣教班，全国各地都派人来学习，规模很大。因为粉碎"四人帮"以后，我曾在社会科学院法学所组织的法学研究会上发表过一篇论文《必须加强和重视经济法的研究》，这是全国第一篇谈这个问题的论文，从而引起了各方面的重视。中央政法小组让我在中央法制宣教班上讲经济法，我讲的题目是"经济立法与经济司法"。当时任建新同志还在贸易促进委员会工作，由他讲国际经济法，高铭暄同志讲刑法，孙国华同志讲法理。法制宣教班办过两期。第一期讲完后，我到杭州参加《中国大百科全书》和《法学词典》审稿会，中间又回到北京，为第二期宣教班讲课。法制宣教班的影响很大，我主讲经济法，所以就确定我担任《中国大百科全书·法学卷》经济法主编。原先民法、经济法都由我负责，这一部分太大，后来我推荐江平同志担任民法主编。

在这个基础上，司法部组织了编写法学统编教材的工作，把全国各院校的同志组织起来参加教科书的编写，我担任《劳动法学》主编。这部教材连续出版了三版，一直到《劳动法》颁布以后又出了一版，每年都要印，总共印了十五六次。各个大学讲劳动法都使用这部教材。后来人大组织了一个21世纪法律教材编写，教育部还组织了"十五"规划教材和"十一五"规划教材，这些教材中的《劳动法》都是我担任主编。此外，劳动部的培训教材《法学概论与劳动法》、中央党校的教材《劳动法与社会保障法》也都是我任主编。我的各项著作有二十五六本，其中还有关于经济法的著作，最早出版的一本叫《经济立法与经济司法》，这是我有关经济法的第一本书，也是全国最早的一本经济法的著作。我在经济法方面有很多的研究，也是首创，但后来我的精力实在不行了，对经济法的研究就慢慢地淡化了。

由于我是 1950 年人大法律系创办时的任课老师，人大法学院于 2000 年授予我"元老教师"称号。自 1992 年起享受"国务院特殊贡献专家津贴"。1999 年中国法学会在人民大会堂召开建会五十周年庆祝大会，我从中央政治局常委尉健行同志手中接过了学会颁发的"从事法学研究和教学五十周年荣誉证书"。2004 年 12 月，在劳动和社会保障部有关单位及中国劳动法学研究会召开的"劳动法实施十周年理论研讨会"上，我获得"劳动法学理论研究杰出贡献奖"和"劳动法优秀科研成果奖"。

参与我国《劳动法》的制定与修改工作

自 1981 年起，全国总工会成立了法律顾问委员会，当时聘请了钱端升、陈守一、芮沐等十位教授为顾问，我亦忝列其中，至今担任这一职务已 27 年了。因为我是全国总工会的法律顾问，所以很多法律都参与制定，尤其是《劳动法》。我参加劳动立法工作始于 1956 年。1954 年颁布宪法以后，中央提出仅有宪法是不够的，需要制定一些部门法，特别是民法、刑法，还有劳动法。刑法和民法都是由人大常委会组织的起草班子，劳动法由劳动部负责起草。1956 年在劳动部成立了一个劳动法的起草组，由劳动部副部长毛齐华同志担任起草组组长，我作为起草组的成员跟毛部长在一起工作。当时的任务是研究劳动法的框架结构和草案起草等，主要还是参考苏联的《劳动法》。因为苏联的教科书是人大翻译的，我们给起草组提供了很多资料。1956 年开始起草《劳动法》，这是建国后第一次起草《劳动法》。1956 年活动很多，经常开会，而且是毛部长亲自主持。1957 年开展反右派斗争以后，工作中心转移，起草工作淡化了，但还在继续研究。1958 年下半年，搞"人民公社化"了，当时整个国家处在极左思潮下，认为"共产主义是天堂，人民公社是桥梁"，全国要实现人民公社化了，共产主义很快就会实现，法律就不需要了，这些法律也没有必要制定了。因此，起草组的工作就停下来了。第一次起草《劳动法》夭折了。

十一届三中全会以后，邓小平同志提出来搞社会主义就必须加强法治，必须做到"有法可依、有法必依、执法必严、违法必究"。首先是必须有法可依，一个国家光有宪法是不行的。他讲必须尽快地制定一批法律，提出来了一大串，其中就有《劳动法》。邓小平同志讲话以后，各个起草组就相继成立了。1979年春天，劳动部马上成立了劳动法起草组，我又被邀请去参加起草组的工作。我们讨论研究草案，弄了有一二十稿。后来这个稿子经过劳动部党组讨论通过后，上报国务院。国务院召开了常务会议讨论《劳动法（草案）》，劳动部派了三个人汇报草案的起草工作，我是其中的一个，另两个是劳动部的官员。我们讲了起草的经过和立法原则。会议开了两天，后来基本上通过，但还要修改。大概是在1983年，草案再次修改完毕后交到了人大常委会。人大常委会说颁布《劳动法》为时过早。《劳动法》要实行劳动合同制，但工人接受不了劳动合同，有些工人认为"劳动合同是资本主义的东西"。全国人大认为实行劳动合同还为时太早，需要逐步来。这样《劳动法》的草案就未能在人大讨论。全国人大认为劳动合同只能先试行，于是公布了一个《劳动合同试行办法》。后来又推出一个办法：老工人老办法，新工人新办法，老工人不订劳动合同，新工人入厂要订劳动合同。这一做法又引起了新工人的不满，这样《劳动法》的起草又被搁置下来了。

随着改革开放的深入，私营企业越来越多，劳动关系越来越复杂、越来越尖锐，很多同志都反映必须尽快颁布《劳动法》。1989年全国人大开会，倪志福同志是全国总工会主席，又是副委员长。他在发言里讲必须要制定《劳动法》，没有劳动合同是不行的。全国总工会副主席陈宇同志是全国政协委员。在政协开会的时候，二十几位委员联名发言，说：必须制定《劳动法》，我们必须结束野生动物保护有法，而劳动者没有法的现象。为什么猴子应予保护，而劳动者却无法律保护呢？我们国家已经颁布了《野生动物保护法》、《森林法》、《海洋资源保护法》，而劳动者怎么没有得到法律保护啊？社会上的呼声很高，《法制日报》也有文章说必须尽快制定《劳动法》，深圳的报纸上也说要有《劳动法》。那时，东欧来的一些外宾到全国总工会来访问，他们就提出来："你们搞社会主义建设已经搞了几十年了，我们都有《劳动法》，你们国家却没有《劳动法》，真是奇怪了。"在这一形势下，全国人大决定赶紧成立劳动法起草委员会，即第三次起草劳动法。1990年，吸收各方人士再次成立了一个劳动法起草委员会，由劳动部部长阮崇武同志担任起草组组长，全国总工会副主席王厚德同志等担任副组长。1990年开始，一直到1994年《劳动法》颁布，有关修改《劳动法》草案的很多重要会议，像桂林会议、吉林会议我都参加了。

组织和参加国内外的学术活动

除了从事教学及编写教材、写作论文以外，我积极参加了学术交流活动。中国法学会成立后，我曾任第一至第三届理事，后来在1979年又参加了中国劳动法研究会的组建工作，任学会的常务干事。1980年参与了北京市法学会的组建工作，任学会理事，在1983年北京市法学会第二次代表大会上被选任副秘书长，后在历届代表大会上任理事或常务理事及顾问；2000年由我发起和组建了北京市劳动法与社会保障法研究会，任会长，2005年改任名誉会长；2006年参与组建中国法学会社会法研究会，被推选为名誉会长。在每年的年会和研究会的活动中我都付出了劳动。

不仅参与国内学术交流，我也积极参加了国际学术交流活动。1990年亚太法律协会在印度召开第二届劳动法国际研究会，邀请我国代表团出席这次会议。中国法学会及劳动部确定我为中国劳动法代表团长到印度新德里出席会议。在会上我的论文受到热烈的欢迎。1994年我国《劳动法》颁布以后，中国法学会建议在北京召开亚太法协的劳动法国际研讨会，在各国引起强烈反响，有150余名外国专家到北京出席会议。我在会上作了题为《中外合资企业劳动关系的法律调整》的报告。1996 年亚太法协在澳大利亚的达尔文市召开第五届劳动法国际研讨会，我再次被确定为中国劳动法代表团团长，率团赴澳大利亚开会，并在会上作了《中国工会法与职工的合法权益的法律保护》的报告，获得了与会者的赞赏。1995 年我还出席了在汉城大学举行的中韩劳动法研讨会，对中国的劳动法及立法指导思想作了阐述。1996 年应美国夏威夷大学法学院的邀请，到该校就我国劳动法作了学术讲座。在促进海峡两岸学术交流方面，1997 年我应台湾政治大学劳工研究所邀请，到该校为研究生作学术讲演。2003 年 2 月，应台湾"中华联合总工会"邀请，作为中华全国总工会职工交流中心代表团成员，出席了在台北市召开的海峡两岸劳动问题研讨会，并在会上作了《中国大陆劳动争议处理问题》的报告。

参与维护职工合法权益的活动

由于长期参加劳动法的研究，必然与全国总工会及北京市总工会建立了密切的关系。我自 1981 年起任全国总工会法律顾问后，不久又担任了北京市总工会的法律顾问和北京市人大常委会法制建设顾问。除参与了有关的立法工作外，我还接待了大量的职工申诉与来访，用法律武器维护职工的合法权益。这也是我理论联系实际的主要活动方式。

我接办的职工维权案件中，比较有影响的有：浙江宁波两位打工妹的诉讼案件与北京市朝阳区"四通宾馆"数十名职工因企业转让被无理解雇的案件，以及河北邯郸峰峰煤矿矿区粮食局中心粮站职工巩恩和被强行解雇的案件。这些案件在我的参与下均获得了胜诉。"四通宾馆"的职工代表赵灿同志赠我一块纪念牌："为民直言，当代施洋"。巩恩和同志赠我一面锦旗："敬献德高望重的关怀教授——捍卫劳动法尊严，维护劳动者权益。"

在密切联系实际工作中，我发现浙江义乌市工会在维护职工合法权益方面有一套自己的做法，他们成立了"义乌市职工法律维权协会"。我对他们的工作大加赞赏，在义乌市总工会的会议上指出："这是工会工作的一个创造，一个突破，可以说是维权的义乌模式。"并为义乌总工会题写了"工会维权，义乌模式"八个大字。义乌总工会的工作受到了各方重视，在新华社记者报道后，胡锦涛总书记加以肯定并作了批示。义乌总工会的经验引起了全国总工会的重视，被确定为维护职工合法权益的先进单位，在义乌召开工作经验交流会。

我认为，我做了一些工作，但还很不够，我应当继续努力，在研究劳动法方面永不停步，以期对社会有更大的贡献。

人物简介

关怀（1927—   ），河南省偃师市人。中共党员，教授，劳动法学家。

关怀早年就读于朝阳大学法律系，期间积极参加学生运动。1948 年赴解放区参加革命，入华北大学政治学院学习，毕业后留校工作。1949 年 3 月加入中国共产党，同年 9 月调入中国政法大学教育科工作。1950 年 3 月开始在中国人民大学法律系民法教研室任教。历任民法教研室副主任、主任，中国人民大学苏联东欧研究所政治法律研究室主任，北京大学苏联东欧研究所政治法律研究室主任，中国人民大学法学研究所劳动法研究室主任。还曾任中华全国总工会第十至第十二届中央执行委员、第十一至第十二届全国总工会主席团委员、中国法学会第一至第三届理事会理事等职。兼任中国法学会社会法学研究会名誉会长、北京市劳动法与社会保障法研究会名誉会长、中华全国总工会法律顾问等职。1992 年开始享受政府特殊津贴。

关怀对劳动法的理论有系统的研究，在集体合同和劳动合同方面也发表了重要论文，主编了有关劳动争议处理的著作，在工会法的研究方面对工会的理论与实际进行了系统的论述。主编了我国第一部劳动法教科书

433

《劳动法学》以及《法学概论与劳动法》、《劳动法学基础》、《劳动法》、《劳动法与社会保障法》等十余部教科书，撰写了《经济法》、《经济立法与经济司法》等著作，参与撰写的《干部法律知识读本》获司法部科研成果奖。还主编和撰写了《中国大百科全书·法学卷》劳动法及《法学词典》劳动法词条，参与了《劳动法》与《工会法》的制定。发表法学论文百余篇。先后获中国法学会颁发的"从事法学研究和教学五十周年荣誉证书"、劳动和社会保障部及中国劳动法学研究会颁发的"劳动法学理论研究杰出贡献奖"和"劳动法优秀科研成果奖"、《当代中国法学名家》编辑委员会颁发的《当代中国法学名家》证书、北京市法学会颁发的首都法学研究突出贡献纪念奖。

韩铭立自述[①]

摘要： 韩铭立（1920—　），陕西兴平人。著名法学家，中国人民大学法学院教授。本文回顾了他参加革命、参加反扫荡斗争及在中国人民大学期间有关"人民公社调查组"、苏联东欧研究所的建立等方面的故事。

奔赴延安，投身革命

1920 年，我出生在陕西一个农民家庭，后在私塾上学。1928 年，父亲得病去世，家里就没有劳力了。1928 年、1929 年陕西关中地区大旱，三年没有下雨。我祖母、母亲、姐姐（比我大五六岁），她们在家里日夜纺线、织布，卖了以后买点粮食回来吃。我和弟弟都还小，家里没有劳力，就把地卖了来生活，后来把房子也拆了卖了。在这种情况下，祖母饿死了，姐姐自己出走了，嫁到了山西夏县，就剩下母亲、弟弟和我三个人，家里很穷。我有个远房的叔叔，我们住在同一个前后院的院子里。他在外面镇子上开饭馆，他看我们这样苦，就要我母亲去帮他磨面，我就到他的商店里帮杂。

---

① 本次采访时间为 2008 年 4 月 1 日，由中国人民大学校史研究室负责采访、录音整理及文字编辑。

从小在家的时候，受祖母、母亲、姐姐的影响，她们经常劝我好好学习，讲古人学习刻苦，头悬梁、锥刺股，讲王冕勤奋学习、孟母断机的故事。这些故事给我留下很深刻的印象。我就跟叔叔提出想继续学习，他答应了。我就在那个镇的高级小学学习，学了两年就毕业了。因为西北文化落后，那时候在农村高小毕业就了不得了。毕业的时候，到处贴贺信，墙上贴大红字。这两年上学对我影响很大。当时，日本占领了东三省。老师讲了以后，全班同学都哭了，爱国心刺激的。另外，红军已经到了陕北，我们就经常议论红军，流传的红军消息比较多。我家靠近北边的山，大概有三四十里路，据说红军就在北面的山里活动。当时甘肃庆阳有青训班，我知道后很高兴。好多同学都想去找红军，找党的关系。这段时间对我来说，思想有很大的转变。因为一个是我家穷苦，另外我看不惯蒋介石统治地区穷人穷，富人富。蒋介石军队到我们那个地方以后，老百姓都跑的跑，藏的藏，所以我对蒋介石队伍的印象很不好。我们家乡是国民党的统治地区，军队就驻在那儿。有一次，城外的庄稼地刚犁过，还要继续种，国民党军队有路不走，专门从老百姓的田里踩。我当时还小，敢"冲"。我就鼓起劲找他："这个地刚犁过了，你怎么从这里走啊？"那时有一种反抗心理。

那时起我就下定决心要找党。但投奔革命无门啊，谁是共产党？在蒋管区不能说找共产党，找共产党要杀头的，这是秘密。小学毕业后，我知道有八路军办事处。我就一个人秘密地到西安去找八路军办事处，在西安师范我同学那儿住了一天。因为没人指引，没有找到，我就回家了。我有一个同学大概是在地方军队里当了个什么官。回家以后不久，他穿着军装，戴着武装带来找我，叫我去参加。我考虑自己对国民党反感，我说："我干不了你们的事儿"，就把他婉转地拒绝了。我有两个小学的同学在西安师范上二年级。有一天这两个人来家里找我，让我到西安去，说 1937 年民族革命大学要招生。我说去，但考试怎么弄啊？他说考试不用考，都替我考了。就这样，我就跟我叔叔说了一下，他也让我去，并给了我五毛钱。那时五毛钱很少啊，他认为我还能回来，可我是一去不返。

我拿了五毛钱就到了西安，进入民族革命大学一分校。我为什么去呢？他们给我说这个学校名义上是阎锡山办的，实际上是共产党办的。一听实际上是共产党办的，我当然高兴了，我找都找不见共产党呢。

在民大一分校的时候，我参加了民族革命同志会。据说这是抗日青年的组织，是分校政治部主任周新民办的。他身份上是阎锡山的人，但他也是党员，解放后他在教育部教育司当司长，他儿子周亨元也在人大法律系刑侦教研室。他在那儿主持同志会。

在民大一分校学了半年多，1938年临汾失守以后，这个学校就搬到陕西宜川县城南的一个地方。1938年4月份，我在那儿加入了党。在那儿是地下党，是很机密的。我的介绍人叫史文彬，是陕西渭南人。入党以后，实际上还在民族革命同志会内生活。开党的会议的时候，我们就跑到山上，对外说是同志会开会，实际上是我们党小组会。后来阎锡山成立民大随营学校，是阎锡山直接办的学校。我队上的那个工作员（咱们叫指导员）找我谈话，说："去那个随营学校是党派你去的"。那时我才知道他也是党员，以前不知道，我们都是单人单线联系。

到那儿学什么呢？学阎锡山的那一套，什么"物产证券、按劳分配中的哲学"。大概学了一个多月，就把我分配到晋西北。那地方是牺盟会①，薄一波他们那个系统掌握的地方。后来我就跟我们党支部，实际上跟我联系的就一个人，我就跟他说，我想到抗大去，不想到那儿去。支部同意了。我就联合我们来的那两个陕西同学一起到延安。当时支委通过我联系的人对我讲，路上不能带党的关系，因为要过阎锡山好多的关卡。他说："你到那儿出事情也不好。支部研究，你先到延安，到延安后到组织部登记，党的关系以后给你转去。"

我们三个人走了差不多两天，进入陕北。到延安报名后就安排了，我

---

① 即牺牲救国同盟会。

进入抗大第五期。第二天，我在民大一分校一个队的同学耿克时（他先到延安，后改名为耿正，山东人），我是他入党的介绍人，他来看我，我就说了些情况。他领我到中央组织部登记填表，我就把情况告诉中央组织部给我填表的人，我说："我的组织关系没有带来，那儿组织说以后给我转来。"我那时年纪小，糊里糊涂的。那个组织部的同志有经验，他说："你先到队上去说一下，在队上等，关系来了，我就给你转到抗大去。"我就回去等。我们学生队指导员姜达生让我先在民族解放先锋队里过组织生活。在抗大那一段，蒋达生让我重新入党。我说我等，就没有重新入。结果一直没等来党的关系。蒋达生是东北人，年岁比我大多了，解放以后他在北京政法学院当副院长。后来，抗大从延安搬到太行的时候，他调到三营当教导员去了。原来的副指导员成为新的指导员，当时他姓苏（后来叫张明）。后来我在冀鲁豫根据地碰见他，他在第五分区政治部组织科当科长，解放后，他在外贸部东欧司当司长。

抗大毕业以后，我分配到一二九师。一二九师来带人的时候，我正好不在。那天在路上行军，我在前面打前站，找房子、准备饭，回来才听说一二九师已经把人都带走了。后来我又被分配在八路军总司令部卫生部一个兵站医院的政治处当民运干事，就随着黄克诚的部队从太行出发，准备过陇海路找新四军去。我们走到豫北、到冀鲁豫根据地的时候，正好遇上日本一两万人包围，打了一仗。黄克诚带着部队就过陇海路找到了新四军。我们卫生部这部分人，还有一部分军队就落在冀鲁豫了。当时冀鲁豫军区司令员是杨得志。我还是继续在那儿做干事，后来调整把我调到一个后方医院当指导员。这时，这个后方医院下放到冀鲁豫第五军分区。

五分区地方很大，我在的这个后方医院位于濮阳西北、清丰西南一个老百姓叫"沙区"的地方。那里东西十七八里，南北十二三里，到处都是大沙包子，满地都是枣树林。医院的伤员都分到各个村子老百姓家里，每个村子都有一个看护组、一个大夫。日本人来"扫荡"，就让病号和老百姓出村、进树林，因为日本人不敢进那个树林。我在医院当指导员，待了大概三四年，一直到 1941 年。那一年日本人在冀中地区"大扫荡"，杀人、放火、烧村庄，非常残酷。冀中地区有一部分军队（二十六团）从那里撤出到延安去，有的队伍就撤到冀鲁豫。日本人在那边"扫荡"完，就接着"扫荡"冀鲁豫。三四月份的时候，日本人一两万兵力袭击、包围了"沙区"，整整在那个地区烧杀了一个星期。我把我们的病号、人员都分散了，就跟我们政治处主任晚上跑出来，在那个沙坳里转。转了半夜，我们就往北走，到敌占区，到处都没有人。那地方都是平地，我们就在一个烧砖瓦的窑洞里躲到了天亮。我们两天没有吃东西，天亮以后，就走到村子找村长，让他给点吃的。那是日本人统治区的伪村长。村长说你们是八路军，我说是。我们也不怕，他也不敢惹我们。在他那儿吃了一顿饭。

我们一直等了三四天。我们主任是老红军，他说："走吧，咱们回去看看"。我们就慢慢往我们住的那个地方走，一面侦查，一面接近。走到离那个地方大概有一里路的时候，天快黑了，村子还有火，敌人还在烧房子呢。在野外有农村盖房子用的土砖坯，我们把土坯四边堵起来，就在那里睡了一夜。第二天早晨大概七八点，我们就醒来了。我那时年轻，也不在乎。他是老红军，年纪大，身体也不好，有时候感觉很沉重，我就跟他唠一唠。敌人天亮前就撤走了，我们就壮着胆子往村子里走。一看，一闻，太阳光都是黄色的，烧房子的焦味、死了几天的人的味儿，非常呛鼻子。我们从村子的西北角往前走，看到的全是死人。走到村子不远处，在几棵树的中间，跪着几个老太太，手里还抱着喝水的罐子，都没有脑袋了。再往前走，有一个小孩儿，手里牵着驴，驴在他旁边躺着，小孩儿也趴在那儿，头看不见了，只有身子。非常惨！只要你走几步路，就能看到路边有死人。后来我们进村子一看，村子的房子全烧了，没有一间好房子。我们的病号死了的，有的还在棺材里放着，没来得及埋，结果连棺材都给烧了。村子里见不到一个人。后来打听到，跟我们关系很好的一个老乡，他的儿子、媳妇、孙子全家都被杀了。

439

回来以后，我跟我们主任就组织力量到周围看伤员和工作人员的情况。当时有些重病号走不了的，就在沙区里的沙窝下、树底下挖一个大沟或者大坑，把重病号放在里面，周围留一个护理员平常管理。我们发现有一个连长被拉出来杀了，那时天气热，身上都发臭了。护理员趴在那儿，也被打死了。敌人非常残忍。这是我们住的李后村，还有一个比较大的留固村，有二百多户人家，四百多口人，那里也有我们的伤病员。我们到那儿去看。走在路上，发现前面有一个个黑点，走近一看都是死人。到了村子以后，城墙上有死人，城墙底下干壕里也有死人。一口井几十个人被塞在里面，井口也被封死了。这个四百多口人的村子只剩下二百多人，整家整家被杀掉了，房子都被烧光了。我现在都忘不掉这个。日本侵略军在我们国家的所作所为太残酷了，日本人太不像话了，太野蛮了！见人就杀。这个地方发生的事情，就是1941年的"四一二扫荡"①，这都有名的啊。现在有些人说我们对日本人不满意，是狭隘的民族主义，我不赞成这种说法。日本人到现在还不承认南京大屠杀，不承认侵略中国，不承认杀死这么多人。我不但现在这么认为，1937年我在民大的时候，听到南方来的同学说，南京大屠杀，进行了一个多月，他就讲当时长江里、南京的城墙上，到处都是杀死的人。日本人现在还不承认。我们对日本人不满意，这怎么能说是狭隘的民族主义呢？这是真正的爱国主义。我们党在这个问题上处理得很好，不让日本为战争赔款，这就已经是很宽大的了，还要怎么样？我们中国人牺牲了多少！我现在还做梦梦到日本人在中国怎么坏，杀人放火，到现在还有这个印象。

"四一二扫荡"以后，我又在当地待了一段时间。我原来那个指导员张明在组织科，他跟五军分区的政治部副主任组织了一个对敌工作团，是抗战末期做日本人工作的。他就把我调到对敌工作团做组织干事。这个工作没有开展多长时间，抗战结束以后就合并在开封办事处，实际上是四分

---

① 此处原话为1942年，应为1941年。

区的城工部，针对开封工作，工作对象是国民党。我就调到这个办事处做内务秘书，做了一年多，不到两年。这个时候，我们党在太行成立了北方大学，到各地部队、机关里招收学生。我看了材料，就向我们副部长耿增泽（解放后在公安部工作）提出，我要去学习。因为当时国共合作，搞和平民主新阶段。我想和平建国后得学点本事，我就提出要到北方大学去学习。他就答应了。

从北方大学到中国人民大学

1946年，我进入北方大学文教学院学习，学了两年。1947年底，我调到北方大学党委保卫科工作。华大成立的时候，我从太行到正定，调到华北大学一部任总支副书记。李新是一部的副主任兼任书记。后来我又到一分校兼任教务科长，一直到北京。

我一直在教务部和研究部的党总支做副书记。那时人大还没有完全成立，成老让我在华北地区招生。到八九月之间，成仿吾校长给我打电话，让我到法律系去工作。他说："那儿没人，你去吧，帮忙也去"。因为他把话说到这个地步，我就到法律系去了。我到教研室去当教员，又兼管教研室的秘书工作、组织工作。后来做教研室主任，同时也上些课。这时，苏联专家来教研室了，专家写稿子先给我们教师讲，讲完了之后教师再给学生转述。我们国家与法教研室也是在苏联专家的帮助下，慢慢形成的，教研室的底子主要是苏联专家培养起来的人。开始我们学了一点苏联法学理论方面的东西，后来开始逐渐结合中国的情况。我觉得我们学苏联得结合中国的实际情况。记得我带着老师找过范老（范文澜）。他在北方大学当校长，我在校部工作，他跟我很熟。他非常爱护年轻人，非常和蔼，所以我们请他谈中国国家的起源、中国的原始社会。找过一次，谈了一个上午，范老很耐心地给我们谈了。谈了以后，我们回去就跟教师讲，后来就逐渐地联系中国实际进行讲课，所以教研室的基础就慢慢形成了。因为原来教研室的人，有些是大学生，像我这样的人也是半路出家，慢慢地就形成了一个教学集体。在教研室待了一年多，后来我想学习，咱们学校办了一个研究班，我就到那个研究班去学了一段时间。1955年，我又去苏联学习了一段时间。所以我这一生的成长主要是党教育培养起来的。像我那个家庭能够上得起学吗？从军队到北方大学学习两年，也是党的培养。这时组织上又派我到苏联进修，去学国家与法学理论专业。当时我们四个人一起在莫斯科学习。我在莫斯科大学学了两年，1957年回国。因为我是去进修，教研室工作没有取消，还是教研室主任，回来后还继续讲课。后来在系里做总支书记，兼系副主任。

参与人民公社调查组工作

在系里工作不久，1958年七八月的时候，系里派我带学生到北京昌平搞"半工半读"，我就带学生去劳动，也上课。我们也参加地方的工作。那时搞"大跃进"，大概是10月份的时候，学校给我打电话，说是要组建人民公社调查组，让我到调查组去。当时只要组织上调动要你到哪儿，你就到哪儿。我就到了调查组。咱们学校和北大共同搞的，一共三个组，我带了一个组，咱们学校李震中带了一个组，北大一个系的副主任带了一个组。李震中那个组是在河南省信阳县，北大那个在河南省鲁山县，我分到了河北省藁城县。我在河北省藁城县调查了半年。当时的任务是什么呢？就是要为教学服务，调查要写人民公社的优越性，调查方式就是参加实际工作。这个调查组总的负责人是咱们学校的副校长邹鲁风，他直接指挥。张腾霄（后为人大副校长）是研究处处长，他也参加指导这个调查组。

下去以后，我们参加当地工作，跟当地干部群众关系非常融洽，非常密切。当时学校强调我们要向地方干部学习。我们进行调查工作，不是自己坐在家里，都是结合工作调查，在公社、大队、县财政部门都有咱们的人。中国人民大学的同学、教师在藁城给人留下的印象很好。下去以后看了看，当时群众生活非常苦。关于群众吃饭问题，我到公社去遇见了公社副书记（是个女孩子），我就跟她说现在农民的粮食问题。她回答："这个就是阶级斗争，粮食问题就是阶级斗争，两条路线斗争。"这是给我的回答。那个地方情况很复杂，当时地方领导人也非常警惕。所以我就经常告诉我们的调查人员一定要跟地方干部合作好，一定要虚心听取地方干部的意见，不能对地方工作说三道四。因为我有一点经验：下去之后随便讲地方这个缺点那个缺点，地方干部抓住你这个问题，就上升到阶级斗争，最后你连这个地方都离不开。所以我经常嘱咐我们的同志，千万不要对地方的工作说三道四，有什么意见给我们说，或者我们再转给他们。当时在藁城调查的还有中央的水利部部长，他也在那儿蹲点。这老头在那儿什么话都说，最后地方反过来就整他。我们就没有什么事情。

半年以后我们就回来了。这中间我跟李震中都回来跟学校的党委书记胡锡奎作过汇报，跟北大的、人大的副校长都作过汇报。他们知道得一清二楚，认为我们下去的工作做得不错。回来以后我跟胡锡奎校长汇报过一次，他当时非常赞成，说："你们下去了解的情况特别多，你们调查得好，我们在北京，外面什么情况都不知道。"他把我们的调查工作夸奖了一阵。这些都没有像后来说是"背着党委干的"，没有这回事。我们下去以前，胡校长跟北大的陆平副校长都给我们讲了话，交代任务。我们下去都是按照他们的讲话精神来干的。所以回来跟他们汇报的时候，他们没有人反对，都是赞扬的。最后，我们在北大汇报了两天。北大的校长、教务长，咱们学校的聂真副校长，还有张腾霄也去了，还有研究处的一个副处长。在那儿听了两天汇报，他们都很满意。在汇报过程中，北大副校长陆平随时插话，他说的话，比如阶级斗争，比我们尖锐得多。我们没有说过他那样的话。咱们开始是"公社越大越好"，后来改成"三级所有制"。我们讲这个问题的时候，他就插话了。他说那是中央没有办法才改的，他原话是说："马行山道难以回马，在这种情况下，不得不改成三级所有制"。我们还没有这样说过，他是直接针对中央来说的。他说："我一顿就吃三个窝窝头"。他指着前面的桌子，比划了一下，"一万斤铺一亩地，得铺桌子这么高"，"亩产万斤，瞎扯！"都是他说的。后来整我们，咱们学校党委说他们不知道，说我们把他们的调查方针改变了。其实，他们说的话比我们更厉害，我们还是比较谨慎的。我们那个组给地方的印象很好。回来以后，教务处的一个处长，他跟我很熟，原来在北方大学是同学，他问我："老韩，你说说下面的情况。"我说："下面情况不错啊。"那时不能瞎说啊，说了就是影响很大的问题。我就没有把真实情况告诉他。

调查组回来后主要的工作就是在北大整理调查报告。我在我们组再三讲了，就怕有些人在公社问题上出问题。我带着这个组下去，我要对党负责，对大家负责。就调查报告本身，我再三在会上跟我们调查组的工作人员交代，首先要肯定公社的优越性。当时我觉得集体比单干好，集体力量大，能干大事，这个是我的一个根本思想。说明优越性千万不能出毛病，这是一。第二，调查报告要写什么？要写公社的成绩，公社化以后，公社取得了哪些成绩。第三才能写公社存在什么问题。第四才是我们提出意见如何解决这些问题。我再三说了要大家按照这个要求来整理调查报告。后来问题出在哪儿呢？除了调查报告之外，还有一个是《问题汇编》。反正最后调查组被批是毫无道理。

在苏联东欧研究所从事研究

1964年，我从法律系调到苏联东欧研究所，当总支书记和副所长，宋涛、樊亢也是副所长，一共三个。所长开始是黄松龄副校长兼任，后来是孙泱副校长兼任[①]。研究所刚成立的时候，接受了中宣部的一个任务——搞苏联政治经济的一个大事记。这个任务是中宣部理论局宣传处的一个处

---

① 苏东所，1964年6—10月，由副校长黄松龄兼所长；1965年8月—1966年5月，由副校长孙泱兼所长。

长交给樊亢的，樊亢从那领回来跟我说要搞，我同意。后来我们两个人去找所长孙泱副校长，他也同意。当时，学校有三个直属研究所：对外保密叫一所（马列主义发展史研究所，郭影秋兼所长）、二所（苏联东欧国家研究所）、三所（中国语言文字研究所，吴老担任所长）。三个所一个总支，我是总支书记。我就组织三个所的力量一起攻关，60多个人参加，用了半年的时间，从政治、经济发展等方面，把苏联从十月革命以后一直发展到当时的这段历史，进行了梳理。这是研究所的第一个任务，所里同志感到为中央做一点工作都很高兴。那时候积极性很高，干起事情都没完没了，就是日夜奋战。我们搞了一个大事记，就报到中宣部去了。中宣部后来在咱们搞的那个材料的基础上又搞了一个简练的，他曾经也发给过咱们。这个材料很宝贵，咱们所里还有，校部保密室可能有底子，我没有了，就搞了这么一个成果。

人大在"文革"中停办后，苏东所整体分到北大经济系。从干校回来以后，我就到了北大。在北大待了两年，开始是在经济系。经济系学生出去"半工半读"，我就出去带学生，在工厂里一方面学习、一方面劳动。后来这三个研究所集中由北大党委直接领导，就是北大研究所。那时候我就只是在所里工作了，还是副所长、支部书记。

人大复校的时候，我又把队伍带回到人大来了。我还是在苏东所，继续搞教学科研。我在法律系时就搞教学了，回来以后，还是继续讲课，因为我在苏东所搞苏联政治法律研究，我就讲两个题目：一个是关于苏联法律，一个是讲苏联的发达社会主义理论。这个给研究生讲过，在校外也讲，在北大、外交学院、华东师范大学都讲过。后来给北京市法学会也讲过几次，也是讲苏联法学，讲苏联发达社会主义理论，就是苏联所谓"全民国家"、"全民党"那一类的东西。

除了讲课以外，还写了一些文章。我没有大部头著作，我写书都是跟别人一起合作的。最早在法律系出版的教科书，我也写过。《法学大辞典》、《法学词典》、《法律知识手册》都写了，还有一些都想不起来了。

中国人民大学确实是有革命教育传统的

我 1987 年离休，今年 21 年。我很少去学校，对现在的情况也不是很了解。但有一点我是信任的，咱们学校确实是有革命教育传统的。从上抗大我就有感受，不是培养书呆子，而是革命理论家、革命教育工作者、革命的实际工作者。一句话，就是过去说的，要培养接班人。我在抗大学做部队的政治工作时，就是结合作战。抗大的那种革命传统，确实是优越，为革命战争服务，上下一致，一样亲热。我到延安去了没几天，毛主席亲自到庭院里给我们讲话，非常随便，听起来非常舒服，所以非常高兴。后来，林彪也去讲过一次，林彪就不一样了，板着脸孔站在那儿就说了，给大家印象不大好。反正我到延安去找共产党，在某种程度上也是出于对毛主席的信仰。我们的大队长、指导员，对我们都非常亲热，连被子怎么叠、背包怎么打，他都亲自教你。这个使我们很受感动。

在北方大学的时候，范文澜每天晚上都跟我们讲怎么治学，怎么搞研究。他非常爱护我们这些青年人。我到法律系开课的时候，有些中国历史问题需要找他，就给他打电话，他就说来吧。范老就是这么随便，这么亲切。范老也往学生食堂、宿舍里跑。学生有时开展批评和自我批评，有些过火的地方他不赞成，他讲学生有什么错误，应该是教育问题而不是惩罚。这话对我影响最深。到华大以后，我在总支工作，经常跟成仿吾校长有接触。他也非常亲切，平易近人。成老经常到教研室里找教师，询问课程有什么困难；到食堂里边去看学生吃什么；到宿舍里看学生住得好不好。他对我们学生多好！他们以前管多少事情，还专门到下面跑。吴老年岁那么大了，还拄个拐棍，在校园里转。所以我深深感觉到我们学校那些教师啊，不像在资产阶级大学里的老师，你八辈子见不了面。在这一方面，我受他们的影响很大。

人物简介

韩铭立（1920—　），陕西省兴平市人。中共党员，教授。

韩铭立 1938 年 8 月到延安，入抗日军政大学第五期学习，1939 年 10 月毕业后被分配到八路军基层做政治工作。1946 年到北方大学文教学院学习，1948 年毕业后留校，先后任教于北方大学、华北大学、中国人民大学。1955—1957 年赴苏联莫斯科大学法律系进修。曾任华北大学一部党总支副书记、华北大学正定分校教务科长、中国人民大学教务部和研究部党总支副书记、法律系国家与法的理论教研室主任、法律系党总支书记、系副主任、校属研究所（语言、马列、东欧）的总支书记、苏联东欧研究所副所长、所长等职。曾兼任中国法学会理事、中国法学会法学基础理论研究会顾问、中国物资学会常务理事、中国苏联东欧学会常务理事等职。

韩铭立曾讲授"国家与法的理论"、"当代苏联法学"和"苏联发达社会主义理论"等课程。20 世纪 80 年代初受上海华东师范大学苏联研究所的邀请，讲授了苏联法学现状——所谓"全民法"理论、苏联法学界批判"维辛斯基的法律理论的若干问题"以及"苏联发达社会主义理论"问题。应北京市法学会邀请，为中央政法部门和北京市有关负责人讲授苏联法学现状和发达社会主义理论问题。

韩铭立参加编写了《人民民主专政与人民民主法制》、《青年法律知识手册》、《辞海》法学部分、《法学词典》、《法学大辞典》等著述，参与翻译了《发达社会主义》。代表性论文有：《社会主义历史阶段必须坚持法制》、《民主是一种国家制度》、《苏联法学界对维辛斯基法律理论若干问题的批判》、《五十年代以来苏联立法的特点》等。

唐孝纯自述[①]

摘要: 唐孝纯（1923— ），女，江苏无锡人。原中国人民大学外语教研室主任，人大附中前身北京实验工农速成中学教导主任，著名"人民教育家"俞庆棠之女。本文回顾了她求学、参加革命、协助母亲致力于民众教育、参与创办实验工农速成中学及在美国驻华联络处担任美国前总统乔治·H·W·布什的中文教师等的经历。

我的家学渊源

我1923年出生，今年85岁。我的家庭是一个知识分子家庭，从我的曾祖父开始就一直搞教育工作。从幼时起我就一直很喜欢从事教育工作，

---

① 本次采访时间为2008年4月7日，由中国人民大学校史研究室负责采访、录音整理及文字编辑。

很热爱这项工作，后来工作中即使碰上一些挫折和困难、受到一些冲击时我也是无怨无悔，始终走这条路、干这一行。

我的祖父唐文治在交通大学的前身南洋大学任校长，在14年的工作中是表现比较杰出的一位校长。在清朝的时候，他最高做到署理尚书，游历考察了很多国家，从亚洲、欧洲一直到美洲。他是一位很有远见、知识很丰富的学者，被誉为"国学大师、工科先驱"。"国学大师"是指国学上的造诣，我们学校国学院的前任院长、后来的名誉院长冯其庸就是我祖父创办的无锡国学专修学校的学生。为什么叫他"工科先驱"呢？因为他在交大任校长期间把很多工科的课程都设立起来，所以在我们国家的高等教育中他是走在前列的。我小的时候就受到他很多影响。他常常把有教育意义的事情结合到他讲的古文中去，比如在抗日战争刚爆发的时候，他就常常吟诵岳飞的《满江红》。有一天祖父从他的后楼跑到前楼来找我，我很奇怪祖父今天怎么跑到我母亲、父亲的客厅里面来了呢？祖父说："我今天特意到这里来，因为这里有一架新买来的钢琴。你就按我吟诵的那个调弹钢琴，我来吟诵《满江红》。"这个说明什么呢？就是他寓教育于各种不同的方式、不同的情况，他寓教育于一切文艺、演讲或者朗诵中间，使得后代受到他这方面的影响不是教条的，而是自然的、自如的。我祖父的爱国思想给我们留下了深刻的印象。

我父亲也是搞教育工作的，他在交通大学工作了几十年直到退休。后来，他双目失明了，但还能背诵很多英文名著。他讲课的时候学生都很爱听。我父亲、母亲从小就教育我们对人生要有所追求，对国家要有所贡献。他们常常讲一些天文、地理知识，讲爱迪生、富兰克林、居里夫人这些伟人的故事，就是启发子女要做有追求、有抱负、有用的人，要有决心、有志气。每当他们讲完问我们的时候，我就说要当教育家，我弟弟说要当科学家，后来他果然是搞化学，我呢，果然搞教育。

这就是我家庭的情况。小的时候，受到了家庭很多影响，懂得人要有追求，要爱国，要做正直的人。在少年成长的过程中有这样家庭的教育，我自己感觉还是很幸福的。

求学、革命，接受母亲的教育思想

抗日战争爆发后，我的故乡无锡遭到轰炸，我们就到内地了。祖父带着全家和无锡国学专修学校的学生，还有我母亲和她创办的江苏省教育学院一部分学生到内地。这一路非常危险。到镇江住在大华饭店，乘船离开镇江以后的第二天，那个旅店就被炸了。离开镇江坐的那个德和轮船，到汉口后第二天就听说在返回镇江的时候也被炸掉了。在这种不断轰炸、非常艰苦和危险的情况下，我们毅然回到大后方，不在日本统治的铁蹄下求生，后来又到了桂林。因为日机一直炸到桂林，我母亲就把我们姊妹五个人转由香港送回上海（上海那时有租界，还没有被日本人统治，是孤岛）。在上海我上完了高中、大学。那时，雷洁琼、蔡尚思、林汉达都是很有名的，很多有进步思想的教师都教过我们。在切身经历了日本人的侵略以后，我在上海参加了半秘密的歌咏班。我们唱苏联歌曲，还有爱国的《延安颂》、《在太行山上》、《游击队之歌》。我在求学期间一边学教育学，一边就是参加这些活动。

在沪江大学的时候，就有党员跟我个别联系。怎么联系呢？我们在图书馆把小条塞在一本书的书脊夹缝里面，我去还，他就借，借了他就把小条拿出来，约好了什么时间什么地点碰头。我是秘密入党的，当时家人都不知道。直到解放了，我母亲在中央教育部社会教育司任司长，我也在教育部。那个时候教育部的第一批党员公布了，第二批的也公布了。她很高兴地看，她没有看到我的名字就问："孝纯，你跟你弟弟、妹妹到底是不是共产党员呀？"她想也已经公布了，可以问一下嘛。我说："妈妈，您就对我们都放心吧，不要问了。"意思就是说现在还不能告诉您，虽然别人已经公开了，还没有到我被公开的时候，我更没有权利去说弟妹的事，我也不知道，只是心照不宣。结果母亲那个时候会心地笑了，笑得很甜，她当然希望我们都是了。其实我们五个人都是共产党员，这是秘密，彼此之间都不知道。

抗战胜利后，我就走上了工农教育的道路。由于我母亲是有名的民众教育家，她被邀任上海市教育局社会教育处处长，后兼任上海市立实验民校的校长。同时，申新九厂夜校、申新二厂夜校、五厂夜校、统一纱厂等好多工厂都请她，有的是请她做工人夜校顾问，有的是请她兼任校长。我就在实验民校的推广部做主任助理，我母亲很信得过我，她也知道我有政治倾向，但她从来不问我。同时我还在申新九厂工人夜校当校务主任，白天在学校工作，晚上就到工厂去。大家都非常高兴，特别是那些进步工人、学生，非常热情。工作开展得非常顺利，跟工人的感情在实际接触中就更深了。所以，我也就理解我母亲的教育思想了。她说工人群众中间有很多天才，人民的力量是伟大的。她为什么倡导民众教育呢？因为孙中山先生讲要唤起民众，她就以这个为目标。她跟当时其他一些搞平民教育、乡村教育的人有不同的理念。别人说劳动人民贫穷、愚蠢、自私、体弱、多病，我母亲就说群众中间有无穷的智慧和力量，我们只要去发挥他们的力量，他们就能够做很多事情。所以她的基本教育思想跟党的教育思想是切合的。

在那段时间，我一方面在教育战线上工作，另外一方面跟国民党的斗争也很厉害。我弟弟被追捕，他从家里出去的时候我们就帮他化了装，长袍、黑眼镜、礼帽、拐棍。到了车站我又让一个同志在同一节车厢里暗暗地看着他，出了什么危险就能知道，可想办法营救，这样一直送到南京。我的妹妹住在交大校园的家里面，警察马上就要逮捕学生了。我的二妹从我们住的房子旁边篱笆底下的那个洞钻出去，就逃跑了。我的小妹妹去游行的时候，本来组织上告诉她们赶紧撤，不能再到虹口公园去了，但是没有来得及撤，就被抓起来了。我母亲认识些上层的人，就想办法救她。审小妹的人跟她个别地讲话："你这样说不对，你不应该这样讲，应该那样讲……"，实际上是教她被审问的时候应该怎么回答。那人可能也是个地下党，是帮助这些被捕的地下党员的。所以那个时候国民党统治下的情况挺复杂的。

在实验民校干了两年以后，正好有一个机会可以得到去美国读研究生的奖学金，我就到美国去了。

我后来才知道当时组织有这样的一个想法，就是几年以后全国就会解放，解放后会需要有一批高级的人才来参加国家建设，所以让有条件的出去留学。我就是在这种情况下出去的。当时正好有一个机会，我母亲说美国科罗拉多有一个学校有奖学金。我在沪江大学念书成绩是全优，可以得到奖学金，所以就申请了。同时我弟弟也出去了。

在美国的两年里面，我在课余参加了各种活动。有个假期，我在美国纽黑文一个工厂做工。有一次，突然有人说厂里做的机关枪子弹是给中国人的。我们一听很火，一些爱国的同学说："这些子弹要运到中国给国民党，国民党拿这个子弹就来屠杀中国人民，镇压爱国学生运动。那我们不能做这种工作，不能在这个工厂工作。"后来我们在有十多个中国学生和十多个外国学生的一个小团体里面传来传去地讲，我们和外国学生就都不做工了。我们的行动得到了一些美国朋友们的理解和同情。

我们还演戏剧"蒋大娘补缸"，意思就是蒋介石的天下要垮了，"蒋大娘"——宋美龄来补这个破缸，但也补不起来了。后来解放军渡过长江，我们听到以后兴奋得不得了，说国内解放军全面渡江了，那我们也要渡江，我们20多个人就去渡纽约的赫珍河。新中国成立了，有了国旗。他们听广播说国旗有红五星，大家就拿着一块大的布剪了五个星，但不知道怎么排，就瞎摆了一阵，后来因为不是正式的，没有拿出去。这些行动表现了中国留学生的爱国热情，大家互相鼓励，互相启发，纷纷表示愿意早日回国参加新中国的建设。

投身十年，参与开办工农速成中学（人大附中前身）

后来，大家先后回国。我回国是比较早的，因为我母亲先回国了。她是接到了一个学生的来信："外婆做寿，请你快回来。"她知道这是新中国的召唤。她回国参加了全国政协的会议，她写信给我父亲说，邓颖超同志跟她促膝长谈了。母亲回来后在中央教育部任社会教育司司长，我也到了那里。母亲说："孝纯刚回来，让她做一点基层的工作。"但教育部决定：俞先生在教育部，把她女儿安排在她身边照顾她，也在中央教育部工作。按一般惯例，留学人员回国到教育部的都是处长级待遇，他们就安排我在母亲所在的社会教育司里。我母亲拒绝，我也拒绝。后来我母亲说让我到基层，到实际工作中多锻炼。那时我知道部里有一个英国回来的、两个美国回来的都已经是处长，但我坚持不要。后来我母亲在教育部去世了，那时我父亲双目失明在上海，他虽然希望我回去，但却说，对我的锻炼怎么有利就怎么干，于是最后我决定继续留在北京。我克服了对父亲的依恋，觉得好像在北方、在艰苦的地方、在毛主席、党中央身边的城市工作很好，我愿在这里贡献我自己的力量，所以我就留在了北京。

当时组织上决定让我搞工农教育，一个是石景山钢铁厂，它有个工人学校；一个是第一所教育部直属的北京实验工农速成中学，这两个地方都可以考虑去。我说我到更艰苦一些的地方，到石景山钢铁厂跟钢铁工人一起。后来组织上没有接受我的意见，可能考虑我刚从美国回来，又受到母亲去世的打击，还远离家乡，在教育部部属单位便于关心我，所以把我分配到北京实验工农速成中学。从1950年到1959年我在这所学校工作了10年。我先当教导副主任，后来转成教导主任。我觉得这10年基层实际工作的锻炼对我来说是很宝贵的。

这个实验工农速成中学就是人大附中的前身。建国后，领导特别重视对工农的培养，特别是对工农干部的培养。因为解放战争以后，有好多立过功、受过奖、生产劳动中的模范等对新中国的建立有很多贡献的一些人，他们的革命热情很高，政治素质也很好，应该对这些人加强培养，所以就创办了工农速成中学。办学，首先就要有一个学校先办起来，形成经验可以推广。我们这个工农速成中学就有这个任务。后来全国有100多所工农速成中学，但北京实验工农速成中学是第一个。北京实验工农速成中学最初是教育部直属的新型学校，后来因为全国的速成中学多了，它们就归到大学领导。大学领导该校便于学生毕业后到本校或其他大学学习，比较容易跟高等教育衔接起来。所以后来速成中学就由各个高等学校直属，北京实验工农速成中学就变成人大附设工农速成中学。

全国第一次教育会议就决定了要加强工农教育，接着首先召开了全国工农教育会议，这个大会毛主席出席了。开过会以后，1950 年的 4 月 3 日，第一所工农速成中学即北京实验工农速成中学，就挂牌开始招生了。校长是胡朝芝，她是一位很好的女同志，很有魄力，很有办学经验，很能团结教师（现在都 90 多岁了）。我是第一任教导副主任。

最初学校是借东城区东单那边外交部街大同中学的一部分教室和宿舍开起来的。开学的时候学校没有几个人，要招教员、招学生。那个时候我摆了一张课桌、一条板凳，就坐在那个院子里招生。学生拿着单位介绍信来报到，就这样一个一个地招生。胡校长的想法跟我一样，就是尽量让学生住得好一点，让教师住得比我们要好一点，我们住的是条件最差的。学生宿舍条件还可以，课堂就是大同中学的课堂。教师住在操场北头几间朝南的房子里，非常破旧，据说这是多尔衮养马的马棚。我跟胡朝芝校长两个女同志挑了马棚斜对面边上两间朝北背阴的小屋子，是马棚堆草的地方，连个马棚都不如。那时窗子还没有玻璃，是用纸糊起来的。这是学校的第一个地方，是租的大同中学的房子，第二个地方是教育部自己的房子，在东骟马营，但也是半房。

在这种艰苦条件下，我们一切工作，包括教学大纲、教学计划、教材都从头来。当时工农中学差不多 85％以上的学生都是参加过革命斗争并立功、受奖的人，比如郝建秀、高玉宝、杭佩兰（是上海的纺织工人模范）、周天才（他是部队的"搜炮英雄"）。像这样的同志，字不认识多少个，能够上完三年的速成中学再考上大学，真是不简单。因为这些学生有的就是小学二三年级的水平，有的是三四年级的水平，五六年级水平的学生都很少，就等于是要把六年中学的课程压缩在三年里讲，而且还要补上小学的课程。另外，我们既要面临实际困难，又要看到工农学生的那些特点。这个正好和解放前对民众教育的思路是一样的，要看到他们的长处、经验。他们生活经验丰富，理解力强，革命热情高，学习热情高，而且同学之间能够互相关心、互相帮助。所以我们就把工农学生的特点摆到比较高的位置，把这些有利因素跟老师们多讲。老师们也不要认为他们就是些"土八路"，写字歪歪扭扭，个别的连自己的名字都写不好。他们能够发挥的长处还是挺多的，对我们的教学还是很有利的。研究了这些以后，制定教学大纲、教学计划，确定教材，整个一套都是在实践中间摸索出来的。

当初这个学校的任务是什么呢？一个是办好这个学校，北京实验工农速成中学嘛，这个"实验"不是"试验"，这个实验是要总结出经验来，必须办好它。第二个就是除了办好学校本身以外，还要出成绩、出经验，给全国陆续办起来的工农速成中学学习，因为我们学校先走了一步，有责任这样做。我们的教学计划、大纲、教材也都是先在这里实验，然后被教育部拿到全国推广。一方面是要埋头苦干，但是整天埋头也不行。全国各个地方的工农速成中学的领导一批一批地来参观，我记得最远是新疆的。他们如饥似渴地要学东西，我们没有理由不热情地对待他们。所以把这些跟他们讲，其至连教务处的那些规章制度，有文字的就尽量给文字，没有文字的我们也是尽量口头讲。除了国内的参观以外，国际友人也来了很多。我印象最深的，是头一个半年还在大同中学的时候，捷克大使馆的参赞来参观。那个时候还是社会主义的兄弟国家，他们来学习经验，我们当然要认真接待了。他们看到学校还没有校旗、彩旗（他们知道我们"十一"、"五一"都要到天安门去），就送了我们很多彩旗。后来来的都是苏联、罗马尼亚等国家的，有的是教育代表团，有的是使馆的。还有一些是参观了人大，再到我们这儿来（那时候到人大参观的也挺多）。这种情况下，我们需要出经验，没有经验也得出，否则人家来看你什么东西呢？

　　当时的师生关系很好，我们也很注意这些。因为很多教师是旧中国出身的教师，学生又是工农干部、工农学生，他们人生的经历、环境、出身都不一样。我们对老师就强调要共同研究工农学生的一些特点，他们有可爱的地方，有对学习有利的因素。我们也对学生进行教育，学生不能认为老师是旧社会来的没有改造好的知识分子，不能用这样的眼光看他们（当然他们没有这么看），强调要尊敬老师。我们选了一篇教材，讲的是苏联卫国战争的时候，有一个士兵和一个指挥员，指挥员是工农干部，士兵是一个学校的教授，那个教授受这个指挥员的领导。等打完仗了要念书，那个指挥员就变成学生，这个教授就回去讲课，他要听他传授知识。就把这么一篇东西发给学生作为教材，让学生自然而然地在向文化科学进军的时候尊重知识，尊重传授知识的老师，所以学生对老师就特别好。那一段时间虽然很艰苦，但是师生之间很融洽，而且觉得很光荣，在这样平凡的一个小学校里面能够做一些国家需要、人民需要的教育工作，还是很愉快、很高兴的。

　　后来，因为这一批人都已经培养了，那么接下来一些新上来的人，就可以由职工业余教育来解决。立功、受奖的毕竟是一批人，七八年就培养得差不多了，工农速成中学完成了历史使命、任务后，就停办了。[①] 但是教师还留着，另外就是学生。当时为了充分利用学校的两个教学楼，还有那么好的师资，就逐渐地把各种班开起来——有高中班，有工农业余补习学校，还有教师进修学院的教师培训班，我记得有五种。这样，工农速成中学慢慢就变成普通中学了。所以它是因历史的需要而产生，后来又是因为历史的需要而变成了一所普通中学。

──────────

　　① 1955年7月15日，教育部和高等教育部联合发出了《关于工农速成中学停止招生的通知》，正式宣告工农速成教育行将结束，工农速中的历史使命已经完成。1955年9月，人大工农速成中学招收了十个班的普通高中生，逐步走上了正规全日制普通中学的发展道路。

调至中国人民大学

我到人大的时候，实际上工农速成中学班已经停办两三年了，但还有些老的学生。校长调到北京市师范学院当院长，我调到了人大。当时人事处处长李逸三把我调到人大，我说您把我调到人大可以，但是我是搞教育学的，人大没有这个专业，别的专业我就不去了，或者给我安排一个有民众教育、成人教育方面的部门。人大是有一个函授学院，但他不同意我去。最后就把我安排到了人大外语教研室。李逸三告诉我："外语教研室全校的统战对象最集中，差不多占全校的一大半，所以统战工作非常需要"。另外他说，虽然是教研室，但它是一个直属的教研室，各个语种都有，除了俄语以外，还有德语、法语、日语、英语，另外还有外国教师，日语有三个日本专家，还有英语、德语的，老教师也不少。当时全教研室也就 40 个人左右，语种多，情况也不一样，有国外来的、有旧社会留下来的等各种情况。

去了以后我就抓了这么几个工作：一个是发挥党支部的作用。原有党员只有三个人，而且有的是刚刚毕业不久，加上我一共四个人，我去了以后党小组就变成了党支部。我年纪比较大一些，40 多岁，其他三个都很年轻，但工作热情都挺高的。我去了以后，党支部经常开全体会，研究事情。我们发挥党支部的作用，团结教师，共同来搞好外语教学工作，把外语教研室变成了一个比较有凝聚力的战斗集体。教研室有一个副主任叫庞景仁，是教法语的，去过法国。我们既要发挥党支部的作用，又要团结并尊重党外的副主任、团结教研室的人员，发挥他们的作用。

再一个是制订了教学大纲、教育计划。我们那个时候是集体备课，老教师怎样发挥作用？怎么样才能够帮助年轻同志？教学大纲制定出来以后怎么实践？我们就在备课中加强集体研究，这样老教师在业务上可以带青年教师，大家可以互相取长补短。

另外就是鼓励积极参与各种活动。什么活动呢？比如我们去慰问在密云下乡劳动的师生，让一些年轻的老师去演戏。另外还参加在海运仓（那时也是人大的）大操场举行的运动会。

我们除了组织好集体活动以外，对家访也挺重视。我差不多到每个同志的家里都去过。人家说我们外语教研室集体活动挺齐心的，老的、小的，洋的、土的都有，但都齐心。

外语是一门工具，外语课是一个工具课，但它本身也有很多需要进行学术研究，这也是非常需要的。我们也注意提高教师的水平，找比较好的老师、经验多的老师做学术报告，大家听了也很高兴。

由于各方面的努力工作，我们外语教研室被评上了本校先进集体，也有同志评上了北京市先进个人。先进个人是叶迁春（他非常正直，英语水平挺棒的，大家挺服他，在"文化大革命"的时候他自杀了）。

正好在集体积极向上、很融洽的时候，"文化大革命"来了。"文化大革命"之前已经有一些情况。"文革"开始后，学校里的中层干部普遍地被打倒了。我爱人夏加曾经担任过图书馆副馆长，书报社也是他在很困难的情况下一手办好的。"文化大革命"中他被打倒了，我那个时候也是到了边缘。人家说"你参加夏加的批斗会去"，"斗夏加叫唐孝纯去"。我呢，在教研室里挨批，但原来大家都比较了解，怎么批得上去呢？当然个别"左"的也有，但我们是这么一个集体，对于我是什么情况，人家总还要看看实际情况，不能跟着外边的风。所以我在里面被批来批去，写检查、检讨，但没有戴"高帽了"，没有"挂牌"。但我整个家庭因为老夏的那个情况，戴"高帽子"、"挂牌子"、在校园里敲着锣批斗，什么都有。那个时候不说我们自己精神上人格尊严完全没有了，就是小孩也遭受了大人受冲击的影响。我在西郊集体学习，不在家，夏加是"走资派"，被人看管起来了，家里有一个保姆，被街道的红卫兵轰走了。三个小孩，最小的只有七岁，两个姐姐带着，到晚上害怕啊。在"五七"干校的时候，我们在刘家站，孩子们在锦江上学，我们一个月回去一次，走很长的路回去见一面。

那个时候的生活就是这样。大家都是这样，我们个人经受一些苦也没有什么。出发去干校之前，工宣队、军宣队在文化广场宣布："你们就下乡去吧，你们一去就不复返了，人大就没有了。"我当时想，个人下去是小事，但人大从此停办了，我心里特别想不通。我下干校是比较早的，差不多是第一批吧。我去了以后，老夏才下去。老夏去的时候保姆还说："你把小孩留给我吧"，他说："不，我们艰苦就一块艰苦，大人跟孩子一块，我们不分开"，后来她说："你把小儿子留下吧"，意思是给你们留个根吧，你们都死掉了，还留个后代在我这里。保姆是奶妈，三个小孩都是她奶大的，她这么讲是挺心酸的。但后来还是都去了干校。那个时候我们也做了一去不复返的打算，老夏去的时候，锅、碗、瓢、盆等用大箱子装着，都带去了，书也带去了。书还是可以带，也可以看，但如要总看书，不好好劳动，当然会挨批，有的带去的也没看。

在干校初期政治学习很紧张，特别是军宣队在的时候，要"斗私批修"，要一遍一遍地背那些文章。我是紧张得不得了，一紧张全都忘了，幸亏长的文章没有轮到，短的轮到了，从头到尾背《愚公移山》这篇文章。在干校主要是劳动，我在地里采茶比较多，也插过秧。像我这样体弱多病的除采茶以外，曾经有一段时间也干过"轰鸡"，在瓢泼大雨里也挑过粪，基本上采茶还算是比较轻的。老夏他干什么都拼命，打石头盖房子，人家一天打三四块，他加倍。他有句话就是"活了干，死了算"，就是活着的时候就拼命干。采茶的时候，人家中午回来吃饭歇一歇，他采茶整天就在地里面，用一个毛巾缝的口袋，里面搁几个馒头、一点咸菜，吃晚饭都在地里。

在干校，起初我是被看成有问题的。一个是因为整个上海地下党被打烂，而我是上海地下党的；第二说我是"国民党的特务"，因为我母亲跟宋美龄是熟悉的，他们就说俞庆棠"上着天、下着地"，而我也曾在国民党统治时期的学校工作过；第三说我还留过洋，是"美帝的特务"，有这三顶帽子。可能因为只是怀疑，并没有把我当成批斗对象，也可能我们教研室对我稍微软一点，如果把我推出去，早就被批斗了。后来到干校去的时候，我就低着头认真干活。从干校快要回来之前，教务处的副处长江农，那个时候在办子弟学校，做校长。我后来就在那里教英文。等到临回来之前，江农就让我跟他一块儿审查干部、做结论。我想他暗示我不是被审查的对象了，已经可以审查别人了。

后来，我在干校停办前就回北京了。回来以后，小孩们有分配工作的，有学习的。我就在"铁一号"跟一位同志一起审查住在"铁一号"的人的情况。从那以后我就觉得自己的问题差不多没事儿了。

调至美国驻华联络处做中文教师，曾教老布什汉语

回到北京以后，听说郭影秋校长要把教师一块一块地分，历史的在一块，外语的在一块，我们分在第二外语学院。外语学院催了我好几次，但我一直没去。有一天正好开会重新作叶迁春的结论，外面两个外事口的人通过学校找到我，让我到外交人员服务局报到，说是工作任务需要我调到美国驻华联络处。我说我不去，我搞教育工作一辈子，不管坎坷多少，不管以后再遇到多厉害的情况，我也就走这条路了。经过各种运动后，我也就不愿意到另外一个风口浪尖的地方再去闯。后来他们说一定要去，学校里个别知情同志也告诉我，说是外交部长乔冠华和北京市委书记吴德亲自批的，让我调过去，因为中美双方断绝外交关系已经很多年，双方十分重视，要成立美国驻华联络处和中国驻美联络处，预备下一步到一定条件下要建立外交关系，成立使馆，所以一定要去。就这样我被赶鸭子上架了。

去了以后，开始让我当中文秘书，因为过去没有做过这方面的工作，不熟悉，就没有当，后来就当了汉语教员。去了以后首先要把教材工作弄好，把课程排好。因为没有教材，是个别教学，我就去了解他们的水平，给他们编教材，然后印。他们有的中文水平还行，但是语音语调不好。我在里面当老师，下班后，常参加局里布置的学习活动，时间很满，但很愉快。

美国驻华联络处第一任主任是伍德科克，后来换了几任，各人性格也不一样。1974 年乔治·H·W·布什来京任美国驻华联络处主任。布什来了以后，开始只会说"你好"、"我好"，一般的都不会。他学中文的决心很大，而且很真诚地想学。他说上课的时间只能排在吃中午饭前的一个小时，这一个小时如果不上中文课，可以有很多社交活动，和别的使馆人员一起吃饭、个别谈话、交换意见、开小会，但是中文很重要，所以他宁可去掉那些活动，把这个时间留出来上中文课。他从"你好"、"我好"开始，慢慢地学得多一点。他有个长处就是除了在中文课上学到东西以外，还能在课外时间用，比如学到什么话了，他就跟他的司机说，司机跟他说了以后，他就在课堂上问，应该怎么发音。他也很注意美国对华关系，他学中文是为了在促进中美关系方面能做更多的工作。比如他跟领导人见面谈话，说几句中文，就更亲切，更能够使人感觉到他很重视对中国的关系。这方面跟他的工作任务结合得很紧密。

布什在上中文课的时候，非常认真，也很尊重老师。我跟他差不多每天都见面，他既有礼貌，又不太生疏。他对厨师、司机都很友好，很平等待人，对中国人的关系方面也很注意。他也很重视中文老师。有一次使馆人员全体照相，他非要我到他旁边，表示尊重他的老师。我因为去得晚一点，就在边上，他就再三让我过去，靠近一点。这说明了他跟一般中国人员的关系。后来他要调走，他和所有在美国驻华联络处工作的中国人员和外国人员一起开会。他用中文作告别演说，虽然有的地方不是很流畅，但基本上把他要讲的话都表达出来了，讲得还比较长，大概二十分钟，那就挺不容易的了。从布什学中文来看，他对中美关系很重视，在这方面也是有心人，有意识做好它。所以后来我们的国家领导人说老布什是我们的老朋友了。当时他对上、对我们普通人员，都确实表现出愿意与中国友好。

布什离开美国驻华联络处以后，每年都寄贺卡给我。虽然是一个简单的贺卡，但表示这个情谊已经有那么长的年头了。我曾经在贺卡里面跟他说，"过去的日子已经不复返了，但是友谊是长存的"（The gone by days will never come back again，but the friendship will last long）。他在贺卡里面写："是的，我接到你的回信很高兴，我的朋友。"

人大复校后，在郭影秋支持下调回学校

后来，美国驻华联络处来华的外交官懂中文的多了，我觉得再留在那边的话，总不如在学校。正好这时中国人民大学要复校，我们教研室的人都在第二外语学院，大家都希望我回来，我自己也想回校搞教育工作，特别那个时候郭影秋校长还在，我对他很尊敬。他是我母亲的学生，他在学生时代带领同学反对国民党当局在日寇侵略时的不抵抗主义，而要被学校开除时，我母亲在校务会议上力斥开除的错误决定，学籍得以保留。因为有上述关系，郭校长来校后，我从未找过他。[①] 但是当我听说人大要复校时，我毫不犹豫地给郭校长打电话。我说郭校长，现在有一个情况，美国驻华联络处外交官的中文水平都提高了，不像以前那么需要学中文；另外人大要复校，我们教研室的一批人也希望回来，我回来他们就跟着我回来，我想我还是愿意回到学校搞教育工作。人大复校还是不容易的，经过了这么多坎坷，既然能够恢复，我也愿意为学校外语教学方面的工作出一把力，做我能够做的事情。我就这么跟他说了。他说那你离得开离不开？我说离得开，跟他讲了理由。他说学校是需要你调回的。后来我说，我不知道是通过中央组织部还是通过北京市的人事部门，反正我希望回来，而且学校工作也需要，那边的工作，并不影响。郭校长听到我的这个说法后，斩钉截铁地说："你是中央的，我们到中央组织部讲，是北京市的，我们到北京市讲，只要不影响

---

① 2009年秋，中国人民大学举行郭影秋同志诞辰100周年纪念大会，我因健康原因未能参加。会后几天就是郭影秋校长的生日，我就亲自送了一束鲜花给郭影秋校长之子郭少陵同志，花束中写了：昔日社桥风雨同舟师生情谊似海深，掌校人大言传身教道德风范比天高。——为郭校长百岁诞辰纪念，敬献鲜花一束以表承仰深切怀念之情。（注：社桥是江苏教育学院的所在地，位于无锡市北。）

那边的工作，我们一定把你调回来。"

之后不久，服务局知道了，要留我，局长说美国大使馆马上就要建立了，等到大使馆建立以后，你在那边可能比现在发挥的作用更大一些；如果不愿意在那边，你到我们局里面当政治部的负责人，我们也非常需要你。我就跟他讲我的态度、我的决心和人大的需要。我就在这种情况下回来了。

回来以后，大家都很高兴，工作却还是千头万绪。首先是教员问题，老教员老了，招生又很多，就要请新教员。我们又是在小学院子外头的空地上，一张桌子、一把椅子，一个个聘请教员。由于青年教师的基本情况是工农兵大学生，来了以后，我们要大量做好培养青年教师的工作。我们一方面请外教，一方面就请老教师分头上课。另外，新来的青年教师的语文课及其他基础课也不行，除了教学任务以外，我们又安排他们上好几门课，包括基础外语课、中文。我们这样做了一段时间后，教务处就发出统一要求，对新进来的青年教师，如果要确定为助教，那么一定要通过哪几门课程。这正好跟我们提的一样，我们比学校提前了差不多半年。

另外就是加强了集体备课。那个时候要根据新的情况制订教学大纲、教材。青年教师有的根本就没有上过课，集体备课的时候老教师、有经验的老师就发挥了作用，骨干老师在备课的时候可以带。分配教学任务，也是由老教师和青年教师搭配，而且可以互相听课。

在这段时间，我们还做了一件事情：加强了英语，也注意了德语、日语、法语等小语种。该调走的调走，该留下来的要提高。特别是对英语，我们从长远看，需要办一个英语师资班，目的就是为本校的英语教学培养教员，所以我们曾经办了一期英语师资班。当时虽然困难大一点，但我们从长远看，从今后教研室的发展来考虑，觉得应该有这样的班。现在来看，外国语学院的骨干力量，当时下了工夫培养，还是见了效。

后来人大外语教研室归入新成立的基础部，把俄语教研室、外语教研室、体育教研室这些本来直属教务处的都变成基础部来管。后来又改成外语部。到后来慢慢地又改成外语系，然后是外国语学院。

回顾我们外语教研室的一段，为现在和将来这个单位的发展，当时还是做了些努力，做了些工作。在整个这一段过程中，我还是强调集体怎么提高水平、怎么发挥作用，年轻同志怎么成长，老教师不要变成批判的对象（作为资产阶级典型人物来批判），爱护他们的地方应该爱护他们，提高的地方应该提高，让他们发挥作用。我主要把自己的精力倾注在集体的成长和培养上。可能有人说你在这个单位，在学术上总是自己应该有点贡献、出点头，应该多花一点时间在这方面。在那个历史时期，我觉得我把整个集体弄起来更要紧，应把里面的骨干分子培养得更好。至于个人的，开始的时候，没有英文的杂志可以让你把学术论文登上去，没有条件，只有一个就是搞教材。而搞教材有老教师、青年教师他们搞，组织起来就可以。我要进去的话，就要花很多的时间在这方面，就没有更多的时间搞家访、没有更多的时间搞教研室的工作。我们这么多语种在一块，而且英语越来越发展，水平越来越提高，我觉得我应该为这个集体多做一些。所以，我在学术成就这方面不是很突出。我觉得很遗憾的是我这个卷子，虽然不是白卷，但是这方面也有点欠缺。

1988年离休以后，我写了《人民教育家俞庆棠》、《俞庆棠教育论著选》，编过《唐文治年谱》，而且还在一轻局职工大学、物资局职工大学外语专业方面，给他们制订了教学计划、制度，我自己也带过课。我不愿意扬名，也不大显扬自己家族的人，就是我当布什的老师，我们教研室的人有一段时间也都不知道。但是，我祖父弘扬传统文化；我母亲是"人民教育家"，把一生都奉献给教育事业；我父亲唐庆诒是交通大学历史上著名的教授，我应该把我知道的留给后人。所以离休以后写书、写文章都是围绕着祖父、母亲、父亲来写的，通过写作或参加活动宣扬他们的高尚品德和对社会的贡献，以激励后人，愿美好的事物在历史的长河中永远闪光。

人物简介

唐孝纯（1923—　　），女，江苏省无锡市人，祖籍太仓。中共党员，教授。

唐孝纯是我国著名教育家、国学大师唐文治之长孙女，名教授唐庆诒、"人民教育家"俞庆棠之女。毕业于上海沪江大学教育系，后在美国科罗拉多州立教育学院获硕士学位，哥伦比亚大学师范学院肄业。解放前曾任上海实验民众学校推广部主任助理，申新九厂工人夜校校务主任。解放后先后任北京实验工农速成中学（中国人民大学附属中学前身）教导主任，中国人民大学外语教研室主任，美国驻华联络处汉语教师，其间任乔治·H·W·布什（老布什总统）的中文教师。1988年离休后，先后任北京市一轻局、物质局等职工大学顾问，主要著作：《人民教育家俞庆棠》、《俞庆棠教育论著选》（茅仲英、唐孝纯合编），整理编写《唐文治年谱》等。

465

刘炼自述①

摘要：刘炼（1925— ），女，上海人。著名中共党史专家，中国人民大学马克思主义学院中共党史系教授，著名学者何干之的夫人。本文回忆了她一生从教的经历与见闻，重点回顾了与何干之教授"风雨伴君行"的历程与感受。

参加革命，一生从教

我祖籍河北安次，出生在上海。我少年时代生活在动荡的中国。父亲是日本早稻田大学的留学生，母亲给人家做家庭教师，实际上是高级保姆。我一共兄弟姐妹三人，哥哥因为负病交加而早逝。1936年西安事变时，我父亲在西安工作，被困在那里，连日常生活费都寄不回来，生活很艰难。上学的时候，别的同学都拿着牛肉大饼，我就躲在课桌下偷偷吃窝头、咸菜。1937年日本轰炸天津，妈妈把我塞在床底下，因为日本鬼子端着刺刀挨家挨户地找花姑娘。日本侵略军屠杀中国百姓的惨状我历历在

---

① 本次采访时间为2008年3月27日，由中国人民大学校史研究室负责采访、录音整理及文字编辑。

目，因此我十分痛恨日本帝国主义。中学的时候，地理老师画了一张地图，上面大块的国土都已丧失，外蒙古独立了，东北被日本人蚕食了。那残破不堪的桑叶，深深地印在我的脑海，爱国抗日思想就这样在我心中生根了。

中学毕业以后，我考上了北京大学法律系。之所以学法律，是因为我有一个简单的想法，就是要为中国的妇女争取平等。我们班女同学考上大学的就两个人，另一位考上了辅仁大学。刚上大学一年级，宪法课是日本教员讲。我很生气，心想：你们有什么资格在中国给我们讲宪法？你们这样霸道地占领我们中国，杀死我们的老百姓，你有什么资格讲宪法？我一气就卷起铺盖退学回家了。退学还有一个原因是家里的经济困境。每月十五块钱的伙食费，父亲每月去借钱给我。我看太困难，就退学了。为了维持生计，我回到天津做了中小学教员。

我们高中的学生里有地下党，他们经常给我寄一些宣传品，像《冀中导报》、京北游击支队的宣传品等等。国民党也给我们宣传品。日本投降后国共两党争夺青年的斗争很激烈，我更多地接受了地下共产党的宣传，选择了走共产党的道路。当时国民党宣传说长征中毛泽东的马褡子两边带着很多金子，斯诺的《西行漫记》就驳斥了这个谎言。我看了之后，就知道他们的宣传是撒谎的。当时我不到 20 岁，就跟地下党联系。我不知道我父亲是不是国民党员，但他给国民党做事情，做到了很高的职位。他反对我，说："共产党是灌迷魂汤，你不要听他们的。"但我没听他的。

我有两个老同学，周沉和白航，我们有几十年的友谊了。当时，白航是地下交通员，往解放区带青年学生。他们俩在我家商量去华北联合大学学习。联大当时在北大贴了一个招生广告，说免学费、食宿费，还管穿衣。我就想去念大学。我母亲识大体，支持我去。1946 年 8 月我们三个人就从天津出发，经过北平、保定、高阳，一直到河间。河间是联大的招生点。到河间后等了很长时间，因为当时联大从张家口撤出了，所以就让我们晚一点去。后来在山西广灵县西石门村入了学。接着 800 里行军，到冀中解放区束鹿县杜科村编入联大政治学院政治三班。从此我就走上了革命的道路。

进华北联大后，先在政治班学习，然后留校入政治系，苏星是我的同学。后来我、高放又跟着何干之读研究生。当时何干之已经离婚了，他就跟我谈，我不同意，学校也反对。1949年2月我调到华北大学农学院（1949年9月华北大学农学院、北京大学农学院和清华大学农学院合并为北京农业大学，现中国农业大学）做政治教员，但何干之一直坚持，他说他是跟我结婚，跟我的家庭无关。1950年我们就结婚了。

我在农大工作了15年。我是中国革命教研室的主任，教了很多课，"社会发展史"、"新民主主义论"、"中国革命史"、"哲学"等等。我刚从学校出来就做教员，到农大工作的时候，我就用联大一样的教学方法。我和他们一起做早操、扭秧歌，带他们参观焦庄户地道战旧址。我虽然不是班主任，但我经常到学生宿舍去跟他们讨论问题，这些学生跟我好得就像兄弟姐妹一样。我住的地方跟学生宿舍挨得很近。有时候备课备到凌晨，学生们就敲门，说："刘老师，都3点了，您还不休息呀？"学生很关心我。在农大15年我教的学生无数。现在有些老学生还记着我，说那个时候我讲的课，特别能打动他们的思想。所以我最大的安慰是学生。我爱学生，学生对我也好。

施平是农大的老校长（"一二·九"运动的领导人，曾任上海人大常委会副主任）。我最佩服这个校长了。1957年"反右"的时候，农人划了一大批右派。他调去上海之后，专程回来召开全校大会正式向这些教师道歉，然后一家一户去拜访。我这一生遇到了好多好校长，一个是成仿吾校长，一个是吴玉章校长，还有农大的施平校长。他们是正直的共产党员。我以他们为榜样，一生从事教学工作。

风雨伴君行

我和何干之结婚后，只共同生活了19年，经历了解放后历次政治运动。

我和他风雨同舟，共度那艰难的岁月，直到"文化大革命"中他被迫害致死。

1955 年的"反胡风运动"，我因何干之受了一点牵连。那年他差点被公安部抓走。所谓"胡风反革命集团"的通信在《人民日报》上公布了，编者按是毛主席写的。那时吴老（吴玉章）正在杭州休养，一看报，政治敏感使他意识到问题的严重性，因为报上有胡风和谢韬的通信，吴老马上派李新回学校救谢韬。可是李新回来的时候，谢韬已经被捕了，又要抓何干之。当时公安部的人正在校部，接待他们的是崔耀先副书记和邹鲁风副校长。公安部的人说从胡风的日记里发现何干之跟胡风吃过几次饭，要把何干之定为"胡风分子"抓走。李新反对，他说：吃过几次饭算什么？何干之是知名教授，你们现在抓他容易，将来放他就不容易了。应先把问题弄清楚。这样，当时就没带走何干之。这个情况，几十年后李新才告诉我，而干之当年却未对我说过只言片语。不过我也受到牵连，因为我和干之见过胡风一次，农大也审查了我很长时间。

1957 年"反右"运动我侥幸逃脱了。当时，我在教育部编教学大纲，刘子载副部长拿了一套各个高等学校右派言论的资料到编写组。他说："给你们看看，吹吹风，给你们打个预防针。"看了这些以后，我很惊讶。周末回到学校的时候，农大满院都贴着大字报。我看了以后，觉得自己大都同意他们的观点，但我没有贴大字报，因为打了预防针，所以"反右"的时候没有抓到我。但何干之受影响了。康生跑到中国人民大学贴大字报，说："我不怕资产阶级教授，也不怕无产阶级教授"。当时高教部评定人大两个一级教授，一个是何思敬，一个是何干之。"也不怕无产阶级教授"明显是指何干之。干之很生气，说："我一个教员，怕我干什么。"康生的这张大字报一来，学生就到处贴条子寻找何干之，说何干之失踪了。因为他平常搞研究的时候，常把门锁上，不让人打扰。人们找不到他，就说他"失踪了"，讽刺他是"官僚主义"。名字倒写、又打上叉子的"寻人启事"在学校各处贴着，但也没抓到他什么问题，没有把他打成右派。当时，林希翎在学校里讲演，人山人海，我曾经听过一次。

我们一块去解放区的两个战友周沉和白航全打成右派了。我们三个人本来都在政治班，后来他们俩到文艺学院去了，我留在了政治学院政治系。周沉原来姓张，后改成了周沉，就是表示参加革命破釜沉舟、义无反顾的意思。原来我的名字叫刘淑庄，我觉得"贤淑端庄"不好，就取"百炼成钢"之意，改成了刘炼。"文革"的时候有人说我的名字，是"留恋旧社会"，算一条罪状。周沉这样的人怎么能是右派啊？我不信，我千方百计地找她。但她不理我，要我和她划清界限，说不要牵连我。我说："你破釜沉舟，已经证明你对共产党的追求是义无反顾的，我不相信你是右派、是反党分子，因为给领导提了点意见就成了右派？"

1957年"反右"之后，党史课就被取消了，开"社会主义教育课"，是中宣部副部长许立群宣布的决定。他们说党史教员就会讲"百团大战"。何干之表示反对，我也坚决反对。我所在支部批判我，说我和党中央不保持一致。我说这个决定是错误的，将来历史会证明。在这个问题上我不同意他，也不能说我反党啊。我不同意你这个决定，因为我们党史教员不是只会讲"百团大战"，这不符合实际，他没有好好调查。康生就在那儿讲政治课教员百分之九十几都是右派，还说中国人民大学是"教条主义大蜂窝"。我是亲自听他讲的。干之让我不要把教员分散，全都送到中国人民大学来学习进修，因为人大还有党史系没有取消，只是高等学校公共课取消了。我自己就去教哲学了，因为我曾经系统地学过哲学。

其实，我们党史课最受学生欢迎了。因为我们跟学生打成一片，我让所有的教员都到学生宿舍跟他们一起讨论问题，了解他们的思想，然后结合我们的课程讲。学生们震动很大，我们讲课打动人心，受到学生欢迎。

1958年我在农大参加了"人民公社化运动"，在徐水县搞"大炼钢铁"、搞"大跃进"、搞"深翻土地"。徐水宣布五年计划，到1963年就实现共产主义。每个人多少尺布、每人多少粮食，平均发给社员条子，凭条子取货。"十包"① 的结果就是合作社的东西一个晚上都发光了，这叫"共

---

① 1960年9月20日，徐水县委就正式发布了《关于人民公社实行供给制的试行草案》，实行"十包"：生老病死、吃穿用品，甚至洗澡、理发、看戏等等，一切都由公社包下来。

产风"嘛。徐水提早进入共产主义了。这时我们的学生干嘛呢？在菜地里抓菜青虫，连农药都没有。这是什么共产主义呀？实践是检验真理的唯一标准，我非常相信这句话，我们在实践中才能辨别是非真伪。

"大炼钢铁"，叫作"钢铁元帅升帐"。徐水县车站旁工地上树起一个个小高炉，从山上砍柴来烧。11月的天气，那个温度能够炼铁吗？所以经常"墩炉"。"墩炉"就是半熔的铁水和木柴凝固在一起，流不出来。人们蒙着湿被子、戴着浸水的棉手套钻进炉里去用铁杆敲，敲出来的那些"墩炉铁"，我叫它"煤铁凝块"。这些煤铁凝块在徐水车站堆积如山啊。炼出这些东西能用吗？一点用都没有，只虚报了数字。炼钢要用铁引子，先去砸铁，区干部背着大筐收废铁。用好铁化了以后炼废铁，真是荒谬透顶。要砸锅、砸水车时，我不让砸。村干部在后面揪我衣服，说："老刘，老刘，你别说啦，你知道清华大学的下放干部说了真话就挨批啊。"彭德怀看见这一现实，在庐山会议上提了意见，说"得不偿失"。他很小心把"得"放在前头，我说哪有什么"得"呀？

我们在工地上很长时间和衣而卧，地上铺上席子就睡觉，我们过这样艰苦的战斗生活。我在那儿办工地党校，就在工地给他们讲党课。我说："你们都是党员干部，为什么报高指标？产量报这么高，外省就把你们的粮食调走了，你们不吃亏吗？"他们说那是上面来的，不能不报，如果产量报低了，就要"拔白旗"呀。他们问："老刘同志，你说怎么办啊？"我说："咱们作为党员应该实事求是，是多少就是多少，不应该根据上面的指标，一层层地报高啊。"他说要那样的话，我们全都当白旗给拔了，挂白旗干部就要撤职。那个年代真是荒谬的年代。

通过经历1958年的"大跃进"，到农村参加实践，我的头脑清醒了，我的思想有了大的转变。我以前是很热情的，也很"狂热"。参加革命后，我开始教书，那真是一腔热血，也有"左"的言论。"反右"的时候我领着学生批判所谓右的言论。我批判一个教员批错了，现在心里还耿耿于怀，我应向他道歉。我给同学们上课，讲知识分子是劳动人民。1962年陈毅在广州会议上给知识分子"脱帽加冕"①，"脱帽"是脱了资产阶级的帽子，"加冕"是加上劳动人民之冕。我刚讲完这个观点，不久中央又说知识分子是资产阶级了。学生来问我："老师，你上个星期讲，说是无产阶级知识分子，怎么这回又是资产阶级分子了？"我心里真难受，我哑然啊，真脸红！这个政治课多难教啊。1958年以后我就改变了，以后上课就讲真的，有时候当然跟中央也不一致。比方说"文化大革命"后，谁敢讲"文化大革命"，我就想办法，引用叶剑英讲过"文化大革命"死了多少人，包括他们的家属多少人。我说这是叶剑英说的。就是用这种迂回的方法来讲真话。否则怎么办呢？政治教员不能讲真话，我痛苦万分。

从徐水回到学校以后，我讲课就讲真话。讲徐水公社化运动中的"五风"："共产风"、"浮夸风"、"平调风"（"一平二调"）、"强迫命令"、"高指标"。后来教学检查运动中，我赶快查我的讲稿。我就在徐水前面加了"部分地区"四个字。谁知道我们那个支部书记眼睛那么"尖"，她说这几个字的颜色跟原来稿子的钢笔颜色不一样，证明是后来加上去的，说我全面否定徐水的"大跃进"，还把我批了一通。当时我就不同意呀，因为是我亲眼看见的嘛。那次批我批得不那么厉害，因为大家都看见了。但上面指示要批判那还得批。这些不正常的组织生活实在是不堪回首。

何干之讲课非常结合实际。有人曾经说他是"书呆子"，我说不对，他才不是书呆子，他的科学研究和教学一贯站在理论斗争的前沿。我下乡以后，何干之到徐水去参观，他看到了一些，我也跟他讲了徐水的情况。他就认为这是"小资产阶级狂热性"。干之在课堂上就把我们下乡看见的农村的这些情况如实地讲了，批评"小资产阶级狂热性"，讲大炼钢铁"得不偿失"。1959年庐山会议批彭德怀后，因为彭德怀讲过这些话，结果

----

① 1962年元月中旬至3月初，国家科委和文化部、全国剧协分别在广州召开了"全国科学工作会议"和"全国剧作座谈会"，这两会又一起解决了党与知识分子的关系问题，因而统称广州知识分子会议。陈毅在会上提出了著名的"脱帽加冕"的观点：脱掉资产阶级知识分子之帽，加上劳动人民知识分子之冕。

就抓他这句话，还有他对大跃进中"五风"的批判，就把他定成是"右倾机会主义分子"进行批判。他当时开了一门新课，叫"毛泽东论中国革命和建设的几个问题"，一共十二章。他讲到第九章就开庐山会议了，课就停了。他每星期回一趟农大，回来后，他就唉声叹气，说："我想不通啊，我怎么检查呀？我怎么检查也通不过。"从此犯了心脏病。

中国人民大学在批何干之，他们把何干之的材料转到农大来，叫我与他"划清界限"。我就讲何干之在这期间给我写了多少信，他告诉我不要头脑发热，他说两种所有制不可能过渡到共产主义，共产主义有更高的标准，现在根本达不到。他跟我讲是给我泼冷水。他们让我检查，我就讲何干之的这些话。他们没话说，因为他们在徐水也亲眼看见了。

从此以后历次运动我都采取"顶"的态度。以前让怎么检查我就怎么检查，1958年后我思想发生了重大变化，中国农村的实践教育了我，要实事求是。

"反右倾"之后，1962年中国人民大学开了一个非常重要的会议，就是党委二十六次扩大会议。这次会议是一次大的交锋，特别尖锐的斗争，中宣部派理论处处长陈道来参加，周扬也亲自过问。周扬当时说，你们不要何干之，我们调何干之走，胡锡奎又不放。这些"左"的做法，胡锡奎要负主要责任，他是中国人民大学极左路线的代表者。"知识越多越反动"嘛，就批判教授，胡华问题、何干之问题，还有何思敬，哪个教授没挨过批？全批过了，全都是"资产阶级反动学术权威"。

1964年我调到人大，第一场运动就是批判胡华。中宣部指示市委，市委指示人大。当时主持工作的校长是郭影秋。全校大会上讲整风，主题是批判教条主义，然后就点名批判胡华。随后开展全校范围的大批判。我刚到人大，就赶上批判胡华的运动，我感到莫名其妙。我就问何干之，为什么胡华遭到中央点名批判？他说就是胡华写的一本党史教材，里面批判"左倾"错误，其中涉及苏北地区的一个"左倾"路线领导人，是一位官员夫人的父亲。因为胡华在书里写了这个，惹了这位官太太，就要批判。

胡华说："那我们历史书没法写呀？他的亲戚甚至子女都还在呀，这样我们怎样讲历史啊？"所以干之跟胡华说："你检查的时候就躲开这一条，如果这一条要成立的话，我们还能讲党史吗？到处会碰地雷的。"因此胡华没有检讨这个，就说别的问题，当然也揪了些问题。有个研究生当时斗胡华斗得好厉害呀。胡华带五名研究生外出实习，一次他站在船头发感慨，就念"大江东去，浪淘尽，千古风流人物"。那个学生就揭发他，说他发思古幽情，是封建脑袋瓜，批判他一大通。"文革"后，1979年这个官员派他的秘书两次到中国人民大学来向胡华当面道歉，他知道错了。这个官员也是一个知错就改的人，我很尊重他。

"文化大革命"更是惨不忍睹。何干之被批为"反动学术权威"。学生抽他嘴巴，侮辱他，用墨写的"反革命修正主义"、"反毛泽东思想"、"三反分子"，贴在后背上，下雨淋得衣服全染黑了。1959年"反右倾"之后他就得了心脏病，我就让孩子跟着他、去保护他。到"文化大革命"的时候，这么侮辱他，心灵上、体力上的摧残，他心脏哪受得了啊。让他拔草、打扫厕所。学校的那些头头全弄去打扫厕所了，他们就秘密交换意见，讨论一些书呆子式的问题。什么是资产阶级当权派？系主任算不算？应该不算，应该是校长、党委书记。这些"书呆子"在讨论这些问题，我是在干之写的材料中看到的。"文化大革命"的时候就这么整他，他曾想死。老舍自杀了，吴晗也自杀了，我们知道好些个名人自杀的，电影界的、历史学家都有。看到这些他震动了，说："我真理解他们的思想，我是生不如死"。我个性比较强，说："不能死，你要保留发言权，你要是死了就没有发言权了，还说你是畏罪自杀，是不是？"我整个晚上劝他。他没有自杀，又多受了三年的罪。他们把他关在一个小屋里，小便都不准出来，只能大便出来。吃饭呢，他们专政队的人领着一大排"牛鬼蛇神"到食堂去，规定只能吃窝头。他平时是在学校吃小灶，这回让他吃最坏的饭食。

何干之就这样关了三年，1969年他"解放"了。"解放"的时候他委屈呀，他被迫做了很多违心的检查。当时，我还没"解放"呢，就剩我一个人关在小屋里。专政队让他来见我，我们一见面就抱头大哭，哭了足足20分钟。我没有见过他这么哭过，眼泪打湿了肩膀，话都说不出来。他说："你猜我最担心的一件事是什么？"我马上就猜到了："你就怕我跟他们顶，顶的时候被冤枉打死，最担心这个。"

何干之不久就因心脏病去世了。他们还散布谣言说是何干之因为"解放"了一高兴，从椅子上掉下来就死了。后来我查清楚是军宣队造的谣。干之死了以后，军宣队在全校做报告，说何干之是因为给他恢复组织生活，他一下高兴心脏病发作死的。这是胡说，我最有发言权了。军宣队这样说是掩盖他是被折磨致死的真相，他们没有责任，还算他们一个成绩。

"文化大革命"里审查我，查什么问题呢？到现在我都不知道我参加了什么组织，后来听说是军统。我也不知道什么人诬陷我。专案组告诉我说是天津公安局的一个人把腿都打折了，他只好胡招认，写了一大串名单，在那名单里就有我的名字。他们把我关在地牢（现在旧图书馆的地下室），窗户用木板钉死。屋里没有光，就整天开着日光灯，晚上没办法睡觉，我用黑布挡着眼睛。幼儿园的阿姨、保育员看着我们，上厕所也跟着。每天晚上九点钟来提审。地牢里关了我们好多人呢，包括我们的副校长孙泱的夫人石琦，宣传部长朱真的夫人屈真。晚上九点专案组提审我，有个人腰里挂着警察用的那种电棒，别着匕首，凶神恶煞似的。在场的除了几个学生还有我们系里的两个教师。有个教师问我参加什么特务组织，我说："没有的事情我不能瞎说。我要瞎说的话，将来牵连人，你们到处去调查，劳民伤财。"有就是有，没有就没有，我绝对坚持这条原则，批判我可以上纲，上多高的纲我都敢上，因为都站不住。审我的人把匕首顶着我的喉咙吼叫："我告诉你，刘炼，你要再坚持不招的话，我再前进五公分，你就没命了。你白死，没有人给你申冤。"我相信他的话是真的，刀子冰凉冰凉的，已经戳进去一点。我心里就想着跟干之、跟我妈妈和孩子们告别。当时我真是视死如归，我是这样的脾气、性格。我后来知道那是吓唬我，当时可不知道。他们没有杀我，就在地下室里折磨了我两个月，军宣队进校了才放我们出来。我刚出来，太阳照得都不敢睁眼。后来专政队把我们关在系里审我们，开除我们党籍。听过这样的笑话吗？就是群众决定开除我和干之的党籍。

把我们关起来每天让背《毛泽东选集》里的《敦促杜聿明等投降书》。过去土改的时候，我们对地主才讲要他们向人民投降呢，还不让他们背书，而只是说"你要好好交代"。现在我成了地主、富农了。我怎么想都想不通。最后何干之解放了，关押的人都解放了，就剩我一个人了，说我是历史系最顽固的一个。我说我是最坚持真理的一个，我自己鼓励自己。我没有说半句假话，批判每天写，写批判我可以上纲上很高很高，而上纲是空的，那是空中楼阁，一下倒了，全都不作数，事实才是真的。我绝对不多说一个人，不瞎说。这就是"文化大革命"期间我的遭遇。

何干之去世之后，"四人帮"还去查他，说他是周扬的死党，还要查他档案，又搞了五年。1972年9月29日，我的问题才作结论，"查无实据"四个字，冤枉了我多少年？"文化大革命"是最残酷的，何干之是被极左路线害死的，我们家是"文化大革命"的一个重灾区，甚至影响到我的孩子。我大孩子在云南河口待了十年，考大学的时候本来应是被重点大学云南大学录取的，他们不要，因为他档案里写到了我们的东西。我最难受的就是影响我的后代，他们是无辜的。我大孩了在《何干之纪念文集》上面写了一篇回忆文章：1966年8月18日毛主席在天安门广场接见百万红卫兵。那天让他们晚上十点钟到学校去，他去了，已经上了卡车。工宣队的人来了，说："我点名的人都下来！"我儿子叫何及锋，才16岁，当场就被从车上揪下来，不许他参加。他说："我看见车子走得都没影了，还一直呆站在学校的广场上。"他回来以后编了个谎，这件事情当时孩子没跟我说过，直到他写这篇文章我才知道。老三是人大附中初中毕业，他的志愿是当海军，但有关部门不让他去，说是"黑帮子女"，上高中也不准，结果他就到轴承厂当了工人。这个也没跟我说。后来他们学校让他们毕业生写回忆录，他才写出这件事情。他们为什么不跟我说，怕伤我的心呀。看了以后我都哭了，因为他们是受我们的牵连。那荒谬的年代荒谬的事情，想起来很难受。

"干之老师的好学生"，我当之无愧

"文革"以后，我做了很多事情。

第一件事就是申请给何干之平反。我先后给汪东兴、曾志写信，很久都没有音信。后来胡耀邦当组织部长的时候，我给他写信讲了干之的情况。一个多月不到两个月，他就批到市委要查清，给干之彻底平反。我最佩服胡耀邦了，他雷厉风行。何干之原来的结论是"犯有走资本主义道路的当权派的错误"，在追悼会上还这么念呢。当时胡华特气愤，说"人都死了，还'鞭尸'，天理何在？"胡华很正直。后来人大党委在全校大会上给何干之彻底平反，所有的尾巴都没有了。

第二是给他立传。何干之这样的一代学者受这么大的冤屈而死，谁出来替他说话呢？只有我挺身而出。我写了好多何干之的传，收入到许多书和杂志中，如《中国历史学年鉴》（1981）、《中国现代社会科学家传略》（1982）、《史学史研究》（1982）、《中国史学家评传》（1985）、《中共党史人物传》（1985）、《南粤英烈传》（1989）等。我还在中国人民大学和一些高等院校去讲党课，介绍何干之这位老共产党员所走的道路。

第三是整理他的遗著。我给他整理出版了《中国民主革命时期的资产阶级》。"文化大革命"中他就去世了，这本书就剩下半部清样，另半部还是手稿。我就给他整理修改，后半部分基本上是我帮他重写的。这本书是上海人民出版社出的，影响很大。1964年他在世的时候，外文出版社说要出版他的《中国现代革命史》，刚修改完"文化大革命"就爆发了，但稿子已经写好了。那个稿子上一张张修改的、增补的纸条，都是我手抄的。这本《中国现代革命史》（1965年修订本，1985年出版）也是上海人民出版社他的学生周琪生负责出版的。

我在全国范围内的图书馆里找他的文稿，然后加注释。注释工作花了我大量的心血，因为有的事件、人物在词典上都查不到，我就钻到图书馆一篇一篇地看《国闻周报》，看事件的来龙去脉。有时看了好几天的杂志，只写出了一小条释文。我做了大量的这种工作，最后出了《何干之文集》三卷。这三卷文稿一直在上海人民出版社置放了 14 年，因为出版社出这些书不赚钱，最后我要求退稿。中国人民大学出版社答应先出一本 30 年代的文集，那个老编辑（现在已经退休了）答应我说先出 30 年代的这一本，然后续出。我不甘心。我就找到了一个老同志，一个老文化人，是我们的朋友。他找到了北京出版社已离休的社长，也是干之的学生。他说："我们出他的书稿子不用审查，我亲自听过他的课，我们赔钱出，保留文化遗产。"这才出了。出这三卷真难得。他还有很多文章没有收进去，他写的交代材料里，有好多历史事实我觉得很有价值。我宁可把我的书稿放在那儿，也要先给他出版，2006 年最后一本百年诞辰的纪念文集出版了。

这样我就给他平反、立传、出书，这三样事情我为之奋斗了将近 20 年。所以我的同学们都说我真是干之老师的好学生，应该说是当之无愧的。

教书育人两求真

1961 年我在农大评了副教授，干了 20 多年，因为长期停止评职称的工作，1983 年，才在人大评为教授。我坚持教书育人，讲课不能光讲知识，还要育人。我主动跟学生交往，他们就跟我讲他们的思想。我讲课能结合他们的思想，得到学生的普遍好评。1983—1986 年，学生背对背投票，我被评为这三年的优秀教学一等奖。

到人大以后，我讲提高课、编专题讲义，也做了些科研工作。第一个，人物研究方面，除了吴玉章、成仿吾，我还重点研究了瞿秋白，这个还得了优秀科研论文三等奖。为什么研究瞿秋白？"四人帮"还没倒台的时候，因为毛主席说党内"十次路线"（从陈独秀、王明、瞿秋白，一直到彭德怀、刘少奇）的头子是"机会主义的头子改也难"。因此市委就把批判陈独秀、瞿秋白的任务给中国人民大学了，让我批判瞿秋白。何干之是我的老师，他教我：批判必须"言之有据"，实事求是。我就翻《新青年》、《向导》等杂志，把瞿秋白所有的文章都看了一遍。中央在七大上给瞿秋白定的性是文化上是很伟大的，承认了他在文化上树立的功勋。可我看了大量的文章之后，就觉得不仅是文化，他在中国革命理论上也有建树，对于无产阶级领导权问题、农民问题，他的正确观点都早于毛泽东。我就改变了原来给我们的主要要求，就不加批判了，写了一篇《瞿秋白评述》，后来在《历史教学》1980年第1期上发表。《瞿秋白评述》不光是说瞿秋白在文化上的贡献，主要讲他在理论上的贡献。关于理论上的贡献我单写了一篇在《教学与研究》1985年第4期上发表，像无产阶级领导权问题、农民问题、统一战线问题、对大资产阶级分析问题都是瞿秋白最早论述的。最重要的是我给他《多余的话》平反。"文化大革命"期间批判瞿秋白，说他是"大叛徒"，把他的墓都给砸了，叫"挖坟掘墓"。墓在八宝山，我专门去看过，现在修复了。《多余的话》是瞿秋白在牢里写的，是他临死前向党倾诉的心里话，他求狱里监管的人偷偷送出来的。国民党不敢发表全文，就选择部分发表。《多余的话》在"文化大革命"中成了瞿秋白"大叛徒"的铁证，当时还出了一份《讨瞿战报》。我系统地看了大量材料之后，专门写了一篇文章给《多余的话》平反，说明为什么它不是"叛徒的自白书"，驳斥"文化大革命"中给他强加的那些罪状。当时中央未为瞿秋白平反，而我独立地研究了瞿秋白，科学地评价了他的一生。所以就凭这一篇《瞿秋白评述》，我得了学校的科研成果三等奖，各个大学都请我去讲这个题目。所以搞科学研究得有科学态度，实事求是，根据事实来说话。那个时候毛泽东关于"机会主义的头子改也难"这个定论多么武断。我也不去批评这个武断的结论，我就用事实来说话。胡华很支持我，让我写了《五四时期的瞿秋白》，发表在胡华主编的《五四时期的历史人物》这本书里。这篇《瞿秋白评述》是"文化大革命"末期搞的，搞了很长时间才把它写出来。

第二个，我到人大后讲课有一个原则：讲新题目，就是给党史课程里缺的东西来补缺。如抗联问题，我就访问当时的人，像周保中的夫人、冯仲云的孙女。我们党史里讲八年抗战，最长的是东北的抗联，有十四年，课里面讲的很少。我觉得应该给它补上，就专门研究了抗联问题，也到各高校去讲这个专题。

第三个就是讲中国宪政运动史，也是我带研究生的培养方向。为什么开这个课？是有原因的。1979年，当时人大刚复校，条件很艰苦，困难还很多，没有宿舍（被二炮占有），没有地方上课，没有食堂，吃饭是在大露天里。学校也出面要求二炮把宿舍还给我们，但是一直拖延未决。学生被迫组织了游行，我大儿子在中国人民大学中文系，他也参加了。当时在学校广场上敢于出头来支持他们的教员有三个人，一个是胡华，第二个是经济系教授徐禾，再一个就是我。我说你们要按指定的路线，秩序一定不要乱，别触犯了宪法。大家很整齐，自行车四辆一排，打着"还我校舍"的大横幅，非常有秩序地从学校一直走到木樨地。苏联的塔斯社就报道了"还我校舍"的横幅和学生游行队伍。这一下闹大了。后来得知，中央为此开了两天两夜的紧急会议，之后又召开了18所重点学校党委书记、教育部和市委有关部门参加的会，批评人大事件。这下引起了很大反响。一位官员在天津大学校庆大会上说中国人民大学学生闹事，"人民大学是个坏单位"。我说这叫什么闹事，学生提出合理的要求"还我校舍"，还有一个口号是"复课办好人大"。其实那些校领导内心都是赞成的。我在广告栏那里碰见当时的教务长胡林畇，他就小声说："好！我们学生说得好"。事实上学校是支持的，提供了扩音设备和车辆。可是中央一批评了，就要严惩学生中带头者、组织者，准备开除几个学生。事后学校开了一个座谈会邀我去参加了。在座谈会上，我就跟霍遇吾副校长说："霍校长，绝对不能开除一个学生，不应该处罚一个学生，因为学生的行动是很有纪律、很有秩序的。应该允许人家表达自己的意见，因为吃苦的是学生。我们应该正面教育。中央的精神也是要加强学生的思想教育。"所以从那以后，我就准备开一门新课"中国宪政运动史"，告诉他们民主不是一下就成功的。

这门"中国宪政运动史"课从清末"宪章十九条"开始讲起，讲到孙中山搞的国民会议运动，讲到抗战时期的国民参政会。抗战时期的国民参政会，蒋介石似乎表示要开放民主了。我就搞原始材料，我们党和民主党派在参政会中是怎么参加斗争、怎么样争取民主的？我把我们党参加的人参加会议的全部记录都找到了，厚厚的一大本呢。我们哪些人参加呢？董必武、吴玉章、邓颖超等，都作为参政员参加了国民参政会。成老（成仿吾）当时是晋察冀边区参议会的议长，我就讲他们怎么样争取民主，多么艰难。我们在解放区搞民主选举，拿黄豆选，被选人身后有一个碗，赞成谁就在谁身后的碗中投一粒豆。老百姓热情得很，穿过敌人的封锁线、穿过炮楼来参加选举。我上课就讲这些，讲我们共产党是争取民主，反对一党专政的。我讲宪政运动史，也讲古今中外的民主制度，如俄国彼得大帝的开放民主。这个课是第一次在中国开。北大历史系荣天琳教授请我到北大去讲，法律系的研究生也来听。学生说："你结合历史讲宪政讲得太好了，因为我们学的那个法律条文太枯燥了。"我在人大只讲了三个专题：一个是国民会议运动，一个是国民参政会，再有一个就是国统区和解放区的民主运动。

我讲人物研究、讲抗联、讲宪政运动史，再有一个就是讲台湾问题，都是新题目。我的两个研究生，一个研究民进党、一个研究蒋经国的所谓的"宪政"。该不该研究？蒋经国在台湾搞了民主，不能把他全盘否定，他跟蒋介石不一样，他开放党禁、报禁，搞土地改革，所以台湾确实发展了一些。我就是研究他的所谓"宪政"到底是怎么弄的。我的研究生到社科院台湾研究所、到福建厦门的台湾研究所去采访、看资料，研究台湾问题。台湾研究所的研究人员说，研究蒋经国的这篇文章比研究民进党的文章写得还好。可是这篇论文却被研究生院的负责人说成是宣扬"两国论"，是资产阶级自由化而未通过。第二年另写一篇文章才获学位。

无愧神圣职业

我指导研究生有几点要求，第一是要研究新课题，不要嚼人家嚼过的馍；第二要立论有据，大胆地发表自己的观点，鼓励学生创新；第三搞研究必须要有第一手资料，不要借用人家的或者就抄书，那都提高不了水平。我觉得坚持这几个原则才能培养出有才能的人。作为一个导师要培养出精品，个个成才，这是我的方针。我前后有十来个研究生，研究台湾问题、研究宪政运动、研究下层统一战线、研究国民党地方势力派、研究中美关系等等，现在大都成为专家教授或国家栋梁之才。

研究新课题就是不要拘泥于过去的传统观念。要解放思想，打开脑筋，只要立论有据，论点能站得住就行。这是何干之教我的，我就这么教学生。研究新课题、立论有据，这是两个原则。像历史上中美关系，毛主席写文章批判马歇尔、赫尔利，我对学生说这是当时政治斗争的需要，你现在用历史事实来证明当时中美关系是好的。我给他从中央档案馆抄来的好多电报、文件都说明当时我们对美国是信任的、是友好的，它对我们是有帮助的。这是中央的文件呀。我们作为学者来研究，就得根据历史资料，立论有据。

张茅、武力、牛军三个人是我的第一批研究生。张茅研究国民参政会，他做过北京市副市长、国家发改委副主任，2009年调任卫生部党组书记；牛军现在是北大国际关系学院教授；武力现在是搞经济史了，他讲"三农"出了一大本书，这三个人都很有成就。牛军研究抗日战争时的中美关系，我就帮他到档案馆去抄资料，因为学生进不去。资料一下抄不完，我就让工作人员把门锁上，我在屋子里边吃面包边给他们抄资料。牛军现在还保存着这本资料呢。现在都是学生给老师当助手、抄资料，给老师干活。我做服务型导师给学生抄资料，认真给他们修改每一篇作业和论文，全面地、严格地指导他们。

我是非常爱学生的，他们的思想工作我也做了。武力从师大来的时候还不是党员。原因是他学习期间，读书笔记上写了一篇文章，不同意列宁说帝国主义是垂死的腐朽的资本主义。他认为当今世界说明资本主义也在不断地调整。这个学习笔记怎么就成为反对列宁主义呢？给他扣了这个帽子，没让他入党。我让他拿笔记给我看，我觉得这看法还挺新鲜的，挺大胆的。为什么因为这个就不能入党啊？我叫张茅（他们班里的组长）回师大去跟总支说说我的意见。张茅就回去说了，说了以后取得共识，他们就写了一个证明给人大党史系总支，经过研究，按程序，武力在研究生期间入了党。所以学生的政治生活我也管。还有一个学生夏潮（现在在中国文联），代表研究生反映外语教学中的一些问题。研究生院一位处长就对我说："你的学生领头闹事了。"我问明情况后，就去找研究生院的这位处长跟他说："他代表学生提意见有利于教学，为什么不可以呀？怎么能说是闹事呢？"还有一个学生分配工作遇到了问题，所有的校长我都找到了，帮他解决问题。学生的好多事我都出头去管。所以这个老师当得太累了，但我培养的学生每个都成才，都是独当一面的人物。

人物简介

刘炼（1925—　），女，上海市人。中共党员，教授。

刘炼1943年考入北京大学法学院法律系，肄业。1946年入华北联合大学政治学院三班、政治系学习；1947年参加河北正定新区土地改革工作；1948年留校读研究生。1949年2月调到华北大学农学院任中国革命史教师，同年10月加入中国共产党。1961年评为副教授，1964年调入中国人民大学中共党史系。曾获1983—1987年度优秀教学一等奖和科研成果三等奖。1993年开始享受政府特殊津贴。

　　刘炼的主要科研成果有：发表多篇中共党史人物研究论文（瞿秋白评述，何干之传，吴玉章、成仿吾研究等）；首开"中国宪政运动史"课程，发表多篇关于宪政运动的专题论文；修订整理出版何干之遗著《中国民主革命时期的资产阶级》（1980年）和1965年版《中国现代革命史》（1985年）；1993年编注出版《何干之文集》（三卷本）；2006年为纪念何干之百年诞辰编辑出版《何干之纪念文集》。此外还发表有关党史研究的论文三十余篇和若干亲历历史事件的纪实性文章。1998年出版回忆录《风雨伴君行——我与何干之的二十年》。

人物自述

人大校友

肖扬自述[①]

摘要：肖扬（1938—　），广东河源人。1957年至1962年在中国人民大学法律系学习，毕业后长期在广东省工作，后历任最高人民检察院副检察长、司法部部长、最高人民法院院长、首席大法官，是十五届、十六届中央委员。他在口述中深情回顾了大学生活及见闻，讲述了毕业后的传奇经历，系统讲述了以"苟利国家生死以，岂因祸福避趋之"精神努力推行的司法改革之路。

"舍近求远，舍史求法，北上求学"

我生于抗日战争炮火纷飞的年代，长于解放战争的历史时期。日本帝国主义的杀光、抢光、烧光和奸淫掳掠的恐怖在我幼小的心灵里蒙上了深深的阴影，而国民党反动政府统治下的中国，不民主、不平等、无法无

---

① 本次采访时间为2009年6月29日，由中国人民大学校史研究室负责采访、录音整理及文字编辑。

天、民不聊生的惨况给我留下了深刻的记忆。

50 年代初，我在河源中学初中毕业后，负笈南下，到广东惠阳高级中学读高中。我读中学的时候，恰恰是新中国法制建设如火如荼迅速发展的创建时期。1954 年宪法刚刚制定颁布，这是中国历史上第一部社会主义宪法。据统计，从 1954 年到 1957 年"反右派"斗争之前，全国人大及其常委会、国务院制定的法律、法规和国务院各部委制定的较重要的法规性文件共 731 件。这一时期我国的法制建设取得了重大进展，是和我们党的高度重视分不开的。1954 年 6 月，毛泽东在《关于中华人民共和国宪法草案的讲话》中指出："（宪法）通过以后，全国人民每一个人都要实行，特别是国家机关工作人员要带头实行，首先在座的各位要实行。不实行就是违反宪法。"1956 年 8 月，党的八大指出，"一切国家机关和国家工作人员必须严格遵守国家的法律"，"目前的迫切任务之一，就是系统地制定比较完备的法律，健全法制"。此后毛泽东也多次强调全党和全国人民，"一定要守法，不要破坏革命的法制。……我们要求所有的人都遵守革命法制"。我在这样一个火热的年代，怀着满腔热情度过了少年时光，记忆中也留下了 1954 年宪法的深深烙印。

惠州因为距离台湾、香港、澳门很近，时有"敌特"警报。当时，学校物色我为"治安委员"，协助公安机关调查、取证、破案，这让我感到非常光荣和神圣，对"法律"、对"公平正义"产生了朦胧的认识和追求，非常希望自己将来能够成为除恶扬善、匡扶正义的法律工作者。于是，在填写入学志愿的时候，我把当时优先单独招生的中国人民大学法律系作为首选，然后参加全国统一考试，报考了中山大学历史系。结果发生了一段小插曲：因为两所大学发榜时间不同，中山大学先录取了我。在中山大学历史系已经学习、生活了十几天后，我才从《南方日报》上看到自己被中国人民大学录取的消息。后来几经周折我才拿到人大的入学通知书，为此我喜出望外，因为中国人民大学是中国共产党创办的第一所新型大学，是万千学子向往的著名高等学府，又是我首选的报考志愿，能够入学就读、成为"人大人"真是"梦想成真",足以引以为豪！但同时，我又要面临着一个重大的抉择——中国人民大学的报到时间已过，离开中山大学就要办理退学手续，也就是说，我要冒着两头落空的风险，而且我出身贫苦，世代为农，家庭生活捉襟见肘、非常拮据，离乡背井去北京，对家里来说就意味着需要更多的花费。怎么办？思前想后，我最后决定赌一把——舍近求远，舍史求法，北上求学。

我是一个客家子弟。客家人生性敢于冒险，只知求出路，不愿想退路。我当时心里想，如果被拒之门外的话，大不了明年再考一次。作出决定之后，我就向省招生办申请路费，结果并未获准，负责招生的老师被我执著求学的那股劲儿所打动，主动借了 30 元钱给我。后来我回了趟家，但没敢跟父母多说，怕家里为钱发愁，只简单说明了一下，就匆匆走了。到北京的时候已经接近国庆节，我就拎着草席打成的小行李卷，一身短袖上衣、短裤、凉鞋，拿着入学通知书找到了中国人民大学。母校不但没有拒绝我这位迟到的学生，反而非常乐意地收下了我这个清贫子弟。法律系主任杨化南、总支书记高欣山前来看望，还代表学校给我提供了困难补助，发给我御寒衣物、棉被棉褥……这一情景真让我没齿难忘，所以后来我时常说，"我这个穷光蛋，从'精神'到'物质'，都被中国人民大学武装起来了"。

我的大学：最值得纪念的青春岁月

我在人大度过了人生中最为宝贵的青春岁月，度过了最为重要的历史时期之一。人大法律系是人大最早设立的八大系科之一，是新中国第一个正规的高等法学教育机构，特别是经过 1952 年院校调整，可以说，人大集中了全国最强的法学教育力量。

当时人大的法学教育有两个突出任务。一个是为各大学提供统编教材。最早的人大法律系设四个教研室，在教研室内，由苏联专家通过翻译向中国教师传授苏联法学，中国教师当场记录，课后与翻译一起整理笔记，然后按笔记向学生讲演。后来，这些苏联专家的讲义经过整理、编写成为各大学统一的法学教科书。另外一个重要的任务，是为其他高校、科研单位培养师资与研究人员。从人大走出的许多老师，后来都成为学术泰斗和学界栋梁，因此人大被誉为新中国法学教育的"工作母机"和"法学家摇篮"，是当之无愧的。

在我看来，人大是一个政治要求很高、学习气氛很浓、学习环境很好的学校：老师们努力执教，学生们刻苦研读，师生关系融洽，关心互助。这段美好的大学时光至今让我难以忘怀，对我的人生产生了极为重大的影响。

第一，接受了比较系统的法学专业教育。当然，受历史条件的限制，学的主要是前苏联的法律教科书。就中国而言，当年的法学教育从部门法的角度来说并不全面，但中国人民大学在中国当时现行法非常不健全的情况下，还开设了20多门法律必修课和选修课。一是使学生掌握了法学的基础理论和进一步提高法学水平的基本方法；二是通过自学各门课程的必读和参考书，以及课堂讨论、考试等环节，扩展法学的知识面，特别是对马克思主义的法学原理、法学理念、法制历史的介绍。可以说，在人大的学习，培育了我很深的法律信仰，一个"法"字就和我结下了不解之缘。

第二，接受了系统的马列主义教育。当时就有人唱"上大学就要上人大"，"人大红"可以说是我们的传统，也是延续至今的教育特色。我们中国人民大学特别重视"四大理论"教育，给我留下的印象尤为深刻，一是马克思主义哲学，二是政治经济学，三是科学社会主义，四是中共党史学习。"四大理论"为我奠定了坚实的思想理论基础，使我掌握了科学的世界观和方法论。当时中国人民大学编撰的《辩证唯物主义和历史唯物主义》、《政治经济学教程》、《中国革命史讲义》是全国著名的教材。马列主义理论的学习、革命传统的教育，使我在事业的发展中始终保持清醒的政治头脑和坚定的政治立场。所以，我认为自己是非常"中国"的，非常

"特色"的，非常"马列"的，而且这种观念是母校在我年轻的时候就传授给了我的"法宝"，是根深蒂固的东西，终生受用。

第三，实事求是、兼收包容的学风对我的人格塑造也产生了重要影响，给了我勇往直前的力量。立在母校大门口的校训就是"实事求是"，这是党一贯提倡的，也是学生成材的基本条件。《实践是检验真理的唯一标准》一文就是人大毕业的校友胡福明所写，在历史的转折关头起了极其重要的作用。当时中国人民大学面向全国招生，收录的学生可以说是来自五湖四海，有像我这样的应届高中毕业生，但更多的是来自各行各业的"调干生"。通过与他们的交往和交流，加深了我对社会的认识，开阔了我的视野，也培养了我求实、开放的性格和严谨、一丝不苟的精神。

第四，理论联系实践是人大的教学的重要指导思想，是培养学生实践能力的重要内容。不唯学术而学术，不唯理论而理论，面向社会，面向实践，面向群众，聚焦现实，学以致用，这就培养了我热爱人民和全心全意为人民服务的精神，这对我后来从事政法工作和党务工作，是一个必备的基本素质，也是我能顺利完成各项任务的一个基本功。

人大四年，我获得了取之不尽、用之不竭的精神财富，编织了许多美好的梦想，立下了要为祖国繁荣富强、为实现社会公平正义而奋斗的坚定信念，结识了许多令我受用终生的良师和益友。

我记得在每年的开学典礼上，德高望重的吴玉章校长殷切地向我们提出希望，谆谆教导我们做学问要注意国情、实事求是、联系实际、精益求精。中国人民大学聚集了许多名家大师，他们不仅在专业知识方面有很深的造诣，他们高尚的道德情操也深深地感染了我，像胡锡奎、聂真、邹鲁风、杨化南、何思敬、何干之、胡华和许崇德、关怀、田野、佟柔、高铭暄、王作富、吴磊、孙国华、徐立根老师等等，他们胸怀坦荡，仗义执言，追求科学，信仰真理，不慕虚浮，艰苦朴素，始终保持着老一辈学者的崇高风范，是我最敬重的老师，更是我学习的榜样。

还有我的许多同学，我们都结下了很深的同窗情谊。当时我讲的普通话比现在差多了，所以就不大敢开口，属于"敏于行而讷于言"的那类学生，不少同学在学习和生活方面都给予我很多的照顾和鼓励，他们也大都成了法学理论研究和司法实务部门的骨干力量，其中一些人后来还成了我一生的挚友、事业的合作者和支持者，在我的事业征途中给予我许多宝贵而无私的支持和建议，比如后来和我成为最高人民法院同事的同班同学祝铭山。这么多年来，不管我身在何处，身居何职，我的老师和同学们始终如一地关心和帮助我。在我担任领导职务以后，却从来没有因为任何私事麻烦过我。2007 年，在我即将从最高人民法院院长的岗位上卸任前，恰逢我们入校 50 周年，我和老同学们利用周末在我单位食堂吃了一餐饭。令我感动的是，为了不给我添麻烦，每位校友都交纳了饭费。他们是我难忘的同窗，更是我弥足珍贵的朋友。

　　总之，人大给了我很多很多，无论我走到哪里，我都没有忘记人大实事求是做事、堂堂正正做人的精神。一句话，没有母校的培养，就不会有我的今天！

大学时面对运动，也曾困惑与思索

　　我上人大是 1957 年到 1961 年，共计四年时间，因参加政治运动和社会劳动，结果集体延期半年毕业，直到 1962 年 1 月才走上工作岗位。

　　我出生于一个穷乡僻壤的小山村，世代没有人读过书，在旧社会受尽了剥削和压迫，父亲出生 40 天就丧父，自幼就给地主做工，饱受欺凌，父母生下三个孩子，因无钱治病，加之外寇入侵等原因导致两个夭折，独剩我一人，所以，"翻身得解放"对于我的家庭、对于我个人来说，真是欢天喜地的大事！因此，当时作为血气方刚的青年学生，我对共产党和毛主席是深信不疑的，听到有人向党、向社会主义制度发起猖狂进攻，自然就要响应号召，积极参加各种政治运动。

　　但随着运动的深入开展，身边一些同学和老师相继被划成"右派"，而且据称都和中央国家机关的大"右派"有关联，这让我感到非常不解。在"大跃进"和"反右倾"期间，超英赶美气氛很浓，出现了粮食亩产几万斤乃至十几万斤，在"土炉"里也能炼成钢铁的神话，对此，我们班有的同学对这种大跃进表示质疑，有的通过回乡调研后认为这纯粹是浮夸虚报之词，结果就被认为"右倾机会主义"，我对这样的论断感到愕然。接下来又听说学校的邹鲁风副校长因对"大跃进"、人民公社有看法，讲了不同意见，就被调离了人大，最终自缢身亡，这给我带来很大的震撼。

后来，又发生了一件事，莫名其妙地与我扯上了关系，更令我对"反右派"等政治活动有了新的思索：一位小学老师叫肖建邦，为鼓励我这个穷学生完成求学路，他在我高中阶段一直在经济上接济我。然而，就是这样一位无私、朴实的老师却因讲了一些批评上级领导的大实话就被打成"右派"（注：1978年十一届三中全会以后肖老师被彻底平反，恢复原职）。对此，我实在是从感情上无法接受，在理智上也无法想通。我认识的肖老师是一个学识渊博、做人坦荡、热心事业、待人和蔼的人，怎么可能成为反党、反社会主义的"右派分子"呢？我们的"反右"运动就是要把肖老师这样的人清理出人民的队伍吗？……这些问题让我感到迷茫和困惑。为了表示自己对党的忠诚，为了坚定自己对党的追求，也为了从思想上得到组织的帮助，我主动向党交心，向组织报告了我和肖老师的关系，并表达了内心的疑问。可万万没想到，这件事对我产生了很大的负面影响，我因此受到了怀疑——为什么一个"右派分子"偏偏资助你，是否在蓄意培养你成为"右派苗子"呢？面对这样的质疑，我百口难辩，原本困惑的问题越发困惑了，只好通过积极参加社会实践、埋头苦读来排解郁闷的情绪。在毕业时，我从吴玉章校长手里领取了"优秀学生"的奖状，但很遗憾的是，尽管我多次申请、积极争取入党，但这一强烈的愿望却因受到怀疑而未能如愿，直到1966年，我才在广东省曲江县公安局加入了党组织。

"反右"、"大跃进"、"反右倾"等运动的出现不是偶然的，是时代的悲哀，更是法制的悲哀。由于种种原因，我们没有能够坚持中共八大提出的必须进一步加强人民民主法制，巩固社会主义建设的正确方针，反而得出了当时中国社会的主要矛盾是"无产阶级和资产阶级的矛盾，社会主义道路和资本主义道路的矛盾"的错误认识。在这种思想影响下，"公民在法律面前一律平等"被指责为"抹杀法律的阶级性"，强调依法办事被看成是资产阶级"法律至上"的观点，是"不要党的政策，搞法律孤立主义"；辩护制度、律师制度则成了"为资产阶级敌人开脱"；无罪推定是"放纵罪犯的反动理论"等等。不仅国家的立法工作基本处于停顿状态，而且新中国成立后制定的一些正确法律和规章也得不到应有的遵守。我作为一名学习法律的青年学生，亲眼目睹法制建设从欣欣向荣到陷于停顿，真是感到极度迷茫和殊堪痛心。这也正是我在后来的工作中坚定不移地推进法治建设①的重要原因。

事业之途：干一行 爱一行 专一行 饱经磨炼

从人大毕业后，我被分配到新疆做法学教师。临行前，我给我的爱人赖秀娟留下了一首诗，最后两句是："毕竟冬梅品格好，迎风冒雪我先行"，毫不犹豫地就奔赴了边疆。之后因学校撤销，我回到广东做了公安干部，一干就是八年。在"文革"期间，因上文讲到的我与肖建邦老师有特殊关系，受到审查，下放到"五七"干校劳动（住在南华禅寺）。后来被重新起用，干过宣传干部、县委办公室干部、办公室副主任、主任（县委常委），然后当了公社党委书记兼县委常委，并逐渐升任到韶关市武江区委书记、清远地委副书记，直到十一届三中全会以后改革开放，我才有机会踏上乘风破浪的法治方舟，于1983年从一名分管农业的地委副书记归队政法界，亲身经历了从人治到法治、从法制到法治的历史变迁，亲眼见证了"依法治国"基本方略从提出、形成到发展的整个过程。对于这段

---

① 关于法制和法治的问题，1997年十五大之前称法制建设，之后称法治建设。

历史，我深感欣幸，深感自豪。

说起这段，我十分感激时任广东省委领导的王宁同志。当时我与他素不相识，他在韶关市和清远地委搞地市合并的时候，在地市委领导干部名单中看到了我的名字，他惊奇地发现：怎么这样一位从中国人民大学毕业的法律系学生在分管农业工作？他当即表示，"此人由省委安排"。就这样我重新归队，相继担任广东省人民检察院副检察长、检察长，最高人民检察院副检察长、司法部长、最高人民法院院长。有些人将我的这段经历归结为带有戏剧色彩的"传奇"，我更愿意表述为一种饱经磨炼的"坎坷"。这种坎坷是我们那个年代的人几乎都经历过的，虽然故事的版本会有所不同，但共同反映了当时整个国家所经历的一段曲折。

学法却不能从事法律工作，这不能不说是一种遗憾。我当时想，既然命运无法改变，那就踏踏实实做点力所能及的事情吧。不过，"宝剑锋从磨砺出，梅花香自苦寒来"，这段离开法律的岁月丰富了我的人生阅历。从小的方面说，多种角色锻炼了我荣辱不惊的心理素质，培养了我对不同工作岗位的适应能力以及与不同类型的人合作的大度胸怀和组织能力，在认识大局、掌握大局方面也逐步成熟；从大的方面说，我走南闯北，深入各级基层，执过教鞭，干过农业，管过工农兵学商、农林牧副渔、党政军民学……因此，对群情、社情和国情有了较为全面的了解，这对我个人成长来说是一种很好的积淀和锻炼。在我即将归队政法工作的时候，我当时的一位老领导说过一句话，他说，搞经济工作要"热"，搞法律工作要"冷"。这句话我至今记忆犹新。

同时，这段经历也让我深刻认识到法治的重要性，当法律变成虚无的时候，社会就会陷入无序，国家就会停滞不前，老百姓就会冤情不白，公平正义就难以伸张。面对着成千上万的冤假错案却无可奈何，这对任何读法律的人来说，都是非常痛苦的，也是难以容忍的。因此，在后来有机会重返法律圈的时候，我倍感珍惜这样的机会，决心要为依法治国，推进国家法治的发展尽心尽力，要为保护公民、法人和其他组织的合法权益而努力，要为树立法律和司法的权威而努力。另一方面，我从"内行转为外行"而又从"外行转回内行"的周折，也让我对队伍的专业性要求有了更深的体会。说起来，这里也有段插曲。

我在广东省曲江县龙归公社当了六年书记，这是我从人大毕业之后读的又一所大学——社会大学。如果说人大的四年校园生活奠定了我的法治理想，和农民兄弟直接打交道的六年时光则让我充分懂得国情和民生。当年，因大胆举贤荐能，推广科学种田，积极开展多种经营，大力兴修水利、办电站，搞农业基本建设，公社变成一个比较富裕的地方，连年农业增产，农民增收，被评为市、县农业先进单位，1978 年底还被评为"全国农业先进集体"，我也受到华国锋、叶剑英、邓小平等领导同志的接见并接受嘉奖。对此，地方领导认为我的事例很典型，要把我从农业"外行"转变为农业"内行"的经验加以推广，于是我就受命写了一篇短文，题为《要尽快从外行变内行》，1980 年 10 月 27 日发表于《南方日报》。殊不知，这却引来了一场争论。反对者认为，将法律人才放到农业上，是使一个内行变成了外行，是浪费人才的做法。当时作为当事人的我，尽管远离法律让我觉得遗憾，但想法却简单而朴素，就是党叫干啥就干啥，干一行、爱一行、专一行，此番由我而起的争论让我本人也拓展了思路，那就是在我国百废待兴之际，将"内行"变成"外行"实不可褒，让"内行"在其熟悉的领域内施展才干就如鱼得水，而"外行"要在新的领域内成为"内行"就要付出更多的努力和时间。因此，小平同志提出的"四化"当中就包括"知识化"和"专业化"，这是非常正确的。得益于自身的这点体会，我在归队之后，无论在检察院、司法部还是最高人民法院，在强调思想道德的同时，都非常注重用人的"专业性"，在法院期间还进行职业化改革，大大地推动了队伍的建设和事业的发展。

我认为，在依法治国的大背景下，法律在数量以及调整的深度和广度方面都得到空前的发展，人民的司法需求也在日益增长，既要道德人品好，又要法律精通、业务熟练，才能满足当前中国法治发展的要求；当然，反言之，谁也不会荒唐地宣称"只要有学识就可以担当司法人员"，因为思想品德的要求是不言自明的准入条件，也是《法官法》、《检察官法》等法律明文规定了的。我所倡导的"职业化"不是单纯的"专业化"，是包含了严格职业准入、职业道德、职业技能、职业保障等等在内的多项要求。我认为，司法职业化的道路无论多么艰难、多么遥远，一定要坚定不移地走下去，这既是我自身工作经历带来的启示，更是国家在经历法律虚无年代之后重树法律权威的必然要求，是建设社会主义法治国家的当然选择。我相信，经过我们的不懈努力，这个目标最终一定能够实现！

司法改革：形势之趋 百姓之需

说我是"司法改革家"，实在不敢当。司法改革是党中央的战略部署，是经济和社会进步的必然要求，是人民群众的呼声和愿望，我个人的力量其实是微不足道的。所有改革措施可以说都反映了形势之趋和百姓之需，所谓"箭在弦上，不得不发"。下面就简单介绍一下我抓的主要几项改革：

在广东省人民检察院工作期间，主要是推动了反贪制度的改革和完善，用时任最高人民检察院检察长刘复之的话说，就是"好几件新鲜事都出在广东"：第一件"新鲜事"就是在 1987 年建立了沟通检察机关与香港廉政公署（回归前）的绿色通道，成立了广东省人民检察院个案协查办公室；第二件"新鲜事"就是针对人民群众反映强烈的贪污贿赂问题，于 1988 年 3 月在深圳率先建立全国首个经济罪案举报中心，着力解决检察机关在反贪污贿赂工作方面线索太少、"找米下锅"的问题；第三件"新鲜事"就是在最高人民检察院和广东省委的领导和支持下，于 1989 年 8 月率先在广东检察机关成立了全国第一个反贪局，创立了集举报、侦查、预防于一体的反贪污贿赂专门机构，提高了打击力度和效率；第四件"新鲜事"是在检察院首次实行侦查、批捕起诉分开的"双重制约制度"，改革和完善检察机关的内部监督机制。这些举措，得到了中央和最高人民检察院的高度重视和支持，后来都在全国范围内予以推广。如，中央专门为此发过文件，要求全国检察机关和监察机关都应当成立举报中心，"举报"、"反贪局"第一次出现在中央文件上。此外，1990 年我调任最高人民检察院副检察长后，根据刘复之检察长和党组的决定，由我主持起草《反贪污贿赂法》，已经十易其稿，虽未能出台，但许多内容被吸收到 1996 年、1997 年的刑法、刑事诉讼法中。

到司法部之后，我重点推动了四个方面的改革：

第一，改革和完善律师制度。刘复之、邹瑜、蔡诚担任司法部长期间，非常重视律师机制的建立和完善，为律师制度的改革打下了良好基础。在我上任很短的时间内，司法部就拿出了《关于律师体制改革方案》报送给国务院并获准施行。在此基础上，司法部起草了新中国第一部《律师法》，于 1995 年 10 月 14 日由国务院报八届全国人大常委会审议，我代表国务院作了说明，这部法律于次年 5 月 15 日获得通过。律师制度改革，给我国比较落后的律师业注入了新的活力：它不再使用生产资料所有制模式和计划经济的概念界定律师的性质；不再使用行政组织和行政级别的概念区别律师机构的性质；不再占有国家编制，不需国家经费，大力推动发展自愿组合、自收自支、互相制约的律师事务所。实行司法行政机关与律师行业协调结合的管理模式，律师协会会长由执业律师担任。与此同时，继续允许外国律师事务所在中国设立办事处，允许涉港澳（回归前）居民参加内地律师资格考试并设立律师办事处。当年所进行的律师制度改革，对国家整个司法制度的建立和完善有着十分重大的意义，它是建设社会主义法治国家的重要一环，更是后来的庭审改革和诉讼制度改革的必备要件。

第二，引入法律援助制度。"法律援助"是通过为贫者、弱者和残疾者等特殊困难的公民提供免费或减少收费的法律帮助，来实现法律赋予公民的平等权利。我对这项利国利民的新制度非常看重，先在部分城市搞试点，而后在全国推广，最终这项制度被载入《律师法》和修改后的刑事诉讼法，成为有法律和社会保障的固定制度。

第三，改革监狱制度。监狱是国家机器的重要组成部分，历任司法部党组都非常重视监狱工作。我主持司法部工作后，将此项改革视为重中之重。经司法部慎重研究，向国务院报告了《监狱制度改革方案》并得到批准实施。改革主要分两方面，一是针对监狱、劳教单位经济困难问题，建立新的财政保障体制，从体制上改变了服刑人员靠自己劳动来养活自己的做法，监狱干警和服刑人员的生活保障和经济供给全部由国家负责；另一方面，以建立现代文明监狱为目标，将"劳改局"改为"监狱管理局"，"劳改场"改为"监狱"，"劳改犯"改为"服刑人员"，等等。这不是一个词、两个字的变化，而是一种思想、一种观念的变化，更是一种制度的改革。在此基础之上，我受国务院委托作了说明，1994 年 12 月 29 日全国人大常委会通过我国第一部《监狱法》。这部法律的通过，改革和完善了我国的刑罚执行制度，使我国在监狱管理、刑罚执行等方面走上了法制化、规范化的轨道。

第四，筹划推动中共中央法制讲座，为"依法治国"基本方略的提出和形成提供了最初的理论支持和思想准备。司法部党组经过慎重研究，于1994 年向党中央正式提出为中央政治局同志举办法制讲座的报告，并且草拟了讲座的选题。党中央很快批准了报告和选题。同年 12 月 9 日，中央第一次法制讲座在中南海举行。主讲人是时任华东政法学院教授曹建明，题目是《国际商贸法律制度及其关贸总协定》。后来根据江泽民同志的指示，中央法制讲座形成制度。1995 年下半年，中央第三次法制讲座筹备工作开始，司法部党组认为，应当介绍一下法律界最关注的依法治国、建设社会主义法治国家这个根本问题。部党组向党中央正式报了这个选题，同时还报了另一个选题。仅过两天，党中央就批准了部党组的报告，江泽民同志在同时报送的两个选题中，亲自圈定了《关于依法治国、建设社会主义法治国家的理论和实践问题》。1996 年 2 月 8 日下午，第三次法制讲座在中南海举行，主讲人是中国社会科学院法学研究所王家福研究员。正是在这次讲座的总结讲话中，江泽民同志提出了要坚持和实施依法治国基本方略，并对依法治国的内涵、方式和重大意义进行了全面深刻的阐述。一个多月后，八届全国人大四次会议把"依法治国，建设社会主义法制国家"，作为一条基本方针，写入《国民经济和社会发展"九五"计划和2010 年远景目标纲要》。与此同时，法律实务界和法学界关于依法治国的讨论形成热潮。1997 年 9 月，"依法治国，建设社会主义法治国家"，写入了党的十五大报告。1999 年 3 月，九届全国人大第二次会议把"依法治国，建设社会主义法治国家"这一基本治国方略，正式写入了宪法修正案。从此，我国社会主义民主法治建设进入了一个新的发展时期。

我曾经想过，自己作为法律人，在公安局、检察院、司法部等战线上历练了数十年，如果再有法院工作的经历，就没有遗憾了。我非常感谢党和人民给予了我这样的机遇。1998 年 3 月，我当选为最高人民法院院长，站在了司法事业的最前沿。

法院十年来的工作可以用一句话来概括，那就是明确了一个指导方针——公正司法、一心为民；确立了一个宗旨——司法为民；抓住了一个主题——公正与效率；办了四件大事——以审判工作为核心、以基层建设为基础、以法院改革为动力、以队伍建设为保障。十年来我感到最欣慰的是，推出了切合我国国情的司法方针、宗旨、主题、政策，特别是：提出司法为民 23 项措施，不断拓宽司法救助的范围，大幅度削减了诉讼费，让老百姓能够打得起官司；提高了司法能力和司法水平，让有理有据的当事人打得赢官司；加强了基层基础建设，改变了中西部地区基层法院审判无庭、办公无房的历史，让身处偏僻地区的当事人方便打官司。这些很大程度上都是通过改革实现的。十年来我感到最痛心的是，少数法官不争气、搞腐败甚至贪赃枉法，严重败坏了人民法院和法官的声誉，这也正是改革不彻底、不深入的结果。总之，可以说改革促进了审判，改革提升了队伍，改革强化了基层。这得益于党的正确领导，得益于人大的有力监督，得益于政府、政协和社会各界的大力支持，也得益于历任老一辈院长打下的良好基础，也十分感谢中国人民大学老师的献计献策和支持帮助。

十年来，根据党中央的战略部署，我推动制定并出台了两个五年改革纲要，明确提出了人民法院司法改革不同阶段的目标、原则和任务，所进行的改革有89项之多。"一五"改革主要涉及审判方式、审判组织、工作机制等"点"的改革，"二五"改革主要在于完善诉讼程序、完善执行程序等体制性的"面"的改革。概括地讲，我认为主要包括三方面：一是改革和完善死刑核准制度，根据党中央建议，通过立法形式取消了把死刑复核权下放高级人民法院行使的规定，由最高人民法院统一行使死刑核准权。规定所有死刑案件二审必须开庭，核准死刑应当提讯被告人，要严把事实关、证据关、程序关和适用法律关，确保死刑案件审判质量。这一改革对于法治文明，特别是对于被告人这一特殊群体的生命权有重要意义。第二，改革和完善了公开审判制度、再审制度、执行制度、人民陪审员制度、人民法庭工作机制、审判委员会制度、案件管辖制度、未成年人审判制度、司法管理制度等，建立和完善了案例指导制度，通过系列的制度改革，建立更符合审判执行工作规律的组织形式，科学设置人民法院内部机构。第三，推动最高人民法院和最高人民检察院向人大常委会提出修改《法官法》和《检察官法》的议案，通过修改法律，确立了全国司法考试制度。提出了以严格职业准入、强化职业意识、培养职业道德、提高职业技能、树立职业形象、加强职业保障、完善职业监督为主要内容的法官队伍职业化建设的长远思路，为实行法官、法官助理、书记员、司法警察以及其他司法行政人员分类管理制度打下了良好基础。十年来法院所进行的改革，对于解决影响司法公正的体制性障碍、机制性束缚、保障性困扰等问题起到了重要作用，也为人民法院事业的发展注入和提供了强大动力。

改革之感：苟利国家生死以，岂因祸福避趋之

司法改革是一个历史跨度很长的老题目，也是一个时代感很强的新题

目，还是一个风险度很高的难题目。王安石讲："天命不足畏、祖宗不足法、人言不足恤"，其实指的就是改革，指的就是改革的风险和艰难。这就要求改革者不仅要有敢为天下先的胆识，有时还要有敢冒天下险的勇气。司法是社会公平正义的最后一道防线，司法机关掌握着生杀予夺的大权，权力运用得当，可以泽被苍生、护国安民；权力运用失误，则会给公民和社会造成重创。所以最高人民法院曾经有一位副院长写诗说："朱笔重千钧，提笔要三思，生杀予夺事，岂能不慎之？"一个案子都必须慎之又慎，何况一项可能涉及千人万案的改革？

坦率地讲，我做每一件事，都要想到会有什么样的结果，都把它估计到了，我才会去做。只要下决心，哪怕有艰难险阻，冒着风险我也会千方百计去排除。"苟利国家生死以，岂因祸福避趋之"，说的就是这个意思。这与"立学为民、治学报国"的人大精神，"实事求是"的人大校训，也算是一脉相通吧。回顾我倡导和推动的种种改革，无不是克服了种种困难而开展的，对此，我有以下几方面的体会：

第一，改革的根本保证是始终坚持依靠党的领导。上述的改革，归根结底来说，都是在贯彻党中央关于加强社会主义法治的要求。具体到各项改革措施来说，也是要紧紧地依靠党中央的坚强领导，例如，最高人民法院"司法为民"的提出、关于加强执行工作的决定、收回死刑案件核准权、法官职业化等等，都是由中央批准或作出的。

第二，改革要以解决人民群众日益增长的司法需求和不相适应的司法现状之间的矛盾作为出发点。要改什么？怎么改？这决不是凭空想象而来的，必须要了解国情，倾听民意，洞察司法现状的缺陷与不足，然后在贴合中国实际情况，能够最好地满足人民群众司法需要的改革方案中择优而行。

第三，改革要以中国国情为立足点，同时要注意借鉴吸纳各国法律文明的成果。世界上没有一个放之四海皆准的改革模式，没有什么改革能够被称作是"最好"的。什么谓之"好"？只有"最适合"于本国国情的，才能被叫"好"。所以，在改革之前就必须先"做足功课"——深入研究我国在该领域的历史情况、基本现状等等。举个例子说，最高人民法院收回死刑案件的复核权就是经过反复论证和研究作出的，这里包含了几个基本情况：一是死刑核准制度从1954年宪法颁布后在历史上就经历了几次的"收"与"放"。1954年公布的《人民法院组织法》明确规定，死刑案件由最高人民法院和高级人民法院核准，此时的死刑核准，处于收放之间；1957年第一届全国人民代表大会第四次会议作出决议，今后一切死刑案件，都由最高人民法院判决或者核准；"文化大革命"砸烂公检法，死刑核准制度形同虚设；1979年7月，第五届全国人民代表大会第二次会议通过了《刑法》和《刑事诉讼法》，修订了《人民法院组织法》，规定死刑案件除由最高人民法院判决的以外，应当报请最高人民法院核准；在当时"严打"的形势下，1980年2月，根据全国人大常委会的决定，最高人民法院授权高级人民法院在短期内行使部分死刑案件的核准权，但从立法意图来看，体现的是"保留死刑，严格控制死刑"的刑事政策，下放死刑复核权只是当时某个历史时期的权宜之计。二是部分死刑案件核准权下放之后，在司法实践中存在"法律适用不统一"、"同案不同判"的问题，甚至还出现了湖南滕兴善、湖北佘祥林等冤错案。三是我国改革开放20多年，民主和法制建设不断推进，全社会的法律意识和法制观念明显增强，"严打"整治长效机制已经建立并逐步完善，社会秩序和治安状况保持基本稳定。四是我国已经签署《公民权利和政治权利国际公约》，生命权作为公民最重要的权利理应得到最大的尊重。正是基于对国情的这些基本判断，最高人民法院才向中央报告收回下放了26年的死刑案件复核权。从1996年的最初酝酿到2007年1月1日依法正式收回，整整花了11年的时间。另外，为什么改革还要吸收各国法律文明的成果呢？道理很简单，我国的法制建设起点较晚，借鉴国外的成功经验可以少走弯路，减少成本。例如，1995年建立法律援助制度，这一制度在国外已发展了500多年，而在我们各项事业取得不断进步的社会主义国家还尚未建立，但"不存在并不等于不需要"，因为它既是一项法律制度，也是一项社会保障制度，对于促进"法律面前一律平等"，保障司法人权，完善社会保障体系，实现法律规定的社会关系，促进社会稳定等都具有重要的意义。有鉴于此，经司法部党组研究，决定要创造条件，引入这项制度。后来的实践也证明了该项制度的引入是成功的，是深受人民群众欢迎的。

第四，改革要以开放的态度，主动接受人大监督、社会监督和新闻监督。改革的本质决定了不允许故步自封、刚愎自用，若想求得改革成功，就必须要乐于、善于倾听各方的意见，接受各方的监督。所以，我无论走到哪个部门，都非常注重增加工作的透明度，如：在广东省人民检察院工作期间，就率先在全国提出"检察机关要增加新闻透明度"，破例给新闻记者发放"特殊采访证"，并主动邀请人大代表和政协委员视察、评议检察工作；到最高人民法院工作抓的第一件事就是落实公开审判制度，防止暗箱操作的错误做法，提倡"要以看得见的方式来实现司法公正"，后来还设立特邀咨询员制度，改革人民陪审员制度，建立新闻发言人制度等。

第五，改革的关键突破点在于观念的更新。很多人问及改革中遇到的最大困难是什么？我认为是"思想观念"上的障碍。例如，律师改革，当时主要来自两方面的压力：一是来自于司法行政系统内部，认为律师走向行业管理等于削弱了行政机关的权力，堵塞了司法行政机关向律师收取管理费的经济渠道；二是社会上一些人存在一种心埋，认为律师在"为坏人辩护"、"为犯罪分子鸣冤叫屈"，指责律师"丧失立场"、"敌我不分"，是跟公诉机关"对着干"的，因此，律师业不仅不应扩大发展，反而应该严格控制。又如，在进行监狱改革要解决犯人的财政保障时，有些人不从维护司法领域的人权保障角度去考虑问题，反而说好人都没有解决温饱问题，怎么要解决犯人的吃饭穿衣问题？"明明是坏人，为什么要优待他们？"再如，最高人民法院统一行使死刑案件的核准权，实际上是要在程序上确保死刑案件审判质量，统一死刑裁判标准，体现我国一贯的"保留死刑，严格控制死刑"、"少杀慎杀"的刑事政策，与死刑存废问题不能画等号，但就有人误读为"贪官免死"……对这些观念上的偏差，我们不能横加指责，因为这些观念的存在恰恰就是中国社会现实的一部分，是有其复杂的社会背景和历史原因的，况且，认识和接受任何一项新生事物都需要一定的时间和过程。所以，我们需要有耐心，我们所能做的就是要释法析理、加大宣传力度，让人民群众了解改革的目的、内容和重大意义等等，从而争取绝大多数人的理解和认同。

以上是我个人的一些体会，需要指出的是，改革是一个过程，并非一日之功，也远不能一蹴而就，往往要经历较长的认识和发展时间，同时也应放在较长的历史过程中去考量和评价，例如，法官职业化建设是一个长期的课题，现在仅仅是开端而已。可以说，符合自然规律和历史规律的东西，就会有生命力，就会经得起历史的考验。当然，改革并非是一成不变、一劳永逸的，今天成功的改革措施，很可能成为明天的改革对象，这是非常正常的。人不能超越所处的历史，改革也不能。

母校：风雨伴我行

我在人大学习四年多，人大给了我丰富的法律知识和精神食粮，令我终身受益。我走向社会特别是走上领导岗位后，母校继续给予我强有力的、多方面的支持和帮助：

第一，母校给我开展工作提供了人才支持。一方面，母校每年都向法律实务部门输送了大量的毕业生，其中有不少人经过努力已成为单位的中坚力量。如我的大学同学祝铭山同志是最高人民法院一级大法官，是我在最高人民法院工作的非常好的搭档；校友张军同志成了最高人民法院二级大法官，成为主管刑事工作的骨干；宋鱼水同志成为"辨法析理，胜败皆明"的新时代法官的楷模……另一方面，母校还对来自法律实践部门的同志进行各种学历层次的培训，提高了法律从业人员的素质。

第二，母校为我的事业发展提供了强大的智力支持。例如，在最高人民检察院工作期间，我曾主持起草《反贪污贿赂法（草案）》，历时三年，十易其稿，母校的高铭暄、王作富等学者就参与了这项艰苦的工作，尽管这部法律因种种原因而未出台，但其中的许多内容对后来刑事政策的制定有一定的参考价值；在司法部工作期间，许多改革措施在出台之前，母校的专家学者应邀参与了论证；在最高人民法院工作期间，我们成立了专家咨询委员会，母校的一些专家就是其中的成员，对法院的审判、改革和队伍建设等方面给予我们许多宝贵的意见和建议，对于一些社会热点关注的案件以及出现的新类型案件也有学者应邀参与讨论，提供专业意见。还有其他一些法律活动，母校都派出优秀的学者踊跃参加，如最高人民法院承办第22届世界法律大会时，人大的曾宪义教授就率团出席，王利明教授还作了主题发言。

第三，母校提供了司法宣传和中外法学交流的平台。母校组织了许多大型的对外法学交流活动，这对于宣传我国的法治进步，促进中外法律界的交流与合作都有非常重大的意义。例如，1998年6月17日至19日，在美国总统克林顿访华前夕，首届中美著名法学院院长联席会议暨"中美法学教育的未来"研讨会在中国人民大学召开，汇聚了学者、专家近百人。此次会议是中美两国法学和法学教育领域内最高层次、最高水平的会议，是江泽民同志成功访美、中美两国元首发表联合声明之后，中美双方启动的第一个交流合作项目，美国总统的特别代表葛维堡教授带来了克林顿总统写给会议的亲笔贺信。此次会议树立了我国法学教育的良好整体形象，为当时担任司法部长的我随后赴美访问，落实《中美联合声明》作了很好的铺垫，也为克林顿总统之后的访华之旅营造了良好的气氛。人大还有许多交流活动都举办得非常成功，给人留下了深刻的印象。如2000年"21世纪世界百所著名大学法学院院长论坛暨中国人民大学法学院成立五十周年庆祝大会"、"中国—欧洲著名大学法学院院长联席会议"暨"欧洲一体化与中欧法学教育合作讲习班"，以及2001年12月"21世纪亚洲法学教育改革与发展论坛"，2002年的三大讲坛（大法官讲坛、大检察官讲坛、名家法学讲坛）等等。

第四，母校在法学教育、案例编撰等方面给我的司法行政工作和审判工作提供了直接的支持。例如，创办了法律硕士教育，与最高人民法院联合编撰《中国审判案例要览》并组织力量译成英文，向世界各国发行，与最高院联合发行《判例研究》等等。

所以，母校不但培养了我，把我带入法律殿堂，还在我事业发展的道路上给了我源源的动力和大力的支持，我心里非常感谢。所以，了解我的人都掌握了我的规律，那就是母校一有召唤，我基本都会积极参加，这不但是自己责之所在，也是情之所系。

祝福母校　并寄语学子

中国人民大学是中国共产党创办的第一所新型社会主义大学，她具有光荣的历史和传统，许多学科的研究都走在了全国的前列，她向社会输送了一批又一批的优秀人才，为国家的发展和进步作出了重要贡献。我希望，母校能够坚持实事求是的办学精神，坚持按照科学发展观的要求，坚持辩证唯物主义和历史唯物主义的治学方法，培养开放包容的治学态度，既要深入学术发展的前沿地带，多出教研成果，又要关注实践的新动向和新发展，注重理论联系实际；既要以国情作为研究之根本，又要开拓国际视野，避免坐井观天、刚愎自用；既要在各科专业上授予学生知识，也要培养学生的社会责任感、道德意识及法律信仰，为他们今后踏入社会、报效祖国做好知识上和思想上的双重准备。我相信，经过不懈的努力，母校定能够成为世界一流知名大学，为国家、为社会作出更大的贡献！

对于莘莘学子来说，能够成为"人大人"是一种光荣，处在名师荟萃的著名学府里学习深造，已具备了优越的成材条件，但治学仅仅是修炼自身的一个方面，现在社会上"高分低能"者有之，"高学历低品德"者有之，我希望广大的人大学子能够珍惜自己来之不易的学习机会，外练才干，内练素质，不仅要严谨治学，还要修身齐德，使自己锻炼成长为有益于国家、有益于社会的人才。在 21 世纪的今天，中国社会已步入瞬息万变、资讯爆炸的信息时代，与我们老一代的"人大人"相比，现在的学生面临的不是信息太少、太闭塞的问题，而是太多、太快的问题，因此，学生们在充分享受科技化发展带来的便利的同时，也要注意提高自身的识别能力，要懂得取精华、去糟粕，分清是非良莠，有效地获取和利用有价值的信息。我作为一名年长的校友，对新时期的"人大人"提三点希望：

第一，要做"德才兼备"的人。才者德之资，德者才之帅。小胜凭智，大胜凭德。人要在世上取得一定的成功，也许有足够的智谋就可以，但是要获得大胜和常胜，非德不行。作为人大学子，在获取丰富文化知识的同时，要加强自身的思想修养和道德修养，要修身立志、完善自我，然后才能治国平天下。

第二，要做"知行合一"的人。理论就是"知"，实践就是"行"。要有"海纳百川、有容乃大"的精神，博采众家之长，积累深厚和扎实的理论功底；要坚持在实践中磨炼，把学到的和实践统一起来，在实践中丰富我们的知识，增长我们的才干，不断提升我们服务社会、服务人民的能力和水平。

第三，要做"拼搏实干"的人。空谈误国，实干兴邦。在一个需要改革和发展的时代，不拼搏不行，不实干更不行。"立学为民、治学报国"的人大精神要求我们，要始终以振兴国家为己任，把实现自身的价值当作一种理想、一种境界，做出一番让党、国家和人民为我们骄傲的事业来，做出一番让中国人民大学为我们骄傲的事业来。

此外，现在中国社会正处于复杂多变的转型时期，最近还受到全球金融海啸的波及影响，对刚刚踏入社会的学子们来说，前面的道路或许会有坎坷，设定的理想或许会有偏差，但是，我们不应就此退缩，更不要怨天尤人，而应坚持人大艰苦奋斗的精神，以开放的心态去迎接生命中遭遇的困难和挑战，在实践中施展我们的本领，丰富我们的人生。总言之，我希望一代代的"人大人"将母校的光荣传统发扬光大，以自己的学识、才干、品德为母校增添荣誉，为社会、为国家奉献自己应有的力量！

人物简介

肖扬（1938— ），广东省河源市人。中共党员，教授，中共第十五届、十六届中央委员。

肖扬1957年至1962年在中国人民大学法律系学习。1962年1月至8月在新疆维吾尔自治区政法干校任教师。1962年至1969年在广东省曲江县公安局工作。1969年至1975年历任广东省曲江县委宣传部干事，县委办公室干事、副主任。1975年至1981年历任广东省曲江县龙归公社党委书记、县委常委兼办公室主任。1981年至1983年历任广东省韶关市武江区党委书记、清远地委副书记。1983年至1986年任广东省人民检察院副检察长、党组副书记。1986年至1990年任广东省人民检察院检察长、党组书记。1990年至1992年任最高人民检察院副检察长、党组成员、检察委员会委员。1992年至1993年任最高人民检察院副检察长、党组副书记、检察委员会委员。1993年至1998年任司法部部长、党组书记。1998年任最高人民法院院长、党组书记、审判委员会委员。2003年3月当选最高人民法院院长、首席大法官。2008年12月被推选为中国法官协会名誉会长，2009年被聘为中国人民大学博士生导师。

肖扬在担任最高人民法院院长之后，积极提倡司法改革，实行审判公开、收回死刑复核权、提倡法官专业化、推出错案追究制等等。

李琦和夫人
冯真自述①

摘要：李琦（1928—2009），山西平遥人。冯真（1931—　），女，广东南海人。李琦、冯真是中国著名的夫妻画家，二人都曾在中国人民大学前身华北联合大学学习。李琦以中国画著称，冯真专攻油画。李琦尤擅领袖人物肖像画，其代表作为《主席走遍全国》。文中回忆了他们参加革命以及在华北联大学习期间的经历，此外，还讲述了创作几幅名画的经过。

李琦：

"人小鬼大"，立志"解放我中华民族"

1937年我九岁时在延安亲眼目睹了陕北公学成立典礼，听毛主席讲话。我父亲当时是陕北公学的教育科长，母亲是学校图书室主任。他们分别是1924年和1925年的中共老党员，在他们的教育下，我自小就立下了终生忠诚于革命事业的信念。

在延安的时候，我参加了儿童剧团。因为我从小一直在剧团，所以跟着大人们学会了演戏、唱歌。我们剧团的团歌是冼星海作的曲，萧三作的

---

① 本次采访时间为2008年10月21日，由中国人民大学校史研究室负责采访、录音整理及文字编辑。2009年8月，李琦在审稿期间去世，谨以此文致以深切的怀念。

词。（唱）"我们小小年纪，都是工农子弟，为着抗战救国，离开父母乡里。我们有的经过长征，走过雪山草地。莫看我们小小年纪，走过两万五千多里。不怕千辛万苦，只为人民利益。多年优良传统，我们永不抛弃。我们的父兄拿着枪，打日本鬼子去了。有的牺牲了性命，有的还在英勇杀敌。我们小小年纪，有我们自己的武器，我们唱歌跳舞，我们上台演戏。老百姓看了心里欢喜，有钱的出钱，有力的出力。大家坚持抗战到底，定能收复一切失地，争取最后的胜利！我们小小年纪，都是工农子弟，不怕千辛万苦，只为人民利益。把日本鬼赶出中国去！把日本鬼赶出中国去！解放我中华民族，努力、努力！"

我们剧团开始叫儿童剧团，后来叫抗战剧团，最后叫西北文艺工作团，名字变了很多次，但还是一个团体延续下来的。我们剧团走遍了陕甘宁边区，后来还到陕甘宁边区之外的地方去演出。我们到国民党统治地区、到西安去演戏，宣传抗日，因为日本人要过黄河了。但是人家不让八路军的剧团演出，所以我们就化装成流浪儿童，说我们是敌占区的，父母都被日本人杀害了，我们组织起来宣传抗日。但是，国民党胡宗南的军队一下子就把我们戳穿了，知道我们是延安来的，于是就要抓我们。在要抓我们的前一天，东北军的爱国军人把我们放到汽车上（运送武器的大军车）偷偷地运到了八路军办事处。八路军办事处虽然在西安，但那是公开的，一到那里，国民党就抓不到我们了。我根据这段经历写了个四集电视剧，叫《人小鬼大》，曾在全国播放。"人小鬼大"是陕北农民的一句话，人虽然小，但"鬼"得很，"灵"得很。

剧团里面有些大哥哥会画画，也懂音乐，我们一天到晚地唱，我在里面耳濡目染，所以也慢慢学了点。冼星海的《黄河大合唱》写出来之后，因为延安的女同志少，就把我们这些儿童拉去唱女高音。开始演出时就有我们参加。我也学了作曲。中央人民广播电台在延安刚成立时，叫延安新华广播电台。电台刚成立，需要唱歌啊。可那时许多原来在延安的音乐家都去了东北，只有我们西北文艺工作团还在延安，所以大家都来写词、作曲，来投标。碰巧我中标了，所以延安新华广播电台播放的第一首歌是我作的一首秧歌曲，好像叫《开场秧歌》。

我在延安生活了九年，后来就到晋察冀解放区的华北联合大学读书。不久，联大同晋冀鲁豫解放区的北方大学合并成为华北大学。我在联大待了三年多，北京解放后就去了中央美术学院。

华北联合大学读书，始终宣传革命

我小学三年级就参加革命，所以没正式上过什么学。后来，党组织希望我能上学，就安排我去华北联大读书。1945年日本投降以后，我就从延安到晋察冀来了，先到张家口。这时，华北联大已经转移了，我也跟着转移。后来又要转移，过铁路到冀中。我那时有病，就留在华北联大病号队（在老解放区阜平山区），半年以后才去冀中上学。因为那时还是战争年代，虽然我在华北联大三年，但是大部分时间不是学画。傅作义的骑兵经常来骚扰，非常快，我们这些不是战斗部队的人，就得赶快转移、赶快跑。冯真那时候十六七岁，每天背着背包走几十里。她小啊，又是上海来的，行军几个月后被评为"行军英雄"。有些同学本来想不干了，就因为看到她的精神，结果还是坚持下去了。当时我在联大艺术学院美术系，系主任江丰在解放后是中央美术学院的院长。行军到了一个地方，就开始上课画画。没过几天，敌人来了又赶快跑，所以没有安定的时候。有时候，我们就拿根棍子在地上画。

在联大时是在战争年代，无论是参加土改，还是打仗，我都出过宣传画，贴在街上。除此以外，我每个阶段还作曲作词，也是宣传啦。我在联大病号队的时候，正值延安保卫战开始，我就编了首歌："紧急动员起来吧，同志们！紧急动员起来吧，同志们！敌人的铁蹄，踏遍了自由幸福的陕甘宁；敌人的血爪，夺取了民主圣地的延安城。紧急动员起来吧，同志们！用我们的行动来支援陕甘宁，用我们的行动来保卫毛泽东。打破那和平的幻想，认清蒋介石这颗狼心。让我们每个人站在自己的岗位上，把工作百倍地加紧。遵守革命纪律，服从组织决定；克服一切缺点，改进工作作风。紧急动员起来吧，同志们！用我们的行动来支援陕甘宁，用我们的行动来保卫伟大的领袖毛泽东。"后来，解放军在山西打了胜仗，我又编了歌："莫看他，土皇帝，当了几十年，莫看他，吃人精，多么凶残。解放军展开了晋中大战，解放了全晋中的三十二县。把门将赵成寿草包虚大汉，人一层马一层围住太原。……"这些歌在当时传唱。在参加土改时，我写了一首"街上的穷人笑嘻嘻，财主家奄拉着眼包皮。土地改革闹翻身，从今改天换了地。……"我们搞土改搞了好长的时间，也不止一次地搞。还有搞"扩军"。"扩军"首先遇到的一个问题就是有些农民去当兵以后，又回来了。所以"扩军"第一个工作就是动员那些开小差回来的人赶快回到部队去，这是个难题。那时候，我在街上碰到个说书的盲人，觉得说书是个好形式，就编了词让他唱："水往低处流，人往高处走。逃亡的战士为什么就落后呢？落后好像是黑介老鼠不敢见人的面。开小差回家来，永世也抬不起头。咱们都受过革命的教育，咱们不需要乡亲们多讲道理。快下定决心，拿定主意，佛烧一炷香，人争一口气。"这个说书的瞎子走村串巷地唱，连许多农村的孩子也会唱了。结果，许多逃兵自动地归队了。我们在联大写了很多这样的歌。

画作频受褒奖，感恩母校培养

冯真画画很好，1948年她画的那张《娃娃戏——活捉蒋介石》在全国第一次文代会上受到了徐悲鸿先生和其他领导的赞扬。这张画影响很大，在《中国美术史》上就有这张画。这归功于母校对她的培养。我的画《农民和拖拉机》在1950年中央文化部评选全国年画时获得了甲等第一名。全国解放后，文艺方面最早设立的只有这一个奖项。为什么有这个奖呢？因为毛主席认为当时最重要的问题在于教育农民，所以他给文化部一个指示，要大力发展年画。因为年画是过年常贴的，对老百姓的影响比较大。建国初期，我每年都画年画，随后几年的年画评选都能得奖。我和冯真也一起创作，比如有一张年画《伟大的会见》，是毛主席到莫斯科跟斯大林见面，他们两人在克里姆林宫并排走的画，还有《民族大团结》，很多画都是我们两人合作的。当时虽然我们还没有结婚，但是已经恋爱了，一起创作。母校对我们两个人在绘画上帮助很大。虽然《农民和拖拉机》那个奖是 1950 年得的，但这幅画的创作起稿是在华北大学，是在华北联大时到农村体验了生活，给了我创作的灵感，画了草稿，所以这个画还是归功于母校。我们从华北大学文艺学院结业后，有的分到音乐学院，有的分到戏剧学院。我呢，先在北京的华北大学三部当助理教员，以后就到了北平艺专，筹备联合成立中央美术学院。

中央美术学院国画系成立后，我便到了国画系任教，先后担任过国画系副主任、主任等职。

"我要用画笔为人民的功臣树碑立传"

毛泽东同志肖像画《主席走遍全国》创作于上个世纪 60 年代。1958 年修十三陵水库时，我在水库工地体验生活。一天，毛泽东、刘少奇、周恩来、朱德等中央领导来到了十三陵水库。我随着人群涌动，竟不知不觉地挤到了毛主席身边。我紧紧地跟着毛主席，人们不断地向毛主席欢呼，毛主席不停地向群众致意。毛主席与群众一起挥锹铲土，汗流满面，人群中有人递过毛巾，毛主席接过来擦去了脸上的汗水。这样的情景，突然激发了我的创作灵感。毛主席、朱总司令等这些领导人，我在延安时常见到。后来我就画了一幅国画《在十三陵水库工地上》。尽管这幅画在世界青年联欢节上获了奖，但是，我总觉得此画并没有完全表达出毛主席的风采。我决定再修改一下。1960 年夏天，中央美术学院组织师生为兴建中国美术馆义务劳动。热火朝天的劳动场面，使我感到自己又回到了延安，回到了十三陵水库工地。经过很久思考、琢磨，今天的《主席走遍全国》这幅画完成了：毛主席由远而来，头发被风吹起，右手拿着一顶普通草帽，左手自然地叉在腰间，目光眺望远方。但此画刚出来的时候差点被美术界的最高领导否定了。当时，毛主席被神化，有人认为画领袖叉腰似乎太随便。经过争论，此画还是参加了全国美展。一经展出，立即引起了轰动，得到了各方面的认可，并被选送到联合国教科文组织举办的巡回画展上展出。这幅画还长期被中小学课本选用。

还有一件令人难忘的事情。1961年的一个晚上，应王光美同志的邀请，我带着《主席走遍全国》这幅画来到中南海见毛主席。当王光美同志把画展开给毛主席看时，毛主席笑眯眯地端详着自己的画像。我当时说："请主席提意见。"毛主席谦逊地说："一个绘画，一个雕塑，这两样我都不懂。"我接着说："在延安能见到你，进城后就没有机会了。"毛主席听后笑了，握着我的手说："你以后可以常来嘛！"王光美同志说："李琦同志还画过一幅《伟大的会见》，主席和斯大林的画。"主席一听，点着头说："噢，那幅画我见过，画得很好啊！"接着，毛主席又亲切地询问了我的工作和生活情况。这次会见，给我留下的印象很深刻，也不断鼓励我在艺术上进行创造。

1961年，我作为美术记者参加了"全国劳模大会"。在会上，我采访了全国劳动模范、掏粪工人时传祥。会后，我又随时传祥到北京崇文区清洁队体验生活，与时传祥等清洁工人们一起劳动了一周。时传祥平凡而又感人的事迹，深深地感染着我，于是，我就想画一幅画来表现这种精神。后来有一次，我和冯真接到王光美同志的邀请去刘少奇同志家中做客。我就向刘少奇主席汇报了我的想法，我说我准备在画上引用少奇同志对时传祥讲的一句话："你掏大粪是人民勤务员，我当主席也是人民的勤务员。这只是革命分工的不同，都是革命事业不可缺少的一部分。"他听了以后说："这么大的国家，如果只管吃饭问题，不管拉屎问题，那是不可想象的。"少奇同志的幽默给我留下了深刻的印象。

1963年，这幅《同志》终于完成了。画中的刘少奇同志拿着烟，时传祥端着茶，他们相向而坐，推心置腹地谈心……气氛是那样的和谐、融洽，画面透出一种亲情，一种厚爱，领袖与人民的关系得到了生动的表达。这幅画首次在中国美术馆展出时，观者如潮。遗憾的是，"文革"中，《同志》这幅画成了"黑画"，被毁了。"文革"后，80年代，我又重画了《同志》。这幅作品展出之后，我将此画赠送给了北京市环卫局，环卫局特将此画挂在大会议室里，并印刷了3 000份，送给环卫工人。

1988年，为纪念周恩来总理诞辰90周年，我创作了《永远活在人民心中》。这幅画还得到了邓颖超同志的赞许，她说："这幅画画得很好，神情面貌、姿势特点，用那么几笔就勾画出来了，我很喜欢。"

1991年秋，我和冯真去广东走了一趟，我们在特区深圳、珠海看到了改革开放带来的巨大变化，感触颇深，我准备画一幅邓小平同志的画像。1992年，几经修改，我完成了《我们的总设计师》。这幅画和《主席走遍全国》一起被认为是新中国成立以来影响最大的两幅人物画。

我要用画笔为人民的功臣树碑立传。之所以这样想，是因为我从小就在延安，在那里生活了九年，同领袖人物、伟人生活在一起，对他们有一种深厚的感情。之后，我还画了很多的名人画，马克思、恩格斯、列宁、斯大林、李大钊、彭德怀、贺龙等等。画人物难，画领袖人物更是难上加难！难就难在大家都熟悉领袖人物，你画的哪一点不到位也不行啊。我画《我们的总设计师》这幅画前后一共画了29张，我认为满意的只有两三张，其他都撕了。有人找我要，说："你别撕，给我吧。"我没有给，都拒绝了。因为有点小毛病的领袖像，不能留给后人啊，这有损领袖的形象。慢慢地我创造了属于自己的笔法，就是在素描的基础上勾线，然后用少量颜色点染，尽量以"此处无声胜有声"的大篇幅留白，把人物立体地凸显出来，使之形象丰满，个性鲜明，栩栩如生。这些年，我还完成了江泽民同志画像《同心曲——在上海工人文化宫的一次联欢会上》。现在我正在创作胡锦涛同志的画像，我希望尽我的努力，把党和国家领导人的那种为人民鞠躬尽瘁的精神表现出来。

冯真：

教会女中里面的积极分子

（李琦讲：）冯真的父亲冯乃超是左翼作家联盟的第一任党团书记，中共一大会址是冯真的外祖父李书城家。当时，冯真在上海就读于一所教会女中。那时候日本刚投降，她虽然没有去解放区，但因她爸爸是老革命，所以在学校里面，她的觉悟还是高的。

（冯真讲：）大概在 1946 年春，有一次，学校里高班的姐姐（后来我知道她们是中共地下党的同志）知道我父亲与郭沫若熟悉，让我去请郭沫若来女中演讲，呼吁和平。我请了郭沫若后，我们两个人坐了一辆三轮车去学校。从虹口到市内，要过苏州河上的四川路桥，那是一座很大的拱桥。上坡时，蹬三轮车的车夫就下来推车，郭沫若也跳下来在后面推车。我来不及下来，他们两个人推我一个，很让我感动。这个事使我懂得要尊重劳动人民。

在学校地下党的高班姐姐们的支持下，我当时也做了一些事情，办《晨钟》壁报，经常写点东西、画漫画。我喜欢音乐，所以还参加了学校的唱诗班。在大姐姐们的授意下，我悄悄地把唱诗班改了性质，唱起了从重庆传过来的讽刺国民党腐败的《茶馆小调》（唱）："晚风吹来天气早，东家的茶馆……"还唱冼星海作的《黄水谣》。学校知道后，很有意见，说唱诗班怎么唱这个。我说同学们都想唱，就唱了。当时这所基督教教会学校有"主日学时"，要讨论《圣经》，而我们讨论起"大新公司的老板对还是职工对"这类的事情。在大姐姐们的提议下，我们还利用"主日学时"组织大家去游"大世界"，以便了解社会、调查社会。学校当局知道后吓坏了，说女学生去游大世界，不得了，叫人吃了怎么办？一些同学也打了退堂鼓，于是没有去成。暑假里，我们还组织了消夏读书室。我爸爸曾带我到作家书屋，胡风送给我一些进步书籍，像《红星照耀中国》、《钢铁是怎样炼成的》、《铁木尔和他的伙伴》这类的书。其他同学从其他渠道也得到一些进步书籍。我们读后，都很向往解放区。

我们还积极参加了一些校外活动。有一次动员同学们参加请愿大游行（肯定是共产党组织的），就是上海群众欢送雷洁琼、陈震中等去南京向蒋介石请愿，要求停止内战。后来他们在南京下关车站被打伤了。本来说宋庆龄要来的，后来没来。雷洁琼是社会名流，号召力很大，尤其听说宋庆龄要来，更不得了。那是上万人的大游行，有工人、职员、大学生、中学生参加。我们学校是教会女中，也参加了，这是很少有的。当时，女中、教会学校一般很少参加游行的。我们在跑马厅集合，雷洁琼带队，我扛旗子。在大游行中，女工们提出了同工同酬的口号。我们学生主要是为老师请愿，提出增加教育经费的口号，因为当时老师工资太低，教育经费太少，国民党把经费投入到内战中了。

参加革命，只身奔赴解放区

我父亲冯乃超在中共南方局和上海工委都是负责文化工作的。1946 年夏天，上海白色恐怖加剧，形势紧张，党设在群益出版社的地下机关（也是我们的"家"）要转移。有一天晚上，我正在家里等着门，约晚上 11 点，董必武的爱人过来问："你爸爸回来了没有？我们老董也没有回来啊，怎么啦？今天还有个人不明不白地来问董先生在不在家。"她挺紧张的。过一会儿，沈雁冰的爱人也来问。父亲半夜回来听说这个情况后，就在家里把一些纸片都烧了，我也不知道他在烧什么。父亲说，他们要去香港了，我没有经验，去了也做不了什么工作。他还说我是一个小包袱。我说我不是个包袱，我还能工作，我在学校里就做了好些工作呢！他说："行了，你就好好学习吧。"后来，父亲给我写了两封介绍信。那个时候我们穿旗袍、半长筒袜，我就把信折成小块缝在两个宽裤带的接头上，左右一边一个。原来是要我到盐城的苏北解放区，后来因内战已起，李先念的部队被包围了三层，盐城去不成了，只好到华北的解放区。去那里先要到北京，父亲要我谎称找我外婆，要上中学。

过了几天，父亲给我弄了一个行李箱，放了两床被子和一点衣服，给了一点钱。他同我走到弄堂口，雇了辆三轮车，告诉我在哪个码头上船。我还以为父亲会送我到外滩呢，没想到他只送到弄堂口，就对我说"走吧"，我就自己走了。到了外滩，雇了条小木船，摇到黄浦江江心太古洋行的货船旁。我爬软梯上了那艘很高的船。船上很挤，大家像沙丁鱼一样紧挨着把铺盖摊在甲板上。在船上，我看见几个穿着国民党青年军军服的年轻人在玩子弹，周围又没有我认识的人，当时心里很害怕。后来，我看到一个三十来岁的妇女抱着个一岁左右的小胖孩儿，我就逗孩子，跟她凑近。她同意让我把铺盖安排在她身边。这样，我就像找到保护伞一样感觉安全了。那位妇女晕船晕得很厉害，小孩儿吃奶、换尿布都是我来管。船在茫茫大海里走了一个星期才到天津。这个妇女为感谢我在船上帮她照顾小孩儿，带着我到了她亲戚家吃了一顿北方炸酱面。接着，她又带着我一起坐火车去北平。到北平后，她又邀请我去她家住几天，我就答应了。没想到，小汽车开到了西单缸瓦市大院府胡同，后来我才知道那是她的姑父冯治安将军家。

离开上海前，我父亲告诉我的联系地点在中外出版社，我就假借出去玩，找到了在西单的中外出版社。后来，又趁着那个妇女外出，我就离开了她家，去中外出版社了。联系到了北平地下党以后，我被安排在东单新开路那小窄巷里的一座房子里面住。那是中外出版社老板张明善的房子，张虽然不是中共党员，但是给党做了很多工作。

我住进东单新开胡同后，张明善叫我去一趟北京饭店某楼某号找徐冰同志。我去了北京饭店，在走廊里先看见叶剑英的小孩，其中有一个是女孩，然后见到徐冰。徐冰把我带到他的住房，问我有什么事要找他。我把来龙去脉说了一遍。他说："解放区生活很苦的，吃不上白米饭，天天吃小米干饭，你受得了吗？过几天有架飞机要去上海，把你送回去吧。"我一听，着急了，说："我到解放区是要参加革命，是准备牺牲性命的；不怕这些困难。"他看见我这种样子就笑了，说好好好，你耐心等着，会有人送你去张家口的。临走时，徐冰给了我大约为两本杂志样大小的一厚沓纸包，让我拿回住处。他让我不要直接回去，多走几处商店。我捧着这个厚纸包走到东安市场，转来转去，急得出了一身汗，最后总算找到出口了。我当时也不知道我拿的是什么东西，现在想可能是一叠传单。

我在北平等待期间，还见过北方书店的王老板，他就是北京地下党城工部的曾平同志。有一次我们一起外出，他说，怎么尾巴老也甩不掉？住在新开路的还有几个四川来的女学生，也有刘伯坚烈士的女儿秦燕士。她想去解放区，闯了几次关都没成功。南口有关卡，因当时国民党知道年轻学生要去解放区都得从这儿过去，已加强了关防。她闯不过去，那我怎么办呢？后来地下党同志就把我先送到北京大学陈谨琨教授家（东四汪芝麻胡同）住了几天，然后想办法通过北平的沙河火车站的关卡。陈谨琨当时是有名的法学教授，因为他仗义执言，在中山堂开会时批评国民党发动内战，被三青团打伤了。叶剑英很会做工作，把他送到张家口去了。那时张家口是解放区唯一的一个大城市。但陈谨琨的家属还在北平，要想办法送过去啊。于是我假装是陈谨琨的亲戚，梳了个乡村姑娘式样的辫子，挎个装了点心的篮子，就混过关卡了。与我们同行的还有一个大学生模样的青年，他是中共地下工作者，负责送我们过关。

过了沙河镇的关卡走了八里路就到了北安河游击区了。我们在一个葫芦架大棚子下喝茶，妇救会主任很亲切，老拉着我的手。我们被安排住在妙峰山的庙里。几天后有个带驳壳枪的同志领着我们上路，老乡赶了几匹驴子送我们。这个路很难走，翻山越岭，上上下下，走了五天才到延庆的康庄，还没出北平呢！康庄那个时候有八路军的火车到张家口，我们就坐上火车到了张家口。

到张家口后我没有马上去华北联合大学，先是在交际处住。交际处是专门接待外宾和民主人士的地方。在交际处，我见到了陈谨琨教授。离开上海时，我爸爸说到解放区后要见刘仁，我就拆了另一个介绍信给刘仁。到了刘仁那儿，他把信拿起来，用火烤了一下，看后说："嗯，好!"我看他老是闲悠悠的，当时还说了句傻话："人家都说解放区的人都非常有朝气，都是忙忙碌碌的，你怎么什么事也不干啊?"刘仁就说："咳!小孩儿，没法和你说。"现在想想我那时是很可笑的。我对他说，我要求马上到华北联大去。谈着谈着，敌机就来轰炸了。刘仁的脾气很大，说："还不赶快走!"让大家快去防空洞。又过了几天，我就到了联大。

行军转移的"行军英雄"

我到了华北联大校舍一看，人都空了。因为傅作义的部队要打过来，全面内战开始，联大师生已经转移了。我就跟着成仿吾一家和周扬一家转移。成仿吾骑马，我同成仿吾夫人张琳、女儿小红和周扬一家几个人坐着牛车，往大同那边走。到了广灵县西家斗村，我就归队到华北联大政治学院三班报到。政治学院由何干之负责，何戊双是我们政治三班的班主任，沈雁冰的儿子沈梦维（现叫韦韬）是助理员，后来又换成吴炯。当时政治三班的一百来号人在广灵的西家斗村休整，我们经常搞文艺活动，天天拉歌。我这个人有点性急，见了何戊双，我说："怎么一天到晚就搞这个，不是要学习吗?怎么学啊?"何戊双说："别着急，我们还要行军;行军是一门很严肃的课程，你将会在这里面学到很多东西。"我只好就等着，天天看朝霞、晚霞映照下的大山美景，天天演戏、开会拉歌等。

行军开始了。我们很有规律，走几天，休整一两天。每天走70里，天不亮就出发，天黑了就宿营。有一个地方，可能在山西省，也可能还在察哈尔省，那里有个很大的教堂，旁边有座很大的庙，但没有人。我们就住在庙里面。年轻人很兴奋，于是就在院子里扭秧歌。后来我们又出去搞调查。有一户人家，全家五口人只有一条不成形的被子，实际上就是乱棉花套，只有一条可以出门的裤子。于是，我就把自己的一条红花被子送给他们家了。第二天，那家的大嫂拿了葡萄硬要给我吃，我不要。同学们就说，还是收下吧，要不他们心里会很难过的。这是一课啊，就是要了解人民。有的地方根本没有粮食，老乡们就拿种子给我们吃，要不就宰一只羊。在人民的支持下，我们一路行军。

走了几天之后，大家就觉得很累，不像头几天那么有精神了。到一个地方，就赶快吃饭、洗脚、睡觉。这个时候有人开始动摇了，坚持不下去了。我喜欢这种生活，来参加革命的目的就是要领会这种艰苦生活，要体会人民的痛苦，所以我不觉得苦。有的人可能没有这种精神准备。我喜欢唱歌，就带头唱起了歌，一路走一路唱。记得在唐县，唐河的水响声很大，我们就在高高的岸边走，边行军边唱歌，唱《毛泽东之歌》、《八路军进行曲》之类的歌。我们唱着："向前、向前、向前。"在这样的氛围下，有的人就觉得不好意思开小差了，这是他们自己后来坦白说出来的。

走了将近一个月，翻过了无数大山，终于看到平原了。大家兴奋得不得了，我和一些同学就坐在沙坡上滑下去。到冀中平原后，没有山路好走，更容易疲倦。后来怕被敌人发现行踪，就改为夜间行军。一夜走120里，特别困，走着路都能睡着。华北联大一到冀中平原，为防止敌特报告和敌机轰炸，对外就改称"平原宣教团"。

到了目的地——冀中束鹿县，联大评"行军英雄"。我们政治三班上百人评了三个，我算一个。另外还有两人，一个叫李春、一个叫张毅，他们打前站，每天早起晚睡，号房子、做饭、烧洗脚水，为人家做了很多事，他们才是真正的英雄。后来党组织公开以后，才知道他们是共产党员。我呢，为什么当了"行军英雄"？他们说我年纪小（当时我刚16岁），又是女同志，还不让别人帮忙，自己背着自己的行李，没有掉队。行军时有收容队，很多女同志都到了收容队里。我是下决心不去收容队，我知道我不能落队，万一落下一步再要赶上就很费劲了。走在我前面的是我们的班长张坡，他人高、步子大，而我个子矮，他走两步我得走三步才能跟得上，我就一步不落地紧跟着，没有掉队，我就这样当了"行军英雄"。

在华北联大学习的日子

华北联大成功转移到了冀中束鹿县之后就开课了，李又华、何干之等给我们讲"新民主主义论"、"社会科学概论"、"边区建设"等课。给我印象最深的是何干之教的"社会科学概论"①，这门课彻底解决了我的世界观问题。以前稀里糊涂知道共产主义好，但不知道能不能实现；但一旦了解了社会发展规律，就树立了为共产主义事业奋斗的目标，铁了心，这非常重要。我们有时候上课就在枣树林里，拿个砖头或坐在背包上记笔记。

我们还常参加文娱活动。记得 1946 年底或 1947 年初在一个华北联大举行的庆祝或纪念大会上（也可能是过新年），政治学院三个班挑出一百名学生演唱《黄河大合唱》。其中有齐唱、多声部合唱和轮唱。白云（男同学）指挥，指挥得挺好。我独唱《黄河怨》，但我记不得其他独唱者以及朗诵者是谁了。那次演出我们还唱了《国际歌》（四部合唱）。

那时许多从敌占区来的学生音乐素养很好，嗓子也好。以后我到了美术系，联大文艺学院音乐系老师创作出新歌曲时（比如张大观创作了《生产大合唱》），经常借美术系的一些同学，如林岗、邓澍、齐杰和我等去试唱。次数多了，美术系主任江丰同志不高兴了，说："我们到底是音乐系还是美术系啊？"然后就不让我们去唱了。

上了半年课，大约在 1947 年 4 月（记得那时风沙很大），政治班结业。后来，几个联大文艺学院美术系的老师来招生，拿了些瓶瓶罐罐让我们画。画完了，我们几个被选上了，就从政治学院所在地杜科村，到了文艺学院美术系所在地郝家庄学画画。当时条件特别艰苦，什么都是自己做，用废报纸和糨糊自己做画板。一层废报纸涂上一层糨糊，一层一层，最后

① 据何干之的夫人、冯真的同学刘炼说，何干之当时教的是"新民主主义论"，俞林教"边区建设"。

压平它，晒干就做成了画板。没有铅笔橡皮，就有同志冒着生命危险到蒋管区去买。因为怕把橡皮掉了，我还用线把橡皮拴着挂在脖子上。没有模特，我们同学互相做模特，也请老乡做模特。没有石膏像，王朝闻用泥巴给我们做了切面头像。没有图钉，就去树林里摘枣刺当图钉用，钉在土墙上。

华北联大期间，我还参加过两次土改，第一次在 1947 年夏天到秋天约两个月时间，同年冬天到第二年 5 月我们又参加了第二次土改。土改对我们有很大教育。我们住在贫下中农家，老乡家很穷，真是"糠菜半年粮"。到了春天，闹春荒，就吃糠饼子（榆树皮粉与糠合在一起做成的），经常卡在喉咙上使劲才能吞下去，榆树钱加点玉米面就是美味佳肴了。开始的时候，老乡也是看你是不是同他们一条心。我们用自己半懂不懂的"剥削"、"剩余价值"等理论跟老乡讲"究竟谁养活谁"、"地主老财剥削农民"等道理，说了半天，人家都不爱听，也听不懂。最后还是老乡们自己解释得更清楚，我特别佩服。老农民非常有智慧，有的很有威信。有一个老农民，为人特别公正，大家都推举他当贫农团主席。他习武，过春节的时候就表演耍长棍，威武极了。这位老人有个儿子参军，儿子受不了苦，跑回了家，他就逼着儿子连夜回到部队去，不许他回家。我非常佩服这些人。还有一位妇女，特别有魄力。她是一个寡妇，带了两个孩子。开始我去给她做工作，她爱理不理的，说话也不冷不热的。后来我就帮她掰玉米、干活。回来以后，她就恨不得把家里什么东西都给我吃，因为她觉得我是诚心为她服务的，不是玩玩就走的。劳动人民的感情特别深沉。

为什么老乡会喜欢我在 1948 年 6 月开始画的《娃娃戏——活捉蒋介石》呢？这跟在农村参加土改的生活体验和当时的形势有关。那时，我们的军队取得了胜利，形势开始扭转。人民的心声就是打到南京去，活捉蒋介石。所以当时上创作课，让我们画年画，我就选了"活捉蒋介石"这个题目。我想起杨柳青的《五子爱莲》年画，开始就画了五个小孩儿。但我觉得那个年画的构图过分程式化，里面孩子的表情太呆板了，我就根据自己土改时同小孩子们相处时的印象改变了构图、丰富了形象。画面上，一个孩子戴着高帽子、高鼻子装扮为美帝国主义者，蒋介石抱着美国"干爸爸"的腿，很狼狈的样子，狰狞面孔的假面具后面露出半个孩子天真的笑脸。周围七个小孩儿有的扮作拿着红缨枪的民兵、有的戴着八路军和解放军的帽子、有的是拿着霸王鞭和竹竿的儿童团员。反正是各种形象都有。我为什么会这样画呢？因为我曾在农村做过妇女儿童工作，组织孩子们活动，当过"孩子头"。我让儿童团团长、副团长在查岗时教儿童团员们每天识几个字，家长们非常高兴。孩子们特别活泼，他们的性格和形象都深深地印在我的脑子里，所以我画的《娃娃戏》里面孩子们都是活生生的。

当时这幅画印出来之后，很受老乡们欢迎，这是对我最大的奖赏。解放后，在第一次全国文代会上，徐悲鸿、力群等很多专家和领导都很喜欢这幅画。因为当时还没有评奖活动，所以只在会上口头表扬了一下。这些说明什么呢？就是说生活给了我教育，给了我创作的灵感。把我自以为知识分子就懂得多、高人一等的那种潜意识扫掉了，知道了劳动人民的智慧、人格力量，真正懂得了什么是"艺术为人民服务"。原来我只知道画画可以自娱，后来知道画画可以为大家服务，这才有意义。

1947年秋天我们还开展了生产运动，男同学开荒，女同学磨豆腐、纳鞋底，我们还做泥人卖，给解放区筹款。

华北联大的教育很注重实践、很灵活，是真正人民的教育。我不知道现在学生还下不下乡，后来我去了中央美术学院，我还坚持带学生下乡，向农民学习，这非常重要。其实劳动人民很聪明，什么都会教你。现在要继续弘扬华北联合大学的这些优良传统，把它传到现代来。

人物简介

李琦（1928—2009），原籍山西省平遥县，生于北京。中共党员，著名肖像画家、中国美术家协会会员，中央美术学院教授。曾任中央美术学院中国画系主任，1988 年离休，1991 年开始享受政府特殊津贴。1937 年随父母赴延安入儿童剧团，1941 年入鲁迅艺术学院部队艺术干部训练班，后在西北文工团美术组从事文艺宣传工作。1947 年入中国人民大学前身华北联合大学文艺学院美术系学习，1950 年入中央美术学院任教。创作以国画、年画、连环画为主，尤擅肖像画。1950 年年画《农民和拖拉机》获"全国首届年画评选"甲等奖第一名，为中国美术馆收藏。《伟大的会见》、《民族大团结》（和冯真合作）分别获 1950 年、1952 年"全国年画"二等奖和三等奖。国画《在十三陵水库工地上》获 1959 年"世界青年联欢节"奖状。作品《鲁迅肖像画》先后在苏联、日本、香港等地展出，并为中国美术馆和鲁迅博物馆收藏。其中《其实世上本没有路》获 1986 年"北京优秀作品奖"。出版《李琦肖像画集》。

李琦以人物画见长，其肖像画融汇了中国画浑然天成的笔墨气韵和西洋画的立体、色彩技法，独树一帜，在新中国美术史上产生过重要影响。李琦对革命领袖充满崇敬和感情，先后为毛泽东、周恩来、刘少奇、朱德、邓小平等领导人创作肖像画，其代表作《主席走遍全国》、《永远活在人民心中——周恩来》、《我们的总设计师——邓小平》深受人民欢迎。他执著地坚持文艺为人民服务的方向，其创作始终反映时代的风貌，雷锋、时传祥、李素丽、孔繁森等时代楷模通过他的传神勾画而走入千家万户。

冯真（1931—　），女，又名冯小韵，广东省南海县人。中共党员，中国美术家协会年画艺术委员会主任，中国民间剪纸研究会主任委员，享受国务院"艺术上有突出贡献者"津贴。1947 年在中国人民大学前身华北联合大学文学艺术院学习。1948 年在校学习期间创作了成名作《娃娃戏》，时年十八岁。这幅画在新中国年画史上具有重要地位，冯真因此出名。1950 年在中央美术学院干部训练班、研究班进修。1956 年在苏联列宾美术学院学习，获"艺术家"称号。1962 年任教于中央美院民间美术系。1951 年，作为中国代表团成员，出席在维也纳举行的"世界保卫儿童大会"。创作《娃娃戏》后，冯真又画了《劳动英雄回来了》、《伟大的会见》、《民族大团结》等年画及《刘胡兰》等连环画、《和平代表欢迎您!》等宣传画。"文革"后画了《白求恩》、《柯棣华》等油画。近年创作了民间"炕围"、"喜帐"形式的画《娃娃欢》、《娃娃乐》。以上作品先后获得五次国家级奖。她写出了《年画调查记》、《宝鸡民间美术》、《姥姥的礼物》等多篇论文,发表于海内外权威刊物。

事件回忆

李震中忆：人民公社调查组始末[①]

摘要： 李震中（1927—　　），曾用名薛政修，天津人。著名经济学家，中国人民大学原副校长，中国人民大学经济学院教授。作为人大、北大人民公社调查组的组长之一，他在本文中回顾了人民公社调查组事件的始末，并对其中的一些问题作了深入的思考。

我讲的这个历史故事是一个真实的故事。今天讲这个历史故事，绝不是算老账，也就是说，不去追究历史上个人的功过是非。因为这没有任何意义。况且当事人大多已经作古，有的在"文革"中被迫害致死，已经悲痛不已了。讲历史是为了以史为鉴。古人说，前事不忘，后事之师。通过翻腾这些老账，可能得到一些有益的启示。能得到什么启示呢？见仁见智。

故事于上世纪 50 年代末（1959 年）发生在中国人民大学和北京大学两校当中。1958 年两校领导商定组成联合调查组，对人民公社化运动进行全面的系统的调查，目的是为学校的教学科研服务，要求写出调查报告、

---

① 2007 年 4 月 16 日，李震中同志接受校史研究室采访，对校史中的一些问题作了讲述。之后，李震中同志根据相关回忆和有关文件，亲笔记述了人民公社调查组事件始末。

论文，向国庆十周年献礼。两校抽调教师、研究生和高年级本科学生共162人，组成三个调查组分赴河南信阳、鲁山，河北藁城等县，进行为期半年的调查研究。1959年5月调查结束，人员返京后集中在北京大学，继续做好后期工作：撰写调查报告、讨论研究重点问题、写出论文。7月，调查组的工作顺利结束，人员回到各自的系所。一切都平安无事。

1959年8月，大难临头了。

北京市委贯彻中央庐山会议精神，部署"反右倾机会主义"，一开始就抓住了调查组这个送上门来的"右倾机会主义反党集团"。可以说这是北京市"反右倾"斗争的一桩最大的案件。于是，集中力量对调查组的一些成员（主要是对领导成员）开展批判、斗争。一开始，调查组总领导人邹鲁风（原中国人民大学副校长，时已调任北京大学副校长）受到极大压力，自杀身亡。他生前曾留有遗言："我相信调查组的工作没有错。我的工作是对得起党、对得起人民的。我个人没有什么，我感到痛苦的是因为我连累了大家，痛心的是党的是非被颠倒了。相信总有一天会真相大白。"斗争愈加激烈了。小会斗争，采用对敌斗争方式、审讯式的斗争，甚至训斥谩骂，如"没有出息"、"没有良心"、"丧心病狂"、"花岗石脑袋"等等。大会批判，批判者都是宣读经过党委审定的稿子，其用语力求尖刻，不讲道理地给人扣上许多耸人听闻的大"帽子"，如"反对、否定、攻击、诋毁、诬蔑总路线、大跃进和人民公社"，"全面、系统的右倾机会主义观点"，"反动言论"，"有计划、有准备地进行反党活动"，"腐蚀党、瓦解党、取消党"，"资产阶级在党内的代理人"，"资产阶级个人主义野心家"等等。另外还用了许多人身攻击的恶语，如"胡说八道"、"一窍不通"、"鼠目寸光"等。这些大会批判材料都已存入历史档案。这种批判斗争一直持续到1960年上半年。

批判完了还不行，还必须组织处理。调查组成员中受重点批判的42人，定为"右倾机会主义分子"的9人，定为"严重右倾"的11人。其中有撤销党内外一切职务的，有受到严重警告处分的，有降两级工资的，也有被开除党籍、取消预备党员资格的。据说，以上处理已经是宽大为怀了，贯彻了"思想批判从严，组织处理从宽"的方针。

这期间，中国人民大学党委决定，命全体调查组成员（不包括北大师生），返回原调查地点，重新调查人民公社的优越性。说是在哪里跌倒的在哪里爬起来，在哪犯的错误在哪改正。信阳调查组于1959年底重返信阳，名为调查，实为劳动改造。然而最不幸的是，正好赶上信阳事件的灾难，很多农民被活活饿死。信阳事件惊动了党中央，党中央先后向信阳地区派出了调查组、工作组，北京来的人见到当地的惨状，无不掉泪。与此同时，中国人民大学调查组对于饿死人的事，甚至自己挨饿、吃树根、浮肿却三缄其口、讳莫如深。写调查报告依然大讲人民公社优越性、公共食堂好。这种既缺党性又缺人性的调查报告，居然受到了表扬，因为这是执行正确调查路线的成果。

揭发、批判、斗争、劳改、组织处理，共用去了十个多月的时间。到1960年上半年，一场惊心动魄的斗争总算告一段落了。然而转过年来，1961年初，北京市委认为对人民公社调查组的批判搞错了，指示北京大学、中国人民大学党委给调查组甄别平反。1961年上半年，学校党委为受批判、受处分的同志全部平反了，恢复了名誉。

说来真令人啼笑皆非，先是残酷斗争、无情打击，过后不久，甄别平反，赔礼道歉。有点太戏剧性了，可别不相信，这全是真的。

这个戏剧性的故事是怎么发生的？

《内部参考》发难
——先从《内部参考》说起

新华社《内部参考》以突然袭击的方式向人民公社调查组开了第一炮。1959年8月26日，《内部参考》发表了题为《北大、人大一部分师生诋毁人民公社和大跃进》的文章。全文如下：

北大、人大一部分师生诋毁人民公社和大跃进

新华社北京 24 日讯　北京大学和人民大学的财经、哲学和法律等系的师生一百六十二人，在去年 12 月至今年 5 月期间，曾分别在河北省的藁城、河南省的鲁山、信阳等地的人民公社中进行了调查。他们在陆续写出的一百八十多万字的调查报告中，共提出了四百八十五个问题。其中一部分人和一部分意见，通过质疑的方式，否定人民公社的优越性和 1958 年的大跃进，有的人甚至进行恶毒的攻击。

不顾事实地否定建立人民公社的必然性

他们的第一个错误论点是，全国并不存在普遍建立人民公社的条件。他们说：我国的政治经济发展是不平衡的，1958 年的跃进、丰收情况全国各地也不一样，然而人民公社却同时在各地普遍建立起来。任何事物的发展都有量变到质变的过程，这样快地发生质变的飞跃，它的客观基础是什么，到底 1958 年的形势为人民公社的到来准备了哪些条件，是否真正反映了广大群众的要求？

第二个错误观点是，人民公社化运动违背了生产关系一定要适合生产力性质这一根本原则。他们说我国生产力水平低，为什么倒可以产生先进的生产关系？而苏联那样发达的生产力却不能够采取这种先进的生产关系？高级社才成立两年，是否就已经阻碍了生产力的发展？生产关系的改变应随着生产力的发展而改变，1958 年生产力的发展是否已经达到要求生产关系发生质变的程度了？是不是人的主观能动作用可以超越或者左右客观规律？是否加强了党的领导和大搞群众运动，生产关系就可以不必依据生产力发展的状况而改变呢？苏联一个农庄只有三千多人，而我们公社却达数万人。他们诬蔑农民没有能力管理这样大的公社，认为这与生产力发展水平也不相适应。

第三个错误论点是，组织农业大协作并不一定要采取人民公社的形式，因而人民公社也就没有存在的必要。他们说：人们说公社是大协作产生的。但是，这种协作为什么一定要采取"工农商学兵"、"农林牧副渔"、"政社合一"的人民公社组织形式？这是不是一种必然性？无论从现在或

将来的农业生产水平来看，是否要求经常地在这样大的公社范围内统一安排和调度生产力、生产资料以及某些农产品？"共产主义大协作"、"大兵团作战"究竟是不是人民公社组织生产的主要形式？如果不是，那么把它作为人民公社成立的理由和特点的说法是否确切？

第四个错误论点是，公社的建立是否与公社化前的反右倾保守有关？这是否是有的地区怕"右倾"才不顾条件建立公社的？如何解释"先把架子搭起来"的方针？

闭着眼睛胡说人民公社已经"名存实亡"

他们错误地认为公社体制改变后，同过去的高级社已没有什么本质的区别。狂妄问：公社是否已经名存实亡？究竟当时有没有建立公社的必要？"政社合一"的优越性还有多少？"政社合一"的结果是否会产生消极作用？如失去政权的监督作用，削弱无产阶级专政的作用等等。他们还恶毒地说：目前群众生活水平比公社化以前是提高了还是降低了？有的地方连粮食半供给制也实行不了，有的地方吃饭就占去分配70％以上，工资发不出。这怎样能说实行半供给制半工资有了条件？因此，他们得出的谬论是，从发展上看，供给制未必是方向。

他们不顾事实地说人民公社的特点和优点已经消失了。他们说：如果说人民公社的特点和优点是"一大二公"、"工农商学兵"五位一体，那么，在郑州会议以后，公社改为三级所有制，分给社员饲料地，收回财贸机构，强调按劳分配、等价交换，民兵组织以及文教机关的管理也和高级社一样，从这样情况看来，人民公社的特点似乎不太明显，"一大二公"、"五位一体"究竟体现在哪里？

他们还作出一个与事实相反的估计，说人民公社这种新的生产关系的出现，理应推动1959年生产的更大跃进，但在不少方面，1959年不如1958年，这是为什么？有人竟认为是由于生产关系超过了生产力水平，就不能促进生产力发展，而只能给生产力带来破坏。他们进而抹煞1958年的大跃进和大丰收，恶毒地问：今年粮食紧张问题要比往年闹得早、范围广、时间长，这与 1958 年大丰收是否有矛盾？原因是什么？为什么在大跃进、大丰收的情况下又突出地强调增产节约？瞒产私分历年有之，而公社化后，这种现象尤为严重，其原因何在？

狂妄地认为不应当反对右倾保守思想

他们狂妄地问：今春在农业战线上思想斗争的主要锋芒是什么？谭震林同志在《红旗》第四期发表文章说："当前斗争的锋芒主要还是反对右倾保守思想"。有些人竟然反对这个意见，认为主要的斗争锋芒应该反对浮夸、反对脱离实际、反对不尊重老农经验等。

他们诋毁 1958 年党指导下的伟大的群众运动，他们说，去年有两股风：一是共产风，一是大炼钢铁风。这两股风是在什么情况下刮起来的？它的社会基础（阶级基础）是什么？是否代表了农民平均主义思想？他们进而攻击党的正确领导，追问：党起了什么样的作用？公社化时的一阵"共产主义"风是否也反映了中央的急躁情绪？他们指责说，1958 年公社的产生和公社化运动，至少是违背"一切经过试验"的工作方法。并胡说1958 年虚夸现象是普遍的，认为似乎是哪里先进，哪里的浮夸就严重，问题也就很多。有人说：是不是大跃进的胜利冲昏了头脑？是不是干部的虚荣心、主观主义、理论水平低、意识不好造成的？或者是上级领导造成的？是不是反右倾保守的另一个极端？

他们诬蔑党不以正确的态度对待缺点，说：无论上边或者下边，说起来总是："成绩是基本的，缺点是次要的"，"九个指头与一个指头的关系"，这样，就忽视了对缺点的认真检查和严肃对待。

《内部参考》发表后，首先惊动了吴老（中国人民大学吴玉章校长）。他最早看到这篇文章，并亲自找胡锡奎（人大校党委书记、副校长）询问此事。胡事先对此事一无所知，看了《内部参考》后，和聂真、李培之两位副校长一起找了三位调查组组长查问。三位组长看了《内部参考》后，估计文中所列的言论是从《问题汇编》中摘录的。如果是这样，倒也没有什么问题，因为这些问题经过讨论都已经解决了。组长们作了解释说明，没等话说完，党委书记发火了，不容说明，责令检讨。此时，李培之副校长插话说：你让他们把话说完嘛！调查组长们为难了，不知如何检讨。

《内部参考》这篇文章的用词现在看，很像"文革"时的大字报。例如，"诋毁人民公社和大跃进"，"否定人民公社的优越性"，"恶毒攻击"，"不顾事实地否定建立人民公社的必然性"，"闭着眼睛胡说人民公社已经'名存实亡'"，"狂妄地认为不应当反对右倾保守思想"，"胡说1958年虚夸现象是普遍的"，等等。这是其一。其二，该文没有署名，不知道作者是谁，很不正常。其实，谁都知道作者是一位很了解调查组情况的人，不然怎么会知道写出180万字的调查报告，提出485个问题？有谁能掌握如此详情呢？一是两校党委。然而两校领导对《内部参考》的文章事先一无所知。二是北京市委。6月份市委就收到上报的三本《问题汇编》，并且完全知道《问题汇编》的来龙去脉。6月份不说话，7月份不说话，到8月下旬，事先不给两校党委打招呼，突然把人民公社调查组抛出来。谁能相信这是市委所为！

实事求是地说，当时调查组成员就其思想水平和认识水平来说，不可能有理有据地否定人民公社的必然性，没有这样的高人。充其量不过是提出一些没有搞懂的问题，以求解惑。

都是《问题汇编》惹的祸

上面提到《内部参考》的文章是根据调查组的《问题汇编》编纂的，如此《问题汇编》就成了罪魁祸首，事实上《问题汇编》成了调查组领导人的一大罪状。在调查组领导人的处分决定中，都有这样一条罪状："炮制《问题汇编》反党纲领"，《问题汇编》成了"反党纲领"，可见其严重程度。

《问题汇编》到底是什么样子的？

先来看看《问题汇编》的原貌，抄录如下：

人民公社问题汇编

（内部参考　切勿外传）

一、关于公社化方面的问题

二、关于所有制方面的问题

三、关于分配方面的问题

四、关于工业方面的问题

五、关于计划管理方面的问题

六、关于财贸管理方面的问题

七、关于食堂方面的问题

八、关于政社合一方面的问题

九、关于两类矛盾方面的问题

十、关于领导方法方面的问题

人大
　　　人民公社调查组　信阳组
北大

一、关于公社化方面的问题

1. 1958年下半年，在全国范围内（除了个别地区外）几乎同时开展了人民公社化运动。到底1958年的形势，为人民公社运动的到来准备了哪些条件？它的历史必然性是什么？根据实际情况1958年大跃进大丰收的程度在某些地区有很大的不同，这种程度的不同，对于在全国范围内同时建立人民公社是否有影响，如何估计这种影响？

2. 生产关系一定要适应生产力的性质，这是一条客观规律。但为什么我国生产力水平低倒可以产生先进的生产关系，而像苏联那样发达的生产力水平却不能够采取这种先进的生产关系？有人说，那是因为我们国家是一个"一穷二白"的国家，"穷则思变"。那么是不是说人的主观能动作用可以超越或者左右客观规律？或者说，在某种特殊情况下，生产关系可以跑在生产力的前面并且促进生产力的向前发展。有人说苏联和中国的情况不同无法类比。那么，如果1958年我国的生产关系不变，是不是阻碍了生产力的发展？

3. 能不能认为1957—1958年初，高级社已经起了阻碍生产力发展的破坏作用？当时它所表现的局限性，是主要的还是次要的，是起主导作用还是起非主导作用？能否说，六级干部会议以后的许多措施如多级所有制问题，饲料地问题等等，基本上是恢复到高级社时的状况，和高级社没有本质的不同？

4. 党从武昌会议到上海会议对公社问题的指示，涉及到关于所有制、体制、分配等根本政策上的改变。是否可以说，在第一个阶段的公社运动中，违背了生产关系一定要适合生产力性质这一个根本原则，从而能否说，前一阶段的公社运动超越了它的历史必然性。主观走在客观规律的前面，脱离了实际。如果问题不是上述情况的话，又如何来理解这个政策上的改变呢？

5. 承认人民公社运动出现的历史必然性，是否不等于承认人民公社可以在1958年下半年在全国范围同时建立起来？"把架子搭起来"是否应该理解为从小社（高级社）合并成大社（搭架子）然后再到人民公社的一个过程？这是不是一个必然性？同时，既然承认集体所有制由小集体所有到大集体所有的发展过程，根据实地调查，是否应该承认三级所有制或多级所有制是我国公社化运动发展的必经道路，超越它的阶段性就会带来损失。

6. 生产关系随着生产力的改变而改变，而生产力的改变，则从生产工具的改变开始。但是我国1958年大跃进以及公社化运动中，生产工具和生产水平并没有显著的改变（如明港公社连车子化滚珠轴承化也没有很好开展）。所以，像这样一个基本规律在我国是不是适用？有人认为，不能光看农村，应该从工业方面来看，但这种解释似乎说服力不大。

7. 根据1957—1958年初生产发展的情况，需要有共同经济利益的高级社之间进行某些劳力、资金、生产资料使用等方面的协作以至于生产组织方面进行合并。但是这种需要为什么一定要采取"工农商学兵五位一体""农林牧副渔全面发展""政社合一"的人民公社组织形式？这是不是一种必然性呢?

8. 在目前的生产水平下,人民公社的"工农商学兵五位一体",是否应该作为一个方向,而不是现阶段所能够实现的?前个时期所采取的财贸机构下放(有的地方连邮局、新华书店也下放),是否对国家经济的发展和积累方面有影响?如果有的话,那么这种影响和实现"五位一体"有何关系?

9. 人民公社实行半工资半供给制,"吃饭不要钱"的分配制度和人民公社运动的必然性有何关系?和现有生产力水平有什么关系?

10. 如果说人民公社的特点是"一大二公"、"工农商学兵五位一体",那么经过郑州会议以后,原来公社一级进行核算和分配改为三级所有制,并以大队(原高级社)为基本核算单位。同时分给社员一定的饲料地。原来下放公社的财贸机构基本抽回来,对文化教育、医疗机关的管理和过去没多大区别,民兵的组织也和高级社一样,并且强调了按劳分配、等价交换等原则。从这些情况来看,人民公社的特点似乎不太明显。那么它的"一大二公"、"五位一体"应该体现在哪里?

11. 在基本所有制属于大队(原高级社)的情况下,公社是否具有联社的性质,它是否是社会的基层单位?现在的人民公社与过去的乡政府有何区别?

12. 无论是从现在或者是将来的农业生产水平来看,是否要求经常地在这样大的范围内(公社范围)统一安排和调度劳动力、生产资料以及某些农产品(请注意"经常地")?是否"共产主义大协作"和"大兵团作战"是人民公社组织生产的主要形式?如果不是的话,那么以它作为人民公社成立的理由之一或人民公社的特点和优点之一的提法是否确切?

13. 公社建立之初,对群众的思想觉悟以及他们对变革生产关系的要求的程度如何估计?能不能说人民公社超过了广大群众的思想觉悟水平,跑得太快了(有人认为猪、鸡、鸭、兔的集中和吃食堂等做法即是)从而违背了它发展的必然规律?如果是这样的话,那么,公社化前一段时期,在农村中出现的那些萌芽状态(如大协作、农忙食堂、公共食堂、托儿所等等）应如何解释？难道这不也是群众思想觉悟的一种表现吗？

（其余 9 项共 84 个问题从略——引者注）

.

《问题汇编》这个"反党纲领"是怎样"炮制"出来的呢？

1959 年 5 月，人民公社调查组返校后，根据工作安排集中做两件事：（1）写好调查报告；（2）研究讨论，写出论文。以此成果向国庆十周年献礼。研究讨论些什么问题，首先由大家提出，这样每个人提出认为应当研究讨论的问题。调查组把大家提出的问题，进行分类归纳，当时叫梳辫子，然后油印了若干份，供研究讨论用。同时，把印好的《问题汇编》报送两校党委。北京大学的陆平、邹鲁风和中国人民大学的胡锡奎、聂真手中都有《问题汇编》。报送校党委的同时，也报送了市委。市委有三个调查组的共三本《问题汇编》。这是 1959 年 6 月初的事。

问题提出后，按讨论的问题，分成若干专题研究小组，进行研究讨论，在研究讨论的基础上，写出论文。各专题研究小组讨论结束后，都写出了简报，讨论简报油印之后也报送两校党委和市委。下面抄录一份《必然性问题小组简报（Ⅰ）》：

必然性问题小组简报（Ⅰ）

（一）

必然性问题小组，开始研究和讨论遇到的争论问题，也即是关于公社化运动必然性的疑难问题，最主要的为以下三个方面：

第一，1958 年的形势是否造成了公社化的必然趋势，在全国范围内是否普遍具备了建立人民公社的必然性？

第二，1957—1958 年工农业生产大跃进的形势是建立在高级社的基础上的，怎么能说高级社已经有了局限性，并且已经不适应生产力的发展了呢？

第三，郑州六级干部会议后，公社的体制又有新的变化，如：三级所有制，队为基础（亦即以原高级社为基本核算单位），财贸体制又要收回，自留地也恢复了，等等，这样是否会影响到人民公社"一大二公"、"五位一体"、"政社合一"等特点呢？如果有影响，则公社的特点及其优越性是否就成问题了呢？

当然，提出的问题很多，但基本都可归入以上三类，我们讨论的结果，以为以上问题的关键，在于如何正确解释生产关系必须适合生产力的性质的原理问题，在于如何正确认识人的主观能动性与客观规律性的关系问题，在于如何正确地把公社化运动中出现的缺点与公社化的伟大成就区别开来并证明这些缺点的纠正对于公社的基本特点并无改变。如果能够正确地解决这些问题，就能回答以上三方面的种种难题。因此，我们就针对上述三方面的问题展开了研究和讨论。

（二）

经过几天来的研究讨论，我们小组对人民公社的必然性和人民公社的优越性有了比较一致的看法。

首先，对于人民公社化运动在 1958 年出现有其必然性这一点有了一致的看法。

其次，对人民公社的优越性有了比较一致的认识。

（论述从略——引者注）

（三）

要充分解答对公社化运动必然的质疑，还必须正确地讲清楚公社化初期的一些错误和缺点与运动正常规律的关系，我们认为公社化运动初期刮了一阵"共产风"，过早地实行了公社一级所有制，造成公社集权过多和平均主义两种倾向，这些都是错误的，造成这些错误的原因：（1）对当时生产力发展的水平以及群众思想觉悟估计过高，脱离了实际情况；（2）有些只强调政治挂帅而忽视群众的物质利益；（3）不了解不断革命论与革命发展阶段论的关系。但是这些缺点并不能否定公社化运动，而是混淆了人民公社在不同历史阶段的不同内容，根据马克思主义和毛泽东思想关于人民公社的理论以及这一理论在实践中应用的结果，人民公社在其发展的过程中应具有以下一些内容，即三级所有制的公社，一级所有制的公社，全民所有制的公社以及共产主义的公社，而在目前历史时期，人民公社只能是三级所有制，如果超越三级所有制而来一个一级所有制，就是否认过渡，从而也就是否认人民公社是过渡到共产主义的最好的形式，这是行不通的，必然要犯主观主义的错误。

（四）

以上只是我们小组论点的概括。看起来会给人以重复别人已经发表的论点之感。但我们觉得现在已经是人民公社运动经过一个阶段的实践取得了极为丰富的经验的时候，是马克思主义和毛泽东思想关于人民公社理论的具体化并得到发展的时候，在这个时候我们依据党和毛主席关于人民公社的指示再来论述公社化运动的必然性，就更容易对公社化运动的形势作客观的恰如其分的估计，就有可能避免片面性的毛病，同时我们也觉得是真理就要大说特说，斯大林也说过：要重复众所周知的真理。毛主席也说过：凡真理不厌千百次地重复。

1959.6.21

由上可见，所谓《问题汇编》纯属是为调查组内部研究讨论编辑的。其中许多问题经过研讨已经解决了。例如，人民公社必然性问题的讨论简报中说："首先，对于人民公社化运动在 1958 年出现有其必然性这一点有了一致的看法。""其次，对人民公社的优越性有了比较一致的认识。"在此期间（1959 年 6 月至 8 月上旬），两校党委和北京市委对《问题汇编》从来未提出过任何问题。1959 年 8 月下旬，即中央庐山会议以后，风云突变，来了个"翻脸不认人"，一下子把《问题汇编》定为"反党纲领"，成为"诋毁、否定、恶毒攻击人民公社和大跃进"的罪证。从过程看，更是耐人寻味，6 月份不是"反党纲领"，7 月份不是"反党纲领"，8 月上旬也不是"反党纲领"，8 月下旬突然变成"反党纲领"。这其中的奥妙是不言自明的。

令人匪夷所思的是，市委未经调查核实突然宣布：人民公社调查组写了 180 万字的《调查报告》，基本上是反对人民公社的。1959 年 9 月 2 日，北京市委为贯彻中央庐山会议精神在北京展览馆剧场召开全市党员领导干部会，刘仁作传达报告。他在讲到北京市情况时，点了调查组的名。刘仁说：人大、北大人民公社调查组写了 180 万字的《调查报告》，基本上是反对人民公社的。刘仁在说这个话以前，他对《调查报告》连一字都没有看过，市委所有的人也都没有看过。因为这时（9 月 2 日）《调查报告》还在调查组组长的办公桌上，正在审查修改，尚未定稿。北京市委如此草率地抛出调查组，看似荒唐，其实不然，必有其道理。

一个是"反党纲领"的《问题汇编》，一个是反人民公社的《调查报告》。有了这两条，就可以给人民公社调查组定罪了。

临湖轩汇报会

人民公社调查组回京后住在北京大学。两校党委提出要听取调查组各组长的工作汇报，于是决定在北京大学临湖轩举行汇报会。听取汇报的有：北京大学校长、党委书记陆平，副校长、副书记邹鲁风，中国人民大学副校长、党委副书记聂真，科研处长张腾霄。原定市委领导同志杨述来听汇报，后因故未到，委派市委干部李开鼎参加会议。汇报会由陆平主持。第一次汇报是 1959 年 6 月 19 日，由我（薛政修，即李震中，信阳调查组组长，人大计划系主任）汇报，第二次由藁城组组长韩铭立（人大法律系副主任）汇报，第三次由鲁山组组长马振民（北大法律系主任）汇报。汇报的内容本来都有会议记录，遗憾的是这些记录已无法查找了。好在听取汇报的都或多或少地做了笔记。现在能够看到的，只有聂真笔记本上的记录。按原件照抄如下：

（信阳调查组汇报）

共 55 人（调查组全体人员），（调查）时间 5 个月。搞粮食问题，把瞒产私分说成敌我矛盾，两条道路斗争。干部与群众斗，党员与党员斗。说是 1957 年（右派）向城里进攻，1958—1959 年向农村（进攻）了。在农村掀起东风压倒西风的运动。（后来省委赵文甫在电话会议上指出粮食问题是人民内部矛盾，才明确了）

政治上损失很大，对党的影响很不好。

公社成立后，对高级社的一切都否定了。

懂得了价值规律和理论的重要性。以后应加强政治理论学习。讲课必须联系实际。

虽然缺点是严重的，但一个指头和九个指头的关系是明确的。看问题能抓住主流、本质。

调查研究要和工作尤其是中心工作结合起来。调查和研究在过程中要结合起来。

调查工作要走群众路线、阶级路线。否则不能得到真实情况。鸡公山公社的 4.8 万斤的"卫星"，我们发现周围公社（应为生产队）账上都有付"卫星"股（谷），公社党委、支部书记都说是真的，都是老实同志。（《消息报》要登）经过几次动员才都说（不）是真的。最后群众说你们来的真好，不然毛主席还不知道真情况。

当时知道真实情况，因为高压空气在未敢说，怕什么，怕撤职。事后才说。县委说你们的话说得太晚了。还有关系问题不好搞。

明港公社（有的）说真话的被插白旗，说假话的插了红旗。李家寨铁厂说了真话（先进的）插了白旗，书记含着眼泪接了白旗。

弄成谁（说）老实话，谁就是算账派。开现场会议，古店大队报了 30 万斤，是国库的粮食，当作自己的粮食。杨河公社逃出去 200 多人，一天只吃 6 两粮食，元宵节那天（70 多个食堂）停伙，无法吃饭。公社党委也不敢报告，县委也不敢向上报真的，怕戴右倾帽子。六级干部会前，没有吃的（都给粮食），一面吃饭，一面搞粮食。（六级干部会后，问题基本解决了。）

收获

1. 信阳4个月生产好铁1 200吨。跃进中革命干劲很大，带动工业发展很快，修了公路，办了很多工厂，粮食增产40％，总产值5.8亿元。公社成立后，三个月中每天吃三顿干饭，还加夜餐。群众对公社很满意。

2. 对学习理论的重要性有了新的认识。看到了规律，知道社会科学确实是科学。到共产风时，群众说：一双筷子一个碗，叫往哪搬往哪搬，到处都在干，就是不出活。搬运工人收入大减，理发员也不积极，吃饭占很多时间。过去，老头一天让他放一头牛他不愿意，嫌少。现在让他放，他不放，说我要进养老院了。一搞评工积分都觉悟起来了。证明，只有想不到，没有做不到，人有多大胆，地有多大产，异想就能天开等说法的错误。

证明老百姓不愿意说假话，基层干部不愿意说假话。真正愿意说假话而骗取荣誉的是绝对少数。毛主席六条指示传达后，群众感动得难以用言语形容。应用此整一次风，分析一下虚报的原因，以免今后再犯。

不敢坚持真理，有思想方法问题，也有思想意识问题，怕自己吃亏。不敢坚持（真理）造成对党不利。

学校看文件太少，知道政策太少，很不及时。

鸡公山1957年砍树12 000立方米，1958年砍22 000立方米，用得最多的是炼钢铁了。17部解放式水车也"抗旱"（指炼铁）了，采购站新水车也"抗旱"了，有的农具（双轮双铧犁）也"抗旱"了。

1958年两件事，大炼钢铁，刮共产风，使1958年大跃进损失很大。

研究：认为公社实行供给制对发展生产不利，但应如何实行供给制。

这份记录显然是不完整的，也不都是准确的，但总可以看出汇报的大概内容。

临湖轩汇报会是严肃的，但又是充满民主气氛的，能畅所欲言。听汇报的可以插话，或提出一些问题，或表示一些看法。例如，当说到"五风"问题时，有人问李开鼎，北京的情况如何？李介绍了北京发生的"共产风"情况，并说情况差不多。又如，当说到公社化遇到的问题时，陆平说了一句"马行夹道，难以回马"的名句。两校党委听了汇报，对调查组的工作是肯定的，也是满意的。市委代表李开鼎听了汇报，在当时以及后来都没有表示过异议。可是，令人难以置信的事发生了。在"反右倾"批判调查组负责人时，学校党委从临湖轩汇报中寻章摘句、断章取义地搜罗一些材料，大批特批。与此相反，送给市委、党委的书面材料反而不拿出来批。

一次邹鲁风传达杨述的意见。杨说你们写的调查报告太多没法看，能否写个3 000字左右的报告，集中地反映一些问题。邹问几位调查组长能否写。组长们说可以写。于是由信阳组长（我）负责，组织写了一篇3 500字左右的调查报告给了杨述。这篇报告写的是公社化中的"五风"问题，特别是"共产风"、浮夸风和强迫命令风。不仅列举了事实，还作了分析，提出了看法。这篇报告在"反右倾"中理应作为"攻击、反对人民公社"的罪证，可是这篇报告在整个批判调查组的过程中，始终没有拿出来。

无独有偶。信阳调查组还给胡锡奎写了两份专题报告。胡锡奎听了信阳调查组组长口头汇报之后，认为很好，要求写成书面材料。于是调查组写了两份专题报告：一份是关于人炼钢铁；另一份是关于主观能动性与客观规律性关系的材料。这两份材料本可以作为"攻击大跃进"的有力罪证。可是胡锡奎也没有把材料拿出来。

不管什么原因，没有把给他们的书面材料拿出来打人，总算是好事。既保护了别人，也保护了自己。

莫须有的罪名

北京市委给人民公社调查组定的两大罪名：一是炮制反党纲领的《问

题汇编》；二是写了反对人民公社的 180 万字的《调查报告》。这两条罪名不管怎么说毕竟是有"事实根据"。因为《问题汇编》和《调查报告》确实存在。可是给调查组定的第三条罪名则是子虚乌有了，是凭空编造出来的。

这条罪名就是"篡改两校党委决定，背着党委搞反党活动"。"两校党委决定"的内容是什么呢？批判材料上是这样写的："必须用马克思列宁主义观点，阶级分析方法，服从当地党委领导，搜集和总结人民公社的优越性和必然性的资料，进行科学研究，写出论文，向国庆十周年献礼"。这个"决定"的要害是"搜集和总结人民公社的优越性和必然性"，正如在批判调查组领导人时说的：党委让你们调查人民公社的优越性和必然性，而你们却调查人民公社的缺点和问题，你们篡改了党委的正确决定。然而，对于这样一个"正确决定"，调查组的所有成员以及相关的其他人员都不知晓。

1958 年，调查组成立时，胡锡奎、陆平、邹鲁风曾向全体人员讲过一次话。在三位校长的讲话中，谁都没有说过调查人民公社的优越性、必然性。三个组所拟定的调查大纲，都没有专门调查人民公社优越性、必然性的内容，信阳调查组的调查大纲是《人民公社集体所有制向全民所有制过渡》，这个大纲直到中央郑州会议后才作了调整。在 1958 年人们头脑发热的形势下，没有人怀疑人民公社的优越性和必然性。当时在报刊上充满了人民公社优越性的报道，有一个最为流行的口号是："共产主义是天堂，人民公社是桥梁。"所以，当时三位校长讲话中没有提到人民公社的优越性、必然性，完全可以理解。可是，对他们的讲话，在当时以及后来谁都没有把它理解为是两校党委对调查组的决定。如果说，他们的这次讲话是"两校党委决定"，调查组也并未篡改。除此以外，再也不知道还有什么决定了。

至于说"背着党委搞反党活动"，其根据是"不向党委汇报"。事实是，不仅作过汇报，而且作过多次汇报。书面报告姑且不论，以口头汇报来说，1959 年 4 月，我（信阳组组长）和鲁山组副组长郑尧回京向党委常委作了汇报，这次会是由党委书记胡锡奎亲自主持的；1959 年 1 月和 6 月，藁城组组长韩铭立向胡锡奎各汇报过一次；1959 年 6 月，我（薛政修）专门向胡锡奎作了汇报（他的秘书在场），他认为汇报的内容很好，要求写出书面材料给他。1959 年 6 月，三个调查组在北大临湖轩向两校党委作了全面汇报，市委代表李开鼎听取了汇报。所有这些汇报，除了汇报调查工作，都或多或少地汇报了所发现的"五风"问题，作了这么多次的汇报，然而党委领导硬说不向党委汇报——"背着党委"。这就是说，你们的反党活动，我不知道。

这个莫须有的罪名，本来很容易搞清楚。可是在"反右倾"运动中，不允许申辩和说明，死死地把这个罪名扣在调查组领导人头上。人大、北大两校在市委大学部的领导下，还就这个罪名统一了口径。显然，在这种情况下，若想还事物的本来面目，是万万不可能的。

1962 年 3 月 23 日（"七千人大会"之后），党委副书记聂真代表党委向调查组全体成员作甄别平反报告。他首先宣布："过去说，篡改两校党委决定，这个结论是错误的。经过调查，两校党委就没有什么决定。""说调查组没有向两校党委汇报，背着两校党委和地方党委，这个结论是错误的。甄别结果，向两校党委和地方党委都作了汇报。"这个说不清道不明的问题，经过党委的甄别和调查，终于弄清了事实，纠正了错误结论。至于说，既然两校党委就没有什么决定，那个白纸黑字写的"两校党委决定"是从哪来的？聂真在这个报告中并未涉及。事实上这个问题已经查清。这是在批判调查组过程中，"由党委主要负责人概括出来的"。

这真是一场悲剧，是历史的悲剧，是在党内生活不正常而又处在政治高压下的人们演出的一场悲剧，不能简单地归结为某个人的品质问题。

历史故事的启示

关于人民公社调查组的故事，我感受最深的有两个问题：一是科学与民主；二是学术与政治。

（一）科学与民主

科学与民主是一个老话题。从五四运动提出科学与民主到现在将近一个世纪了，还谈论科学与民主，未免显得多余了。其实不然。从调查组这个故事里看出，科学与民主这个问题还远未解决。

前面提到的信阳事件，发生在 1959 年 11 月至 1960 年上半年。在此期间，非正常死亡了几十万人。死人原因有人说是天灾。天灾、粮食歉收，这是事实。可是饿死人是在粮食刚刚收获之后，而大量死人则是在春节前后。这是为什么？历史上闹饥荒是在春天青黄不接之际，哪有刚打下粮食就饿死人的道理。也有人说，由于高估产、高征购、征了过头粮。这也是事实。但是，征了过头粮，征购透底，也不会饿死人。因为一旦发现食堂没有粮食开不了饭，就应该立即返销粮食给农民，怎么会眼看着把人饿死呢？这些理由似乎都不能成立，那么悲剧是怎么发生的呢？最根本的原因只有一个，这就是党和国家的民主制度被摧毁了。

问题发生在 1959 年 9 月以后。1959 年春季已经出现闹粮食问题。当时的中心工作就是"反瞒产"，弄得和农民、基层干部的关系相当紧张。1959年 3 月 9 日，河南省委发出一个《特急电报》给各地、市、县委并印发到公社、大队，实事求是地采取有力措施解决闹粮问题。例如，宣布本粮食年度的统购工作结束；粮食整顿停止；隐瞒的粮食一律不调，首先安排好本队生活；吃粮有困难的，要决心先用公社的存粮和国家的统销粮加以解决；等等。信阳落实这些措施后，所谓粮食问题基本解决了，没有发生粮荒现象。

1959 年 8 月，中央庐山会议以后，掀起了"反对右倾机会主义"浪潮。形势急转直下。"反右倾"的后果是，干部、群众都不敢说真话了。明明征了过头粮，不仅口粮甚至种子粮都被征购了，谁都不敢说没有粮食。饿死人不能说饿死的，只能说得瘟疫死的。生产队不敢向公社说实情，公社不敢向县如实报告。谁若说了实话，必定遭到灭顶之灾。轻者挨批斗，重者遭拘留、逮捕，甚至被毒打致死。我国是人民当家做主的国家。可是这个地方的干部、群众连说话的权利都没有，哪有民主可言。没有民主，哪里来的科学！

从信阳事件的实际过程来看，庐山会议批判了彭德怀之后，就封住了信阳人的口，从此再没有人敢说话了。其实不只封住了信阳人的口，也封住了全国人民的口。从此中国大地静悄悄，再也没人说三道四了。然而，数以万计的男女老少也就在这静悄悄中空着肚子离开了人间。鸡公山公社旗杆大队一位农民，饿倒了，已经奄奄一息还断断续续地说："我想吃干饭，我想吃干饭……"直到闭上眼睛，断了气。黄湾大队在食堂做饭的有两位妇女。一位妇女的丈夫在大队当会计，没有被饿死。可是她的两个孩子都饿死了。孩子临死的时候默默叫着妈妈说："我要吃饭。"妈妈没有办法，眼看着孩子慢慢地死去。调查组的同志问这位妇女："你们大人没有饿死，怎么把孩子饿死了？"她说："大人什么都吃，孩子不吃。"另一位妇女怕把孩子饿死，抱着孩子从李家寨上了火车。把孩子放在火车上，自己到下一站含着眼泪下了车。孩子被火车拉走了。调查组的同志问她在什么时间乘的哪趟车？要给她把孩子找回来，因时间相隔不长，肯定能找回来。可是她说，别找了，找回来也要饿死。调查组的同志无话可说了，默默地掉下了眼泪。饿死人的事不只信阳有，别处也有。全国饿死了多少人不得而知。从人口统计上看，1960 年全国农村人口死亡率达到 28.58‰，人口自然增长率－9.23‰。"三年困难时期"全国饿饭。1962 年 1 月"七千人大会"开始让人们说话，因而才得出"三分天灾，七分人祸"的科学认识。不过花的代价太大了！

调查研究其本意就是如实反映客观实际，提出问题，解决问题。要做到这一点，需要有一个前提条件，这就是正常的民主制度。不然，调查研究的本意势必被扭曲。人民公社调查组前期说了真话、实话，遭到无情打击、残酷斗争；后期戴罪又去调查，亲历信阳事件，隐瞒了实情，说了假话，受到表扬。这个惨痛教训是不该忘记的。

（二）学术与政治

学术、政治这两个概念的含义辞书中写得清清楚楚，两者是毫不相干的。然而在现实生活中却常常搅和不清,分辨不明。尤其是社会科学的学术问题与政治问题更是难解难分,常常把学术问题当作政治问题来处理。例如,中国社会的历史分期,封建社会从何时开始?这纯属学术问题。我校历史学家尚钺教授经过潜心研究,得出了自己的看法。但是他的观点与"周秦以来"的观点相悖。于是遭到批判。如果是学术批判,倒也正常。应当提倡学术批判与反批判,以促进学术发展。可是并非学术批判而是在"反右倾机会主义"斗争中对他进行政治批判。

学术问题与政治问题的关系常常随着政治形势的变化而变化。上述两件事,如果联系当时的历史条件也就容易理解了。

人民公社调查组既不是决策机构,也不是行政部门,而是一群书生对公社化运动进行调查研究,关起门来研究一些问题。不求别的,只求理解。即使研讨的一些问题、发表的一些见解非常幼稚无知甚至不合时宜,也无关紧要。况且经过实际调查提出了一些值得研讨的问题,这些问题即使在当时也有理论意义和实际意义。就以《内部参考》所列的那些问题(表述有歪曲)来说有许多是值得研讨的。

例如,关于人民公社的建立。"我国的政治经济发展是不平衡的,1958年的跃进、丰收情况全国各地也不一样,然而人民公社却同时在各地普遍建立起来。任何事物的发展都有量变到质变的过程,这样快地发生质变的飞跃,它的客观基础是什么?到底1958年的形势为人民公社的到来准备了哪些条件,是否真正反映了广大群众的要求?"

又如,关于公社的分配制度。"半供给半工资制是否是人民公社产生后必然的分配制度?它与人民公社到底有什么必然联系?"(《问题汇编》)

类似这些问题,不是一两句话能够说清楚的,很需要研讨,需要从理论与实践的结合中加以阐明。作为高等学校,师生们研讨一些实践中提出的问题,本是正常的学术活动,应该提倡和鼓励。事实上,人民公社调查组在北京大学期间学校党委还是这样做的。在研讨问题时,大家能够畅所欲言,各抒己见,没有出现乱扣帽子的现象,都是以理服人,树立了比较良好的学术风气。可是"反右倾"一来，学术风气一扫而光，骤然变成一场政治风波。正常的学术活动，一夜之间变成反对人民公社的政治事件。这样一来，不仅毁掉了调查研究的可贵成果，而且还打击了求实精神。这是高等院校中混淆学术与政治的典型事例。历史经验：在学术领域应当鼓励创新精神，鼓励言之成理、持之有故的新见解、新观点。这不仅有利于发展学术，而且也是培养创新人才的基本条件。

人物简介

李震中（1927—　　），曾用名薛政修，天津市人。中共党员，教授，经济学家。

李震中在中学读书期间，于1943年参加了中国共产党领导的抗日战争，先后在地方党委和部队做党的工作和政治工作。1947年进入华北联合大学学习，华北大学成立后转入华北大学工作，曾任一部班队长等职。1950年至"文革"前在中国人民大学工作，历任财政信用系副系主任、经济计划系副系主任、计划统计系系主任等职。1958年底，参加了由人大、北大师生组成的人民公社调查组并担任信阳调查组组长，进行了为期半年的调查研究，写出了60万字的调查报告，如实地反映了公社化过程，受到领导的肯定和赞扬。1959年9月，中央庐山会议后，反以"诋毁、反对人民公社"的罪名遭受批判、打击。1961年，这一冤案得到平反。1970年，人大停办后调到北京医学院，曾担任医学院党委副书记。1978年中国人民大学复校后，回学校工作。1979年9月至1985年9月任副校长，1984年1月至1985年9月为党委常委，期间兼任计划统计系系主任、计划统计学院院长、教务长等职。1985年9月至1990年8月任中国人民大学顾问。1992年离休。曾任全国自学考试指导委员会副主任兼经济管理专业委员会主任、中国宏观经济学会副会长、中国物资学会副理事长、中国投资学会副理事长、中国房地产及住宅研究会常务理事、全国高等院校计划学研究会会长等职。

李震中担任学校副校长期间，分管教学和科研工作，并协助成仿吾、郭影秋同志克服复校和重建工作中的人员、校舍、生活等重重困难。他促成国家计委、国家统计局、国家物价总局投资在中国人民大学设立计划统计学院，该院是当时全国第一个获准在综合大学内设立的学院。

李震中代表作有《社会主义计划经济学》、《宏观经济管理学》、《计划体制论》等，主编的《计划经济学》1983 年出版，共发行 80 余万册，是有计划经济实践以来第一本关于计划经济的理论著作和教材，获北京市哲学社会科学优秀成果二等奖。他发表《也谈计划与市场》、《综合平衡的几个问题》、《有计划商品经济与生产资料市场》、《如何加强宏观调控》（该文作为"八五"期间的优秀科学技术成果，编入《中国"八五"科学技术成果选》一书）等一批论文和研究报告。

李震中主要研究领域为计划经济学。他提出，计划经济学的研究对象是"平衡和不平衡的矛盾"、"计划性和盲目性的矛盾"。他认为，计划经济首先是一种社会经济制度。他较早将计划经济分为社会主义计划经济和共产主义计划经济两个阶段，还总结了社会主义计划经济的五大特征。作为中国社会主义经济理论一种学术观点的代表人物之一，为中国计划经济学的创立和发展作出了贡献。

周兴健记：1978，复校年代的记忆[①]

摘要： 周兴健（1934— ），辽宁铁岭人。中国人民大学原党委副书记，后调任中央民族大学党委书记。本文回顾了 1978 年中国人民大学复校初期的教学、科研、管理、后勤等各方面的情况。

今年是我国进入改革开放历史新时期的 30 周年，也是中国人民大学在党中央的亲切关怀下胜利复校，开始第二次创业的 30 周年。面对母校复校 30 年来各方面建设所取得的辉煌发展和丰硕成果，我身为人大校友，心中充满着无比的高兴与自豪。同时也自然地回忆起当年在物质条件非常困难的情况下，成仿吾、郭影秋两位老校长带领全校师生艰苦奋斗的一幕幕动人情景。我是复校时校部学生工作部门的一名工作人员，在和大家一起共同战斗的同时也从中受到了深刻的教育与锻炼。历经艰苦奋战的岁月，往往会留下深刻的记忆，使人更加感到珍贵和难忘。

---

① 本文作于 2008 年。

争分夺秒神速复校

1978 年中国人民大学的复校工作可以说是创造了一个奇迹，其速度之快、效率之高是常人难以想象的。成仿吾和郭影秋两位老校长在中国人民大学复校会师大会上满怀激情地号召全校师生：为了把十年动乱、八年停办所造成的损失尽快补回来，我们要以战斗的姿态拼命地工作，争分夺秒地搞好复校各项工作。在两位老人率先垂范亲自带领下，从 1978 年 3 月 24 日下午正式接到中央的指示，开始着手复校准备工作，到 1 325 名本科生、研究生和进修生入校开学授课，只用了不足半年的时间。由于学校被停办，早已分散在全国各地的 2 000 多名教职员工，接到复校通知后，在不到三个月的时间内，全部返回学校上岗工作。复校当年学校即参加了全国高校统一招生，15 个系 22 个专业从全国各地录取了本科生 1 077 人，研究生 108 名和英语师资培训班学员 34 名。除此之外，还有复校前由北京师范大学代为招生的 1977 级哲学、党史、政治经济学三个系的本科生 140 名，已于 4 月 24 日提前到校开始上课。9 月 24 日全校 3 500 多名师生欢聚一堂，隆重地举行了复校后第一个新学年的开学典礼。

随着教学活动的开始，一些系（所）立即投入到学术界各种热点问题的讨论活动中。例如，提前开学的哲学系师生，早在 7 月份就召开关于真理标准问题研讨会，参与了思想理论战线的论战。又如，11 月份由学校新成立的人口理论研究所主办的全国人口理论科学讨论会，吸引了 49 所高校、9 个科研单位以及 28 个省、市、自治区和各大军区的计划生育办公室负责人共 170 多人前来参加，国务院副总理陈慕华及国家计划生育委员会等有关部委领导人到会并发表重要讲话。复校后第七个月召开的"纪念五四运动 60 周年全校多学科大型理论研讨会"更为盛况空前，有国家计划委员会、国家教委、国家统计局、中国社会科学院和兄弟院校 800 多位专家学者前来参加。这是在复校刚过半年时间就召开的第一次大型学术讨论会。成仿吾校长的开幕词明确指出大会的中心主题就是"用马克思列宁主义、毛泽东思想研究新情况，解决新问题"。校内外专家学者们围绕着党中央刚开过的十一届三中全会指引的方向，提出了许多富有前瞻性和改革创新精神的新思想、新课题。如社会主义基本矛盾和全党工作重点转移问题、中国式的四化道路问题、社会主义现代化经济建设中计划与市场的关系问题等。此次讨论会一直持续了将近一个月的时间，会上提出的许多新问题、新思路，引起了理论界与新闻媒体的密切关注。

为了响应党中央"多出人才，快出人才"的号召，当年学校还与北京市政府合作，在市区内办起了两所走读分校。一所设在东城区，以人文社会学科为主，另一所在崇文区，以经济管理学科为主。两所分校也是成立后即招生，当年的招生总数就超过了本校，达1 682名，全部由本校各系教师前去授课。建立分校有力地支援了首都北京改革开放初期人才青黄不接的困难，同时也大大缓解了社会上积累多年的高中毕业生升学难的突出矛盾。

中国人民大学的复校不仅速度快，而且在指导思想和办学理念上体现出与时俱进的时代眼光。从筹备复校工作开始，成、郭两位老校长就明确地指出："复校绝不是简单的复原"，而是"要把恢复与提高统一起来，加快前进的步伐"。在两位校长亲自主持制定并经国务院批准实施的复校科系、专业设置方案中，就在全国率先建立了经济信息管理系、外国经济管理研究所、人口理论研究所、清史研究所等新的学科机构。随后又陆续成立了人口学系、社会学系、伦理学系、国际经济系、投资经济系、商品学系等。使恢复后的中国人民大学很快地适应了"面向现代化、面向世界、面向未来"改革开放，快速发展的要求。

延安精神重放光芒

复校之初，学校教学用房早已被外单位全部占用。尽管国务院在恢复中国人民大学的文件中已明确规定"各单位占用的原中国人民大学校舍、土地和物资设备等，全部退还该校"，但由于时间紧迫一时难以实现。在那种极端困难的情况下，全校师生在两位老校长的带领下，继承发扬延安精神，齐心协力、意气风发地谱写出了一曲在改革开放新时期艰苦创业的新乐章。

哲学、经济、党史三个系师生提前返校开学时没有教室，学校就在院子里搭起了四间木板房，三间用作教室，另一间为会议室。学生没有宿舍，全部走读。家居离校远的同学每天花在路上的时间长达三四个小时，非常辛苦。直到1978级一千多名学生入校前夕，学校才收回两栋宿舍楼，勉强解决了外省市学生住宿问题，本市同学仍坚持走读。从外地返京的教师及其家属，也都住在临时搭建的木板房中。

当时的学生食堂是在现在的学生活动中心附近的一片空地上，建起了一个临时伙房，外接一个防雨棚供同学们排队买饭，开饭时只能露天就餐。该食堂使用了一年半之久，直到1979级新同学入校以后半年多，才收回一处原有的学生食堂。说到食堂，我想起了一个故事：有一天中午，我随成校长去看同学们开饭，由于刚刚下课，许多同学在排队买饭。有些先来的同学三五成堆地蹲在地上吃饭，成老见远处有一群同学围成了个圆圈，边吃饭还在争论着课堂上讨论的问题，气氛十分热烈，便走了过去。同学们见老校长到来都很有礼貌地站起来问成老好。成老一边招手示意人家继续吃饭，一边说："同学们，对不起呀！让你们在这样的条件下就餐，我身为一校之长，一直揪着心呀！今天见到你们如此高昂的学习劲头儿，我心里又很高兴。"同学们说："请成老放心！想想红军长征两万五，这点困难能克服。"成老说："为了实现'四化'早出人才快出人才，我相信大家是不会被暂时困难吓倒的。"接着又抬起一只手，亲切地指着刚才吃饭时大声发言的一位男生说："但是我要提醒你们，吃饭的时候不要争论问题。要平心静气，细嚼慢咽。否则要影响唾液分泌，会得病的！"同学们听后都会心地笑了。成老刚一走开，有位同学说："我听老师们讲过，在华北联大时学生都叫成校长为'成妈妈'，今天我才明白，他对学生真是像妈妈一样无微不至地关怀。"

　　复校后很长一段时间，校部机关和各系的办公室全都集中在红一楼学生宿舍的底层。每个单位只有一间 12 平米的小屋。摆不下办公桌，许多工作人员就把办公用品装进挎包，像战争年代一样到处"打游击"。校部机关没有会议室，便将已被废弃不用的原学校东区浴室，经过简单改造后用来开会，同时也是两位老校长来校办公时歇脚之处。最为困难的是郭校长，他每天上午拄着双拐从医院赶来学校办公，担心上厕所不方便，整个上午不敢喝水。这种局面一直坚持到 1979 年暑假，孙力余、霍遇吾等一批新的校领导来校后，为了解决急需的校部办公场所问题，便在图书馆楼后边树林中，搭起了三排抗震棚式的小屋，供校领导办公用。来校办事的校外人士及报刊记者们看到这种情景都为之震惊不已。

　　在如此艰苦困难的情况下，全校上下抱着一个共同的信念，那就是为把十年动乱、八年停办所造成的损失夺回来，为早日实现"四化"、振兴中华，大家都始终保持着饱满的政治热情。

　　每一级新同学入校后，成老都亲自带领张腾霄、胡华等一批老教授给同学们讲校史，用战争年代广大师生在战火中坚持学习的精神和我党在解放区办学的优良传统，激励新一代青年学子们在艰苦环境下勇于面对困难，积极自觉地磨炼意志，养成良好作风。当时成老在会上会卜反复讲：延安精神就是革命进取的精神，最根本的有两条。一条是革命的理想，就是相信社会主义、共产主义必胜的坚定信念。再一条就是献身精神，就是为了伟大理想信念去英勇奋斗，不怕任何艰难困苦，甚至抛头颅、洒热血，奋斗终生。

　　为了在新的历史起点上更好地继承和发扬延安精神，学校党委采取了一系列行之有效的措施。在教学上，强调要练好理论基本功，特别重视用马克思主义基本理论武装学生头脑，引导学生认真精读原著领会精神实质，并且要做到理论联系实际。要求老师们在讲授课程时，既要结合历史和当代实际，还要结合学生的思想实际，帮助学生学会运用基本理论和方法，不断提高分析和解决实际问题的能力。为此，成老还亲自带领一批教师，对照外文原版，重新校订了《共产党宣言》、《哥达纲领批判》、《社会主义从空想到科学的发展》等经典著作的中译本。为了使课堂教学与我国社会主义建设事业紧密结合，学校聘请了党中央和国务院各有关部委的领导人和专家来校兼任客座教授，每学期都有计划地安排来校为有关的系、所讲课，或为全校师生作报告。在此基础上，不久之后有些系科在国家对口部委的财力、人力支持下，升格为实力更加雄厚的学院，如计划统计学院、劳动人事学院、新闻学院、档案学院等，实行合作办学，共同培养人才。

为了更好地指导学生德、智、体全面发展，校党委规定，资深的老教授都要给本科生上课，并且要求条件允许的教师，都要轮流担任本科生的班主任。我记得黄达、卫兴华、汪永祥、高铭暄、黄安淼、蓝鸿文等许多资深教授都当过班主任。在班主任的指导下开展丰富多彩的课内、外教育活动，使学生们得到综合素质的全面培养与锻炼，如参加关于真理标准问题的讨论、关于潘晓人生观问题的讨论等活动，都使同学们受到了深刻的思想教育。特别值得一提的是有两次令人难忘的全校性大型教育活动。一次是 1979 年 6 月开始的学习校友张志新在危难面前坚持实事求是原则，宁死不屈与"四人帮"作斗争的英勇精神的活动，持续时间达半年之久。全校广大师生深为张志新烈士坚持真理毫不动摇的高贵品质所震撼。另一次是 1982 年 9 月开始的全校深入学习党的十二大文件的活动，也是持续了半年时间。党的十二大是在我国进入改革开放新时期后召开的首次全国代表大会，为了使全校师生完整、准确、深刻地理解和把握大会所确立的新的路线、方针、政策，校党委决定把学习十二大精神列入该学期形势任务课的基本内容。由班主任负责带领学生从收看大会实况开始，有计划有组织地开展深入学习。在各个班级认真组织阅读文件、分专题讨论的基础上，校党委组织有关学科的教授进行专题辅导。最后由教务处和学生处共同组织了全校统一考试。

由于理论功底打得比较扎实，许多本科生学习专业课之后，分析和研究实际问题的能力提高很快，进入高年级时就纷纷写出了有一定理论水平的文章，受到社会的关注。例如哲学系 1977 级朱立言同学参加社会调查实践后写出的调查报告和心得体会文章就引起了传媒界的重视，先后有 6 种报刊予以登载，《中国青年报》在刊载时还配有编者按语，予以称赞。再如农业经济系 1978 级梅兴保同学结合经济理论课学习所撰写的一篇学术论文，被国家级重点学术理论期刊《经济研究》刊用。各系都有许多类似的例子。从中可以看出复校初期学校教育的质量和同学们积极主动学习、奋发成才的良好效果。

转眼之间 30 年过去了。在党中央的正确领导与亲切关怀下，始终奋战在时代前列的中国人民大学，已经建设成为一所在国内外都具有重要影响的综合性研究型学府，学科发展和校园建设都创下了辉煌的业绩。回首 30 年来所走过的改革创新之路，使我们更加深切地感受到，延安精神是不朽的，只要人们能够与时俱进，自觉地去继承与发扬，就会成为鼓舞前进和战胜困难的巨大精神动力，永放光芒。

人物简介

周兴健（1934—　），辽宁省铁岭市人。中共党员，副教授。

周兴健 1953 年 5 月加入中国共产党。1956 年考入中国人民大学历史系国际共运史专业，1960 年 7 月毕业留校工作。先后担任校团委宣传部部长、副书记、书记，党委学生工作部部长等。1983 年 6 月任校党委副书记，分管学生工作、宣传工作和体育工作。1985 年 9 月起兼任校党委纪律检查委员会书记，并分管统战工作和教代会等工作。同时兼任北京市高校德育研究会第一副会长、全国高校思想政治教育研究会副秘书长、中国大学生篮球联合会主席等社会职务。1991 年 11 月调任中央民族学院（后更名为中央民族大学）党委书记。

　　担任中国人民大学党委副书记期间，撰写了《关于加强党的政治纪律问题》专题党课教材。学校校、系两级党组织在首都高校率先将落实党内民主与监督纳入了日常党建活动的重要内容。1987年兼任教代会常设主席团主席后，主持制定了《中国人民大学教职工代表大会实施细则》、《教代会常设主席团工作条例》、《关于教代会提案的规定》等一系列规章制度。此外，还主持编写出版了《四项基本原则教育教学参考提纲》、《学习党的基本路线丛书》等关于思想政治教育方面的书籍和论文。

王俊义忆：清史研究所成立前后①

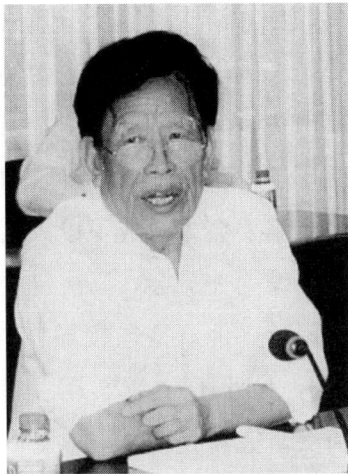

摘要： 王俊义（1937—　），河南封丘人。中国人民大学清史研究所原所长、教授，后调入中国社会科学出版社任副总编、总编。本文介绍了清史研究所成立前后的历史和郭影秋副校长在学校发展过程中的历史功绩等。

清史研究小组是清史所的基础

清代在中国历史中处于非常重要的地位，既是古代社会的终结，也是近现代社会的开端，是中国社会转型的一个时期。历史不能割断，它前后相接。现代、当代的政治、经济、文化、外交、民族关系都是从清代演变来的，所以清史的研究和清史的编纂有历史意义，也有重大现实意义。中

---

① 本次采访时间为 2008 年 9 月 17 日，由中国人民大学校史研究室负责采访、录音整理及文字编辑。

央领导对清史一直十分重视。建国初，国家副主席董必武同志就提议修清史、民国史。周总理也曾经找明史专家吴晗谈话，要成立清史研究机构编纂清史。后来 1958 年"大跃进"，接着"三年困难时期"，这个事情就耽搁了。到 1965 年 10 月，周总理委托周扬开中宣部部长常务会，决定成立清史编委会，组成了以人大常务副校长郭影秋为主任，共七名编委的国家清史编纂委员会，又决定在中国人民大学设立清史研究所。这七个人除了郭影秋（他既是老领导、老革命，又是一个明清史专家，所以请他做主任），另外还有六人：关山复（中科院社会科学部的领导）、尹达（中科院历史研究所所长）、刘大年（近代史大专家）、刘导生（中科院学部的领导，后来任北京市委书记）、佟冬（满族人，老专家）、戴逸（时年四十岁，最年轻的编委会成员）。那时人大地位很高，人大的领导列席中宣部部长会议，郭影秋参加了这个会。他当时正在海淀苏家坨搞"四清"，回来后，他就把这件事跟人大主持日常工作的孙泱副校长（曾任朱德的秘书）说了。孙泱就跟戴逸同志谈话，传达中央的精神，要成立清史研究所。当时就拟定戴逸当清史所所长，让他筹备建所事宜，制订研究计划。但两个月后，姚文元的《评新编历史剧〈海瑞罢官〉》就发表了，"文化大革命"来了。吴晗首当其冲，清史编纂和成立清史所的事也化为泡影，而且还成了郭影秋的一个罪状——"用清史研究抵制文化大革命"。

1972 年前后，对郭影秋的审查告一段落，他被解放了，恢复自由了。他就想起来老一辈革命领袖毛主席、周总理都谈过编纂清史的事，还任命他当编委会主任。他对清史既有责任、使命，又感兴趣。这样他刚获得自由，就上书中央。当时吴德是北京市的领导，又是中央文化小组的，就通过他上书，旧事重提，希望成立清史研究机构，着手清史编纂的工作。这个建议得到了吴德等领导的同意，当时批准：先成立清史研究小组，"建制以四十人规模为宜"。当时人大被撤销了，清史研究小组挂靠在北师大，郭影秋亲自任组长，另外副组长有尚钺、罗尔纲、胡华、袁定中。戴逸当时尽管没有参与领导，但学术上的策划郭校长都依赖他。那时袁定中在北京，戴逸在干校，所以袁定中把成立清史研究小组的信息给戴逸，让他知道清史研究小组是以历史教研室为基础，再从校内各相关的单位抽调人。

由于人大被解散，清史研究小组挂在北师大，上不着天下不着地，很困难。清史研究小组在"铁一号"有四五间房子，就在那儿办公。原中国历史教研室有很多老人，但没有人搞清代思想，也没有搞清代文学的。王道成、胡明扬是从中文系来的，张晋藩（原来在人大法律系，曾任政法大学的校长）、档案系的韦庆远等一批从各个系抽调的人组成了清史研究小组，分工从事清代各个方面的研究。我那时候三十四五岁，是最年轻的。

当时主持日常工作的是袁定中。这个同志是"三八式"的老革命，也给我讲过近代史，现在已经去世了。我报到得很早，从干校回来就来了。办公室没有电话，对外联系很不方便；人也不齐，只有黄兆群（社科院林甘泉同志的夫人，现在已经离休，将近八十岁了）。袁定中同志让我先兼办公室工作，我就着手清史小组具体的事。一个研究单位，没有电话就没法对外沟通，所以就想方设法装一部直拨电话。我们就打着郭校长的名义，因为郭校长原来是市委书记，后来是政协副主席，又是清史研究小组组长。北京市电话局有个负责安装电话的人恰好是我老伴的朋友，于是就拿着介绍信找她加急安装了一部电话。当时还有一个问题就是没有图书资料。其实，中国历史教研室人大一建校就存在，经过长期的积累，有古今中外十万册左右的图书。人大被撤销了，这些书都被拨到首都图书馆。成立清史研究小组了，就想怎么把它们弄回来。因为我在办公室，又年轻，所以我就跑这个。人大历史教研室有个人叫尹金翔，后来当了北大分校校长，他是市委文教组的。他介绍我们找谭元堃（市委文教组负责人，后来任卫生部副部长）。我们向谭元堃反映情况，希望把这些书拨回清史研究小组，然后再疏通首都图书馆。首都图书馆馆长是个转业军人，开始他爱理不理的，说那些书都打乱分到各个阅览室、库房了，没法给我们了。原来管人大图书的一个管理员叫秘喜唐，他偷偷地说那些书就在人大"铁一号"的书库里，没有打乱。我们知道这个情况后，反映到市委，他们也同情清史小组，最后这些书就拨回清史小组了。"铁一号"钟楼下的那个大阅览室，除了后加的，基础书都是原来的。创业艰辛，很不容易。

那个时候工资极低，大概五六十块。我大学毕业，第一年46块，第二年56块，56块的工资拿了十七八年，从没涨工资。家里有老有小，生活很艰难，但是大家心劲很高，因为"文化大革命"，文化思想窒息了，好不容易有个研究单位，要着手研究，所以大家心情很好，不怕苦不怕累，精力很旺盛。我白天忙办公事务，晚上再看书写东西。家里住房也很困难，有老有小，我常常把小孩哄睡了，再拿阅览室的钥匙去那读书。我跟黄兆群同志在办公室至少有半年，后来人员陆续回来了，张宽同志在办公室工作，这样我才专门搞研究。清史小组就是在这样艰难困苦的条件下开展研究的。

原来中国历史教研室有搞秦汉、隋唐、宋元的人员，专门搞清史的并不多。戴老师是搞晚清的，还有两三个是搞前清的，像马汝珩、李华。为了加强大家对清史的了解，我们从相关单位请专家搞清史专题讲座。郭校长跟戴逸商量，成立清史研究小组就是为了编写大型清史，现在的一切工作都为编写大型清史做准备、打基础。清史的编写要从原始资料入手，郭校长建议可先编写《清史编年》，从清初一直到清末；另外编写一个《简明清史》，作为清史的纲要，一方面理出清史的发展脉络，一方面通过《简明清史》的编写组织培养清史人才。所以清史研究小组开始工作不久，设立了清史编年室，由林铁钧、史松专门负责；另外，还成立《简明清史》编写组，负责编写《简明清史》。

那时还在"文化大革命"后期，经常有政治斗争反映在意识形态领域的一些运动，如"评法批儒"、"批林批孔"、"评《水浒》，批投降派"。一旦有这样的事情就是政治任务，上级指定写评论、批判文章。为应付这些事，专门成立了"评论组"，以掩护已经开展的清史专业项目的正常进行。因为我原来在哲学系搞中国哲学史，评论组的事自然难以推脱，写了不少的文章。我们不用本名，都用笔名，"庆思"、"施达青"（谐音"清史"、

"师大清")。我记得我的第一篇文章是《反理学叛圣道的进步思想家李贽》，在《光明日报》发表。之后连续写了五六篇关于李贽的文章，那时候是政治任务。后来《人民日报》点名让我写，写了一篇整版的《尊法反儒的进步思想家李贽》，新华社发通稿，各个报纸转载，各地搞李贽研究都请我去。《人民日报》那篇发表以后，因署名"庆思"，各地都找这个"庆思"，声名在外。

突然有一天，师大的领导高沂打电话到清史小组找袁定中，说有一项政治任务让我们承担，说让我写一篇李贽《初潭集》的前言，三天交卷。袁定中问我行不行，我说不行，因为这个书我都没有看过。高沂说行也得行，不行也得行，这是中央交办的，要什么条件给什么条件，但是三天以后必须完成交卷，用毛笔大字抄写送中央。后来知道，原来是江青他们要的。那是我在《人民日报》发文章后，他们知道我是师大的人，指名让我做这事情。高沂与袁定中通话后，师大马上派车到中华书局、北图去提书。一提来，两函三十卷，我还没看过呢。后来就请两位同志帮我看，一位是罗明（曾经做过所长），请他帮我看十卷；还有一位是老太太曾宪楷（曾国藩的曾孙女，她是个名家），她帮我看五卷。我自己看十五卷。因为那个文章好写，不是深入研究的，就是一条线"尊法反儒"。我三天三夜没有上床，就在办公室。袁定中就老在窗户外看我。第三天写完了，请老教授孙家骧用毛笔抄写。第四天早晨送到前门饭店，当时正在开全国法家注释工作会，江青他们都出席的。那时那种政治环境很不利于读书治学，很难安心搞学术、搞研究。

另外还有政治任务。当时中苏外交关系紧张，要边界谈判，外交部下达任务要编写关于中俄尼布楚条约的材料。戴逸为首，我也参与了。这个材料虽然是个政治任务，实际上是很严谨的学术著作，费了很大的劲。在编写这个书的过程中，需要看一个外国作者巴特雷写的《俄国·蒙古·中国》。该书是善本书，北图才有，但不能借。后来就春节期间借一周，专人专车去拿；看完后，还得专车专人送回去。那个春节戴逸全部在看材料。后来这本书为中苏当时的边界谈判提供了历史依据，得到了上面的高度肯定。

复校后，清史所正式成立，成为清史研究领域最有影响的阵地

1972年成立的清史研究小组实际上为清史所的成立奠定了基础，创造了条件。研究项目已经确定了，研究队伍也有相当规模，所以1978年人大刚复校，郭校长就宣布人大党委正式确定成立清史研究所。当时的所长是罗鬌渔，副所长袁定中、戴逸。罗老是一位非常好的长者、老前辈，他年轻的时候在上海的中国大学读书，之后到广州在黄埔军校当教官，跟恽代英在一起，后来是北伐军第十一军政治部主任。此后，又从事党的地下工作，他被国民党抓过，坐过监、受过电刑，大脑受过刺激。解放后他在川大任校管委会副主任，后来又在西南局工作，中苏友好总会成立后，他调北京中苏友好总会工作。他是四川人，吴老把他请到中国人民大学当中国语言文学系主任、《教学与研究》总编，清史所成立他当所长。他是全国政协委员，政治威望高。他很有文采，字写得非常好。他是1901年生人，1978年他将近八十岁了，实际上他管不了什么事情，那么大年纪，也不好要求做什么事，袁定中搞党政，业务上由戴逸主持。当时正好开全国史学规划会，开始在成都，后来在长沙，戴逸制订了整体的清史编纂规划。因为开始编写整个清史的条件不成熟，人力、物力、财力都不够，就决定先编两个项目："清代通史"、"清代人物传"，由戴逸领衔，社科院参与。"清代通史"分为鸦片战争前十卷，鸦片战争后五卷；"清代人物传"是二十卷。编写工作由人大和社科院两个单位分工负责。清史编年、各种资料还继续编写，清史所初期编了很多史料，如《清代农民战争史料》（张兴伯、张革非、刘美珍）、《天地会档案资料选编》（秦宝琦）、《清代矿业史料》（韦庆远、潘喆等）。这些同志风雨无阻，整天跑档案馆抄材料，既为清史所也为整个清史学界提供了原始研究资料，影响深远。进入改革

开放新时期，环境、条件也要好些，政治环境也不像"四人帮"在的时候，大家可以比较安心地从事清史研究。

为了培养清史人才，1978 年复校后就着手招研究生，后来清史研究的骨干力量都是当时的研究生，像孔祥吉、杨东梁、赵云田、吴建雍、吴廷嘉、张羽新等都很强。当时考试出题我都参与了，录取过程我都知道，后来我又当研究生班主任。那个时候清史所在"铁一号"，研究生在西郊。作为研究生班主任，他们的课程安排、政治学习、日常生活管理基本上都是在研究所的总体安排下，由我具体执行的。毕业前两个月我领他们到江南各地实习。

清史所初期的事情，一个是培养研究生，一个是开辟研究阵地。当时主要是组织清史研究丛书，办《清史研究通讯》。《清史研究通讯》原来是我们和社科院历史所合办油印，后改成铅印并公开出版。后来，社科院整顿刊物，一个所只能保留两个，他们只保留了《中国史研究》和《中国史研究动态》，《清史研究通讯》就归我们了。它很有作用，能刊载短文、清史信息，1990 年以后就改成了《清史研究》。还有编写"清史知识丛书"、"清史研究论集"，发表长文，出了七八集。出这书很困难。先是人大出版社出，出了两集，不行；又通过胡绳武同志的熟人（他在那儿当总编）拿到四川出版社，人家出了两集又不出了；回到北京，拿到光明日报出版社。出版工作很辛苦，但是在艰难困苦情况下为大家提供了园地。另外就是制定研究项目"清代人物传"，进行专史研究。"清代通史"，后来叫作《清代全史》，被社科院拿去了。清史所成立的任务是编清史，现在国家项目确立了，反而被别人拿去了，所以当时所里意见很强烈。戴逸就说："我们的最终目标是编大清史，像划船似的，从起点到终点可以有不同的路径，现在编大型清史条件并不是很成熟，他们主持《清代全史》也是清史研究发展的一个阶段，并不能代替今后的大型清史，现在我们暂时不承担《清代全史》，但是我们开展专史研究，将来专史汇集起来为清史编纂打下更坚实的基础。"这样大家才又继续开始研究项目、培养人才、制订规划、开展对外学术交流。清史所是最早对外学术交流的单位。国外对清史研究比较关注，欧美很多有名的学者都来交流，还有留学生。我们的好多研究生也都到国外去，戴逸、王思治、我都到国外去讲过学，一些研究生也陆续到国外深造。

1972年成立清史研究小组到清史所成立后的前十年，是清史所创业阶段，为以后清史所的发展开辟了道路、奠定了基础。随着条件的改善、研究力量的增强、承担国家项目的增多，清史研究所在国内外的学术影响也越来越大，成为重点社科基地，今天成为整个清史领域最有影响的一个阵地。这离不开前人的艰苦创业。不能忘记过去，但不能停留在过去，还要向前发展。经过长期的积累，清史所作为主要的申请单位，联合全国的力量，向中央提出了编纂清史的建议，并得到了中央的批准。中央把编纂清史列入国家的正式议程，作为新世纪最大的文化工程上马，这是最大的收获。我觉得这个任务跟清史所的日常教学研究任务是一致的，能够把清史编写高质量地完成，实现了老一代人的理想，也实现了几代清史研究学人的愿望，把清史研究推向一个更高的新的阶段。

郭影秋是清史研究所的创建者和奠基人

郭影秋是清史研究所的创建者和奠基人。1965年他就是编委会主任，复出后他又建议成立清史研究小组，并兼组长，同组里面的专家共同商定研究规划。他德高望重，自然是清史研究所的创建者和奠基人。

人大复校有个好条件，人大解散时郭影秋深谋远虑，他考虑到可能有一天被解散的人大要复校，为保存人大这批教学科研力量，没有让人大教工零散分配，而是整块分配。这几个系到北京大学，那几个系到北京师范大学或到北京师院，另外的到财经学院，后勤的人到北京语言大学。一旦中央决定人大复校，这些人才成建制地又回来了。清史研究小组挂靠在北师大，就自然回到人大了。因为最终目标是为了编清史，一个研究小组承担不了这样的任务。当时人大的校长是第一书记成仿吾，郭影秋是第二书记、副校长。郭校长本身是搞清史的，清史所成立是他来宣布的。当时全所的人都在"铁一号"图书资料室的屋子里听，因为他在"文化大革命"期间被摧残，锯断一条腿，就架着双拐到所里来很高兴地宣布清史所正式成立。

在"文化大革命"中，我是"保守派"，保护郭影秋，肯定郭影秋是好干部。在清史所成立之前，我跟郭影秋常有联系。清史研究小组成立不久，我那个时候是组里最年轻的，他主动约我和王思治（王思治那时已经是名家了），跟我们两个长谈研究清史的意义、应该从哪儿入手等问题，鼓励我们研究清史。郭校长曾教导我要一辈子搞清史，这一点我是坚定不移的。我在干校期间，可能是 1970 年，回到北京探亲，跟郑杭生（后来任人大副校长）去看望郭影秋校长。当时我们无心读书，成天劳动，郭校长就说："人大要撤销了，这是中央定的，不可挽回。但一个年轻人在顺境中要成长，在逆境中也要成长，要自己把握自己的命运，还要好好读书，还要好好研究。"他说："特别是人大要撤销，你们要写点有分量的文章，让中央了解人大的力量不可低估"。所以我和郑杭生回到干校，不管多苦，白天打石头，强劳动八个小时，晚上住在一个住了一二百人的大水洞坑里，挂着蚊帐，点着煤油灯，在灯下读书。好多书，像《马恩全集》、《鲁迅全集》都在那个时候读的。我在出版社当副总编、总编，工作还是重的，但是我不能忘清史，有关的学术会议我还参加，要参加就要写文章，要双倍的劳动。"批林批孔"，这是当时组织给我的任务，我不能抵触，但这并不就是我终身的事业，我知道我终身的事业在哪儿。这一点要抱定，咬住不放。尽管我始终是双肩挑，在业务上没有大的成就和发展，这也辜负了老一代对我的培育，但是我多少也做了点事情。

我是粉碎"四人帮"后入党的，郭影秋亲自写贺信鼓励我。1981 年，我带领本所 1979 级研究生到江南各地实习、考察时，看望了正在上海瑞金医院治病的郭校长，他又勉励研究生要好好学习。1984 年，所里又派我给他整理回忆录，前后跟他相处了三个月。1985年10月29日，郭校长在弥留之际，说回忆录的整理，要实事求是，秉笔直书，不要扬善，也不要抑恶，要客观公正。我说："回忆录整理完了，谁给你审定？"他让我自己整理，自己审定。这既说明他对我的信任，又反映他想得比较深。因为经过多年的各种政治运动，人的思想比较复杂，对人对事的看法也各有不同。如果请组织审定，难免有不同的看法，最后谁也不拍板，就很难出版。然后他回过头来以极其微弱的声音问我："你最近在研究什么清史课题？"对这样一个老校长，你内心里能不肃然起敬吗？他逝世以后，我给他进一步整理回忆录，看过档案、书信、日记，对他有了很全面的了解。所以中央文件中那个郭校长生平、《人民日报》头版，是我先起草的。后来学校张腾霄、黄达、李焕昌等校领导的文章《理想·精神·情操——郭影秋的高风亮节》也是我代笔的。我自己也写了《影秋同志，我人生道路的尊师》在《人民大学周报》上面发表。《清史研究通讯》也发表了我的《战士、学者、诗人——缅怀敬爱的影秋同志》。我写了好多纪念他的文章。郭影秋的回忆录后来出版了，叫《往事漫忆》。

我觉得对我一生影响最大的，一个是郭影秋，一个是戴逸。他们是把我引入清史的两位长者和恩师。我在清史上能够做一些工作，写一些书、文章，是跟郭校长、戴老师他们的提携分不开的。

人物简介

王俊义（1937—　），河南省封丘县人。中共党员，教授。

王俊义1956年入中国人民大学党史系学习。1960年毕业后留校任教于哲学系，曾在由任继愈、石峻领导的北京市哲学会中国哲学史分会兼任秘书。"文革"期间，调至清史研究小组，参与筹建工作。1978年，中国人民大学清史研究所正式成立，王俊义任清史研究所研究员，研究清代学术思想，参编《简明清史》和《中国历史大辞典·清史卷》。1989年9月担任清史研究所所长。1991 年 9 月调入中国社会科学院中国社会科学出版社，先后担任副总编辑、总编辑。1992 年开始享受政府特殊津贴。1999 年退休，仍从事清代学术思想史及中华传统文化研究。现为国家清史编纂委员会特聘专家，兼任中华炎黄文化研究会常务副会长、《炎黄文化研究》主编。王俊义长期从事清代学术思想史研究，撰写的主要著作有《清代学术与文化》（合著）、《清代学术文化史论》（合著）、《清代学术探研录》等。

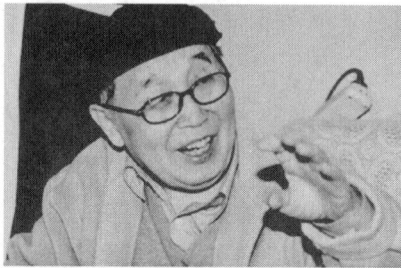

刘佩弦记：新中国高校马列主义课程的建立①

摘要： 刘佩弦（1922— ），山东莱州人。中国人民大学马克思主义学院教授、中国人民大学首批荣誉教授。本文回顾了新中国高校马列主义课程在中国人民大学首创的过程。

马克思列宁主义是指导我们思想的理论基础，是培养和树立新青年科学世界观和革命人生观的指南，是新型国家大学生必修的一门课程。但是它作为我国高等学校的一门基础课程，是从新中国诞生后与中国人民大学正式成立同时建立起来的。半个多世纪过去了，中国人民大学始终坚持以马列主义作为学员的必修课而在高等学校中率先垂范；今天，让我们回忆一下马列主义作为一门基础课在我国是如何建立起来的，仍具有很大意义。

全国解放前，国民党统治区大学内并无"马列主义"课程可言，只是在某些学校的少数进步学者，对于马克思主义的某些方面有所研究。例如在哲学方面、经济学方面、历史学方面等，都有人运用马克思主义观点进行研究，甚至取得了巨大成就。但是作为一门马列主义课程，在学校课堂上开课，当时在国民党统治区的高等学校中是没有的。道理很简单，当时

---

① 本文是作者于2007年应中国人民大学离退休工作处之约，为纪念建校70周年撰写完成并印发全校。

国民党统治者把马列主义同共产党一样，视为洪水猛兽，是绝对不允许存在的。

那时只有解放区的大学，如当时新成立的陕北公学及其后来的华北联合大学、北方大学等，才设置马列主义方面的课程。例如华北联合大学的政法学院（后改为政治学院）设有政法系、财经系以及政治研究室；华北联大和北方大学合并为华北大学后，政治学院除开设了许多政治班外也设有政治系、经济系和政治研究室。但当时这些系室的课程名称也不叫马列主义课，而是结合当时战争形势和学生的思想教育，开设一些紧贴实际的小课，例如"新民主主义论"、"社会发展史"、"中国近代史"、"边区经济建设"等等。除此还经常由学校的领导、著名学者开一些大课（在全校范围内的大报告），例如如何学习毛泽东思想的问题，关于国际国内的政治形势问题，关于辩证唯物主义的思想方法问题等等。这些小课和大报告，对于当时学员的启蒙教育与革命世界观和人生观的形成，都起了积极的作用。

新中国成立后，中共中央决定正式创建中国人民大学，并任命中国共产党革命先辈、著名教育家、原华北大学校长吴玉章为中国人民大学校长，著名的老共产党员、共产主义教育家胡锡奎、成仿吾为副校长。

1950年10月3日，中国人民大学隆重举行开学典礼。中央人民政府除毛泽东主席、周恩来总理没有出席外，其他一些重要成员，如中央人民政府副主席刘少奇、朱德、张澜，秘书长林伯渠，教育部长马叙伦，委员何香凝、司徒美堂、徐特立、谢觉哉等，政务院副总理董必武及各部、院、署领导都参加了这次开学典礼；参加这次开学典礼的还有北京各大学校长、来参加国庆典礼的各地少数民族代表和其他来宾、苏联专家及全体师生员工共4000余人。

刘少奇在讲话中指出：中国人民大学"是我们中国第一个办起来的新式大学，在中国历史上以前所没有过的大学。中国将来的许多大学都要学习我们中国人民大学的经验，按照中国人民大学的样子来办"。在谈到中国人民大学的发展方向时，刘少奇生动地描述了我国进行社会主义经济建设的远景，并提出中国人民大学目前各系设置的课程正是为将来的需要作准备。少奇同志的讲话，对全校师生员工是一个极大的鼓舞。第二天，《人民日报》以《新中国的第一个新型正规大学中国人民大学举行开学典礼》为题，报道了中国人民大学开学典礼的盛况。

随着中国人民大学开学，苏联专家接着入校。首先入校的是校部的苏联专家顾问，接着是帮助各系老师开课的苏联专家也陆续进驻有关各系的教学单位。

当时，首先成立的是马克思列宁主义教研室。这是担任各系学员马列主义基础理论课的教学单位，其地位十分重要。马列主义基础教研室主任，当时由我校研究部副部长尹达同志担任，下设本科教学组和专修科教学组两个教学组。"马列主义教研室"，应该说是一个新鲜的事物，它有一整套新的教学环节。当时马列主义课以《联共（布）党史简明教程》为基本教材。这本书当时在社会主义国家具有绝对的权威。这本书简明扼要地概述了联共（布）党从建党开始一直到十月革命取得胜利以及进行社会主义建设的过程。在整个过程中都贯彻阐述了一些马列主义经典著作，所以当时被誉为"马列主义的百科全书"。这本书不仅为苏联共产党所重视，我们党也极为重视，要求作为干部必读的一本书。

马克思列宁主义，从严格意义上说，其基本内容应包括马克思主义哲学、马克思主义经济学、科学社会主义或有关国际共产主义运动方面的理论。但《联共（布）党史简明教程》作为马列主义基础课的基本内容，并不包括系统的马克思主义经济学理论，也不包括系统的马克思主义哲学理论。马克思主义经济学理论，是由我校当时经济系的政治经济学教研室讲授"政治经济学"一课来代替，而马列主义哲学理论，则暂由马列主义基础教研室讲授《联共（布）党史简明教程》第四章第二节"辩证唯物主义与历史唯物主义"一课时所代替。1952 年 6 月，马列主义基础教研室将"辩证唯物主义与历史唯物主义"教学组分离出来，单独成立哲学教研室

（成仿吾副校长兼教研室主任），后来成立哲学系。

在刚刚成立马列主义基础教研室时，大部分人对于俄国革命的过程，对于《联共（布）党史简明教程》这本书的内容，知之甚少。为了在各系学员中开设这门课，当时采取的办法是：每次首先由苏联专家给中国教员进行讲授（通过中国同志翻译），苏联专家边讲，中国教师边记，经过中国教师的准备，尽量提前写出讲义，并经过教研室教学小组的讨论，第二天或稍后拿到课堂上去讲授。

当时校方对中国教师上课有严格的要求：衣冠必须整齐，语言表达必须清楚，上下课必须严格按照铃声不能迟到早退。除了讲课，还规定每讲一课之后，学员们必须在教师指导下进行课堂讨论。当时在中国高校中还没有"课堂讨论"的习惯，也没有"课堂讨论"的术语。因此根据俄语的谐音，把课堂讨论叫作"习明纳尔"。据说这一术语是由校领导讨论决定的，意思是说：学习明白了，变为自己的东西。很符合原意。教学的最后一个环节是学期末对学员进行考试。当时考试采取"抽签制"，即由教研室教学小组制定一套考签，每套几十张，每张上面列有两个考题。每人抽签答题约二十分钟。在学员答题的过程中，教员可以根据学员回答的情况，进行一些提问。学员答完后，教员给打分，分数分优、良、中、劣四个等级，中为及格，劣为不及格。

负责各单位授课的苏联专家，都是从苏联各高校优秀教师中选派来中国的。他们都学有专长，在我校各自的工作岗位上尽职尽责，因而在人大的师生中享有崇高的威望。在这期间，苏联专家也经常调换，就马列主义教研室来说，前后换了六七位之多。他们是高尔尼洛夫、阿芙节伊、来米卓维奇、米高扬等等。对于苏联专家，中国教师是非常尊重的。有的彼此私人关系也较好，直到他们回国之后，双方还保持着长期的友好联系。

中国人民大学建立马列主义基础教研室的经验，很快成为全国各地高校学习的榜样，当时学习的方式有以下几种：（1）有的学校直接选派优秀教师到人大马列主义基础教研室参加教学工作。他们同人大教师待遇一样，一起听苏联专家讲课，一起参加教学的各个环节。过一两年后，有的回原校把在中国人民大学学到的东西运用于本校；也有的被留在中国人民大学马列主义教研室任教。（2）从人大各系的学员中选拔一些适合于教"马列主义"课程的学员，到人大马列主义基础教研室当研究生，毕业后或者提前直接调到教研室任教，或者被外校调出任教。（3）办马列主义教师研究班，以满足各校的需要。除此，还有个别大学的老教授，虽然上了年纪，但同人大马列主义基础教研室的教师一起旁听苏联专家讲课，每次很早到场，学习不辍，十分感人。

应该说，上述种种人员经过在人大的培训，后来在各自的工作岗位上都起了很大的作用，他们对于在全国高等学校中推行马列主义教育是功不可没的。

1958 年苏共二十大会后，赫鲁晓夫在苏共党内作了反斯大林的秘密报告。这个报告，引起了整个社会主义阵营的震动。接着他又施展种种手段企图迫使中国共产党就范，因而使社会主义阵营陷于分裂。与此同时，苏联国内学术界对于《联共（布）党史简明教程》一书展开广泛的批判，从理论观点到历史材料几乎一无是处。这样，"联共党史"一课便无法讲下去了。

国际形势迫使马列主义这一课程必须改弦更张。在这种情况下，马列主义基础教研室便放弃以《联共（布）党史简明教程》为教材，重新编写一本《国际共产主义运动史》作为新教材。当这本新教材草印出版后，立即引起各高校的注意，并纷纷派人前来"取经"借鉴。

从此，全国各高等学校也逐渐把"国际共产主义运动史"作为马列主义基础的主要课程。这一变化不仅摆脱了过去《联共（布）党史简明教程》的桎梏，而且为以后各高校的马列主义政治理论课的改革开辟了新的途径。

总之，在过去半个多世纪的过程中，国际和国内形势都发生了巨大变化。与之相适应，作为指导我们思想基础的马克思列宁主义理论，也有了巨大的发展。就中国人民大学而言，也正不断以毛泽东思想、邓小平理论以及"三个代表"重要思想为指导，与时俱进，使全校马克思主义理论课程的设置与内容，有了很大的变化和发展，展现了崭新的面貌。

人物简介

刘佩弦（1922—　　　），原名刘序党，山东省莱州市人。中共党员，教授。

刘佩弦1945年就读燕京大学经济系，1946年入华北联合大学政治学院财政系学习。1948年7月至11月在华北大学政治学院研究室任助教，讲授"社会发展史"。中国人民大学成立后，成为马列主义教研室第一批讲师，讲授"联共（布）党史"。历任教研室副主任、主任，马列主义发展史研究所副所长。中国人民大学复校后，任马列主义发展史研究所所长。1983年5月被批准为教授、硕士研究生导师。1991年开始享受政府特殊津贴。1994年2月离休。2005年9月被授予中国人民大学首批荣誉教授称号。

主要著作有：《科学社会主义史纲》（主编）、《列宁思想史》（联合主编）、《马克思主义与当代辞典》（主编）等。《列宁思想史》1991年获华东地区第二届优秀政治理论图书奖、北京市第二届哲学社会科学优秀成果奖，《20世纪马克思主义史》1996年获北京市第四届哲学社会科学优秀成果奖。

名家自述

汪永祥记：哲学原理教材建设的回顾①

摘要： 汪永祥（1930— ），安徽怀宁人。中国人民大学哲学院教授。本文以作者的亲身经历回顾了中国人民大学哲学原理教材建设的历程。

　　上世纪 50 年代，我在马列主义研究班学习期间，给我们讲课的是苏联专家，使用的是苏联教材，学习方法也是当时苏联盛行的"习明纳尔"（一种课堂讨论的形式）那一套，考试评分是 5 分制。1956 年毕业留校任教初期，大体还是如此。

　　这种"全盘苏化"的情况，直到 1959 年下半年才发生改变。这年 9 月新学年开学之初，当年 7 月新出版的苏联科学院哲学研究所集体编写、康士坦丁诺夫主编的《马克思主义哲学原理》还使用了一段时间。不久，大约在国庆节后，就接到上级通知，该书停止使用，立即组织力量编写中国自己的哲学原理教材。这种转变的复杂背景当时我们并不太清楚，但无疑预示着中苏两党两国在意识形态和政治路线上的分歧即将公开化，中苏同盟的"蜜月"结束了。从此开始了中国人自己编写马克思主义哲学原理教材的曲折历程。

　　按照中央的指示精神，新教材必须突出中国特色，认真总结体现中国

---

　　① 本文是作者于 2007 年应中国人民大学离退休工作处之约，为纪念建校 70 周年撰写完成并印发全校。文章所附照片为作者 2006 年 5 月在山东临沂师院讲学。

革命和建设的实践经验，特别要充分体现毛泽东哲学思想。要求有关单位的党委亲自抓这项工作，走群众路线，并通过教材编写锻炼和提高马克思主义哲学队伍。

根据当时我国哲学力量分布的实际情况，中央指示在全国组织六个编写组，其中北京三个，即中央党校、中国人民大学、北京大学各一个，上海一个，武汉一个，吉林一个。要求在1959年底各拿出一本哲学原理教材的初稿，1960年初送审讨论。

当时的人大党委十分重视这一工作，由党委书记胡锡奎亲自挂帅，哲学系和哲学教研室两级领导全力以赴，迅速组织起由教师和少数高年级同学组成的三十多人的编写组和资料组，把人大附中办公楼三层全部腾出作为编写组办公地点，很快投入紧张的编写工作。由于任务急，时间紧，编写工作只能夜以继日，加班加点，有时讨论到深夜，少数同志只好就睡在办公室里，第二天早上继续工作。还真有点大跃进的味道！工作方法上也是走群众路线，流水作业，领导小组出编写提纲，资料组随时提供相关资料，编写组分头写出各章初稿，及时讨论修改，并由专人随时送印厂印刷，有的章节反复几次才基本定稿。这样连续奋战了两个多月，一部50多万字的马克思主义哲学原理初稿终于在寒假期间完成，并分册印刷成送审稿。这部仓促完成的教材初稿，深深带有那个时代的印记，其缺点和局限随处可见。但它毕竟是我们中国人编的第 本，是集体劳动、集体智慧的产物，其开创意义自不待言。

1960年春天，全国第一次哲学原理教材审稿会在中央党校举行，六个编写组的代表带着各自完成的教材初稿来接受审查、共同讨论，主持会议的是中央党校的艾思奇和当时中宣部理论处长洪禹。中央党校、中国人民大学和北京大学参加的人较多，加上中央理论宣传部门的代表，与会总人数有50多人。会议除对六本教材稿逐个进行审阅讨论外，还就一些重大的理论和现实问题展开研讨，重点是总结新的实践经验，深化对毛泽东哲学思想的认识。由于内容丰富，讨论深入，会议整整开了两个月，到五一前才结束。会议对人大的初稿评价较高，其特点是理论阐述比较系统深入，反映毛泽东哲学思想比较充分。

中央对这次会议十分重视，每天向有关部门呈送会议进展情况的简报，会议结束前，当时中央负责宣传理论工作的两位"大人物"还到会听取汇报，发表指示，其中一位满口的闽南话大多听不懂，讲了些什么，也记不清了。

这是我第一次参加全国性高水平高规格的学术讨论会，会上不仅结识了一批哲学界的前辈和同行，在理论和研究方法上也受益良多，是一次难得的学习机会。

根据这次会议的精神和提出的修改意见，回校后立即组织力量对初稿进行修改定稿。1960年6月，该书作为内部读物由中国人民大学出版社出版，共54万字，分上、下两册，书名为《马克思主义哲学教科书》（初稿），中国人民大学哲学系编。同年9月开始在本校哲学专业试用。从此，中国人告别了苏联教科书时代，开始使用自己编写的哲学原理教材。

1960年下半年，北京市曾经组织过一个以人大、北大为主的哲学教材编写组，刚出了几章初稿就停止了。中央决定从六个编写组中抽调精干力量，集中到北京编一本全国性教材，变六本为一本，当时理论界戏称为"六定一"，这就是艾思奇主编的《辩证唯物主义历史唯物主义》（人民出版社出版）。该书1961年11月出版第一版，以后多次再版，成为"文革"前全国高校学生和干部第一本通用的哲学教材，代表了当时中国哲学的最高水平，在我国理论界产生过广泛、重大的影响。1978年修订再版。萧前作为艾思奇的主要助手之一，在该书的编写和修订中，发挥过重要作用。

"文革"十年是中国人民大学遭受深重灾难的时期，学校停办，人员分散，校园被占，图书资料散失，不少人遭批斗、关牛棚、下干校，有的被投入监狱，甚至被迫害致死……种种黑白颠倒、人妖不分的怪现象至今仍历历在目。萧前就是惨遭迫害者之一。在这种人人自危、教学活动全部停顿的情况下，更谈不上教材建设了。

粉碎"四人帮"，拨乱反正，中国人民获得又一次解放。1977年中央决定恢复中国人民大学，学校迎来又一个春天，进入了一个新的发展时期。

复校之初，百废待兴，困难重重，在十分艰苦的条件下开始招生上课，稳定教学秩序。同时花大力气吸引人才，召回失散在全国各地的教师，率先招收哲学专业研究生，很快形成一支40多人的水平较高、老中青结合的教学科研队伍，成为当时全国师资力量最强的哲学教研室（后分为哲学原理、马克思主义哲学史、马克思主义原理三个教研室）。

1978年兴起的关于真理标准问题的大讨论，极大地推动了哲学基本理论的正本清源和哲学学科的科研教学工作。为适应当时理论上拨乱反正和教学的需要，人大哲学系受教育部委托，1979年开始组织精干力量着手编写新时期马克思主义哲学教材，先编哲学专业教材，同时着手准备编一本文科共同课使用的教材。

编写过程是十分紧张而艰苦的，编写组成员大都有繁重的教学任务和行政工作，有的还要参加当时的理论讨论，学术观点上的分歧和争论也时有发生，有时一个问题讨论到深夜还达不成共识，有时一篇稿子要经过几个人反复修改才得以通过。实在达不到一致，就采取主编负责制，主编之间有分歧就少数服从多数。为了弥补我们知识的局限，保证教材的质量，还特邀东北大学的陈昌曙、南开大学的陈晏清和复旦大学的刘放桐三位校友参加部分章节的编写和修改工作，并就他们的专门研究领域为教材提供资料和意见。

经过近半年的夜以继日的奋战，一部由萧前、李秀林、汪永祥主编的《辩证唯物主义原理》（哲学专业试用教材）初稿终于完成。1979年秋，在北京举行了第一次全国性的研讨会，就辩证唯物主义的主要理论观点、理论体系以及一系列重大的现实问题广泛听取全国同行的意见。会后，根据这些意见和修改建议，立即对初稿进行了一次系统修改，1980年暑假完成修改稿，以"哲学专业试用教材"名义送审并出版。同年秋，由教育部主持在昆明召开全国性审稿会，与会的除一些知名的哲学专家外，还有中宣部、教育部的有关负责同志。会上对教材逐章进行审查和讨论，教材的内容和体系基本得到肯定，同时也提出了一些很好的修改意见。会议最终形成的"审稿意见"为本书的正式出版开了绿灯。由于该书的责任编辑人民出版社的袁淑娟全程参加了昆明审稿会，会后又和编者一起参加修改工作，因而最后一遍修改定稿进行得比较顺利，一部 34 万多字的辩证唯物主义原理专业教材于 1980 年底定稿，1981 年 1 月交出版社付印，同年 5 月出版发行。

这是新中国由教育部委托编写、国家出版社出版发行的第一本马克思主义哲学专业教材，同以往的教材相比，在理论的深度和广度上都大大地向前推进了一步，对辩证唯物主义的一系列基本原理作了更全面、更深入的论述，观点正确，体系严谨，同时补充了一些新的理论观点和科学成果，对当代西方流行的一些哲学观点和有争论的理论问题也作了比较客观的分析和评介。

该书出版后得到学术界较高的评价，《人民日报》、《光明日报》、《中国青年报》、《北京日报》、《哲学研究》、《哲学年鉴》等报刊都有专文评价，认为本书代表了 20 世纪 80 年代中国哲学的水平，被全国高校哲学专业普遍采用。

这本教材是集体劳动的成果，凝聚了哲学教研室老、中、青三代师生多年研究的心血，其中出力最多，贡献最大的当推萧前和李秀林。

第一本专业教材《辩证唯物主义原理》出版后，李秀林、王于、李淮春等又立即投入《辩证唯物主义和历史唯物主义原理》（文科共同课教材）的编写工作。该书既吸收了专业教材的一些理论成果，同时又根据共同课的特点对内容进行简化和再创作。1982 年 3 月该书由中国人民大学出版社出版发行，以后多次修订再版，至 2004 年第五版共发行 1 000 万册以上，在全国高校影响甚广，对新时期马克思主义哲学的教育和传播作出了重要贡献。

与此同时，《历史唯物主义原理》（专业教材）的编写也开始紧张进行。仍由萧前、李秀林、汪永祥主编，工作程序也是先拟订提纲、分头写出初稿、反复讨论修改，最后由主编定稿。1982年5月在武汉召开了由教育部主持的审稿会，根据审稿会上提出的意见，又对初稿进行了一次全面修改和文字润色。1982年11月，哲学专业教材的历史唯物主义部分终于脱稿，1983年7月由人民出版社出版发行。

《历史唯物主义原理》在系统阐发马克思主义创始人有关历史唯物主义基本原理的同时，对一些以往重视不够的范畴，如劳动、生态平衡、人口调节、需要、物质利益、历史时代、时代精神、阶层、等级、群体意识、个人意识、社会心理、社会意识形态、科学与技术、普通个人与历史人物、个人与集体、人群共同体、社会有机体、社会进步、必然王国与自由王国等作了恰当的分析，从而使本书具有不少新意和特点。对党的十一届三中全会以来路线、方针、政策的变化，社会主义新时期提出的一些重大的理论和实践问题也作了实事求是的分析和概括，增添了不少新内容。本书出版后，不少报刊也发表评介文章，受到学术界好评，全国高校普遍用作哲学专业教材。但由于这一部分理论争论较多，涉及一些现实问题也较为敏感，因而对书中的某些提法有不同意见是完全正常的。在以后的修订过程中，我们充分考虑了这些不同意见，力求采取比较稳妥的、多数人可以接受的观点。

这两本哲学原理专业教材和一本文科共同课教材出版后，受到高校和学术界的普遍好评和重视，成为20世纪80—90年代全国占主导地位的哲学教科书和参考书，并多次获北京市和国家级优秀教材奖。一些中青年哲学工作者深情地说，他们是在读人大编的教材中成长起来的。这是对我们最好的鼓励！

就在这几本哲学原理教材成书前后，中国人民大学还组织力量编写了一套"马克思主义经典著作学习丛书"和马克思主义哲学发展史、毛泽东哲学思想等系列教材，形成了一套比较完整的马克思主义哲学专业教材体系，从而为满足教学需要、提高教学质量提供了教材保证。为配合这些教材的使用，《教学与研究》杂志还适时组织编写了一系列辅导材料，在全国推广。

两本哲学原理专业教材在使用了近 10 年之后，1990 年由萧前主持进行了一次全面修订。这次修订在保持原有的理论格局的基础上，广泛吸取各方面的意见和建议，着重总结和反映近年来社会实践、科学发展和理论研究的积极成果，尽可能回答和澄清一些重大理论问题，纠正和弥补本书第一版中的某些不足，力求在理论容量和逻辑性上有所增强，并适当加大了理论联系实际的力度，从而使修订本更具时代特色。修订本先后定稿，由人民出版社分别于 1991 年 5 月和 7 月出版发行。

由于增添了一批新生力量，此次修订工作进展比较迅速。除特邀夏甄陶参加讨论和修改外，还吸收了复校后培养的博士生李德顺、郭湛、陈志良、王霁、杨耕等参加修订工作，他们为教材修订注入了新的活力，他们自己也从中得到锻炼和提高，迅速成长为教学科研的骨干力量，并很快在中国哲学界崭露头角。

此次修订过程中，我经常怀念同窗好友李秀林。他身为两套教材的主编之一，怀着强烈的使命感，为之呕心沥血，废寝忘食，付出了极大的辛劳，不幸积劳成疾，身患绝症，英年早逝，未能按他生前的愿望参加修订工作。这是令人十分悲痛和惋惜的！而我本人此前就已按教育部政治理论课改革的要求，转去从事《马克思主义原理》的教材编写和教学工作，在完成《历史唯物主义原理》专业教材的修订之后，就基本脱离了哲学原理的教学和研究，而把专业领域拓展到整个马克思主义基本原理了。

1994 年 1 月，由萧前主编、黄楠森和陈晏清副主编的《马克思主义哲学原理》（上、下册）由中国人民大学出版社出版。在本书的编写、修改和出版过程中，中国人民大学费力不小，但其成果却不属于中国人民大学，而属于全国 8 所高校的博士点了，中国人民大学经过几十年辛苦精心打造的一个"名牌产品"转让给了全国。

随着一批骨干力量的流失，死的死，病的病，走的走，退的退，中国人民大学在马克思主义哲学领域的优势已风光不再，原先公认的"龙头"地位已经动摇。队伍散了，思想也散了，要想再现昔日的辉煌也就难了！

1999年1月，由陈先达主编、杨耕副主编的全国高校马克思主义公共理论课示范教材《马克思主义哲学原理》（本科试用本）由中国人民大学出版社出版。这可视为20世纪人大主持编写的系列马克思主义哲学原理教材的"收官之作"，但愿它不是最后一本，而是又一次复兴的起点。

哲学是时代精神的精华，是人类智慧的结晶。哲学应该走在时代的前列，为人民提供高尚的精神食粮，为实践提供先进的理论指导。21世纪的世界和中国正在发生深刻的变化，新科技革命和改革开放的伟大实践，给哲学提出了一系列新的课题和更高要求。新实践呼唤新哲学。为了给和谐社会、和谐世界提供新的哲学基础，有必要告别斗争哲学，建构一个以马克思主义为指导、总结新的科学成果和实践经验、吸收中外优秀文明成果、真正反映时代精神的新哲学体系。中国哲学的真正复兴还有很长的路要走！

587

人物简介

汪永祥（1930—　　），安徽省怀宁县人。中共党员，教授。

1953年8月毕业于复旦大学经济系，1956年8月毕业于中国人民大学马列主义研究班哲学分班，留哲学系任教。曾任中国社会学会理事，教育部考试中心全国硕士研究生入学考试政治理论学科命题组成员。1993年开始享受政府特殊津贴。

专业方向为马克思主义哲学（偏重历史唯物主义）和马克思主义基本原理。先后为本科生和研究生开设"马克思主义哲学原理"、"马克思主义哲学经典著作选读"、"马克思主义哲学史专题研究"、"历史唯物主义专题研究"等课程。撰写《马克思主义原理》、《历史唯物主义研究备要》等著作，其中《马克思主义原理》获北京市优秀教学成果一等奖；参与编写《马克思恩格斯论人性、人道主义和异化》、《恩格斯和马克思主义》、《马克思主义经典著作提要》等。发表《关于哲学的党性问题》、《家庭发展的历史形式》、《试论调查研究与概念的形成》、《人怎样创造历史》、《恩格斯晚年对历史唯物主义的贡献》、《我国哲学发展的历史趋势》、《马克思主义是指引时代前进的旗帜》等论文数十篇。参与《中国大百科全书·哲学》条目撰稿。

郑建邦记：科学社会主义学科的创立①

摘要：郑建邦（1927— ），山东章丘人。中国人民大学国际关系学院教授。本文回顾了中国人民大学科学社会主义学科的创立以及当时的教材编写情况。

1878年恩格斯在《反杜林论》一书中，提出马克思主义分为三个部分，即哲学、政治经济学和科学社会主义，并对三个部分在马克思主义体系中的地位及其基本内容都作了论述。后来列宁又指出马克思主义的三个来源和三个组成部分。这都为人们学习和研究马克思主义提出了明确的规范和方向。

人们在学习和研究马克思主义过程中，逐步将马克思主义哲学和政治经济学作为两门独立的学科来对待，但对科学社会主义则长期以来没有把它作为一门学科来学习和研究。这是因为1924年斯大林发表了《论列宁主义基础》，苏联把它作为一门政治理论课，在干部学习和高等学校中与马克思主义哲学和政治经济学一样都作为政治理论课来开设。到1938年《联共（布）党史简明教程》出版后，苏共中央很快为此书出版作出了决议，指出此书是马克思列宁主义基本知识的百科全书，并规定苏联高等学

---

① 本文是作者于2007年应中国人民大学离退休工作处之约，为纪念建校70周年撰写完成并印发全校。

校和各级党校，都要把它作为马克思列宁主义基础课来开设来学习。当时世界上其他国家的共产党大多数也都以此为据，在马克思主义学习中开设了马列主义基础课。在我国，1941年12月17日，中共中央政治局通过的《中共中央关于延安干部学校的决定》中指出："党地委以上，军队团级以上的干部，应以联共党史为学习马列主义的基本教材，借以克服主观主义与教条主义这种极端恶劣的毛病。"

全国革命胜利和新中国成立后，中共中央和中央人民政府是非常重视马列主义学习和宣传的，在高等学校把马列主义理论作为学生的必修课，最初开设了"社会发展史"和"新民主主义论"两门政治理论课。1950年中国人民大学成立后，就聘请了一批苏联专家，他们将苏联高等学校开设马列主义理论课的做法搬到了我国，在我们学校开设了马列主义哲学、马列主义政治经济学和以联共党史为教材的马列主义基础课，同时我们还开设了中共党史课，当时号称四大政治理论课。1953年2月和1953年6月高等教育部先后发出通知，要求各高等学校都要将这四门政治理论课作为各校的必修课。这样在苏联、中国以及其他社会主义国家都没有把马克思主义三个组成部分之一的"科学社会主义"作为一门政治理论课的学科来学习与研究。

到1956年苏联共产党召开了第二十次代表大会，暴露了苏共内部存在的重大问题，这就使原有的马列主义基础课无法再继续开设了。负责研究和讲授这门课程的马列主义基础系的领导同志决定改为开设"国际共产主义运动史"和"政治学"两门政治理论课。1964年，我们又根据国务院关于加强国际政治问题研究的决定，将系名改为国际政治系，开设"国际共产主义运动史"、"帝国主义政治"、"民族解放运动"三门课程，并相应地成立了三个教研室。

当时，在国际社会主义运动中最早把马克思主义三个组成部分之一的科学社会主义作为一门政治理论课来开设的是南斯拉夫。因为从20世纪50年代开始南斯拉夫就进行体制改革，提出建设南斯拉夫式的社会主义。

对此很多国家的共产党认为这是背离了科学社会主义，是复辟了资本主义。南斯拉夫的共产党为了回应这种批评，坚持改革，就在他们的干部和高等学校中开设了"社会主义自治理论"课，来研究学习科学社会主义理论，并每年在全国人民群众中组织一次社会主义问题大讨论。到1963年，当时苏联的教育部也决定在他们的高等学校的政治理论课中增加一门科学社会主义基础课，这是因为那时苏联也处在社会主义问题的辩论中。

在我国的"文化大革命"中，也充分地表现出有些领导人和群众对社会主义的认识有着很大的盲目性，分不清什么是社会主义，什么是资本主义，把一些不是社会主义的当成社会主义来推行，把一些不是资本主义的当成资本主义来批判。社会实践使人们深深感到必须学好科学社会主义理论。我们都知道"文化大革命"后首先提出这一问题的是当时在中央党校主持工作的胡耀邦同志，他提出在中央和地方党校、军事院校及部分高等院校都要开设科学社会主义课。1980年7月教育部在《改进和加强高等学校马列主义理论课的试行办法》中就规定在文科高等学校中开设科学社会主义理论课。

那时，刚刚复校的我校领导就决定在国际政治系成立科学社会主义教研室，设置科学社会主义专业，并一度将系名改为科学社会主义系，即现在的国际关系学院。开设这个专业虽然很快招了本科生，但在当时最困难的是教材问题，因为当时国内外都没有现成的。虽然我们教研室的绝大多数教师在过去研究和讲授马列主义基础课时，对马列主义和毛泽东思想中有关科学社会主义的理论和思想还是比较了解和熟悉的，但作为一门课程，作为一门学科，它应包括哪些内容，它的课程体系是什么，则不清楚和不十分清楚。所以教研室当时的中心任务就是集中精力编写科学社会主义教材。

我们先编写科学社会主义教材大纲，在《教学与研究》上发表，以征求国内理论工作者的意见。修改后，全教研室老师按大纲的章节分工编写，对初稿进行修改，最后由我统修定稿，定名为《科学社会主义原理》，并由中国人民大学出版社于 1983 年 6 月出版。此书出版后，社会上给予了很好评价。同年中共中央组织部和宣传部联合发出的《关于党政机关干部学习马克思列宁主义、毛泽东思想理论的规定》中，确定此书为学习科学社会主义课程的教材。与此同时，全国有的高等学校在进行科学社会主义教学时也以它为教材，当时在全国刚刚兴起的高等教育自学考试也规定它为科学社会主义课程考试用书。因此我校出版社曾多次印刷，前后发行100 多万册，但也没有满足社会上的全部需要。对此，北京市高等教育自学考试委员会委托我结合自学考试的特点编写了一本《科学社会主义概论》，于 1986 年 2 月由中国人民大学出版社出版。这本书也同样受到了社会上的好评，正如我国著名理论家、翻译家张仲实在该书序言中所指出的，它"是供党政干部和高等院校学员学习科学社会主义的好书"，从而获得了我校第二届优秀教材奖。

需要指出的是，这时我系的资料室也陆续编辑和出版了一套科学社会主义学科的参考资料，并且我系还连续两年都培养出了科学社会主义专业的本科生，招收了本专业的硕士研究生。可以说，科学社会主义学科我们已经建立起来了。

但是我们知道社会主义运动在不断发展，科学社会主义理论也在不断创新，对这些新经验、新成就，在这个专业中必须有所反映和体现，所以对《科学社会主义原理》一书，由我负责进行了修改和补充后于 1992 年又出版了第二版。同时中央党校和有的高等院校也都设立了科学社会主义专业，编写了许多科学社会主义专著和教材，在全国和各省市还都前后成立了科学社会主义学会，有的还创办了科学社会主义的刊物。这都说明在科学社会主义学科的研究、创立和学习上，我国都处于世界的前列。

人物简介

郑建邦（1927—　），山东省章丘市人。中共党员，教授。

郑建邦 1948 年参加革命工作，后在解放区冀南行署和河北省政府工作。1951 年入中国人民大学马列主义研究班，毕业后留校从事马列主义理论教研工作，先后任帝国主义政治教研室主任、科学社会主义教研室主任、系党总支书记等职。先后兼任的社会职务有：中国职工思想政治工作研究会第一至第七届常务理事，中国科学社会主义学会常务理事，中国国际名人协会常务理事，中共北京市委研究室特约研究员，北京市哲学社会科学界联合会常委、咨询委员，北京市科学社会主义学会常务副会长、名誉会长，高等教育自学考试委员会课程考试委员、高校教师高级职称评审委员会委员等。郑建邦是新中国成立后最早从事马列主义理论教学与研究的学者之一。1991 年获北京市马列主义理论课教师教学优秀奖；1993 年、1998 年和 2003 年三次被评为北京社会科学界学会优秀工作者；1993 年开始享受政府特殊津贴。公开出版的主要著作有：主编《科学社会主义原理》、《社会主义在当代丛书》、《四项基本原则概论》、《中国共产党领导的多党合作制度》、《国际关系辞典》、《毛泽东科学社会主义思想研究》，编著《科学社会主义概论》、《科学社会主义自学考试大纲》、《科学社会主义自学指导》，合著《科学社会主义原理》、《毛泽东人民民主专政思想研究》，参与编写《科学社会主义与中国共产党》、《历史性的飞跃》等。

张同新记：研究中华民国史和中国国民党史的几点体会[①]

摘要：张同新（1937— ），河北秦皇岛人。中国人民大学马克思主义学院教授。本文回顾了他多年来研究中华民国史和中国国民党史的几点体会。

"文革"期间，在"四人帮"反科学的思想指导下，把中共党史窄化为"十次路线斗争史"，极不得人心。复校后中共党史系在校党委的领导与统一部署下，坚持改革开放路线，发扬党的光荣传统，走改革创新之路，确定了一批新的研究方向，相继开出了多门新课，加强了中共党史、马克思主义中国化的研究与教学，适应了改革开放新形势的需要，深受学生欢迎，对推动全国高校政治理论课的改革，作出了一定的贡献。我在这29年的历程中，从研究、讲授"中华民国史"、"中国国民党历史"专题入手，一路走来，发展到"中国政治制度（含"一国两制"、国家统一问题）

---

① 本文是作者于2007年应中国人民大学离退休工作处之约，为纪念建校70周年撰写完成并印发全校。文章所附照片为作者2009年3月10日在南京大学民国史专业博士论文答辩会上发言。

研究"、"中国政党研究",有一点体会。

　　复校伊始,经党史系系务会议讨论决定,中国革命问题教研室承担一系列专题研究,开设相关专题课。我承担了其中的"国民党新军阀混战"课题研究。之所以要选择这项研究,是基于自 1960 年留校任教后,在讲授"毛泽东军事思想"、"中共党史"的教学中,深感对中国的国情掌握得甚少,很多历史背景似知非知。尤其对敌、我、友三方,只对"我"方,也就是党的领导、人民大众、毛泽东思想原理、党的革命路线方针政策,似乎掌握了一些,对革命原理能讲清楚。而对"敌",也就是革命的对象,只能讲"三大敌人的反动本质",其他方面知之甚少,谈不上"深入分析";对"友",也就是革命的同盟者,或者说"中间势力",知之甚少,甚至受"左"的思维方式影响,对他们的历史作用往往不能作出公正的评论。如此一来,"我"的方面,革命原理,革命路线,方针政策,马克思主义是怎样在指导中国革命的实践中,创造出中国化的马克思主义等一系列根本性问题,讲不深入,讲不明白,有些问题甚至讲错了,影响了党史学科的科研进展与教学质量,所以我选择了对"敌"方的研究,而又从中国革命发展关键时期的具体问题入手。这项课题,在《毛泽东选集》中有明确的论断,而在国民党的历史文件及国民党中央系统的学者论著中,则没有这样的提法,而只有"剿共"或者"剿匪"(这是国民党中央对其进行的反共内战的称呼)、"讨逆"(这是国民党中央对其进行的国民党内部武装征伐的称呼),没有可以直接借鉴的研究成果,只能从零开始。我在江西"五七"学校劳动锻炼期间,曾利用休假时间,几乎跑遍了江西革命根据地,对五次反"围剿"战争的路线、主要战场作了实地考察。1971 年从江西返回北京,因人大停办被分配到北京师范学院政教系任教,讲毛主席著作。在讲授《中国革命战争的战略问题》时,我比较充分地利用这些实地考察得到的材料进行讲解,受到学生的热烈欢迎,给予了相当高的评价。这给了我极大启发,面对人大复校后课程重建的新任务,从何做起?就从查阅原始材料做起,从调查研究做起。一项具有开拓性的科研工作,在以彦奇老师为教研室主任的统一安排下，逐步展开了。

复校之初，有一个非常好的社会环境与同志关系。当时各学校的图书馆，北京图书馆，国家与各地方档案馆，都刚刚开始正常工作，各单位的同志，重返工作岗位，热情高涨，服务周到、亲切，非常欢迎我们去查阅资料，提供一切方便。我们要访问、请教的历史事件当事人，大多数还健在。他们在"文革"中，有的"靠边站"，有的住了多年的"牛棚"，有的甚至被诬陷蹲了多年监狱。"四人帮"倒台了，党领导全国"拨乱反正"，这些老同志、老先生虽然年事已高，却精神焕发，以极饱满的政治热情重返工作岗位。我们作为他们的后生晚辈，登门拜访，真诚求教，他们非常耐心而又十分负责地向我们详细讲述他们经历的历史事件，毫不保留，鼓励我们一定要实事求是地研究中国的近现代史，总结经验教训。这些老同志、老先生的所在单位，如国家机关、各民主党派、社会团体等等，都给予大力支持，对我们的访问，热情接待，妥善安排，从来没有谢绝过。如果没有这样好的社会环境，互相帮助、互相尊重、互相鼓励的人际关系，我们科研活动就很难开展了。

当时的物质条件很差，查阅旧报纸、书刊，发现有用的资料，只能手抄。有的书刊是百年前发行出版的，纸张已经发黄、发脆，要小心翼翼地翻阅，如果损毁了，要赔偿，我们赔不起，因为多是孤本。要查阅的报纸，不能只查一种，各种政治背景的报纸都要查，因为各种报纸对同一历史事件的记述与评论都有所不同，而其不同之处，正是我们用马克思主义的立场、观点，重新评价历史事件与人物的依据。查报刊还要有连续性，对那一时段发生的事件，不能只查几天或几个月，而是要把发生事件前后几年的报纸，都要一天不漏地查阅。比如我从研究"国民党新军阀混战"入手，研究中国国民党的历史，我就查阅了 1925 年至 1933 年这九年的报纸。上海、广州、北京、武汉、天津、沈阳、南昌、香港等地出版的相关报纸几十种都按日、月、年翻阅。北京图书馆后库报刊阅览室，所保存的旧报刊很齐全，但也有缺失。哪里还有？北京大学图书馆。北京图书馆缺失的部分，在那里往往能找到，比如天津的《庸报》、《中兴报》缺失的部分在那里找到了一些。李泰棻写的《国民军史稿》，北京图书馆没有，管理员建议我去北大图书馆查找，果然在那里找到了。档案馆不能不去，中央档案馆查资料的审批很严，关键性的材料还得到山后的档案馆去查。在中国第二历史档案馆，从 1980 年起，我利用与社会科学院近代史所合作，与第二档案馆共同研究项目之便，三年中查到一些可用资料。上海档案馆资料很丰富，在那里也查到一些有价值的资料。档案资料是零散的，如同单棵的树木，报刊是连续的，表现了当时社会的整体，是一片森林。只有将档案资料与报刊资料结合起来研究，才能找到历史事件的来龙去脉。北京图书馆为了保存历史资料，把有些年代很早，甚至已无备份的报刊，制成缩微胶卷，用读书器查阅。当时仅有的不到十台读书器，只有两三台好用，为了能抢占一台好用的机器，每天起大早，带个保温饭盒，骑车从学校去后库，在那里排七八十分钟的队，8 点开门才有希望占有一台好机器。一看就是一整天，晚上到家都在 6 点半以后，又饿又累，还要把当天抄下来的资料进行整理，直到下半夜。躺下没多久，又得早起，开始新一天的查阅工作。每天在图书馆里，眼睛在看，脑子在想，手在不停地摘记，真乃旦复旦兮旦复旦，几年光阴，除了在校上课外，时间都用在这上面了。这里我要特别感谢复校初期我校图书馆的老同志，他们为学校的科研与教学作出了杰出贡献，给我们提供了力所能及的帮助。我校图书馆保存的解放区报刊资料，在全国来说，算得上是最全的。我校在进入北京后，从琉璃厂旧书店里，当废纸买回很多旧书刊，也一直保存下来，其中有不少很有学术价值的资料。当时的图书馆的同志，特许我进入书库查找，然后在阅览室阅读，这使我少跑了不少路。这些仅是查找资料的部分工作。

访问老同志、老先生，是历史课题研究不可缺少的环节。中央统战部、全国政协、各民主党派机关，都给予了大力支持。改革开放后民革中央主席屈武同志，除自己接受我们两次访问外，还以安排工作的形式，给我们介绍了 27 位民革的老同志、老先生，先后与我们恳谈他们的经历与当时的感受，其中有不少老先生非常具有代表性，如青年时期一直追随汪精卫左右的李平衡先生。他是国民党的元老，后来加入民革，任全国委员会的常委。他对 1924 年至 1931 年期间汪精卫与蒋介石的曲折复杂关系，国民党"改组派"出现的原因、活动内幕、与南京中央的分分合合的过程，都亲身经历过。再如谌小岑同志，年轻时在孙科身边工作过，被称作"太子系"的人。他经历了国民党"再造派"的组成及活动的全过程，同时也是 1935 年期间我党与国民党建立秘密联系的成员之一，了解很多国民党的内幕及国共关系的情况。再如刘仲容同志，曾长年在白崇禧身边工作，对李、白新桂系与国民党中央的合作与冲突，我党对新桂系的影响，1949 年李宗仁任国民政府代总统职务期间桂系与蒋的矛盾、桂系主张与中共进行和平谈判的内幕，他不仅了解，而且还受白崇禧之托，秘密赴北平香山双清别墅，深夜拜访毛泽东同志。他的经历与体会，是研究中国近现代史的宝贵资料。类似的典型人物难以一一列举说明，总之，国民党内的政治派别，地方实力派、蒋系内部不同派系的代表人物，都在我的访问之中。有时系主任胡华同志亲自带领我们访问党的老同志，如访问渭华起义的参加者、刘志丹同志的老部下、解放后曾任全国最高人民法院副院长的高克林同志，使我们受到了多方面的教育，既给予我们以实际帮助，也给我们以认识路线方面的指导，终身受益。几年期间，我在北京、南京、上海、江苏、奉化、中山、广州、武汉、哈尔滨、长春等省市，先后走访了历史事件当事人 60 多位。他们虽然都已相继驾鹤西归，但他们坎坷的经历却已转化为我的科研成果，我与他们成了忘年之交，他们对历史负责的精神，是我学习的榜样，我永远忘不了他们。

对历史遗址进行实地考察，是课题研究不可缺少的环节。我从有关资料及老同志、老先生那里得到的线索，在力所能及的情况下，尽量找到历史遗址，作实地考察。在北京，我骑一辆破自行车，两次到温泉疗养院详细考察了冯玉祥主持修建的"滦州起义纪念园"。我曾三次到位于圆明园西南部的"三一八烈士墓"，验证是否由时任北平市长、冯玉祥的秘书何其巩先生所主持修建的。在现场既看到了何其巩先生亲笔题写的墓碑，"北平市长何其巩，中华民国十八年"的落款，而且也找到了刘和珍、杨德群等烈士的墓碑。此外，在北京地区，有很多当时几乎被人遗忘的历史遗址，如位于虎坊桥的湖广会馆遗址（现在已经完全修复，对外开放了，而当时则成了破烂不堪的某装订厂的仓库）。再如，位于古北口长城脚下的"肉丘坟"，是1933年华北、长城抗战后密云县民间为掩埋古北口保卫战牺牲的国民党官兵残缺不全的肢体而修建的，后由时任国民政府军委会北平分会负责人何应钦题字立碑，新中国成立后受到人民政府的保护，90年代北京市政府采纳民革的建议，将此地建成了爱国主义教育的基地。而在当时，只有土丘荒草，墓碑已由密云县保存起来，还未搬回原址。这些有价值，又鲜为人知的历史遗址，北京有多处。在当时交通不便，经济条件又很差的情况下，我坚持做到尽力而为。

南京、上海、广州、武汉、西安、中山、奉化等等，与课题研究关系密切的地方，我利用各种机会在那里考察历史遗址。以南京为例，在这座曾经是国民党22年统治中国的政治中心城市，我利用1980年至1983年接受近代史所与南京中国第二历史档案馆合作项目，每年春、秋两季到南京第二档案馆工作的机会，每到星期天，便与同伴近代史所的陈民同志，有计划地查访南京城里城外的历史遗址。除路途远的如燕子矶、栖霞山、龙潭镇之外，都是步行。诸如中山陵、雨花台、总统府、国民党中央党部原址、国民党陆军学校、朝天门、"梅园"（中共中央谈判代表团办事处所在地）以及太平天国时的遗址，都做了查访。走累了，找个地方坐一会儿。渴了，到茶摊上喝两碗大碗茶。饿了，到小吃店来一碗菜面，只要一毛八分钱。外出一天，仅仅花上四五毛钱。那时，历史遗址很少有收费的，就是有收费的，也不过五分最多一毛钱，收多了我们也付不起费用。三年下来，断断续续走遍了南京城里城外、远近郊区与历史研究有关的许多地方。就连东郊的温泉（蒋介石软禁胡汉民的地方）、沙子岗（蒋介石杀害邓演达并毁容掩埋之地）等很少有人光顾的地方，我们都去了。蒋介石的老家，浙江奉化溪口镇，前后去做过三次调查，并连带走访了宁波市、奉化县（现称市）。孙中山的老家中山县的翠亨村、孙中山在广州工作的地方、陆军军官学校、国民党一大会址、上海孙中山先生故居、武汉武昌起义纪念馆、农民运动讲习所、武汉国民政府旧址、中共中央八七会议遗址南洋大楼等等，凡与课题有关的历史遗址，只要有机会都克服困难，进行实地查访，受益颇多。许多事是书本、文件、报刊上找不到的。几年下来，我摘抄、记录的材料，32开的笔记本写满了16本，16开的白纸，订成了43本，我也没有计算过有多少万字。

多方占有材料，只是课题研究的基础，而将丰富而杂乱的材料进行科学梳理，用马克思主义的立场、观点、方法进行分析加工，最后形成有特点的科研成果，则是关键。这不是一朝一夕之事，也不是昼夜苦思苦想就能做到的，这需要宽厚的多学科基础知识的积累。其中的关键是马克思主义的基本功，这项基本功是中国人民大学给我的。从我走进人大，开始上第一堂课起，老师就给我们讲马克思主义原著，啃马、恩、列、斯的本本，精读《毛泽东选集》。读不懂也硬着头皮往下读，长此以往，养成了习惯，思维方式不知不觉有了根本性的改变，辩证法、唯物论逐步占据了头脑，再加上留校任教后经验积累与学术上的提高，使我在复校后从事新课题的研究，始终掌握了正确的大方向。我校有一批久经考验的老教师，他们的马克思主义理论造诣很深、学风正、治学严谨。他们对中、青年教师的传、帮、带，对复校后能很快打开科研、教学的新局面，起到了十分重要的作用。在我担负的课题研究中，深深感受到彭明老师、彦奇老师、何沁老师以及原在我校工作，后来调到社科院近代史所的前辈李新同志对我的指导、引路、帮助、鼓励的重大作用。他们既是我们做学问的榜样，也是鞭策我前进的力量。如果说我在复校后在党史系的科研、教学以及对外交流中取得了一点成绩的话，是与他们的鼓励、帮助分不开的。

由于基础工作扎实，虽然是从"国民党新军阀混战"课题入手，却由此打开了研究中国国民党通史、中华民国史的大门。我一共走了三大步：

第一步，开讲"中国国民党新军阀混战"专题课，完成并出版发行了《国民党新军阀混战史略》专著，并发表了多篇相关论文。继而完成了研究国民党兴衰的三部专著：《蒋汪合作的国民政府》、《陪都风雨——重庆时期的国民政府》、《从南京到台北》。回过头来又完成了中华民国创建史的专著——《辛亥革命史纲》。同时开讲"中华民国史"专题讲座，在彭明老师的带领下，给本系和全校开选修课。第二步，在彭明老师、彦奇老师的指导合作之下，将中华民国史、中国国民党史研究系统化，形成具有我校风格的历史、理论专著——《民国史二十讲》、《中国国民党史纲》，在此基础上，在研究生中开设"中国国民党研究"课，以加强对中共党史的研究。第三步，拓宽领域，进一步作《中国统一战线研究》、《中国政治制度研究》，在研究生中增开"中国统一战线研究"课，继而又开设"中国政治制度研究"课。在此基础上，又开始对"中国政党"进行整体研究，包括中国产生政党以来各个政党的历史，当代中国的各政党（含"一国两制"下的港、澳地区政党，台湾地区的政党制度），中国政党制度的历史发展，当代中国的政党制度（含港、澳地区的政党制度，台湾地区的政党制度）。同时开展对"一国两制"与祖国统一的历史道路研究，在本科与研究生中，相应增开选修课，完成《"一国两制"与海峡两岸关系》专著，将"当代中国政党研究"、"当代中国政治制度（含'一国两制'与国家统一问题）研究"作为我指导的博士研究生的研究方向。相继在国内外，港、台地区发表学术论文百余篇。

我承担党史系这项科研与教学任务，产生了积极效果。首先引起全国高校与学术界的关注。当时全国高校的政治理论课，处在全面改革的初期。其中，"中国革命史"的教材与讲授，需要重新修改、补充，中国现代史的研究也出现同样的问题。我系进行的一系列具有开创性研究的新课题，正是全国急需的。在1980年至1986年期间，全国性的学会如中国现代史学会、中共党史学会，及各省的学会、各高校、省委党校、解放军院校，纷纷邀请党史系开设新课的老师，如彭明、彦奇、林茂生、杨云若、李良志等前去讲学，我是被邀请者之一。仅我个人而言，先后到上述单位共16个省市进行讲学，有的学校曾去过多次，对推动各地高校的课程建设起到了一定作用，扩大了中国人民大学在全国的影响。各单位纷纷派教师到我校中共党史系进修，加强了我校与兄弟院校和学术团体的联系及学术交流。第二，在本系与全校开设了一批新课，拓宽了学生的知识领域，开阔了视野，深受学生欢迎。仅我个人而言，学生会于1986年以全校学生投票方式，选出全校十位"最佳讲课教师"，我名列其中；对中共党史本身的研究，起到了深化作用，长年深入不下去的课题，取得了进展。第三，对外开展了较为广泛的学术交流，在国际学术研讨会上，我们的研究成果有一席之地。在与台湾学术界交流的过程中，通过坦诚交流学术观点、研究成果，不仅开阔了各自的眼界，加强了相互了解与理解，也起到了相互借鉴的作用。我在学术交流中，结交了不少各国学术界的朋友，如美国、日本、俄罗斯、加拿大、澳大利亚、韩国等。台、港、澳地区的学术界朋友，有的还与我建立了比较经常性的联系。第四，我们的研究成果，对外界了解中国的历史与现实，特别是对涉及当前我国的某些方针政策方面的问题，起到了准确介绍的作用，相关人员也找上门来与我交谈，我利用我的研究成果，尽我所能，介绍我国相关政策。例如2005年2月下旬，十届全国人大三次大会即将召开，讨论制定《反分裂国家法》将列入大会议程，引起广泛关注。除新闻媒体外，部分外国驻华使馆也通过我校国际交流处，找我交换看法。由于我们多年对党和国家的相关方面的方针政策有系统的了解与研究，我与他们的谈话，虽然仅仅是从学术角度谈个人看法，但事实说明，我没有辜负党和国家交给我的科研和教学工作的希望，我的谈话没有违背一个星期后姜恩柱同志的答记者问和胡锦涛同志发表的讲话精神，对外界全面、客观、准确地认识全国人民代表大会讨论通过的《反分裂国家法》的重大意义，起到了一点作用，虽然是微不足道的作用。如果不是持之以恒地进行这项课题的研究，也不会对宣传党和国家的方针政策起到这一点作用。

我已经七十岁了，与我校同龄。在中国人民大学，七十岁没有资格言老，许多我的老师辈的老教授，仍在钻研不息。我虽然已经退休，而研究工作不敢停止，在尚有能力发挥一点作用时，还要继续努力，发扬复校时的那股精神，开拓进取。

人物简介

张同新（1937—　　），河北省秦皇岛市人。中共党员，教授。

张同新1960年毕业于中国人民大学，后留校任教。1962年，由学校送往中国人民解放军石家庄高级步兵学校进修半年，参加由教育部、人民解放军总参谋部动员部、北京军区组织的《毛泽东军事思想》教材的编写工作。1978年后在党史系任教。1993年开始享受政府特殊津贴。曾先后兼任中国现代史学会理事，中国统一战线理论研究会理事，全国海峡两岸关系研究会理事，北京市统一战线研究会常务理事，北京市高校统战理论研究会秘书长、副会长、顾问，中国社会科学院台湾史研究中心理事，中国华艺广播公司特邀评论员等。张同新是民国史研究和港澳台研究专家，其主要著作有：《国民党新军阀混战史略》、《蒋汪合作的国民政府》、《陪都风雨——重庆时期的国民政府》、《从南京到台北》、《辛亥革命史纲》、《"一国两制"与海峡两岸关系》、《民国史二十讲》、《中国国民党史纲》、《中国对世界反法西战争的历史贡献》、《中国现代化的历史思考》、《百年老店——中国国民党的历史转折》等。

江风记：中国人民大学成人教育事业的成就与贡献①

摘要： 江风（1927—　），北京市人。中国人民大学继续教育学院副研究员。本文介绍了函授教育在中国人民大学的创办、重建和与时俱进的发展，证明了中国人民大学是新中国成人高等教育的开拓者。

今年是中国人民大学命名 60 周年，回顾中国人民大学的光荣历史和她为国家培养高级建设人才所做的辉煌业绩时，不禁让我想到她在新中国成人高等教育事业上做的开创性成就与贡献。毫不夸张地说，中国人民大学是新中国普通高校成人高等教育的先行者、开拓者。我有幸参与中国人民大学成人教育工作，有责任记述这段光荣的历史。

东风第一枝

1950 年，中央决定在华北大学基础上，创建中国人民大学。同年 10 月，中国人民大学正式开学。翌年，我校就首创了马列主义夜大学，对本校干部和中央、北京市在职干部进行较系统的哲学、政治经济学和中共党

---

① 本文是作者于 2007 年应中国人民大学离退休工作处之约，为纪念建校 70 周年撰写完成并印发全校。2010 年，作者对原文进行了修改补充。

史等马克思主义基本理论教育。

与此同时，学校又开始筹备开设函授学历教育。1951年10月，由吴玉章校长和胡锡奎、成仿吾副校长联名向党中央提交了申请创办函授教育的报告。刘少奇副主席批准我校的申请，同意试办。1952年1月，中国人民大学在北京、天津、太原招收了首批函授生2 765名，开设工经财贸等10个专业，共23个班。这是中国自开办大学以来，函授教育作为一种新的教育形式，第一次走进了高等教育的殿堂。广大在职职工、干部，能够不脱产接受高等学历教育，这在中国教育史上是一个空前的创举！此后，高等函授教育在中国各大学陆续开办。中国人民大学是中国成人高等教育名副其实的开拓者。

中国人民大学成为中国成人高等教育的发祥地并非偶然，它是人大继承前身陕北公学重视干部教育的优良传统与借鉴苏联成人教育经验的产物。

回顾中国人民大学成人高等教育的创业史，我们应该永远铭记敬爱的成仿吾同志的历史功绩。

成老是我国著名的教育家。早在"五四"时期，他与郭沫若同志共同创办了创造社，从事新文学运动。1925年加入中国共产党后，成为一名职业革命家。成老在参加党领导的革命工作后，与党的教育事业结下了不解之缘。1937年红军长征到达陕北后，成老出任陕北公学校长，担负起为抗日战争培养干部的重任。后来又先后担任华北联合大学校长、华北大学和中国人民大学副校长等职。成老不仅在我校创办了高等函授教育，而且1953年当他奉调东北师范大学任校长时，又把高等函授教育带到了东北师大，使它成为全国第二所举办高等函授教育的部属重点大学，也开了全国重点师范大学举办函授教育的先河。

1978年中国人民大学复校后，成老重返人大出任校长。在繁重的复校工作中，他一直牵挂着人大的成人教育工作。他以耄耋之年亲自主持系主任会议，督促、安排有关函授教育招生工作。他的工作深入细致，对于函授生的学习状况十分关心，曾亲自接见部分函授生代表，勉励他们努力学习。成老高度重视成人教育的工作母机——函授学院的建设，谆谆嘱托负责函授学院的领导同志周简叔、徐文通，督促、鼓励他们尽心尽责办好函授教育。

人大成人教育的创办与发展，与历任学校领导重视和身体力行的努力工作密不可分。人大函授教育初创时期的领导机构是函授部，大多由学校主要领导亲自负责。第一任部长由邹鲁风副校长兼任。此后，校党委书记阎子元、副校长李培之同志都先后出任过部长，副校长胡林畇同志担任过副部长。函授部是学校的一级教学管理行政机构，教学工作由相关各系所设的函授教师担任，下设北京、天津、太原三个函授教学辅导站，人员全部由函授部派驻。

1959 年人大在校函授生已达 8 400 人。为适应函授大发展的需求，经教育部批准中国人民大学函授部改设为函授学院，由李培之、胡林畇分任正、副院长，将各系兼任的函授教师调入函院为专职函授教师。函授学院组建了理论、工农贸经济、计划统计财务等教研室，独立承担函授教学任务，从而成为学校中的一个教学实体。中国人民大学函授学院，是全国普通高校中的第一所函授学院。人大函授学院在探索函授学习，保证和提高函授教育质量方面做了大量工作，起了良好示范作用，从而也奠定了"文化大革命"前，人大在全国成人高等教育事业中的领先地位。到"文化大革命"开始前，中国人民大学函授学院累计招收各类函授生 46 096 人，累计毕业生 16 630 人，进修结业 17 166 人，为国家建设培养专业人才作出了突出贡献，受到社会的一致好评。

再建函授重获新生

"文化大革命"使我国教育事业遭受沉重打击，人大被迫停办，函授教育随之消失。复校后，1980 年 11 月重建函授学院，胡林畇副校长兼任院长，周简叔、徐文通任副院长。当时能调回函院的，也仅有曹若闲、田畬、张根成、荆涌泽、王肃等十来位"老函授"。他们受命于困难之时，一切从头开始，当年即"边恢复、边招生"，短短两年间，在重建教师干部队伍、重定教学计划及各项规章制度、重建函授站等方面取得了显著进展，他们为人大成人教育作出了突出贡献。特别是胡林昀同志，他一直是函授学院的主要领导人，始终关注着函授教育的发展。周简叔副院长一生从事函授教育的管理与研究工作，离休后仍孜孜不倦地研究国内外远程教育的发展状况，著述颇多。他们两位堪称是成人高等教育的专家、元老！

改革开放铸就辉煌

党的十一届三中全会后，政治经济形势越来越好，国家各方面急需人才，高等教育迎来了春天。但此刻校内外的办学条件也发生了变化，完全照搬"文化大革命"前的一套老模式办学已行不通，必须顺应新形势进行必要的改革。

1984年，学校任命徐文通教授为院长、方甲教授为副院长（后继任院长），在他们领导下，函授教育开始了多方位改革。

首先，组建专职队伍。经过多方努力，建立起了一支年轻的专职函授教师队伍。改革了以前全部由本院教师任教的小法，而采取了本院专职教师与各系兼职教师相结合的方式，运用全校可能运用的教学力量，共同办好函授教育。考虑到函授教师长年在外教学的特点，实行了对函授教师的津贴政策，对稳定函授专职教师队伍起了良好作用。

其次，改革办学模式。改革由学院单独建立函授站的模式，实行与办学地区、相关业务部门联合办学的新模式，发挥地方、部门、单位三方面的积极性。

再次，改革学制。为适应改革开放的新形势，改变了原来本科五年一贯制的硬性学制，改为"五年两段制"，方便学员自主学习。改革学年制，在夜大学率先实行了学分制。

此外，人大的成人教育积极面向我国西部的陕西、新疆、广西、云南等边、穷地区办学；积极开展国际交流，接待了美、英、日、澳、瑞士、坦桑尼亚以及北欧等国家的教育代表团来访，与德国哈根函授大学建立了校际合作协议，组团出国访问，加强函授教育的国际交流和研究工作。这一切使新时期的成人教育呈现出了崭新的面貌。

随着办学规模的扩大，成人教育的"硬件"越来越不能满足发展的需要。在北京市政府和张百发副市长大力支持下，1997年修建了函授学院新院址，扩大了办学空间，改善了办学条件。

近20年来，在杨干忠、陈兴滨等领导同志率领成人教育学院的全体同志继续改革创新、锐意进取的努力下，中国人民大学成人教育的规模继续扩大，教育质量不断提高。目前，成人教育学院的专职教师、干部超过百人，在校生最多时曾达到12 000人，累计毕业生达8万多人，为国家培养了大批人才，其中省、部级干部就有张宝顺（山西省委书记）、刘敬民（北京市副市长）、张百发（前北京市副市长）、孟学农（前北京市市长）等多人。

我校成人高等教育质量得到了社会公认。1992年获得国家教委授予的全国普通高校成人教育先进单位称号及奖状。1997年，在国家教委对全国普通高校函授、夜大学教育评估中，我校函授、夜大学的评分均居榜首，又被评为全国优秀办学单位。

人大的成人教育，在办学、培养人才的实践中取得了辉煌成绩。更值得称许的是，在发展成人教育的实践中，从事成人教育的教师、学者，在进行教学、教育实践的同时，十分注意总结经验，研究高等成人教育的规律，为发展我国成人高等教育的理论与实践也作出了贡献。

1985年由北京市教育局主持成立了北京地区高等学校函授夜大学教育研究会，人大函授学院是发起单位之一。我十分荣幸地代表学院被推举为第一届理事会的副理事长，并在1986年由国家教委高教三司所主办的高校函授院、处长和函授站负责人培训工作中，分工负责函授站负责人的培训。第三届理事会以后，我校成人高等教育学院院长杨干忠教授又荣任理事长之职。

1985年国家教委召开了全国高校函授教育经验交流会。人大函授学院也派出代表参加了大会，并向大会作了人大函授教育办学经验的报告。这次经验交流为国家教委1987年颁布的《普通高等学校函授教育暂行条例》做了前期的准备。

1996年春至1997年夏，国家教委对全国高校函授夜大学教育进行评估。我又有幸代表学院参加了评估专家组，分工参与了北京、山西、内蒙三地高校函授夜大学教育的评估工作。在此次评估中我校成人高等教育学院被评为全国成人教育评估优秀学校，也是北京市部属高校中唯一获此荣誉称号的一所。

这些活动也是我校为国家教委规范全国成人高等教育办学、提高教学质量所作的一点贡献。

做新世纪网络教育的弄潮儿

我校在成人高等教育上虽取得了可喜成绩，但并未就此停滞不前、故步自封。还在上世纪末，随着我国经济发展进入快行道，计算机技术普及，社会进入了信息时代。面对这一挑战，1997年成人高等教育学院开始探索新的办学模式——运用互联网举办网络教育。1998年6月，我校成立了由林岗副校长任主任的网络教育委员会，研究制定网络教育发展规划，统筹学校网络教育工作。10月，中国人民大学网络学院（又称网上人大）成立，与我校成人高等教育学院（即今继续教育学院）实行一套班子、两套工作机构，启动了网络教育。我校又一次走在了全国普通高校网络教育的前列，成为新世纪网络教育的弄潮儿！

我校网络教育的办学目标是：运用现代信息技术，面向在职人员，开展成人高等教育和继续教育，实现对传统远程教育的全面改造。

经过前期的建立机构、安装设备、制作课程光盘、组建各地区网络教学服务站，以及试办少量的网上非学历的课程辅导等等一系列筹备工作，网络学院于 2001 年正式开学，首批录取注册新生就有 5 790 人之多。

网络学院院长先后由林岗副校长、成人高等教育学院院长杨干忠教授兼任，现由继续教育学院院长陈兴滨教授兼任，顾宗连、郝成义任副院长。杨干忠、陈兴滨、顾宗连三位都是我校网络教育的创建者。其中陈兴滨、顾宗连都是我校复校后的首届毕业生，他们一贯勤勤恳恳、埋头苦干，今天已成长为我校能独当一面的年轻的中坚力量。我们应该为我校有这样一批年轻有为的后继者而感到欣慰！同时，也对他们寄予厚望。

网络教育是一种全新的办学模式，其最大特点是在专业教学计划统一要求下，办学的多样性、灵活性和教学手段的先进性。它为各类人员的学习提供极大方便，非常适合社会主义市场经济体制的需要。它办学层次多样：既有高中毕业为起点的本、专科，也有专科起点的本科和本科第二学历，可满足不同文化层次人员的需求；它学制与教学环节管理灵活，实行完全学分制、选课制，学制为 2～5 年，或 4～7 年，学生可依教学计划自主选课，修满学分即可毕业；它教学手段先进、教学形式灵活，不受时间、空间限制，网上导学、网上讨论、网上答疑等等，可随时随地学习。

网络教育的优越性必然使它的办学规模和地域得到极大扩展。今天"网上人大"已发展到全国 23 个省、市、自治区，其最远者为西藏；本、专科在校生累计已达 40 000 余人，毕业生累计 14 000 余人；全国设有 60 个网络教学服务站。它已成为我校成人高等教育的主力之一，是我国最具影响力的网上大学之一。2005 年曾获第五届国家高等教育优秀教学成果奖。

半个多世纪以来，我校成人高等教育能有今天的成就，一个最根本的原因是历届校领导对它的重视与支持。从举办成人高等教育之始，就把它与本科教育，乃至研究生教育同视为高等教育形式；形成了有力的领导体制，由主管教学的副校长兼任函院院长，或主管函授工作；把成人高等教育纳入全校的教学任务，运用全校的教育资源共同办学。这一切使我校成人高等教育的质量得到了可靠保障。当然，我们不能忘记，一代一代的从事成人教育工作的领导、教师与所有工作人员的敬业和努力。

从上述我校成人高等教育的发展历史看，它不仅是开拓者，而且在数十年的办学的征途中，它也一直走在了队伍的前列，这是"人大人"值得引以为豪的！成人教育、成人高等教育是永恒的事业，尽管随着社会的发展、变化，它采取的教学方式必然会有变化，可以是夜大学、是函授、是远程教学，或是网络教学，但是人们在接受国民教育之后，还必须不断地继续学习、继续接受教育，则是千古不变的。社会愈是发展、科学技术愈是飞速进步，知识愈是快速更新，传统的一次性学历教育就愈远远跟不上社会发展的要求，人们必须终身学习，必须接受终身教育，否则最终必然要遭到社会的淘汰，因此，作为终身教育的一种形式——成人教育、成人高等教育，不管是学历的，还是非学历的，必然是永恒的事业。

我为母校在成人高等教育领域做出的开创性工作而骄傲！愿为我校和我国成人高等教育、网络教育的万古长青鼓与呼！

夕阳的不了情缘

我于 1948 年 11 月底，从南开大学奔赴晋察冀解放区参加革命。12 月经批准到正定华北大学一部学习，结业后留校工作，1950 年 10 月转入新中国建立后党中央创办的第一所新型大学——中国人民大学工作。此后，直到 1983 年夏的漫长岁月中，我从未有机缘接触过我校的成人高等教育，直至 1983 年暑假，中国人民大学第二分校将与本校脱钩而独立办学时，才经本人要求回校工作。真是机缘巧合，当时恰值函授学院复院不久，急需补充人员，于是我便在工作了 35 年之后，首次与成人高等教育结缘。而且，此后直到 1997 年的 14 年间，即使在我于 1988 年离休后，这种缘分也从未中断，真可谓是一段"迟到"的不解情缘。

1988年国家教委组织了"七五"科研规划重点项目"高等函授教育的发展与管理研究"课题组，组长由高教三司范扬处长担任。我有幸与副院长方甲教授（后升任院长）同时入选课题组，方甲教授任副组长，我则为第一专题组组长，负责主持"高等函授教育的发展"的研究与执笔写作。从1988年开题至1991年国家教委通过验收调查报告，再到1992年《高等函授教育的发展与管理研究》由华中师大出版社正式出版，共历时3年多。这是我国第一部系统、全面论述高等函授教育的发展历史与管理经验的专著。这3年除做了大量调查研究外，我还广泛地搜集、阅读了大量有关高等教育，包括函授教育的文献、年鉴、教育大事记、资料汇编、统计材料及我校的有关档案，经过整理材料、执笔写作，组织研讨，最终完成了专著第一部分——《我国高等函授教育的回顾与思考》的写作。这使我了解了我国高等学校成人高等教育的发展史，也使我对我校成人高等教育的发展进程，以及它在我国高校成人高等教育历史发展中的地位和作用，有了更为深切的认识。今天，当我校命名六秩大庆之时，我感到应该也有责任，把我所亲历的和所了解的我校成人高等教育从夜大学、函授、继续教育，直到网络教育的整个发展和改革创新的历程，客观地、如实地记录下来，以使后来者能将这段光荣历史传统一代一代传承下去，为我国的人才培养事业再立新功！

人物简介

江风（1927—　　），原名房振铎，北京市人。中共党员，副研究员。

江风1948年12月参加革命，入华北大学学习。后留校，1950年转入中国人民大学工作，1988年8月离休。离休前任函授学院副院长、副研究员。参与的主要业务活动有：1985年参加北京地区高等学校函授夜大学教育研究会，任副理事长；1988—1991年参加国家教委"七五"科研规划重点项目"高等函授教育的发展与管理研究"课题组，任第一专题组组长，执笔撰写专著的高等函授教育发展历史部分；1996—1997年入选国家教委普通高校函授夜大学教育评估专家组，分工参与北京、山西、内蒙高校的评估；与人合著《高等函授教育的发展与管理研究》。

名家自述

陈维雄记：中国人民大学出版社的三十年①

摘要：陈维雄（1920— ），浙江温州人。中国人民大学出版社原社长、编审。本文回顾了中国人民大学出版社 30 年（1954—1984 年）的发展历程，包括奠基、建社、停办、复社的整个过程。

　　1954 年，我从中国人民大学研究部办公室调任教材出版处副主任，到 1984 年离休，在出版社经历了奠基、建社、停办、复社的整个过程。现在就记忆所及，作些回忆，以纪念中国人民大学建校 70 周年。

奠　基

　　中国人民大学历来就有重视教材出版的光荣传统。早在 1948 年，华北大学就曾在河北正定筹办了印刷厂，负责印刷学员的学习材料。进城后

---

　　① 本文是作者于 2007 年应中国人民大学离退休工作处之约，为纪念建校 70 周年撰写完成并印发全校。

又接收了一些人员和机器设备，使印刷厂的生产能力有了进一步的提高。1950 年中国人民大学成立时，在研究部的领导下设立政治校阅、编译室、油印股和出版处（后改为出版科）等机构，并在出版处设文字校阅组，负责铅印翻译教材原稿文字加工和整理；设教材出纳组，负责办理外单位凭介绍信购买铅印教材。1953 年 9 月，出版科、印刷厂、油印股等单位合并成立教材出版处，统一负责我校教材的出版、印刷、供应工作，学校任命祁鹿鸣为主任，齐振之为第一副主任，董海波为第二副主任，教材出版处设于北京鼓楼西大街大石桥胡同 28 号（拈花寺），一个完整的出版机构基本上已经形成。1954 年 7 月，祁鹿鸣调离，学校命我到教材出版处任副主任，接替祁鹿鸣的工作，随后董海波也调离。从出版处到教材出版处期间，主要还是翻印马克思列宁主义经典著作，如《共产党宣言》、《反杜林论》、《联共（布）党史简明教程》、《矛盾论》、《实践论》、《新民主主义论》等，也出版一些翻译的苏联专家的讲义，如《政治经济学教程》十六分册。这些书以黄色封面套印红色书名，当时也称黄皮书，颇受欢迎。

教材出版处虽然只是校内的教材印制机构，教材不能公开对外发行，其稿件由各系报送研究部审批后，转交教材出版处出版，教材出版处本身无权取舍，但是教材出版处在中国人民大学出版社的历史上却有重要的里程碑意义，为中国人民大学出版社的建立奠定了基础。

建　社

1954 年 3 月，高等教育部在北京隆重召开中国人民大学教学经验讨论会。这是建国初期高教系统的一次重要会议。参会的有全国各高等院校的校、院长，还有主管教学工作的负责人。会议主要由胡锡奎、邹鲁风副校长分别代表中国人民大学介绍我校贯彻中央关于"教学与实际联系、苏联经验与中国情况相结合"教育方针的情况和经验，吴玉章校长在会上作了重要讲话，强调系统地进行马克思列宁主义教育的重要性。时任高等教育部副部长的杨秀峰同志在会议闭幕式上讲话，要求各学校根据自己的情况来推广中国人民大学的经验。会后，各部委和各地方兄弟院校纷纷来信要求中国人民大学供应教材。有的直接向高等教育部反映，希望公开出版人大教材，于是高等教育部就提出由中国人民大学推荐一批教材公开出版。研究部请苏联顾问部推荐了81种教材，后又压缩至22种，由高等教育部分别交由北京的几家出版社公开出版。但是，这22种书中，仅有《工业企业组织与计划教程》等几种书，在使用了教材出版处的纸型，更换了封面的情况下公开出版，其余的大部分教材都未能正式出版。这件事给了我们很大的启示，我与齐振之、王颖（时任教材出版处办公室业务秘书）等同志一起商量，既然社会上对中国人民大学的教材有大量的需求，其他出版社正式出版又有困难，如果我们自己成立出版社，能公开出书，这个矛盾不就可以解决了吗？我们把这个想法向时任研究部副部长的张腾霄同志作了汇报，得到他的大力支持，并要我们写个报告转呈校长。当时我们的想法很简单，就是要为国家的建设多作贡献，为学校的发展多作贡献。在吴老等校领导的关怀和全力支持下，建立中国人民大学出版社的报告很快得到高等教育部、文化部出版事业管理局的批准。1955年4月29日，吴玉章校长宣布中国人民大学出版社成立，我和齐振之继续任副主任，新中国第一家大学出版社就这样诞生了。它属于中央一级出版社，社名号为011。

学校规定出版社的方针任务是保证学校教学，适当满足社会需要。在建社之初，我们把组建编辑部门（时称编辑科，下设政治理论、财经、文史法律三个编辑小组）列为重中之重。加强编辑力量，提高编辑水平，培养编辑人才，力求把出版社办成以出版、印刷、发行为基础，以编辑工作为中心的高校教材出版阵地和学术研究性单位，立足本校，面向全国，达到保证教学需要、提高教材质量、促进科研发展、交流学术成果、造就社科英才的目的。

在编辑工作中，我们认真贯彻以马克思列宁主义、毛泽东思想为指导，以研究中国革命与建设问题为中心的教材建设方针，组织出版我校教师自编的教材，即中国化教材，从过去的以出版翻译苏联教材为主转变为出版结合中国实际的自编教材为主。到 1959 年初步实现了我校教材出版工作的重大变革。全社同志上下一心，发扬团结拼搏、严谨认真、艰苦奋斗、不断创新的作风，各部门的工作都取得了优异的成绩。印刷厂在印刷质量、技术革新等方面多次被北京市印刷业界评为先进。1960 年出版社被评为北京文教系统先进集体。

从 1955 年 5 月到 1966 年 5 月，出版社正式出书（不包括仅供校内使用的）共计 424 种，7 010 万字，800 万册。其中属于系统学习马克思列宁主义经典著作辅导教材的主要有《辩证唯物主义历史唯物主义经典著作介绍》、《〈唯物论和经验批判论〉简释》、《〈资本论〉名词注释》、《毛泽东哲学著作学习文件汇编》等；属于自编的各科专业教科书、讲义的主要有《马克思主义哲学教科书》、《中国革命史讲义》、《政治经济学（社会主义部分）》、《资本主义国家货币流通与信用》、《工业企业管理讲义》、《中国工业经济讲义》、《社会主义农业经济学》、《商业企业管理学》、《统计学原理》、《档案管理学》、《犯罪对策学》、《俄语教科书》等；属于翻译教材的有《辩证唯物主义》、《论空想社会主义》等。此外还有《辛亥革命》、《图书分类法》等专著。这些编著大都具有开创性新特点，受到广大读者的好评。

1966 年开始的"文化大革命"给学校带来严重的破坏，1970 年学校被迫停办，出版社也随之停办。印刷厂划归北京市第一轻工业局，改名轻工印刷厂，转产商标印刷。出版社人员分别调往北京人民出版社、北京市教育局、北京语言学院、北京师范大学等单位。

复　社

粉碎"四人帮"后，中央决定中国人民大学复校，这是人心所向、众望所归、同志们期待已久的大事。1978 年 4 月，成仿吾校长让人通知我去中央党校见他，成老让我汇报了出版社停办后的情况，嘱我快点回学校筹办恢复出版社的工作，并就复社的方针、原则作了重要指示。对于成老关于复校不是简单的复原，应有所前进、有所提高的指示，我至今还记忆犹新。5月1日，我从北京语言学院调回学校。

复社之初，我们首先要解决的一个问题就是选址问题，就是今后出版社应设在西郊校园还是仍回城内拈花寺。我们认为设在西郊校园好处很多，但难度很大，因为当时西郊校舍尚未收回，学校房子极为紧张，但学校领导支持我们的意见，毅然决定把社址定在西郊校园。我们的复社工作就以西郊校园为立足点而开始。

那时，我们困难很大，一无人员、二无房子、三无资金、四无设备，我们决心在困难中起步，在前进中发展。学校总务部门的同志们也多方照顾我们，帮助我们克服困难。没有房子，我们向师大幼儿园（原人大幼儿园）借了两间库房和一间儿童活动室作为临时办公场所。没有资金，我们向青锋机械厂（原人大校工厂）借了30多万元购买纸张。为了加快复社，我们采取"边恢复，边出书，边解决资金"的办法。在人员调回问题上，我首先去北京人民出版社，得到该社领导的大力支持，他们表示只要本人愿意，他们一定放人。接着又在拈花寺轻工印刷厂召开部分编辑和干部座谈会，征求同志们对复社的意见，并热情欢迎同志们回来共同工作，会上同志们对复社问题提出了许多宝贵意见，纷纷表示尽快回校，为复校、复社作贡献。这些都给了我很大的鼓舞，增强了克服困难的信心。

在调回工作中，难度较大的是印刷厂的回归问题，因为轻工印刷厂当时已经承担了食品总厂商标印刷任务，食品总厂希望另建一个轻工印刷厂。对于食品总厂的困难，我们充分理解，我们同意给他们留下一部分技术骨干、生产工人和机器设备，协助他们筹建一个轻工印刷厂。经过多轮谈判协商，于1979年1月终于达成协议。由于印刷厂同志们的大力支持，我们在协商谈判的过程中，同时进行了从商标印刷转为书版印刷的转产工作，使印刷厂回校后立即投入了教材的印刷，保证了学校急需教材的出版，印刷厂为人大复校作出了很大贡献。

随着人员的逐步调回，我们组建了出版社各部门机构；分设了办公室、编辑部（下设第一编辑室，负责政治理论方面，第二编辑室，负责财经方面，第三编辑室，负责文史、法律、外语方面，美编室负责装帧设计，还有资料室）、出版发行部（下设出版科、发行科、财务组）和印刷厂。1980年学校正式任命我为社长兼总编辑，高旭华为副社长兼副总编辑，信观楷、王颖为副总编辑，李海江为印刷厂厂长，邓茂生为党总支书记，我为副书记。隶属关系也从过去属研究部、教务部领导改为校长直接领导。

在编辑工作中，我们重点抓了新学年急需教材的组稿工作，在审稿中认真贯彻拨乱反正的方针，保证教材的政治质量，在政治上严格把关，在学术上贯彻双百方针，厚积薄发，理论创新，在文字上通俗易懂，消除错别字，把提高出书质量置于首位。到1979年底，已经组织出版了25种图书（不包括仅供校内使用的），366万字，262万册。其中属于马克思主义经典著作摘录的有《马克思恩格斯列宁斯大林毛泽东关于认识和实践关系的论述》；属于文科统编教材的有《中国共产党历史教学大纲》、《辩证唯物主义历史唯物主义教学大纲》、《政治经济学教学大纲》、《国际共产主义运动史教学大纲》、《中国革命史讲义》（上册）、《中国现代文学史》（上册）、《工业会计学》等；属于专著的有老校长吴玉章的《文字改革文集》等。四门政治理论课教学大纲是教育部委托我校组织编写出版的，为全国高校重建政治理论课教学的急需教材，受到各方面的好评。与此同时我们还改革了发行体制，从过去由新华书店发行变为由新华书店发行与我社自办发行相结合的双轨发行体制，既解决了当时购书难、购书慢的问题，也解决了我们的资金困难问题，那时我们不仅还清了30多万元的欠款，还拨给印刷厂100余万，增添了当时比较先进的照排设备。

1982年，教育部确定中国人民大学出版社为全国高等学校文科教材出版中心，并拨给专项基建指标和资金，计划在人大附中兴建出版大楼和宿舍楼，在拈花寺兴建印刷厂大楼和宿舍楼，为出版社今后的发展奠定了初步基础。

1983年，学校决定谢韬副校长兼任出版社社长兼总编辑，从而进一步加强了对出版社的领导。我于1984年离休。

学校党委的关怀和重视

在出版社的工作中，我深切感到，学校党委的亲切关怀和高度重视是出版社得以建立和发展的关键。没有党委的亲切关怀和高度重视，出版社就不可能建立起来；没有党委的亲切关怀和高度重视，复社工作也不可能那样顺利；没有党委的亲切关怀和高度重视，也就不可能排除众议，果断决定把社址设在西郊校园，也就不可能为出版社日后发展创造广阔空间；没有党委的亲切关怀和高度重视，出版社早在1959年就被停办了。

1959年5月，文化部出版事业管理局召开北京几家出版社负责人座谈会，讨论有关出版社的调整和分工协作问题，会上提出中国人民大学出版社撤销，中国人民大学教材的出版，由北京有关出版社分别承担。对于这个意见，我们事先并不了解，事出突然，休会时我给胡锡奎副校长打电话，简要汇报了这一情况。胡锡奎副校长说，不能同意，据理力争。于是我在会上发言，说明人大出版社不能撤销的理由，有的出版社也认为人大出版社不能撤销。后来，文化部党组召开扩大会议继续讨论调整和分工问题。当时学校领导都不同意撤销，聂真副校长说，出版社这几年办得有成绩，为什么要撤销？他和张腾霄同志都说，这个会只能请胡锡奎副校长去参加才行。开会那天胡副校长与张腾霄和我一起去参加。会议由钱俊瑞同志主持，参加的有中宣部出版处和北京几家出版社的负责同志。会议开始时，先决定中国人民大学出版社办不办的问题。在会上胡锡奎副校长的发言很简单，也很坚决。他说，中国人民大学出版社还是要办的，别的大学可以没有出版社，中国人民大学必须要有，因为中国人民大学的情况特殊。这样，会上决定中国人民大学出版社继续办。在讨论有关出版社的分工协作问题时，胡锡奎副校长说，他还有事，要先离开，由张腾霄和陈维雄继续参加。会后张腾霄同志对我说，要不是胡锡奎副校长来参加，出版社是办不成了。其实，国外有的大学出版社已有数百年历史，当时苏联也有莫斯科大学出版社等多家大学出版社，而我们仅此一家为什么还要撤销呢？

现在中国人民大学出版社已办了 50 多年，今日的人大出版社，已经建设成为一个规模大、人才多、质量好、学术性强、知名度高的品牌社。回想过去，为自己能在出版社工作近 30 年，感到无上荣幸。衷心祝愿我们出版社越办越好，立足学校、面向全国、走向世界，为创建"人民满意、世界一流"的中国人民大学多作贡献，为祖国强盛、民族复兴多作贡献，为构建和谐社会多作贡献。

人物简介

陈维雄（1920—　　），浙江省温州市人。中共党员，编审。

陈维雄 1941 年参加中共地下党。1946 年毕业于江西国立中正大学社会教育系。毕业后，任《活教育月刊》编委，并参加中共地下党领导的上海《文汇报》副刊《教育阵地》、《展望》杂志"读者通讯栏"的编辑工作和全国地下学联的秘密活动。1948 年 9 月，改名陈念素，分配到华北大学一部政治十六班学习，任班学生会主席、区队学生会主席、校学生会副部长。1949 年 1 月毕业留校，任二部教育研究室研究生。北平解放后，随校进城，被派到华北大学保育院协助工作。中国人民大学成立后，调任研究部秘书、教材出版处副主任，受命筹建新中国第一家大学出版社——中国人民大学出版社。1955 年 4 月出版社正式成立后，任出版社副主任，主持全面工作。他认真贯彻以马克思列宁主义、毛泽东思想为指导，以研究中国革命与建设为中心的教材建设方针，从过去出版翻译教材为主，转变为出版自编教材为主，初步实现了教材出版工作的倾向性变革。历任中共中国人民大学第五届候补委员、第六届委员，校务委员、校学术委员会委员。1972年调任北京语言学院教改组副组长、党总支副书记。1978年5月回校，负责出版社恢复工作，任主任、社长兼总编辑，中国出版工作者协会第一届理事。在出版工作中，认真贯彻拨乱反正的方针，及时出版了一批高校急需的文科教材。在发行工作中，实施了新华书店发行与自办发行相结合的双轨发行体制，既解决了购书难、购书慢问题，也解决了复社资金困难。1984年离休，1993年开始享受政府特殊津贴。入选中宣部出版局编、陈云同志题写书名的《编辑家列传》。

吴尚宇记:"敢为人先"——书报资料中心的九个全国第一[①]

摘要:吴尚宇(1936—),浙江浦江人。中国人民大学书报资料中心原编审。本文回顾了书报资料中心及其前身所创造的九个"全国第一"。

书报资料中心(以下简称"中心")是一个面向全国和海外提供我国社会科学、人文科学中文报纸和期刊资料的学术性服务机构,其前身是三个单位:校图书馆主办的图书提要卡片联合编辑组、新闻系创办的剪报公司和新闻系印刷厂,都成立于1958年。1962年底,三个单位合并,成立中国人民大学附属剪报资料图书卡片社(简称"报卡社"),1966年因"文革"被迫停办。1978年复校时由郭影秋校长亲自更名为"中国人民大学书报资料社",后根据国家出版局版权司司长沈仁干(后任国家版权局副局长)的意见,为免除高额的稿费支出以获得特殊保护而再次更名为"中国人民大学书报资料中心",一直沿用至今。

我与"中心"及其前身有着不解之缘。1957年"反右"之后,由于众所周知的原因,中宣部决定将北京大学中文系新闻专业并到中国人民大学新闻

---

① 本文是作者于2007年应中国人民大学离退休工作处之约,为纪念建校70周年撰写完成并印发全校。2010年,作者对原文进行了修改补充。文章所附照片为作者展示所写各体书法。

系，我亦戴着"右派"帽子随之转校，当时还差一年就本科毕业了。1958年9月转到人大后，正值全年级要到各省报和电台实习，但我们这些"另类"被排除在外，留校"自愿"到"中心"的前身剪报公司或新闻系印刷厂去"劳动改造"，我选择了后者。当时新闻系印刷厂正在拆墙扩建，我就当了一名和泥搬砖的小工。半年后，实习结束，同班同学回到北京，大家都面临毕业分配。新闻系印刷厂厂长挑了两名"右派"学生（杨教和我），想让我们留厂当排字工和刻字工，问我们是否愿意。这样，我们就算被分配就业了。事后才知道学校人事处并没有给我们两人以大学毕业生的待遇，而是工人编制，一直到1979年"右派"改正为止，历时21年。我在"中心"工作了38年，直至1996年退休。我把青春和一生都献给了"中心"，"中心"也给了我很多呵护和信任。三单位合并成立"报卡社"后，社主任夏加同志让我和杨教离开工人岗位，充实进编辑部门，并委以重任。从此，我与"中心"休戚与共，融为一体，同呼吸，共命运。我经历了"中心"从艰苦创业，到发展壮大，到摧残殆尽，到新生辉煌的全过程，在感同身受到"中心"的风险和困厄的同时，也真切地体验到了一项事业从无到有，从小到大，从弱到强，从默默无闻到饮誉世界的荣耀和欢乐。

"中心"留在我心中的好人好事很多很多，最令人激动、自豪和难以忘怀的是"中心"及其前身的领导和业务骨干们那种敢为天下先的首创精神。他们摒弃墨守成规和无所作为的心态，志向远大，热情奔放，虎虎生威；他们有一般人所不具备的远见卓识，有胆魄，敢于到未知领域去拓荒；他们有脚踏实地、善于苦干实干的做派，不尚空谈，果断刚毅，不失时机。他们为"中心"创造了一个又一个的"全国第一"。今日屈指，如数家珍，据我所知，就有九个之多，为人大校史增添了一道又一道靓丽的风景线。它历年来所获得的国内外学术界称颂的口碑，好像争得了无形的奖章，一枚又一枚地挂上了人大的胸膛。它不断发扬光大了人大的光荣传统，而且为人大传统扩充了新的内涵和叠加了新的光彩。

在历数"中心"全国九个第一之前，有必要说说对"大跃进"的看法。

因为"中心"的前身都成立于或酝酿成立于 1958 年，它的性质不属于"超英赶美"、"大放丰收卫星"、"大炼钢铁"、"吃饭不要钱"、"几年就可实现共产主义"这一类狂热，没有"左"的梦呓，没有乌托邦的幼稚，而是人大教职工的敢想敢干而又脚踏实地的感天动地的创造，所以才不是昙花的一现，肥皂泡的一闪，而且具有强盛的生命力，它已度过了 50 华诞，时间的考验是最好的证明。事物总是复杂的，有反必有正，正中有反，反中有正，辩证法如是说。所以切忌一刀切。如何分析辨别"大跃进"中同时涌现的但并不同质的事物，请听原《人民日报》副总编辑，当时任人大新闻系主任，"中心"前身剪报公司和新闻系印刷厂的创始人安岗同志在 35 年后的评说：

625

1958 年办剪报公司和新闻系印刷厂，是灵机一动，也是很自然的事情。这与当年的大气候有关。那时思想解放一点，提倡敢想敢干，有一个热气腾腾、意气风发的大环境。1958 年当然有很多"左"的东西，如抓了那么多"右派"，提出"拔白旗"的口号，搞违反经济规律的"大跃进"，等等。但的确有一股想干一番事业的劲头，这是应该予以肯定的，对于"大跃进"年代办的事要一分为二，有属于主观主义、缺乏科学态度的蛮干，也有属于满足社会需求的创举——它们在一般情况下办不成，但在那种"鼓足干劲，力争上游，多快好省"的精神鼓舞下，不畏艰难险阻，一鼓作气就办成了。剪报公司和新闻系印刷厂就是那种可贵精神的产物。

中国第一套带内容提要和四种分类法的铅印的书目卡片

查查我国各地大中小图书馆的目录柜，先前的书目卡片大多是手写的或油印的，只有少量是铅印的，但没有内容提要和统一的分类号，不便读者使用，也不便馆际合作。创办一套新型的书目卡片是现实的需要。吴玉章校长把这个任务交给了人大图书馆，指出应该向苏联学习，编印全新的铅印的书目卡片。在语言文字学家、馆长张照同志的主持下，责成编目科科长马志鑫同志主管，业务骨干陈国英同志、许振礼同志（后任"中心"副主任、主任）具体负责，联合北京图书馆、中国科学院图书馆等兄弟单位，成立了"图书提要卡片联合编辑组"（简称"卡片组"），创办了书名有汉语拼音注音、正文有书籍内容简要介绍、登录有4种分类号（中国图书分类号、中国科学院分类号、中国人民大学分类号、中小型图书馆分类号）的铅印的书目卡片，而且一度做到了随书配片，大大缩短了图书从采购到分类、登录、上架、出借的周期，使读者能很快就看到新书。其最大的好处是编写和印制质量高，标准统一，著录规范，有图书内容提示，便于管理。除每日编印单张书目卡片外，还按一定周期编印集结性的《新书情报》。"卡片组"还与中国作家协会合作，出版回溯性的大型书目工具书《建国以来优秀文艺作品专题书目》（1949.10—1961.2）及续集（1961.3—1962.12）。"卡片组"的成立和首创的业绩无意中为几十年后风靡世界的电子检索和实现信息网络化打下了基础。此举在中国图书馆事业史上是开天辟地的第一回，影响深远。策划者和领导者张照同志、马志鑫同志和陈国英同志也因此以富有开创意识和实干精神著称于我国图书馆界。

这一项首创的事业在"文革"中被迫停办，后来，马志鑫同志从江西"五七"学校调到北图，在人大复校前恢复了书目卡片的出版和发行。

中国第一家剪报公司

关于剪报公司的情况，由它的创办人之一、首任经理刘爱芝同志来说会显得更真切。刘爱芝同志是"三八"式的老革命，党的老报人，从《大众日报》到《东北日报》、《红旗》杂志社、《甘肃日报》（任总编辑）、《光明日报》（任副总编辑），一路走来，留下的都是意气风发、敢想敢干的回响。他主创剪报公司时，是我校新闻系的教师。他在1993年写的回忆文章中提到：

那是 1958 年秋天，我在中国人民大学新闻系任报刊史教研室主任兼资料室主任的时候，很想办一个剪报公司，目的一是开创中国的剪报事业，为中国的各种科学研究事业积累和提供资料；二是为中国人民大学新闻系积累一点资金，更好地开展新闻研究事业。我的这个想法一提出来，就得到资料室全体同志特别是副主任李良多同志和资料室的业务骨干宋来未、徐德懋、胡赛珍的支持。接着我们就召开会议研究怎么创办的问题。当时我说，我们一无资金，二无人员，唯一的办法是向中宣部、人民日报、北京日报、中央人民广播电台等单位借钱、借人。大家一致同意。

决定了办剪报公司之后，我们就向系里报告了我们的想法。系里很支持，安岗同志说，说办就办，你立即行动。……

中宣部的一些领导同志和人民日报社的领导同志，都非常支持办剪报公司，于光远同志就拿出了一万五千元稿费给我们作资金，接着邓力群同志还批准红旗杂志社借给我们一万元。人民日报社答应除经济上给我们支持外，还决定调给我们十几个干部。……

首先是人员，我们一计算，公司办起来起码要十几个懂新闻的人圈报选材，三十多个剪报贴报的，五六个送剪报资料的。人民日报社来的十几个同志，当然是骨干，但这还远远不够。于是我们决定吸收当时被错划为"右派"不能随班到报社实习的 9 个同学临时参加圈报选材工作。……剪报人员怎么办？我说，没办法只有到街道上去招。我们和街道上一说，二三十名有一定文化水平的剪报人员就找到了。人员定了以后，系里又拨给我们一大间近百平方米的旧房子和一些桌子凳子，我们就开张了。

新闻系主任安岗同志，1936 年参加革命，历任山西牺盟会委员、《晋冀豫日报》社长、新华社临时总负责人、《人民日报》副总编辑、《经济日报》总编辑。他在 1993 年写的回忆文章中写道：

再说剪报公司。报纸主要抓新闻，50 年代还不流行"信息"这个词，新闻也就是信息。报社是信息机关，传递着千变万化的信息。报纸是"易碎品"，看完就扔了。但报纸所登载的信息积累起来就不一样了，它记载了历史，成为信息的长河。如果只知办报，而不知对报纸所载信息的积累、整理、加工和利用，那是没有发挥报纸长期效用行为。剪报的作用就是要使"明日黄花"的新闻变成"开花结果"的信息……1958年还没有"信息社会"这一概念，现在我们是不是进入了信息社会我不敢说，反正现在谁也离不开信息，干什么都需要信息，没有信息就是故步自封，就寸步难行。

剪报不仅仅是保留历史资料，而且有极为有用的价值，剪报是一种商品。我记得当初剪报就确定是卖钱的商品，进行第二次流通，变成适用性、继承性更强的文献信息资料。当时我不知道外国有没有剪报。我在苏联《真理报》社看到了他们的资料室，他们剪报是供编辑部人员用的，中国新闻界的各种资料室大多数也是为内部服务的、内向型的机构。为什么不可以把内部没有秘密的资料变成社会流通的商品呢？这可能有一个解放思想的问题，害怕把剪报变成商品，把资料室变成公司，从而长出了一条资本主义尾巴。中国社会需要，是中国自己的一个创造，是1958年解放思想的产物。……对创办剪报公司，我是倡议和支持的。剪报公司变成书报资料中心好比登门入室，这是一项科学的工作，也是把新闻资料变成商品的工作，属于信息经济学的范畴。它应该成为一个独立的实体，应该成为向全世界发行的一个大的信息产业公司，争取在全球占一席之地。当时创办时并没有这样的认识，只有一些对信息的重视和一些模模糊糊、敢做敢为的想法。

剪报公司的成立受到国家机关、新闻机构、高校的普遍欢迎。中共中央机要室、国务院外事办、中宣部、统战部都是它的用户。新华社记者孙世恺曾专程来访，写成《北京剪报公司内外》发表于《人民日报》1961年11月22日第四版。

中国第一个新闻系学生实习工厂

安岗同志在 1993 年写的回忆文章中说：

办印刷厂还得从办新闻系说起，关键是培养什么样的人才和怎样培养人才的问题。毛主席很重视这个问题。在共和国的国旗在天安门第一次升起的前一个月，即 1949 年 9 月，毛主席在他的办公室接见了胡乔木、邓拓和我三个人。在谈到新闻队伍建设时，毛主席说："人才不是从天上掉下来的，要靠培养。我们的干部，土改他参加了，但搞建设他不懂，就要靠培养，新闻人才也是这样。"1955 年时，我是《人民日报》副总编，胡乔木同志要我到人民大学创办新闻系，我表示为难，在乔木同志鼓励下我同意了。当时什么都学习苏联。办新闻系前几年，我作为中共中央宣传部代表团成员曾到苏联学习、考察了半年，我觉得苏联的新闻工作和新闻教育不行，太死板，太沉闷，人的个性和创造性发挥不出来，要办新闻系不能按照苏联的模式。应该着眼学生才能的培养，不要把学生塑造成为只能按一定模式思考的呆鹅，思想要开阔，要研究出自己的路子，采用生动活泼的形式来培养人才。当时是"不学苏联三扁担，不学苏联扁担三"。人民大学新闻系于 1955 年办起来以后也请了一位苏联专家来讲课，实在是很教条很枯燥，有的学生听着听着就睡着了，这样讲课不行。我主张课堂教学要搞好，此外，还应该走出课堂，到生产和生活中去，办工厂和办报纸，到印刷厂学会排字和拼版，这对于一名未来的记者和编辑是绝对必要的。为了给学生提供一个学习的基地，就办了一个小印刷厂，事情就这么自然而然地办起来了。事实证明，这样的教学措施是很有益的。今天排印技术现代化了，学生可以不必到印刷厂去，可以在办公室掌握电子编辑排版技术，但其作用和意义是一样的。新闻系印刷厂后来承担卡片组和剪报公司的印刷任务，最后三家合成一家，也是顺应形势发展、自然而然的事。

新闻系印刷厂在筹办和开工过程中，吴玉章校长不止一次地去视察，并亲自写信给总工会等单位调拨印刷设备。

新闻系印刷厂第一任厂长是张隆栋老师，是一位传播学和外国报刊史教授，在筚路蓝缕的创业中备尝艰辛。新闻系印刷厂从扩建厂房到筹集机器和物资，都有师生积极的参与，本着艰苦奋斗、勤俭办厂和不花钱、少花钱的原则，师生们四处奔走，跑遍北京、天津、上海和东北各大城市，呼吁支援铅块、字模、字盘、铸字机、印刷机。在北京的很多设备，都是由学生手提肩扛，用自行车和三轮车运回来的。有一次借到一辆马车，可是没有马，同学就当"马"来驾辕拉车。

新闻系学生遵循安岗同志的办学思想，在"大跃进"年代办了很多公社报和工厂报、公司报，共计有 19 种。他们从采写、编辑到铸字、排字、排版、刻字、印刷，完成实习的全过程，学到了很多出版知识和技能，高玉宝同学在照相制版车间和木工车间干得很欢，学生们对待实习很认真、很投入，还留下了一段佳话：有两个印厂的年轻女工爱上了两名学生，其中一对后来结成伉俪，和谐美满地过到今天。

中国第一个在计划经济体制下寻求文化商品市场的事业单位

文化商品意识和市场观念，在"中心"前身三个单位的领导和经办人的头脑中是明晰的，刘爱芝同志并不讳言要"积累一点资金"，安岗同志说得更具理论色彩：剪报就是卖钱的商品；新闻系印刷厂在保证学生实习外争揽外活，王青田同志就任第二任厂长后一年之内就扭亏为盈。因此当三个单位合并成立"报卡社"时，各自都拿出了从市场挣来的利润："卡片组"奉献 30 多万，剪报公司和新闻系印刷厂各奉献了 3 万多。这在当时是一个颇为可观的数字。就凭这一条，在困难时期才免除了被撤销停办的噩运。

虽然可以继续存在，但面临着严峻的考验，因为教育部下发（63）教调崔字 144 号文件规定三个单位合并后在经济上实行"自负盈亏,独立核算",说白了,就是敲破了事业单位的铁饭碗。在视商为奸、视市场为资本主义的大环境中,自谋衣食好像失去了保障、撤去了底线,不免惶惶然茫茫然。前身三个单位的小戏商海是不带风险的,还有几分潇洒,合并以后可不行了,因为改制了,而且玩儿真的啦!这就使本是"临喜受命"的社主任夏加同志陷入了如临深渊的险境,承受了前所未有的压力,迫使"报卡社"更自觉更清醒更积极地经营信息产品,开拓文化市场。在秉承前身三个单位经营方略和成功经验的基础上,夏加同志广泛吸取大家意见,扩大信息产品的收集范围,调整产品内部关系,形成索引—文摘—全文选印金字塔形的系列结构,并且紧跟形势发展,不断调整和增设新专题,满足文化市场的客观需求,获得了较大的成功,经济上不但自给,而且还有盈余,部分弥补了人大经费的不足。书报资料中心因为经济效益较好,向学校的贡献,在一段时间内在系所和附属机构中名列前茅,被校内教职工戏称为"摇钱树"。

中国第一个资料工作科学讨论会

"文革"中,"报卡社"受到了毁灭性的摧残,是我校的重灾区,校内校外有人给它的罪名是"为十七年黑线歌功颂德","贩卖修正主义黑货",被迫停办,一卡车一卡车的资料被送往造纸厂销毁。面对这种焚书暴行的历史再演,痛心疾首,但欲哭无泪。1978 年终于复校复社了,欣喜万分。高兴之余,不免痛定思痛,肃清"左"的思潮在资料工作中的流毒,是大家共同的意愿,但从何处入手呢?资料工作中"左"的理论的要害是什么?"中心"编辑部主任杨教同志认为应从资料属性的分析切入,他认为文章从宣传的实用转为资料的保存,它就成为历史,是物质存在,意识形态的阶级性就不再是资料的属性。而物质性和历史性应该是资料的属性。资料工作者为保存、选取、提供一时被认为是"毒草"的文献而获得各种罪名，是违背资料工作客观规律的。他将这些新奇的看法写成《资料试析》一文，引起全国图书资料界的轰动，争论不休。我很赞赏他的理论勇气，也主张资料的属性应排除阶级性，但具体地给资料定属性，应该是"客观性、独立性、中间性"，即文献从阶级性很强的报刊上转为资料之后，其性质就彻底改变了，它是一种记录人类思维成果的客观存在，并脱离作者意志而独立，敌我友三方都可以利用它而呈现中间性。资料工作的成败没有正确或错误的立场判断，而在于资料收集和整理加工的广、快、精、准所达到的程度，如果不收集"毒草"反而是资料工作的失败。可是很多同行还是死抱着"阶级性"不放。我们二人征得夏加同志同意和支持后，以"中心"的名义在 1980 年 10 月 29—31 日召开了我国历史上第一次资料工作科学讨论会，中心议题就是资料的属性到底是什么。中央各大媒体、科研院所的资料室、公共图书馆都派代表参加，讨论得十分热烈。《人民日报》、《光明日报》、中央人民广播电台都作了报道，香港《文汇报》和《大公报》也作出反应，分别刊出题为《人脑与电脑》、《资料与极左》的评论文章。一位校领导看到消息后觉得很新鲜，认为扩大了人大的影响，表扬和鼓励了我们。会后，我把全部发言和论文集中发表在"中心"创办的内部刊物《资料工作通讯》总第 3 期上，免费赠送订户。这次讨论会引发了全国图书资料从业人员的理论兴趣，推动了信息管理理论和规律的探讨，促进了社科信息研究刊物的诞生，详细情况请参见下一个第一。

中国第一个社会科学情报学杂志

从"资料"到"情报"到"信息"所指的实际上是一个东西，名称和概念内涵的变化，既反映了高新技术的飞速发展和信息社会的即将来临，也说明了对它的理论研究，从传统的图书馆学，发展到情报学，再发展到信息学，信息已被视为世界的三大支柱（另外两大支柱为能源、材料）。

广大图书资料工作者必须从新的高度来认识自己工作的性质和崇高的历史使命，迫切需要有一个交流的平台和理论研究的园地。这方面，科技情报界做得好，20世纪70年代全国就有3个科技情报学的学术刊物，而社会科学情报学的学术刊物一个也没有；那些传统的图书馆学杂志数量上有将近10个，但办刊指导思想和内容太陈旧，不能适应时代的要求。

在夏加同志的倡导下，"中心"责成我一个人于1979年办了一个内部发行、免费赠送订户的杂志《资料工作通讯》，来适应上述信息社会的需求。这个内部发行的杂志因为在总第3期集中发表了引起激烈争论的关于资料属性的论文和发言，名声大振，招引了越来越多的来稿，都是专论社会科学和人文科学情报资料工作特性的。这说明将《资料工作通讯》办成独立于科技情报学学术刊物之外的正规的社科情报学学术刊物的条件已经基本具备，我们向有关部门提出了正式公开出版的申请，于1981年8月获国家出版局批准，1985年改名《情报资料工作》。它在团结全国社科图书资料工作者和组织学术交流方面作出了突出的贡献，并促进了中国社会科学情报学会于1986年12月成立，当时的中宣部长朱厚泽亲莅大会发表长篇讲话，获得如雷掌声。从此《情报资料工作》正式成为学会会刊。这个中国第一个社会科学信息理论和实践经验的最高论坛，源于"中心"的首创，后得到了中国社会科学院文献信息中心的赏识和大力支持，成为全国的核心期刊。

中国第一个社科信息服务机构

"中心"复办以后，报刊资料出版物的质量和内部结构不断得到提高和优化，100多个论文精选和全面索引合一的按学科或专题分列的信息期刊、几十种文摘卡片和8大册报刊资料索引组成了一个金字塔式的庞大的资料体系，为人文社会科学研究工作者、教师、高校毕业生、研究生提供了极大方便，为他们省去了大量查找资料的时间，为全国各图书资料单位省去人员编制约有数千人之多。"中心"的创举顺天应人，在中国报刊资料的收集、整理、加工和出版发行事业史上翻开了新的一页，具有里程碑式的意义。所以在广大订户中享有"功德无量"口碑式的赞誉。

"中心"走向比较成熟和比较完善后，吸引了中国社会科学院文献信息中心的注意，并实现了与他们的紧密合作，直至联袂牵头成立中国社会科学情报学会。在讨论中国真正意义上的社科信息产业的诞生和信息服务的日臻完善的历史时，社科院文献信息中心主任孙方、副主任易克信一致认为，中国第一个社科信息服务机构，应该是人大的"中心"，虽然中国社会科学院成立情报研究所在 1952 年，早于人大"中心"的前身，但他们重于翻译，真正意义上的中文信息的收集、整理、加工、出版、发行，他们做得少或没有做，而人大"中心"的信息产品经过几十年的发展已构成了一个完整的体系，实体的本身也形成一个产业。由此来确认人大的"中心"是中国社科信息第一家，是当之无愧的。这是一个权威性的确认，虽无证书，却有事实和口碑，我们也欣然接受了这个确认下的"封号"。在"中心"成立 35 周年之际，出了一本纪念文集，冠名为《社科信息第一家》，中心主任兼总编辑谢自立请书法家欧阳中石教授题写了书名。

中国第一套外文论文选汇和题录索引

20 世纪 80 年代，"中心"与中国社科院世界经济政治研究所合作，从进口外文期刊上选材，按英、法、德、俄、日、西等 7 种文字 7 个专题出版外文版复印资料，同时更广泛收集外文论文，著录篇名、作者、原载报刊并译成中文，以利国内懂外文的研究者使用。虽然后来因印数太少而停刊，但却是一个有益的尝试，创下了又一个第一。

中国第一次出口中文信息刊物到世界各地

20 世纪 80 年代初，在改革开放的大潮中，"中心"主任夏加和副主任许振礼眼界开阔，主张资料产品出口，在获得上级主管机关的批准后，通过中国图书进出口公司把"中心"的信息刊物推广到全世界，受到海外学者前所未有的热烈欢迎，被誉为"中华学术的窗口，中外文化交流的桥梁"。我国我校很多出访学者都在世界第一流的大学和研究机构看到"中心"白皮红字装印十分朴素的出版物，倍感亲切和自豪。袁宝华校长从国外访问归来，很有感触地说，由于多年的被封锁和自我封闭，外国很多大学并不知道中国有个中国人民大学，但是他们订阅了"中心"的资料，从而知晓了中国人民大学的存在。

资料出口之后的第二年（或者第三年），全国有一次保密检查，当时规定省报和内部交流的杂志不能出口，而它们都在"中心"信息刊物的收集范围之内。"中心"领导怕出纰漏而主动申请停止出口，引起境外学者的一片哗然。胡华教授转告了外国专家呼吁恢复出口的强烈要求，并给主管部门写了信。日本学者访华时受到当时中宣部领导的接见，他们又直面呼吁。这样，很快就恢复了出口。寇恩田同志接任"中心"领导后，采取了更多的渠道和方法来扩大出口，比如与日本的内山书店实现了直销。

结束语

创下多项中国第一的"中心"及其前身的领导及业务骨干，有的已经作古，有的还健在，特别怀念和感谢他们。他们的共同点是真正做到了实事求是，不唯上不唯书，敢于抵抗"左"的压制和干扰，有胆有识，敢作敢为，甚至甘冒风险，勇于创新，而且一步一个脚印地实干，艰苦卓绝汗流浃背地干，废寝忘食地干，舍命舍财地干。他们是精英，他们是功臣，他们是思想解放的先驱，他们是"中心"的形象代言人。

我所述"中心"的九个全国第一的时间段，起始于"中心"前身创办和我实际参加工作的 1958 年，截止于我退休的 1996 年，所述全部都是我亲身经历的。但事隔几十年，又由于年迈衰退，肯定会有疏漏，谨请指正。1997年以后"中心"的开拓和发展，很不了解，希望知情者来续写"中心"第十个乃至更多的全国第一，像一颗颗珍珠串联累积起来，保存下去，记下"中心"不断发展的轨迹，也录下你的人生价值。

预祝人大和"中心"再创辉煌！永远辉煌！

人物简介

吴尚宇（1936—　），浙江省浦江县人。中共党员，编审。

吴尚宇1954年考入北京大学中文系，1958年9月随北大中文系新闻专业并入中国人民大学新闻系。1959年毕业留校，在中国人民大学书报资料中心及其前身工作，历任工人、编辑、编辑部副主任、资料室主任、研究室主任、副总编辑、中国社会科学情报学会副秘书长和学会会刊《情报资料工作》副主编、校第四届学术委员会委员。参与编撰的专著有《社会科学情报理论与方法》（"七五"期间全国哲学社会科学重点研究课题）、《中国社会科学手册》、《编辑实用百科全书》、《出版辞典》等，独立发表情报学、史学、文学论文数十篇。业余喜爱书法，多次在全国各类比赛中获奖。

吴微谈：人大校史见闻及思考[①]

　　摘要： 吴微（1930—　），江苏扬州人。中国人民大学原计划经济系系主任、计划统计学院副院长，教授。本文回忆了他在"反右"运动、"教学检查运动"、"文化大革命"等政治运动中的经历和感受，记述了他对若干校史问题的思考。

结缘经济工作　考入中国人民大学

　　1930年，我出生在江苏扬州，从小一直在扬州念书。1948年底，我在江苏省立扬州中学读高中三年级。1949年暑假即将毕业，但扬州一解放，我和几个思想进步的同学，没等毕业就走了。大家一块儿向北走。因为那时苏北盐城有一个华中大学，是解放区一个干部学校。我们想通过那里再到东北去。到华中大学以后，先学政治，没多长时间，就被动员随大

[①]　本次采访时间为2009年3月4日，由中国人民大学校史研究室负责采访、录音整理及文字编辑。

军渡江南下了。我们的任务是到上海周围去接管蒋管区的各级政权。我们大队叫松（江）（青）浦工委，要接管的区域包括现在上海市外围的九个区县。

在南下行军途中，我们得到通知，部队需要有人协助搞粮食工作。于是我们就被抽调参军，编成群工队，主要为部队做粮食的征集工作。我们跟部队跑了大概一个月，渡江后，部队将进入浙江，南下福建。到达宜兴以后不久，我就从部队撤出了，所以我只当了一个月兵。

从宜兴翻过一座小山就到了无锡。到无锡的时候已经是 1949 年 5 月初了，先住在荣巷休整，到苏南区党委报到，重新回到原来的建制松浦工委。上海解放后，我们才从苏州的浒墅关到达松江。松江专署当时是苏南行署的派出机构，我被分在财经处的粮食局督导组，先后参加了当年的粮食夏征和秋征。征粮的任务基本完成了以后，我就留在松江专署的财经处。这样，我这一辈子就和经济工作挂上钩了。

经过"三反"、"五反"，松江专署的机构精简，我还是留在专署财经组。那时整个专署机关只有几十个人，分为三大块：政法组、财经组和文教组。专署不是一级行政机构，主要负责政策方面的检查、反映情况、提出建议、上下级沟通。1952 年专署成立统计科，接着成立计划科，后来叫计委。从此，我就在这里工作，与经济计划、计划经济结下了不解之缘。

在中央提出"向科学进军"的号召后，1956 年，国家鼓励年轻知识分子去考大学。那一年，大学招生的人数要大于当年高中毕业的人数，所以全国大学生源不足。中央有一个决定，向科学进军需要人才，不管是工厂、部队，还是学校、机关，凡是具有条件的、自己愿意的都可以报考大学。经过考试，如果符合条件录取了，所在单位一定要放行。说实在的，在机关里，我们这些人尽管经验不足，文化还是可以的，学起来也比较快，机关舍不得放人。有领导说：这是中央的决定，要看大局，只要他们报名就让他们去。还请当地中学办班帮我们复习。我们白天工作，晚上去参加复习班补习文化课。那一年我们单位共有十几个人考上了大学。

我是 1956 年夏天参加的入学考试。那个时候没有全国统考，各院校自己组织招生。中国人民大学提前招生，就是说你报考了中国人民大学，还可以报考第二批的，像上海交大、同济大学等。中国人民大学当时考的内容我还记得，数学、语文、英语，还有历史、地理。那一年的政治题好像是对反对个人崇拜的看法。英语也比较简单，大概是写一篇小作文《我的家庭》。我记得不是太准确，就是介乎初中和高中之间的水平。

当时中国人民大学招生考试集中在几个点，江苏考点在南京。机关给我们提供了很好的条件，专门送我们到南京去，找了个招待所住下来，临时抱佛脚，还要在那儿抓紧看书，然后再考试，考完了又把我们接回去。我当时在计划统计科工作，所以报考了国民经济计划专业。

大概两个月后，成绩出来了，录取名单登在省报上。我们单位收发室收到报纸，一看，赶紧打电话向我报喜讯："你被录取了啊。"我高兴得不得了。那一年我们松江专署机关考取人大的一共有三个，另外两个在贸易经济系和党史系。还有松江县里的一个女同志考上了新闻系。

1956 年 8 月下旬，我们几个人一块儿北上到中国人民大学报到。经济计划系在西郊。我记得，那天在城里校部报到了之后，正好有一辆车要调到西郊办事。这是一辆大轿车，除了司机，里面就我一个人，我就得意洋洋地到了西郊。那时候西郊主要是财经几个系，文史、理论几个系在城里。据说那时候有个规划，是把西郊这一块单独搞一个财经的院校。后来，城里的文史、理论各系也陆续搬到西郊来了。我在西郊 4 年（原定学制是 5 年，"大跃进"中缩短为 4 年），1960 年毕业留校，一直到"文化大革命"。

"文化大革命"中我没有到江西干校去，因为我的爱人在苏州地区机关工作，她后来被下放到太仓，我就跟去了。1970 年人大停办，第一批有 20 多人分到清华，但我没有去，而是调到了太仓。早在 1958 年松江和苏州两个地区机关合并，松江地区的九个县先后划给上海市，这样一批干部就调到苏州来了。所以苏州地区那边的干部我还熟悉，他们就应我要求把我调过去了。但我没有被留在苏州机关，一个理由是我爱人已经下放到太仓，另外我估计就是对我这个大学生、对我的家庭出身有看法。我调到了太仓一个叫浮桥的镇上，在中学里当革委会副主任。这是我第一次"当官"。正好那时要把高中普及到农村里去，需要教师。在中学里，我主要教政治、地理，如哪个老师生病来不了，我就代课。所以跟当地的教师、干部的关系都处得挺好。我在那儿待了5年多。太仓在长江边上，是很不错的地方，生活上跟我的习惯比较接近。说实在的，生活上并没有遇到什么困难。

后来我调到苏州。那时苏州在农校的基础上办了一个"五七"农业大学。我调到那里当教育革命组副组长，其实就是教务组，做教务工作，但要挂上"革命"二字。第二年粉碎"四人帮"，但人大还没有正式恢复。北京的同志把我借调到国家建材工业总局搞了两年，在政策研究室写一般文件，主要出去调查研究。通过那段时间我对实际工作有了更多的了解，也跑了不少地方。1978年人大复校后，我在1979年初正式调回了中国人民大学。

运动见闻

从1956年上大学算起，到"文革"中离开，我在人大学习、工作了14年。其间经历了多次政治运动，"反右"、"反右倾"、"教学检查"、"四清"、"文革"等等。

刚入校时，环境很好，心情特别舒畅。学生和教师之间，学生和领导之间的关系非常融洽，你可以随时去反映情况，谈一些问题、要求。我觉得以前在机关里面还缺少这样一种平等的气氛。下午4点后学生出来活动，我第一次看到学校十几个篮球场同时在打篮球，衣食住行也很有意思。

第一个遇到的运动就是"反右"。1956年下半年，国际风云变幻。社会上思想动荡，当然也要反映到学校。说实在的，大学当时比较敏感。费孝通写那篇"早春天气"的文章，《人民日报》在很显著的位置发表。这就给大家带来一种感觉，国家政治生活会有什么变化。后来法律系的女学生林希翎（原名程海果）在校园里作报告。我们听说她在北大已经讲过一次，很轰动，很多人去听。她穿衣服很朴素，嘴巴会说，有煽动力。她主要就是讲她暑假的时候到外地看到的工人罢工情况等等。她说党群关系已经处在一个新的条件下。大概就是这个意思吧。报告最后讲："现在我有一份赫鲁晓夫秘密报告，下次我可以把报告念给你们听。大家要带手绢来抹眼泪。"虽然许多人对报告的具体内容不知道，但是中央对报告的看法，学生已经通过各种渠道传播了。苏联共产党采取了一套很坏的手段来揭露党内出现的问题，还有1956年"波匈事件"，后来的南斯拉夫问题，这些大家都想知道。当时想听这个报告的人确实也是大多数。在这种情况下，学生当中就有分歧了。我那时候是班里的党支部书记，我觉得既然中央不愿意把这个报告公开，大家去听合不合适？那个时候大家组织性、纪律性还是比较强的。那天下午两点作报告，但有不少人吃了中午饭，拿上小马扎去占位置。地点就在现在学生活动中心旁边、校医院后面。那个地方原来有个舞池，水泥铺得比较平整，旁边有水泥砌起来的座位。那天我倒是没去，想不起来原因了。后来去的人可就倒霉了，特别积极的人后来有一些被划成"右派"。

我们那个班比较特殊，一共30多个同学，有5个越南留学生。5个越南留学生中有两个是高干子弟。一个是越南国家计委主任的儿子，就是去年在我校校庆大会上讲话的潘演，他妈妈是越南的全国妇联主席、越共中央委员，爸爸是政治局委员。潘演后来曾是越共中央政治局委员、书记处书记（越共中央政治局不设常委）。还有一位是女同志，她爸爸是越南外交部长雍文谦，也是中央政治局委员。那个时候留学生不像现在的留学生，他们当时都跟我们住在一块儿。他们来中国第一年在北大学汉语，然后到人大来学专业。开始他们中文还讲得不太好，后来很熟练了。去年人大七十周年校庆，你看潘演那天的讲话讲得多好。那个稿子也是他自己写的。事先我们去钓鱼台看他，他拿讲话稿问我们："这样行不行？"他写得挺好的。几十年下来还能这样子，很不容易啊。还有三位越南同学，一个是老干部，当过区委委员，打仗出身的；还有两位是平民青年学生。他们学习非常用功，成绩优秀。我们到现在还保持联系。

几位留学生对"反右"也很重视。那时候我们的党团活动和越南学生是可合可分，完全与各自有关的事情就分开，有关学习的这些事情就都合在一块儿。那时候双方相处的气氛很好。其中有一个平民出身的同学，他当时很积极，很早就去听林希翎的报告，结果他就被他们的支部看出这种倾向。就在那一年，1957年放暑假的时候，他们回国探亲，返回中国的时候被越南海关扣留了护照，不让他出境。一直到上个世纪90年代，他突然给我来了封信，要求人大给他平反。我就跟学校商量。不让他回到中国学习不是我们学校的事，怎么给他平反？我给他写了封信，讲到中国类似的情况，大家都向前看，作为个人，对过去的事情也不再具体追究了。要讲怎么为他平反，让我很为难。我建议他还是找原来的越南同学，潘演那时已经是越南的高级干部了，可以和他商量去。但是我们可以证明他在人大读书的学历。我把这个想法报告了李文海校长，他同意给他发肄业证书。我就找教务处，证实他在这里念过书。但当时教育部也没有印好的肄业证书。我就跟教务处的同志商量，为他单独在电脑上做一个。这件事现在看起来很容易，那时候并不简单。请他把照片寄过来，校长签了字，在春节之前用国际特快给他寄去。他收到以后马上就给我来信，说多少年都没有这么高兴过。

当时有的班上划了"右派"，两三个。毕业的时候，"右派"受到的影响太大了。有些人分到西北边远地区，有一位后来都不知道到哪儿去了。我们班一个"右派"都没划出来。我们年级共四个班，其他三个班都有。我是班里支部书记，权力很大。我看这个也不像、那个也不像"右派"啊。我说鸣放时的发言记录就在这里，有的比较尖锐一点，有的还有点理论性。比如有一位，他说：群众对现状不满，是一种动力。不满足、不满意，才会改进；因此不能把不满都看成是一种政治上的不好。原话我记得不大清楚了。一定要划成"右派"，确实太为难。我们系的领导有薛政修（后改名李震中），他是我们的总支书记，后来系里没有追究我。

1958年学校又补划了一批"右派"，我们系里一个也没有补划。1958年上半年学校搞了个"双反"交心，"反浪费"，还有一个"反保守"。因为"反右"过去了嘛，大家把心里话谈出来。这是人大一个特殊的运动。交心啊，你要把对党的看法、对社会的看法交代出来。大家都本着对党忠诚，讲心里话。有的出了格，被划成"右派"。我们系里面没有。还有一种，如果"双反"交心你谈出一些问题，就认为你这个人很复杂，以后对你就有一点看法，影响到信任和使用。党群关系复杂了。

1958年"大跃进"本身确实起到一种把人的精神提升起来的作用。那时候提出"苦干三年，改变面貌"，这是鼓舞人心的口号，我现在还是这么看。但谁知道后来搞成那样。那个时候学校工作也"大跃进"，学习上提出目标。党委书记胡锡奎在大会上作报告，说他在补习俄语，他公布了自己的学习计划。每个学生也都要定计划，定出一份"红专规划"，分析自己主要弱点和强项在什么地方，如何弥补弱点发挥长处，写出大字报贴在墙上，每个人都这样做。后来就是要写多少论文，编写多少教材，学生要参加编写教材。现在百家廊这一带，那时是树林，叫"和平林"、"友谊林"。那儿凉快，夏天在那里开大会，胡锡奎在大会上面讲，最著名的口号是"×年内十百千万"。"十"就是十本最著名的专著，"百"是一百本教材，"千"是一千篇论文，"万"记不起来指什么了。个人也要有相应的指标。我是1960年毕业的，"反右"、"大跃进"都参加了，而真正学点专业，是快毕业的那半年，系里给大家补了一些课，同学们也看了一些书。政治运动一直不断，以参加实践代替理论学习，真是办学的教训。

1958年办公社，我们和当地干部也交流，有些干部很有水平。他们到我们住的地方来征求意见。有位同志后来怎么样我不知道，但根据我当时的印象，他很可能要挨批。他说，社员们干归干，晚上休息下来就会想：

干得好，给一面红旗，那怎么行？没有物质奖励能长期坚持？当时基层干部对这些政策也有一些思考。当然他不好和老百姓谈，就和我们谈。人家讲的是心里话："这么干下去不行。"

就在 1958 年年底的时候，人大、北大两校组织人民公社调查组，在我们那里抽人参加。我们班没抽同学，教研室抽了教师。系主任薛政修带队到河南信阳搞人民公社调查。1959 年下半年，庐山会议的情况慢慢传出来。新学年开学典礼那天吴老吴玉章校长作报告，讲"反右倾"。他不像以前开学典礼上那样精神奕奕。不久，学校把参加"人民公社调查组"的师生集中到刚刚建成的一个楼里"反右倾"，没有让我们学生和一般的教师参加。后来有些同志就被戴上"右倾机会主义分子"的帽子，有的降职、降级、下放，大家才逐步有所了解。

"反右倾"之后，就是"教学检查"。1960 年开展教学检查时，我正好毕业留校。当时最大的问题就是学术问题、思想问题、组织处理都弄到一起去了。这个事情很伤人的，据说全校 13 个系主任批了 12 个。

那一年，毕业生留校当教师的很多，据说有 200 多人。发动学生检查教师讲稿，把认为不符合"三面红旗"要求、不符合政策的划出来。然后责任落实到个人身上，谁撰写，谁主编，那就是负主要责任。虽然不是敌我矛盾，但是批判以后要下放。学术问题变成思想斗争，思想斗争又变成了组织处理。教学检查中，平时不讲课、不写文章的人，加上当年毕业留校的新教师却成为批别人的人，这样伤害了很多教师和干部特别是骨干教师。那时我刚刚毕业，是年轻教员，是运动中依靠的对象。现在回过头来看，对这个问题就比较清醒了。这样能把学校办好吗？所以后来引起了中宣部、高教部的注意，派工作组来。高教部的部长杨秀峰来人大了。后来怎么解决这个问题？就是大家努力把队伍重新振兴起来。工作组当时没有从根本上解决问题，只是把一些不合适的领导调离了。但运动中的疙瘩并没有解开，体现在两个方面：一是领导的责任。校长是吴玉章，但不能让他负责啊，年纪都 80 岁了，而且他不参加党委的事情。第二个就是群众这一头没解决思想疙瘩。一方面被批的人受到伤害，另一方面参加批的年轻教员、学生也不知道自己究竟是对还是错。当然批判别人的人，包括我自己在内，事后也想有些地方确实不对，但这是根据领导的要求来干的，还是觉得自己没有错。最后吴老作了一次报告，这个我记得很清楚，讲"团结一致向前看"。郭影秋后来被调来当副校长。吴老在大会上介绍郭影秋同志的时候，说：他原来是云南的省长，是南京大学的校长，是我向周总理要来的，他到人大来当副校长，都是因为我这个老头子在这里。吴老就是说自己挡在前面了，意思就是说委屈郭影秋同志了。我参加了这个会，非常感动。那么结果呢，郭影秋就处在一个什么局面之中呢？一个"夹生饭"啊。尽管说吴玉章老校长作了报告，号召"团结一致向前看"，但说一下就行了吗？团结一致向前看，把那几个领导调走就算完了？那么我批判你，我们两个人的问题还没解决呢。心结没解开，这是造成后来"文化大革命"两派对立的重要原因之一。

我是 1965 年 7 月份结束"四清"回学校的，到 8 月份，系里安排我和几个老师到中共中央华北局实习，因为要了解计划工作如何进行的、计划执行过程中的问题是怎么解决的。华北局部分机关就在白塔寺那个地方的一座高楼里面。华北局计委统计局也有一套机构，我们到那里去上班实习，去山西调查过一次。那一年华北干旱，山西省汇报 80 万人没有水喝。不久，国务院也要研究解决这个问题。周总理要中央各部包括华北局研究统筹解决华北缺水的问题，进而解决"南粮北调"问题。为此组织了若干调查组，华北局计委要我去参加。我们先是在中南海开会，后来就分为山西、内蒙、河北、北京、天津、河南等几个组。我没到过内蒙，我愿意去。那个时候已经冬天了，11 月份，我和水利部、财政部的同志一起，在内蒙工作了一个多月。这个调查一直到春节前告一段落。回到呼和浩特看报纸批"海瑞罢官"，不知道是怎么一回事。回到北京，周总理在春节期间听了各组组长汇报。本来还要进一步调查研究，形势已不允许，只能不了了之。这一年我就干了这个事。大概是 1966 年三四月份才回到学校。

"文革"刚开始贴的大字报，涉及校内问题比较少。至于批斗人，第一次闹的时候，可能是 6 月份。当时把 5 个人揪出来，在文化广场批斗，有经济系的方生、李成勋，中文系的余飘等。学校、系的"当权派"、"学术权威"，第一个是宋涛。我记不清是几月几号了，在红二楼西墙上面贴了个大字报，把宋涛揪出来。宋涛在前面走，后面跟着几个年轻教师，带到哪个地方去批斗。这是我在红一楼走廊窗口看见的。

整个学校形成两派是后来的事了，起初还无所谓两派，但是思想上的或者是取向上的分歧肯定是已经存在了。7 月 29 日晚上，郭影秋从市委被揪回学校批斗，要他交代"二月兵变"的事。自此，人大的"文革"正式展开。

人大在"文革"中有一个人，没有被人们重视。他叫范若一，原是国家计委的一个局长。"反右倾"以后，他觉得行政工作、经济工作不好做，没有兴趣了，要求调到人大来。他只当教师，不担当任何行政职务，找了几个教师一起专门研究中国的物价问题，根据中国情况怎么按价值规律办事。我们教研室也有人参加。"文革"闹起来以后，因为他刚调来不久，没有人造他的反。他写了份大字报，贴在图书馆书库的东墙上。我印象特深。什么内容呢？他说："文革"从现在这样乱哄哄的开始，最后必定闹到一个凄凄惨惨的下场，等等，分析非常深入。他的预言与后来的事实非常吻合。他这样说，造反派肯定不能允许，就批斗他。造反派画了个大漫画，编了个顺口溜来挖苦他，什么"八级干部范若一，跳起高来数第一……"斗他，也斗不出什么来，再怎么批斗他始终不认账。

"文革"以后，人大复校，我认识的一些同志，即使原来是对立面，对郭影秋好像都还是能够接受的。让不让郭影秋当学校的一把手呢？不是说成老不可以，成老毕竟已离开人大多年，年纪太大了，许多事情他管不了了。明摆着很重要的一个原因，就是当时两派：一派是打倒郭影秋的，一派是保郭影秋的，因此在一些领导来看，他不宜当校长。但从我们对他人品的判断来看，如果他当校长，也很可能有利于矛盾的解决。

"文革"初期派系对立当然跟原来的基础有关系。此前两次运动下来，所谓积极分子与被整对象之间的疙瘩是人大在"文革"中两派严重对立的历史原因之一。"文革"中大家都受了罪，因此同志关系有所改善。影响终归是有的，复校初期有段时间两派之间还是有点隔阂，后来才逐步淡化了。

校史要探索成败得失，要更全面反映我校的贡献

对校史工作，我有几点建议。

第一个问题，要总结人大在实现自己使命过程中的经验教训。这个问题在校史中好像还不太突出。关于人大的使命，刘少奇在开学典礼上讲"你们是党中央创办的第一所新型的大学"。那么这个新型究竟新在哪里？这就有一个使命嘛，要体现出"新型"来，要创造出经验来；"文化大革命"后人大复校，邓小平讲话说是要培养财贸、管理干部；江泽民提的是什么呢？第一点，社会科学和自然科学同样重要，第二点，创建世界一流；去年胡锦涛也提出了办出特色、办出水平的要求。他们给人大的任务提法不完全一样。在这个过程当中，人大究竟做了什么？怎么反映到校史里来呢？这是一个建议。

第二个就是成败、得失的关系。人大确实有很多闪光的东西，甚至还有些贡献写得不够，或我们自己认识还不够全面。但是探索中"失"的方面反映得也不够。这个问题怎么解决？那么在谈到问题的时候呢，像"反右倾"、"教学检查"、"文化大革命"这些都不可回避，还有其他回避不了的东西怎么处理？

在讲到得失的时候，有一些"得"的东西也没有突出介绍出来。离退休处组织撰写回忆文章的时候，多次商量，要把人大的风貌全面地写出来，但是有的人不写，有些人不肯写。当然也有许多好文章，比如许崇德那篇很重要。他参加了新中国历次宪法的草拟、修订（"文革"期间除外），先后担任了香港、澳门特别行政区基本法起草委员会委员，并光荣地完成任务。在我国高校中能有几人？刘佩弦写的那篇关于马列主义教材

产生过程的文章也很好，他们编了第一本教材叫《马列主义基础》，应当是很大的贡献，但在校史上面没有反映，至于说这本书现在存在什么问题需要修订，那是另外一回事情；还有，《科学社会主义》这本书，国政系还是作了很大贡献的。马克思主义的三个组成部分政治经济学、唯物主义辩证法、科学社会主义，曾经唯独"科学社会主义"没有系统的教材，《科学社会主义原理》这本教材就是我校郑建邦他们写的。这些理论上的贡献在校史里应有足够的反映。

有些事情我觉得还是很有意义的。现在的马列学院，包括国政系的一些同志，过去跟意识形态领域的某些领导很熟悉。许征帆他不肯讲，他参加过"九评"的起草。那个"九评"是历史的产物。《人民日报》的吴冷西，他写的回忆录里面，对"九评"的评价还是很高的，是不应当完全否定的。它是历史，至于说现在适宜不适宜大力宣传它，那是另外一回事情。还有就是在智库这方面起作用。现在都是北大、清华占先，人大经济学方面上不去，但是在社会主义建设和发展改革中起过很大作用。比如，"大跃进"以后要总结经验，我校工经系教师参加制定"工业七十条"①、"农业六十条"②等，都在校史上反映得不够。

1960年到1961年宋涛、李震中（原名薛政修）、铁华（原来统计系系主任）等带领几十位教师到国家计委工作了一年。外省来国家计委汇报，他们也听，也看文件。最后有一个重要的成果，就是总结十年建设经验，写成重要文件《十年总结》。经过"大跃进"、"反右倾"、"困难时期"，1900年形势开始好转，所以要总结。现在需树立"科学发展观"，据我的印象，看看那个《十年总结》也许对理解科学发展观是有帮助的。

有人老是批评计划经济，其实这个问题不好简单化。首先是价值取向问题，同时并不是说我们过去实行的计划经济不存在问题，经济工作中的

① "工业七十条"即1961年9月中共中央制定的《国营工业企业工作条例（草案）》，全文共有七十条。
② "农业六十条"即1961年3月中共中央制定的《农村人民公社工作条例》。

成败有其他很多原因，不是计划经济本身造成的，还有决策和经验的问题。意见最大的是统购统销，粮食要定量供应，发票证。那时候粮食供应不发票证，行吗？但是，问题在哪里呢？这票证要发到什么时候？也没有说一直必须发下去啊。说这个东西就是计划经济的标志。没有人这么讲啊，我们在教学中也从来没这么讲过。改革开放以后，一直等到农村的情况确实有了好转，再加上其他条件具备，那才能取消啊。这个不是随便说的。你一取消，缺粮的地方粮食价格猛涨，那老百姓怎么过啊？当然有的改革家是另外一种状况，他们说，涨价就涨价，你真的不去管它，它自己就上来了。那是要付出怎样的代价！

关于我们学校的人参加全国计划会议，《中国人民大学纪事》184页上面是这么写的："1960年，在黄松龄副校长的协调和组织下，经济、计划、统计等系的……等数十人，到国家计划委员会参与调查研究，承担部分任务……中国人民大学被正式列入参加每年国务院召开的全国计划会议名单……"对黄松龄副校长宣传不多，他是一位扎扎实实的经济学家，解放前就是个红色教授啊。他本来是高教部的副部长。他不愿意做官，愿意到学校来，当个副校长。他就抓研究，研究社会主义政治经济学。我听过他几次讲话。他讲得很通俗，他说社会主义复杂，比方说：共产主义是仙女，资本主义是流氓。仙女跟流氓斗，不行。因为仙女太单纯了，太纯洁了。因此要有社会主义，社会主义是个很长的过渡时期。这个过渡时期既有资本主义也有共产主义的因素，在这一段里面斗争就比较复杂。他就这样通俗地解释。前面提到的宋涛、李震中、铁华他们带领教师到国家计委去参加工作，这是黄松龄跟计委协商定下的。他为什么有这个能力呢？一方面，他本身是红色经济学家，有这么一种声望。第二他曾是高教部的副部长，是国家计委的委员。他提出，人大有计划系、经济系等，都是研究经济问题，培养经济工作干部的，但是他们对实际情况不甚了解，因此要把教师轮流送到国家计委去参加工作，理论联系实际，提高他们的水平。这样才有宋涛、李震中、铁华带了一大帮人去计委工作的事。国家计委还同意了他提出的另一个重要建议，每年的计划会议让人大的同志来参加。那时候一年一度的国家计划会议相当于现在的中央经济工作会议，会议根据中央的决定确定五年计划和每年年度计划的全面安排，来的都是各省省长、副省长、计委主任。从1960年一直到1988年，由国务院通知，中国人民大学都派人参加了这个会议（"文革"期间除外）。这是全国绝无仅有的，只有这一家。其他的新闻单位是人民日报社、新华社，有中央党校，但它不是普通高校嘛。1986年以前，每年是李震中去的，1986、1987、1988这三年是我去参加的。给我们发的文件与参加会议的其他成员相同（国防等部分除外），我们回校汇报过以后交给档案处保密资料室。各个省对经济形势的看法，他们提出的建议，我们参加会就都可以听到。党和国家领导人讲的什么意见，对我们都是开放的。这是很重要的事情，所以我们教学当中能够比较好地联系实际，讲问题，看问题，包括后来改革开放当中的一些看法，我们都有一定的实践基础。邹家华担任国家计委主任后，1989年没有通知我们参加会议，后来再也不通知我们了。

还有"文革"前每年的棉花会议，我校也参加。首先是种植面积，因为棉粮是要争地的。特别反映在哪里呢？北方是在河北，南方浙江也有这个问题，特别是河北。你得给农民粮食，他才敢种棉花啊。中央就给他们调拨粮食，农民拿钱买，体现在价格上的鼓励。皮棉和粮食的价格1：8，八斤粮食换一斤棉花。我校李震中每年都去参加棉花会议，回来和我们讲今年是什么政策，怎么调整。从这里让我们了解这种经济关系，土地怎么安排使用，用什么办法让农民有积极性，要让农民有饭吃，增加收入，等等。像这样一些事情对提高教师的水平和教学质量，确有很大的好处。

这都是好的方面啊。当然失误的地方也有。除了前面讲到的政治运动，还有几个例子，如上个世纪50年代不是要审判日本战犯嘛，因为审判必须要有律师参加，上面指定人大的几个教师给战犯辩护。可在此后的政治运动中有些学生贴这些教师的大字报，把这些人整得够呛。"你立场到哪去了？人家在抗日，你还为战犯辩护？"这个辩护不是说好话，是根据法律确定他的性质和量刑轻重啊。后来审判"四人帮",也要我们学校派人当律师,谁愿意去啊。"四人帮"谁不要打倒啊?还要为他们辩护?当然这时的政治环境已经与前不同了。

第三个问题就是抢救、挖掘人大的文化资源。对于一些人,名人名师,要宣传。北大宣传一个季羡林,现在有点过头。他自己也说:"你不要说得那么多,我没那么厉害。"但是我们人大的名师为什么不能大力宣传?有时候还有点你看不起我,我看不起你的,这不太好。但是校史可以做这个工作,当然要说得恰如其分,包括许崇德这样的教授,我们很佩服的。年轻人没有渠道知道,所以校史要多宣传。

我心目中的几个"校史之谜"

我提出几个一直在思考的校史之谜,不全是大事,但是很想弄清楚。如,1957年"反右",人大一共划"右派"分子378人,据我知道,其中教师有50多人,大部分是学生。但是在传达毛主席"关于正确处理人民内部矛盾的问题"讲话的时候,毛主席讲了一段话,后来正式发表时删去了,他说:"上帝也允许年轻人犯错误。"我到现在印象还很深。但结果并非如此,为什么?我们学校有4位领导同志列席了那一次最高国务会议,听了那个讲话,第三天邹鲁风就给全校师生传达了,这不是一件小事。校史《纪事》里也没有这方面的记载。还有,就是1959年人大、北大人民公社调查组。我的疑问在哪里呢?就是回来的时候是功臣啊,庐山会议精神来了,换成了批斗。调查组中人大的全体成员被迫再到原地调查,但是北大的调查组成员就没去,这也是个谜啊。再有,"文革"初期,邓小平和周总理,先后两次来到人大,一个月里来了两次,当时人大并不是"文革"的中心,他们二位为什么选择人大呢?为什么其他那几位"文革"大员,却从来没有到过人大?人大从停办到撤销,我看人大《纪事》上面没有用"撤销"这个词,说的是"宣告结束"。当初我听到的是"停办",

1970年10月军宣队宣布"停办"。停办的原因和相关过程,《纪事》的记述并不清楚。

人物简介

吴微(1930—),江苏省扬州市人。中共党员,教授。

吴微1956年至1960年就读于中国人民大学经济计划系,毕业后留校任教,曾任计划经济系主任、计划统计学院副院长。主要社会兼职有中国宏观经济学会常务理事、副秘书长,北京市计划学会副会长,中国劳动经济学会人力资源开发研究会副会长等。

吴微的主要学术观点有:(1)在经济改革初期,强调列宁实行新经济政策,并不是要改变国家的统一计划,而是要改变实现计划的方法,这对中国的经济改革也是适用的。(2)认为我国实行社会主义市场经济体制,政府宏观调控坚持以国家计划为依据,国家计划是实现宏观调控的重要手段,这是我国宏观调控的主要特点之一。国家计划就其总体性质而言,是指导性的,但对负责执行的地方政府也具有直接约束力。(3)我国在新的条件下,财政赤字、国家债务、信用膨胀、公有资产流失等因素的出现,可能促成有支付能力需求的扩张;而储备外汇的转换、外资外债的引进、掠夺式使用自然资源和经济资源等,可暂时借以增加有效供给,导致经济升温,这是具有中国国情和阶段性的特点。

吴微的代表性学术论文有:《国民经济计划的性质和实现计划的方法》、《计划体制与生产资料全民所有制》、《关于计划体制改革目标模式的思考》、《对计划与市场的再认识》等。主编或参编的著作有:《社会主义计划经济学》、《论中国宏观经济管理》、《社会主义市场经济与计划模式改革》、《国家计划学》、《国家计划与宏观调控》等。主持或参与的科研课题有:"中国宏观经济管理研究"(亚洲开发银行)、《经济稳定增长法》研究(国家计委)、"北京市"十五"计划研究"(北京市计委)等。

后　记

　　中国人民大学 70 周年校庆前夕，校史研究室在校史编纂工作委员会的领导下，编写出版了"中国人民大学校史研究丛书"的第一批成果（《中国人民大学纪事（1937—2007）》、《造就革命的先锋队——中国人民大学史（第一卷）》、《血与火的洗礼——从陕北公学到华北大学（1937—1949）》、《在神州大地上崛起——中国人民大学回忆录（1950—2000）》），初步展现了中国人民大学 70 年的奋斗历程。在丛书编写过程中，我们感到，由于体例、篇幅及历史材料本身的缺失等原因，学校发展过程中的某些关键事件、人物，某些重要时期的重要抉择等，没有或很少有相应的文字记载，而历史的亲历者逐渐步入暮年，有的已经离开了我们。根据校领导有关指示精神，我们决心抓紧开展珍贵史料的搜集、整理和抢救工作，重点分析、研究学校发展历史进程中与国家形势密切相关的历史事件，集中反映学校在各个重大历史关头所作出的重大抉择，进一步突出中国人民大学与党和国家同呼吸、共命运的风格和特点。

　　本书的编写过程，再一次体现了中国人民大学"众手成史"的校史编纂精神。

　　2008 年 3 月起，我们根据《中国人民大学校史研究三年规划（2008年—2010 年）》，开始通过查找整理资料、调查采访等手段，了解和收集有关口述或自述资料。根据各学院提供的《中国人民大学志·人物》名单，我们进行了采访或约稿工作。截至 2009 年 9 月，共采访 31 位老教授，整理编辑了共计 100 余万字的文字资料。《求是园名家自述（第一辑）》正是在这个基础上完稿的。全书共含 41 位教授、专家或校友自述、事件回忆，有的是编录学者或专家口述材料，有的是作者自己写成。文章回顾了其个人成长、治学历程或历史见闻等方面，也有少数教授对现状和未来发表了感言或建议。校史研究室编辑后均由自述者或其家属审核并签字同意出版。其中4篇文章是根据教授个人或家属意见收录其发表在其他刊物的自述文章；另有6篇文章是学校离退休工作处在2007年校庆70周年前夕组织学者写成的自述（曾收入内部印发文集《踏遍青山——中国人民大学七十周年校庆纪念文集》）。还有部分重要学者、专家的采访或自写稿件拟在今后陆续出版，在此特作说明。

本书回忆文章虽然长短不一，详略不同，但都是这些跟人大同呼吸、共命运的同志脑海中记忆的串珠。心路是客观走过的，有些选择是时代使然，正确与否，价值如何，留待时间去证明。

本书的出版，对自述者本人来说是辛苦的过程。冯其庸等教授不顾八十六岁高龄，经常写到深夜两三点钟，高放教授、方立天教授等放弃春节休息，完成了万字以上自述文章，其他教授不辞辛劳搜集资料、修改文字，与校史研究室同志多次进行耐心而详细的沟通和研改，用多种形式鼓励校史研究室的工作。他们对国家、社会和学校高度的历史责任感和宝贵的敬业精神，使校史采编人员逐渐意识到，采编的整个过程，都是不可多得的吸取智慧、提高认识、充实心灵的机会。

本书的编写，得到了校领导及时的指导和鼓励。纪宝成校长和程天权书记不仅审定了书稿，还分别为本书题词，他们始终强调要以高度的历史责任感做好校史工作，强调关注教学和科研，关注广大师生员工。党委副书记马俊杰、党委副书记兼副校长王利明作为先后主管校史工作的领导，全面统筹规划口述史工作，王利明副书记审读了全书稿件，林岗副校长、冯惠玲副校长对书稿的编辑提出了建议。其他校领导也以不同方式对校史研究室的工作给予了支持和鼓励。

校长助理、学校办公室主任刘向兵审阅了书稿，参与了统稿的全过程。梁敬芝、付春梅、万静负责本书稿的组稿、采编、统稿及其他相关工作。

本书书名为求最贴切地反映书稿内容和形式，汲取了众人的智慧，最后由纪宝成校长确定，冯其庸教授题写书名。王利明副书记兼副校长、冯其庸教授、黄朴民教授及刘向兵、胡娟、侯书栋等同志为书名的确定贡献了智慧。

本书的编写还得到了全校各部门、学院和相关直附属单位的支持，档案馆、党委宣传部、国际关系学院、法学院、经济学院、财政金融学院、新闻学院、历史学院等在知识咨询、联系采访、摄像、资料查询等方面提供了便利，国际关系学院冯青淑及学生冯永光、黄晨等参加了部分采访工作。在校史研究室进行的采访中，档案馆高增承担了刘炼等 9 位教授的摄像工作。学校办公室朱瑞、郭晓瑜、陈蓝蓝、肖国华等参与了部分稿件的初编工作。学生张晓波、杨雪萍、张文静、姜敏、任焱等参加了部分资料查询、整理编辑和校对工作。被采访的老教授、老同志所在的学院及其家属为本书提供了有关资料。郑水泉、胡娟、李家福、张晓辉、李惠、侯书栋等同志对本书的部分编辑工作提出了有益的意见和建议。

在此，特别感谢档案馆、党委宣传部两个部门，他们于 2006 年左右采访了近 20 位荣誉教授，留下了弥足珍贵的视频资料。虽本书最终收录的是自述者根据校史研究室拟定的提纲完成的口述记录、手写稿件（视频资料与手写稿件将存至学校档案馆）或已公开发表的自述稿件，但上述两个部门的工作给我们带来了灵感和启发。在此真诚致谢！

由于校史研究室工作人员年轻力薄，尽管尽力查找线索并追根求源，以求客观、真实、全面地反映学校历史原貌，但仍感存在诸多缺憾和不足，敬请各位读者谅解并指正。

中国人民大学学校办公室（校史研究室）
2010 年 9 月 16 日

图书在版编目（CIP）数据

求是园名家自述. 第一辑/中国人民大学校史研究丛书编委会编.
北京：中国人民大学出版社，2010
（中国人民大学校史研究丛书）
ISBN 978-7-300-12445-2

Ⅰ.①求…
Ⅱ.①中…
Ⅲ.①中国人民大学-校友-回忆录
Ⅳ.①G649.281

中国版本图书馆 CIP 数据核字（2010）第 133400 号

中国人民大学校史研究丛书
求是园名家自述（第一辑）
中国人民大学校史研究丛书编委会

出版发行	中国人民大学出版社				
社　　址	北京中关村大街 31 号		**邮政编码**	100080	
电　　话	010 - 62511242（总编室）		010 - 62511398（屇管部）		
	010 - 82501766（邮购部）		010 - 62514148（门市部）		
	010 - 62515195（发行公司）		010 - 62515275（盗版举报）		
网　　址	http://www.crup.com.cn				
	http://www.ttrnet.com（人大教研网）				
经　　销	新华书店				
印　　刷	北京华联印刷有限公司				
规　　格	170 mm×228 mm　16 开本		**版　　次**	2010 年 10 月第 1 版	
印　　张	41.75 插页 5		**印　　次**	2012 年 7 月第 2 次印刷	
字　　数	584 000		**定　　价**	69.00 元	